Transparência, *Compliance* e Práticas Anticorrupção na Administração Pública

Transparência, *Compliance* e Práticas Anticorrupção na Administração Pública

2019

Ana Flávia Messa

TRANSPARÊNCIA, COMPLIANCE E PRÁTICAS ANTICORRUPÇÃO NA ADMINISTRAÇÃO PÚBLICA
© Almedina, 2019

AUTOR: Ana Flávia Messa
DIAGRAMAÇÃO: Almedina
DESIGN DE CAPA: FBA
ISBN: 9788584935154

Dados Internacionais de Catalogação na Publicação (CIP)
(Câmara Brasileira do Livro, SP, Brasil)

Messa, Ana Flávia
Transparência, compliance e práticas anticorrupção na administração pública / Ana Flávia Messa. -- São Paulo : Almedina, 2019.

Bibliografia.
ISBN 978-85-8493-515-4

1. Administração pública - Brasil 2. Compliance 3. Corrupção - Brasil - Prevenção 4. Transparência I. Título.

19-28895   CDU-351(81)

Índices para catálogo sistemático:

1. Brasil : Transparência : Administração pública : Direito administrativo 351(81)

Cibele Maria Dias - Bibliotecária - CRB-8/9427

Este livro segue as regras do novo Acordo Ortográfico da Língua Portuguesa (1990).

Todos os direitos reservados. Nenhuma parte deste livro, protegido por copyright, pode ser reproduzida, armazenada ou transmitida de alguma forma ou por algum meio, seja eletrônico ou mecânico, inclusive fotocópia, gravação ou qualquer sistema de armazenagem de informações, sem a permissão expressa e por escrito da editora.

Setembro, 2019

EDITORA: Almedina Brasil
Rua José Maria Lisboa, 860, Conj.131 e 132, Jardim Paulista | 01423-001 São Paulo | Brasil
editora@almedina.com.br
www.almedina.com.br

"Serás escrupulosamente verdadeiro, mesmo que a verdade seja inconveniente, pois mais inconveniente será quando tentares ocultá-la." (RUSSEL, Bertrand. *Autobiografia*: 1944-1967. Tradução de Álvaro Cabral. Rio de Janeiro: Civilização Brasileira, 1972. v. III. p. 71-72.)

AGRADECIMENTOS

À minha avó materna, *in memoriam*, exemplo de vida.
Aos meus pais e irmãos, pelo auxílio e compreensão.
Ao Roque Theophilo, *in memoriam*, pelo legado de honra, honestidade e trabalho.
Aos meus orientadores, Doutor José Carlos Viera de Andrade, da Faculdade de Direito da Universidade de Coimbra, e Doutora Monica Herman Caggiano, da Faculdade de Direito da Universidade de São Paulo, pela segura orientação e estímulo, introduzindo-me no fértil campo da tese doutoral.
Ao professor Doutor Cláudio Salvador Lembo, pelos ensinamentos.
Aos professores Nuncio Theophilo Neto e Roque Theophilo Junior, pelo apoio e amizade nesta trajetória doutoral.
Aos professores Irene Patrícia Nohara, Antonio Ernani Calhao e Alexis Couto de Brito, pelos debates e apoio.
Aos queridos e dedicados funcionários da Faculdade de Direito da Universidade de Coimbra, pela atenção, presteza e carinho (em ordem alfabética): Ana Maria Geraldes Garcia, Ana Paula Teles, Ana Teresa de Sousa Rodrigues, Beleza Leitão, Célia Bernardes, Edite Pereira, Élia Alves, Elisabete Serrador, Fátima Ramos, Fernanda Costa, Gabriela, Isabel Vicente, João Cardoso, Maria Duarte, Sónia Coelho e Otilia Margalho (minha família Coimbra).
Aos professores da Faculdade de Direito da Universidade Presbiteriana Mackenzie, em nome de Aclibes Burgarelli e Felipe Chiarello de Souza Pinto, bem como todos aqueles que direta ou indiretamente me auxiliaram no decorrer de minha trajetória acadêmica.

APRESENTAÇÃO

Ana Flávia Messa, autora desta obra, me deu a honra de elaborar a apresentação de um trabalho único, inovador na literatura jurídica, a abordar o **princípio da transparência**, dissecando-o e oferecendo ao leitor os apontamentos tão necessários a compreender a sua relevância para o desenvolvimento e expansão da democracia.

De fato, em um mundo comovido pela ascensão e extensão do fenômeno corrupção, que atinge e desgasta o ambiente democrático, o livro *TRANSPARÊNCIA, COMPLIANCE E PRÁTICAS ANTICORRUPÇÃO NA ADMINISTRAÇÃO PÚBLICA* vem revelar a notória função deste instrumento na consecução e atingimento do bom governo, objetivo almejado por todos os que operam em prol do aprimoramento da democracia.

O trabalho, decorrente da ampla pesquisa realizada pela autora – no Brasil e em Portugal – foi produzido inicialmente para o preparo e feitura de tese de doutoramento defendida junto à Faculdade de Direito, da Universidade de Coimbra, onde Ana Flávia Messa foi contemplada não apenas com a aprovação mas também com o louvor do Júri que a arguiu e a recomendação para publicá-la.

Compreendendo quatro partes, cuida da noção de transparência em suas várias e diversificadas dimensões, acentuando a sua influência – como elemento da abertura da Administração Pública – para assegurar o direito à boa Administração. O modelo da atuação da Administração Pública na era digital, por seu turno, não escapou ao estudo promovido pela autora, identificando a transparência digital corno terapia imunológica anticorrupção.

Partindo da ideia maior, que é a fórmula do Estado de Direito a amparar o regime democrático hoje adotado, a professora Ana Flávia Messa demonstra as diferentes tarefas do princípio da transparência, reclamando pelo seu reconhecimento corno máxima a conduzir e nortear o implemento real da meta pertinente ao Bom Governo.

Monica Herman Caggiano
Professora Titular de Direito Constitucional / UPM Diretora da Faculdade de Direito — USP/RP

PREFÁCIO

Os regimes democráticos, baseados na representação popular, sempre pretenderam garantir a discussão pública das principais opções da comunidade. Mas, nos sistemas políticos actuais, não são apenas os parlamentos que têm de prestar contas aos cidadãos, mas igualmente os governos e as administrações públicas. O tema da transparência no âmbito da vida política é simultaneamente banal e fundamental. Assim também nos quadros teóricos do direito público, sobretudo desde que a *arcana praxis* foi substituída pelas exigências de publicidade da actividade administrativa.

Mas a transparência administrativa não se satisfaz actualmente com a eliminação ou redução dos segredos através dos direitos de informação, quer dos interessados no âmbito dos procedimentos, quer dos cidadãos em geral no acesso aos arquivos da Administração. É preciso assegurar a participação dos cidadãos e o controlo efectivo das múltiplas decisões tomadas nas várias áreas de realização das políticas públicas, designadamente para prevenir, detectar e reprimir práticas de corrupção. O que exige um modelo de governação adequado à prestação de contas, quer no plano da organização das instituições, quer no plano da gestão das actividades, quer sobretudo no plano da ética das condutas.

As formas são especialmente importantes: a forma continua a ser "a inimiga jurada do arbítrio e irmã gémea da liberdade" (Ihering). E o direito pode ter uma palavra decisiva na definição e concretização dessas garantias ou cautelas formais de prossecução do interesse público. Mas só uma autêntica cultura de exigência, partilhada pelos cidadãos e realmente vivida pela sociedade, é capaz de assegurar as finalidades em causa.

São estes os temas tratados nesta obra de Ana Flávia Messa, elaborada no quadro de um doutoramento em co-tutela sob a égide das Faculdades de Direito da Universidade de Coimbra e da Universidade de S. Paulo, que contém uma reflexão teórica e pragmática sobre as várias dimensões da transparência na perspectiva jurídica, sobre as suas funções e mecanismos de prevenção, promoção e controlo, num quadro de melhoria da comunicação pública e de responsabilização do poder. Para além dos méritos reconhecidos pelo júri, bastaria, para justificar a sua publicação, esse contributo para o fortalecimento da luta contra a corrupção (de "luta pelo direito"), visando em especial a administração pública brasileira, mas que ultrapassa as fronteiras de qualquer país, incluindo naturalmente Portugal.

Coimbra, 2019

José Carlos Vieira de Andrade
Professor Catedrático da Faculdade de Direito
da Universidade de Coimbra

LISTA DE FIGURAS

Figura 1. Ciclo da transparência	66
Figura 2. Portal de compras governamentais	252
Figura 3. Modelo de acessibilidade de governo eletrônico	268
Figura 4. Cadastro SICONV	269
Figura 5. Portal de serviços	272
Figura 6. Sobre os dados	274
Figura 7. Portal Brasil	275
Figura 8. Servidor Governo Federal	276
Figura 9. Identidade digital	278
Figura 10. Identidade digital (a)	278
Figura 11. Índice de percepção da corrupção 2016	318
Figura 12. Índice de percepção da corrupção 2016 – Américas	319
Figura 13. Em busca da concretização da transparência administrativa	355

SUMÁRIO

INTRODUÇÃO   19

PARTE I
Identificação da Transparência Administrativa: Noções Gerais

1. Significação do Termo   39

2. Difusão do Termo   45

3. Transparência como Valor, Fato e Norma Jurídica   49

4. Transparência Administrativa como Conceito   53

5. Enfoque Jurídico da Transparência Administrativa   63
5.1. Elementos da Transparência Administrativa   72
5.2. Pressuposto da Transparência Administrativa   74
5.3. "Passos" da Transparência Administrativa   78

6. Enfoque Sociopolítico da Transparência Administrativa   79

7. Transparência e Publicidade: Distinção   105

8. Natureza Jurídica da Transparência Administrativa   128
8.1. Transparência como Princípio Constitucional   129
8.2. Transparência como Norma-Princípio: Atualização Expansiva
     do Princípio da Publicidade Administrativa   135
8.3. Transparência como Instrumento da Democratização Administrativa   142

9.	Funções da Transparência Administrativa	143
9.1.	Transparência e Imparcialidade	145
9.2.	Transparência e Democracia	146
9.3.	Transparência e Concurso Público	150
9.4.	Transparência e Confiança	151
9.5.	Transparência e Segurança Jurídica	153
9.6.	Transparência e Boa Administração	159
9.7.	Transparência e Abertura	166
9.8.	Outras funções	170
9.8.1.	Transparência e Interdição da Arbitrariedade	170
9.8.2.	Transparência e Certidões Administrativas	171
9.8.3.	Transparência e Motivação	171
9.8.4.	Transparência e Licitação	171
9.8.5.	Transparência e Regras procedimentais	172
9.8.6.	Transparência e Quebra de Sigilo Bancário	172
9.8.7.	Transparência e Controle	173
9.8.8.	Transparência e Direito de Resposta	173
9.8.9.	Transparência e Proximidade	174
9.8.10.	Transparência e Controle de Riscos	174

PARTE II
Defesa da Transparência na Administração Pública Brasileira

1.	Introdução	181
2.	Dimensão Organizacional: O Impacto da Governança sobre a Transparência	182
2.1.	Governança como Paradigma do Agir Administrativo: a Polissemia de um Conceito Fundamental	188
2.2.	Governança: um Objetivo em Expansão	201
2.3.	Governança no Quadro das Reformas Administrativas: Alternativa ao Paradigma Gerencialista?	206
2.4.	Administração Pública Democrática: Modelo Decorrente da Assunção do Ideal da Governança	211
2.5.	Administração Pública Deliberativa: a Transparência na Justificação Teórica do Discurso de Abertura da Administração Pública no Contexto Brasileiro	222

3. Um Modelo de Administração Pública Orientação à Era Digital:
   Foco no Cidadão 230
3.1. Tecnologia e Sociedade: Sociedade de Informação 230
3.2. A Adoção das Novas Tecnologias de Informação e Comunicação
   na Administração Pública Brasileira 233
3.3. Administração Pública Informatizada 247
3.4. Administração Pública Eletrônica 248
3.5. Administração Pública Digital: a Busca da Transparência Digital 263

4. Movimento Anticorrupção no Brasil 282
4.1. Corrupção na Gestão Pública 282
4.2. Corrupção e Democracia 285
4.3. Combate à Corrupção no Brasil 287
4.4. Perspectiva Jurídica: o Sistema Normativo Brasileiro Anticorrupção 303
   4.4.1. Eixo da Prevenção no Combate à Corrupção 303
   4.4.2. Eixo da Detecção no combate da corrupção 309
   4.4.3. Eixo da Repressão no Combate da Corrupção 312
4.5. Perspectiva Sociológica da Anticorrupção 314
   4.5.1. Movimento Global de Anticorrupção 316
   4.5.1.1. A Corrupção Pública Globalizada 316
   4.5.1.2. Combate Internacional da Corrupção 320
   4.5.2. Cooperação Social no Combate da Corrupção 326
   4.5.3. Cooperação Institucional no Combate da Corrupção ... 337
   4.5.3.1. Controladoria-Geral da União 338
   4.5.3.1.1. Atribuição Diretiva 340
   4.5.3.1.2. Atribuição Educacional 341
   4.5.3.1.3. Atribuição Integrativa 341
   4.5.3.2. Ministério Público 342
   4.5.4. Regime Jurídico de Cooperação Institucional na Anticorrupção 347

PARTE III
O Conteúdo Jurídico do Princípio da Transparência Administrativa
Accountability Democrática

1. Introdução 351

2. *Accountability*: Origem do Conceito e Significados 355

3. *Accountability*: Responsabilidade como Prestação de Contas (Concepções) 358

4. Abordagens da *Accountability* na Administração Pública 362

5. A Compreensão da *Accountability* no Contexto Atual do Direito Administrativo 366

6. A *Accountability* Democrática como Instrumento de Defesa da Transparência na Administração Pública Brasileira 369
6.1. A Accountability Formal: a Primeira Fase da Transparência Administrativa 370
6.2. Accountability Substancial: Transparência Material 377

7. Dimensões da *Accountability* Democrática: Concretização da Transparência Administrativa 390
7.1. Dimensão do Esclarecimento 390
7.2. Dimensão do Compartilhamento 410
    7.2.1. Acesso Físico da Informação Pública 411
        7.2.1.1. Openness 411
        7.2.1.2. Acessibilidade digital 420
    7.2.2. Participação Popular na Gestão Pública 422
        7.2.2.1. Transparência pelo Controle Social 428
        7.2.2.2. Transparência pela Gestão Participativa 432

8. *Accountability* nas Parcerias com as Organizações da Sociedade Civil 445

PARTE IV
Síntese Conclusiva e Considerações Finais

1. Síntese Conclusiva 455

2. Considerações Finais 480

INTRODUÇÃO

Em um contexto de crescimento dos níveis de corrupção[1] no âmbito da Administração Pública Brasileira e, ainda, de aumento do número de escândalos relacionados à fraude e ao desvio de recursos públicos[2],

---

[1] Inúmeras causas explicam a corrupção: a) *causas históricas* (relacionadas com a herança portuguesa em nosso passado colonial com práticas corruptas que não se resumiam ao contrabando de mercadorias, mas sim em variadas fraudes ocorridas num ambiente de oportunismo sem qualquer compromisso moral de formar uma nação); b) *psicológicas* (vinculadas a traços de fragilidade e ganância da natureza humana); c) *causas de natureza político-jurídica* (dizem respeito às características da sociedade com diminuta participação do cidadão nas atividades do Estado, onde as grandes decisões que afetam a vida pública continuam sendo adotadas pelos políticos e grupos burocráticos, em conivência com os grupos ou setores poderosos da sociedade; há uma centralização do poder que gera os males da burocratização, falta de transparência, dificuldade de controles; esse tipo de sociedade caracteriza-se pela ocultação no trato dos interesses públicos, além das distorções no sistema eleitoral e partidário). DI PIETRO, M. S. Z. Participação popular na Administração Pública. *Revista Trimestral de Direito Público*. São Paulo, n. 1, 1993. p. 127-139; SADER, E. Mandato ou cheque em branco? *Folha de São Paulo*, 9 ago. 1996, p. 1-3; "O Estado para fiscalizar, controlar e intervir na sociedade, criou um aparato complexíssimo, pesado, caro e inoperante, que tem por finalidade a criação de um quadro de cargos e funções que deve ser ocupado por beneficiados pelas costuras políticas. Os cargos de carreira, constitucionalmente preenchidos por concursados, situam-se em patamares inferiores ou intermediários dessa complicada ordem. Ora, a partir disso, a burocracia, a operacidade, o distanciamento da sociedade e as ações desvirtuadoras das finalidades sociais do Estado passam a constituir seu cotidiano" (AGUIAR, R. A R. Parceria estado-sociedade – aspectos jurídicos. *Revista Subsídio*. INESC – Instituto de Estudos Socioeconômicos. Brasília, jun. 1994, p. 1-2); MORAES FILHO, A. E. de. O círculo vicioso da corrupção. In: LEITE, C. B. (Org.). *Sociologia da corrupção*. Rio de Janeiro: Jorge Zahar Editor, 1987, p. 33.

[2] A frequência dos escândalos e o aumento dos casos envolvendo o desvio de recursos públicos levaram 64% dos brasileiros a acreditar que a corrupção aumentou nos últimos três anos,

cresce também a importância do seu combate[3] de forma a garantir uma administração proba que permita viabilizar desenvolvimento nacional humano e social.

Diante da conduta do agente público de atuar de forma abusiva no exercício de função pública, com o objetivo de obter ganhos privados[4], num verdadeiro descaso com a coisa pública, em flagrante desrespeito aos princípios que regem a boa Administração Pública[5], surge como

---

ou seja, de cada 10 pessoas, seis acreditam que a corrupção cresceu (Disponível em: <http://topicos.estadao.com.br/corrupcao>. Acesso em: 20 maio 2016). O Brasil lidera o *ranking* de países em que ocorreram casos de corrupção internacional sob investigação do Departamento de Justiça dos Estados Unidos (Disponível em: <http://istoe.com.br/brasil-lidera-casos-de-corrupcao-internacional-nos-estados-unidos/>. Acesso em: 10 jun. 2017). De 2003 a 2016, 6.130 servidores foram expulsos do serviço público, 65% deles envolvidos em casos de corrupção, segundo balanço divulgado em 9 de dezembro de 2016 pelo Ministério da Transparência, Fiscalização e Controladoria-Geral da União (CGU). Apenas em 2016, foram 471 expulsões de servidores, além de 1.104 empresas privadas punidas por irregularidades, 30 delas envolvidas no esquema de corrupção investigado pela Operação Lava Jato (Disponível em: <http://agenciabrasil.ebc.com.br/geral/noticia/2016-12/cgu-65-dos-servidores-publicos-expulsos-se-envolveram-em-casos-de-corrupcao>. Acesso em: 20 jan. 2017). Se em 2012 61% das empresas brasileiras acreditavam que havia significativos níveis de corrupção no Poder Executivo, no ano de 2016 o número chega a 86% (Disponível em: <https://www.millerchevalier.com/portalresource/2016-Latin-America-Corruption-Survey-Full-Report>. Acesso em: 10 set. 2016).

[3] Alguns estudiosos fazem diferença entre luta contra a corrupção e combate contra corrupção. No primeiro caso seria adotar medidas indiretas que promovam a boa governação na Administração Pública, de forma a prevenir o risco da corrupção. Nesta adoção privilegia-se a realização da Constituição, com respeito aos postulados democráticos e aos direitos e garantias fundamentais. No segundo caso, o combate da corrupção é o uso do punitivismo (a criminalização e a exacerbação das penas de forma exagerada) como medida eficiente no combate às condutas desviantes da finalidade pública dentro da ideologia da repressão (KAUFMANN, D. Diez mitos sobre la gobernabilidad y la corrupción. *Finanzas & Desarrollo*, Sep. 2005; RIVERO ORTEGA, R. Derecho administrativo, reformas de segunda generación, desarrollo y control de la corrupción: proyecciones sobre el caso colombiano. In: *XVIII Concurso Ensayos del CLAD sobre Reforma del Estado y Modernización de la Administración Pública. Cómo combatir la corrupción, garantizar la transparencia y rescatar la ética en la gestión gubernamental en Iberoamérica*. Caracas 2004-2005. Mención Honorífica).

[4] ROSE-ACKERMAN, S. *Corruption and government*: causes, consequences and reform. Cambridge: Cambridge University Press, 1999; "Corrupção é o fenômeno pelo qual um funcionário público é levado a agir de modo diverso dos padrões normativos do sistema, favorecendo interesses particulares em troca de recompensa" (BOBBIO, N.; MATTEUCCI, N.; PASQUINO, G. (Orgs.). *Dicionário de política*. Brasília: Editora UnB, 2009, p. 291).

[5] A boa Administração Pública, enquanto direito fundamental consagrado no art. 41 da Carta dos Direitos Fundamentais da União Europeia, refere-se ao direito de seu titular ter

condição de manutenção do Estado Democrático de Direito, dentre as formas de combater a corrupção no exercício da gestão pública, a defesa da transparência pela Administração Pública Brasileira[6].

A defesa da transparência depende da criação de mecanismos institucionais de visibilidade de todas as ações e motivações administrativas, numa gestão dos assuntos públicos para o público[7]. O desenvolvimento destes instrumentos jurídicos para defender a transparência administrativa, a seu turno, contribuirá para a redução dos níveis de corrupção e a legitimação democrática da Administração Pública[8].

---

uma Administração que ao procurar o melhor meio, o meio mais eficiente e justo para prosseguir o interesse púbico observe a totalidade dos princípios constitucionais que a regem. Se de um lado o cidadão tem direito a uma boa Administração Pública, o Estado fornece tal comportamento adotando um tipo de gestão que seja capaz de garantir esse direito da boa Administração Pública.

[6] "[...] existe uma preocupação generalizada de que o público tenha perdido a confiança no desempenho nas principais instituições e desejam um governo mais aberto e transparente a ponto de ajudar a restaurar a confiança pública" (NORRIS, P. *Digital divide*: civic engagement, information poverty, and the internet worldwide. New York: Cambridge University Press, 2001, p. 113; GARCIA MACHO, R. La transparencia en el sector público. In: ESTEVE, A. B. (Coord.). *El derecho público*: transparencia y sector público. Hacia un nuevo derecho administrativo. España: INAP, 2012 (obra conjunta)).

[7] ZUCCOLOTTO, R.; TEIXEIRA, M. A. C.; RICCIO, E. L. Transparência: reposicionando o debate. *Revista Contemporânea de Contabilidade*. Florianópolis, v. 2, n. 25, p. 137-158, jan./abr. 2015; BOSCO, M. G. D. *Discricionariedade em políticas públicas*: um olhar garantista da aplicação da lei de improbidade administrativa. Curitiba: Juruá, 2008, p. 173; SCHOLTES, E. Transparency, symbol of a drifting government. In: *Transatlantic Conference On Transparency Research*, 2012. Disponível em: <http://www.transparencyconference.nl/wp-content/uploads/2012/05/Scholtes1.pdf>. Acesso em: 22 abr. 2013; SCHNACKENBERG, A. K.; OMLINSON, E. C. Organizational transparency: a new perspective on managing trust in organization-stakeholder relationships. *Journal of Management*, v. XX, n. X, p. 1-27, 2014; PLATT NETO, O. A.; CRUZ, F. da; ENSSLIN, S. R.; ENSSLIN, L. Publicidade e transparência das contas públicas: obrigatoriedade e abrangência desses princípios na Administração Pública brasileira. *Contabilidade Vista & Revista*, v. 18, n. 1, p. 75-94, jan./mar. 2007; JARDIM, J. M. *Transparência e opacidade do Estado no Brasil*: usos e desusos da informação governamental. Niterói: EdUFF, 1999; BARRET, P. Achieving better practice corporate governance in the public sector. *Australian National Audit Office*. International Quality & Productivity Centre Seminar, 2002. Disponível em: <http://www.anao.gov.au/>. Acesso em: 17 out. 2013.

[8] Embora não seja fórmula mágica capaz de solucionar a problemática da corrupção, impõe-se reconhecer o grau e a qualidade que a transparência vem assumindo na prossecução de uma gestão pública mais próxima do referencial da efetividade, promovendo a qualidade nos serviços públicos e a eficácia das políticas públicas. Nem a corrupção, nem as tentativas de combatê-la são novidades, cujo estudo varia conforme tempo e contexto. O principal

Neste contexto, o presente estudo tem por objetivo localizar-se no universo da densificação do princípio da transparência administrativa, com a fixação de parâmetros para sua significação, legitimidade e concretização no âmbito da Administração Pública Brasileira.

desafio no caminho da transparência administrativa caracterizadora de uma gestão pública conduzida a "céu aberto" é reconstruir a transparência no âmbito do Direito Administrativo como um dever da Administração Pública fundado na Constituição Federal, a fim de atribuir-lhe determinação e funcionalidade para combater a corrupção, com a redução progressiva da opacidade administrativa, promovendo um clima de confiança nas relações entre Administração e cidadãos. A transparência é a compreensão do modo como está sendo exercida a atuação dos responsáveis pela gestão da coisa pública. Esta condição tem aplicação direta na vida social, pois permite uma governança mais democrática, com maior fiscalização da gestão pública. Não é por acaso que países mais transparentes ou que adotem iniciativas e/ou estratégias de transparência conseguem reduzir o fenômeno da corrupção, aumentar os investimentos e possibilitar o desenvolvimento mais inclusivo. Assim, neste contexto, o grande desafio é destacar e enfatizar as estratégias de transparência na Administração Pública na realidade brasileira que permitem a compreensão da atividade pública, e por consequência o controle social (CANOTILHO, J. J. G. O direito constitucional passa; o direito administrativo passa também. In: *Boletim da Faculdade de Direito da Universidade de Coimbra* – estudos em homenagem ao Prof. Doutor Rogério Soares, Coimbra, v. 7, n. 11, 2001, p. 705-721; GAUDEMET, Y. Cinquant'anni di diritto amministrativo francese. In: D'ALBERTI, M. (Org.). *Le nuove mete del diritto amministrativo*. Bolonha: Il Mulino, 2011 (*e-book*); MOREIRA NETO, D. de F. *Apontamentos sobre a reforma administrativa*. Rio de Janeiro: Renovar, 1999, p. 17; VILLORIA MENDIETA, M. *La modernización de la administración como instrumento al servicio de la democracia*. Madrid: INAP, 1996, p. 17; ROUBAN, L.; ZILLER, J.; ROUBAN, L.; ZILLER, J. De la modernisation de l'administration a la réforme de l'état. *Revue française d'administration publique*. Paris, n. 75, p. 345-354, juil./sept. 1995, p. 350; ALMAZÁN, R. S. *La larga marcha del gobierno abierto: teoría, medición y futuro*. México, D.F.: Instituto Nacional de Administración Pública, A.C., 2013, p. 23; GONZÁLEZ-VARAS IBÁÑEZ, S. Actuación administrativa y relaciones con los ciudadanos. In: *Tratado de Derecho Administrativo*. Tomo II. Quinta parte. Thomson Civitas. Cizur Menor (Navarra), 2008; GICHOT REINA, E. Transparencia y acceso a la información en el derecho europeo. In: *Cuadernos Universitarios de Derecho Administrativo*. Sevilla, 2011; BALLESTER MARTINEZ, B. La forja jurisprudencia del principio de transparencia. UNED. *Teoría y Realidad Constitucional*, n. 28, 2011; KAUFMANN, D. *Replanteando gobernabilidad*: las lecciones empíricas desafían a los convencionalismos. Borrador Preliminar para Discusión, 2003, p. 12; CERRILLO I MARTINEZ, A. Transparencia administrativa y lucha contra la corrupción en la administración local. In: *Anuario de Gobierno Local*, n. 1, 2011, p. 277-313; NAURIN, D.; LINDSTEDT, C. Transparency against corruption. Disponível em: <http://www.qog.pol.gu.se/digitalAssets/1358/1358046_transparency-against-corruption-accepted-version_.pdf.>. Acesso em: 20 set. 2014; PEREIRA, J. M. Reforma do Estado e controle da corrupção no Brasil. *Caderno de Pesquisas em Administração*. São Paulo, v. 12, n. 2, p. 1-17, abr./jun. 2005; BIRKINSHAW, P. J. Freedom of information and openness: fundamental human rights. *Administrative Law*

Na PRIMEIRA PARTE da significação do princípio, partimos de uma síntese das noções gerais da transparência administrativa, centrando a nossa atenção na proposta de ressignificação da transparência como instrumento de democratização administrativa. Esse enquadramento inicial permitirá revelar os principais desafios que a Administração Pública vem enfrentando no processo de abertura administrativa que se efetiva no contexto da democratização do país e da necessidade de reestruturação e modernização do aparato administrativo com a finalidade de melhor servir aos interesses da sociedade.

Quanto à sua projeção na atualidade deve-se dizer que a importância e a extensão do tema da transparência adquiriu destaque a partir não só da modernização da Administração Pública com a reforma administrativa[9] que se propõe a introduzir aperfeiçoamentos e correções na gestão pública, mas, também, com a abertura informacional caracterizada pelo surgimento das leis de acesso à informação e fomentada pela revolução gerada com a difusão das novas tecnologias de informação e comunicação, e a abertura participativa.

No processo de abertura administrativa, o advento do Estado Democrático de Direito e Social, resultante do processo de evolução política estatal, representou um marco no país consagrando a democraticidade do Estado como eixo central do sistema jurídico e das relações entre Estados e indivíduos. Abandonando a feição puramente autoritária com adoção de medidas administrativas sem prévia possibilidade de discussão pública, a Administração Pública passou a encarnar um papel democrático, permitindo uma maior participação dos cidadãos na esfera administrativa.

Review, v. 58, n. 1, p. 177-218, 2006; DAVIS, J. Access to and transmission of information: position of the media. In: DECKMYN, V.; THOMSON, I. (Eds.). *Openness and transparency in the European Union*. Maastricht: European Institute of Public Administration, 1998, p. 121-126; BUIJZE, A. The six faces of transparency. *Utrecht Law Review*, v. 9, Issue 3, jul. 2013; LIEM, S. I. *Constituents of transparency in public administration with reference to empirical findings from Estonia*. 2007. 392f. Dissertação (Doutorado). Graduate School of Business Administration, Economics, Law and Social Sciences (HSG), University of St. Gallen, 2007).

[9] É um conjunto sistemático de providências destinadas a melhorar a Administração Pública de um dado país, com eficiência na prossecução dos seus fins, e coerência com os princípios norteadores de sua atuação (AMARAL, D. F. do. *Curso de direito administrativo*. Coimbra: Almedina, 2000).

Desde então, inspirado na convicção democrática como forma sociopolítica[10], um dos principais traços da Administração Pública do século XXI, indispensável para uma noção constitucionalmente adequada do Direito Administrativo contemporâneo, é a concepção de uma Administração Pública Democrática e a compreensão da sua legitimidade num contexto de superação de arbitrariedade e de consagração da temática dos direitos fundamentais[11] com eficácia imediata e irradiante na relação Estado-sociedade[12] aos olhos da coletividade.

O objetivo a que passa a servir o aparato administrativo é a atualização da Administração Pública, na linha dos princípios liberais e democráticos revividos, por meio da democratização da democracia, recuperando a responsabilização contínua dos gestores públicos por seus atos e omissões perante a sociedade, com a finalidade de levar à qualidade do desempenho voltado ao combate da corrupção, num processo de erosão da supremacia do direito administrativo[13], sem incorrer no sério risco de discurso retórico.

Neste cenário, a defesa da transparência pela Administração Pública é aceita como uma condição fundamental no processo de consolidação da democracia[14], já que utilizada no controle da corrupção permite criar a credibilidade das instituições e dos agentes públicos como elemento fundamental para a legitimidade do sistema político-administrativo.

Na SEGUNDA PARTE, a abordagem proposta pretende revelar a sua legitimidade, ou seja, os fundamentos da transparência. A conformação

---

[10] "Princípio democrático [...] meio e instrumento de realização de valores essenciais de convivência humana, sendo um processo de convivência social em que o poder, exercido direta ou indiretamente, emana do povo, pelo povo e para o povo" (SILVA, J. A. *Comentário contextual à constituição*. São Paulo: Malheiros, 2005).
[11] "Os direitos fundamentais incorporam ao seu âmbito as prestações do Estado, as garantias institucionais, o sentido objetivo da norma e a qualificação valorativa" (BONAVIDES, P. *Curso de direito constitucional*. São Paulo: Malheiros, 2001).
[12] "To become legitimate the rule of law would seem to have to be (I) democratically accountable, (II) procedurally fair and even perhaps e (III) substantively grounded" (ROSENFELD, M. The rule of law, and the legitimacy of constitutional democracy. *Working paper series*, n. 36, Cardozo Law school – "Jacob burns institute for advanced legal studies").
[13] CASSESE, S. Le trasformazioni del diritto amministrativo dal XIX al XXI secolo. In: *Rivista Trimestrale di Diritto Pubblico*, 2002, p. 28.
[14] "A visibilidade ancora a discutibilidade na democracia" (GOMES, W. *Transformações da política na era da comunicação de massa*. São Paulo: Paulus, 2004, p. 303).

do paradigma da transparência que preconiza visibilidade na atuação da Administração Pública emerge a partir da Constituição Federal de 1988 numa concepção democrática, ou seja, numa ideia de fortalecimento das relações entre Administração Pública e sociedade, por meio de uma gestão pública que preste contas e dialogue com a sociedade civil para resolver os problemas nacionais.

No Brasil, o princípio da publicidade administrativa desenvolveu-se primariamente com o objetivo de divulgação dos atos praticados pela Administração Pública. Com o passar do tempo, o advento do Estado Democrático de Direito e Social, como uma ordem de domínio desejada pelo povo, legitimada pela participação popular, limitada e completada pelos direitos fundamentais, juntamente com os movimentos, organizacional (introdução da ideia da governança), estrutural (desenvolvimento das tecnologias da informação) e comunicacional e ético (movimento anticorrupção), ao provocar a abertura da Administração Pública à sociedade, com a transformação dos cidadãos em parceiros ativos na fiscalização da gestão pública para preservação e restauração da moralidade administrativa, fizeram surgir novos desafios na compreensão da publicidade administrativa.

Hoje, alargando-se o âmbito formal, o significado deste princípio condutor da atividade administrativa tem girado em torno da transparência administrativa. Com os contornos que a particularizam e que permitem apresentá-la como sentido material da publicidade administrativa, a transparência tomou conta dos diversos debates em torno do aperfeiçoamento da máquina pública, como uma expressão da legitimidade democrática da Administração Pública.

O presente estudo parte da constatação dos limites dos arranjos da publicidade administrativa, da Administração Pública gerencial e da democracia representativa, assentadas na perspectiva reducionista dos ideais democráticos para formação de preferências e para deliberação dos assuntos públicos. A limitação da publicidade à divulgação dos atos da Administração Pública para garantir sua eficácia e/ou validade, a ênfase reducionista na busca da eficiência econômica na NPM e a crise da representação política são molas propulsoras da perda da legitimidade da Administração Pública, cada vez mais distanciada da sociedade.

Em vista desta constatação a tese põe em questionamento a legitimidade da transparência administrativa, tanto no sentido da falta de abertura da Administração Pública à sociedade, quanto da insuficiência instrumental da prestação de contas enquanto legitimadora do Estado Administrativo. Esta a razão pela qual a ideia da transparência no pensamento contemporâneo deve ser repensada na perspectiva da possibilidade de sua legitimidade, seja na remoção de barreiras que impedem a captura da Administração Pública por interesses particulares, seja na inclusão de mecanismos democráticos internos à Administração Pública relacionados com a formação das políticas públicas e decisões, seja na ampliação do governo eletrônico para garantir seu uso inclusivo, pedagógico e aberto para os cidadãos.

Na parte da fundamentação, essa defesa da transparência administrativa depende de uma justificativa política e jurídica para o exercício do agir administrativo, resultante de movimentos que sejam eficazes na efetivação do controle real do cidadão sobre a alocação de recursos públicos, permitindo participação nas decisões. Neste sentido defende-se como possível e inclusive conveniente seu estudo de forma a desenvolver uma "capacidade coletiva" da Administração Pública para atingir resultados públicos sob a perspectiva tridimensional, com a fundamentação em três eixos fundamentais: *organizacional, estrutural e ético*.

O *primeiro eixo* parte da perspectiva organizacional: a introdução da ideia da governança pública[15] e da necessidade da modernização administrativa[16], que provoca desafios estimulantes na redefinição do papel gestacional dos negócios públicos no discurso administrativo, por uma articulação da gestão pública com a dimensão democrática, que encontra na prática da boa governança seu fundamento de legitimidade.

É uma coordenada que se tem desenvolvido sob os motes da "Governança Pública" e da articulação entre atores públicos e privados para a

---

[15] The path towards good governance requires a long-term vision centered on a genuine consideration of the needs of citizens and business. Building trust should be a priority. Consensus building and a strategic approach are the pre-conditions for successful reform. The active engagement of all stakeholders is needed. The European Commission is a partner in this process, providing funding and guidance, as well as facilitating the exchange of know-how and experience. Together, we will build high-quality public services that meet the needs of citizens and foster business and job creation (In Promoting good governance: european social fund thematic paper. European Commission: directorate-general for employment, social affairs and inclusion. Unit E1 Manuscript completed in January 2014).

[16] FORJAZ, M. C. S. Globalização e crise do estado nacional. *Revista de Administração de Empresas*. FGV, São Paulo, Brasil, v.40, n. 2, abr./jun. 2000.

resolução de problemas comuns. O objetivo é, em geral, de uma gestão democrática de diferentes interesses e expectativas para construção de um consenso cidadão no alcance do bem comum, com a inserção das relações administrativas no contexto de Estado em rede[17].

A profunda e revolucionária modificação de estrutura nas relações Administração Pública/administrados, verificada nos últimos anos, em razão da superação do monopólio do espaço público pelo Estado para uma concepção de interdependência entre atores públicos e privados numa espécie de governação colaborativa[18], impõe sejam revistas ideias concebidas à luz de um modelo de outra realidade histórica.

Apesar de se tratar de um fenômeno contemporâneo disseminado de organização do agir administrativo, é necessário conjugar esta estrutura com o compromisso valorativo de uma condução responsável nos negócios públicos da boa governança, a qual se traduz em práticas e ações que possam incrementar o desempenho na atividade da Administração Pública.

Envolvido num contexto de modernização administrativa que o apresenta como uma forma de referencial de gestão para melhor atender aos interesses da sociedade com a incorporação de temas como democra-

---

[17] BOGASON, P. Networks and bargaining in policy analysis. In: PETERS, G.; PIERRE, J. (Eds.). *Handbook of public policy*. London: Sage Publications, 2006; BOURGON, J. Finalidade pública, autoridade governamental e poder coletivo. *Revista do Serviço Público*, v. 61, n. 1, p. 5-34, jan./mar. 2010a. Disponível em: <http://www.enap.gov.br/downloads/RSP%2061-1.pdf>. Acesso em: 10 maio 2015; EVANS, P. B. Além da monocultura institucional: instituições, capacidades e o desenvolvimento deliberativo. *Sociologias*, Porto Alegre, ano 5, n. 9, p. 20-63, jan./jun. 2003; FUNG, A. Receitas para oito esferas públicas: oito desenhos institucionais e suas consequências. In: COELHO, V.; NOBRE, M. (Orgs.). *Participação e deliberação*: teoria democrática e experiências institucionais no Brasil. São Paulo: Editora 34, 2004; HAMBLETON, R. Beyond new public management: city leadership, democratic renewal and the politics of place. In: *City Futures International Conference*, Chicago, 2004 (Paper). Disponível em: <http://www.uic.edu/cuppa/cityfutures/papers/we-bpapers/cityfuturespapers/session8_1/8_1beyondnew.pdf>. Acesso em: 10 ago. 2015; OSBORNE, D.; GAEBLER, T. *Reinventando o governo: como o espírito empreendedor está transformando o setor público*. Brasília: MH Comunicação, 1994; PETERS, G.; PIERRE, J. Introdução à edição brasileira. In: PETERS, G.; PIERRE, J. (Orgs.). *Administração Pública*: coletânea. São Paulo: UNESP; Brasília: ENAP, 2010; PIERRE, J. New governance, new democracy? Gothenburg: the quality of government institute. *Working Paper Series*, n. 4, 2009.

[18] FREEMAN, J. Collaborative governance in the administrative state. *UCLA Law Review*, 1997, p. 45ss.

cia e responsabilidade, esse fenômeno tem repercussões que ultrapassam a melhoria da eficiência gerencial na provisão de bens e serviços à população.

Não obstante o aprimoramento técnico alcançado pela nova gestão pública, as repercussões da governança pública apresentam-se mais significativas em promessas democratizantes que valorizam a participação dos membros da sociedade na gestão pública como verdadeiros cidadãos.

A adoção da governança pública como forma organizativa na gestão do interesse público embora não represente uma novidade, é uma constante que ganhou destaque após a Segunda Guerra Mundial[19]. Enquanto os modelos gerenciais, no âmbito das reformas administrativas, vêm vinculados às técnicas de gerenciamento do mercado com a aplicação de regras do setor privado no setor público, abordando questões administrativas e econômicas, a governança pública, por sua vez, foca-se nas redes, parcerias e valores administrativos com participação, deliberação e democracia[20].

O modelo bipolar tradicional[21] já não é mais suficiente para a satisfação das demandas sociais, que agora no século XXI se insere na era da governança pública, uma nova geração de reformas administrativas, com compartilhamento do agir estatal cada vez mais intenso entre poder público, empresas e sociedade manifesto através da gestão horizontal e integrada entre os distintos níveis de Governo e entre estes e as organizações empresariais e da sociedade civil.

---

[19] No plano da modernização administrativa em que a Administração Pública deve adaptar-se à realidade, informada pelas novas exigências históricas, sociais, teóricas e filosóficas que a cercam no ambiente globalizado, como uma organização inserida num processo dinâmico que envolve uma premente readequação do seu modo de ser e de atuar, de que participam os gestores na satisfação dos interesses e necessidades da sociedade, a transparência ganhou destaque após a Segunda Guerra Mundial em razão dos modelos pós-burocráticos dos quais destacam os modelos de governança pública.
[20] RONCONI, L. F. de A. *A Secretaria Nacional de Economia Solidária*: uma experiência de governança pública. 2008. 279f. Tese (Doutorado). Programa de Pós-Graduação em Sociologia Política, Universidade Federal de Santa Catarina, Florianópolis, SC, 2008.
[21] O modelo tradicional assentado até hoje nos delineamentos teóricos postos por Max Weber é um modelo de administração hierárquica, profissional e politicamente neutra, caracterizado por um sistema verticalizado, ampla discricionariedade administrativa e reduzido controle jurisdicional e da condução responsável dos assuntos da Administração Pública.

A literatura no direito administrativo aponta uma crise de legitimidade que atinge o funcionamento da Administração Pública, e esta crise está relacionada, por um lado, a uma gestão pública pouco permeável às demandas emergentes da sociedade e, por outro, a uma gestão pública reducionista a aspectos instrumentais e técnicos, sem constituir mecanismo para a formação de preferências e deliberação, com a participação popular nos atos da Administração Pública, democratizando a gestão pública.

A crise de legitimidade do modelo tradicional geradora de uma perda de confiança do cidadão na função administrativa impulsiona a revisão no conceito formal de transparência na perspectiva de buscar uma atuação administrativa mais aberta e próxima ao cidadão, seja na ampliação da visibilidade na compreensão dos assuntos públicos, seja no reconhecimento de valores éticos como ingredientes de um ambiente de integridade pública.

O *segundo eixo* parte da perspectiva estrutural: o indicador digital; sob o mote de modernização administrativa, o uso das novas tecnologias de informação no âmbito das administrações públicas com o intuito de melhorar a prestação de serviços para a sociedade.

Além do eixo organizacional, contribui, igualmente, para a ideia da democratização da Administração Pública a influência das tecnologias de comunicação e informação, pois possibilitou maior abertura e acesso dos cidadãos à máquina administrativa na condução dos negócios públicos.

No contexto da sociedade de informação[22], os avanços da microeletrônica permitiram o desenvolvimento das tecnologias de informação

---

[22] A emergência da Sociedade de Informação representou um marco no contexto brasileiro consagrando o valor da informação e de seu papel fundamental no desenvolvimento e na qualidade de vida dos cidadãos como eixo central do sistema democrático e das relações entre o Estado e os indivíduos. Nos primeiros anos do século XX, a partir de meados da década de 1960, em que se praticou nos Estados Unidos aplicações e usos de novas tecnologias de informação e comunicação, como a criação da internet, não havia, ao que parece, negação ao nascimento de uma nova morfologia social influenciada pela informação e tecnologias digitais. Pelo visto se cogitava que havia necessidade de constatação da mudança no curso das relações socioculturais (MARTINS, A. de C. O acesso aos documentos da Administração Pública. Disponível em: <http://www.bad.pt/publicacoes/index.php/cadernos/article/viewFile/873/872>. Acesso em: 10 nov. 2013; LOJKINE, J. A revolução informacional. São Paulo: Cortez, 1995; CASTELLS, M. *A era da informação*: economia, sociedade e cultura: a sociedade em rede. v. 1. São Paulo: Paz e Terra, 2005).

e comunicação, e o surgimento da era eletrônica, fatores que condicionam a exigência de um momento histórico-cultural mais aberto e potencializado pela difusão, disseminação e transmissão de informações para todos e por todos[23]. A Era da Informação é o ambiente em que o uso das tecnologias de informação e comunicação, especialmente as digitais, contribui para modelar o comportamento não só da sociedade, mas também da Administração Pública.

Na era eletrônica, ancorada nas novas tecnologias digitais, surge um novo ambiente de informação e comunicação, com transmissão global, velocidade ímpar e subversão dos fatores de tempo e espaço, que propicia novas formas de sociabilidade, influenciando no relacionamento entre o público e o privado. É neste ambiente virtual ou ciberespaço[24], meio heterogêneo e transfronteiriço[25], que a partir da digitalização da informação, com o potencial da interatividade, podemos perceber uma maior acessibilidade da informação à sociedade.

Essa abordagem proporcionada pelas novas características e desenvolvimento das tecnologias de informação e comunicação, com a

---

[23] "A capacidade de criar, difundir e usar conhecimento e informação é cada vez mais o principal fator para o crescimento econômico e a melhoria da qualidade de vida" (OCDE, OCDE SCIENCE. Technology and industry scoreboard 1999. Benchmarking Knowledge – based Economies, OCDE, 1999; HOBSBAWM, E. *O novo século* (Entrevista a Antônio Polito). São Paulo: Companhia das Letras, 2000).

[24] O ciberespaço, termo citado por William Gibson no romance *Neuromancer*, deve ser entendido como um espaço de comunicação aberta que surge da interconexão mundial de computadores. Deste modo, parece-nos útil delimitar o âmbito do ciberespaço em dois aspectos: a) aspecto subjetivo: ele designa os seres que navegam e alimentam o universo das redes digitais; dentro do aspecto subjetivo do ciberespaço a concepção dos seres se utiliza desse espaço, se identificam como identidades nômades sem corpo, sem simultaneidade de presença, apenas em solidão coletiva. Nesta linha há um universo complexo e dinâmico de interações de sujeitos que transitam no ambiente virtual com discursos, práticas e imagens que passam a influenciar a conformação social; b) aspecto objetivo: ele designa o conteúdo que abrange um universo oceânico de informações com base numa infraestrutura material da comunicação digital. Ao lado da socialização, o ambiente virtual proporciona intercâmbio intenso de informações e imagens, especialmente com o advento da internet e o desenvolvimento da *web* (GIBSON, W. *Neuromancer*. Tradução Fábio Fernandes. São Paulo: Aleph, 2008; LEVY, P. *Cibercultura*. São Paulo: Editora 34, 1999; LYSLOFF, R. Musical life in soft city: in internet ethnography. In: LYSLOFF, R.; GAY, L. (Orgs.). *Music and techno culture*. Middletown: Wesleyan University Press; GIDDENS, A. *Modernidade e identidade*. Tradução Plínio Dentizien. Rio de Janeiro: Jorge Zahar, 2002).

[25] FERRAZ, M. N. S. Um novo sujeito para um novo espaço. Disponível em: <http://www.revistaconecta.com/conectados/ nelida_sujeito.htm>. Acesso em: 10 nov. 2015.

partilha fácil, veloz e em escala mundial de dados, reflete sobre toda a sociedade, inclusive na expressão da cidadania e na atuação da Administração Pública[26].

Na perspectiva do cidadão, a sociedade de informação traz uma ampliação no universo de disseminação de informações, gerando um cidadão mais informado e esclarecido, e principalmente mais exigente no acompanhamento e cobrança da atividade pública[27]. Da mesma maneira, a sociedade de informação também influencia na atuação da Administração Pública que, pressionada por uma cidadania mais exigente, deve ser transparente, tornando-se clara e aberta, nas suas

---

[26] A valorização da informação, movida pelo rápido desenvolvimento das tecnologias de informação e comunicação, a partir do final dos anos 1970, mostrou-se um elemento determinante do desenvolvimento no cenário que envolve Estado, Governo e Sociedade, não só do sentido estrutural das sociedades, emergindo a sociedade de informação, mas, sobretudo, dos mecanismos pelos quais essa mesma morfologia social possa repercutir na funcionalidade administrativa apropriada a atender e processar demandas pluralistas alumbradas pela diversidade e intensidade das informações. As transformações tecnológicas ocorridas no início do século XX estão sofrendo expansão progressiva, com aperfeiçoamento e surgimento de inovações tecnológicas, justificando de modo simples e direto a configuração no século XXI de uma realidade sociocultural marcada pela virtualidade real, difusão lógica das redes e o intercâmbio intenso de informações. A mídia virtual e os seus recursos tecnológicos passam a ser o ingrediente básico de comunicação, interatividade e divulgação na estrutura das relações sociais. A adoção de uma abordagem "informacional" da realidade sociocultural é decorrência propiciada, não de forma exclusiva, pelos avanços tecnológicos na microeletrônica e telecomunicações. Coincide com a convicção de que a informação é o novo paradigma da sociedade contemporânea acompanhada de tensões e desafios culturais e de organização social. Essa abordagem proporcionada pelas novas características e desenvolvimento das tecnologias de informação e comunicação, com a partilha fácil, veloz e em escala mundial de dados, reflete sobre toda a sociedade, inclusive na expressão da cidadania e na atuação da Administração Pública (LÉVY, P. *Cibercultura*. Tradução Carlos Irineu da Costa. São Paulo: Editora 34, 1999; CASTELLS, M. *A era da informação*: economia, sociedade e cultura: a sociedade em rede. v. 1. São Paulo: Paz e Terra, 2005; GUEVARA, A. A. Ética en la sociedad de la información: reflexiones desde América Latina. In: *Seminario Infoetica*, 2000, Rio de Janeiro. [s. l.: s. n., 2000]; CASTELLS, M. A galáxia internet: reflexões sobre internet. *Negócios e Sociedade*. Lisboa: Fundação Calouste Gulbenkian, 2004; ESTEVES, J. P. Sociedade da informação e democracia deliberativa. In: ESTEVES, J. P. (Org.). *Ciências da comunicação*: espaço público e democracia. Lisboa: Colibri, 2003, p. 169-205).

[27] "[...] por intermédio das redes digitais pode-se mais facilmente acompanhar as políticas públicas e os programas de governo e interferir neles, discutindo, sugerindo e fiscalizando suas operações" (PERUZZO, C. Internet e democracia comunicacional. In: MELO, J. M. de; SATHLER, L. *Direitos à comunicação na sociedade da informação*. São Paulo: Umesp, 2005).

atividades. Podemos estabelecer quatro importantes desdobramentos: a) amplo acesso ao conhecimento; b) ação social consciente; c) organização da sociedade; d) exigência mais apurada. Da mesma maneira, a sociedade de informação também influencia na atuação da Administração Pública que, pressionada por uma cidadania mais exigente, deve ser boa.

Maior acessibilidade não significa mais democrática, até porque nos deparamos com problemas não apenas da gestão da informação pública, mas com uma reestruturação no relacionamento do Estado e cidadão que implica uma cidadania mais exigente e ávida por uma atuação mais ativa e participativa nas discussões e decisões sobre assuntos de interesse público.

Na verdade, constituindo uma realidade do mundo tecnológico, o acesso à informação pública, a qual se traduz, por um lado, na abertura de contato na atividade administrativa e, por outro, na interação social compartilhada em rede digital, é inquestionável que o acesso à informação pública na esfera digital assume a maior relevância, pois, perante ela, pode verificar-se a atuação administrativa e conhecer-se os recursos disponibilizados nas atividades desenvolvidas no âmbito da Administração Pública.

Neste contexto, as tecnologias de informação e comunicação exercem influência na divulgação e compartilhamento de informações da gestão pública no sentido de gerar a necessidade por parte da Administração Pública de criar processos e estruturas que compatibilizem a ação pública no caminho da melhoria na eficácia administrativa, com as operações no espaço virtual.

Na remodelação comportamental, a administração deve desempenhar um papel de adaptação às novas ideias tecnológicas, visando criar um ambiente relacional entre a Administração Pública e a sociedade civil de interação para ofertar aos cidadãos serviços de qualidade, informação confiável e mais conhecimento de modo a facilitar o acesso aos processos de governo e encorajar a participação do cidadão. A adaptação tecnológica interativa ocorre com a criação de sistemas virtuais preocupados com a expansão e funcionalidade nos fluxos informacionais e comunicacionais.

A influência das tecnologias de informação e comunicação contribui na nova compreensão da Administração Pública, já que além da expansão organizacional da administração, os indivíduos tornam-se mais conscientes de seus direitos e deveres, ganhando preparação cívica para o debate público, com reivindicação de maior participação no funcionamento estatal e eficiência no atendimento de suas necessidades.

O *terceiro eixo* parte da perspectiva ética: o movimento anticorrupção caracterizado por normas e atuação social e institucional no combate da corrupção[28] no setor público.

Na TERCEIRA PARTE, da concretização, a *accountability* é recolocada nesta tese, como elemento de legitimação da transparência, com um conceito expandido de um processo de prestação de contas para a responsabilização pública visando resultados sociais e sistêmicos, delineando uma concepção democrática.

Tendo como pano de fundo a utilização da transparência como instrumento para combater e reduzir a corrupção administrativa a níveis mínimos, no conteúdo, esta tese descreve, primeiramente, a noção da *accountability* democrática centrada em possibilitar a participação da sociedade na gestão pública, objetivando nova legitimação para além da democracia eleitoral, e traduzida numa comunicação pública dialógica.

---

[28] A corrupção, encontrada em todas as épocas e partes do mundo, representativa da fusão entre o desvio da finalidade pública, caracterizado pelo rompimento do pressuposto moral de que os agentes públicos agem dentro da lei e no cumprimento dos legítimos fins contemplados na norma, e o proveito privado com obtenção da vantagem indevida, é fator comprometedor da estabilidade, segurança e legitimidade das instituições públicas, com impacto negativo no desenvolvimento e prosperidade do Estado, com enfraquecimento de valores democráticos e morais. No século XXI, o nível de corrupção no mundo assumiu um grau alarmante. O excesso de oportunidades para desviar recursos públicos e a certeza da impunidade, e não a formação moral ou cultural do povo brasileiro constituem as reais causas para a manutenção da corrupção em elevados patamares. "Sem dúvida, há tempos, organizações e países têm lidado com epidemias e outras situações. Em alguns países como a Argentina e a maioria dos países em vias de desenvolvimento, a epidemia é uma situação natural. Os países subdesenvolvidos vivem em estado de hipercorrupção permanente, são sistemas de corrupção latente" (OCAMPO, L. M. *En defensa propia*: como salir de la corrupción. Buenos Aires: Editorial Sudamericana, 1993, p. 120); "[...] la moralidad de la actuación del funcionario, la bondad o maldad de su conducta, debe juzgarse en relación con la finalidad del servicio público, del bien común, que justifica la propia existencia de la administración" (RODRÍGUEZ-ARANA, J. *La dimensión ética*. Madrid: Dykinson, 2001, p. 294); BRASIL. Superior Tribunal de Justiça. Agravo regimental no recurso especial n. 1337768/MG. Relator: Ministro Olindo Menezes. Órgão julgador: Primeira Turma. DJe 19/11/2015; FURTADO, L. R. *As raízes da corrupção*: estudos de casos e lições para o futuro. 2012. 499f. Tese (Doutorado). Faculdade de Direito, Universidade de Salamanca, Espanha, 2012.

Nesta seara, compreende-se que a *accountability* democrática é concretizada pelo esclarecimento compartilhado da gestão pública. Na dimensão do esclarecimento garante-se qualidade informacional e justificação administrativa, com acesso claro e compreensível da informação pública. Na dimensão do compartilhamento analisa-se o acesso físico da informação pública e intervenção do cidadão na fiscalização e participação da gestão pública (reconhecimento do acesso à informação pública, a democratização digital e a gestão participativa).

Assim, neste contexto de visibilidade administrativa, o simples acesso à informação pública não pode ser tido por suficiente para justificar e legitimar o exercício de um poder administrativo transparente, de forma que numa democracia substancial é essencial que os cidadãos tenham o direito de esclarecimento com informação compreensível para construir opinião e ter condições de fiscalizar a Administração Pública.

Nesse sentido, defende-se a necessidade de complementariedade entre a divulgação dos atos da Administração Pública geradora do acesso à informação pública e a compreensão do agir administrativo, democratizando a gestão pública, a fim de que o cidadão possa contribuir para o seu aperfeiçoamento e exerça o controle sobre os atos da Administração Pública, partindo do pressuposto de que o sentido formal é insuficiente para controlar a corrupção administrativa.

Além de permitir abertura informacional em que o cidadão tem a capacidade de conhecer e compreender as informações públicas divulgadas, garantindo a possibilidade de avaliação nas ações dos gestores públicos e consequente responsabilização, o sentido da transparência é promover a participação do cidadão nos processos decisórios com aumento do envolvimento dos membros da sociedade nas arenas de debates públicos, democratizando a gestão pública, com a aproximação da sociedade ao poder público.

No cenário da governança, destaca-se a mudança na ideia da responsabilidade administrativa. Ao prestar contas acerca de suas atividades à sociedade em geral, a Administração Pública fornece informações do seu desempenho na execução de suas funções, e se submete à avaliação exercida pelo poder público (controle estatal) ou pelo cidadão (controle social), a fim de garantir uma atuação administrativa em conformidade com os princípios da boa governança. É uma obrigação de expor com explicações e/ou justificações das medidas tomadas em nome da prestação de serviços ao público, que funciona como instrumento na promoção do desenvolvimento[29].

Nesta relação social a Administração Pública, ao assumir a capacidade de atender às expectativas da sociedade, cria o compromisso de alcançar objetivos em conformidade com o interesse público, com um ambiente propício de integridade pública, em que não haja abuso ou má utilização dos poderes administrativos[30], inclusive com sujeição a punições[31], através de uma interação com a coletividade para extrair as expectativas do público.

Neste contexto relacional, a busca da redução das barreiras e superação das contradições, num processo de proximidade do cidadão à Administração Pública, coincide com mecanismos que visem assegurar o desenvolvimento da ligação concreta e imediata entre a Administração Pública e administrada com um real equilíbrio nas vinculações intersubjetivas surgidas no exercício da função administrativa.

Assim, além de as relações jurídicas que ligam os particulares à Administração Pública serem equacionadas em torno do cidadão, interpretado como sujeito de direitos e deveres, no sentido de não ser considerado um objeto da atuação administrativa, mas um elemento protagonista na defesa do interesse público e do maior respeito aos direitos fundamentais, o agir administrativo deixou de se preocupar exclusivamente com conceitos e formas, para dedicar-se à busca de mecanismos destinados a conferir à gestão pública o grau de efetividade que prestigie a parceria com a sociedade.

Gestão Pública Efetiva é aquela que, observado o equilíbrio entre os valores democracia e responsabilidade, proporciona aos cidadãos a eficácia desejada para atingir resultados públicos. Trata-se de um movimento de abertura da Administração Pública ao exterior com uma

---

[29] BASU, R. *Public administration*: concepts and theories. New Delhi: Sterling Publishers, 1994; AUCOIN, P.; HEINTZMAN, R. The dialectics of accountability for performance in public management reform. *International Review of Administrative Sciences*, v. 66, n. 1, 2000, p. 45-55.
[30] AUCOIN, P.; HEINTZMAN, R. The dialectics of accountability for performance in public management reform. *International Review of Administrative Sciences*, v. 66, n. 1, 2000, p. 45-55.
[31] HAQUE, M. S. Significance of accountability under the new approach to public governance. *International Review of Administrative Sciences*, v. 66, n. 4, 2000, p. 599-617.

função administrativa compartilhada com os cidadãos, proporcionando um modelo aberto e democrático de colaboração entre o público e o privado[32].

---

[32] "[...] precisamos ultrapassar o entendimento da organização como algo que simplesmente 'contém' as pessoas, a tecnologia e o trabalho. As organizações possuem fronteiras fluidas e a vida das pessoas flui através dessas fronteiras. Assim sendo, não podemos falar de organizações como se elas fossem ilhas e como se seus membros e atividades estivessem totalmente alheios ao que está acontecendo na sociedade em geral" (CHENEY, G. et al. Organizational communication. In: *Age of globalization*: issues, reflections, practices. Prospect Heights. Illinois, EUA: Waveland Press, 2004, p. 1).

PARTE I
Identificação da Transparência Administrativa: Noções Gerais

1. Significação do Termo

A caracterização e consequente definição dos contornos da transparência administrativa, enquanto qualidade do agir da Administração Pública, passa pelo entendimento de transparência. Apesar do seu amplo uso nos diversos tipos de discurso, o termo "transparência" é plurívoco, com múltiplas manifestações, dimensões e perspectivas, dificultando a busca de um conceito que contenha uma compreensão precisa e abrangente para a clarificação do seu conteúdo[1].

Os inúmeros significados do termo "transparência" derivam da polissemia da palavra[2], cuja abordagem inicial pode ser feita pela pesquisa etimológica, que permite compreensão, ainda que parcial, do seu sentido, de forma a facilitar a precisão do seu conteúdo e do uso na linguagem. Cabe ressaltar que, além da polissemia, a dificuldade na

---

[1] "Se ha convertido en una palabra de 'anchas espaldas' que soporta realidades y perspectivas distantes entre sí" (MAÑAS, J. L. P. Transparencia y protección de datos: las claves de un equilibrio necesario. In: MACHO, R. G. (Dir.). *Derecho administrativo de la información y administración transparente*. Madrid: Marcial Pons, 2010, p. 81-101); ACAL, D. O. Ser o no ser: el archivero entre el derecho de acceso y la protección a la información. El derecho a saber y el deber de privacidad: el acceso a los documentos. In: *Revista Tábula*, n. 15, Salamanca, 2012, p. 149; NOVELL, R. *Transparencia y buen gobierno*. Barcelona. Icaria Editorial. Fundación Amigos de la UPC, 2002; OLIVER, R. W. *What is transparency?* New York: McGraw-Hill, 2004; KEARNS, K. P. Transparencia en las ONG: un enfoque proactivo. In: *Fundación Lealtad*: La transparencia de la solidaridad. Madrid: Comunidad de Madrid, Dirección general de cooperación al desarrollo y voluntariado, 2001.

[2] A polissemia da palavra transparência é a razão de ser fundamental da fluidez e imprecisão dos contornos das exigências dela decorrentes (ANTUNES, L. F. C. Mito e realidade da transparência administrativa. *Boletim da Faculdade de Direito de Coimbra*, Coimbra, 1990).

significação da transparência reside na associação do termo a outras categorias, bem como no caráter interdisciplinar do termo[3].

O termo "transparência" indica característica ou condição do que é transparente. Trata-se de um adjetivo que serve para caracterizar seres e objetos dando uma qualidade, e que possui raiz latina, como particípio presente de *transparere*, no sentido de ser visível, aparecer[4].

O termo "transparência" vem do latim *transparentia*, relacionado ao verbo *transparere*, que significa mostrar a luz através, deixar a luz atravessar, formado por *trans*, "através", mais *parere*, "aparecer, chegar à vista". É o que deixa transparecer, mostrar-se, característica de algo que é, ou não, disfarçado, revelar, deixar claro aquilo que existe, que aparece, revela o que pensa[5]. De acordo com a origem do vocábulo, a expressão "transparência" de origem latina (latim medieval *transparens*, em que temos a preposição *trans*, "através de", e o particípio presente *parens*, de *parere* – "aparecer"[6]) diz respeito a uma característica, qualidade ou estado de uma pessoa ou instituição de ser visível, possibilitando sua compreensão, percepção e retidão. Na tradução grega de transparente (διαφάνεια – formado por *dia* – através de, mais *faino* – aparecer), temos o duplo sentido, ativo, ou seja, fazer ver e dar a conhecer, e o passivo, no sentido de aparecer, vir à luz, ser visível, manifesto.

A palavra "transparência", por ser termo polissêmico, é empregada com vários significados[7], tais como: a) qualidade ou estado do que é transparente; b) fenômeno pelo qual os raios luminosos visíveis são observados através de certas substâncias; c) qualidade do que transmite a verdade sem a adulterar; limpidez; d) qualidade de quem não

---

[3] GUERRERO, J. P. Transparencia: de la abstracción a la operacionalización de un concepto. In: MERINO, M. (Coord.). *Transparencia, libros, autores e ideas*. México: IFAI, 2005.

[4] DEVOTO, G.; OLI, G. C. *Il Devoto-Oli*: vocabolario della lingua italiana. Itália: Mondadori, 2008.

[5] O termo transparência põe de imediato o leitor em face de uma série de relações [...] Em todas as direções o termo se emprega para revelar, deixar transparecer uma imagem, um conceito, um conteúdo especial, que às vezes não se quer mostrar, quer ser ambíguo, dizendo e não dizendo e valendo pela sua própria obscuridade, quando não pela sua natureza autotélica (TELES, G. M. O claro-escuro da transparência literária. In: *Revista Guará – Linguagem e Literatura*, Goiás, v. 1, n. 1, p. 95-108, 2011).

[6] PERISSÉ, G. *Palavras e origens*. São Paulo: Saraiva, 2011.

[7] INFOPEDIA. *Dicionário da língua portuguesa com acordo ortográfico* [em linha]. Porto: Porto Editora, 2003-2015; *Dictionnaire le nouveau petit Robert de la langue française*, 2009, p. 2605.

tem nada a esconder; e) caráter do que não é fraudulento e pode vir a público (em matéria econômica); f) folha de plástico transparente, com texto ou gravuras, para uso no retroprojetor; acetato.

Emprega-se a palavra "transparência"[8] no sentido de uma qualidade de um objeto ou instrumento ou corpo, de preferência como espessura mínima que pode ser atravessado pela luz, permitindo que se vejam claramente os objetos através dele, com suas formas e contornos[9]. É a propriedade pela qual um corpo permite a passagem da luz, possibilitando a visibilidade de objetos e imagens. Um observador pode ver o que está do outro lado; diferentemente de um material que, quando opaco, a luz não passa. Esse sentido traduz uma apropriação metafórica de um conceito das Ciências da Terra[10], como propriedade de materiais que se deixam atravessar pela luminosidade, permitindo a visibilidade de objetos ou imagens. Nesta acepção, ser transparente é ser visível, deixar transparecer.

Utiliza-se também a palavra "transparência" no sentido da procura por um estado inteligível, claro, perceptível, a exemplo do que se suscita na hipótese em que o homem deseja atingir um estado de compreensão ou entendimento diante da realidade.

Nesses casos, o termo "transparência" pode ser empregado para expressar função psíquica que permite aos indivíduos, através dos sentidos, receber e elaborar a informação proveniente do seu entorno, com a influência de estímulos sensoriais, a localização do objeto no tempo e no

---

[8] D'OLIVEIRA, H. M. et al. *Dicionário brasileiro ilustrado Edigraf*. São Paulo: Edigraf, 1971; HOUAISS, A. *Dicionário Houaiss de língua portuguesa*. Rio de Janeiro: Objetiva, 2001; AULETE, C. *Dicionário contemporâneo de língua portuguesa*. Rio de Janeiro: Delta, 1964; *Dicionário brasileiro da língua portuguesa da Encyclopaedia Britannica do Brasil*, 1987; *Diccionario de la lengua española de la Real Academia Española*. Disponível em: <http://lema.rae.es>. Acesso em: 10 jun. 2016. *The compact edition of The Oxford English dictionary* (1971).
[9] "Transparência designa a propriedade de um corpo que se deixa atravessar a luz e permite distinguir, através de sua espessura, os objetos que se encontram atrás. Nesse sentido, a transparência administrativa significa que atrás do invólucro formal de uma instituição se perfilam relações concretas entre indivíduos e grupos percebidos pelo observador" (CHEVALIER, J. *Lê mithe de la transparence administrative*. Centre Universitaire de Recherches Administratives et Politiques de Picardie, Information et Transparence Administrative. Paris: PUF, 1988).
[10] SILVA, D. B. da. *Transparência na esfera pública interconectada*. 2010. 114f. Dissertação (Mestrado em Comunicação) – Faculdade Cásper Líbero, São Paulo, 2010.

espaço, e a influência das experiências prévias do sujeito. Na dimensão psicológica, com a transparência é possível criar consciência do mundo real. Já no plano filosófico, a ideia da transparência está ligada ao problema da cognição e como é obtido o conhecimento do mundo.

Pode-se igualmente falar em transparência no sentido de lisura, e dentro dessas perspectivas examiná-la no sentido da busca do homem por uma postura ética consubstanciada na integridade de caráter e honestidade de ações. Nesta acepção, "ser transparente" significa qualidade de quem tem retidão, honradez, idoneidade e sinceridade. Transparência é ausência de torpeza, falsidade, desonestidade.

A transparência pode significar um estado de verdade[11] nas situações da vida real. Esse estado reside no sujeito que a constitui e enuncia. Daí se diz ter transparência quando se sabe sobre algo sincero. É precisamente desse sentido, desde que haja relação de conformidade entre ideia e objeto ou num juízo de certeza, pode-se afirmar que da transparência pode formar a segurança[12].

A transparência, com muitos outros conceitos genéricos, é termo amplo, pouco técnico, não isento de subjetividade e relativo, pois a

---

[11] No grego, verdade é aquilo que não está oculto ou escondido; uma qualidade das próprias coisas; no latim, verdade é um relato fidedigno de um fato numa linguagem acurada; no hebraico, é um conceito futuro baseado na confiança e esperança. A verdade absoluta no plano científico é uma ingenuidade epistemológica (FERRAJOLI, L. *Direito e razão*. São Paulo: Revista dos Tribunais, 2002, p. 42-50; CHAUI, M. *Convite à filosofia*. São Paulo: Ática, 1999, p. 98-110; GIRARDI, L. J.; ODONE, J. de Q. *Filosofia*: aprendendo a pensar. Porto Alegre: Sagra Luzzatto, 1998).

[12] A segurança, desde as épocas mais primitivas, pode ser entendida como uma necessidade individual, ou seja, uma aspiração básica inerente ao ser humano de buscar um estado de proteção sem ameaças, ou então como uma necessidade social, ou seja, o desejo da coletividade de querer compreender a realidade, com a obtenção de condições de proteção contra ameaças ou perigos, que garantam um planejamento de vida e a produção de um futuro de forma consciente. Foi numa perspectiva cognitiva que começou a existir a segurança. No primeiro sentido, privilegia-se o ângulo subjetivo da segurança; no segundo, dá-se relevo ao ângulo objetivo ou funcional (MASLOW, A. *Introdução à psicologia do ser*. Rio de Janeiro: Eldorado, 1962; STORK, R. Y.; ECHEVARRÍA, J. A. *Fundamentos de antropologia*: um ideal de excelência humana. São Paulo: Inst. Bras. Filosofia e Ciência Raimundo Lúlio, 2005. p. 338; COING, H. *Fundamentos de filosofía del derecho*. Tradução Juan Manuel Mauri. Barcelona: Ariel, 1961; DALLARI, D. de A. *Segurança e direito*: o renascer do direito. São Paulo: Saraiva, 1980; HERVADA, J. *Lições propedêuticas de filosofia do direito*. São Paulo: Martins Fontes, 2008; WOLKMER, A. C. As necessidades humanas como fonte insurgente de direitos fundamentais. *Veredas do Direito*, v. I, n. 3, jul./dez. 2004, p. 85-92).

transparência total, absoluta e permanente é perigosa e paralisante diante do pluralismo de uma relação dialógica que não esgota uma anuência em todos os seus termos[13].

A questão não é saber se existe ou não transparência, mas se estamos lidando com mais ou menos transparência[14].

No entanto, em um cenário evolutivo das tecnologias de informação e comunicação, torna-se difícil manter segurança digital necessária para proteção contra o uso ou acesso não autorizado à informação, bem como a proteção contra a negação do serviço a usuários autorizados[15].

Todas as acepções do termo "transparência" são analógicas. Exprimem, todas, a ideia de visibilidade de alguma coisa. Porém, em todos esses significados não se está examinando a transparência administrativa propriamente dita. Está-se falando, simplesmente, de transparência, normalmente na acepção de uma qualidade de seres, substâncias e entidades referente à clareza, lisura e verdade.

A transparência administrativa só entra em cena quando ocorre a aplicação dos vários significados da palavra transparência no contexto da Administração Pública.

Nesta operação, pode-se analisar o tema, de acordo com a doutrina, de duas formas: a) material: levam-se em conta os diversos significados do termo transparência, e sua aplicação no âmbito da Administração

---

[13] RODRÍGUEZ-ARANA, J. El derecho fundamental al buen gobierno y a la buena administración de instituciones públicas. *Seminario "El derecho a la buena administración pública"*, 19 a 20 de março de 2007. Escuela de Administración Pública de Castilla-León. Disponível em: <http://www.ciberjure.com.pe/index.php?option=com_content&task=view&id=2232&Itemid=9&gt>. Acesso em: 10 fev. 2013.

[14] "La transparencia en la gestión pública no existe en valores absolutos. Es un objetivo a alcanzar y, en la medida en que los responsables públicos – gestores y políticos – la practiquen, la normativa legal lo posibilite y la gestión de los documentos sea una realidad, se habrá alcanzado un grado más o menos importante de eficacia en la transparencia de la gestión de los organismos públicos". GIMÉNEZ-CHORNET, V. Acceso de los ciudadanos a los documentos como transparencia de la gestión pública. *El profesional de la información*, v. 21, n. 5, p. 504-508, set.-oct. 2012.

[15] "Las tecnologías de la información permiten una transparencia total. La gente que tiene acceso a información relevante está empezando a desafiar todo tipo de autoridad [...] Todo el que presume de tener información privilegiada es retado por individuos, empresas y regiones que tienen acceso directo a la misma información. Es un cambio de poder. Ahora, el poder está en manos de la gente" (RIDDERSTRÅLE, J.; NORDSTÖM, K. *Funky business*. Madrid: Prentice Hall, 2000, p. 54).

Pública; neste sentido, pode-se afirmar que a transparência significa clareza e lisura no agir administrativo[16]; b) finalística: analisam-se as finalidades da transparência diante das diversas perspectivas assumidas no contexto da Administração Pública.

Na forma material, a transparência significa clareza no funcionamento das instituições públicas, seus resultados e respectivos meios utilizados para alcançá-los, e, por extensão, a compreensão de onde, como, quanto e por que o dinheiro do povo está sendo gasto, permitindo o acompanhamento das ações da Administração Pública pela sociedade. Neste sentido é que se diz que toda a Administração Pública deve ser transparente, que é a clareza da ação pública da gestão perante a sociedade[17]. E também como lisura, a transparência aparece como um dos valores que permitem à Administração Pública agir dentro dos parâmetros das boas práticas éticas. Fala-se em uma necessidade estratégica no ambiente da gestão pública.

No aspeto finalístico, a transparência funciona como uma qualidade no agir administrativo, como instrumento de boa gestão, pois melhora a prestação de contas, reduz a corrupção e, por consequência, alcança-se uma maior qualidade na prestação dos serviços públicos. Parte da doutrina menciona dimensões da transparência: a) política: transparência é uma política pública traduzida por um conjunto de ações públicas promovidas para garantir visibilidade e lisura no âmbito da gestão pública; b) jurídica: transparência é o acesso à informação e sua divulgação nos meios previstos na legislação; c) econômica: a transparência é uma forma de reduzir as assimetrias de informação de forma a possibilitar um melhor alinhamento de interesses entre agente e principal, para então gerar lucros e maiores investimentos no mundo dos negócios[18].

---

[16] Na presente investigação optamos por não trabalhar com a aplicação da verdade no tema da transparência administrativa.

[17] ANDRADE, N. de A. Contabilidade pública na gestão municipal. São Paulo: Atlas, 2006, p. 30.

[18] CARPIZO, J. Constitución e información. In: HERNÁNDEZ, A. M.; VALADÉS, D. (Coords.). *Estudios sobre federalismo, justicia, democracia y derechos humanos*. México: UNAM, 2003, p. 23-53; LÓPEZ, S. A. El derecho a la información como derecho fundamental. In: CARPIZO, J.; CARBONELL, M. (Coords.). *Derecho a la información y derechos humanos*. México: UNAM, 2000; MENDEL, T. Consideraciones sobre el estado de las cosas a nivel mundial en materia de acceso a la información. *Derecho Comparado de la Información*, n. 8, México, UNAM, 2006; SUBIRATS, J.; KNOEPFEL, C. L. P.; FREDERIC, V. *Análisis y gestión*

A transparência na Administração Pública, uma expansão metafórica do significado usado em ciências físicas, onde um objeto "transparente" deixa passar a luz e permite ver nitidamente o que está por trás, considerada uma qualidade de seu agir, seria, então, como vetor característico do bom governo, a inferência de sinceridade, comunicação e responsabilidade: um sistema administrativo que é aberto gera comunicação, e onde existe um esclarecimento compartilhado dos atos da Administração Pública para viabilizar o envolvimento da sociedade nos assuntos da gestão pública, com o escopo de fiscalizar, monitorar e avaliar as condições em que as políticas públicas estão sendo executadas, observando a disponibilidade e a aplicação de recursos públicos, a intensidade, a abrangência e a qualidade das ações desenvolvidas e os respectivos resultados destas ações para o interesse coletivo[19].

2. Difusão do Termo

A difusão do termo transparência, e o seu uso por diferentes tipos de discurso e por diferentes níveis de linguagem, converte a transparência, no início do século XXI, em uma categoria central da cultura contemporânea[20]. Concebida com um valor promovido por diversas instituições no contexto nacional e internacional[21], a transparência é um valor público acolhido pela sociedade que funciona como ferramenta de boa governança de programas, organizações e nações no combate da corrupção, para uma melhor qualidade governamental[22].

de políticas públicas. Barcelona: Ariel, 2008; SAMUELSON, P.; NORDHAUS, W. *Economía*. Madrid: McGraw-Hill, 2006; VILLANUEVA, E. *Derecho de acceso a la información pública en Latinoamérica*. México: UNAM, 2003.
[19] ARRUDA, A. M. F. *Resultado da análise das prestações de contas dos municípios do Estado do Ceará na visão do Tribunal de Contas dos municípios*. 2008. 168 f. Dissertação (Mestrado em Controladoria) – Programa de Pós-Graduação em Administração e Controladoria, Departamento de Contabilidade e Atuária, Faculdade de Economia, Administração, Contabilidade e Secretariado da Universidade Federal do Ceará, Fortaleza, 2008, p. 30.
[20] SILVA, S. T. da. O princípio da transparência: da revolução à necessidade de regulação. Disponível em: <https://apps.uc.pt/mypage/files/fd_stavares/1090>. Acesso em: 20 abr. 2013.
[21] UNODC. United Nations Convention against corruption: priorities for the provision of technical assistance. Global Programme against Corruption, July, 2004. Disponível em: <http://www.unodc.org/pdf/crime/corruption/corruption_gpac_strategy_jul04.pdf.>. Acesso em: 20 abr. 2013.
[22] GRIGORESCU, A. International organizations and government transparency: linking the international and domestic realms. *International Studies Quarterly*, v. 4, n. 47, p. 643-667, 2003.

A razão da difusão do termo no âmbito da Administração Pública refere-se a dois fatores essenciais. O primeiro é a carga positiva do termo transparência, como algo dotado de magia capaz de solucionar os problemas coletivos para o fim de se alcançar o bem comum; o outro fator está ligado com os benefícios que o termo traz no âmbito político-administrativo relacionados à ideia de modernização da Administração Pública, combate da corrupção e o reforço democrático.

Por outro lado, em relação aos fatores contribuintes da difusão da transparência administrativa, pode-se mencionar não apenas a evolução das tecnologias de comunicação no contexto da sociedade de informação, mas também as ações de organizações internacionais vocacionadas a buscar implementar visibilidade na Administração Pública.

No enfoque político, a difusão do termo da transparência decorre da necessidade de reforçar a atuação democrática dos governos. No Brasil, em especial, a transparência parte da constatação na realidade político-administrativa do estreitamento da participação popular e redução dos ideais democráticos. A transparência na Administração Pública é um pressuposto indispensável das democracias: nelas, a visibilidade a todas as ações e motivações administrativas, legislativas ou judiciais é obrigação imposta a todos os administradores públicos, porque atuam em nome dos cidadãos. Ao ser visível a Administração Pública permite a contestação dos seus argumentos por parte da opinião pública, afastando o que Bobbio chama de "poder invisível"[23].

Quando a Administração Pública garante visibilidade e confiabilidade no seu agir administrativo, municia o cidadão de dispositivos de *input* de opinião e influência, gerando transparência e, por consequência, a legitimidade do agir administrativo na democracia. Ao possibilitar além do conhecimento, a compreensão da atividade pública, a transparência funciona como pré-condição de uma relação consciente entre Administração Pública e a sociedade, para a realização da cidadania[24]. A difusão da transparência nos discursos políticos justifica-se na necessidade de considerar a democracia não mais apenas sob uma perspectiva instrumental, mas incluir a defesa do participacionismo

---

[23] BOBBIO, N. *O futuro da democracia*. São Paulo: Paz e Terra, 2000.
[24] FACCIOLI, F. *Comunicazione pubblica e cultura del servizio*. Roma: Carocci, 2000, p. 48.

através do exercício ampliado e inclusivo do poder. Conforme acentua Gomes Filho[25]:

> [...] o poder, ao tornar-se transparente, submete-se à crítica, ao escrutínio público e, por conseguinte, ao controle social, da parte daqueles sobre os quais o poder se exerce. Portanto, dar transparência ao poder implica compartilhá-lo, o que tem impacto positivo sobre a natureza. Muito improvavelmente, por conta disso, o poder transparente será arbitrário, autoritário. Porque compartilhar poder significa socializá-lo, democratizá-lo e leva invariavelmente ao seu aperfeiçoamento, ao seu amadurecimento. A transparência confere lucidez ao exercício do poder. Poder transparente tende a ser poder consciente. Logo, dar transparência ao poder, implica melhorá-lo.

Além da difusão política, a transparência, no âmbito da Administração Pública, aparece como fator de modernização do modelo de gestão pública. Num primeiro momento aparece associada à ideia de eficiência num discurso gerencialista com técnicas e iniciativas do setor privado; e depois com a introdução da ideia da governança pública afirma-se como método de abertura à participação social, permitindo que o povo entenda e compreenda o que está sendo publicado. A transparência teve lugar de destaque no discurso administrativo na América do Norte e na Europa Ocidental, após os anos 1970. Tornou-se, então, um dos valores essenciais da Administração Pública, configurando-se como um eixo privilegiado do reformismo administrativo que fez da transparência o princípio, e do segredo a exceção[26]. Surge no Brasil com o Plano Diretor de Reforma do Estado apresentado em 1995 com forte inspiração no gerencialismo.

A demanda por transparência aumenta dia a dia, pois, ao possibilitar condições para o controle social sobre atos, decisões e gastos na gestão pública, tem-se uma maior qualidade na condução das atividades

---

[25] GOMES FILHO, A. O desafio de implementar uma gestão pública transparente. In: *Congreso Internacional Del Clad sobre la Reforma del Estado y de la Administración Pública*. Santiago, 2005. Disponível em: <https://bvc.cgu.gov.br/handle/123456789/2698>. Acesso em: 10. set. 2014.

[26] JARDIM, J. M. *Transparência e opacidade do Estado no Brasil*: usos e desusos da informação governamental. Niterói: EdUFF, 1999, p. 21.

públicas[27]. Só a informação democratizada pode fornecer, aos cidadãos, possibilidades de avaliar a atuação da Administração, assim como de fornecer sua opinião e expor suas aspirações no que se refere às decisões que os dirigentes públicos devem adotar em relação aos problemas comuns dos administrados[28]. Neste cenário, a difusão da transparência aparece como fórmula de combate à situação de corrupção que atinge o setor público brasileiro. A corrupção se desenvolve num ambiente com falta de transparência, o que infelizmente vem sendo rotina no Brasil, com os recentes escândalos protagonizados pela Petrobras, Odebrecht e Ministério da Agricultura. Onde há ocultação não há controle sobre a gestão pública. Ao mesmo tempo, constata-se um crescente movimento de cobrança por parte da sociedade e do mercado para adoção de controles, políticas e diretrizes capazes de gerar a transparência no âmbito da Administração Pública.

Na dinâmica evolutiva, o termo transparência foi difundido no mundo acadêmico[29] e para o público em geral, por influência das ações realizadas pela organização não governamental Transparência Internacional[30], fundada em 1993, cuja missão é combater a corrupção com abertura, honestidade e responsabilidade, e no Brasil pela Transparência Brasil[31].

Outro fator contribuinte à difusão da transparência foi a evolução das tecnologias de informação e comunicação. Neste cenário surgem, desde a segunda metade do século XX, especialmente na sequência da Watergate

---

[27] VAUGHN, R. Transparency-the mechanisms: open government and accountability. *Issues of Democracy*, v. 5, n. 2, p. 13-19, ago. 2000. "No moderno contexto de democratização das sociedades tem havido uma crescente mobilização no sentido de que os administradores públicos ampliem a transparência sobre as suas ações" (TRISTÃO, G. Transparência na Administração Pública. *VII Congreso Internacional del CLAD sobre la Reforma del Estado y de la Administración Pública*, Lisboa, Portugal, 8-11 oct. 2002. Disponível em: <http://unpan1.un.org/intradoc/groups/public/documents/clad/clad0043714.pdf>. Acesso em: 10 maio 2014).

[28] BOSCO, M. G. D. *Discricionariedade em políticas públicas*: um olhar garantista da aplicação da lei de improbidade administrativa. Curitiba: Juruá, 2008, p. 173.

[29] FLEXOR, G.; LEITE, S. P. Análise das políticas públicas: breves considerações teórico metodológicas. In: *Anais do 12º Encontro Nacional de Economia Política*. São Paulo, 2007; FONTOURA, J. S. A. Transparência internacional. In: AVRITZER, L. et al (Orgs.). *Corrupção*: ensaios e críticas. Belo Horizonte: Editora UFMG, 2008, p. 495-503.

[30] Disponível em: <http://www.transparency.org/>. Acesso em: 10 ago. 2015.

[31] Disponível em: <http://www.transparency.org/>. Acesso em: 10 ago. 2015.

nos anos 1970, em razão da globalização, da difusão da democracia e do avanço nas tecnologias de informação, sinais de transformação na maneira de ser da Administração Pública, no sentido de promover a abertura de suas ações e decisões ao escrutínio público[32], com novas regras de informação disponível e clara sobre o ente público, de forma a criar maior responsabilidade da Administração Pública por suas ações e decisões, e por consequência confiança entre os gestores públicos e a sociedade.

3. Transparência como Valor, Fato e Norma Jurídica

A Administração Pública, como forma de organização dos poderes públicos, existe para defender, conservar e aprimorar bens, serviços e interesses da coletividade[33]. Decorre desse encargo a obrigação de a Administração Pública ser transparente no exercício de suas funções[34]. No exercício da função administrativa, a Administração Pública, ao assumir o compromisso de gerir a coisa pública, deve ser pública e prestar contas com a coletividade.

Assim, uma atividade administrativa sem transparência desnatura sua natureza pública, prejudicando o bem-estar coletivo[35]. O Poder Público,

---

[32] "[...] os cidadãos querem saber o que o governo está fazendo, como o governo está gastando as receitas arrecadadas e como o governo está abordando maneiras de melhorar a segurança pública, a economia, o bem-estar e outros interesses públicos que afetam direta e indiretamente a vida de todos (com adaptações)" (NEWBOLD, S. Transparency essential for public confidence in government? *Public Administration Review*, Special issue, p. 547-552, dez. 2011).

[33] É da essência da Administração Pública possuir uma vinculação permanente com a prossecução do interesse público concreto especificamente definido pela Constituição e pela lei (SOUSA, M. R.; MATOS, A. S. de. *Direito administrativo geral*. Tomo I. Portugal: D. Quixote, 2008).

[34] "Dado que el sector público, por otra parte, está financiado con el esfuerzo económico de todos los ciudadanos, y dado que se encarga exclusivamente de servir a dichos ciudadanos, se hace realmente fundamental la existencia de un suficiente nivel de transparencia en este sector" (ÁLVAREZ, J. L. El valor de la transparencia en las instituciones públicas y las empresas. *Revista de Contabilidad y Dirección*, v. 16, p. 109-125, 2013).

[35] Agustin A. Gordillo considera a função administrativa como atividade concreta dirigida à satisfação imediata das necessidades do grupo social e dos indivíduos que o integram (GORDILLO, A. A. *Tratado de derecho administrativo*. Parte geral. Tomo I. Buenos Aires: Ediciones Mache, 1974). Celso Antonio Bandeira de Mello assevera que quem exerce função administrativa está investido no dever de satisfazer interesse público, porque nos Estados Democráticos o poder emana do povo e seu proveito terá de ser exercido (MELLO, C. A. B. *Curso de direito administrativo*. São Paulo: Malheiros, 2010). Gilmar Ferreira Mendes, Inocêncio Mártires Coelho e Paulo Gustavo Gonet Branco assinalam para a exigência de que todos

por ser público, deve agir com a maior transparência possível, a fim de que os administrados tenham, a toda hora, conhecimento do que os administradores estão fazendo[36].

Essa obrigação, numa concepção axiológica, é entendida como valor[37] da Administração Pública, pois não só reúne as características dos valores em geral, mas também porque representa um estado desejável por uma razão política (fortalece a participação popular no acompanhamento da coisa pública), social (previne e evita situações de desvio e malversação de recursos) e econômica (sendo proativa, melhora o fluxo das informações gerenciais e contribui para eficiência)[38]. É considerado valor social fundamental, pois é elemento-chave para alcançar democracia social, eficiência econômica e proteção do direito de informação pública.

A transparência apresenta as notas gerais dos valores. É bipolar, possuindo um desvalor que lhe contrapõe, que é a opacidade, vista como valorização do segredo típico do autoritarismo administrativo, totalmente incompatível com uma construção democrática que implica o debate público e a possibilidade de o cidadão ter acesso à informação, ou como estratégia para manter o aparelho de dominação nas organizações burocráticas[39].

---

os atos administrativos estejam expostos ao público, que se pratiquem à luz do dia, dada a natureza pública da gestão administrativa e que se difunda à inspeção da conduta dos agentes públicos em seu exercício (MENDES, G. F.; COELHO, I. M.; BRANCO, P. G. G. *Curso de direito constitucional*. São Paulo: Saraiva, 2010).

[36] SILVA, J. A. *Curso de direito constitucional positivo*. São Paulo: Malheiros, 2009.

[37] Os valores, como ingredientes básicos de uma cultura, funcionam como pontos de referências que caracterizam a visão da sociedade sobre as coisas, dando-lhe orientação a respeito da realidade e em suas relações mútuas; "los valores no son cosas ni elementos de cosas, sino propiedades, cualidades sui generis, que poseen ciertos objetos llamados bienes" (FRONDIZI, R. *¿Qué son los valores?* México: Fondo de Cultura Económica, 1972, p. 17).

[38] DARBISHIRE, H. Proactive transparency: the future of the right to information? In: BANK, World. Access to Information program. Washington, DC. 2009. Disponível em: <http://siteresources.worldbank.org/Extgovacc/Resources.DarbishirePT.pdf>. Acesso em: 14 maio 2014; HAGE, J. *O governo Lula e o combate à corrupção*. São Paulo: Fundação Perseu Abramo, 2010; TREVISAN, A. M.; CHIZZOTTI, A.; IANHEZ, J. A; CHIZZOTTI, J.; VERILLO, J. *O combate à corrupção nas prefeituras do Brasil*. Cotia: Ateliê Editorial, 2003.

[39] JARDIM, J. M. *Transparência e opacidade do Estado no Brasil*: usos e desusos da informação governamental. Niterói: EdUFF, 1999; MALMEGRIN, M. L. Gestão da informação nas organizações públicas. *Informação, Estado & Sociedade*. Prefeitura Municipal de Curitiba, Instituto

A transparência possui implicação recíproca, já que, ao ser usado para prevenir corrupção, assegura também outros valores, como a segurança, liberdade e bem-estar social. Como valor de caráter preventivo, não se apresenta como fórmula mágica, mas condição fundamental da prevenção da corrupção no âmbito da Administração Pública brasileira. A transparência possui referibilidade, pois atua como vetor a ser seguido no combate da corrupção, ao permitir o controle da Administração Pública pela sociedade.

Como ideal a ser alcançado, e forma de evitar, preventivamente, a corrupção, a transparência pode ser usada, inclusive, como critério de medição dos índices de corrupção.

A transparência possui preferibilidade, objetividade e historicidade, pois faz parte do plano do deve ser, reflete o protótipo de perfectibilidade que as coisas deveriam ter, e deve ser compreendida com o desenrolar histórico-cultural do ser humano.

A transparência possui realizabilidade, inexauribilidade e incomensurabilidade, pois acaba influenciando a experiência humana, traduzindo-se, direta ou indiretamente, em atos da atividade histórico-cultural, e está sempre procurando superar a realidade.

A transparência, dentro de uma concepção axiológica, pode igualmente denotar um ideal de acessibilidade de toda coletividade a todas as informações públicas[40], num estágio de visibilidade de atuação administrativa e viabilização da participação popular no debate público. Nesta acepção, a transparência pode ser utilizada para realização da *accountability*, permitindo o exercício eficaz dos direitos[41]. O uso da transparência na Administração Pública denota um processo comunicativo expresso pelo direito do cidadão de saber, controlar e participar dos mecanismos administrativos, viabilizando o diálogo com o cidadão.

A transparência como valor significa qualidade atribuída a uma pessoa ou entidade no sentido de clareza nas suas ações e inações. Permite o conhecimento e a descoberta do funcionamento e identidade de

---

Municipal de Administração Pública e Escola de Administração Pública Cidade de Curitiba, p. 81-98, 1997.
[40] TAPSCOTT, D.; TICOLL, D. *A empresa transparente*. São Paulo: Makron Books, 2005, p. 23.
[41] A transparência não é uma simples prestação de contas. Vai além, permitindo a liberdade de informação e a participação dos cidadãos na tomada de decisões administrativas.

uma organização. Essa concepção axiológica surge como consequência natural e necessária do surgimento da sociedade de informação e da realidade incerta e insegura ao redor do mundo.

A transparência como fato significa constatar a existência da visibilidade administrativa no plano da realidade concreta. Neste sentido, a transparência diz respeito a uma realidade fática que se entende existente, seja de forma positiva (iniciativas que promovem o incremento da transparência administrativa, como a instalação dos portais de transparência), seja de forma negativa revelada pela dificuldade de programar a transparência em razão da falta de acesso físico e intelectual da informação pública, não adaptação da Administração às tecnologias de informação e comunicação, cerceamento quantitativo de informações com redução a aspetos orçamentários, além da apatia política dos cidadãos.

A transparência ainda pode consubstanciar uma norma jurídica, ou seja, um imperativo que estabelece um dever ser. Nessa acepção, a transparência diz respeito a um estado de coisas que deve ser alcançado da melhor forma possível, de acordo com o ordenamento jurídico. A transparência como norma jurídica diz respeito a um estado de visibilidade administrativa que deve ser buscado na Administração Pública mediante dois requisitos: a) juridicidade: deve ser realizada em conformidade com a ordem jurídica; b) proatividade: deve ser realizada mediante comportamentos que produzam efeitos que contribuam para a promoção da transparência.

Essa concepção juspositivista defende a transparência como um dever decorrente do princípio da publicidade administrativa, porém com um sentido atualizado. O sentido da transparência denota um juízo prescritivo da visibilidade administrativa consubstanciada num processo proativo, contínuo e permanente de esclarecimento e compartilhamento dos atos e decisões da Administração Pública, de forma a permitir o controle democrático da Administração Pública.

4. Transparência Administrativa como Conceito[42]

Em conformidade com a natureza do direito vinculada à necessidade de segurança[43], o conceito de transparência requer a estipulação de um significado mais preciso[44] orientado por critérios de utilidade teórica e de conveniência para a comunicação[45]. Na busca do conceito da

---

[42] O estudo da transparência administrativa é apresentado com elevado grau de dificuldade, porque representa expressão cuja abordagem conceitual não só é difícil, pela multiplicidade de significados, dependentes do contexto legal, cultural e político em que o tema está inserido, mas também desconcertante em razão de apresentar noção ambígua e imprecisa, de forma a obstaculizar a revelação com profundidade de todos os elementos que digam respeito à sua essência. A dificuldade de dar uma definição concreta e precisa aumenta em face não apenas do caráter multifacetário da transparência administrativa, que separou a noção de transparência administrativa em várias espécies conforme critério de classificação (a separação mais conhecida na literatura jurídica é a transparência ativa e a transparência passiva), mas pela amplitude do conceito que resulta da conjugação de outros institutos como o princípio democrático, o da motivação, o da publicidade, o da moralidade administrativa (FURTH, A. J. H. *La transparencia gubernamental: del estancamiento en que se encuentra y de cómo vitalizarla*. XVII Congreso Internacional del CLAD sobre la Reforma del Estado y de la Administración Pública, Cartagena, Colombia, 30 oct.-2 nov. 2012; MARTINS JÚNIOR, W. P. *Transparência administrativa*: publicidade, motivação e participação popular. São Paulo: Saraiva, 2004; ANDRADE, J. C. V. *O dever de fundamentação expressa dos actos administrativos*. Coimbra: Almedina, 2007).

[43] A segurança jurídica é um objetivo ou valor a ser perseguido pelo Direito, de forma a contribuir com redução da incerteza e criação de bases para um planejamento futuro, estabelecendo uma ordem necessária no convívio social, sem o caráter absoluto, pleno e petrificador de imobilização do próprio dinamismo do direito. Enquanto valor essencial e primário do sistema jurídico, pressuposto imanente ao conceito de direito, indispensável à existência do ordenamento jurídico, exprime a exigência necessária de ordem nas inter-relações convivenciais, prevenindo conflitos e possibilitando estabilidade, harmonia e equilíbrio na vida social (RIPERT, G. *Le déclin du droit*. Paris: L.G.D.J., 1949; CARNELUTTI, F. *A arte do direito*. São Paulo: Bookseller, 2005; MELLO, C. A. B. de. *Grandes temas de direito administrativo*. São Paulo: Malheiros, 2009, p. 12; DUGUIT, L. *Fundamentos do direito*. Revisão e tradução Marcio Pugliesi. São Paulo: Ícone, 1996; MACHADO, J. B. *Introdução ao direito e ao discurso legitimador*. Coimbra: Almedina, 1999).

[44] "A seleção das notas distintivas, que hão de ser recolhidas quando da formação de um conceito abstracto na sua definição, é essencialmente codeterminada pelo fim que a ciência em causa persegue com a formação do conceito. Daí resulta que o conceito jurídico que designa uma determinada classe de objetos nem sempre se identifica plenamente com o conceito correspondente de outra ciência, ou nem sequer com o que o uso linguístico corrente por ele entende" (LARENZ, K. *Metodologia da ciência do direito*. Tradução José Lamego. Lisboa: Fundação Calouste Gulbenkian, 1997, p. 625).

[45] NINO, C. S. *Introdução à análise do direito*. Tradução Elza Maria Gasparotto; Revisão Denise Matos Marino. São Paulo: WMF Martins Fontes, 2010, p. 14.

transparência, optamos pela verificação dos critérios vigentes no uso da palavra "transparência" na linguagem corrente (já analisado na significação do termo) e na linguagem dos juristas.

A definição da transparência causa inquietação entre os estudiosos do direito, pois a expressão é ambígua, já que possui vários significados relacionados entre si.

Considerando o uso ordinário, não é possível enunciar as propriedades que devem estar presentes em todos os casos em que a palavra é empregada. Com uma abordagem conceitual difícil e desconcertante, possuindo uma indeterminação no uso corrente, podemos afirmar que esse desconcerto aumenta quando se afirma que a transparência é uma palavra que, além do significado cognoscitivo, possui carga afetiva.

Como conceito, os estudiosos tratam da transparência sem falar dos mecanismos para promovê-la; outros mencionam os instrumentos para sua realização, sem diretamente fazer referência à transparência. Na doutrina não há unanimidade no conceito da transparência, eis que alguns dão ênfase ao elemento político, outros ao jurídico, não faltam nem mesmo o componente filosófico ou valorativo na formulação da ideia.

Transparência é um daqueles conceitos de fácil compreensão, mas de definição complexa[46], já que é manifestada pela integração de uma série de institutos e normas diferentes entre si que visam garantir a construção de gestão pública mais eficiente e eficaz, que gaste de maneira mais honesta e produtiva[47].

O termo transparência apresenta vários significados. Numa primeira *acepção amplíssima*, emprega-se a referência ao movimento político-social com origens históricas bastante remotas que pretende a interdição da arbitrariedade na conduta da Administração Pública.

---

[46] A transparência não é propriamente um instituto, antes um conjunto de institutos e normas que, no seu conjunto, delimitam um modo de ser da Administração (ARENA, G. Transparencia administrativa y democracia. *Revista Vasca de Administración Publica*, n. 37, p. 9, 1993; GRIFFI, F. P. Un contributo alla transparenza dell'azione amministrativa: partecipazione procedimentale e accesso agli atti (n. 241, Legge 7 Agosto 1990). In: *Diritto Processuale Amministrativo*, n. 1, p. 59, 1992).

[47] LOPES, C. Acesso à informação pública para a melhoria da qualidade dos gastos públicos: literatura, evidências empíricas e o caso brasileiro. *Caderno de Finanças Públicas*, Brasília, n. 8, p. 24, 2007.

A noção amplíssima da transparência é o reconhecimento da interdição de arbitrariedade por parte dos órgãos do Estado. A concepção desse princípio geral de direito público assume a partir do século XIX um significado que predomina até os dias atuais, como o de interdição de atos irracionais, injustificáveis e dependentes unicamente do capricho dos poderes públicos[48].

A arbitrariedade administrativa, como um agir de forma contrária à justiça, à razão ou às leis, pode ocorrer de forma comissiva, quando o agente público vai além dos limites impostos pela lei ao exercício da competência ou desvia-se da finalidade constitucional-legal, ou de forma omissiva, sendo objeto de controle judicial pelos parâmetros da racionalidade e razoabilidade[49].

Em um *sentido amplo*, a transparência é um conjunto de institutos e normas que delimitam o modo de ser da Administração Pública. A doutrina tem se inquietado no questionamento e no enfrentamento do debate acerca da identificação deste modo de ser da Administração Pública pela transparência, que, aliás, é o modo tendencial de organização dos poderes públicos.

Neste *sentido amplo*, pode-se afirmar que transparência é a estrutura atual da Administração Pública, uma Administração Pública Democrática, ancorada na representação de uma gestão renovada e capaz de atuar com sinergias mais fortes nas suas relações com a sociedade, de forma a construir uma capacidade administrativa coordenada, eficiente e articulada para atingir resultados públicos.

A Administração Pública Democrática possui dois aspectos: *a) instrumental*: é a gestão democrática no exercício da função administrativa,

---

[48] MADRID. Sobre la interdicción de la arbitrariedad de los poderes públicos: AA.VV. *Jornadas de Estudio sobre el Título Preliminar de la Constitución*. v. V, Ministerio de Justicia, Secretaría General Técnica, Madrid, 1988, p. 3061ss.; MARTINEZ RUIZ, L. F. La interdicción de la arbitrariedad de los poderes públicos, principio de derecho garantizado por la constitución. *Actualidad Administrativa*, n. 45, p. 2553ss., 1987; GARCÍA DE ENTERRÍA, E. La interdicción de la arbitrariedad en la potestad reglamentaria. In: *RAP*, n. 30, p. 161, 1959; MATIAS, C. De la arbitrariedad de la administración. Madrid: Civitas, 1994.

[49] "Una, concierne a la construcción misma de la decisión, a su lógica interna, esto es, a la irracionalidad en sentido estricto, mientras que la segunda implica una comparación de la decisión con algo que está fuera de ellas, lo que remite a la idea de razonabilidad" (FERNÁNDEZ, T. R. Debe la administración actuar racional y razonablemente? *Revista Española de Derecho Administrativo*, n. 83, p. 387, 1994).

por meio da governança; *b) material*: é surpreender os valores em volta dos quais germina a ideia da administração pública democrática. São características que resultam numa administração mais aberta e igualitária.

No *aspecto material*, os valores que identificam a administração pública democrática são:

Inclusão: é a abertura e estímulo à participação dos cidadãos, que não se esgota nas formas já clássicas de participação dos interessados nos procedimentos administrativos, mas que inclui canais mais amplos de intervenção e o fomento de uma atitude proativa dos cidadãos. Deve--se seguir uma política de estímulo, incentivo e atuação da participação. O particular assume ou vê-se convocado a assumir um novo papel de ator, que partilha com o Estado a missão de realizar o interesse público. O paradigma democrático no sistema administrativo, que transpõe o liminar da eleição de representantes políticos para expressar-se também no modo de tomada de decisão dos eleitos[50], concretiza-se com a valorização do cidadão como sujeito atuante e integrado a uma sociedade estatal, num sentido mais amplo do que a mera titularidade de certos direitos políticos. É a noção de um cidadão atuante e colaborador colocado como um importante ator no cenário das relações jurídico--administrativas, com papel ativo da esfera pública[51].

Vigilância: é a processualização da atividade administrativa, ou seja, uma preocupação crescente com a disciplina e a democratização dos procedimentos formativos da vontade administrativa. Ao revalorizar os processos como veículos decisórios da Administração, funcionam como instrumento para assegurar uma adequada consideração do indivíduo nos processos discricionários bem como a participação popular direta e efetiva na gestão pública, resultando numa atuação administrativa responsável, coerente e com maior aceitabilidade pela sociedade[52].

---

[50] MEDAUAR, *O Direito administrativo moderno*. São Paulo: Revista dos Tribunais, 1999, p. 27.
[51] FUNGHI, L. H. B. Da dogmática autoritária à Administração Pública democrática. *Revista de Direito Administrativo*. Rio de Janeiro, v. 257, p. 223, maio/ago. 2011; MAFFINI, R. Administração Pública dialógica (proteção procedimental da confiança). Em torno da Súmula Vinculante n. 3, do Supremo Tribunal Federal. *Revista de Direito Administrativo*. Rio de Janeiro, v. 253, p. 161, jan./abr. 2010.
[52] CALLIGAN, D. J. *Due process and fair procedures*: a study of administrative procedures. Oxford: Clarendon Press, 1996, p. 130.

Inovação: significa atualização dos métodos e ferramentas da evolução tecnológica na formulação e gestão das políticas públicas e na prestação de serviços públicos, bem como adequar o relacionamento da administração pública com a sociedade ao contexto da sociedade de informação com ganhos democráticos baseados na cocriação e na coprodução de dados e decisões, de forma a impulsionar uma nova abordagem na gestão pública fundamentada numa governação democrática e aberta.

Consenso: é o modo de atuação dos órgãos e entidades administrativas, a partir de bases e procedimentos que privilegiem o emprego de técnicas, métodos e instrumentos negociais. Marca a evolução de um modelo centrado no ato administrativo (unilateralidade) para um modelo que passa a contemplar os acordos administrativos, a negociação, a coordenação, a cooperação, a colaboração, a conciliação e a transação. A administração pública volta-se para a coletividade, passando a conhecer melhor os problemas e aspirações da sociedade. A administração autoritária centrada no ato administrativo e na rígida dicotomia liberal entre público e privado, baseada numa lógica de contraposição absoluta, é substituída por uma administração concertada[53]. Hoje, pensa-se no consensualismo na esfera pública. As relações administrativas devem ser relações abertas e interativas com um cidadão interessado no cotidiano da gestão pública, inclusive quando da tomada de decisões administrativas. Constata-se mudança de perspectivas, em razão do que a Administração Pública deixa de desconfiar dos interesses privados, e de exercer de forma exclusiva a função de satisfação do interesse público com a execução objetiva da vontade geral fixada na lei, para dedicar-se à busca de mecanismos destinados a conferir às relações administrativas o grau de integração na condução dos negócios públicos.

---

[53] ENTERRÍA, E. G. de; FERNÁNDEZ, T. R. *Curso de derecho administrativo*. v. 1. Madrid: Civitas, 1999, p. 662; ESTORNINHO, M. J. *Requiem pelo contrato administrativo*. Coimbra: Almedina, 1990, p. 64-67; DAMIANI, E. S. *Attività amministrativa consensuale e accordi di programma*. Milano: Giuffré, 1992, p. 1-9; SILVA, A. do C. e. Os indivíduos e o estado na realização de tarefas públicas. *Revista de Direito Administrativo*, v. 209, p. 43-70, 1997; GONÇALVES, P. C. Estado de garantia e mercado. *Revista da Faculdade de Direito da Universidade do Porto*, v. VII (especial: Comunicações do I Triênio dos Encontros de Professores de Direito Público), p. 97-128, 2010.

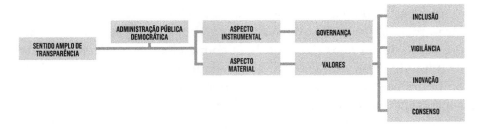

Numa *acepção restrita*, a transparência possui três enfoques:

Enfoque político: a transparência é: 1) *requisito de funcionamento da democracia*: a visibilidade na atuação do poder é condição para que haja participação da cidadania. Historicamente a visibilidade do poder na sociedade civil nem sempre foi democrática[54]; 2) *verdadeiro indicador da qualidade democrática*: a transparência na atuação administrativa induz à configuração de um regime em que aos cidadãos são concedidos direitos de liberdade, igualdade política e controle das políticas públicas, e os políticos.

Enfoque jurídico: surgem duas formas de conceituar transparência administrativa: 1) associando a transparência a um determinado tema; nesse caso, o mais difundido é o acesso às informações e documentos públicos; 2) como uma característica da Administração Pública de ser visível nos seus planos, regras, processos e ações.

A segunda maneira de conceituar a transparência, como qualidade do agir administrativo, reporta-se a uma norma-princípio fundada na Constituição da República Federativa de 1988, que impõe uma gestão dos assuntos públicos para o público, por meio da visibilidade de todas as ações e motivações de interesse público da Administração Pública.

É a atualização expansiva do princípio da publicidade e, por consequência, uma acepção que vai além dos limites estreitos de uma

---

[54] Na sociedade grega, o poder era relativamente visível, vez que os cidadãos se reuniam em assembleias para debates e decisões. As assembleias eram um tipo de esfera pública, na qual a visibilidade podia ser compartilhada. Havia uma participação direta não representativa num processo em que os cidadãos podiam ver e serem vistos, ouvir e serem ouvidos. Na estética de inserção da política grega, não cabiam mulheres, escravos, artesãos e estrangeiros. Nos tradicionais Estados monárquicos da Idade Média e início da Idade Moderna, não havia visibilidade do poder pelos súditos. Com a constituição do Estado Moderno, começa um processo contínuo de visibilidade.

obrigação formal de divulgação pública dos atos da Administração Pública[55]. A transparência é enfatizada em um determinado aspecto que possa transmitir visibilidade administrativa, ou seja, interação e proximidade entre Administração Pública e o cidadão, com mecanismos de esclarecimento e compartilhamento da gestão pública.

Na linha da compreensão da necessidade de concretização de uma maior articulação e cooperação no relacionamento entre Administração Pública e sociedade[56], a exigência premente de um sentido democratizante na estrutura relacional administrativa justifica o desenvolvimento de um novo estatuto no conjunto dos princípios gerais disciplinadores da ação administrativa contemporânea. Neste contexto, busca-se colocar em destaque a importância de estabelecer para a ação administrativa contemporânea princípios que, harmonizando e dando coerência ao complexo de transformações, fixem as bases e os fundamentos da nova ordem relacional estruturada numa Administração Pública Democrática[57].

---

[55] MOREIRA NETO, D. de F. *Curso de direito administrativo*: parte introdutória, parte geral, parte especial. Rio de Janeiro: Forense, 2005, p. 83; DROMI, R. *El derecho público en la hipermodernidad*: novación del poder y la soberanía, competitividad y tutela del consumo, gobierno y control no estatal. Madrid: Hispania Libros, 2005, p. 69; VALLE, V. L. do. Transparência e governança: novas vertentes legitimadoras do agir do poder. Disponível em: <https://direitoadministrativoemdebate.wordpress.com/2010/04/20/transparencia-e-governanca-novas-vertentes-legitimadoras-do-agir-do-poder/>. Acesso em: 25 abr. 2012.

[56] A observação de um estreitamento no relacionamento entre Administração Pública e sociedade, no contexto da Administração Pública Democrática, mostrou-se um importante elemento catalizador do desenvolvimento não só do sentido da transparência, mas, sobretudo, dos mecanismos pelos quais esse conteúdo possa encontrar, na democratização do sistema administrativo, a sua concretização. Afinal, desde a cultura do segredo, prática tradicional do Estado Moderno, se tem por certo o desafio consistente no distanciamento entre a enunciação do direito de acesso a documentos administrativos, e sua mudança em termos de compreensão da informação contida nos documentos administrativos, para permitir o público compreender as motivações e os objetivos no agir público (TARDE, G. *Les transformations du droit*. Paris: Berg, 1994; HESPANHA, A. M. *Pluralismo jurídico e direito democrático*. São Paulo: Annablume, 2013).

[57] ETZIONI, A. *Organizações complexas*: estudos das organizações em face dos problemas sociais. Tradução João Antônio de Castro Medeiros. São Paulo: Atlas, 1981, p. 15; HOLZNER, B.; HOLZNER, L. *Transparency in global change*: the vanguard of the open society. USA: University of Pittsburgh Press, 2006; NASCIMENTO, K. T. Implicações do moderno conceito de administração para a formulação de uma estratégia de reforma administrativa. *Revista de Administração Pública*. Rio de Janeiro, v. 6, n. 1, jan./mar. 1972, p. 5-31;

A perspectiva democrática da Administração Pública[58] pressupõe a Administração Pública como um sistema aberto, que percebe as mudanças nos ambientes contextuais, e conduz a uma não concentração em regras de funcionamento interno, a não apologia da eficiência como critério primário da viabilidade organizacional e, consequentemente, à ênfase em programas e não em procedimentos. O desafio é, neste contexto de mutações, pensar e conceber a transparência como um princípio coerente com os novos paradigmas, e que consolide a exigência de um significado atualizado em face da evolução sociocultural que acomoda uma definição integradora manifestada por uma fusão de institutos e normas que no seu conjunto revelem uma atuação da Administração Pública responsável, eficaz e democrática, possibilitando o controle social[59].

BREYER, S. *Active liberty*: interpreting our democratic constitution. New York: Vintage Books, 2005; FREITAS, J. *O controle dos atos administrativos e os princípios fundamentais*. São Paulo: Malheiros, 2009; DI PIETRO, M. S. Z. Da constitucionalização do direito administrativo: reflexos sobre o princípio da legalidade e a discricionariedade administrativa. In: DI PIETRO, M. S. Z.; RIBEIRO, C. V. A. (Coords.). *Supremacia do interesse público e outros temas relevantes do direito administrativo*. São Paulo: Atlas, 2010; RODRÍGUEZ-ARANA, J. M. El marco constitucional del derecho administrativo: el derecho administrativo constitucional. *Anuario da Faculdade de Direito da Universidade da Coruña*, Coruña, n. 15, p. 87-102, 201; BINENBOJM, G. *Uma teoria do direito administrativo*: direitos fundamentais, democracia e constitucionalização. Rio de Janeiro: Renovar, 2006.

[58] Neste sentido e chamando atenção para as dimensões da estrutura da Administração Pública democrática, algumas das seguintes características: a) Da condição de administrado à condição de cidadão; b) Personalização do Direito Administrativo; c) Gestão Pública Consensual; d) Independência da Administração Pública; e) Vinculação administrativa à Juridicidade; f) Limitação na Discricionariedade Administrativa; g) Descentralização da unidade do Poder Executivo com o surgimento das agências reguladoras independentes; h) Transparência como um plus da publicidade na Administração Pública (JUSTEN FILHO, M. *Curso de direito administrativo*. São Paulo: Saraiva, 2008).

[59] Controle social é instrumento de garantia da boa Administração Pública. Serve para verificar se a atuação da Administração Pública é compatível com os vetores da boa Administração Pública. É examinar a adequação da atividade administrativa a uma boa administração, mediante análise dos seus requisitos. Não basta a existência do direito fundamental à boa administração. É necessário um instrumento para ser acionado nos casos de violação à boa administração. Esse instrumento é o controle social. A efetivação do controle social imprescinde da existência da noção de boa Administração Pública, como também da existência do cidadão incumbido do exercício do controle. A boa Administração Pública impõe deveres em prol de uma atuação da Administração Pública responsável, eficaz e satisfativa. Dentre os diversos deveres, destaca-se a transparência administrativa.

Neste contexto de uma mudança de paradigmas[60] na própria Administração resultantes na aproximação da gestão pública às reais demandas sociais, por força da evolução na ideia da governança e crescente generalização no uso das tecnologias de informação e comunicação conferindo maior legitimidade no agir público[61], a transparência constitui uma mutação fundamental no direito administrativo, cujo princípio não pode ser traduzido nos limites estreitos de uma obrigação quase formal de divulgação dos atos do poder público.

[60] Trata-se de uma nova maneira de pensar, de se relacionar e de agir para integração na nova realidade. Os novos paradigmas podem surgir baseados em rupturas totais ou não, sendo possível a existência simultânea e/ou interdependente entre paradigmas divergentes, e também, a continuidade de um paradigma a partir da aparição de outros novos paradigmas. Este processo de mudança paradigmática, como um processo difícil e lento de renovação da concepção anterior de toda uma estrutura de ideias, envolve algumas análises no sentido de colaborar para a reconstrução do conhecimento sob novas perspectivas e em novas épocas históricas. A mudança de paradigmas é originada da constatação de que a teoria científica é dinâmica, e traduzida num processo de construção de novas formas de pensar e entender a realidade, e superação de outros modelos de racionalidade. Essas mudanças encontram-se de tal forma imbricadas nas estruturas sociais que se torna necessário considerar a atividade do cientista sob o influxo de fatores sociais, externos ao conhecimento científico, sem descurar da causalidade intrínseca do domínio interno da ciência. Pensar e escrever sobre a mudança científica, além de instigante, é refletir sobre ideias e coisas dentro da contingência e heterogeneidade dos processos históricos, evidenciando as influências socioculturais nos conteúdos cognitivos, sendo lógico considerar na linha de entendimento de Shapin e Schaffer que soluções para problemas de conhecimento são soluções para problemas de ordem social (VASCONCELLOS, M. J. E. *Pensamento sistêmico*: novo paradigma da ciência. Campinas: Papirus, 2002; KUHN, T. S. *A estrutura das revoluções científicas*. São Paulo: Perspectiva, 1994; MORIN, E. *Ciência com consciência*. Tradução Maria D. Alexandre e Maria Alice Sampaio Dória. Rio de Janeiro: Bertrand Brasil, 2001, p. 258-259; LEFEBVRE, H. Lógica concreta (dialética): a superação. In: *Lógica formal/lógica dialética*. Tradução Carlos Nelson Coutinho. Rio de Janeiro: Civilização Brasileira, 1991, p. 228-233); FRANÇA, V. R. V. Teorias da comunicação: busca de identidade e dos caminhos. *Rev. Esc. Biblioteconomia*, UFMG, n. 23, p. 138-153; DE MASI, D. (Org.). *A sociedade pós-industrial*. Tradução Anna Maria Capovilla e outros. São Paulo: Senac, 2000, p. 29; ORTERMANN, F. A Epistemologia de Kuhn. *Caderno Catarinense de Ensino de Física*, v. 13, n. 3, p. 185, 1996; SHAPIN, S.; SCHAFFER, S. *Leviathan and the air-pump*: Hobbes, Boyle and the experimental life. Princeton: Princeton University Press, 1985).

[61] A Administração Pública deve adaptar-se à realidade, informada pelas novas exigências históricas, sociais, teóricas e filosóficas que a cercam nesse ambiente globalizado. A Administração Pública se insere num processo dinâmico que envolve uma premente readequação do seu modo de ser e de atuar, de que participam os gestores na satisfação dos interesses e necessidades da sociedade.

A imagem que caracteriza de forma mais original a transparência na Administração Pública parece-me ser, sem dúvida, a de uma *casa de vidro*[62], que nada esconde de seus observadores, que faz conhecer o sentido de suas decisões, cujo interior é visto por todos pelo lado de fora. Giorio acrescenta que a casa de vidro tem dois lados, permitindo que os cidadãos vejam o que acontece no interior da Administração Pública, e também que a administração veja o que acontece na sociedade civil para adaptar sua atuação à evolução das necessidades do povo[63]. Esta imagem espelha de forma sugestiva a luta de Turati pela transparência através de uma administração que não pode ser secreta. Nesta empreitada realiza severas críticas a excessiva rigidez da lei do sigilo em especial quando usado para mascarar abusos administrativos. É paradigmático dessa luta o "Caso Campanozzi", em que Turati defende o primeiro Secretário do Ministério de Correios e Telégrafos, que foi demitido sob a acusação de violação do segredo profissional delimitando a excepcionalidade do sigilo público.

[62] O termo casa de vidro foi usado por Filippo Turatti, um dos fundadores do Partido Socialista Italiano em 1892, num discurso proferido para a Câmara dos Deputados da Itália em 1908: "[...] Io dico che bisognerebbe definire – ossia limitare – ciò che è segreto d'ufficio. Dove un superiore, pubblico interesse non imponga un momentaneo segreto, la casa dell'amministrazione dovrebbe essere di vetro". In: ITÁLIA. Atti del Parlamento Italiano. Camera dei deputati, sess. 1904-1908, 17 Giugno 1908, p. 22962; ALLI ARANGUREN, J. C. El control y la transparencia administrativa, medios contra la corrupción. In: INAP. *La administración pública entre dos siglos*: ciencia de la administración, ciencia política y derecho administrativo. Homenaje a Mariano Baena del Alcázar. Madrid, 2011.
[63] GIORIO, J. Privacy e trasparenta: antonimi, sinonimi o variabili indipendenti? L'esperienza degli Enti pubblic. Disponível em: <http://urna.winstonsmith.org/materiali/2015/altro/JULIA_GI_GIORIO_MA-PDF_Diego_GIORIO_-_Privacy_e_Trasparenza_relazione.pdf>. Acesso em: 13 jun. 2014.

Enfoque sociológico: na perspectiva sociológica, transparência é um processo de abertura do poder administrativo à sociedade. É progressivo, contínuo e variável perante as condições específicas de cada país.

O reconhecimento da necessidade de abertura administrativa pode aparecer de duas formas: *a) reativa*: é a reação contra o segredo presente na administração burocrática, ou diante de situações injustificáveis de manutenção perante as hipóteses previstas na legislação; *b) proativa*: é a busca de um melhor relacionamento entre a Administração Pública e a sociedade, como exigência de democratização administrativa.

5. Enfoque Jurídico da Transparência Administrativa

A transparência é a característica da Administração Pública de ser visível nos seus planos, regras, processos e ações. Neste atributo, a concepção da transparência envolve o fluxo incremental de informações oportunas e confiáveis sobre a coesão econômica, social e política, acessível a todas as partes interessadas, que permitam aos cidadãos a avaliação das instituições públicas e a formação de opiniões racionais para participar na decisão administrativa[64].

O uso da expressão disseminou-se no Brasil e no mundo, com uma noção polissêmica e adaptação em diversos contextos. Tema destacado na literatura das ciências políticas e sociais, a transparência é singular. Em sistemas do direito anglo-saxão a transparência aparece vinculada ao conceito de *accountability*. No Brasil, a transparência surge como algo mais abrangente relacionado com o incentivo da cidadania ativa como sujeito na eficácia das políticas públicas.

---

[64] MENDIETA, M. V. La transparencia en los gobiernos locales: una apuesta de futuro. *Fundación Democracia y Gobierno Local*, p. 9-12, fev. 2012.

Neste sentido, a concepção da transparência se pauta em um projeto administrativo democratizante, em que a redução das assimetrias informacionais entre cidadãos e Administração Pública e a participação da sociedade civil na gestão pública são vistas como imprescindíveis para um maior controle sobre os atos ilícitos cometidos no setor público[65].

Desenvolve-se na Administração Pública Brasileira, a partir da promulgação da CF/88, a necessidade de que dados e informações públicas fossem de qualidade e justificadas com acesso fácil e rápido a todos os cidadãos para que seja possível a supervisão da ação pública no atendimento às reais aspirações da sociedade.

Utilizando a lição de Maria Lúcia Amaral[66], um dos modos possíveis de procurar a precisão de um conceito consiste na identificação do seu contrário. À letra, o contrário da "transparência" será opacidade. Infelizmente não é difícil de imaginar uma Administração Pública

---

[65] "[...] a transparência em sua modalidade ativa tem duas funções primordiais: aumentar o interesse da população em buscar informações públicas, incrementando assim o controle social sobre as atividades estatais; e, por outro lado, coibir no seu nascedouro as ações ilegais por parte dos administradores" (CANHADAS, F. A. M. *O princípio da transparência na Administração Pública*: a transparência obrigatória, a transparência permitida e a transparência proibida. 2012. 423f. Tese (Doutorado em Direito). Programa de Pós-Graduação. Pontifícia Universidade Católica de São Paulo, 2012); "A participação popular no Estado de Direito, ademais, representa um avanço nas formas de controle da Administração. Através dos institutos de participação, a coletividade passa a fiscalizar ativamente os desvios e abusos eventualmente cometidos pela Administração Pública" (PEREZ, M. A. *A Administração Pública democrática*: institutos de participação popular na Administração Pública. Belo Horizonte: Fórum, 2009, p. 62); DE LA NUEZ, E. Transparencia: más que una Ley. *Diario del Derecho*. Iustel, 26 abr. 2012); ORTA, C. G. *¿Transparencia? en open goverment, gobierno abierto*. Jaén: Algón Editores, 2010; MENDIETA, M. V. La transparencia en los gobiernos locales: una puesta de futuro. *Fundación Democracia y Gobierno Local*, p. 9-10, fev. 2012; HUESO, L. C. El nuevo derecho fundamental europeo al acceso a los documentos, transparencia e información pública. In: *Libro Homenaje a D. Iñigo Cavero*, p. 726; REIGADA, A. T. Transparencia administrativa y protección de datos personales. In: *V Encuentro entre Agencias Autonómicas de Protección de Datos Personales. Transparencia administrativa y protección de datos personales*. Director Antonio Tronco so Reigada. Thomson Civitas. Cizur Menor (Navarra), 2008, p. 23-188; DIEGO, M. S. de. Transparencia y derecho de acceso a la información: ni tanto monta ni tanto da. *Ciberlaw Clinic*, 2012. Disponível em: <http://cyberlaw.ucm.es/home/25-manuel-sanchez-ddiego/164-transparencia-y-derecho-de-acceso-a-la-informacion-ni-tanto-monta-ni-tanto-da%202012>. Acesso em: 8 maio 2015.

[66] AMARAL, M. L. *A forma da República*: uma introdução ao estudo do direito constitucional. Coimbra: Coimbra Editora, 2005, p. 139-140.

opaca, seja porque é um modelo de gestão pública caracterizado pela ausência da transparência, como a administração patrimonialista e a burocrática, seja porque a Administração Pública manipula a transparência quando se abre à sociedade apenas para mascarar uma realidade autoritária e fechada, em prejuízo ao controle cidadão sobre os assuntos públicos. Nesta segunda hipótese, a Administração Pública disponibiliza dados sem se preocupar com o acesso físico e intelectual da informação pública, ou ainda que manipulasse a verdade[67].

Neste sentido, uma Administração Pública opaca age na sombra, não cumpre o princípio inevitável de quem gere dinheiro público tem que prestar contas à coletividade, não se abre à sociedade numa concretização de informação sobre a administração de bens e valores públicos, enfim, compromete a boa gestão e revela um descompasso com o cânone democrático existente no Estado Constitucional Democrático.

A transparência[68] é um ciclo provocado pela atuação da própria Administração Pública. Ao promover sua abertura[69] com visibilidade nas suas ações[70], a Administração Pública gera a possibilidade do cidadão de

---

[67] "La retención o ocultamiento de información, que podría indicar o revelar una capacidad deficiente del sistema político-administrativo de resolver problemas o que podría poner en duda la razonabilidad de las estructuras del poder o de los procesos de formación de voluntad se considera hoy como la característica de un régimen débil o dictatorial, y en todo caso de un régimen con problemas de legitimación" (SOMMERMANN, K-P. La exigencia de una administración transparente en la perspectiva de los principios de democracia y del estado de Derecho. In: MACHO, R. G. (Dir.). *Derecho administrativo de la información y administración transparente*. Madrid: Marcial Pons, 2010, p. 11-25.

[68] "A transparência, portanto, emerge com um valor necessário para o Estado se tornar mais visível e mais próximo do cidadão por meio da oferta de informações e serviços que possam favorecer o controle, a deliberação e a participação" (AMORIN, P. K. D. F. *Democracia e internet*: a transparência de gestão nos portais eletrônicos das capitais brasileiras. 2012. 348f. Tese (Doutorado em Comunicação). Faculdade de Comunicação, Programa de Pós-Graduação em Comunicação e Cultura Contemporânea, Salvador, BR-BA, 2012.

[69] "[...] transparência é a qualidade de um governo, empresa, organização ou pessoa de ser aberta na divulgação de informação, normas, planos, processos e ações" (INTERNATIONAL, Transparency. *Guía de lenguaje claro sobre la lucha contra la corrupción*. 2009. Disponível em: <http://www.transparencia.pt/wp-content/uploads/2012/03/Plain-Language-Guide-ES.pdf>. Acesso em: 8 nov. 2014).

[70] Só a informação democratizada pode fornecer, aos cidadãos, possibilidades de avaliar a atuação da Administração, assim como de fornecer sua opinião e expor suas aspirações no que se refere às decisões que os dirigentes públicos devem adotar em relação aos problemas comuns dos administrados (BOSCO, M. G. D. *Discricionariedade em políticas públicas*: um olhar

acompanhar a condução dos negócios públicos. Ao acompanhar, o cidadão consegue participar da gestão pública, e com isso gerar maior legitimidade decisória.

Essa legitimidade gera visibilidade administrativa[71]. Desta forma a transparência é gerada pelo binômio: compreensão da informação pública e participação na gestão pública[72].

Figura 1. Ciclo da transparência.

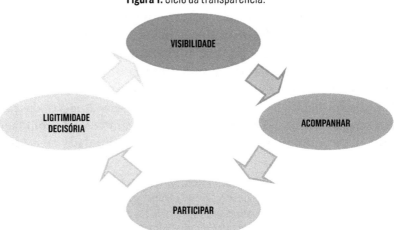

Fonte: Elaborada pela própria autora.

garantista da aplicação da lei de improbidade administrativa. Curitiba: Juruá, 2008, p. 173). Significa que informações confiáveis, relevantes e oportunas sobre atividades do governo estão disponíveis ao público (KONDO, S. Promovendo o diálogo para fortalecer a governança. In: OCDE. *Transparência e responsabilização no setor público*: fazendo acontecer. Brasília: MP, SEGES, 2002, p. 11).

[71] O campo da invisibilidade tem relação com a participação dentro da comunidade em prática, isto é, o conhecimento do recurso permite também o conhecimento da prática (WENGER, E. *Toward a theory of cultural transparency*: elements of a social discourse of the visible and the invisible. 1991. 199f. Tese (Doutorado) Department of Information and Computer Science – University of California, Irvine, 1991).

[72] Transparência pública é a divulgação e acesso a informações econômicas, sociais e políticas relevantes, referentes ao governo e/ou às suas instituições, direcionadas ao cidadão, que o capacitem para participar das decisões políticas e permitam que ele avalie o governo e/ou suas instituições (PESSÔA, I. da S. *Determinantes da transparência das universidades federais brasileiras*. 2013. 175 f. Dissertação (Mestrado em Gestão Pública). Universidade Federal do Espírito Santo, Vitória, 2013, p. 27).

No Brasil, a transparência como um postulado fundamental que inspira todo o modo de agir administrativo é compreendida como abertura da Administração Pública ao cidadão para permitir o controle social[73]. Refere-se, portanto, a um tipo de diretriz na atuação administrativa, seja sob o aspecto orgânico, seja sob o aspecto funcional que, ao articular as dimensões informacional e participativa e estabelecer um esclarecimento compartilhado da gestão pública, busca reduzir as falhas da gestão, atenta às exigências do público e ao aprofundamento da democracia.

Um aspecto essencial da transparência, no sentido assinalado, é o de que a visibilidade traduzida numa Administração Pública aberta conhece uma extensão bastante ampla, que fica longe de se circunscrever exclusivamente ao esforço da Administração Pública para publicar e divulgar informações para acessibilidade a diferentes grupos de interesse. Este aspecto costuma ser revelado para o fim de distingui-la da publicidade, que, embora seja princípio da Administração Pública, tem por missão disponibilização dos dados e documentos sem preocupação com que as ações públicas sejam compreendidas e controladas por qualquer dos administrados.

Dessa forma, separam-se, de um lado, a publicidade, cuja finalidade restringe-se ao cumprimento do dever de publicação dos atos da Administração Pública, e de outro, a transparência, que tem como finalidade a abertura de processos e resultados de assuntos públicos relativos à gestão pública, com informações compreensíveis e espaços para participação popular na busca de soluções para problemas na gestão pública.

Essa diferenciação não é uníssona na doutrina, pois há estudiosos que sustentam ser a transparência um dos elementos da política da publicidade. Neste sentido, Filgueiras acentua que a publicidade demanda a transparência, entendida como a disponibilização de informações e processos relacionados às políticas públicas, mas vai além por ser um princípio de autoridade que exige organização equitativa nos processos representativos da democracia[74].

---

[73] CAPDEVILLA, C. M. La transparencia en la Unión Europea. *Cuadernos de Derecho Público*, INAP, n. 26, p. 169-170, sep./dez. 2005; ALONSO, L. N. G. *Transparencia y acceso a la información en la Unión Europea*. Madrid: Centro de Documentación Europea, 2002.

[74] FILGUEIRAS, F. *Além da transparência*: accountability e política da publicidade. São Paulo: Lua Nova, 2011, p. 353-364.

Num sentido formal, transparência significa divulgar os seus atos, possibilitando o acesso à informação pública. É conhecer a atividade administrativa. Esse sentido formal se mostrou insuficiente desde o final do século XX, gerando a necessidade de uma atualização neste sentido para conseguir controlar a corrupção.

A partir de meados da década de 1970, a transparência projeta-se na realidade jurídica para além dessa sua abrangência de exteriorização dos atos estatais e passa a incluir uma dimensão material consistente num movimento progressivo de abertura da Administração Pública à coletividade, suplantando progressivamente o conceito da transparência apenas como mecanismo para que a sociedade possa tomar conhecimento das contas e ações da Administração Pública.

Antes da década de 1990, a doutrina e a jurisprudência no Brasil destacavam o caráter obrigacional da transparência derivada de outras disposições e princípios. A ideia da visibilidade administrativa não passava de uma garantia alcançada com a concretização de outros princípios. Trata-se de uma decorrência inerente a outros princípios que exigem a transparência como condição para sua aplicação. Com a dinâmica evolutiva, o desenvolvimento da transparência passou a ser fundamento do dever de fundamentação, do direito da defesa e do princípio do livre acesso à justiça.

Todavia, a partir dos anos 1990 essa situação foi alterada, passando a transparência a ser considerada um princípio condutor da atividade administrativa, com introdução da ideia da governança, era da informação e o movimento anticorrupção tornando a transparência uma das categorias mais populares na ordem do dia na dogmática e realidade jurídico-administrativa, estando hoje mais do que nunca cada vez mais utilizada nos discursos políticos, nas reivindicações da sociedade civil e nas recomendações das organizações internacionais, no plano organizacional.

A expansão no sentido da transparência impõe que autonomizemos o princípio da transparência como estruturante da Administração Pública. De forma que podemos sustentar que o sentido formal se refere ao conceito de publicidade administrativa que vinha sendo utilizado para combater o segredo administrativo, e que o sentido material abrange, além da publicidade, outras dimensões concretizadoras da obrigação da Administração de garantir visibilidade na gestão pública.

No desenvolvimento da atividade administrativa no contexto relacional contemporâneo que evolui de uma posição de rigidez autoritária para a de flexibilidade democrática, a transparência aparece como princípio condutor da atividade administrativa na gestão pública contemporânea, cujo verdadeiro sentido deve ser buscado em direção a uma concepção que encontre assento numa inclusão substantiva do cidadão através da adoção de uma estratégia informativa e participativa de administração com comunicação e diálogo no sentido da construção de uma governança participativa. Lira et al.[75] apontam os ganhos desta concretização:

> Os ganhos econômicos são os advindos dos recursos que o controle social pode evitar que sejam escoados pela corrupção. Os ganhos sociais advêm da elevação da qualidade dos serviços prestados à população pela Administração Pública e da melhora dos indicadores sociais relativos à saúde e à educação. Os ganhos culturais advêm do fortalecimento de valores importantes para a cidadania, como a responsabilidade sobre a coisa pública.

No Brasil, a transparência aparece associada à noção de *accountability* (prestação de contas). Enquanto a *accountability* é uma obrigação legal e periódica do gestor público que abrange os aspectos econômicos da sua atividade perante órgãos estatais de controle, interno ou externo, a transparência é princípio da boa governança de visibilidade permanente que abrange aspectos econômicos da sua atividade perante a sociedade[76].

---

[75] LIRA, A. M. de A.; ROSA, A. Q.; PACHECO FILHO, A. B.; GOMES, B. P. de M.; SANTOS, D. C.; MORAES, E. Q. de. A educação corporativa aplicada ao Tribunal de Contas da União como estímulo ao controle social. 2003. Disponível em: <www.tcu.gov.br>. Acesso em: 10 ago. 2013.
[76] CAMPA, J. M. La transparencia, un valor en auge. *IeseInsight*, n. 21, p. 29-36, 2014; CAVANNA, J. M. *36 principios de transparencia y buen gobierno*. Madrid: ICE, 2011, p. 7.

Tabela 1. Accountability e transparência

ITENS	ACCOUNTABILITY	TRANSPARÊNCIA
Natureza	Obrigação legal do gestor de bens alheios.	Princípio da boa governança.
Objeto	Aspectos econômicos.	Aspectos econômicos ou não.
Destinatário	Órgão estatal controlador que pode ser interno ou externo.	Sociedade.
Finalidade	Controle estatal.	Controle social.
Aspecto	Periodicidade conforme regulamentos.	Permanente, sendo qualidade do agir.
Temporal	Legais.	Administrativo.

Fonte: Elaborada pela própria autora.

Embora existam diferenças entre transparência e *accountability*, conforme demonstrado anteriormente, é possível afirmar que o surgimento da transparência no Brasil ligado à modernização da gestão pública e à necessidade do combate da corrupção administrativa contribuiu para a formação da *accountability* democrática, ou seja, numa prestação de contas que alcance toda a sociedade, por meio de um acesso físico e intelectual da informação pública. Ao assumir esse significado democrático, a *accountability* funciona como instrumento de viabilização da própria transparência administrativa.

Também é importante ressaltar que o conceito de transparência no Brasil aparece fomentado pela parceria do Governo Aberto, que significa abertura da gestão dos assuntos públicos aos cidadãos com base na transparência, participação e colaboração, com a intenção de atingir maior prosperidade, bem-estar e dignidade humana.

É comum no Brasil compreender a transparência como meio de controle da Administração Pública. Ao permitir um monitoramento sobre a atuação administrativa, a transparência traz consigo dois aspectos importantes: a) uma ideia de limitação no exercício do agir administrativo; a transparência é uma atividade negativa, pois a Administração Pública é impedida de praticar determinados atos contrários ao interesse público; b) a criação de uma mudança de comportamento da Administração Pública que passa a ser observada, podendo ser

Tabela 2. Governo aberto

PARCERIA DO GOVERNO ABERTO	CONTEÚDO
Compromisso dos países	Fortalecer a transparência pública; combater a corrupção; incentivar a participação dos cidadãos na gestão pública; promover a integridade nos setores público e privado.
Princípios	Transparência; participação social; responsabilização e prestação de contas (*accountability*); inovação e tecnologia.
Obrigações dos participantes	Aumentar a disponibilidade de informações sobre as atividades governamentais; apoiar a participação cívica; implementar os mais altos padrões de integridade profissional por toda a Administração Pública; ampliar o acesso a novas tecnologias para fins de abertura das informações e prestação de contas.
Áreas de atuação	Aumento da integridade pública, melhoria dos serviços públicos, gestão eficiente dos recursos públicos e aumento da responsabilidade corporativa.

Fonte: Elaborada pela própria autora.

questionada e confrontada nas suas atividades; a transparência é uma atividade positiva, pois a exposição ao escrutínio público exclui a corrupção, contribuindo para boa governação na gestão das políticas públicas com responsabilidade e a legitimidade de nossos administradores[77].

Outra ideia é que a transparência é um elemento essencial na recuperação de legitimidade de autoridades públicas, quando funciona como meio a serviço da democracia[78]. Nesta perspectiva, pretende-se refletir acerca da transparência enquanto conceito que, por um lado, abrange o fenômeno relacionado ao fato de que o comportamento da

---

[77] VÁZQUEZ, J. B. Procedimientos administrativos y nuevos modelos de gobierno. Algunas consecuencias sobre la transparencia. In: MACHO, R. G. (Dir.). *Derecho administrativo de la información y administración transparente*. Madrid: Marcial Pons, 2010, p. 50-79; HUESO, L. C. El derecho fundamental de acceso a la información, la transparencia de los poderes públicos y el gobierno abierto. Retos y oportunidades. In: VALERO, J.; SALMERÓN, M. F. (Coords.). *Régimen jurídico de la transparencia del sector público. Del derecho de acceso a la reutilización de la información*. Navarra: Thomson Reuters Aranzadi, 2014, p. 42; MAÑAS, J. L. P. Transparencia y protección de datos: las claves de un equilibrio necesario. In: MACHO, R. G. (Dir.). *Derecho administrativo de la información y administración transparente*. Madrid: Marcial Pons, 2010, p. 81-101.

[78] MENDIETA. V. La transparencia en los gobiernos locales: una puesta de futuro. *Fundación Democracia y Gobierno Local*, p. 16, fev. 2012.

Administração Pública não pode ser arbitrário, e, por outro, uma ferramenta da boa governança, que possibilita aos cidadãos a compreensão da atividade pública, e a consagração de um regime de responsabilidade coerente com o compromisso republicano de resgate da integridade baseada nos valores públicos.

Neste cenário, a transparência é um componente das atividades administrativas caracterizado como valor de legitimação no processo de modernização e racionalização da gestão pública. Ela é a um só tempo o reflexo do apoio popular e da participação de toda a sociedade no combate da corrupção, e um meio usado por alguns órgãos estatais na criação de um modelo de responsabilidade na gestão dos recursos públicos.

A transparência, como doutrina, envolve a necessidade de uma política da Administração para garantir a visibilidade no exercício do poder administrativo necessário para construção de governos mais eficientes e eficazes, que gastem de maneira mais honesta e produtiva[79], seja porque esta política pode proclamar uma gestão pública próxima e ao alcance do cidadão e apresentar-se como uma diretriz normativa no modo de as organizações públicas conduzirem suas atividades em prol da coletividade, seja porque ela obterá o equilíbrio necessário na prevenção da corrupção.

5.1. Elementos da Transparência Administrativa

A transparência, como visibilidade administrativa, é dotada de instrumentos destinados a garantir a submissão da atividade da Administração Pública ao escrutínio da sociedade. Esse instrumental tem como suporte a prestação de contas revelada pela vinculação dos parâmetros de *visibilidade, confiabilidade e responsabilidade*.

A ideia da *visibilidade* deve ser reconhecida como a capacidade de o cidadão ter acesso físico e intelectual às atividades da Administração Pública. Neste cenário, a Administração Pública, ao disponibilizar as informações públicas, deve garantir dois aspectos: *o formal e o material*.

No *aspecto formal*, um acesso fácil, simples e rápido no meio eletrônico, envolvendo a capacidade da Administração Pública de disponibilizar informações de interesse público, não apenas por imposição de

---

[79] LOPES, C. Acesso à informação pública para a melhoria da qualidade dos gastos públicos: literatura, evidências empíricas e o caso brasileiro. *Caderno de Finanças Públicas*. Brasília, n. 8, p. 24, 2007.

dispositivos de leis ou regulamentos, mas de forma proativa, contemplando não apenas resultados da atividade administrativa, mas fatores que norteiam a preservação e otimização de valor da organização, gerando uma sociedade capaz de controlar o poder público.

E no *aspecto material*, com um conteúdo claro, didático, completo, objetivo, que permita a compreensão das escolhas administrativas na condução da máquina pública, cujo objetivo é aumentar a capacidade de avaliação do agir administrativo, bem como a participação social. É o esclarecimento com a qualidade da informação pública traduzida na manutenção de um fluxo de informações públicas pertinentes, confiáveis, inteligíveis e oferecidas no momento oportuno, e a justificação dos atos praticados na gestão pública. Abrange, igualmente, a troca e partilha de informações que sejam de interesse público.

A *confiabilidade*, por sua vez, é a aproximação do cidadão com a Administração, decorrente da criação de um poder administrativo visível de acordo com os ditames da clareza, abertura e simplicidade. Essa proximidade é revelada por um processo de interação surgido do maior envolvimento dos cidadãos na tomada das decisões administrativas, criando duas formas de compreensão: (a) a fiscalização cidadã; (b) a gestão participativa. É a criação de mecanismos institucionais de diálogo entre a Administração Pública e os cidadãos, que permitam a fiscalização para salvaguarda do atendimento eficiente e eficaz das demandas sociais. O problema da efetivação destes mecanismos está estreitamente ligado ao exercício de uma cidadania ativa preocupada com o atendimento de demandas sociais, sendo um espaço de conquistas coletivas.

No contexto de busca de uma justificativa para a atribuição do sentido de transparência à publicidade no âmbito da Administração Pública brasileira, e tendo como premissa que o tema possui além do enfoque jurídico, o sociológico, a fundamentação da atualização expansiva possui dois eixos principais: juspositivista, baseado nos comandos normativos da Constituição Federal; e o da abertura administrativa, impulsionado por movimentos de defesa da transparência administrativa (esse segundo eixo será analisado em capítulo próprio).

A *responsabilidade* é um instituto que define e delimita os pressupostos de existência de um dever jurídico-público, dever esse que se traduz na obrigação, imposta à Administração Pública, de cumprir suas tarefas administrativas e de prestar contas da gestão pública para a sociedade.

Tal dever tem sua fonte na soberania popular, já que numa democracia, os representantes exercem o poder em nome e em benefício do povo[80].

A responsabilidade da Administração Pública perante a sociedade encontra-se relacionada com a questão do cumprimento do seu dever de prestar contas. Esse dever abrange a análise da responsabilização e controle do exercício do poder administrativo no sentido de permitir aos cidadãos discernirem se os administradores públicos estão agindo de acordo com os seus interesses e sancioná-los apropriadamente[81].

5.2. Pressuposto da Transparência Administrativa

A transparência decorre do dinamismo e das transformações ocorridas no Brasil de abertura da Administração Pública à sociedade com o advento do Estado Democrático de Direito e do movimento digital, de governança e de anticorrupção revelado a partir da Constituição Federal de 1988. Para refletir essas campanhas de defesa da visibilidade administrativa, *o pressuposto necessário é que a Administração seja um sistema aberto, em interação e dependência com o meio ambiente*[82]. Assim, a Administração Pública para ser organização transparente deve interagir com o exterior em aproximação com as circunstâncias ambientais, com as condições objetivas de cada situação e à experiência.

A Administração Pública como uma organização[83] a serviço da coletividade desenvolve-se como uma estrutura ordenada formada por uma composição de pessoas que unem os seus esforços com a finalidade de

---

[80] BOBBIO, N. *Estado, governo, sociedade*: para uma teoria geral da política. Rio de Janeiro: Paz e Terra, 2007.

[81] CHEIBUB, J. A.; PRZEWORSKI, A. Democracia, eleições e responsabilidade política. *Revista Brasileira de Ciências Sociais*. São Paulo, v. 12, n. 35, p. 2, out. 1997.

[82] Uma organização fechada, em volta de si mesma, não pode pretender captar, representar ou servir aos interesses próprios das pessoas (MUÑOZ, J. R.-A. *El buen gobierno y la administración de instituciones públicas*. Navarra: Editorial Aranzadi, 2006, p. 40-41).

[83] O homem é por natureza um ser social. Busca estabelecer relações com outros seres humanos formando grupos. Para evitar as dificuldades e obter benefícios, o ser humano busca vida coletiva. Na associação humana, com a interação social o homem consegue a satisfação de suas necessidades e seu aperfeiçoamento de suas aptidões físicas, morais e intelectuais. Na experiência humana associativa foram surgindo um número muito grande de organizações, a ponto de se afirmar que o homem passa a delas depender para nascer, viver e morrer. Na condição de sistema deliberadamente construído, as organizações desenvolvem-se como estruturas ordenadas, constituídas de aglomerados humanos, que visam obter objetivos (ARISTÓTELES, in *A Política*. v. I, p. 9; CÍCERO, in *República*,

alcançar algum propósito compartilhado[84]. Nela, a autoridade é distribuída, com divisão de trabalho, de forma a ordenar as responsabilidades e tarefas numa relação de coordenação e coerência[85].

O reconhecimento das organizações como realidade dominante nas sociedades apresenta-se como um fenômeno de equilíbrio entre seus aspectos estrutural e humano, na busca de uma qualidade de gestão. Na estrutura organizacional, o alinhamento e o desempenho necessários num ambiente de busca da produtividade e da qualidade e o aumento da competitividade[86] pressionam uma modernização na gestão e ação gerencial com uma condução racional e planejada para alcançar bons resultados, a fim de garantir a continuidade organizacional[87].

Neste contexto, no ambiente organizacional, surge a necessidade de uma estrutura construída a partir de componentes materiais e sociais, que vise aumentar sua eficiência e atender às modificações do ambiente[88]. Embora não exista um modelo ideal de estrutura, deve ser

---

v. I, p. 15; AZAMBUJA, D. *Teoria geral do Estado*. São Paulo: Globo, 1998; MOTTA, F. C. P.; PEREIRA, L. C. B. *Introdução à organização burocrática*. São Paulo: Pioneira Thomson Learning, 2004; KUNSCH, M. M. K. *Planejamento de relações públicas na comunicação integrada*. São Paulo: Summus, 2003).

[84] GALBRAITH, J. *Organizational design*. Reading, USA: Addinson Wesley, 1977, p. 3.

[85] VASCONCELOS, E. *Estrutura das organizações*. São Paulo: Pioneira, 2012, p. 3; OLIVEIRA, D. *Sistemas, organizações e métodos*: uma abordagem gerencial. São Paulo: Atlas, 2000, p. 85; CHIAVENATO, I. *Introdução à teoria geral da administração*. São Paulo: Makron Books, 1997, p. 264; GIBSON, J. L. *Organizações*: comportamento, estrutura e processo. São Paulo: Atlas, 1981, p. 38; CURY, A. *Organização e métodos*: uma visão holística. São Paulo: Atlas, 2000, p. 250.

[86] TOMEI, P. A. *Winning commitment*: how to build and keep a competitive work force. New York: McGraw-Hill, 1993, 226p. In: *ERA*, v. 34, n. 6, nov./dez. 2014; FIGUEIREDO, P. C. N. de. Competindo globalmente: determinantes para empresas e governos. *RAP*, RJ, n. 29, v. 3, p. 231-245, jul./set. 1995.

[87] BATEMAN, T. S.; SNELL, S. A. *Administração*: novo cenário competitivo. São Paulo: Atlas, 2006, p. 15; HAMPTON, D. R. *Administração contemporânea*. São Paulo: Pearson Education do Brasil, 1992, p. 9; STONER, J. A.; FREEMAN, R. E. *Administração*. Rio de Janeiro: LTc, 1999, p. 5.

[88] "Numa época caracterizada por permanentes, profundas e imprevisíveis mudanças, as organizações têm de ser cada vez mais rápidas a reagir, mas ágeis a actuar, numa constante adaptação às forças do ambiente que as rodeia. Neste contexto, a gestão, sem prejuízo da manutenção dos seus fundamentos, tem vindo a registrar uma significativa evolução procurando dotar os responsáveis pelo bom desempenho das empresas e de outras organizações" (TEIXEIRA, S. *Gestão das organizações*. Lisboa: Escolar, 2013, p. XXI).

adotada uma forma que seja compatível às condições ambientais e que atenda às necessidades de negócios da organização[89].

Na condição de organização, os seus administradores devem planejar e dirigir os seus variados recursos, de forma a contemplar não apenas os seus aspectos internos, como sistemas fechados, mas, na busca de uma boa gestão, ver as estruturas em constante relação de intercâmbio com o seu ambiente, como sistemas abertos[90]. Neste sentido acentua Cheney[91]:

> [...] precisamos ultrapassar o entendimento da organização como algo que simplesmente "contém" as pessoas, a tecnologia e o trabalho. As organizações possuem fronteiras fluidas e a vida das pessoas flui através dessas fronteiras. Assim sendo, não podemos falar de organizações como se elas fossem ilhas e como se seus membros e atividades estivessem totalmente alheios ao que está acontecendo na sociedade em geral.

Dentro de uma perspectiva integrativa e de evolução futura[92], a gestão pública deve ser aberta, em constante interação e interdependência da gestão pública com o ambiente externo. Pfeffer e Salancick[93] enfatizam a importância da relação ambiental para importar recursos e obter o suporte legitimador que mantém os processos internos da organização.

No momento em que a Administração Pública é vista em permanente interação com o exterior, é possível extrair que os elementos

---

[89] "O objetivo é, sobretudo, integrar as necessidades e expectativas dos gestores individualmente considerados, com os objetivos da organização, adaptando-os às necessidades de mudança, aumentando a sua eficiência e identificação/lealdade à empresa" (BRUNO, L. E. N. B. As teorias administrativas como teorias políticas do estado amplo. In: OLIVEIRA, D. A. (Org.). *Gestão democrática da educação*. Petrópolis: Vozes, 1997, p. 35-36).

[90] KATZ, D.; KAHN, R. L. *Psicologia social das organizações*. São Paulo: Atlas, 1987.

[91] CHENEY, G. et al. *Organizational communication in age the of globalization*: issues, reflections, practices. Prospect Heights. Illinois, EUA: Waveland Press, 2004, p. 1.

[92] "À medida que as velhas regras de fazer negócios tornam-se obsoletas, as empresas devem ser flexíveis e adaptáveis aos tempos de rápidas mudanças. As empresas, como as pessoas, aprendem novas coisas e evitam a obsolescência. Mais do que meramente reagir às mudanças, elas devem antecipar as mudanças e estar à frente delas" (BATEMAN, T. S.; SNELL, S. A. *Administração*: construindo vantagem competitiva. São Paulo: Atlas, 1998, p. 61).

[93] PFEFFER, J. Usefulness of the concept. In: GOODMANN, P. S.; PENNINGS, J. M. (Eds.). *New perspectives on organizational effectiveness*. San Francisco: Jossey-Bass, 1977, p. 132-143.

deste mesmo ambiente podem influenciar na sua configuração, e, ao mesmo tempo, funcionar como base de avaliação para escolha de estratégias a serem desenvolvidas perante as influências externas.

Drucker[94] afirma que tão logo uma organização dê os primeiros passos para converter "dados" em "informação", os seus processos de decisão, a sua estrutura administrativa e a sua maneira de trabalhar começam a se transformar. E Trierweiller[95] complementa que não basta demonstrar eficiência nos processos e eficácia no alcance de resultados, as organizações devem analisar as contingências, definir sua estratégia e estrutura para perseguir sua missão, demonstrando efetividade, ou seja, consistência ao longo do tempo na busca contínua da garantia do negócio.

Morgan[96] já aclarava que, para teóricos da administração clássica, a organização era vista como um sistema fechado, algo hermético a qualquer influência ambiental, com uma preocupação voltada para análise dos princípios do planejamento interno.

A lógica da abertura é necessária, deve ser contínua, mas é alcançável através de uma dinâmica progressiva[97] de interação da organização com as circunstâncias ambientais, que encontra desafios e obstáculos à sua implantação. A perspectiva da organização como sistema fechado conduz a uma concentração em regras de funcionamento interno, à apologia da eficiência como critério primário da viabilidade organizacional e, consequentemente, à ênfase em procedimentos e não em programas[98].

---

[94] DRUCKER, P. F. *As novas realidades*. São Paulo: Pioneira, 1989, p. 178.

[95] TRIERWEILLER, A. C. *Efetividade e estrutura das organizações de tecnologia da informação e comunicação*: um enfoque contingencial. 2010. 250f. Tese (Doutoramento em Engenharia de Produção). Programa de Pós-Graduação em Engenharia de Produção, Universidade Federal de Santa Catarina, Florianópolis, 2010, p. 42.

[96] MORGAN, G. *Imagens da organização*. Tradução Geni G. Goldschmidt. São Paulo: Atlas, 2002, p. 59.

[97] A organização é um sistema aberto, tentando atingir objetivos e executar tarefas em muitos níveis e variáveis graus de complexidade, evoluindo e desenvolvendo-se à medida que a interação com um ambiente em modificação obriga novas adaptações internas (SCHEIN, H. E. *Psicologia organizacional*. Rio de Janeiro: Prentice-Hall do Brasil, 1982, p. 192).

[98] NASCIMENTO, K. T. Implicações do moderno conceito de administração para a formulação de uma estratégia de reforma administrativa. *Revista de Administração Pública*. Rio de Janeiro, n. 6, v. 1, jan./mar. 1972, p. 5-31.

A abertura organizacional faz referência a um elemento do fenômeno administrativo e, nessa função, ser uma condição estrutural de qualquer concepção atual de Administração Pública. Nesse sentido, uma administração privada da constante interação com o ambiente não poderá, por consequência, responder eficazmente às mudanças contínuas e rápidas do ambiente.

Como um sistema aberto, a Administração Pública é desenvolvida não apenas numa constante interação dual com o ambiente, mas também como uma organização integrativa representada por um processo contínuo de troca de competências, informações e realizações com as transformações do ambiente. Holzner[99] assevera a importância da abertura da Administração Pública no contexto de mudanças globais a fim de se criar confiança e o estabelecimento de uma sociedade democrática.

Considerar a gestão pública como um sistema aberto, que percebe as mudanças nos ambientes contextuais, contribui para o reconhecimento de que diversas transformações no âmbito do Estado refletem na função administrativa[100], e nas suas escolhas operacionais adequadas no seu desenvolvimento organizacional.

Além de permitir a compreensão na forma como deve ser construída a atuação administrativa, na gestão organizacional, a ideia da administração como um sistema aberto funciona como ambiente necessário para o desenvolvimento de meios, técnicas e processos que sejam adaptados a essa realidade com vistas a obter um nível de qualidade.

5.3. "Passos" da Transparência Administrativa

No enfoque jurídico, a transparência é a visibilidade administrativa. Neste enfoque, podemos estabelecer passos para que a administração pública se torne visível em seus planos, regras, processos e ações:

a) *Expansão eletrônica*: é a ampliação do governo eletrônico, permitindo a acessibilidade dos cidadãos ao governo não como um fim

---

[99] HOLZNER, B.; HOLZNER, L. *Transparency in global change*: the vanguard of the open society. Pittsburgh: University of Pittsburgh Press, 2006.

[100] Neste cenário, caracteriza-se a atualização expansiva da publicidade para a transparência, no momento em que a Administração Pública, na condução da gestão pública, está em constante adaptação com as condições ambientais.

em si mesmo, mas para garantir o uso inclusivo e pedagógico para os cidadãos. Com a promoção do desenvolvimento tecnológico, busca-se além da facilitação no intercâmbio de dados entre órgãos e entidades da administração pública, e o compartilhamento da tecnologia de informação e da oferta de serviços públicos digitais de forma integrada, o franqueamento aos cidadãos, de forma aberta, aos dados produzidos ou acumulados pela administração pública.
b) *Expansão participativa*: é dar vozes aos cidadãos e às suas comunidades, transformando-os em agentes ativos na produção de bens públicos. A partir de 1988, foram concebidos mecanismos institucionais de participação de concretização dos princípios da democracia participativa.
c) *Expansão da responsabilidade*: é a expansão do conceito de responsabilização de um processo de prestação de contas que permita o acompanhamento público da atuação administrativa, visando reduzir a assimetria informacional entre o gestor público e os cidadãos, e aumentar o controle social sobre a eficácia, eficiência e efetividade das estruturas administrativas.
d) *Expansão da anticorrupção*: é combinar elementos preventivos e repressivos no combate da corrupção, com a cooperação sistemática da sociedade civil brasileira e o empenho de instituições oficiais brasileiras no aumento de eficácia de suas ações. Neste empenho, destaco, nos dias atuais, o projeto de lei anticrime do ministro da Justiça e Segurança Pública, Sérgio Moro, que considero essencial para tornar mais efetivo o processo penal, em sintonia com a agenda de combate à impunidade.

6. Enfoque Sociopolítico da Transparência Administrativa

No alcance sociológico a transparência representa um movimento sociopolítico[101] que dá sustentação à abertura do poder à participação social com uma cultura de acesso à informação, inviabilizando a corrupção no âmbito da Administração Pública caracterizada pela prevalência dos interesses e regras dos gestores públicos na condução da máquina

---

[101] É importante advertir que a transparência é um movimento que sofre variação em relação a fatores políticos, sociais e culturais de cada Estado. Não há única transparência, sendo que, na presente investigação, a abordagem foi a transparência de matiz brasileira.

pública, em detrimento à satisfação das necessidades que se apresentam no cenário social.

A história da abertura do poder administrativo revela a busca de uma Administração Pública voltada para o cidadão, assim como o esforço de estabelecer uma adaptação da gestão pública como uma proposta que responda aos desafios da pós-modernidade. Estas aspirações relacionadas à legitimidade administrativa se concretizaram na necessária consensualidade por meio de um maior envolvimento dos cidadãos em assuntos de relevância pública e, consequentemente, na criação de estratégias de proximidade da Administração Pública em relação aos cidadãos-administrados.

Neste cenário, a transparência como movimento de abertura do poder administrativo encontra no Brasil suas notas reveladoras, a partir dos anos 1980-90, com a reestruturação na maneira de ser da Administração Pública orientada na promoção do escrutínio público de seus atos e decisões. Essa reestruturação como uma forma de capacitar a Administração Pública para melhor servir aos interesses da sociedade, resultado do reformismo administrativo como um processo permanente de ajustes e adaptações de sua organização e funções aos novos tempos, põe em causa o problema da legitimidade do poder administrativo.

No Estado Democrático de Direito, a juridicidade é elemento indispensável para o exercício do poder administrativo, mas insuficiente por si só para obter a justificação de seus ordenamentos institucionais e de seus objetivos[102]. A legitimidade, ao seu turno, assume conotação valorativa que se manifesta pelo poder justo, merecedor de aceitação, inserida na esfera da consensualidade, dos ideais, dos fundamentos, das crenças, dos valores e dos princípios ideológicos[103].

---

[102] MOREIRA NETO, D. de F. *Legitimidade e discricionariedade*: novas reflexões sobre os limites e controle da discricionariedade. Rio de Janeiro: Forense, 1998, p. 5; GUGLIELMO, F. *El poder*: los genios invisibles de la ciudad. Madrid: Tecnos, 1991, p. 27-28; HELLER, H. *Teoría del estado*. Mexico: Fondo de Cultura Econômica, 1998, p. 309.

[103] CASTIGNONE, S. Legittimazione e potere: elementi per una riflessione analitica. *Sociologia del diritto*, n. XI, Milano: FAE, 1984, p. 15; WOLKMER, A. C. Legitimidade e legalidade: uma distinção necessária. *Revista de Informação Legislativa*. Brasília, n. 124, p. 180, 1994; ROMERO, R. M. Crisis de legitimación y crisis económica en el Estado de bienestar. *Revista de Estúdios Políticos*, n. 48, Madrid: CEC, p. 177-197, 1985; BOBBIO, N. *Dicionário de política*. Brasília: UnB, 1986, p. 678.

Neste cenário, a legitimidade do poder administrativo associa--se ao reconhecimento de uma justificação para além da legalidade técnico-jurídica. A autoridade do poder administrativo pode se basear na legalidade, contanto que se fundamente nos valores fundamentais comunitários de bem comum e de cidadania democrática definidos na constituição material onde este poder se exerce.

Na legitimidade a Administração Pública deve desenvolver capacidade para gerar e manter a crença de que sua autoridade que embasa as imposições e determinações na condução da máquina pública deve estar em conformidade com o sentimento social vigente em um dado momento histórico em torno de valores consensualmente aceitos. Embora a preocupação com a legitimidade requeira um olhar para a História, o recorte aqui estabelecido partirá dos questionamentos vigorosos nos fundamentos da Nova Gestão Pública, dado que o enfoque na presente investigação é a legitimidade do Estado Democrático de Direito.

Neste cenário, a modernização administrativa abre passagem para a reflexão sobre flexibilidade, eficiência, simplicidade e responsabilidade quando trata da melhoria do desempenho do aparato administrativo. Na realidade, as reformas administrativas nada mais são do que a recolocação do papel da Administração Pública no cenário contemporâneo. É importante ressaltar que esta análise da gestão pública é indissociável dos limites da representatividade, o que remete à reconfiguração do paradigma democrático em geral com base na expansão dos mecanismos participativos nos vários setores da Administração Pública.

Após a Revolução Industrial surgem reivindicações sociais marcadas pelo contraste entre os interesses do capital e do proletariado. Somada a essa luta pela realização efetiva da justiça social, sob o influxo da crise de 1929 e a Grande Depressão, verifica-se a necessidade de substituir a ideia do livre-mercado para um necessário capitalismo de Estado, influenciado pelas ideias keynesianas de busca do pleno-emprego. A Revolução Russa de 1917 inspira a concessões no âmbito das relações sociais para garantir a legitimidade estatal em face da ordem mundial polarizada, com a consequente incorporação de direitos sociais no âmbito das constituições.

Neste cenário surge o Estado Social[104] com um papel de garantidor dos direitos sociais[105], assumindo a condição de agente do desenvolvimento econômico e social. No aspecto social aparece como garantidor do bem-estar da coletividade através da satisfação de suas necessidades básicas. No aspecto econômico assume um papel de intervenção na economia não apenas para alcançar o pleno-emprego, mas também para atuar nos setores importantes da economia. No aspecto administrativo, surge o fenômeno da estatização com o incremento da burocracia[106] de modelo weberiano, em que

> [...] o próprio "Estado", tomado como entidade política, [possui] uma "Constituição" racionalmente redigida, um Direito racionalmente ordenado, uma administração orientada por regras racionais, as leis, e é administrado por funcionários especializados[107].

[104] Na vigência do Estado Liberal o regime jurídico-administrativo é construído para funcionar como uma reação à concentração do poder absolutista, com normas que colocam a Administração Pública numa postura distante da sociedade, apenas para proteger a segurança e propriedade privada. Trata-se de um regime exorbitante e excepcional ao direito privado. Sob o paradigma liberal, no regime jurídico-administrativo a Administração Pública tem posição de supremacia frente ao particular, apenas com a função executiva dos comandos legais através de uma estrutura concentrada e centralizada em que o agir administrativo representava-se por atos administrativos. No final do século XIX, a substituição do Estado Liberal pelo Estado Social, rompendo com a linhagem excessivamente não intervencionista do Estado Liberal, a Administração Pública assume um papel de prestadora e planificadora para assegurar a igualdade social. O regime jurídico-administrativo passa a disciplinar o alargamento de funções e tarefas cumpridas pela Administração Pública para assegurar o bem-estar social acompanhado da forte regulação e hipertrofia da atividade privada. Sob o paradigma do Estado Social, como a autodeterminação individual representa uma grave ameaça ao interesse público, todo o regime jurídico-administrativo é público, pois o Poder Público abandona a sua posição de absenteísmo, e passa a intervir, no afã de proteger as partes mais débeis. Com a transição do Estado Liberal para o Estado Social, substituindo um papel negativo para um papel ativo no desenvolvimento econômico da sociedade e no desenvolvimento pessoal dos próprios cidadãos, a Administração Pública assume a gestão das necessidades coletivas de segurança, bem-estar econômico e social.
[105] No Brasil surge somente na década de 1930 no fim da República Velha. Em Portugal teve expressão no final do Estado Novo, verificando-se a sua implementação após a revolução de 1974.
[106] O fenômeno burocrático aparece desde o Egito Antigo, na Igreja Romana desde o século XIII e na China desde a época de Shi-Hoang-Ti, mas Max Weber representa o expoente teórico responsável pela consolidação do modelo burocrático (FREUND, J. *Sociologia de Max Weber*. Rio de Janeiro: Forense, 1987, p. 172).
[107] "[...] o próprio 'Estado', tomado como entidade política, [possui] uma 'Constituição' racionalmente redigida, um Direito racionalmente ordenado, uma administração orientada

Na implementação deste novo modelo estatal, ao mesmo tempo em que o Estado assume um papel positivo, no cenário jurídico, ganha fama o positivismo em contraposição ao jusnaturalismo predominante no Estado Liberal. Foram necessárias crises para que houvesse uma modificação substancial no papel do Estado.

Neste contexto, o Estado Social, legitimado pela busca da justiça social com menos desigualdades e uma cidadania comum[108], em virtude da crise econômica mundial, impulsionada pelas duas grandes crises do petróleo em 1973 e 1979, da crise fiscal, com os governos não tendo condições de financiar seus déficits, da ingovernabilidade, e da globalização e do avanço tecnológico, que influenciaram fortemente a sociedade, o Estado e a economia mundial, perde sua credibilidade e legitimidade perante o atendimento das demandas sociais[109].

Diante desse cenário de desgaste no modelo do Estado de desenvolvimento[110], surgem, a partir do final dos anos 1970, alternativas para a reforma dos Estados Ocidentais, no sentido de redefinir seu papel na gestão pública, visando fundamentalmente eliminar as disfunções inerentes ao modelo burocrático[111].

por regras racionais, as leis, e é administrado por funcionários especializados" (WEBER, M. *A ética protestante e o espírito do capitalismo*. São Paulo: Pioneira, 1985, p. 4).

[108] HERNÁNDEZ, J. V. Las relaciones de los fundamentos teóricos entre la "nueva economía política", la "nueva gerencia pública" y la "nueva política social". *Revista Prevista*. Disponível em: <http://www.iigov.org/iigov/pnud/revista/prevista4.htm>. Acesso em: 10 jul. 2014.

[109] Com a crise do Estado-Providência, a partir dos anos 1980, em razão da ineficácia, da democratização econômica e social decorrente de uma estrutura administrativa burocrática e da crise econômica da década de 1970, impõe-se o questionamento acerca da legitimação do poder administrativo face às demandas sociais, na busca de meios que viabilizem a capacidade da administração para gerar e manter a crença em sua gestão pública direcionada na satisfação do interesse público. Nas últimas décadas do século XX, a dinâmica das mudanças nos contornos político-institucionais do Estado, como forma de superação dos efeitos adversos ocasionados pelo aprofundamento da crise do modelo providencialista, constitui-se em fenômeno transformador da estrutura, funcionamento e relações jurídicas da Administração Pública.

[110] "[...] o Estado social-burocrático assumiu três formas: o Estado do Bem-Estar nos países desenvolvidos; o Estado Desenvolvimentista nos países subdesenvolvidos; e o Estado Burocrático nos países estadistas" (PEREIRA, L. C. B. *Reforma do Estado para a cidadania*: a reforma gerencial brasileira na perspectiva internacional. São Paulo: Editora 34; Brasília: ENAP, 1998).

[111] "A administração burocrática aparece como uma verdadeira casta, isolada do resto da sociedade, e que pretende, com a ajuda das suas prerrogativas, impor a sua lei aos administrados" (CHEVALIER, J. *Science administrative*. Paris, 2002, p. 343ss.).

No processo de reconstrução surge a necessidade de práticas de gestão compatíveis com a satisfação das necessidades da coletividade extraídas não apenas da crescente falta de recursos financeiros, mas da conjuntura globalizada e informatizada, e das mudanças culturais e sociais que induziram nos cidadãos a exigência de um melhor setor público[112].

No discurso do reformismo visando modernização do setor público, surge a nova gestão pública orientada na busca da melhoria na qualidade dos serviços públicos, com eficiência e transparência no funcionamento das funções do Estado[113].

---

[112] REGO, G. *Gestão empresarial dos serviços públicos*: uma aplicação ao sector da saúde. Porto: Vida Económica, 2008; BRASIL. MARE. *Plano diretor da reforma do aparelho do estado*. Brasília: MARE, 1995, p. 21.

[113] Com a crise do Estado-providência, surge a proposta neoliberal de diminuição do Estado com larga transparência ao setor privado das atividades naqueles setores onde o Estado era concorrente ou único ator. O Estado assume papel regulador. Há forte influência dos mecanismos de gestão privada na atuação da Administração, inclusive com o modelo descentralizado das agências. A crise deste modelo em razão não apenas dos déficits econômico e orçamentário, mas também pela não garantia da dignidade da pessoa humana, já que sua atuação era voltada apenas no sentido de garantir a concorrência e o livre jogo das forças de mercado, abstendo-se da maior parte das políticas públicas de natureza econômica e social, surge necessidade de um novo modelo de Estado. No processo de reconstrução surge a necessidade de práticas de gestão compatíveis com a satisfação das necessidades da coletividade extraídas não apenas da crescente falta de recursos financeiros, mas da conjuntura globalizada e informatizada, e das mudanças culturais e sociais que induziram nos cidadãos a exigência de um melhor sector público. Neste cenário de constante mudança, surge como forma de equilibrar o intervencionismo e o respeito das liberdades individuais o modelo do Estado Democrático de Direito (PINTO, C. P. A. Arqueologia de uma distinção: o público e o privado na experiência histórica do direito. In: OLIVEIRA, C. F. P. (Org.). *O novo direito administrativo brasileiro*: o estado, as agências e o terceiro setor. Belo Horizonte: Fórum, 2003, p. 40; SARMENTO, D. Interesses públicos vs. interesses privados na perspectiva da teoria e da filosofia constitucional. In: SARMENTO, D. (Org.). *Interesses públicos* versus *interesses privados*: desconstruindo o princípio da supremacia do interesse público. Rio de Janeiro: Lumen Juris, 2010, p. 40; OLIVEIRA, G. J. de. A Administração Pública democrática e a efetivação dos direitos fundamentais. Disponível em: <http://www.publicadireito.com.br/conpedi/manaus/arquivos/anais/bh/gustavo_justino_de_oliveira.pdf>. Acesso em: 26 jul. 2014); PALMA, J. B. *Atuação administrativa consensual*: estudos dos acordos substitutivos no processo administrativo sancionador. 2010. 332f. Dissertação (Mestrado em Direito do Estado) – Faculdade de Direito da Universidade de São Paulo, USP, São Paulo, 2010; DELGADO, J. A. Perspectivas do direito administrativo para o século XXI. In: ROCHA, C. L. A. (Coord.). *Perspectivas do direito público*: estudos em homenagem a Miguel Seabra Fagundes.

Barzelay[114] sustenta que a nova gestão representa um dispositivo conceitual inventado com o propósito de estruturar a discussão acadêmica sobre as mudanças contemporâneas na organização e o gerenciamento da função executiva do governo.

Nas décadas de 1980 e 1990, sob o amparo do *New Public Management*, especialmente nos países anglo-saxões[115], surgem soluções para a

---

Belo Horizonte: Del Rey, 1995; WEBER, M. *A ética protestante e o espírito do capitalismo.* São Paulo: Pioneira, 1985, p. 4; CARVALHO, W. A reforma administrativa da Nova Zelândia nos anos 80-90: controle estratégico, eficiência gerencial e *accountability*. Revista do Serviço Público, ano 48, n. 3, p. 5, set./dez. 1997; PEREIRA, L. C. B. *Reforma do estado para a cidadania*: a reforma gerencial brasileira na perspectiva internacional. São Paulo: Editora 34; Brasília: ENAP, 1998; CHEVALIER, J. *Science administrative.* Paris, 2002, p. 343ss.; CARIAS, A. R. B. *Derecho administrativo.* Tomo I. Caracas: Fundación Editorial Jurídica Venezolana, 1975, p. 11; WILSON, W. O estudo da administração. *Cadernos de Administração Pública.* Rio de Janeiro, n. 16, p. 16, 1955; XIMENES, J. M. Reflexões sobre o conteúdo do estado democrático de direito. 2007. Disponível em: <http://www.iesb.br/ModuloOnline/Atena/arquivologístico/Julia%20Maurmann%20Ximenes.pdf>. Acesso em: 10 maio 2013; SELL, C. E. *Introdução à sociologia política*: política e sociedade na modernidade tardia. Petrópolis: Vozes, 2006, p. 93; MANIN, B. As metamorfoses do governo representativo. *Revista Brasileira de Ciências Sociais.* São Paulo, n. 29, ano 10, p. 5-34, 1995; MANFREDINI, K. M. Democracia representativa brasileira: o voto distrital puro em questão. Florianópolis, 2008, p. 25. Disponível em: <http://www.portalconscienciapolitica.com.br/ciber-democracia/democracia-representativa/>. Acesso em: 10 out. 2015; BINENBOJM, G. *Uma teoria do direito administrativo*: direitos fundamentais, democracia e constitucionalização. São Paulo: Renovar, 2006, p. 77; MELO, M. de. *Plebiscito, referendo e iniciativa popular*: mecanismos constitucionais de participação popular. Porto Alegre: Sérgio Antônio Fabris Editor, 2001, p. 94; SANTANA, J. E. *Democracia e cidadania*: o referendo como instrumento de participação popular. Belo Horizonte: Del Rey, 1995, p. 120; CAGGIANO, M. H. S. Democracia x constitucionalismo: um navio à deriva? Disponível em: <http://www.mackenzie.com.br/fileadmin/Graduacao/FDir/2011/artigos/monica.pdf>. Acesso em: 10 maio 2014; BATISTA, P. *Transformações do direito administrativo.* Rio de Janeiro: Renovar, 2003, p. 89; MORGADO, C. A nova face da separação de poderes: capacidades institucionais, vinculação dos poderes e constitucionalismo cooperativo. *Revista de Direito da Procuradoria-Geral.* Rio de Janeiro, v. 66, p. 64-93, 2011).

[114] BARZELAY, M. La nueva gerencia pública: un ensayo bibliográfico para estudiosos latino-americanos (y otros). *Reforma y Democracia (Revista del CLAD)*, Caracas, n. 19, p. 11, fev. 2001.

[115] São características do modelo inglês: descentralização do aparelho de Estado, que separou as atividades de planejamento e execução do governo e transformou as políticas públicas em monopólio dos ministérios; privatização das estatais; terceirização dos serviços públicos; regulação estatal das atividades públicas conduzidas pelo setor privado; uso de ideias e ferramentas gerenciais advindas do setor privado (PAULA, A. P. P. de. *Por uma nova gestão pública*: limites e potencialidades da experiência contemporânea. Rio de Janeiro: FGV, 2005, p. 47).

Administração Pública. Pontos centrais eram a adaptação e a transferência dos conhecimentos gerenciais desenvolvidos no setor privado para o público, pressupondo a redução do tamanho da máquina administrativa, com objetivo de obter o equilíbrio fiscal, maior competência e eficiência, além da busca de perspectivas mais democráticas de gestão.

Além de aglutinador de soluções propostas na reforma administrativa, e apesar da diversidade histórico-cultural, o *New Public Management* possui preceitos teóricos mínimos para sua caracterização e aplicação na condução da gestão pública. Hood[116] aponta os seguintes preceitos mínimos: profissionalização da gestão nas organizações públicas; padrões de desempenho e medidas de avaliação, com objetivos mensuráveis e claramente definidos; ênfase no controle e nos resultados; desagregação das grandes unidades do setor público; introdução da competição no setor público; uso de práticas de gestão do setor privado; ênfase na disciplina e na utilização dos recursos, cortando custos e procurando maior eficiência e economia.

Neste cenário, na dimensão administrativa, a nova gestão pública supera um modelo burocrático caracterizado pela neutralidade e racionalidade, para uma Administração Pública que inclui algumas características das organizações empresariais, e busca, através de um controle de gastos e maior eficiência, resultados em detrimento de processos.

No paradigma gerencial, aplicado no governo de Margaret Thatcher em 1979 na Grã-Bretanha, e de Ronald Reagan, em 1980, nos Estados Unidos, e aperfeiçoado com práticas e debates, culminando no Consenso de Washington, o baixo desempenho dos serviços públicos perante as demandas sociais é resolvido na base da competição econômica fundamentada pela busca da produtividade, da eficiência e da aplicação de princípios da gestão privada no setor público.

Na década de 1980-1990 o *New Public Management*, em sintonia com a visão do neoliberalismo, guiado por abordagens e práticas na Administração Pública de maior eficiência e agilidade perante a administração estruturada consoante os pressupostos da burocracia weberiana, cujo núcleo é uma Administração Pública hierárquica, profissional e politicamente neutra, fundamenta-se em métodos de gestão dos negócios

---

[116] HOOD, C. Public management for all seasons? *Public Administration*. Londres, v. 69, n. 1, p. 3-19, 1991.

privados, por meio da desregulamentação, da flexibilização, da gestão por resultados, em busca da melhoria do desempenho e do incremento da responsividade.

Concebida pelo NPM como instrumento e meio de realização da eficiência na provisão de serviços públicos à coletividade, a atividade administrativa incorporou métodos de gestão dos negócios privados, em sintonia com a visão do neoliberalismo[117], e foi mantida neste perfil lastreado de princípios e mecanismos de mercado até o final dos anos 1990, quando surge a necessidade de desenvolver uma concepção de Administração Pública compatível com as condições de legitimação do Estado Democrático de Direito. Esta formação estatal, tendo origem da evolução histórica do Estado de Direito[118], nasce da necessidade de

---

[117] Este entendimento que favorecia o racionalismo econômico numa linguagem gerencialista exagerada na gestão pública como forma de alcançar a eficiência foi desenvolvido para concretizar a capacidade de resposta da Administração Pública às demandas sociais (DRECHSLER, W. The rise and demise of the new public management. *Post-Autistic Economics Review*, n. 33, 2005).

[118] A realidade jurídica chamada Estado de direito é compreendida a partir da história das sociedades políticas e do Direito. Aos diversos tipos históricos de Estado, e aos significados da expressão Direito correspondem, naturalmente, diversos modelos e concepções de Estado de Direito, sendo possível falar em fases evolutivas surgidas nos Estados ocidentais em conformidade com as condições concretas existentes nos vários países da Europa, e, depois, no continente americano. Embora exista divergência, heterogeneidade e imprecisão no seu desenvolvimento histórico, o Estado de Direito, que para alguns resulta de uma construção permanente de convivência sociopolítica e das tendências constitucionais que nasceram com os movimentos revolucionários do iluminismo, e para outros tem como origem remota na ideia antiga da superioridade do governo das leis sobre o governo dos homens, é uma conquista emergente da eterna contenda entre novas liberdades e velhos poderes, para controlar o poder político com a proclamação de limites jurídicos e o reconhecimento dos direitos e garantias fundamentais. Trata-se de um conceito que se opõe ao Estado do não direito, cujos limites de ação são postos pelo Direito, exigindo um direito justo com abrigo dos direitos fundamentais, e que visa evitar o autoritarismo. A luta pelo Estado de Direito pressupõe esforços jurídicos para controlar o funcionamento do Estado e o poder político, resultante de uma construção permanente de convivência sociopolítica e das tendências constitucionais que nasceram com os movimentos revolucionários do Iluminismo (BÖCKENFÖRDE, E. W. *Estudios sobre el estado de derecho y la democracia*. Madrid: Trota, 2000, p. 20; BILLIER, J.-C.; MARYOLI, A. *História da filosofia do direito*. Tradução Maurício de Andrade. São Paulo: Manole, 2005, p. 248; MAQUIAVEL, N. *O príncipe*; e, *Escritos Políticos*. São Paulo: Folha de São Paulo, 2010, p. 12; ARAÚJO, A. G. de A. *O direito e o estado como estruturas e sistemas*. Belo Horizonte: Faculdade de Direito da UFMG, 2001, p. 7; VERDÚ, P. L. *A luta pelo estado de direito*. Tradução Agassiz Almeida Filho. Rio de Janeiro: Forense,

potenciar a virtualidade do princípio democrático no seio do Estado social de Direito[119], e é justificada por dois eixos. O primeiro eixo parte da perspectiva política: o desgaste da suficiência da democracia formal limitada às formalidades procedimentais para escolha dos políticos, com a instalação da democracia material, que exige novos instrumentos de participação nas políticas e nos controles públicos. O segundo eixo parte da perspectiva jurídica: a constitucionalização da Administração Pública agrega ao regime jurídico-administrativo preocupações materiais e não meramente organizatórias, com a doutrina da efetividade, a teoria normativa dos princípios e a noção dos direitos fundamentais como ordem objetiva de valores.

Acontece que a motivação das reformas gerenciais influenciou e influencia profundamente a Administração Pública, de tal sorte que

2007; AMARAL, M. L. *A forma da república*. Coimbra: Coimbra Editora, 2005, p. 140-141; BOBBIO, N. *A era dos direitos*. Rio de Janeiro: Campus, 1992, p. 5; DÍAZ, E. *Estado de derecho y sociedad democrática*. Madrid: Taurus, 1986, p. 31ss.; NOVAIS, J. R. *Contributo para uma teoria do estado de direito*. Coimbra: Almedina, 2006; SCHMITT, C. *Legalidade e legitimidade*. Tradução Tito Lívio Cruz Romão. Belo Horizonte: Del Rey, 2007; FERREIRA FILHO, M. G. *Estado de direito e constituição*. São Paulo: Saraiva, 1999; TAVARES, M. L. *Estado de emergência*: o controle do poder em situação de crise. Rio de Janeiro: Lumen Juris, 2008, p. 18; GARCÍA-PELAYO, M. *As transformações do estado contemporâneo*. Tradução Agassiz Almeida Filho. Rio de Janeiro: Forense, 2009, p. 41; MACCORMICK, N. *Retórica e estado de direito*. Tradução Conrado Hübner Mendes. Rio de Janeiro: Elsevier, 2008, p. 17; LARENZ, K. *Derecho justo*. Madrid: Civitas, 1985, p. 151ss.; MICHELON, C. et al. Retórica e o estado de direito no Brasil. In: MacCORMICK, N. *Retórica e estado de direito*. Tradução Conrado Hübner Mendes. Rio de Janeiro: Elsevier, 2008, p. XXVII).

[119] Entre os antigos, o ideal democrático foi comum na Grécia, cujo modelo é o ateniense da democracia direta, em que todo o cidadão, exceto os escravos e outras categorias desconsideradas da cidadania, tinha o direito de participar das decisões políticas fundamentais, sendo a cidade administrada pela maioria e a liberdade o princípio regente da vida política. Jean-Jacques Rousseau defendeu a democracia direta, em que o povo atuaria diretamente fazendo prevalecer a vontade de todos. Mesmo consciente da inviabilidade da democracia direta nos grandes Estados, Rousseau, através do Contrato Social, era firme em suas convicções ao combater a representatividade e divulgar a crença da soberania popular como única fonte real de legitimidade do poder. Foi o século XVIII quem cunhou à luz do pensamento iluminista guiado pela busca de uma explicação racional para todas as coisas, representado por filósofos que, rompendo com todas as formas de pensar até então consagradas pela tradição, refletiram sobre as instituições políticas, por meio dos quais se exerce o poder, a democracia representativa, onde os representantes eleitos pelo povo agem em seu nome, [...] na preservação do direito à vida, à liberdade e à busca da felicidade (ROUSSEAU, J.-J. *O contrato social*. São Paulo: Martins Fontes, 1998).

ainda hoje se considera necessária uma correspondência entre a gestão pública e os interesses da coletividade com base na eficiência. No entanto, sob o influxo desta justificativa, busca-se uma concepção capaz de possibilitar a adaptação da atividade administrativa à realidade do Estado Democrático de Direito. Neste cenário, é preciso unir à dimensão técnica-instrumental reduzida a valores e normas econômicas a orientação sociopolítica do Estado Democrático de Direito fundamentada no princípio democrático.

A doutrina publicista tem se inquietado no questionamento e no enfrentamento do debate dessa justificação do poder administrativo. Esse debate parte da constatação dos limites dos arranjos neoliberais, assentados na incorporação de princípios e mecanismos de mercado na organização e funcionamento do Estado e na redução dos ideais democráticos, afirmando-se como um método gerencial caracterizado por técnicas de gestão privada.

Com a aplicação do gerencialismo ao setor público, a literatura acadêmica tem apontado para uma crise de legitimidade que atinge a gestão pública. Como paradigma da Administração Pública orientada por uma perspectiva individualista e empreendedora de cunho gerencial, apresentou um déficit democrático, pois, além de limitar a participação dos cidadãos-clientes à escolha ou controle dos serviços, não criou mecanismos para formação de preferências e deliberação.

Surge a necessidade de combinar práticas gerenciais e valores da livre-iniciativa e mercado, sob o ideário neoliberal da eficiência, com a superação do modelo burocrático, e o reconhecimento de novas estruturas de poder, como a sociedade civil e a iniciativa privada, além de uma maior participação da cidadania no espaço público.

Surge assim a distinção entre uma "gestão pública legítima", caracterizada por sinergias mais fortes entre a Administração Pública e a sociedade, como forma de enfrentar os desafios complexos do cenário da pós-modernidade, e exercício do poder administrativo com algum grau de consenso da sociedade, e a "gestão pública ilegítima" de eficácia reducionista, ao limitar a participação dos cidadãos-clientes à escolha ou controle dos serviços.

Neste cenário, surge a democratização administrativa que oferece como solução fomentar a participação da sociedade civil na gestão pública, desde que haja transparência nas operações da Administração

Pública. A transparência aparece como meio de garantir a democratização pela participação representada pelo resgate público das burocracias, ou seja, pelo ideal de uma burocracia inovadora, sinergética, inclusiva e sustentável.

Em vista desta constatação, dado que o poder administrativo é exercido em benefício da coletividade, torna-se indispensável um apoio consensual oferecido pelos cidadãos relacionado a mecanismos de transparência, como forma de corrigir déficits democráticos, garantir a *accountability* e realizar objetivos públicos. Neste cenário, a transparência no âmbito da Administração Pública Democrática se apresenta como uma exigência de legitimidade.

Esta luta pela transparência na Administração Pública surgiu num contexto de reformismo administrativo voltado ao atendimento às exigências da coletividade. É verdade que, na prática, a busca de referenciais na ação administrativa representa formas de caracterização da atuação pública de qualidade que, por um lado, exercem pressão de aprimoramento dos procedimentos e o funcionamento dos serviços públicos, e, por outro lado, abrangem novos direitos da cidadania e democracia participativa.

Nas últimas três décadas, a democracia[120] tornou-se um termo polissêmico, cujos significados estão inseridos numa dinâmica histórica,

---

[120] Entre os antigos, o ideal democrático foi comum na Grécia, cujo modelo é o ateniense da democracia direta, em que todo o cidadão, exceto os escravos e outras categorias desconsideradas da cidadania, tinha o direito de participar e deliberar nas decisões políticas fundamentais, sendo a cidade administrada pela maioria e a liberdade o princípio regente da vida política. Jean-Jacques Rousseau defendeu a democracia direta, em que o povo atuaria diretamente fazendo prevalecer a vontade geral, a vontade de todos. Mesmo consciente da inviabilidade da democracia direta nos grandes Estados, Rousseau, através do Contrato Social, era firme em suas convicções ao combater a representatividade e divulgar a crença da soberania popular como única fonte real de legitimidade do poder. Foi o século XVIII quem cunhou à luz do pensamento iluminista guiado pela busca de uma explicação racional para todas as coisas, representado por filósofos que, rompendo com todas as formas de pensar até então consagradas pela tradição, refletiram sobre as instituições políticas, por meio dos quais se exercia o poder, a democracia representativa, onde os representantes eleitos pelo povo agem em seu nome, em defesa do ideal supremo surgiu como fruto de movimentos políticos e sociais consagradores das aspirações democráticas consubstanciadas na supremacia da vontade popular, na afirmação dos direitos naturais, na igualdade de direitos, no governo da maioria e na preservação do direito à vida, à liberdade e à busca da felicidade (BOBBIO, N. *Liberalismo e democracia*. São Paulo: Brasiliense, 2005; FERREIRA FILHO, M. G.

aberta e inacabada[121]. Segundo a orientação de um contexto sociopolítico e cultural de sua formulação, a análise do princípio democrático é indissociável da análise do Estado e sua configuração, o que remete ao papel por ele assumido historicamente em diferentes contextos. Pensar o problema da democracia na encruzilhada do Estado adjetivado[122], bem como as tendências ou possibilidades do seu desenvolvimento vinculado à transformação do Estado remete a uma reflexão sobre o papel esperado da democracia no momento atual.

Buscando responder à pergunta sobre qual seria o papel da democracia revestida juridicamente por via do princípio democrático, formalmente consagrado em grande parte dos textos normativos, especificamente no século XXI, consideramos que a democracia continuará a ser uma forma de governo aceitável e rica em conquistas já alcançadas, adotada em quase metade dos países do mundo[123], em virtude do

A democracia no limiar do século XXI. São Paulo: Saraiva, 2001; BARKER, S. E. *Teoria política grega*. Brasília: UnB, 1978, p. 35; ROUSSEAU, J.-J. *O contrato social*. São Paulo: Martins Fontes, 1998; DALLARI, D. de A. *Elementos da teoria geral do estado*. São Paulo: Saraiva, 1989; COMPARATO, F. K. *A afirmação histórica dos direitos humanos*. São Paulo: Saraiva, 2010).

[121] Aderir ao regime democrático significa apoiar a democracia enquanto ideal político normativo, representativo de uma conquista que necessita ser, simultaneamente, protegida e aprofundada, mas se constitui ainda fenômeno que revela certa fragilidade, principalmente quando se propõe transformar em realidade os variados aspectos de sua idealização. Assim, como ideal no qual se busca alcançar, a democracia pode ter uma conotação positiva que expressa não só ideias e metas realizáveis e importantes para determinada comunidade, desenvolvidas por teorias e modelos formulados a partir da existência de características e propriedades dinâmicas e relacionais do fenômeno democrático, e influenciados pelo contexto geopolítico e também negativo quando associada à sua inviabilidade na realidade concreta (MOUFFE, C. *O regresso do político*. Tradução Ana Cecília Simões. Lisboa: Gradiva, 1996, p. 193; BOBBIO, N. *Estado, governo, sociedade*. São Paulo: Paz e Terra, 1999, p. 135-165).

[122] CANOTILHO, J. J. Gomes. O princípio democrático sob a pressão dos novos esquemas regulatórios. *Revista de Direito Público e Regulação*. Disponível em: <http://www.fd.uc.pt/cedipre/publicacoes/rdpr/revista_1.pdf>. Acesso em: 4 maio 2013.

[123] LIPSON, L. *Historia y filosofía de la democracia*. Buenos Aires: Tipográfica Editora Argentina TEA, 1969; OSBORNE, R. *Do povo para o povo*: uma nova história da democracia. São Paulo: Bertrand Brasil, 2013; HELD, D. *Prospects for democracy*: north, south, east, west. Stanford: Stanford University Press, 1993; HELLER, H. *Teoria do estado*. Buenos Aires: Fondo de Cultura Económica, 1961. Dos países analisados pelo *The Economist Intelligence Unit*, 20 foram considerados "democracias plenas", 50 "democracias imperfeitas", 37 "democracias híbridas" e 51 "regimes autoritários". Disponível em: <http://www.yabiladi.com/img/content/EIU-Democracy-Index-2015.pdf>. Acesso em: 28 fev. 2106. "Democracy seems to have

consenso acerca de suas virtudes[124], mas que busca uma legitimidade, no Estado Constitucional Democrático, passando pela análise da relação entre Estado e sociedade.

Essa preocupação com a legitimidade do poder na democracia contemporânea, diante do fato de que a maioria dos países do mundo adotou o regime democrático, foca-se na identificação de justificativas do cânone democrático que revelam aprofundamento democrático na lógica qualitativa[125]. O debate sobre a qualidade de democracia, ampliado nos últimos anos, busca a fixação de um significado do princípio democrático com base nos fatores justificadores do exercício do poder no Estado.

Embora a democracia tenha se convertido em valor universal, sendo considerada melhor forma de governo, convertendo-se em uma das expressões mais influentes e bem-sucedidas na política contemporânea[126], verifica-se, através da incursão de diversas implicações argumentativas do princípio democrático, um contraste entre os ideais democráticos e a democracia real.

Neste contexto, em boa parte das Nações do mundo, o ideal democrático, disseminado desde o início da década de 1980, apesar do consenso de uma crise cujo desconforto social possui, na visão de Galli[127], além de uma dimensão emocional, relacionada ao sentimento de

---

scored an historic victory over alternative forms of governance. Nearly everyone today professes to be a democrata" (HELD, D. *Prospects for democracy*. Stanford: Stanford University Press, 1993, p. 13).

[124] BOAS FILHO, O. V. Democracia: a polissemia de um conceito político fundamental. *Revista da Faculdade de Direito da Universidade de São Paulo*, v. 108, p. 651-696, jan./dez. 2013.

[125] "Governments' responsiveness to citizens' preferences is a key assessment criterion of democratic quality" (WRATIL, C. Democratic responsiveness in the European Union: the case of the Council. *LEQS Paper*, n. 94, jun. 2015. Disponível em: <http://www.lse.ac.uk/europeanInstitute/LEQS%20Discussion%20Paper%20Series/LEQSPaper94.pdf>. Acesso em: 8 dez. 2015); "Working within the tradition of procedural democracy, we anchor the concept of quality of democracy in a compact group of theoretical and empirical dimensions that center attention on the quality of political processes, on how democracies work as political systems, and on the rights and opportunities essential to the ability of any democracy to function, survive, and remain democratic" (LEVINE, D. H.; MOLINA, J. E. *The quality of democracy in Latin America*. Colorado: Rienner, 2011, p. 2).

[126] O'DONNELL, G. Teoria democrática e política comparada. *Revista Dados*, n. 42, p. 577--654, 1999.

[127] GALLI, C. *Il disagio della democrazia*. Torino: Einaudi, 2011.

descontentamento com o cidadão, uma dimensão estrutural evidenciada pelo descumprimento das suas promessas de liberdade, igualdade e dignidade das pessoas, é ainda uma referência[128] no exercício do poder e direção da sociedade.

Diante das promessas não cumpridas da democracia, perfeitamente justificável por fatores diversos e obstaculizantes[129], e confirmada pelo que Hayer[130] chama de descrença social generalizada na perda do ideal inspirador da democracia, especialmente constatada pela inviabilidade real de um sistema político capaz de garantir os valores e objetivos de interesse comum, é possível encontrar, nos diversos modelos e teorias sobre democracia, fundamentação positiva de mudança, desmistificando a conotação negativa da crise associada com circunstâncias desfavoráveis e adversas[131], e promovendo a ressignificação do cânone democrático no Estado Constitucional.

Assim, escapando à polarização que coloca em extremos do processo da legitimação do poder, por um lado, a democracia ideal e, por outro, a democracia real, e buscando a orientação do Estado Democrático de Direito, consideramos que ela parte da concepção de democracia qualificada cujo atributo fundamental é uma fusão da orientação de responsividade[132] consubstanciada na ideia da correspondência entre as ações do governo democrático e os anseios dos governados e da orientação instrumental da democracia a partir das regras e procedimentos que definem quem está autorizado a tomar decisões coletivas. Nesta linha de compreensão de uma democracia qualificada, a ideia central é

---

[128] "[...] a democracia tornou-se o padrão fundamental de legitimidade política dos tempos atuais" (HELD, D. *Modelos de democracia*. Belo Horizonte: Paidéia, 1987).

[129] FERREIRA FILHO, M. G. *A democracia no limiar do século XXI*. São Paulo: Saraiva, 2001.

[130] HAYER, F. A. El ideal democrático y la contención del poder. Disponível em: <http://www.plataformademocratica.org/Publicacoes/9325.pdf>. Acesso em: 15 ago. 2015.

[131] "[...] a crise é o fator que predispõe à mudança, que prepara para futuros ajustes sobre novas bases, o que absolutamente não é depressivo [...]" (BAUMAN, Z.; BORDONI, C. *Estado de crise*. Tradução Renato Aguiar. Rio de Janeiro: Zahar, 2016).

[132] Ver em: DAHL, R. A. *Polyarchy*: participation and opposition. New Haven: Yale University Press, 1971; FRIEDRICH, C. J. *Constitutional government and politics, nature and development*. New York: Harper & Brothers Publisher, 1937; DIAMOND, L.; MORLINO, L. (Eds). *Assessing the quality of democracy*. Baltimore, EUA: The Johns Hopkins University Press, 2004; PRZEWORSKI, A.; STOKES, S.; MANIN, B. *Democracy, accountability, and representation*. New York: Cambridge University Press, 1999.

acrescer à ideia de seleção do governo por meio de eleições, com ênfase no aspecto procedimental da democracia, estruturas que permitam uma aproximação entre governantes e governados[133]. As estruturas institucionais e normativas da responsividade estendem as superfícies de contato entre governantes e governados, instrumentalizando, assim, as exigências democráticas do contexto sociopolítico do fim do século XX e primórdios do século XXI[134] de caracterizar a relação entre Estado e sociedade como de "mão dupla", incluindo a implantação de políticas e as demandas dos atores sociais sobre os decisores[135].

Sob as premissas de que a qualificação democrática deve ser objetivo fundamental no Estado contemporâneo e que a construção de um poder responsivo às demandas dos diversos grupos sociais é, sem dúvida, um expediente necessário para tanto, surge a necessidade de um

---

[133] A realidade de que o cidadão não se contenta apenas com o voto, e o descrédito com as instituições políticas, alimentado pela dicotomia entre representantes e representados, ensejam a busca de experiências e mecanismos que estimulem a participação direta e efetiva dos cidadãos na vida política. Um dos mais claros sinais da crise na representação política como mecanismo democrático é o distanciamento entre o interesse dos cidadãos e as decisões dos governantes. Neste sentido, Manin. O que está atualmente em declínio são as relações de identificação entre representantes e representados e a determinação da política pública por parte do eleitorado. Como reflexo deste cenário democrático, um dos sintomas do percurso da relação social concreta regulada pelo direito administrativo do autoritarismo/antagonismo para a busca de um equilíbrio entre os privilégios da administração e a garantia dos administrados, aponta para a democratização na atuação da Administração Pública em respeito à legitimidade social, viabilizada pela inclusão de canais de participação dos cidadãos nas decisões administrativas. Esse vetor fundamentado no princípio democrático consubstancia-se, desde logo, na realidade de que o cidadão possui um *status* ativo que participa e interfere na condução da máquina pública. A insuficiência da legitimação da investidura busca a legitimação pela forma de uma administração democratizada marcada pela abertura e fomento à participação dos administrados nos processos decisórios da Administração, tanto em defesa dos interesses individuais (participação *uti singulus*), como em nome de interesses gerais da coletividade (participação *uti cives*). Com a valorização da ideia substantiva de democracia, a teoria democrática desenvolve fundamentos que contribuem para ampliação das dinâmicas cívicas nas atividades do Estado. Nesta linha, a observação de Caggiano, de se reconhecer que esta postura de insatisfação da cidadania com o mero direito de depositar o seu voto na urna, escolhendo os seus governantes, os que irão tomar as decisões políticas fundamentais, democráticas.
[134] MEDAUAR, O. *A processualidade no direito administrativo*. São Paulo: Revista dos Tribunais, 2008, p. 60-80.
[135] PIERRE, J. *New governance, new democracy?* Gothenburg: The Quality of Government Institute, 2009. (Working Paper n. 4.)

modelo de sujeição da atividade administrativa ao paradigma de democracia qualificada[136].

Com base na literatura publicista[137], é sedimentado que a partir do vetor normativo estruturante do Estado Democrático de Direito[138], o papel da Administração Pública é enfatizado e visto como uma mudança de paradigma[139] da gestão pública, com a ampliação da participação dos

---

[136] A eficácia irradiante do ideal democrático para além das fronteiras do território político justifica-se no plano das constituições (CF/88 e CR/76) pelo sentido constitucional da democratização da democracia, no plano político como uma realidade de constante referência na justificação das atividades estatais. A propagação do ideal democrático quando atinge o plano administrativo é, nitidamente, um afloramento da tendência atual dos sistemas administrativos para a consagração de uma Administração Pública Democrática. No plano político, a eficácia irradiante fundamenta-se no discurso responsivo da atividade administrativa. A lógica da responsividade se aplica de forma imediata à Administração Pública, cuja função é conferir respostas às demandas sociais. A função administrativa veicula claro exercício de poder delegado por parte do povo, na condição de servidor do bem público.

[137] DIAS, M. T. F. *Direito administrativo pós-moderno*. Belo Horizonte: Mandamentos, 2003; LEAL, R. G. *Estado, Administração Pública e sociedade*: novos paradigmas. Porto Alegre: Livraria do Advogado, 2006; MULLER, F. *Que é o povo? A questão fundamental da democracia*. São Paulo: Max Limonad, 2000; PAULA, A. P. P. de. *Por uma nova gestão pública*. Rio de Janeiro: FGV, 2005.

[138] O advento do Estado Democrático provoca mudanças no relacionamento entre a Administração Pública e a sociedade com base aberta e interativa, sob a configuração do paradigma democrático reclama a adoção de instrumentos que viabilizem a convicção social de que a máquina administrativa trabalha em regime de cooperação e diálogo para concretização do bem comum; acarreta uma abertura gestacional, de forma que o interesse público já não repele o interesse privado, surgindo colaboração dos particulares com a Administração Pública, tendo como pressuposto um processo progressivo de delimitação das transformações sofridas pela administração com a dinâmica evolutiva da sociedade, e que resultem na aproximação da gestão pública às reais demandas sociais, que contribuem para uma Administração Pública com uma estrutura relacional de flexibilidade democrática, assente em ideias participativas, de forma a conferir maior legitimidade no agir público.

[139] A mudança de paradigmas representa uma ruptura renovadora da estrutura de conhecimento. Este processo de mudança paradigmática, cuja fundamentação teórica é extraída da teoria de paradigmas de Kuhn apresentada com destaque na década de 1970, representa uma substituição e/ou renovação de princípios que refletem uma nova maneira de pensar, de se relacionar e de agir para integração na nova realidade. Os novos paradigmas podem surgir baseados em rupturas totais ou não, sendo possível a existência simultânea e/ou interdependente entre paradigmas divergentes, e também, a continuidade de um paradigma a partir da aparição de outros novos paradigmas (DE MASI, D. (Org.). *A sociedade pós-industrial*. Tradução Anna Maria Capovilla e outros. São Paulo: Senac, 2000, p. 29; ORTERMANN, F. A epistemologia de Kuhn. *Caderno Catarinense de Ensino de Física*, v. 13, n. 3, p. 185,

atores sociais na formulação das políticas, práticas e procedimentos da Administração Pública. Esta formulação como resposta à evolução da disciplina jurídico-administrativa de uma posição de rigidez autoritária para a de flexibilidade democrática constitui uma garantia de legitimação das decisões administrativas na medida em que promove a democratização dos procedimentos formativos da vontade administrativa em torno da explicitação e promoção do interesse coletivo.

Assim, partindo do pressuposto de que a gestão pública é um encargo de defesa, conservação e aprimoramento dos bens, serviços e interesses da coletividade, o discurso da responsividade reflete sobre a função administrativa no século XXI para inspirar e fundar ações públicas voltadas a salvaguardar uma aproximação entre a Administração Pública e as demandas sociais. Trata-se, no entanto, de um conteúdo mais arejado à burocracia teorizada originariamente para um cenário modernizante e industrial, com ampliação das estratégias focadas aos desafios da contemporaneidade, objetivando, conforme constatação de Nohara, harmonizar a proposta de modernização do Estado com um modelo sustentável e reflexivo de desenvolvimento[140].

A Administração Pública democrática é assinalada como ambiente de proliferação de diálogo aberto e inclusivo que permite a construção

---

1996; KUHN, T. S. *A estrutura das revoluções científicas*. São Paulo: Perspectiva, 1994, p. 13-14, 72; NOVAK, J. D. *Uma teoria da educação*. Tradução Marco Antônio Moreira. São Paulo: Pioneira, 1981, p. 28; FLECK, L. *La génesis y el desarrollo de un hecho científico*. Madrid: Alianza Editorial, 1986, p. 85; LEFEBVRE, H. *Lógica concreta (dialética)*: a superação. Tradução Carlos Nelson Coutinho. Rio de Janeiro: Civilização Brasileira, 1991, p. 228-233); FRANÇA, V. R. V. Teorias da comunicação: busca de identidade e dos caminhos. *Rev. Esc. Biblioteconomia*, UFMG, n. 23, p. 138-153, 1997).

[140] NOHARA, I. P. Burocracia reflexiva. In: MARARA, T. (Coord.). *Direito administrativo*: transformações e tendências. São Paulo: Almedina, 2014, p. 372; "Assim, enquanto o Direito Administrativo do século XIX caracterizou-se pelo seu caráter autoritário e pela possibilidade de predeterminação de todas as situações, num mundo considerado seguro e estável, a rápida evolução dos fatos tecnológicos e financeiros, as constantes modificações legais e a impossibilidade de qualquer previsão, a médio ou longo prazo, no plano econômico exigiram uma reformulação do Direito Administrativo, que, como os demais ramos do direito, passou a constituir um Direito flexível" (WALD, A. Novas tendências do direito administrativo: a flexibilidade no mundo da incerteza. *Revista de Direito Administrativo*, n. 202, p. 43-47, 1995); DI PIETRO, M. S. Z. *Discricionariedade administrativa na Constituição de 1988*. São Paulo: Atlas, 1991, p. 35.

da confiança necessária para alcançar acordos sobre ações concretas. No rastro dessa linha de interpretação focada na dimensão sociopolítica, emerge a necessidade de um aprofundamento democrático, cuja ênfase seria a deliberação dialógica caracterizada como sentido da legitimação satisfatória da democracia constitucional e, por extensão, as condições procedimentais e processos comunicativos para a formação democrática de opinião[141].

A valorização do cidadão como sujeito destinatário da construção democrática e ênfase da ligação entre burocracia pública e a sociedade permitem a compreensão da Administração Pública democrática que, enquanto tal, marca uma legitimação da atuação administrativa para fora dos limites das instituições formais do Estado mediante ampliação dos canais de comunicação pública e mecanismos de envolvimento dos cidadãos nos negócios públicos.

A qualidade democrática parte da constatação dos limites da democracia do Estado político-representativo, assentada no estreitamento da participação popular, e exige novas fórmulas jurídico-políticas, para viabilizar a contínua perquirição dos ideais democráticos[142], de forma a construir um poder responsivo às demandas dos diversos grupos da sociedade exigido como esteio legitimador do poder no Estado Constitucional Democrático.

Discutir o princípio democrático no estágio atual é ampliar as estratégias focadas na tradicional capacidade de resposta dos representantes aos representados na teoria da representação, em direção a uma correspondência do agir estatal com os lídimos anseios dos cidadãos[143]. A chave para o sucesso de um regime político responsivo é criar estruturas institucionais e normativas que permitam a satisfação dos interesses e expectativas da sociedade, até porque a transformação das demandas públicas

---

[141] HABERMAS, J. *Direito e democracia*: entre facticidade e validade. v. 1 e 2. Tradução Flávio Beno Siebeneichler. Rio de Janeiro: Tempo Brasileiro, 1997.

[142] Por intermédio do ideal da democracia é que se pretende concretizar o real poder do povo, em suas perspectivas formais e materiais. Trata-se da viabilidade no cumprimento das suas promessas de liberdade, igualdade e dignidade das pessoas.

[143] "In this book, I should like to reserve the term 'democracy' for a political system one of the characteristics of which is the quality of being completely or almost completely responsive to all its citizens" (DAHL, R. A. *Polyarchy*: participation and opposition. New Haven: Yale University Press, 1971, p. 3).

em resultados políticos faz parte de qualquer governo, democrático ou não[144].

A partir de uma revisão dos parâmetros mínimos a que um Estado deve atender para que possa ser considerado democrático, identificamos convergências com a abordagem responsiva, de forma que a democracia não é mais vista apenas como um processo seletivo de líderes eleitos, mas como um processo que busca conectar os cidadãos a uma tomada de decisão autorizada.

As novas teorias democráticas assumem que as condições necessárias da democracia qualificada que possibilita a conexão dos cidadãos na tomada de decisões são exatamente a capacidade de acompanhamento do exercício do poder pelos cidadãos, e a inserção de processos comunicativos de discussão, escrutínio, aceitação ou rejeição de soluções e medidas. Ao lado disso, atribuem centralidade à produção de parâmetros para aferir a qualidade da democracia e índices com os quais essa mesma qualidade pode ser mensurada[145].

Dentro da lógica da *democratic responsiveness*, a gestão pública deve efetivar a expressão da soberania popular não só pela investidura, mas na forma de administrar, encontrando valores e mecanismos para conduzir a afirmação da democracia no exercício do poder administrativo. Nessa perspectiva, a abertura e o fomento à participação dos cidadãos nos processos decisórios são indissociáveis da análise do novo formato relacional entre Administração Pública e sociedade.

De todas as questões jurídico-políticas, a da democracia é seguramente a mais debatida e mais complexa e, sem dúvida, a mais fascinante, já que nos conduz às fronteiras do que deve ser definido como arena política: seus

---

[144] "Hence, a political system is responsive if it transforms public demands into policy outputs" (SHAFFER, W. R.; WEBER, R. E. Policy responsiveness in the American states. Beverly Hills: Sage Publications, 1974, p. 8); "In a democracy, moreover, responsiveness cannot depend solely on the good will of policy makers. Responsiveness implies that institutionalized arrangements, and above all elections, reliably connect citizens to those who make policy in their name" (POWELL JR., G. B. The chain of responsiveness. In: DIAMOND, L.; MORLINO, L. (Eds.). *Assessing the quality of democracy*. Baltimore: The Johns Hopkins University Press, 2004, p. 62).

[145] ROCHA, J. de F. Contributo para um conceito de democracia plena. Conferência "As Autarquias Locais no Novo Constitucionalismo". Universidade Mandume, Lubango, Angola, 14 out. 2013. Disponível em: <http://repositorium.sdum.uminho.pt/bitstream/1822/37516/1/D%c3%a9fice%20democr%c3%a1t.pdf>. Acesso em: 5 out. 2014.

participantes, instituições, processos, agenda e campo de ação[146]. Do mesmo modo que a democracia durante séculos assume uma pluralidade de significados, sua importância como referência é hoje uma filosofia, uma maneira de viver, uma religião e, quase acessoriamente, uma forma de governo[147].

Do mesmo modo que os psicólogos trabalharam, durante séculos, na descoberta de processos mentais inconscientes e dos experimentos de hipnose que lhes permitiam verificar a tendência do homem para ver e experimentar a realidade[148], os juristas não deixaram nunca de escrutar a mítica da democracia, que, ao direcionar a vida das pessoas e dos grupos, com suas próprias premissas e valores, informa a existência das instituições. A esta mítica democrática, buscam-se razões de legitimidade do poder na democracia[149].

Não é fácil expressar até que ponto a democratização na Administração Pública se encontra sobrecarregada de interesses políticos, condicionada por ideologias, sitiada por valores. Tampouco é necessário insistir na dificuldade de abordar a questão sob um enfoque único, já que a democratização pode ser feita em várias dimensões ou sob diversas perspectivas. A democratização vê-se afetada por um excesso de formas atrás das quais se propila sua dimensão mítica, que permeia a atividade da Administração Pública contemporânea.

Além da democracia, possuir a propriedade de considerar os governantes como mandatários dos cidadãos funciona como elemento justificador das atividades estatais, em especial da função administrativa. Aliás, o próprio caráter democrático do Estado possui a propriedade de influir na configuração da administração, criando um movimento de democratização na atividade administrativa.

---

[146] ALVAREZ, S.; DAGNINO, E.; ESCOBAR, A. Cultura, cidadania e democracia: a transformação dos discursos e práticas na esquerda latino-americana. In: ALVAREZ, S.; DAGNINO, E.; ESCOBAR, A. (Orgs.). *Cultura e política nos movimentos sociais latino-americanos*: novas leituras. Belo Horizonte: UFMG, 2000, p. 15.

[147] BURDEAU, G. *La democracia*: ensayo sintético. Barcelona: Ariel, 1960, p. 19.

[148] NETO, J. A.; LISONDO, H. R. Qualidade: mito, ciência e fé. *RAE* (Revista Eletrônica), v. 1, n. 1, jan./jun. 2002. Disponível em: <http://www.scielo.br/pdf/raeel/v1n1/v1n1a08.pdf>. Acesso em: 5 dez. 2013.

[149] "Democracia significa na sua essência medular, seja como 'código', seja como 'valor', a legitimação de um poder governante através do livre consentimento dos governados" (MORAIS, C. B. de. Democracia e consenso na decisão de legislar. *Revista Brasileira de Direito Constitucional*, n. 3, p. 177-188. jan./jul. 2004).

A democratização na atividade administrativa por reflexo da democracia política surgiu como consequência da crise do esquema clássico de relações entre Administração Pública e administrada conduzindo à procura de modelos de promoção da cooperação dos cidadãos com as decisões administrativas.

Antes do advento do Estado Democrático de Direito[150], o isolamento da Administração Pública, como organismo estranho à sociedade, caracterizou a dimensão relacional entre a Administração Pública e a sociedade, fundada na unilateralidade e dependência. Essa dicotomia revela evidente disfunção na atuação administrativa de interesse público consistente em oferecer respostas aptas à satisfação das necessidades que se apresentam no cenário social.

A lógica dicotômica evidenciada pela rigidez do comando administrativo e seu distanciamento da sociedade, legitimada por mecanismos partidários e representativos, reduz a Administração Pública a uma administração de um ente público. De um lado, a Administração Pública autoritária com os tradicionais atos unilaterais de imposição, de outro a sociedade numa perspectiva de subordinação em que os cidadãos são administrados, e, portanto, destinatários passivos das decisões unilaterais da Administração Pública.

A partir do advento do Estado Democrático de Direito, as críticas dirigem-se para a Administração unilateral instrumentalizada por atos, que funcionava com modelo autoritário amparado na supremacia do interesse público sobre o particular, sem prévia possibilidade de discussão pública e como uma organização fundamentada na contraposição

---

[150] A fundamentação constitucional ao Estado Democrático de Direito é fornecida pelo próprio ordenamento constitucional brasileiro vigente. Com efeito, a menção do Estado Democrático de Direito já é feita no preâmbulo. Além da previsão preambular, a CF/88 faz referência direta ao Estado Democrático de Direito, como um princípio fundamental, no art. 1º, devendo ser respeitado e protegido para construção de uma sociedade livre, justa e solidária. Trata-se de um dos princípios estruturantes condensadores dos valores superiores adotados em uma sociedade política, previstos na Constituição como uma estrutura fundada em princípios afirmadores da segurança jurídica e da existência digna, que envolve a interação e conjunção do princípio do Estado de Direito, do princípio da socialidade e do princípio democrático. Tal modelo faz-se acompanhar de uma semântica renovada que inclui o reposicionamento do papel do Estado na sociedade (NOVAIS, J. R. *Os princípios constitucionais estruturantes da República Portuguesa*. Coimbra: Coimbra Editora, 2011, p. 30-43).

absoluta entre público e privado, o que naturalmente conduziu à perda de sua legitimidade.

Com o advento do Estado Democrático de Direito, a lógica da confrontação e exclusão surge substituída por uma lógica de cooperação e ação concertada, com ênfase na ligação entre a burocracia pública e a sociedade. A revalorização da burocracia e de suas capacidades traz à tona uma rediscussão sobre o papel da Administração Pública e os seus objetivos em relação à sociedade, com o aprofundamento da interlocução comunitária afinada com a concepção emancipatória da cidadania.

Ao contrário deste modelo de feição autoritária relevada pela edição de atos unilaterais de imposição, a administração é hoje aberta à participação direta dos administrados nas decisões, em direção ao público, tornando-se mais próxima. O envolvimento direto influencia os participantes a aceitarem os resultados desse processo no qual tomaram parte, fornecendo legitimação e justiça aos atos das autoridades[151].

No contexto atual, a literatura publicista apresenta-nos a satisfação dos interesses coletivos como encargo responsivo sujeito ao controle social, em que o papel da Administração Pública passa a ser promover a extensão da cidadania na ação pública, transformando-se num centro de convergências de interesses e de dignificação da pessoa humana. Tal tópico faz-se acompanhar de uma semântica renovada que inclui fórmulas em que os administrados sintam-se partícipes comprometidos com os destinos do Estado.

Buscando responder à pergunta sobre qual seria a forma do agir administrativo em um Estado Social Democrático, consideramos que a consensualidade realizada em virtude de autorizações legais específicas[152] em que a sociedade passa a ser sócia e parceira da atuação da Administração Pública passa a ter um papel crucial no desenvolvimento econômico e na transformação social.

Trata-se, no entanto, de um papel relacional com a ampliação das estratégias focadas na realização do interesse público com estímulo na

---

[151] STURN, S. The promise of participation. *Iowa Law Review*. Iowa City, v. 78, n. 5, p. 996--997, jul. 1993.
[152] ENTERRÍA, E. G. de.; FERNÁNDEZ, T. R. *Curso de derecho administrativo*. v. 1. Madrid: Civitas, 1999, p. 664-665.

prática de condutas privadas de interesse público e na criação de soluções privadas de interesse público[153].

A partir de uma revisão da visão universalista do interesse público, calcada na ideia de soberania, e, portanto, de uma Administração unilateral, instrumentalizada por atos, identificamos a necessidade de impregnar a atividade administrativa da opção consensual como imposição da realização de direitos fundamentais.

Assim, a interação horizontal com a sociedade evolui de uma posição de rigidez autoritária para a de flexibilidade democrática, remanescendo a face imperativa do poder administrativo quando necessário. Essa tendência é observada, como efeito do aprofundamento da democracia participativa e da transição, no direito administrativo da legitimação formal da Administração baseada na lei para a legitimação material fundada na satisfação das necessidades sociais dos cidadãos[154].

A absorção da consensualidade pelo direito administrativo depende do incremento da participação administrativa e da capacidade de criar e desenvolver instrumentos consensuais para realização da ação administrativa, de forma que a atuação da Administração Pública não é mais vista apenas como um processo imperativo, mas um processo mais permeável às demandas emergentes da sociedade, aproximando os cidadãos das decisões públicas[155].

A questão central para a consensualidade é a definição do arranjo institucional que valoriza a participação dos cidadãos quanto à formação da conduta administrativa e dos modelos organizativos e funcionais caracterizados por uma administração concertada[156]. Inserida no contexto de Estado em rede e de Governança Pública, a Administração Consensual revela-se como a nova face da Administração Pública no século XXI[157].

[153] MOREIRA NETO, D. de F. Novos institutos consensuais da ação administrativa. *Revista de Direito Administrativo*. Rio de Janeiro, v. 231, p. 129-156, jan.-mar. 2003.

[154] MANGANARO, F. *Principio di legalità e semplificazione dell'attività amministrativa*: i profili critici principi ricostruttivi. Napoli: Edizioni Scientifiche Italiane, 2000, p. 139-141.

[155] LOPES, A. L.; CARAÇATO, G. Participação popular na Administração Pública: a consensualidade e os canais de democratização da Administração Pública. In: CARDOZO, J. E. M.; SANTOS, M. W. L. Q. B. dos (Orgs.). *Curso de direito administrativo econômico*. v. I, 2006, p. 791-838.

[156] FERRARA, R. *Gli accordi di programma*. Milão: Cedam, 1993, p. 3.

[157] OLIVEIRA, G. J.; SCHWANKA, C. A administração consensual como a nova face da Administração Pública no séc. XXI: fundamentos dogmáticos, formas de expressão e instrumentos de ação. Disponível em: <http://www.publicadireito.com.br/conpedi/

Neste projeto democrático de maior articulação entre a Administração Pública e a sociedade civil surge a processualidade no âmbito da Administração Pública, estendendo as superfícies de contato entre o sujeito público e sujeito privado, instrumentalizando as exigências pluralistas do contexto sociopolítico do fim do século XX e primórdios do século XXI[158].

Esse vetor consubstancia-se desde logo na implementação de uma disciplina na atuação administrativa baseada na lógica de garantia das posições jurídicas do administrado, enquanto supõe que a atividade administrativa tem de canalizar-se obrigatoriamente por parâmetros determinados, como requisito mínimo para ser qualificada de legítima[159]. Uma Administração Pública disciplinada em sua atuação, além de garantia associada aos direitos fundamentais, contribui para correta decisão administrativa como forma de garantia democrática[160]. Na linha de uma atuação administrativa sistematizada e disciplinada, busca-se uma aproximação entre Administração Pública e sociedade, possibilitando o acompanhamento e conhecimento da dinâmica da atuação estatal[161].

O enfoque evolutivo das relações administrativas, além de engajado na busca de vínculos mais equilibrados para que se priorize o administrado, isolado ou em grupos, revelando uma tendência de maior envolvimento da coletividade nas atividades da Administração Pública, significa, sobretudo, o intuito de seu aprimoramento como

---

manaus/arquivos/anais/salvador/gustavo_henrique_justino_de_oliveira.pdf>. Acesso em: 3 nov. 2013.

[158] MEDAUAR, O. *A processualidade no direito administrativo*. São Paulo: Revista dos Tribunais, 2008, p. 72.

[159] MEDAUAR, O. *A processualidade no direito administrativo*. São Paulo: Revista dos Tribunais, 1993, p. 66.

[160] "A procedimentalização significa a necessidade de que as decisões administrativas surjam como conclusão de uma série ordenada de atos, estruturados entre si, de modo a propiciar a participação de todos os interessados, a ampla realidade dos fatos, a exposição dos motivos determinantes para as escolhas adotadas e a submissão à revisão de entendimentos" (JUSTEN FILHO, M. *Curso de direito administrativo*. São Paulo: Saraiva, 2005, p. 64).

[161] "Faz-se necessário apagar o regalismo, de ordem a cuidar dos interesses existenciais legítimos dos cidadãos, na marcha para uma performance administrativa tendente a honrar poderes-deveres" (FREITAS, J. *Discricionariedade administrativa e o direito fundamental à boa Administração Pública*. São Paulo: Malheiros, 2007, p. 77-79).

instrumental organizativo que permita a modernização da Administração Pública[162].

Quanto ao equilíbrio relacional de novo matiz, direcionado na valorização do administrado, em suas necessidades, passou a ser necessária uma Administração Pública que reflita a função de garantia do Estado contemporâneo do direito fundamental de uma boa Administração Pública, previsto no art. 41 da Carta de Nice: não mais basta que o Estado seja prestador de bens e serviços públicos; é necessário que estas prestações se submetam aos ideais da sociedade em sua materialidade, tornando concretas as promessas oferecidas nas leis e Constituição[163].

A boa administração exige do administrador público uma atuação vinculada aos princípios constitucionais consagrados[164], realizando, no maior grau possível, o atendimento do interesse público[165]. Trata-se de uma atuação legítima que evita os excessos, desvios e insuficiência no exercício das competências administrativas.

Permite-se, assim, nesse prisma, uma verificação da observância pela Administração Pública dos princípios que lhe são impostos pelo ordenamento jurídico, como mecanismo de defesa da cidadania no controle administrativo para garantir os direitos e interesses dos cidadãos.

É uma fórmula abrangente de critérios mínimos de uma atuação administrativa que visa resultados úteis para a coletividade[166], que

---

[162] MOREIRA NETO, D. de F. Mutações do direito administrativo: novas considerações (avaliação e controle das transformações). *Revista Eletrônica sobre Reforma do Estado*. Salvador/Bahia, Brasil, n. 2, jun./jul./ago. 2005.

[163] OLIVEIRA, G. J. de; SCHWANKA, C. A administração consensual como a nova face da Administração Pública no séc. XXI: fundamentos dogmáticos, formas de expressão e instrumentos de ação. *Revista da Faculdade de Direito da Universidade de São Paulo*, v. 104, p. 303-322, jan./dez. 2009.

[164] "Não satisfaz às aspirações da Nação a atuação do Estado de modo compatível apenas com a mera ordem legal, exige-se muito mais: necessário se torna que a administração da coisa pública obedeça a determinados princípios que conduzam à valorização da dignidade humana, ao respeito à cidadania e à construção de uma sociedade justa e solidária" (STJ, REsp 579.541/SP, Rel. Ministro José Delgado, Primeira Turma, julgado em 17/02/2004, DJ 19/04/2004, p. 165).

[165] GIUFFRIDA, A. *Il "diritto" ad una buona amministrazione pubblica e profili sulla sua giustiziabili*. Torino: G. Giappichelli Editore, 2012, p. 15.

[166] RODRÍGUEZ-ARANA, J. El derecho fundamental a la buena administración en el marco de la lucha contra la corrupción. p. 19. Disponível em: <http://derecho.posgrado.unam.mx/congresos/ConIbeConMexDA/ponyprog/JaimeRodriguezArana.pdf>. Acesso em: 3 abr. 2015.

reivindica uma vinculação jurídica da Administração Pública guiada por uma racionalidade normatizada e extranormativa pautada por princípios condensadores dos ditames axiológicos que entrelaçam a relação Estado-sociedade[167].

No Estado Constitucional de Direito, com a consagração do valor da pessoa humana como eixo central das relações entre Estados e indivíduos, tais princípios na ordem constitucional deixam de ser meras pautas programáticas para ser normas jurídicas[168] com eficácia de diretrizes racionais na atuação administrativa do Estado e no controle dos atos estatais e de normas garantidoras de direitos fundamentais.

Além do fenômeno participativo mais completo, com a ideia de uma cidadania que possa caminhar além do direito de votar e ser votado, o sistema administrativo abre-se também para mecanismos de controle social e *accountability*, dentro de um contexto de esclarecimento e justificativa no andamento dos negócios públicos.

7. Transparência e Publicidade: Distinção

Como princípio jurídico, a transparência deve ser diferenciada da publicidade. A diferença não é apenas jurídica, mas também política. No âmbito das dessemelhanças entre tais institutos, a análise será feita a partir do advento do Estado Democrático de Direito[169], no Brasil, com a Constituição Federal de 1988, quando, no *caput* de seu art. 37, inaugura os princípios fundamentais da Administração Pública[170], determinando

---

[167] MAIA FILHO, N. N. Brevíssima resenha histórica sobre a evolução do controle do poder estatal. *Revista Cearense Independente do Ministério Público*, v. 2, n. 4, p. 245-262, 2000.

[168] BONAVIDES, P. *Curso de direito constitucional.* São Paulo: Malheiros, 2009, p. 259; BARROSO, L. R. Neoconstitucionalismo e constitucionalização do direito. *Revista Eletrônica sobre a Reforma do Estado (RERE)*, Salvador: Instituto Brasileiro de Direito Público, 2007.

[169] O Estado Democrático de Direito constitui-se em torno de duas bases fundamentais: a soberania popular e a dignidade da pessoa humana. Na perspectiva da supremacia da vontade popular, o Estado Democrático de Direito se estrutura através de uma democracia representativa, pluralista e participativa. Além da escolha de representantes políticos, busca-se assegurar e incentivar a participação democrática dos cidadãos na resolução dos problemas comuns, a fim de promover a realização prática dos direitos fundamentais. Na perspectiva da dignidade da pessoa humana, a par do reconhecimento e garantia de um sistema de direitos fundamentais e do imperativo da juridicidade, a democracia passa a ser vista não apenas como regime político, mas forma de vida e processo para promover o bem-estar e a qualidade de vida do povo.

[170] A relação entre a Administração Pública e a Constituição, no período do Estado Liberal, era frágil, já que os textos constitucionais, no século XIX, regulavam o tema da Administração

que a publicidade esteja presente em todos os atos administrativos como condição de seu aperfeiçoamento.

Na perspectiva política, a distinção entre publicidade e transparência é relacionada com o desenvolvimento da vida democrática. Com efeito, a trajetória histórica da democracia é um processo de abertura do exercício do poder a uma interação entre Administração Pública e o cidadão na construção conjunta e plural das decisões fundamentais na

Pública, no máximo, em preceitos isolados. É verdade que, na prática, as consequências dessa fragilidade revelam que as relações jurídicas travadas entre a Administração Pública e os particulares eram remetidas ao direito administrativo, escapando completamente ao direito constitucional, cuja função era outra, e à disciplina do direito civil. O direito constitucional e o direito administrativo se identificam porque possuem uma origem comum consubstanciada na necessidade de limitação do Estado pelo Direito como consequência das revoluções liberais. Porém, o desenvolvimento na origem das duas disciplinas permitiu a formação da tese da autonomia do direito administrativo. A tese da autonomia do direito administrativo em relação ao direito privado, como direito especial, decorre do fato de ele possuir um regime jurídico que lhe é próprio, cujo conteúdo é formado por normas associadas ao primado do interesse geral sobre os interesses privados, exorbitantes ao direito comum. Além da autonomia face ao direito privado, registra-se uma fuga do direito administrativo ao direito constitucional pela falta de força jurídica das normas constitucionais em face da perpetuidade das práticas burocráticas. Essa fuga, rebatida por alguns doutrinadores, permaneceu até quando no decorrer do século XX, com a expansão da atividade administrativa, registra-se a tendência paralela de inserção nas Constituições de temas ligados à Administração Pública. Em alinhamento a essa tendência, a Constituição Brasileira de 1988, ao contemplar a organização do Estado, traz um capítulo próprio sobre a Administração Pública, prevendo os princípios disciplinadores de sua atuação, no art. 37, "a legalidade, impessoalidade, moralidade, publicidade" (LAMARQUE, J. *Resèches sur l'application du droit privé aux services publics administratifs*. Paris: Librarie Générale di Droit et Jurisprudence, 1960, p. 18; SCHWARTZ, B. *French administrative law and the common-law world*. New York: New York University Press, 1954, p. 3; MEDAUAR, O. *Direito administrativo moderno*. São Paulo: Revista dos Tribunais, 2015, p. 53; ESTORNINHO, M. J. *A fuga para o direito privado*: contributo para o estudo da atividade de direito privado da Administração Pública. Coimbra: Almedina, 1999, p. 27-28; ENTERRÍA, E. G.; FERNANDEZ, T. R. *Curso de direito administrativo*. v. I. São Paulo: Revista dos Tribunais, 2015, p. 43; ZANOBI, G. *Corso di diritto ammnistrative*. v. I. Milão: Giuffrè, 1947, p. 3; CASSESE, S. *La construction du droit administratif France et Royaume-une*. Paris: Montchrestien, 2000, p. 23; HAURIOU, A. A utilização em direito administrativo das regras e princípios do direito privado. In: *Revista de Direito Administrativo*. Rio de Janeiro, ano 1, n. 1, p. 466-467, abr. 1945; GONÇALVES, P. *O contrato administrativo*: uma instituição do direito administrativo do nosso tempo. Coimbra: Almedina, 2004, p. 46; BAQUER, S. M. R. *El derecho civil en la génesis del derecho administrativo y de sus Instituciones*. Madrid: Civitas, 1996, p. 215; ANABITARTE, A. G. *Derecho administrativo*: programa, sistemática y guía para su estudio. Santiago de Compostela: Universidad de Santiago de Compostela, 1973, p. 35; VEDEL, G.; DELVOLVÉ, P. *Droit admnistratif*. Paris: PUF, 1992, t. 2, p. 25).

sociedade. Esse processo depende da inserção da Administração Pública em mecanismos que a conectem à sociedade e possam prover canais institucionalizados para sujeição do poder administrativo ao escrutínio público.

Neste contexto, a ideia da publicidade, como divulgação dos atos da Administração para eficácia de seus atos, sem preocupação de interação democrática apta a gerar insumos na forma de demandas, comunicação de preferências e prioridades, se mostra compatível com o sistema representativo, cuja concepção é destituída de qualquer conteúdo finalístico na garantia da participação e do controle social das políticas públicas concretizadoras de direitos fundamentais[171]. Além desta conexão, cabe ressaltar que a publicidade, como princípio disciplinador da atividade da Administração Pública, surge como reação ao autoritarismo fomentado pela invocação do segredo administrativo como regra.

A partir dos anos 1990, com movimentos de ampliação da divulgação interativa das ações públicas aos cidadãos e fortalecimento da cidadania, a transparência surge no Brasil como opção do reformismo administrativo[172] na criação de uma aproximação da Administração Pública com a sociedade, de maneira que os cidadãos tenham acesso e compreensão daquilo que os gestores públicos têm realizado a partir do poder de representação que lhes foi confiado na condução da máquina pública.

Na diferenciação política, no âmbito da redemocratização das relações de poder no Brasil a partir de 1988, a publicidade surge ligada ao modelo representativo[173], no qual é suficiente exigir do indivíduo

---

[171] GUERRERO, M. A. Medios de comunicación y la función de la trasparencia. *Cuadernos de transparencia*, n. 11, México, IFAI, 2006; DELPIAZZO, C. E. La regulación legal del control social y la transparencia. *Revista de antiguos alumnos del IEEM*. Montevideo, ano 5, n. 1, 2002; ASH, T. G. *El expediente*. Madrid: Tusquets, 1997; HEROLES, F. R. *Corrupción*: de los ángeles a los índices. *Cuadernos de Transparencia*, n. 1, México, IFAI, 2008; HUESO, L. C. Teoría y realidad de la transparencia pública en Europa. Disponível em: <http://www.cotino.net/web/cotino_org/publicaciones/DEFINITIVO.PDF>. Acesso em: 15 ago. 2015.

[172] A transparência na gestão pública brasileira remonta a implantação da Administração Pública gerencial na Inglaterra, no sentido de eficiência; e mais tarde, com a introdução da ideia da governança, um sentido democrático de acesso às informações e motivações nas ações dos gestores públicos.

[173] Em contraponto ao modelo da democracia direta, cuja participação dos cidadãos dava-se por meio de assembleias populares, com a exclusão das mulheres, escravos e estrangeiros, surge a partir do final do século XVIII, sob o influxo das revoluções inglesas, americana

o conhecimento dos atos estatais em razão do estreitamento da participação popular, reduzida ao voto com a escolha dos governantes. Esse conhecimento público gerado com a divulgação não gera efetivo controle dos atos estatais pela sociedade, pois não há preocupação na construção de uma cidadania ativa possibilitando a sua participação na fiscalização da coisa pública. A fim de superar o segredo administrativo, bem como adquirir o *status* de público, basta ao Estado a presunção de conhecimento e circulação restrita da informação produzida pelos veículos oficiais: o objetivo era garantir a eficácia dos atos estatais.

Essa construção do princípio da publicidade com o conteúdo da exteriorização dos atos do poder público, embora compatível com a democracia concebida sob o modelo representativo, passou a enfrentar dificuldades em sua adaptação à Administração Pública a partir dos anos 1990, com a ampliação das dinâmicas cívicas.

---

e francesa, e com o encerramento do ciclo histórico do absolutismo monárquico, a democracia moderna, concebida pelo modelo representativo, e com a influência do liberalismo. De acordo com o ideário liberal, manifestação ideológica no continente europeu entre os séculos XVII e XVIII, a democracia dos modernos adota a representação política, em que o povo elege representantes pela via eleitoral como portadores orgânicos da vontade representada, dentro do cenário de separação entre o Estado e a sociedade civil, e a participação popular é indireta, periódica e formal. Locke afirma que a democracia representativa, no contexto da teoria política moderna, é vinculada ao poder dos representantes eleitos pelo povo. A partir do sistema democrático de Schumpeter, caracterizado pela competição das elites ao poder político, Dahl, no mesmo sentido, compartilha a legitimação do poder político baseada em eleições representativas pelo voto. Completa-se o quadro com Sartori de que a democracia é revelada por um sistema seletivo de minorias eleitas para comandar o poder político, baseado no ato de eleger e nas eleições – em eleições livres, periódicas e competitivas (URBINATI, N. *O que torna a representação democrática*. v. 67. São Paulo: Lua Nova, 2006, p. 191-228; PATEMAN, C. *Participação e teoria democrática*. Rio de Janeiro: Paz e Terra, 1992, p. 25; SILVA, J. A. da. *Poder constituinte e poder popular:* estudos sobre constituição. São Paulo: Malheiros, 2002, p. 47; BOBBIO, N. *Locke e il diritto naturale*. Torino: Giappichelli, 1963, p. 260; KELSEN, H. *A democracia*. São Paulo: Martins Fontes, 2000, p. 35; 95-110; SCHUMPETER, J. A. *Capitalismo, socialismo e democracia*. Tradução Ruy Jungmann. Rio de Janeiro: Fundo de Cultura, 1961, p. 269; TOQUEVILLE, A. de. *A democracia na América: leis e costumes – de certas leis e certos costumes políticos que foram naturalmente sugeridos aos americanos por seu estado social democrático*. Tradução Eduardo Brandão; prefácio, bibliografia e cronologia de François Furet. v. I. 2. ed. São Paulo: Martins Fontes, 2005, p. 296; DAHL, R. *Poliarquia*. São Paulo: Edusp, 1997; SARTORI, G. *A teoria da democracia revisitada*. v. 1. São Paulo: Ática, 1994, p. 189).

A insuficiência da visão formal da democracia é reconhecida a partir de um ambiente favorecido pela crise da democracia representativa[174] e da necessidade na busca de maior legitimidade às decisões políticas tomadas na solução dos problemas da sociedade. A transparência surge neste contexto político como uma forma de solucionar o distanciamento entre o interesse dos cidadãos e as decisões dos governantes, pela superação da suficiência da democracia formal limitada às formalidades procedimentais para escolha dos políticos, com a instalação da democracia material que exige novos instrumentos de participação nas políticas e nos controles públicos.

A valorização da ideia substantiva de democracia decorre da crise do modelo representativo que permitiu um aumento considerável da participação popular na vida estatal. Neste cenário, a teoria democrática desenvolve fundamentos que contribuem para aumentar a transparência nas

---

[174] Uma espécie de "patologia da representação", a crise da representação política é entendida como um fenômeno disruptivo em sua existência onde práticas políticas e conceitos estabelecidos se mostram degenerados e/ou inoperantes no encargo de defesa, conservação e aprimoramento dos interesses coletivos por parte dos representantes. Como fenômeno disruptivo, a crise pode ser entendida no aspecto negativo, associando-o a uma quebra coletiva do sentido partilhado e da estruturação dos papéis sociais com fatores que prejudicam as metas prioritárias da democracia representativa, ou então como a reconstrução dos papéis dos participantes e processos aptos na resolução de desafios na funcionalidade do sistema democrático. Fung e Cohen, ao comentar os déficits democráticos da representação competitiva, afirmam que a representação, além de não permitir aos cidadãos uma avaliação substantiva das políticas e decisões públicas, tendem a favorecer interesses concentrados com influências políticas face às desigualdades sociais e econômicas, e impedem o ideal de autogoverno e autonomia política. A falta de legitimidade resultante do distanciamento entre representantes políticos e a esfera civil pode ser percebida pela desconfiança do cidadão em relação aos atores e instituições políticas e constatada pela insuficiência do vínculo eleitoral e na exigência do exercício representativo em conformidade com os valores constitucionais traduzidos na incorporação de dinâmicas cívicas de participação (LERBINGER, O. *The crisis manager*: facing risk and responsability. Mahwah, New Jersey: Lawrence Erlbaum Associates Publishers, 1997, p. 6; THOMPSON, J. B. *Political scandal*: power and visibility in the media age. London: Polity Press, 2000; PEARSON, C. M.; CLAIR, J. A. Reframing crises management. *Academy of Management Review*, v. 23, n. 1, p. 59-76, 1998; SANTOS, B. de S. *Pela mão de Alice*: o social e o político na pós-modernidade. São Paulo: Cortez, 1999; FUNG, A.; COHEN, J. Democracia radical. Disponível em: <https://periodicos.ufsc.br/index.php/politica/article/download/1293/1210>. Acesso em: 10 ago. 2012; GASTIL, J. *By popular demand*: revitalizing representative democracy through deliberative elections. Berkeley, CA: University of California Press, 2000; MOREIRA NETO, D. de F. *Legitimidade e discricionariedade*: novas reflexões sobre os limites e controle da discricionariedade. Rio de Janeiro: Forense, 1998, p. 5).

atividades do Estado. Neste desenvolvimento ressurge o questionamento acerca da legitimidade dos regimes democráticos pela aproximação cada vez maior do Estado com a sociedade civil, com a criação de ambiente consensual e dialógico de interação e proteção da dignidade da pessoa humana.

Na perspectiva política, a mudança de significado no princípio da publicidade decorre, igualmente, no contexto de uma sociedade de informação, da democracia comunicativa e da publicidade crítica, pois, com a disseminação de informações públicas relevantes e compreensíveis, cria-se uma autodeterminação informativa, em que os indivíduos tornam-se mais conscientes de seus direitos e deveres, ganhando preparação cívica para debate público, com reivindicação de maior participação no funcionamento estatal e eficiência no atendimento de suas necessidades.

ITENS	PUBLICIDADE	TRANSPARÊNCIA
Interação democrática	Não há preocupação de interação democrática apta a gerar insumos na forma de demandas, comunicação de preferências e prioridades.	Há preocupação de interação democrática apta a gerar insumos na forma de demandas, comunicação de preferências e prioridades.
Tipo de democracia	Democracia formal limitada às formalidades procedimentais para escolha dos políticos.	Democracia material que exige novos instrumentos de participação nas políticas e nos controles públicos.
Característica	Não há preocupação na construção de uma cidadania ativa possibilitando a sua participação na fiscalização da coisa pública.	Aproximação cada vez maior do Estado com a sociedade civil, com a criação de ambiente consensual e dialógico de interação e proteção da dignidade da pessoa humana.
Legitimidade democrática	Estreitamento da participação popular, reduzida ao voto com a escolha dos governantes.	Além do voto, a participação popular na vida estatal.
Objetivo da Administração Pública	Garantir a eficácia dos atos estatais; superar o segredo administrativo, bem como adquirir o status de público.	Disseminação de informações públicas relevantes e compreensíveis, criando uma autodeterminação informativa, em que os indivíduos tornam-se mais conscientes de seus direitos e deveres.
Direito do cidadão	Conhecimento dos atos estatais.	Preparação cívica para debate público, com reivindicação de maior participação no funcionamento estatal e eficiência no atendimento de suas necessidades.

Na diferenciação jurídica, verifica-se que esta possui três dimensões: (a) dimensão normativa: aquela que analisa o fundamento que justifica sua exigência na ordem jurídica; (b) dimensão intersubjetiva: aquela que analisa qual a sua finalidade na relação da Administração Pública com os cidadãos; e (c) dimensão objetiva: aquela que analisa os aspectos de estruturação.

Na dimensão normativa, na publicidade, com a exigência da divulgação oficial dos atos da Administração Pública, privilegia-se a forma da ação da Administração Pública vinculada à lei que a prescreve, com aplicação em todos os seus atos e processos. Esse aspecto formal está associado à ideia de garantia jurídica não apenas para o administrado, mas também para a própria Administração Pública, de obediência às formalidades, que devem ser observadas na formação da vontade da administração.

Neste cenário reducionista, a exigência da publicidade administrativa feita por norma jurídica ostenta a condição de requisito necessário à regularidade do ato. Enfoque esse legalista compatível com o Estado de Direito Formal, já que reflete o acatamento a uma estrutura normativa posta, vigente e positiva.

Na publicidade administrativa o cumprimento de suas determinações cinge-se à exposição ao público, seja para validar o ato, seja para garantir sua eficácia, com observância da forma prevista. Não há preocupação em velar por explicações ou justificativas que permitam uma qualidade maior na elaboração da comunicação da Administração Pública com os cidadãos. A Administração Pública cumpre o seu dever quando disponibiliza dados.

A divulgação oficial exige a publicação da informação pública atentando-se para o meio de publicidade definido pelo ordenamento jurídico ou consagrado pela prática administrativa. Essa dimensão exprime o caráter "público" da atuação administrativa. O dever envolve a exposição do ato em meios oficiais. Sua finalidade é tornar público, tornar do conhecimento público. A divulgação dos atos praticados pela Administração Pública abrange o meio utilizado para a exteriorização da vontade da administração, bem como o modo da divulgação. Na análise do meio utilizado é necessário observar a forma de divulgação prevista na legislação. Na ausência de codificação legal, a divulgação deve ser feita por órgão oficial da Administração Pública, e não pela imprensa particular, pela televisão ou pelo rádio, ainda que em horário oficial[175].

Recente decisão do STF considerou a divulgação na "Voz do Brasil" como não suficiente, pois, além de ser o único meio utilizado, desrespeitada a ideia da ampla divulgação para conhecimento público dos atos administrativos, o referido programa de âmbito nacional não é meio oficial. A segunda regra é a de que o modo da divulgação sofre variação conforme o tipo de ato, de maneira que, se for ato geral ou individual de efeito coletivo, a divulgação será feita por publicação no Diário Oficial; se for ato individual ou interno, a divulgação será feita pela simples comunicação do interessado[176].

A exigência da publicidade administrativa é feita por norma jurídica, de forma que integra o campo da juridicidade do ato administrativo, ostentando a condição de requisito necessário à regularidade integrante da forma do ato[177].

---

[175] BRASIL. SUPERIOR TRIBUNAL DE JUSTIÇA. Mandado de Segurança n. 6169. Relator: Ministra Nancy Andrighi. Órgão Julgador: Primeira Seção. Data do julgamento: 28/06/2000. DJe: DJ 01/08/2000. p. 184.

[176] BRASIL. SUPERIOR TRIBUNAL DE JUSTIÇA. Recurso Ordinário em Mandado de Segurança n. 21554. Relator: Maria Thereza de Assis Moura. Órgão Julgador: Sexta Turma. Data do julgamento: 04/05/2010. DJ 02/08/2010; BRASIL. SUPERIOR TRIBUNAL DE JUSTIÇA. Agravo Regimental no Recurso Especial n. 959999. Relator: Napoleão Nunes Maia Filho. Órgão Julgador: Quinta Turma. Data do julgamento: 26/03/2009. DJ 11/05/2009; BRASIL. SUPERIOR TRIBUNAL DE JUSTIÇA. Mandado de Segurança n. 15450. Relator: Mauro Campbell Marques. Órgão Julgador: Primeira Seção. Data do julgamento: 24/10/2012. DJe 12/11/2012; BRASIL. SUPERIOR TRIBUNAL DE JUSTIÇA. Recurso Especial n. 1308588. Relator: Mauro Campbell Marques. Órgão Julgador: Segunda Turma. Data do julgamento: 16/08/2012. DJe 22/08/2012; BRASIL. SUPERIOR TRIBUNAL DE JUSTIÇA. Mandado de Segurança n. 16603. Relator: Benedito Gonçalves. Órgão Julgador: Primeira Seção. Data do julgamento: 24/08/2011. DJe 02/12/2012.

[177] Dentre os elementos do ato administrativo, destaca-se a forma do ato que pode ser entendida num sentido amplo, como o conjunto das solenidades, fases e requisitos do ato, como também num sentido restrito, entendida como o modo de exteriorização do ato exigido pela ordem jurídica na realização do ato (MEIRELLES, H. L. *Direito administrativo brasileiro*. São Paulo: Malheiros, 2002, p. 150; MELLO, C. A. B. de. *Curso de direito administrativo*. São Paulo: Malheiros, 2009, p. 391; TÁCITO, C. *Temas de direito público (Estudos e Pareceres)*. v. 1. Ato e fato administrativo. Rio de Janeiro: Renovar, 1997, p. 299; MEDAUAR, O. *Direito administrativo moderno*. São Paulo: Revista dos Tribunais, 1998, p. 149-150; ALMEIDA, F. M. de. *Os atos administrativos na teoria dos atos jurídicos*. São Paulo: Revista dos Tribunais, 1969, p. 51).

Se for constada a exigência e verificada a forma, não há dúvida de que a não publicidade ou a não observância da forma exigida pela publicidade gera nulidade do ato[178]. Considerando ser a publicidade do ato essencial à sua forma[179], temos que a não publicidade ou sua realização de forma incompleta gera a nulidade do ato, comprometendo a lisura nas atividades administrativas[180]. Quando a lei não fizer previsão da forma, cabe à Administração Pública, de acordo com os critérios de conveniência e oportunidade, decidir pela forma mais adequada, ressaltando-se que no caso de atos restritivos de direitos, a Administração deve velar pelo contraditório e a ampla defesa. No conteúdo, a publicidade envolve a mais ampla divulgação possível[181], principalmente quando os administrados forem individualmente afetados pela prática do ato, ressalvadas as hipóteses de sigilo. A publicidade deve ocorrer quando for essencial à prática do ato. Assim, por exemplo, no caso de nomeação do candidato aprovado no concurso público, é necessário divulgação do nome do servidor no meio oficial, para fins de acessibilidade aos cargos públicos, sem que isso ofenda sua intimidade[182].

Na dimensão normativa, na transparência, com a exigência de esclarecimento compartilhado dos atos da Administração Pública, privilegia-se o conteúdo da ação da Administração Pública vinculado ao controle social

---

[178] A violação da publicidade administrativa ao representar uma desconformidade entre o ato e o ordenamento jurídico, não cumpre a exigência jurídica para sua regular admissão no ordenamento jurídico. Constata-se um vício do ato administrativo. Diante da desconformidade entre o ato administrativo, pelo desrespeito à publicidade administrativa surgem a invalidação e a convalidação como meios para eliminação do vício comprometedor da estabilidade jurídica.

[179] CALVACANTI, T. B. *Tratado de direito administrativo*. v. 1. Rio de Janeiro: Freitas Bastos, 1955.

[180] O Superior Tribunal de Justiça utilizou o fundamento da falta de publicidade para justificar a anulação do concurso público realizado para cargo de oficial do registro de imóveis (BRASIL. SUPERIOR TRIBUNAL DE JUSTIÇA. Recurso Ordinário em Mandado de Segurança n. 1128/PR. Relator: Ministro Demócrito Reynaldo. DJ 29/03/1993. p. 5217).

[181] "[...] os atos da Administração devem merecer a mais ampla divulgação possível entre os administrados, e isso porque constitui fundamento do princípio propiciar-lhes a possibilidade de controlar a legitimidade da conduta dos agentes administrativos" (CARVALHO FILHO, J. dos S. *Manual de direito administrativo*. São Paulo: Atlas, 2015, p. 26).

[182] BRASIL. SUPERIOR TRIBUNAL DE JUSTIÇA. Recurso Ordinário em Mandado de Segurança n. 21021. Relator: Ministro Francisco Falcão. Órgão Julgador: Primeira Turma. Data do julgamento: 16/05/2006. DJe 01/06/2006. p. 146.

com aplicação em todos os seus atos e processos. Esse aspecto material está associado à ideia de garantia jurídica não apenas para o administrado, mas também para a própria Administração Pública, de um processo de interação no qual prevalecem a expressão, a interpretação e o diálogo, que deve ser observado na formação da vontade da administração. Neste cenário expansivo, a exigência da transparência administrativa ostenta a condição de requisito necessário à legitimidade do ato. Enfoque compatível com o Estado de Direito Material, já que reflete o respeito de princípios substanciais, estabelecidos pelos direitos fundamentais.

Na transparência administrativa o cumprimento de suas determinações traduz-se pela exigência da visibilidade nos atos da Administração Pública, pelo esclarecimento compartilhado dos atos da Administração Pública possibilitando o controle social. Há preocupação em velar por explicações ou justificativas que permitam uma qualidade maior na elaboração da comunicação da Administração Pública com os cidadãos, no sentido de complementar o aspecto formal da publicidade e ampliar os seus efeitos, além da forma, para inspirar e fundar ações preventivas e corretivas da corrupção voltadas à preservação do princípio democrático e da legitimidade formal-material da atividade administrativa no quadro do Estado Democrático de Direito.

Trata-se de um enfoque desenvolvido pelo emprego efetivo do poder administrativo, não apenas quanto à sua adequação ao direito, mas, fundamentalmente, quanto à sua adequação à vontade consensual da sociedade, de modo a gerar e manter a crença de que as instituições são apropriadas para a sociedade. Neste sentido, o Ministro Celso de Mello (2010, p. 1-5)[183], em voto vencido na Ação Direta de Inconstitucionalidade n. 2.461, ressaltou o seguinte:

> [...] os estatutos do poder, numa República fundada em bases democráticas, como o Brasil, não podem privilegiar o mistério, porque a supressão do regime visível de governo – que tem, na transparência, a condição de legitimidade de seus próprios atos – sempre coincide com os tempos sombrios em que declinam as liberdades e os direitos dos cidadãos.

---

[183] MELLO, C. Ação direta de inconstitucionalidade n. 2461. Brasília, 16 dez. 2010. p. 1-5. Disponível em: <http://www.espacovital.com.br/arquivos/1_30253_52aefa2c793a7.pdf>. Acesso em: 10 set. 2016.

Esse aspecto legitimador mais amplo da transparência está associado à ideia de aproximação para o cidadão e para a própria Administração Pública de cumprimento da exigência de correspondência entre as demandas sociais e as políticas que deve ser observada na atividade administrativa. Neste cenário amplo, a transparência deixa de ser uma obrigação formal da Administração Pública com a natureza de condição de validade e/ou eficácia do ato administrativo, para se tornar uma qualidade de agir administrativo, embasada em valores materiais de legitimação da atuação estatal.

A transparência administrativa exige o esclarecimento do agir administrativo atentando-se para a qualidade informacional com a manutenção de um fluxo de informações públicas pertinentes, confiáveis, inteligíveis e oferecidas no momento oportuno. Essa dimensão exprime o caráter "visível" da atuação administrativa. O dever envolve a compreensibilidade e utilidade das informações. O esclarecimento dos atos praticados pela Administração Pública abrange disponibilização de dados e informações que permita aos receptores (cidadãos) sua correta captação, processamento, compreensão e utilização na fiscalização da gestão pública.

Na dimensão intelectual da informação pública a preocupação é buscar meios ou modos que permitam a sua compreensão pelo cidadão, para que, diante de elementos informativos e reflexivos sobre o agir administrativo, seja feita a verificação da conformidade dos programas e ações da Administração Pública com o Direito, para inibir a corrupção e/ou de responsabilização pelas fraudes e malversação dos recursos públicos.

Com a democracia, o controle social torna-se um dos recursos da cidadania mais importante na fiscalização, no monitoramento e no controle das ações da Administração Pública, e o exercício deste controle passa a depender diretamente da facilidade no acesso cognitivo da informação pública. A compreensão da informação pública é, certamente, onde mais deve estar presente a ideia da utilização responsável dos recursos públicos, pois quando a sociedade elege seus representantes, espera que eles ajam em seu nome, de forma correta, e que prestem contas de seus atos[184].

---

[184] SLOMSKI, V. *Contabilidade pública*: um enfoque na contabilidade municipal. São Paulo: Atlas, 2003, p. 367.

Uma primeira ideia é a de que a compreensão informacional deve ser construída levando em conta a condição do usuário da informação, o cidadão, qualificado como membro do povo que ao entrar em contato com a realidade da atividade pública administrativa quer compreender suas relações e produções, como garantia do seu modo de ser, estar e viver no mundo[185]. Neste contexto, o "homem comum" assume papel de funcionar como parâmetro para que seja feita a tradução das informações oriundas do Estado, e assim surjam formas de atenuar a dificuldade de sua compreensão.

A compreensão inteligível no funcionamento do sistema de administração ao permitir monitoramento das ações públicas criadas para satisfação das necessidades e resolução dos problemas necessita de um conjunto de atributos que garantam a elucidação da informação sobre agentes e instituições públicas.

Constituindo a linguagem da informação pública uma representação do agir estatal empregado no aprimoramento da vida em comum, é consequência natural que seja dotada de características capazes de esclarecer os programas e os respectivos gastos da ação governamental voltados à satisfação das necessidades da coletividade. Neste sentido Seclaender[186] afirma que o direito de ser informado não pode deixar de implicar também um direito à explicação, sob pena de perder a sua própria razão de ser.

Embora seja difícil encontrar um critério de mensuração da qualidade da informação pública[187], podemos estabelecer parâmetros mínimos para que seja considerada como apta para os cidadãos. Assim,

---

[185] É necessário um processo permanente de tradução das informações oriundas do Estado para termos inteligíveis ao "homem comum" (HABERMAS, J. *A mudança estrutural da esfera pública*: investigações quanto a uma categoria da sociedade burguesa. Rio de Janeiro: Tempo Brasileiro, 1984).

[186] SECLAENDER, A. C. L. O direito de ser informado: base do paradigma moderno do direito de informação. *Revista de Direito Público*, v. 25, n. 99, p. 147-159, 1991.

[187] "a informação nunca será exata porque depende do contexto; nunca está isolada, tem vida própria e sua qualidade depende da visão, do nível de conhecimento, da interpretação de seu receptor. A busca da qualidade total da informação é similar à busca do eldorado" (PAIM, I.; NEHMY, M. R. Q.; GUIMARÃES, C. G. Problematização do conceito de "qualidade" de informação. *Perspectivas da Ciência da Informação*. Belo Horizonte, v. 1, n. 1, p. 111-119, jan.-jun. 1996. Disponível em: <http://portaldeperiodicos.eci.ufmg.br/index.php/pci/article/view/8>. Acesso em: 20 jan. 2013.

a linguagem da informação pública como instrumento de revelação do agir estatal é estruturada de forma a representar o conteúdo da informação, no sentido de reduzir incerteza e gerar conhecimento da ação pública pelo cidadão comum, deve ser clara, ou seja, facilmente entendida[188].

A clareza da informação apresenta-se como requisito ligado à compreensão dos significados dos dados. Deve ser feita numa linguagem interpretável e de fácil entendimento ao cidadão comum. A informação depende da construção de uma linguagem que envolva a representação elucidativa das decisões alocativas no âmbito do Estado, evitando dados ambíguos e desconexos. A base da clareza são os dados expressos numa linguagem coerente, com ausência de contradições, exposta de forma a possibilitar a imediata compreensão do sentido da ação pública pelo cidadão.

A linguagem da informação pública deve evitar excessos de técnica e vultosa erudição, e ser veiculada numa linguagem simples para entendimento geral. Se a Administração Pública decide em nome do povo, não pode usar uma linguagem inacessível aos destinatários de suas decisões. O cidadão, diante dos dados brutos e informações técnicas, assume um papel de recebê-los decifrados na construção do sentido, como explicações e soluções de orientação e segurança na trajetória dinâmica e inacabada da vida humana.

Outra ideia importante é a de que na transparência informacional as informações devem ser completas. Neste sentido, se a linguagem informacional representa conjugação e complementariedade de diversos tipos de signos[189], disso decorre que o conteúdo da informação deve ser equilibrado no sentido de abranger tanto os riscos como os benefícios da atuação do Estado, com menção da necessidade e dos cuidados específicos na ação governamental, bem como adequado para que o cidadão comum entenda a mensagem.

Assim, não basta saber a ação governamental direcionada a buscar o aprimoramento da vida em comum, mas o resultado gerado da adoção

---

[188] STRONG, D. M.; LEE, Y. W.; WANG, R. Y. 10 potholes in the road to information quality. *IEEE Computer*, v. 18, n. 162, p. 38-46, 1997.

[189] TORNERO, J. M. P. *Los nuevos procesos de mediación: del texto al hipermedia, en comunicación y educación en la sociedad de la información*. Barcelona: Paidós, 2000.

das políticas e programas executados pelo setor público e se esse mesmo efeito poderia ser alcançado naquela conjuntura institucional, e ainda de acordo com as metas fiscais e com menores custos para o contribuinte, dentro da projeção para o futuro mais próximo.

Além da qualidade informacional, o conteúdo do dever envolve a exigência para a Administração Pública de apresentar, de forma pública, os esclarecimentos quanto às suas ações, tornando-se meio de controle e legitimação do poder administrativo. Quanto ao conteúdo da justificativa, ela deve conter razões e informações e abordar necessariamente: a compreensão da informação pública[190] sem obscurecer ou ocultar o significado ou alterar a verdade para colocar as coisas em uma luz melhor.

Nesta dimensão, a finalidade é possibilitar ao cidadão comum a compreensão da atividade pública, para que ele possa extrair substrato necessário para não apenas defender seus interesses individuais, numa ótica subjetivista, mas avançar no sentimento coletivo e na busca da tutela impessoal do interesse público, através da possibilidade de fiscalização da atuação administrativa. Cabe considerar aqui os benefícios desta postura do cidadão que, além do esforço administrativo de fomentar a realidade compreensiva da atividade pública, desenvolve o papel ativo de conscientização e interesse no trato do patrimônio público.

No compartilhamento, a transparência na Administração Pública deve concretizar medidas que possibilitem o fácil acesso da informação pública administrativa, como, por exemplo, a criação de portais eletrônicos. Na linha concretizadora, além da criação de estruturas propícias ao cidadão no contato com a atividade pública, enfrentamos a problemática da fronteira do interesse público e interesse privado no aspecto do universo informacional. A excepcionalidade do sigilo conjugada com a ponderação legítima e justificada no conflito entre interesse público e confidencialidade deve ser o fator decisivo para justificar a transparência nesta dimensão do esclarecimento. E, também, em sua dimensão do compartilhamento, a transparência consiste no instrumento que compreende a formação de uma autonomia democrática traduzida, no plano sociopolítico, na abertura da Administração Pública à participação de

---

[190] Enquanto na publicidade a ideia é divulgar a informação para conhecimento da atividade pública; na transparência, a intenção é produzir informações de qualidade para permitir compreensão da atividade pública, e com isso atender melhor ao público.

diversos atores nos processos de decisão, formulação de políticas públicas e fiscalização da gestão pública.

Na dimensão intersubjetiva, a publicidade pode ser concebida como um direito de ter conhecimento dos atos administrativos (perspectiva do cidadão); ou um dever de divulgação oficial dos atos administrativos (perspectiva da Administração Pública). A transparência, por sua vez, pode ser concebida não apenas como um direito de compreensão dos atos administrativos (perspectiva do cidadão), mas também como um dever de explicação (perspectiva da Administração Pública).

Assim, na perspectiva do cidadão, fala-se na publicidade como um meio que serve para colocar os cidadãos em condições de conhecer, de saber as ações dos administradores no trato da coisa pública. Além disso, o direito de saber é fundamentado na quantidade informacional. Sobre o assunto Joseph Stiglitz, ganhador do Prêmio Nobel da Economia em 2002, assevera que, com mais informação, o público será capaz de discernir melhor o valor adicionado pela ação pública.

O direito de saber é um conhecimento dos atos, atividades e resultados da Administração Pública que embora permita o monitoramento básico do exercício do poder administrativo por parte da sociedade civil, não é suficiente para possibilitar o cidadão de opinar e discutir políticas públicas que correspondam às suas expectativas e prioridades. A publicidade gera uma espécie de controle baseado nos princípios da legalidade e formalismo, em que é feita a verificação retrospectiva da legalidade e uso apropriado dos recursos públicos.

Com a exposição dos dados da gestão pública o cidadão não conseguirá avaliar o comportamento das instituições, tampouco fazer um julgamento, ou tomar medidas para exercer defesas da gestão pública, de modo que não terá como assegurar ou ampliar seus direitos sociais. A disponibilização e posse das informações públicas lhe possibilitarão apenas defender-se individualmente contra a Administração Pública, num quadro de superação do segredo administrativo que ainda representa a exceção e não a regra.

Esse cenário faz com que surja uma sociedade de indivíduos isolados uns dos outros, sem diálogo, com base num individualismo exacerbado, no qual os interesses individuais tendem a suplantar os interesses voltados ao bem-estar coletivo. Em consequência é o "Eu" que está em questão o tempo todo, alargado e exaltado em suas fronteiras até o espaço sideral.

Para completar, a indiferença com as questões de âmbito coletivo, aliada à postura autocentrada do indivíduo, acabará por acentuar a busca de crescimento econômico e acúmulo de riqueza numa lógica competitiva de produzir mais e mais, a não fraquejar nesse afã, a não parar, a tornar-se cada vez mais maquinal, bem como havia sido previsto pelo visionário Charles Chaplin (1936), em seu filme *Tempos modernos*, como "a nova doença do ser humano"[191].

Nesse sentido, pode-se afirmar que a noção de cultura do narcisismo ocupa um lugar de destaque na concepção da transparência formal, porque a lógica deste casulo é a autoabsorção, fator que confere uma preocupação excessiva com o "Eu", ou seja, com olhos em seus próprios desempenhos particulares, os homens se tornam peritos em sua própria decadência.

Embora o individualismo, acompanhado da lógica acumulativa de riquezas, seja a indiferença com assuntos de interesse coletivo e a formação de uma personalidade competitiva, e até destrutiva, Singly (2002)[192] acentua o elo do indivíduo em grupos, com uma multiplicação das pertenças geradoras de uma diversidade de laços que, tomados um a um, são menos sólidos, mas que, juntos, unem os indivíduos e a sociedade.

A ideia da publicidade vincula-se a um controle da cidadania preocupada com a proteção dos interesses privados perante o judiciário, que exerce um poder declarativo e reativo, compatível com a ideia da separação de poderes como mecanismo estrutural do poder (limita o poder em contraposição ao fenômeno da concentração de poder vigorante no absolutismo monárquico de origem divina), do Estado (organiza o Estado através da distribuição orgânico-funcional) e garantista (protege os indivíduos contra o arbítrio, garante liberdade em face da vocação abusiva gerada na concentração de atribuições ou governo autocrático).

Na perspectiva do cidadão, fala-se na transparência como meio que serve para colocar os cidadãos em condições de compreender as ações dos administradores no trato da coisa pública. Mediante tais fatos,

---

[191] CHAPLIN, C. *Modern times*. Continental Filmes, 1936.
[192] SINGLY, F. de. O nascimento do indivíduo individualizado e seus efeitos na vida conjugal e familiar. In: PEIXOTO, F. de S.; CICCHELLI, V. (Orgs.). *Família e individualização*. Rio de Janeiro: FGV, 2000.

a compreensão surgida como passo seguinte após a divulgação e o conhecimento da informação pública é fundamentada na qualidade informacional, quer do ponto de vista do acesso social à informação pública, abrangendo o acesso físico e intelectual, quer na perspectiva do controle dos fluxos informacionais, emergente da ponderação legítima entre transparência e segredo administrativo.

Sendo assim, a simples acessibilidade da informação não será suficiente para conduzir à transparência material, ou seja, quando acessível e visível à sociedade, a informação pública irá gerar dois efeitos: (a) transformação social, o que implica a ideia de transparência das relações mais democráticas entre o Estado e a sociedade; e (b) cidadãos bem informados e mais exigentes na prestação de serviços públicos de qualidade. Por outro lado, o não acesso à informação tenderá a dificultar e/ou impossibilitar o exercício da cidadania, o que leva aos ensinamentos de Dahl[193], quando afirma que "cidadãos silenciosos podem ser perfeitos para um governante autoritário, mas seriam desastrosos para uma democracia".

Uma informação pode ser pública, mas não transparente, como quando não reúne os atributos mínimos de compreensibilidade e qualidade da informação, tampouco servir de forma suficiente como parâmetro de controle social, pois sem a manutenção de um fluxo de informações pertinentes, confiáveis, inteligíveis, corretas, completas, atualizadas e oferecidas no momento oportuno, não há como possibilitar a contribuição do cidadão na formação da decisão do poder público, de forma a garantir um bom governo. O direito à compreensão dos atos, atividades e resultados da Administração Pública permitindo um conhecimento real da atividade administrativa desenvolve controle democrático do exercício do poder administrativo por parte da sociedade civil, permitindo ao cidadão acompanhar e influenciar as políticas públicas.

A transparência gera uma espécie de controle que permite um empoderamento dos cidadãos e incremento de sua participação na tomada das decisões administrativas.

Esse controle justifica-se quando surge a governança pública: processo de gestão cujas características permitem a contínua e permanente troca democrática. A disposição dos dados da gestão pública, em tempo

---

[193] DAHL, R. A. *Sobre a democracia*. Brasília: Ed. UnB, 2001, p. 36.

real, com informações claras e relacionadas aos vetores que influenciam o agir administrativo, possibilita ao cidadão avaliar o comportamento das instituições, bem como julgar, discutir estratégias para solução de problemas na gestão pública; também permite a instalação de uma gestão democrática condizente com seus próprios interesses. A criação de canais de comunicação entre a administração e os cidadãos, por meio de mecanismos de participação popular na administração, também é de grande valia.

Neste cenário, cria-se uma sociedade interativa, com diálogo contínuo entre os que detêm conhecimento (Administração Pública) e os que procuram compreender suas relações e produções, como garantia de seu modo de ser, estar e viver no mundo (cidadãos) em suas relações e destes com o ambiente em que vivem.

Tal processo de compreensão produzido pelas explicações sobre a atuação da Administração Pública consiste na busca de referenciais de sentido sobre o agir administrativo, com a transformação da opacidade da realidade em caminhos "iluminados" como processo de adaptação e manipulação dos dados da gestão pública.

A transparência cria um espaço de encontro e confronto de relações sociais estabelecidos pelos indivíduos, cujo funcionamento envolve singularidades e complexidades constitutivas das significações e articulações das pautas interativas estabelecidas pela realidade. Neste espaço comum, o mundo humano é estruturado pelo cultivo de um cotidiano de interações sociais envolvidas num processo permanente de diálogo e convivência, de um horizonte de reflexão da essência humana em suas dimensões, desde os processos de reprodução aos de conservação.

Com a transparência, verifica-se um controle da cidadania preocupada com o controle do exercício do poder administrativo perante o judiciário, que exerce atuação proativa, a fim de fazer valer os fins previstos na Constituição. Como poder político, atua na omissão dos outros poderes, a fim de proteger os direitos da pessoa.

Na perspectiva da administração, a publicidade visa divulgação dos seus atos, para exteriorização do modo como a administração atua e toma as decisões, por um comportamento passivo (tornar disponível as informações). Em sua divulgação a *accountability* é interpretada como a atuação do administrador em prestar contas de seus atos, ou seja, realiza uma exteriorização dos seus atos, expondo sua atividade administrativa e os dados da gestão pública ao conhecimento público. O papel da administração, ao disponibilizar as informações em sua posse, é de mero transmissor do conhecimento das informações públicas.

Na perspectiva da administração, a transparência refere-se à obrigação que os funcionários públicos têm de fornecer explicações sobre o modo de sua atuação aos cidadãos. No dever de explicação a *accountability* pode ser interpretada numa esfera mais ampla, caracterizada pela capacidade do agente público de compreender e de responder às necessidades e às expectativas dos cidadãos, acompanhando, assim, nas suas complexidades e vicissitudes, a instituição da responsividade, que concilia a expressão da vontade popular democraticamente recolhida com a racionalidade pública.

Assim, no quadro do direito administrativo contemporâneo, em pleno século XXI, a administração deve garantir não apenas conhecimento, mas também compreensão de suas atividades, assumindo um papel de mediador da aprendizagem.

Na dimensão intersubjetiva, a formulação da publicidade numa perspectiva relacional entre Administração Pública e cidadão, pelo binômio publicidade-acesso, exprime o caráter "representativo" da Administração Pública, tornando-a acessível apenas na perspectiva da investidura, relegando a participação popular ao procedimento mínimo de escolha de representantes, as eleições. Reconhecida a visão reducionista da representação pela Administração Pública a uma simples autorização, caberá ao administrador público agir em cumprimento do paradigma da democracia formal como governo do povo.

Divulgar os atos tendo em vista o acesso é objetivo de um paradigma de gestão preocupado com a fixação dos meios do exercício do jogo democrático, sem desenvolver um sentimento de compreensão da necessidade de um espaço público democrático com a construção de uma maior aproximação entre a sociedade e seus representantes com uma cidadania aliada ao desenvolvimento de uma democracia participativa que tenha como meta a descentralização das decisões políticas, o controle social do poder e dos recursos e o exercício dos mecanismos de cogestão.

Na dimensão intersubjetiva, a formulação da transparência numa perspectiva relacional entre a Administração Pública e o cidadão, pelo binômio visibilidade-compreensão, exprime o caráter "participativo e/ou deliberativo" da Administração Pública, tornando-a acessível na dimensão operacional, com destaque à participação popular no espaço coletivo de reflexão da gestão e controle da Administração Pública. A participação ativa do cidadão na Administração Pública constitui não somente fator de democratização administrativa, e sim uma maior legitimação da tomada de decisão administrativa.

Tornar visível os atos da administração tendo em vista a compreensão do agir administrativo pelos cidadãos é objetivo de um paradigma de gestão que leva em conta a força substantiva no agir administrativo, na qual o maior controle social seja para garantir os seus direitos fundamentais, seja para exigir a tutela impessoal dos interesses públicos, por uma adequação transposta da legalidade estrita para a conformidade do justo aos advogados da coletividade, são revelados por uma administração responsiva aos interesses e responsável perante ela por sua satisfação.

Na dimensão objetiva, a publicidade destina-se a garantir eficácia do ato administrativo, de modo que, no caso da falta de publicidade ou publicidade incompleta, o ato já existe, mas não produz efeitos jurídicos[194]. Ao contrário, a transparência visa permitir o controle social da gestão pública. A publicidade abrange comportamentos preocupados com o cumprimento do dever da Administração Pública em divulgar e possibilitar o conhecimento público dos seus atos. A transparência, por sua vez, abrange comportamentos preocupados com o cumprimento do dever de prestar contas e possibilitar a compreensão pública dos seus atos.

---

[194] A publicidade funciona como um ato complementar, elemento necessário para a produção dos efeitos jurídicos do ato, especialmente para valer perante terceiros ou *erga omnes*. Neste caso, a publicidade representa fator de eficácia dos atos administrativos, cuja omissão nas hipóteses em que a divulgação é obrigatória revela um ato administrativo imperfeito. Enquanto não ocorrida publicidade, o ato não produz efeitos jurídicos. Neste caso, eventual retratação de um pedido de exoneração antes da publicação do ato provoca o retorno ao *status quo ante*. Já outros sustentam que a publicidade é elemento de existência do ato administrativo, de forma que sem a publicidade o ato não existe no mundo jurídico (MARÇAL FILHO, J. *Curso de direito administrativo*. São Paulo: Saraiva, 2009, p. 294; BRASIL. SUPERIOR TRIBUNAL DE JUSTIÇA. Recurso Especial n. 213417. Relator: Ministro Fernando Gonçalves. Órgão Julgador: Sexta Turma. Data do julgamento: 16/11/1999. DJe 13/12/1999. p. 188; BRASIL. SUPERIOR TRIBUNAL DE JUSTIÇA. Recurso Ordinário em Mandado de Segurança n. 5164. Relator: Ministro Fernando Gonçalves. Órgão Julgador: Sexta Turma. Data do julgamento: 15/08/2000. DJe 04/09/2000. p. 193).

A abertura administrativa na publicidade é a difusão e conhecimento dos atos da Administração Pública; na transparência, é a integração do cidadão na gestão pública. A publicidade disponibiliza informações numa atitude passiva, tornando públicas as informações administrativas sem preocupação com o destinatário-cidadão. Já a transparência disponibiliza informações numa atitude proativa com preocupação de fazer sentido ao cidadão. A publicidade conduz os atos da Administração Pública ao conhecimento público pelos meios consagrados na legislação ou pela prática administrativa. A transparência conduz os atos da Administração Pública à clareza de conteúdo e com todos os elementos de sua composição, inclusive motivo e finalidade.

A publicidade é a divulgação oficial dos atos da Administração Pública, de forma a permitir o conhecimento público, e representada nos conceitos de divulgação, exposição e exteriorização. A transparência é o esclarecimento compartilhado dos atos da Administração Pública, de forma a permitir a fiscalização cidadã e a participação do cidadão nos discursos do processo de tomada de decisão, e representada pelos conceitos de acessibilidade, comunicação e prestação de contas.

Na jurisprudência brasileira, a ideia da transparência aparece como vertente do dever da publicidade administrativa[195]. Além do sentido formal de divulgação dos atos da Administração Pública[196], velando pela não clandestinidade do Estado, o esconder do povo sua atuação, o princípio da publicidade administrativa abrange a não obscuridade

---

[195] "A Constituição Federal erige a publicidade como princípio que deve reger a Administração Pública, acentuando a necessidade de transparência dos atos do gestor público" (BRASIL. SUPERIOR TRIBUNAL DE JUSTIÇA. Mandado de Segurança. MS 9794/DF. Órgão Julgador: Primeira Seção. Relator: Ministro FRANCISCO FALCÃO. Julgamento: 24/11/2004. DJ 01/02/2005. p. 389; "O princípio da publicidade impõe a transparência na atividade administrativa exatamente para que os administrados possam conferir se está sendo bem ou malconduzida" (MELLO, C. A. B. de. *Curso de direito administrativo*. São Paulo: Malheiros, 2008, p. 85).

[196] "A divulgação dos nomes dos profissionais responsáveis pela elaboração das questões das provas objetivas após a realização das provas de concurso público promovido pela Universidade Federal do Triângulo Mineiro, satisfaria o Princípio da Publicidade" (BRASIL. Tribunal Regional Federal da Primeira Região. Apelação Cível AC 0004187-72.2013.4.01.3802/MG. Órgão Julgador: Sexta Turma. Relator: Desembargador Federal Jirair Aram Meguerian. Data do julgamento: 13/03/2017. Data da publicação: 31/03/2017 e-DJF1).

dos comportamentos, causas e efeitos dos atos da Administração Pública[197].

No caso da ADIN n. 2.361, promovida pela Associação dos Tribunais de Contas do Brasil, constata-se que a transparência decorre do princípio da publicidade no sentido de garantir o acesso a documentos públicos por órgãos fiscalizadores e pela sociedade em geral. É vedado aos órgãos públicos, como curadores de dados que pertencem ao povo, guardar ou produzir documentos para benefício próprio.

Na mesma esteira, no caso do MS n. 28.178, que apreciou a natureza pública das verbas indenizatórias para exercício da atividade parlamentar, fica bem explícita a ideia da relação entre transparência e publicidade, quando o relator Min. Roberto Barroso afirma que do princípio da publicidade (art. 37, *caput* e § 3º, II) e do princípio republicano (art. 1º) se originam os deveres de transparência e prestação de contas, bem como a possibilidade de responsabilização ampla por eventuais irregularidades.

Em sentido oposto, afirmando que a publicidade é decorrência da ideia da transparência quando no julgamento da ADIN n. 1.923, o relator Ayres Britto afirma que a Administração deve observar, sempre, os princípios estabelecidos no *caput* do art. 37 da CF. Dentre eles, têm destaque os princípios da impessoalidade, expressão da isonomia (art. 5º, *caput*), e da publicidade, decorrência da ideia de transparência e do princípio republicano (impõe-se responsabilidade jurídica pessoal a todo aquele que tenha por competência – e consequente dever – cuidar de tudo que é de todos)[198].

Ainda na relação da transparência com a publicidade, a transparência aparece como fundamento para divulgação de dados relacionados a cargos públicos[199]. No julgamento da ADIN n. 2.444 a legislação estadual

---

[197] "O dever administrativo de manter plena transparência em seus comportamentos impõe não haver em um Estado Democrático de Direito, no qual o poder reside no povo (art. 1º, parágrafo único, da Constituição), ocultamento aos administrados dos assuntos que a todos interessam, e muito menos em relação aos sujeitos individualmente afetados por alguma medida" (MELLO, C. A. B. de. *Curso de direito administrativo*. São Paulo: Malheiros, 2010, p. 114).

[198] BRITTO, C. A. O regime constitucional dos Tribunais de Contas. *Revista do Tribunal de Contas do Estado do Rio de Janeiro*, v. 8, Rio de Janeiro: TCE-RJ, p. 18 e 20, 2º sem. 2014.

[199] BRASIL. SUPREMO TRIBUNAL FEDERAL. Agravo Regimental no Recurso Extraordinário RE 766390 AgR/DF. Órgão Julgador: Segunda Turma. Relator: Min. RICARDO

do Estado do Rio Grande do Sul, ao determinar a obrigação do Governo de divulgar na imprensa oficial e na internet dados relativos a contratos de obras públicas, inspira-se no princípio da publicidade, na sua vertente mais específica, a da transparência dos atos do Poder Público[200].

Neste mesmo cenário, no julgamento n. 10.131 do STJ[201] a publicidade das informações sobre o Protocolo de Acordo entre a Renault do Brasil S/A e o Fundo de Desenvolvimento Econômico do Estado do Paraná foi fundamentada na ideia de transparência dos negócios realizados pela Administração Pública envolvendo interesses patrimoniais e sociais da coletividade como um todo.

Outro caso julgado pelo STJ demonstra que a transparência fundamenta a divulgação de Cadastro que veicula o nome das empresas que tiveram seus autos de infração declarados subsistentes, em processo administrativo regular, contribuindo para informar a sociedade sobre as ações dos órgãos públicos destinadas a erradicar o trabalho degradante no Brasil[202].

Na mesma esteira, o STJ julgou a necessidade da divulgação dos documentos e informações a respeito dos gastos efetuados com cartão corporativo do Governo Federal, com fundamento na transparência ("A transparência das ações e das condutas governamentais não deve ser apenas um *flatus vocis*, mas sim um comportamento constante e uniforme")[203]. Outro caso, também julgado pelo STJ, em que a divulgação de dados públicos, qual seja, o nome de quem recebe um passaporte

LEWANDOWSKI. Julgamento: 24/06/2014, DJe-157; BRASIL. SUPREMO TRIBUNAL FEDERAL. Embargos de Declaração no Recurso Extraordinário RE 586424 ED/RJ. Órgão Julgador: Segunda Turma. Relator: Min. GILMAR MENDES. Julgamento: 24/02/2015, DJe-047.

[200] BRASIL. SUPERIOR TRIBUNAL DE JUSTIÇA. Ação Direta de Inconstitucionalidade RMS 10131/PR. Órgão Julgador: Segunda Turma. Relator: Ministro FRANCISCO PEÇANHA MARTIN. Julgamento: 07/11/2010, DJ 18/02/2002. p. 279.

[201] BRASIL. SUPERIOR TRIBUNAL DE JUSTIÇA. Recurso Ordinário em Mandado de Segurança. ADI 2444/RS. Órgão Julgador: Tribunal Pleno. Relator: Min. RICARDO LEWANDOWSKI. Julgamento: 24/06/2014, DJe-157.

[202] BRASIL. SUPERIOR TRIBUNAL DE JUSTIÇA. Mandado de Segurança. MS 14017/DF. Órgão Julgador: Primeira Seção. Ministro HERMAN BENJAMIN. Julgamento: 27/05/2009, DJe 01/07/2009.

[203] BRASIL. SUPERIOR TRIBUNAL DE JUSTIÇA. Mandado de Segurança. MS 20895/DF. Órgão Julgador: Primeira Seção. Relator: Ministro NAPOLEÃO NUNES MAIA FILHO. Julgamento: 12/11/2014, DJe 25/11/2014.

diplomático emitido por interesse público, fundamenta-se na transparência que constitui o modo republicano de governo; sujeita a *res publica*, a visibilidade de todo o poder se autolimita ou é limitado pelo controle social[204].

8. Natureza Jurídica da Transparência Administrativa

O problema da natureza jurídica[205] da transparência administrativa é o de descobrir sua essência através do seu enquadramento em uma das categorias gerais do direito, de forma a possibilitar sua compreensão para sistematizar seu alcance e significado dentre vários institutos[206] no Direito.

Não há dúvida, pois, que a transparência é de observância obrigatória, constituindo imposição objetiva, já que a Administração não tem liberdade de escolha entre ser transparente e não ser transparente, pois, tendo o encargo de defender, conservar e aprimorar os interesses da coletividade, deve necessariamente atuar em consonância com o dever de transparência previsto na ordem jurídica a cargo dos órgãos da Administração.

Transparência Administrativa é norma de direito objetivo, pois é imposta à Administração Pública nas suas relações (internas e externas), devendo ser por ela obedecida, para que não haja comprometimento da estabilidade social[207]. Trata-se de norma obrigatória que disciplina o comportamento da Administração Pública, com função negativa, já que os órgãos e agentes da Administração Pública não podem praticar atos obscuros; a transparência enquanto atributo da gestão pública

---

[204] BRASIL. SUPERIOR TRIBUNAL DE JUSTIÇA. Mandado de Segurança. MS 16179/DF. Órgão Julgador: Primeira Seção. Relator: Ministro ARI PARGENDLER. Julgamento: 09/04/2014, DJe 25/04/2014, RSTJ, v. 235, p. 61.

[205] "[...] é o significado último dos institutos jurídicos, podendo ser tida como a afinidade que um instituto jurídico tem em diversos pontos, com uma grande categoria jurídica, podendo nela ser incluído a título de classificação" (DINIZ, M. H. *Dicionário jurídico*. v. 3. São Paulo: Saraiva, 1998, p. 337).

[206] Instituto – (Lat. *institutu*.) S.m. O mesmo que instituído; o que está regulamentado; corporação ou organização jurídica, científica, econômica, administrativa etc., regulamentada por um conjunto orgânico de normas de Direito Público ou Privado (SANTOS, W. *Dicionário jurídico brasileiro*. Belo Horizonte: Del Rey, 2001).

[207] Direito é o conjunto das condições que permitem a coexistência das liberdades individuais (KANT, I. *Princípios metafísicos da doutrina do direito*. São Paulo: Martins Fontes, 2014).

democrática impõe o rompimento com velhas práticas que resultam em um modo de agir pautado na opacidade, e função positiva, ou seja, a necessidade de transparência para os atos da Administração Pública.

De fato, a transparência administrativa é norma de direito administrativo do tipo funcional, já que regula o modo de exercício da Administração Pública, e relacional, regendo as relações entre a Administração Pública e os particulares.

Como é encargo dos administradores públicos a gestão de bens e interesses da coletividade, decorre daí o natural dever, a eles cometido, de agir com transparência na sua atividade. A transparência é dotada de estrutura prescritiva, força coativa e tem aptidão, inclusive, para gerar direito subjetivo. Neste sentido, a transparência é ao mesmo tempo um direito subjetivo, pois outorga ao titular a prerrogativa de exigir em face do Estado que os assuntos de interesse da sociedade sejam tratados com a visibilidade característica do Estado Democrático[208], mas também como base da ordem jurídica de um Estado Democrático. Desta forma, o imperativo da transparência possui efeito vinculativo bilateral, ou seja, trata-se de um dever da Administração Pública que implica direito público subjetivo de exigir visibilidade na atuação administrativa.

8.1. Transparência como Princípio Constitucional

Os valores, como ingredientes básicos de uma cultura, funcionam como pontos de referência que caracterizam a visão da sociedade sobre as coisas, dando-lhe orientação a respeito da realidade e em suas relações mútuas. Os valores[209], conteúdos materiais desejados pela sociedade[210], funcionando como padrões de vivência axiológicos[211], são ao longo da evolução, em razão da sua inerente mobilidade[212],

---

[208] "A opacidade informacional é contrária ao princípio de transparência informativa e ao seu derivado, o de publicidade, que são a chave e garantia de todo sistema democrático" (CORNELLA, A. *Políticas de información en España*. Barcelona: ESADE, 1997, p. 32).

[209] "Os valores são entidades vetoriais, porque apontam sempre para um sentido, possuem direção para um determinado ponto reconhecido como fim" (REALE, M. *Filosofia do direito*. São Paulo: Saraiva, 2002).

[210] BASTOS, C. R. *Hermenêutica e interpretação constitucional*. São Paulo: Celso Bastos, 2002.

[211] LIMA, N. de O. *Teoria dos valores jurídicos*. Recife: Fundação Antônio dos Santos Abranches, 2009.

[212] DANTAS, I. *Direito constitucional e instituições políticas*. São Paulo: Jalovi, 1986.

inseridos na ordem jurídica, por meio de princípios jurídicos[213], implícitos ou explícitos.

Nelson Saldanha expõe que a ordem jurídica assume e integra determinados valores, que com isso se "oficializam" e se realizam socialmente. A assertiva de Saldanha é correta na medida em que os valores depois de incorporados na forma de princípios jurídicos possuem efeitos que irradiam sobre as organizações, dentre elas a Administração Pública.

Os princípios, dentro da ótica pós-moderna da compreensão e aplicação do Direito, ao funcionarem como parâmetros normativos[214], visam dar conteúdo às formas jurídicas expressas na lei, com o objetivo de eticização do Direito[215]. Os princípios são os alicerces de uma ciência, funcionando como normas informadoras, auxiliando na compreensão e na orientação das regras. No caso de desrespeito a um princípio, haverá quebra de todo o sistema jurídico, pois acautelar um princípio constitucional é como destruir os mourões de uma ponte, fato que, por certo, provocará seu desabamento[216].

Os princípios como ideias fundamentais e informadoras da organização jurídica da nação, definindo a lógica e a racionalidade do sistema, ao traçar rumos a serem seguidos pela sociedade e pelo Estado, além de cumprir uma função informadora, são vetores para soluções interpretativas, nortes da atividade interpretativa e judicial, gerando a ênfase no Poder Judiciário[217]. Os princípios integram o direito positivo; são fontes do direito; são ideias-base de normas jurídicas; são normas qualificadas

---

[213] "As Constituições são o receptáculo natural da ideia de valores dominantes na sociedade. Ademais, os valores são positivados, em geral, por meio dos denominados princípios constitucionais. São, pois, princípios constitucionais que apresentam carga axiológica incorporada pelo ordenamento jurídico" (TAVARES, A. R. *Elementos para uma teoria geral dos princípios na perspectiva constitucional*. São Paulo: Malheiros, 2003).

[214] BOBBIO, N. *Teoria do ordenamento jurídico*. Tradução Maria Celeste Cordeiro Leite dos Santos. Brasília: UnB, 1996; CANOTILHO, J. J. G. *Direito constitucional e teoria da constituição*. Coimbra: Almedina, 1999; ALEXY, R. *Teoría de los derechos fundamentales*. Madrid: Centro de Estudios Constitucionales, 1993; DWORKIN, R. *Los derechos en serio*. Tradução Marta Guastavino. Barcelona: Ariel, 1995.

[215] GRAU, E. R. *A ordem econômica na constituição de 1988*. São Paulo: Malheiros, 2008, p. 108.

[216] CARRAZA, R. *Direito constitucional tributário*. São Paulo: Malheiros, 2011.

[217] STRECK, L. L. *Hermenêutica jurídica e(m) crise*: uma exploração hermenêutica da construção do direito. Porto Alegre: Livraria do Advogado, 2001, p. 93-94.

(validade maior); são ideias-matrizes, funcionando como mandamento nuclear do sistema, base do ordenamento jurídico.

No aspecto finalístico, os princípios definem a lógica e a racionalidade do sistema; dão tônica, harmonia, estrutura e coesão para o sistema; e traçam rumos a serem seguidos pela sociedade e pelo Estado. No aspecto funcional, os princípios são ideias fundamentais e informadoras da organização jurídica da nação; cumprem uma função informadora, devendo as diversas normas do ordenamento jurídico estar em sintonia com os princípios; são vetores para soluções interpretativas; são nortes da atividade interpretativa e judicial; fortalecem o respeito à Constituição e garantem respeito a um bem da vida indispensável à essência do Estado democrático.

Hoje, no pensamento jurídico contemporâneo[218], sob a influência do pós-positivismo, a transparência administrativa como princípio não é mais vista como norma subsidiária aplicável em caso de lacuna da lei, mas como norma primária do sistema jurídico dotada de alto grau de abstração, de força coativa, de baixa densidade semântica e maior conteúdo axiológico, com influência direta e imediata no ordenamento, de forma a condicionar a validade e o sentido das normas infraconstitucionais e das relações sociais.

No direito contemporâneo, a transparência administrativa é princípio jurídico[219], já que possui a natureza de norma jurídica revestida de

---

[218] "Os princípios têm positividade, vinculatividade, são normas, obrigam, têm eficácia positiva e negativa sobre comportamentos públicos ou privados bem como sobre a interpretação e a aplicação de outras normas, como as regras e outros princípios derivados de princípios de generalizações mais abstratas" (ESPÍNDOLA, R. S. *Conceito de princípios constitucionais*. São Paulo: Revista dos Tribunais, 1998).

[219] As características de um instituto permitem identificar a sua essência, possibilitando sua melhor compreensão e sua distinção de outros institutos. São características dos princípios: a) complementariedade: os princípios devem ser interpretados de forma conjunta; b) poliformia: os princípios são mutáveis para se adaptarem às novas realidades sociais; c) vinculabilidade: os princípios vinculam o poder público e o particular; d) normatividade jurídica: os princípios têm qualidade de norma jurídica; e) natureza finalística: os princípios fixam um ideal a ser atingido; f) transcendência: os princípios fixam diretrizes; g) objetividade: os princípios não geram direitos subjetivos; h) generalidade: os princípios não regulam situações determinadas; i) dimensão axiológica: os princípios protegem um valor, têm conteúdo ético e expressam ideal de justiça; j) atualidade: os princípios têm sincronia com as necessidades, aspirações e ideais de um povo; k) informatividade: os princípios informam o sistema jurídico do País; l) aderência: qualquer comportamento ou norma deve obedecer aos prin-

um grau de generalidade e abstração superior ao das regras, alcançando um número indeterminado de situações. A transparência não é apenas um princípio ético, mas um princípio jurídico na ação administrativa, funcionando como diretriz linha mestra ou grande norte na atuação da Administração Pública.

Nos quadros normativos, a transparência administrativa é um princípio da Administração Pública, pois representa norma jurídica com estrutura prescritiva, integrante do direito positivo, que orienta a conduta da Administração Pública no exercício de atividades administrativas. Enquanto princípio da Administração Pública, apresenta três funções básicas: a) orientação: a transparência é diretriz na conduta de proceder da Administração Pública, que estipula os rumos a serem seguidos na gestão pública; b) informação: a transparência informa a Administração Pública na sua organização e gestão; c) obrigação: a transparência é ideia-base de proceder da Administração, cujo descumprimento gera sanções, funcionamento como fator vinculante na ação administrativa.

A transparência administrativa é princípio que tem base constitucional, por ser uma diretriz que conforma e modela juridicamente o Estado, pelo ajustamento de valores correspondentes à acessibilidade e visibilidade no Estado Democrático de Direito e Social, com a concepção de proximidade do poder administrativo com os cidadãos. A formulação da transparência administrativa como princípio constitucional reflete o entendimento que qualifica a transparência como norma jurídica. Apesar de possuir características funcionais e elementos estruturais nos diversos textos normativos, não há dúvida de que o dever de transparência apresenta força normativa, ou seja, autoridade e efetiva aplicabilidade nas relações jurídicas.

A atribuição da natureza de princípio constitucional importa na inserção da transparência no ordenamento jurídico, com duas ideias

cípios; m) primariedade histórica: os princípios expressam valores que, ao longo do tempo, foram consagrados pela sociedade; n) primariedade jurídica: os princípios funcionam como ponto de partida para a elaboração das normas; o) primariedade lógica: os princípios dão compatibilidade e congruência para normas jurídicas; p) primariedade ideológica: os princípios são ideias básicas da ordem jurídica; q) caráter deontológico: os princípios estabelecem o que é devido; r) parâmetro: o princípio é padrão que deve ser observado, pois é uma exigência de justiça ou equidade.

fundamentais a considerar: a ideia da obrigatoriedade e a ideia da base normativa do princípio da transparência em sede constitucional.

A obrigatoriedade é o reconhecimento da transparência administrativa na ordem jurídica, que pode decorrer da imposição expressa em texto normativo constitucional ou legislativo, ou de previsão implícita[220]. A consagração da transparência administrativa, como princípio expresso ou implícito, conforme o ordenamento jurídico do Estado, representa uma imposição objetiva de visibilidade no exercício do poder e no desenvolvimento das relações sociais, se afigurando como postulado fundamental informador do modo de agir da Administração Pública.

Nem a Constituição da República Federativa do Brasil de 1988, nem a Constituição da República Portuguesa de 1976 mencionam de forma expressa a transparência como princípio fundamental da Administração Pública.

A expressão transparência aparece na Constituição Federal de 1988, por meio da Emenda Constitucional n. 71/2012, como umas das características que deve permear a organização do sistema nacional de cultura (art. 216-A, § 1º, IX). Na Constituição Portuguesa de 1976, a transparência aparece como princípio dos partidos políticos (art. 51º, n. 5) e como princípio nas campanhas eleitorais (art. 113º, n. 3, *d*).

A despeito de sua omissão expressa na Constituição Federal, trata-se de princípio implícito do ordenamento jurídico-constitucional. A transparência das ações e das condutas governamentais não deve ser apenas um *flatus vocis*, mas sim um comportamento constante e uniforme[221], e como princípio implícito, encontra-se em estado de latência no texto constitucional a ser descoberto por meio de interpretação e concretização das normas constitucionais.

A base normativa é identificar as normas ou princípios na Constituição, da qual deriva a transparência. Num plano estrutural, também, podemos afirmar que o dever de transparência, fundamento da gestão pública, não é autônomo, pois não consegue agir por conta própria,

---

[220] SARMENTO, D. *A ponderação de interesses na Constituição Federal*. Rio de Janeiro: Lumen Juris, 2000; SUNDFELD, C. A. *Fundamentos do direito público*. São Paulo: Malheiros, 2000; GRAU, E. R. *A ordem econômica na constituição de 1988*. São Paulo: Malheiros, 1997; ALEXY, R. *Teoría de los derechos fundamentales*. Madrid: Centro de Estudios Constitucionales, 1993.

[221] BRASIL. Superior Tribunal de Justiça. Embargos de Declaração no Mandado de Segurança n. 20895/DF. Relator: Ministro Napoleão Nunes Maia Filho. DJe 03/09/2015.

depende de outros princípios, como o democrático, o da moralidade, revelando-se instituto de várias leituras, sugerindo uma multifuncionalidade característica de sua essência ou qualificação.

Desta forma, na busca da sua essência, e com base nos diversos ordenamentos jurídicos, a transparência administrativa assume natureza complexa, já que se manifesta através de uma série de atos, medidas e procedimentos que possibilitem a visibilidade da atuação do Estado diante da coletividade. Com este objetivo, e tendo em vista os diversos textos normativos, de natureza legal ou constitucional, podemos salientar que a formulação implícita do dever de transparência administrativa decorre das seguintes bases:

a) *Subprincípio do Estado Democrático de Direito*: a transparência é apenas um reforço de uma ideia subjacente ao Estado Democrático de Direito, de uma Administração Pública comprometida com o bem-estar geral da caracterização do nosso Estado Democrático de Direito[222].

---

[222] "No obstante, la transparencia cumple otra finalidad de primer orden: servir de cauce de profundización en la dimensión democrática del Estado mejorando la posibilidad de participación de los ciudadanos en los asuntos públicos, e implementar la dimensión democrática del Estado sobre la base de una ciudadanía mejor informada. Es decir, más allá de la función que la transparencia tiene como forma de control de la actuación de las Administraciones públicas, también proporciona la información que es requisito indispensable, no solo para hacer factible la participación de los ciudadanos en los asuntos públicos, sino para que esta cuente una mayor fundamentación, lo que debiera repercutir en una mejora de la calidad democrática" (TOQUERO, A. M. Los límites del derecho de acceso a la información pública. *Revista Jurídica de Castilla y León*, n. 33, maio 2014); "Princípio constitucional de maior densidade axiológica e mais elevada estatura sistêmica, a Democracia avulta como síntese dos fundamentos da República Federativa brasileira. Democracia que, segundo a Constituição Federal, se apoia em dois dos mais vistosos pilares: a) o da informação em plenitude e de máxima qualidade; b) o da transparência ou visibilidade do Poder, seja ele político, seja econômico, seja religioso (art. 220 da CF/88). [...]" (BRASIL. Supremo Tribunal Federal. Medida Cautelar em Arguição por Descumprimento de Preceito Fundamental n. 130/DF. Relator: Ayres Brito. DJ 07/11/2008); São quatro prerrogativas necessárias à estabilidade de um Estado democrático de direito: a legalidade como base de funcionamento das instituições; a inexistência de forma paralela de Estado; a existência de *accountability* entre instituições públicas estatais e sociedade e, finalmente, a ausência de poderes invisíveis inerentes ao Estado (OLIVEIRA, A. Narcorrede institucional pública e o Estado paralelo ilícito: propondo a construção de novos conceitos e discutindo o Estado de direito democrático no Brasil. *Revista Urutágua*. Maringá, v. 1, n. 4, maio 2002.

b) *Múnus público*: a transparência decorre da própria ideia da gestão pública como uma atividade dirigida para servir à coletividade, já que o caráter público da função administrativa exige, além da difusão e conhecimento dos atos estatais, a compreensão deles, bem como a proximidade com o cidadão, através da sua participação na condução dos negócios públicos, como alicerces fundamentais na relação da Administração Pública com os administrados, de forma a privilegiar a cidadania.

c) *Desdobramento do princípio da publicidade*: a transparência é uma extensão ou desdobramento do princípio da publicidade[223]. O ordenamento constitucional fornece fundamentação ao dever de transparência administrativa com decorrência do princípio da publicidade administrativa. O princípio da publicidade administrativa aparece previsto no art. 37, *caput*, da Constituição da República Federativa do Brasil de 1988.

d) *Decorrência do princípio republicano*: a transparência decorre da Declaração dos Direitos do Homem e do Cidadão, no art. 15 – a sociedade tem o direito de pedir contas a todo o agente público pela sua administração. Afirma que a eficácia da transparência administrativa depende da articulação de mecanismos que permitam aos cidadãos saberem o desempenho dos agentes públicos a fim de controlar a gestão pública em sua precisão e adequação.

8.2. Transparência como Norma-Princípio: Atualização Expansiva do Princípio da Publicidade Administrativa

A transparência como norma-princípio impõe aos agentes públicos um estado de visibilidade na atuação em nome dos cidadãos que deve ser buscada mediante adoção progressiva de comportamentos que produzam efeitos que contribuam para sua promoção. Como qualidade do agir administrativo que deve ser buscada da melhor forma possível, de acordo com o ordenamento jurídico, a transparência, nessa concepção, significa uma prescrição imposta a todos os agentes públicos de atuar de

---

[223] "[...] no princípio da publicidade, na sua vertente mais específica, a da transparência dos atos do Poder Público, dando a ele concretude" (BRASIL. Supremo Tribunal Federal. Ação Direta de Inconstitucionalidade n. 2444/RS. Relator: Dias Toffoli. DJ 06/11/2014); MELLO, C. A. B. de. *Curso de direito administrativo*. São Paulo: Malheiros, 2010.

maneira esclarecida e compartilhada na promoção da participação social e no cumprimento da prestação de contas.

Deste modo, ao instituir o princípio da transparência como norma fundamental na regência da Administração Pública brasileira, a Constituição de 1988, dirigida aos agentes públicos, determina a busca de uma proximidade com a sociedade criando uma interação em defesa da cidadania com base no esclarecimento de informação, normas, planos, processos e ações relacionadas com a gestão pública, e no compartilhamento por meio da democratização do acesso às informações, em contraposição ao sigilo destas, e com facilidade no acesso físico da interlocução com os diversos atores sociais. Com base nesta concepção, o princípio da transparência é entendido como uma atualização expansiva do princípio constitucionalmente consagrado da publicidade.

Essa atualização do sentido, além de refletir a ideia da articulação do direito com o tempo social[224], com a concretização dos comandos

---

[224] A ideia de eternidade na perspectiva jurídica ao considerar o direito como um modelo fundamental da vida em grupo, indiferente ao tempo, apesar de acolhida pelo jusnaturalismo antigo e moderno, e incrementada sob os auspícios do positivismo jurídico, não se revela compatível ao mundo histórico cultural em que se insere que por sua vez exige uma leitura construída por meio do consenso social, linguístico e progressivo na solução de problemas. O jusnaturalismo (antigo, medieval e moderno) não possui um aspecto histórico, proclamando a existência de uma lei natural, eterna e imutável, distinta do Direito Positivo, e que engloba as mais amplas manifestações do idealismo que se traduzem na crença de um preceito superior advindo da vontade divina, da ordem natural das coisas, do instinto social, ou mesmo da consciência e da razão do homem. A ideia de uma articulação do direito com o tempo social não encontra respaldo no positivismo jurídico que, embora conceba um direito contingente e mutável, não permite uma interpretação evolutiva do direito, pois a significação era obtida pelos sentidos imediatos encontrados nos textos legislativos, como resultado de um legalismo hermenêutico. A compreensão temporal do direito é resgatada no período pós-positivista, como um sistema aberto e flutuante, mais de natureza teleológica do que de natureza lógica, informado pelas novas exigências que visam introduzir aperfeiçoamentos e correções, no rumo da evolução (LAUDAN, L. *O progresso e seus problemas*: rumo a uma teoria do conhecimento científico. Tradução Roberto Leal Ferreira. São Paulo: Unesp, 2011, p. 273; FERRAZ JR., T. S. *Introdução ao estudo do direito*. São Paulo: Atlas, 2003, 110 p.; WOLKMER, A. C. *Ideologia, estado e direito*. São Paulo: Revista dos Tribunais, 1989, 124 p.; TOSI, G. Bartolomeu de Las Casas: primeiro teólogo e filósofo da libertação. *Revista do Instituto Humanitas*, Unisinos, São Leopoldo, ano 10, n. 342, p. 17-19, 6 set. 2010; UNGER, R. *Law in modern society*: towards a criticism of social theory. New York: The Free Press, 1977, p. 78-79; BOBBIO, N.

constitucionais pela doutrina e jurisprudência[225], é adequada aos desafios da pós-modernidade[226] revelados por uma ruptura entre o sistema vigente e a realidade das novas relações do contexto contemporâneo marcadas pelos impactos da sociedade globalizada e interligada por uma

---

Dicionário de política. Brasília: UnB, 1992, 655 p.; WIEACKER, F. *História do direito privado moderno*. Tradução António Manuel Hespanha. Lisboa: Calouste Gulbenkian, 1993, 310 p.; GRÓCIO, H. *The law of war and peace*. Livonia: LONANG, 2005. Disponível em: <http://www.lonang.com/exlibris/grotius/>. Acesso em: 25 jul. 2014; WOLKMER, A. C. *Pluralismo jurídico*: fundamentos de uma nova cultura no Direito. São Paulo: Alfa Ômega, 2001, 352 p.; BONAVIDES, P. *A constituição aberta*. São Paulo: Malheiros, 1996, 285 p.).

[225] Precisamente após a Segunda Guerra Mundial, foi constatada a insuficiência dos elementos formais para determinar o sentido da constituição, com a consequente valorização da constituição como ordem material fundamentada em normas e valores. Neste contexto, Heller acentua que a normalidade (o ser) e a normatividade (o deve ser) não podem ser separadas da constituição. Essa dualidade, asseverou o jurista alemão, qualifica-se num processo de complementação recíproca. No mesmo sentido, na caracterização da constituição material, Mortati propõe a correspondência do conteúdo da constituição formal à realidade social, compondo a unidade entre o Estado e sociedade (SMEND, R. *Constitución y derecho constitucional*. Tradução José María Beneyto Prez. Madri: Centro de Estudios Constitucionales, 1985, p. 135-136; VERGOTTINI, G. de. Constituição. In: BOBBIO, N. et al. (Orgs.). *Dicionário de política*. v. 1. Brasília: Fundação Universidade de Brasília, 1983, p. 260; HESSE, K. *A forma normativa da constituição*. Tradução Gilmar Ferreira Mendes. Porto Alegre: SAFE, 1991, p. 15; HELLER, H. *A constituição do estado. Teoria do Estado*. São Paulo: Mestre Jou, 1968, p. 295-300; MORTATI, C. *La constitución en sentido material*. Tradução Almudena Bergareche Gros. Madrid: Centro de Estúdios Políticos y Constitucionales, 2000; VAZ, M. A. *Teoria da constituição*: o que é a constituição, hoje?. Coimbra: Coimbra Editora, 2012, p. 67-70; HESSE, K. *Elementos de direito constitucional da República Federal da Alemanha*. Porto Alegre: Sergio Antonio Fabris, 1998, p. 70; VEGA, P. de. *La reforma constitucional y la problemática del poder constituyente*. Madrid: Tecnos, 2011, p. 180--181; VERDÚ, P. L. *Curso de derecho político*. v. IV. Madrid: Tecnos, 1976, p. 74; ANDRADE, J. C. V. *Os direitos fundamentais na constituição portuguesa de 1976*. Coimbra: Almedina, 1983, p. 56; GRAU, E. R. Sobre a interpretação da constituição (Constituição formal e Constituição material). *Revista da Fundação Brasileira de Direito Econômico*, v. 3, n. 1, p. 13-17, 2011; AZEVEDO, P. F. de. *Aplicações do direito e contexto social*. São Paulo: Revista dos Tribunais, 2000, p. 94; LAREZ, K. *Metodologia da ciência do direito*. Tradução José Lamego. Lisboa: Fundação Calouste Gulbenkian, 1997, p. 495).

[226] "Pós-modernidade é uma tentativa de descrever o grande ceticismo, o fim do racionalismo, o vazio teórico, a insegurança jurídica que se observam efetivamente na sociedade, no modelo de Estado, nas formas de economia, na ciência, nos princípios e nos valores de nossos povos nos dias atuais. Os pensadores europeus estão a denominar este momento de rompimento (*Umbruch*), de fim de uma era e de início de algo novo, ainda não identificado" (MARQUES, C. L. A crise científica do direito na pós-modernidade e seus reflexos na pesquisa. *Cidadania e Justiça*, n. 6, Porto Alegre, 1999).

rede mundial de comunicação e informação[227], com a necessidade de repensar elementos coerentes com a nova realidade[228].

Nesta transição há uma tensão entre teorias que resistem em despojarem-se da condição de estruturação da realidade e as conquistas que ainda não conhecem o novo campo de caminhos emancipatórios. Por isso, reconhece-se, aos novos problemas, "verdades" novas e, a partir desse processo, é estabelecido um diálogo com a realidade permeado de evidências e resistências, com a produção de conhecimentos que enfrentem os desafios decorrentes das novas necessidades da época.

Bordoni abre passagem para a reflexão sobre a transição paradigmática[229] quando relata que a modernidade retirou suas promessas, e que a pós-modernidade as subestimou, até zombou delas. A visão da modernidade em crise de Bordoni articula-se com a de Bauman, quando afirma que as promessas ficaram imunes às ondas cruzadas da história, sendo abandonadas estratégias favorecidas, assim como modelos de "boa

---

[227] LÉVY, P. *Cibercultura*. Tradução Carlos Irineu da Costa. São Paulo: Editora 34, 1999, p. 25; BASTOS, J. A. de S. L. A. Educação tecnológica: conceitos, características e perspectivas. *Revista Tecnologia e Interação*. Curitiba: CEFET-PR, 1998.

[228] Em contraposição ao pensamento de elevação dos ideais modernos, entendemos que o cenário atual da modelagem estatal é uma transição, reflexo da nova realidade da pós--modernidade que questiona as noções clássicas de verdade, razão, identidade e objetividade, a ideia de progresso ou emancipação universal, os sistemas únicos, as grandes narrativas ou os fundamentos definitivos de explicação [...] vê o mundo como contingente, gratuito, diverso, instável, imprevisível. [...] na prática, o fracasso do paradigma moderno, originado no século XVI e com influência até o século XX, é estimulante para busca de novas alternativas que visem solucionar problemas e compreender a realidade, e ao mesmo tempo, desafiador, na escolha de estratégias que se imponham como formas dominantes num reino da incerteza. O paradigma da modernidade como princípio articulador do pensamento linear de causa-efeito mostra-se insuficiente para lidar com os paradoxos de um mundo complexo. As forças que nos levam às crises trazem em si sementes da renovação (PASTOR, J. A. S. *Fundamentos de derecho administrativo I*. Madrid: Centro de Estudios Ramón Areces, 1988).

[229] "Os paradigmas fazem a ponte entre a teoria e a realidade por meio da elaboração de teses científicas que são utilizadas na elaboração de programas e sistemas, na execução de políticas, de projetos de desenvolvimento. Estes têm como referências os conhecimentos construídos a partir de determinada visão de mundo que projeta as ações necessárias para a transformação da realidade" (ARENDT, H. *O que é política?* Tradução Reinaldo Guarany. Rio Janeiro: Bertrand Brasil, 1998, p. 21-25).

sociedade" eventualmente concebidos para coroar o esforço de persegui--los de forma resoluta e fiel[230].

Alertados para uma compreensão mais elaborada, a pós-modernidade[231] se coloca no contexto da complexidade em termos de totalidade e interconexão, em função de um processo evolutivo contínuo e inacabado, caracterizado pela verificação de que o que é sólido pode acabar por se tornar fluido, com o progresso e a situação de fluidez, gera busca por uma solidez duradoura[232] que considere a variabilidade no conhecimento e conceba um repensar multidimensional.

Esse entendimento da publicidade significa que a transparência não é satisfeita apenas com a exteriorização dos atos da Administração Pública, exigindo difusão e compreensão da atividade pública, como uma necessidade social extraída da constituição material no cenário contemporâneo que envolve exigências orientadas à atribuição da democratização das instituições e dos comportamentos administrativos, para resgatar a legitimidade do poder público e sua responsabilidade, por meio de um controle social permanente e eficaz.

O regime jurídico-administrativo[233] precisa acompanhar as profundas transformações pelas quais passa o modelo de Estado, e na mesma esteira, a função administrativa[234], pois, ao representar a ordenação

---

[230] BAUMAN, Z.; BORDONI, C. *Estado de crise*. Tradução Renato Aguiar. Rio de Janeiro: Zahar, 2016, p. 9-75.

[231] "[...] a pós-modernidade questiona as noções clássicas de verdade, razão, identidade e objetividade, a ideia de progresso ou emancipação universal, os sistemas únicos, as grandes narrativas ou os fundamentos definitivos de explicação. [...] vê o mundo como contingente, gratuito, diverso, instável, imprevisível [...]".

[232] BAUMAN, Z. *Modernidade líquida*. Rio de Janeiro: Zahar, 1998.

[233] A expressão regime jurídico-administrativo consiste no conjunto de normas jurídicas que instituem prerrogativas públicas e sujeições para a Administração Pública, vinculadas à satisfação de determinados fins e que não se encontram nas relações entre particulares. Só se pode, portanto, falar em direito administrativo, no pressuposto de que existam princípios que lhe são peculiares e que guardam entre si uma relação lógica de coerência e unidade (MELLO, C. A. B. de. O conteúdo do regime jurídico-administrativo e seu valor metodológico. Disponível em: <http://bibliotecadigital.fgv.br/ojs/index.php/rda/article/view/30088>. Acesso em: 16 nov. 2013).

[234] DIAS, J. O. El horizonte de las administraciones públicas en el cambio de siglo: algunas consideraciones de cara al año 2000. In: WAGNER, F. S. (Coord.). *El derecho administrativo en el umbral del siglo XXI*: homenaje al Profesor Dr. D. Ramón Martín Mateo. Valencia: Tirant lo Blanch, 2000, t. 1, p. 63-117; MENDIETA, M. V. *La modernización de la administración como*

sistemática das normas jurídicas regentes na condução da atividade administrativa, deve buscar melhor servir aos fins do Estado e aos interesses da sociedade.

No redesenho da estrutura e funcionamento da Administração Pública, cujo objetivo principal é o de encontrar uma Administração Pública com uma versão mais próxima e socialmente controlada, a interposição de transformações no relacionamento entre a administração e a sociedade na ótica democrática acarreta uma alteração valorativa que modifica a compreensão e aplicação dos princípios jurídicos no direito administrativo contemporâneo.

Constatam-se mudanças que denotam a insuficiência das tradicionais matizes normativas do Direito Administrativo para a resolução dos problemas surgidos no seio da sociedade contemporânea, de forma que não se pode ignorar que estamos hoje perante um direito realmente diferente daquele para o qual foi construída a dogmática jurídica corrente[235].

Sob esse prisma, ao ser necessário que os princípios jurídicos do direito administrativo reflitam o momento atual no cenário sociopolítico de forma a tornar a Administração Pública mais efetiva no atendimento das demandas sociais, num permanente processo de ajustes e adaptações aos novos tempos, surge uma reformulação no significado destes mesmos princípios que vise atender às necessidades práticas da época, em busca de uma legitimação nas sociedades contemporâneas, ou até o surgimento de novos princípios coerentes com a satisfação dos direitos e liberdades fundamentais e a configuração de uma gestão administrativa voltada à valorização do processo de diálogo num sistema de colaboração entre o Poder Público e a sociedade.

Com a redefinição do papel do Estado contemporâneo, torna-se necessário rever a atuação administrativa, para adequá-la a essa nova realidade. E, nessa linha, principalmente por se cogitar de um Estado Democrático de Direito, a transparência sobressai como uma alternativa à imperatividade e a unilateralidade, como princípio coerente

---

instrumento al servicio de la democracia. Madrid: Inap, 1996, p. 17; MEDAUAR, O. *O direito administrativo em evolução*. São Paulo: Revista dos Tribunais, 2003, p. 133-134; AMARAL, D. F. do. *Curso de direito administrativo*. v. 1. Coimbra: Almedina, 2001, p. 199.

[235] HESPANHA, A. M. *Pluralismo jurídico e direito democrático*. São Paulo: Annablume, 2013.

e adequado ao estabelecimento dessa nova forma do agir administrativo de interesse público no espaço social, que funciona como um mecanismo que reflete a necessidade de superação de um modelo de Administração Pública autoritária, burocrática, fechada sobre si mesma, que decide em segredo, para uma Administração aberta, participada, que age em comunicação com os administrados[236].

Na concepção juspositivista, a qualificação da transparência como norma-princípio fundada na atualização expansiva do princípio constitucionalmente consagrado da publicidade encontra justificativa no texto constitucional em conformidade com as profundas transformações pelas quais passa o modelo de Estado, e na mesma esteira, a função administrativa. Na Constituição Federal de 1988, o sentido da publicidade é a transparência.

Primeiro, porque, ao instituir, no seu art. 1º, um Estado Democrático de Direito destinado a instaurar um regime democrático, em que o poder há de ser exercido em proveito do povo, a CF/88 refere-se a um objetivo social que ultrapassa os limites estreitos de uma obrigação formal de apregoar o agir do poder público consistente na publicação oficial dos atos da Administração Pública. Tornar pública a gestão não garante o acesso à informação. Ter acesso à informação deve ser entendido em sentido amplo, ou seja, entender e compreender o que está sendo publicado[237].

Segundo, porque, como resultado da democratização das relações de poder, podemos identificar a existência no art. 5º da CF/88 de um direito à informação pública gerada, conservada e difundida pela Administração Pública, que, por sua vez, tem a obrigatoriedade de aprimorar e zelar pelo uso social desta informação.

Terceiro, porque a CF/88, ao garantir a participação direta e pessoal da cidadania na gestão pública com possibilidade de contribuição da sociedade organizada e da cidadania à formação da decisão do poder

---

[236] Acórdão n. 117/2015 proferido em Processo n. 686/12 da 3ª Secção do Tribunal Constitucional de Lisboa, Relator: Conselheiro Lino Rodrigues Ribeiro.

[237] MAWAD, A. P. de B. Sistema de informação e cidadania: um desafio na gestão de recursos públicos. *VI Prêmio Tesouro Nacional*. 2001: Monografias Vencedoras: Finanças Públicas, Brasília, STN, 2002, p. 527-528. Disponível em: <http//www3.tesouro.fazenda.gov.br/Premio_TN/VIPremio/sistemas/3siafpVIPTN/MAWAD_Ana_Paula.pdf>. Acesso em: 23 jun. 2014.

público, fomenta uma democracia pluralista, com a percepção da democracia de poder aberto, estabelecendo o liame entre o Estado e outros atores sociais na construção de um consenso cidadão para alcançar o bem comum.

8.3. Transparência como Instrumento da Democratização Administrativa

Na perspectiva instrumentalista, a transparência é vista como instrumento predisposto à realização dos objetivos eleitos. A transparência, em síntese, seria instrumento à disposição da Administração Pública. É a realização da democratização administrativa que exige o caráter transparente no agir da Administração Pública e, já que a realização desta democratização ocorre mediante implementação da participação popular na Administração Pública, é em torno desta que deve tramitar a efetividade da transparência.

Com a redemocratização no Brasil, houve um fortalecimento da participação da sociedade civil no trato da coisa pública e, com isso, a necessidade do cidadão de conhecer, compreender e controlar a atuação da Administração Pública. Essa necessidade é atendida quando a Administração Pública, numa lógica proativa, desenvolve uma ação transparente na definição e na concretização dos atos, projetos, programas, investimentos e gastos públicos.

Em tal contexto, a transparência aparece como o aspecto dinâmico do exercício da participação popular na Administração Pública, o instrumental necessário a serviço da democratização administrativa. A transparência, como atributo do agir da Administração Pública, um dos maiores desafios nas democracias contemporâneas, impõe uma atuação que fomente o exercício da cidadania ativa, funcionando como instrumento auxiliar do povo para acompanhamento da gestão pública.

Essa democratização administrativa realizada mediante o exercício da participação popular na Administração Pública, por meio da transparência, é analisada sob três enfoques: *social, político* e *jurídico*.

No *enfoque social*, a democratização significa o esforço da Administração Pública em garantir educação para a cidadania, bem como a pacificação social.

A Administração Pública como indutora da cidadania significa funcionar como um ambiente que possibilite aos cidadãos a capacidade de analisar a gestão pública e os seus problemas de forma independente e encontrar formas de influenciar a gestão pública. Essa Administração Pública a serviço do cidadão exige a adoção de metodologias construtivistas e cooperativas, com fomento ao diálogo e à reflexão conjunta, comprometidas com a integração do indivíduo na gestão pública, enquanto cidadão responsável e autônomo, e também com uma economia de desenvolvimento sustentável.

A pacificação social por intermédio da participação popular na Administração Pública ocorre quando a Administração adota o papel de mediador, de forma que quando o bem comum estiver turbado pela existência de conflitos, ela se valerá do diálogo com a sociedade para, eliminando os conflitos, devolver a paz desejada. O permanente diálogo da sociedade com a Administração Pública, por meio de processos comunicacionais, como condição de uma atuação administrativa em harmonia com as aspirações da sociedade, chancela a legitimidade das decisões levadas a efeito pela Administração Pública e caminha para um modelo mais garantista dos direitos dos cidadãos.

No *enfoque político*, a democratização por meio da transparência significa ampliar os mecanismos de responsabilização e controle da Administração Pública, possibilitando o conhecimento das razões determinantes do desenvolvimento da função administrativa e dos vetores determinantes do agir administrativo.

No *enfoque jurídico*, é a exigência de que a transparência, ao permitir o controle social sobre a gestão pública, inibindo situações de desvios e malversação de recursos, contribui para o estreitamento da distância entre o cidadão e a Administração Pública, fortalecendo a boa governança e a correlação entre a atividade administrativa e as expectativas e os interesses da sociedade.

9. Funções da Transparência Administrativa

A transparência administrativa[238] na ordem jurídica na atuação da Administração Pública obriga esta, para que vida em comunidade

---

[238] Em relação à transparência administrativa ao administrado, temos as seguintes vantagens: a) visibilidade no exercício do poder, de forma que o cidadão pode reagir com o exercício arbitrário do poder; b) maior vigilância e controle na gestão pública; c) reserva de espaços privados, num contexto de interpretação restritiva, já que a informação pública é a

decorra com ajustamento de valores consensualmente aceitos, a garantir um poder administrativo visível, com clareza, abertura, simplicidade, de forma a concretizar o princípio da cidadania, permitindo a existência e o fortalecimento do sistema democrático.

Sendo dedutível do Estado Democrático de Direito e Social, a transparência administrativa, como princípio informador do Direito Administrativo, alicerce da moderna Administração Pública, constitui um imperativo de toda atuação, gestão e função administrativas, e um instrumento da doutrina americana do governo aberto.

Ao prescrever a obrigatoriedade de transparência administrativa, o Estado Democrático de Direito e Social impõe à Administração uma obrigação que se traduz não apenas num dever formal a ser cumprido para dar eficácia à boa gestão pública, mas um dever substantivo consubstanciado nos parâmetros de informação e participação.

A compreensão do alcance normativo da transparência administrativa ao exigir uma reformulação da relação entre Administração Pública e administrado, em substituição ao Estado burocrático, à obscuridade na gestão pública e a uma supremacia administrativa sem abertura pública que não permita a participação e o controle dos cidadãos nos assuntos públicos, de forma a contribuir para a legitimidade democrática administrativa, supõe, numa primeira análise, a identificação de sua função.

Como afirma Jacques Chevallier[239], "os governantes são obrigados a submeter permanentemente as suas condutas e gestos relativamente à opinião pública e suas decisões são necessariamente submetidas ao teste do debate". A transparência, porque inerente à lógica democrática[240], já

---

regra geral no sistema democrático; d) exercício dos direitos constitucionais, especialmente o de participação política; e) confiança na gestão pública; f) honestidade na administração pública. Já em relação à Administração Pública, a transparência administrativa representa eficiência na tomada de suas decisões, uma melhoria na organização, promove cultura de responsabilidade e cria compromisso de cumprir seus objetivos. Na relação jurídico-administrativa, a principal vantagem é a melhoria do diálogo, com maior legitimação das ações estatais. E para a sociedade em geral, percebemos melhoria na qualidade da democracia, um fortalecimento das instituições, boa governança e clima de segurança que favorece o investimento e estimula o crescimento econômico e o desenvolvimento social.

[239] CHEVALLIER, J. *O estado pós-moderno*. Belo Horizonte: Fórum, 2009, p. 185.
[240] Princípio constitucional de maior densidade axiológica e mais elevada estatura sistêmica, a Democracia avulta como síntese dos fundamentos da República Federativa brasileira. Democracia que, segundo a Constituição Federal, se apoia em dois dos mais vistosos pilares:

estaria fundamentada pela própria ideia da democracia[241]. Aliás, a legitimidade político-jurídica da ordem democrática, impregnada de necessário substrato ético, somente é compatível com um regime do poder visível[242].

Essa afirmação, embora verdadeira, necessita ser complementada pela densificação doutrinária e jurisprudencial dada à transparência como dever jurídico apto a direcionar a atuação da Administração Pública. A seleção de funções não é, por evidente, exaustiva, mas oferece um painel suficientemente vasto das diversas modalidades existentes, visando a contribuir para melhor compreensão das condições da transparência na gestão dos assuntos públicos.

9.1. Transparência e Imparcialidade

Transparência e imparcialidade se identificam porque, antes de tudo, ambas delimitam um modo de ser da Administração Pública, além de assegurar a proteção da confiança dos cidadãos. Nesse sentido, é também interdependente, notadamente a transparência da imparcialidade, porque decorre desta a obrigação de a Administração Pública ser transparente no exercício de suas funções. Além da relação causa-consequência, a transparência permite o controle social no cumprimento do princípio da imparcialidade, pois a Administração Pública, ao permitir visibilidade na sua atuação, contribui para que os cidadãos possam aferir a objetividade no atendimento do interesse público.

Ao ser transparente no exercício de suas funções, a Administração Pública garante, preventivamente, a imparcialidade da Administração, impedindo discriminações e privilégios indevidamente dispensados aos particulares no exercício da função administrativa, bem como

---

a) o da informação em plenitude e de máxima qualidade; b) o da transparência ou visibilidade do Poder, seja ele político, seja econômico, seja religioso (art. 220 da CF/88) (BRASIL. SUPREMO TRIBUNAL FEDERAL. Medida Cautelar em Arguição por Descumprimento de Preceito Fundamental ADPF 130 MC/DF. Órgão Julgador: Tribunal Pleno. Relator: Min. Carlos Britto. Julgamento: 27/02/2008, DJe-211).

[241] "Que todas as decisões e mais em geral os atos dos governantes devam ser conhecidos pelo povo soberano sempre foi considerado um dos eixos do regime democrático, definido como o governo direto do povo ou controlado pelo povo" (BOBBIO, N. O futuro da democracia. São Paulo: Paz e Terra, 2009, p. 98-101).

[242] BRASIL. SUPREMO TRIBUNAL FEDERAL. Medida Cautelar no MS 24.725. Relator: Min. Celso de Mello. 08/09/2003.

a promoção pessoal de agentes ou autoridades. A transparência funciona como garantia da imparcialidade administrativa quando cria regras específicas sobre impedimento e/ou suspeição (Súmula Vinculante 13 do STF; arts. 18 a 21 da Lei n. 9.784/99), a fim de garantir lisura nos procedimentos administrativos.

A transparência e a imparcialidade são princípios dirigidos à atividade administrativa decisória. Enquanto a imparcialidade relaciona-se com a finalidade pública da decisão, impondo ao administrador decidir para satisfazer interesses públicos, sendo vedado o uso da máquina administrativa para discriminações arbitrárias, a exigência da transparência é relacionada com a exteriorização da vontade decisória da Administração Pública com a divulgação compreensível do seu conteúdo para conhecimento público.

A nível de procedimento administrativo, a imparcialidade significa finalidade pública, atuação dos agentes públicos imputado ao Estado e vedação da promoção pessoal de agentes ou autoridades. Já a transparência santifica acesso a documentos e informações públicas de forma clara e compreensível, motivação e participação procedimental.

Do ponto de vista funcional, a função da imparcialidade é específica, ou seja, é a consecução dos fins de interesse público, na qual a vontade estatal não deve ser confundida com a vontade subjetiva do agente, que deve agir sem discriminações arbitrárias, com vedação a favoritismos. Já a transparência, de forma mais ampla, visa a democratização da Administração Pública, aproximando a Administração da sociedade, num processo contínuo e progressivo de reformulação das tradicionais bases unilaterais, herméticas, impositivas e sigilosas das relações entre Administração Pública e os administrados.

9.2. Transparência e Democracia

Há profunda e inexorável relação entre transparência e democracia[243], salientando desde já o fato de a transparência estar alicerçada na

---

[243] "Princípio constitucional de maior densidade axiológica e mais elevada estatura sistêmica, a Democracia avulta como síntese dos fundamentos da República Federativa brasileira. Democracia que, segundo a Constituição Federal, se apoia em dois dos mais vistosos pilares: a) o da informação em plenitude e de máxima qualidade; b) o da transparência ou visibilidade do Poder" (STF, ADPF/MC 130, Tribunal Pleno, Rel. Min. Carlos Britto, j. 27/02/2008).

concepção participativa de democracia[244], em que as instituições políticas devem ser límpidas, com informação e prestação de contas ao cidadão comum[245]. O postulado democrático pressupõe a transparência administrativa consubstanciada na percepção e na conscientização dos fluxos de informação na gestão pública.

A transparência é elemento essencial da democracia na era contemporânea[246]; um governo democrático é responsável por informar e/ou explicar suas ações[247], para que a sociedade possa entender e avaliar a governança e o desempenho dos servidores públicos. Com mais informação, o público será capaz de discernir melhor o valor adicionado pela ação pública[248].

A luta na democracia é pela transparência, por meio da liberdade de informação e da interdição da arbitrariedade consubstanciada na abertura governamental e moralização da política. A transparência com acesso à informação permite decisões, na gestão pública, mais acertadas e mais estáveis, essencial para a formação e o fortalecimento de uma ideia substantiva de democracia[249].

---

[244] "Sendo o Estado pós-moderno composto de uma democracia pluralista e participativa, significa a existência de muitos interesses a serem atendidos, com o cidadão querendo participar da escolha, implantação e fiscalização das políticas públicas. Para que possa haver essa participação é indispensável a publicidade de toda a ação administrativa, com total transparência, no sentido de que o cidadão possa influir diretamente nas decisões governamentais, assim como possa proceder no controle social da administração" (MILESKI, H. S. A transparência da Administração Pública pós-moderna e o novo regime de responsabilidade fiscal. *Revista Técnica dos Tribunais de Contas*, Belo Horizonte: Fórum, ano 1, n. 0, set. 2010, p. 115-149).

[245] HEALD, D. Varieties of transparency. In: HOOD, C. (Org.). *Transparency*: the key of better governance. Oxford: Oxford University Press, 2006.

[246] "A transparência enquanto atributo da gestão pública democrática impõe o rompimento com velhas práticas que resultam em um modo de agir pautado na crença de que é propriedade do Estado toda e qualquer informação por ele produzida" (ROCHA, H. H. Transparência e *accountability* no Estado democrático de direito: reflexões à luz da Lei do Acesso à Informação. *Revista do Tribunal de Contas de Minas Gerais*, Edição Especial).

[247] "Governments should not only allow citizens to observe, but also should actively disseminate information held" (OLIVER, R. W. *What is transparency?* New York: McGraw-Hill, 2004).

[248] STIGLITZ, J. *On liberty, the right to know, and public discourse*: the role of transparency in public life. Oxford: Amnesty Lectures, 1999.

[249] "[...] o próprio serviço público é visto como uma extensão da cidadania; ele é motivado por um desejo de servir os outros e de lograr objetivos públicos" (DENHARDT, R. B. *Teorias da Administração Pública*. São Paulo: Cengage Learning, 2012).

Em assim sendo, a democracia contemporânea[250], como regime político que propicia ao cidadão a possibilidade de entender a condução da gestão da coisa pública para que ele possa influenciar no processo de tomada de decisões, busca a atuação da Administração Pública no sentido de tornar sua conduta cotidiana, e os dados dela decorrentes, acessível ao público em geral, no contexto de um processo comunicativo com o cidadão, de forma a contribuir para uma gestão pública de qualidade.

O tema da transparência, além de representar um desafio para o jurista dedicado ao estudo do direito administrativo, especialmente no esclarecimento de seu conceito no contexto da comunicação pública identificada com a publicidade-certeza, a participação do interessado no processo administrativo, o acesso limitado exigido por lei e a motivação da medida, pode fazer referência a um elemento balizador do grau de democratização do Estado e, nessa função, ser uma condição estrutural de qualquer democracia. Nesse sentido, em Estados autocráticos a transparência é exceção, tendo-se em vista o peso da tradição do segredo na administração, além da concentração máxima da esfera do príncipe. Na democracia, a transparência é regra, pois se trata de um governo do poder público em público, o regime do poder visível[251].

A democracia é, por um lado, um regime político; por outro lado, ela é forma de convívio social qualificada por proporcionar condições de igualdade e liberdade, num contexto de diálogo, ação cooperativa e participação ativa do povo no exercício do poder. A interação social com base nos valores democráticos e nas regras do exercício do poder político concebe o regime político democrático em sua teoria e prática. É certo que, como forma de convívio social, a democracia, regime aberto às transformações sociais, inclui-se como necessidade de consubstanciação da participação popular, de maneira que ela seria sua expressão contemporânea e renovação desta. Nesse caso, a participação

---

[250] "La transparencia es uno de los requisitos de un gobierno que no solamente aspira a ser democrático en cuanto a su origen, es decir, porque surgió de un proceso electoral libre, justo y competido, sino en cuanto a su operación, o sea, por la manera en que desarrolla las distintas actividades que tiene encargadas. La transparencia es una de las variables de la ecuación de la gobernabilidad democrática" (PESCHARD, J. Transparencia y partidos políticos. *Cuadernos de Transparencia*, IFAI, n. 8, p. 109-113, 2009).

[251] BOBBIO, N. *Estado, governo e sociedade*: para uma teoria geral da política. São Paulo: Paz e Terra, 1992.

popular depende da existência de uma cultura política de maior proteção contra a arbitrariedade estatal, do exercício efetivo dos direitos de cidadania e da acomodação da pluralidade dos atos não estatais no espaço público.

No contexto democrático de legitimação, o aspecto marcante da transparência na visão habermasiana[252] está na preponderância da participação reflexiva na política. Uma realidade democrática que se constitui pela construção de uma racionalidade comunicativa com a sociedade civil evita a rotinização da burocracia e estabelece as bases para a validade da deliberação pública[253]. Arendt[254] igualmente aponta a visibilidade no poder como pré-condição para que possa, no ambiente da prática política, ter comunicação e interação que assegurem o poder do agir conjunto. "Somente quando as coisas podem ser vistas por muitas pessoas, de sorte que os que estão à sua volta sabem que veem o mesmo na mais completa diversidade, pode a realidade do mundo manifestar-se de maneira mais real e fidedigna"[255].

A compreensão do caráter representativo depende da visibilidade do poder incompatível com sessões, acordos e deliberações secretas de qualquer comitê ou grupo parlamentar[256]. Bobbio, considerando

---

[252] Haberman sustenta ser a transparência não apenas uma exigência decorrente do intercâmbio de integração e coesão sociais, mas também uma condição intrínseca à estrutura democrática, destinada a considerar os novos consensos sociais e garantir uma participação dialogada, não podendo sequer imaginar a legitimidade da própria democracia sem que subsista uma garantia mínima de uma opinião pública ativa e funcional (HABERMAN, J. *Mudança estrutural da esfera pública*: investigações quanto a uma categoria da sociedade burguesa. Tradução Flávio Kothe. Rio de Janeiro: Tempo Brasileiro, 2003, p. 141).

[253] HABERMAN, J. *A crise de legitimação no capitalismo tardio*. Rio de Janeiro: Tempo Brasileiro, 2002.

[254] "É o caráter público da esfera política que é capaz de absorver e dar brilho através dos séculos a tudo que os homens venham a preservar da ruína natural do tempo" (ARENDT, H. *A condição humana*. Tradução Roberto Raposo. Rio de Janeiro: Forense Universitária, 2007, p. 65).

[255] ARENDT, H. *A condição humana*. Tradução Roberto Raposo. Rio de Janeiro: Forense Universitária, 2007, p. 67.

[256] Schmitt assevera que sem publicidade simplesmente não se pode falar em representação do parlamento, já que não é compatível ao ambiente da democracia, a política de gabinete, exercida a portas fechadas e por poucas pessoas (SCHMITT, C. *Teoría da la constitución*. Madrid: Alianza Editorial, 1996, p. 208; SCHMITT, C. *Sobre el parlamentarismo*. Tradução Thies Nelsson e Rosa Grueso. Madrid: Tecnos, 1996, p. 6).

a necessidade de construir a definição procedimental de democracia, qualifica-a como o governo do poder visível, ou o governo cujos atos se desenvolvem em público, sob o controle da opinião pública. Na busca da precisão de sua definição, Bobbio identifica como negação da própria democracia o poder invisível que se exerce sobre a privatização do público e a ingovernabilidade, fugindo do controle público com decisões secretas, simuladas e/ou mentirosas[257].

9.3. Transparência e Concurso Público

Em matéria de concurso público, a transparência aparece como obrigação inserida no princípio da igualdade de tratamento, cujo efeito é garantir ou assegurar condições de concorrência legítimas. É pacífico na jurisprudência que, em se tratando de concurso público, vigora o princípio da vinculação ao Edital, que é a lei do concurso, cuja finalidade é garantir transparência ao processo seletivo, assegurar a previsibilidade de suas regras e conferir tratamento isonômico a todos os concorrentes[258].

Além de obrigação inserida na igualdade, o princípio da transparência, constitucionalmente assegurado em concurso público, determina a publicidade de todos os atos como portarias, editais, desde a abertura até o encerramento do concurso, de forma a assegurar a ampla concorrência[259]. Funciona como uma obrigação satisfeita com a divulgação do concurso em meios oficiais, previstos em lei e de forma mais ampla possível[260].

---

[257] BOBBIO, N. *As ideologias e o poder em crise*. Tradução J. Ferreira. Brasília, DF: UnB/Polis, 1988, p. 5-25; 208.

[258] BRASIL. Tribunal Regional Federal da Quarta Região. Apelação Cível AC 0042560-54.2011.4.01.9199/MG. Órgão Julgador: Oitava Turma. Relator: Desembargador Federal Maria do Carmo Cardoso. Data do julgamento: 05/12/2016. Data da publicação: 17/02/2017 e-DJF1.

[259] BRASIL. Tribunal Regional Federal da Terceira Região. APELAÇÃO/REEXAME NECESSÁRIO – 1392661/SP. Órgão Julgador: Sexta Turma. Relator: Desembargador Federal Mairan Maia. Data do julgamento: 28/08/2014. Data da publicação: e-DJF3 Judicial 1 DATA: 05/09/2014.

[260] BRASIL. Tribunal Regional Federal da Primeira Região. Agravo Regimental em Mandado de Segurança AGMS 0017877-26.2016.4.01.0000/DF. Órgão Julgador: Sexta Turma. Relator: Desembargador Federal Kassio Nunes Marques. Data do julgamento: 05/12/2016. Data da publicação: 25/01/2017 e-DJF1.

No caso RE n. 508099[261], constata-se a relação entre a transparência e a igualdade de tratamento, pois é preciso reconhecer que a efetividade da exigência constitucional do concurso público, como uma conquista da cidadania no Brasil, permanece condicionada à observância, pelo Poder Público, de normas de organização e procedimento e, principalmente, de garantias fundamentais que possibilitem o seu pleno exercício pelos cidadãos.

Num outro julgamento MS n. 31067[262], o STF entendeu a transparência como fundamento da igualdade de tratamento quando garantiu que o edital realizasse a divulgação de justificativas às questões cujo gabarito fosse alterado/anulado, conferindo, assim, publicidade e transparência à revisão de resultado que atingisse todos os candidatos, independentemente de terem oferecido recurso ou de serem beneficiados ou prejudicados pela modificação (princípio da impessoalidade).

9.4. Transparência e Confiança

A Administração Pública, quando viabiliza na sua gestão a transparência, demonstra preocupação com o bem-estar, pois age de forma a proteger os interesses da coletividade[263]. Oferecendo ações e comportamentos transparentes para que os cidadãos consigam compreender e fiscalizar a gestão pública, a administração garante uma atuação confiável[264], promovendo numa escala progressiva a interação cooperativa com os cidadãos[265]. Trata-se de um "efeito cascata": a administração fornece transparência, promove confiança que, por sua vez, cria estímulo para colaboração e comprometimento dos cidadãos nos assuntos públicos.

---

[261] BRASIL. SUPREMO TRIBUNAL FEDERAL. Recurso Extraordinário RE 598099/MS. Órgão Julgador: Tribunal Pleno. Relator: Min. Gilmar Mendes. Julgamento: 10/08/2011, DJe-189.
[262] BRASIL. SUPREMO TRIBUNAL FEDERAL. Agravo Regimental em Mandado de Segurança MS 31067 AgR/DF. Órgão Julgador: Primeira Turma. Relator: Min. DIAS TOFFOLI. Julgamento: 05/11/2013, DJe-234.
[263] HOSMER, L. T. Trust: the connecting link between organizational theory and philosophical ethics. *Academy of Management Review* 20(2), p. 379-403, 1995.
[264] "[...] poder confiar é condição fundamental para uma vida coletiva pacífica e uma conduta de cooperação entre os homens e, portanto, da paz jurídica" (LARENZ, K. *Derecho justo*: fundamentos de ética jurídica. Tradução Luis Díez-Picazo. Madrid: Civitas, 1985).
[265] LUHMANN, N. *Trust and power*. Wiley, New York, 1979; LEALTAD, Fundación. *Guía de la transparencia y las buenas prácticas en las ONG*, n. 1, Madrid, p. 2, 2003.

A confiança é uma das funções criadas de forma específica pela Administração Pública que opera no plano comportamental. Apresenta aptidão para realizar o aprimoramento no desempenho da atividade administrativa, inclusive como insumo para estratégias, ou para impedir a produção de ações ilícitas e prejudiciais ao patrimônio público.

A modalidade da função da transparência que possibilita a confiança do cidadão na Administração Pública pressupõe atitudes, comissivas ou omissivas, favoráveis e geradoras da capacidade da sociedade de olhar claramente através das janelas de uma instituição[266]. As atitudes favoráveis como dimensões analíticas da transparência exigem, no sentido de viabilizar o conteúdo da ação transparente da Administração Pública, comportamentos, decisões e políticas hábeis a suprir as necessidades da visibilidade no exercício do poder administrativo[267].

Se a confiança traduz a crença no acontecimento de atitudes favoráveis que, concretizadas, permitam uma gestão transparente no agir administrativo, ficam atendidas as expectativas mantidas pelo cidadão de que a Administração Pública é responsável no cumprimento de suas promessas e justificadas a vinculabilidade do cidadão no respeito e no acatamento das determinações traçadas para o exercício do poder administrativo[268].

Assim, a obrigação da transparência está estreitamente ligada à base legitimadora da formação da confiança, uma vez que essa formação deve possuir elementos para que se possa obter a credibilidade dos cidadãos: a) elemento cognitivo: é conhecer os atributos da gestão pública; b) elemento comportamental: é o agir administrativo aberto

---

[266] CROSBY, L. A.; EVANS, K. R., COWLES, D. Relationship Quality in Services Selling: An Interpersonal Influence Perspective. *Journal of Marketing*, 54 (July), p. 68-81, 1990; SWAN, J. E.; TRAWICK, I. E.; SILVA, D. W. How industrial salespeople gain customer trust. *Industrial Marketing Management*, 14, p. 203-211, 1995; DEN BOER, M. Steamy windows: transparency and openness in justice and home affairs. *Openness and transparency in the European Union*, p. 91-105, 1998.

[267] BARBER, B. *The logic and limits of trust*. New Brunswick, NJ: Rutgers University Press, 1983; MCKNIGHT, H.; KACMAR, C.; CHOUDHURY, V. Developing and validating trust measures for e-commerce: an integrative typology. *Information Systems Research*, v. 13, n. 3, p. 334-59, 2002.

[268] SIRDESHMUKH, D.; SINGH, J.; SABOL, B. Consumer trust, value, and loyalty in relational exchanges. *Journal of Marketing*, v. 66, n. 1, jan. 2002.

às perspectivas informativas e participativas, e que levante o véu do sigilo à sociedade[269].

9.5. Transparência e Segurança Jurídica

A segurança[270] jurídica, enquanto expressão do Estado Democrático de Direito[271], possui duas dimensões, a objetiva e a subjetiva. As dimensões se complementam, não havendo antagonismo entre elas, já que ambas buscam a estabilidade das relações jurídicas[272]. A divisão da segurança jurídica em dimensões foi definida na Alemanha em 1956, no caso da "Viúva de Berlim"[273].

---

[269] DAVIS, J. Access to and transmission of information: position of the media. *Openness and transparency in the European Union*, p. 121-126, 1998; LEWIS, J. D.; WEIGERT, A. J. Social atomism, holism, and trust. *The Sociological Quarterly*, 1985.

[270] "A civilização moderna tem almejado cada vez mais a segurança, mas não estou rigorosamente certo de que a eliminação de todo o perigo contribua para a felicidade" (RUSSEL, B. *A autoridade e o indivíduo*. Rio de Janeiro: Zahar, 1977).

[271] "O conceito de segurança jurídica é considerado conquista especial do Estado de Direito. Sua função é a de proteger o indivíduo de atos arbitrários do poder estatal, já que as intervenções do Estado no direito dos cidadãos podem ser muito pesadas e, às vezes, injustas" (STEIN, T. A segurança jurídica na ordem legal da República Federal da Alemanha. *Cadernos Adenauer*. Rio de Janeiro, n. 3, 2000 – Acesso à Justiça e Cidadania. Fundação Konrad Adenauer Stiftung); "princípio essencial na Constituição material do Estado de Direito, imprescindível como é, aos particulares, para a necessária estabilidade, autonomia e segurança na organização dos seus próprios planos de vida" (NOVAIS, J. R. *Os princípios constitucionais estruturantes da República Portuguesa*. Coimbra: Coimbra Editora, 2011); No Direito alemão o princípio da segurança jurídica tem envergadura constitucional, porquanto entendido como subprincípio do Estado de Direito. No direito positivo francês a noção de segurança jurídica não está expressamente edificada. No Direito Espanhol o princípio da segurança jurídica foi incorporado expressamente ao texto da Constituição de 1978 na condição de princípio geral do ordenamento jurídico (VALIM, R. *O princípio da segurança jurídica no direito administrativo brasileiro*. São Paulo: Malheiros, 2010); "O Estado de Direito segue a linha do direito, se autolimitando, protegendo as liberdades individuais, contrapondo-se ao estado de poder, ou totalitário, sendo constitucionalmente organizado. Os dois fundamentos do Estado de Direito são a segurança e a certeza jurídica. A segurança e a certeza do direito são indispensáveis para que haja justiça, porque é óbvio que na desordem não é possível reconhecer direitos ou exigir o cumprimento de obrigações" (MARTINS, E. P. Segurança jurídica e certeza do direito em matéria disciplinar: aspectos atuais. *Revista de Direito Administrativo*. Rio de Janeiro: Renovar, v. 230, p. 142, out.-dez. 2002).

[272] "A segurança jurídica estabelece o dever de buscar um ideal de estabilidade, confiabilidade, previsibilidade e mensurabilidade na atuação estatal" (ÁVILA, H. *Sistema constitucional tributário*. São Paulo: Saraiva, 2004).

[273] "Cuida-se de ação proposta por viúva de funcionário público que vivia na Alemanha Oriental. Informada pelo responsável pela Administração de Berlim de que teria direito

É com base neste *leading case* [274] que se costuma assinalar o surgimento da dimensão subjetiva da segurança jurídica [275] consubstanciada na tutela da confiança [276] legítima dos administrados nas condutas da Administração Pública, ao lado da dimensão objetiva. Há mais de 50 anos, a separação dimensional da segurança jurídica, nascida por construção jurisprudencial alemã, foi desenvolvida com inegável expansionismo e repercussão na seara do direito público.

Na dimensão subjetiva, segurança jurídica é o direito fundamental da pessoa de ter estabilidade e conforto na sua vida [277], nas suas disposições pessoais e nos efeitos jurídicos dos seus próprios atos [278], num contexto de defesa do cidadão contra o arbítrio estatal consubstanciada na legítima expectativa dos cidadãos contra a instabilidade e de certeza das regras do jogo.

---

a uma pensão desde que tivesse o seu domicílio fixado em Berlim ocidental, a interessada mudou-se para a cidade. A pensão foi-lhe concedida. Tempos após, constatou-se que ela não preenchia os requisitos legais para a percepção do benefício, tendo a Administração determinado a suspensão do pagamento e solicitado a devolução do que teria sido pago indevidamente" (MS 24268/MG. Relator: Min. ELLEN GRACIE. Relator p/ Acórdão: Min. GILMAR MENDES. Julgamento: 05/02/2004. Órgão Julgador: Tribunal Pleno).

[274] LUENGO, J. G. *El principio de protección de la confianza en el derecho administrativo.* Madri: Civitas, 2002; SCHONBERG, S. J. *Legitimate expectations in administrative law.* Oxford: Oxford Press, 2000.

[275] Em sentido contrário: o princípio da confiança legítima surgiu com o Código Administrativo da República Popular da Polônia de 14 de junho de 1960 (PÉREZ, J. G.; NAVARRO, F. G. *Comentarios a la ley de régimen jurídico de las administraciones públicas y procedimiento administrativo común (Ley 30/1992, de 26 de noviembre, T. I).* 3 ed. Madrid: Civitas, 2003, p. 365).

[276] "[...] é condição fundamental para uma pacífica vida coletiva e uma conduta de cooperação entre os homens e, portanto, da paz jurídica" (LARENZ, K. *Derecho justo*: fundamentos da ética jurídica. Madri: Civitas, 1985).

[277] "[...] cada cidadão deve ter a certeza do que pode e deve fazer e estar certo de que caso alguém não cumpra para com ele os deveres que a lei impõe, os órgãos do Estado estarão prontos a defendê-lo" (SOUSA, M. R. de. *Direito constitucional.* v. I. Policopiado. Lisboa: Faculdade de Direito, 1979, p. 230).

[278] O direito surge quando a pessoa conhece a realidade, de forma a poder prever as situações, e por consequência realizar planejamento de vida. Se o cidadão sabe de antemão o que pode acontecer, prever os efeitos do seu comportamento, do comportamento dos outros, inclusive do Estado terá garantia de estabilidade e certeza na vida.

Nesse contexto, a segurança pode ser entendida como uma necessidade[279] individual, ou seja, uma aspiração básica[280] inerente ao ser humano[281] de buscar um estado de proteção sem ameaças. A dimensão objetiva da segurança jurídica[282] representando a garantia do direito dos cidadãos à estabilidade jurídica, uma necessidade social[283] da coletividade de querer compreender a realidade[284], põe em pauta a busca de formas de legitimar a atuação do Estado no sentido de fornecer ao cidadão a confiança esperada, o direito de saber com o que pode contar por parte do Estado[285]. Se de um lado o cidadão tem direito a um comportamento

---

[279] "Necessidade é, em resumo, a privação de certas satisfações" (MASLOW, A. *Introdução à psicologia do ser*. Rio de Janeiro: Eldorado, 1962). Agra faz distinção entre insegurança objetiva, como aquela relativa a problemas sociais, e a subjetiva, como sentimento com dimensões cognitivas e afetivas (AGRA, C. D. Podemos medir a Criminalidade e a Segurança? Sep. de *Inovação, poder e desenvolvimento: Congresso de Cidadania*, p. 227-234, 2007); "La seguridad es una de las principales aspiraciones humanas, surge de las necesidades de la interacción social, implica un estado subjetivo de certeza que proporciona al ser humano una sensación de confianza" (GIANOPOULOS, S. L. L. La retroacción de los efectos de la sentencia de concurso mercantil. Un análisis desde la seguridad jurídica. *Revista del Instituto de la Judicatura Federal*, 12 nov. 2013).

[280] STORK, R. Y.; ECHEVARRÍA, J. A. *Fundamentos de antropologia*: um ideal de excelência humana. São Paulo: Inst. Bras. Filosofia e Ciência Raimundo Lúlio, 2005, p. 338.

[281] "El último [la seguridad], sobre todo, y como ya se ha indicado numerosas veces, va junto con el terror del hombre ante la inseguridad de su existencia, ante la imprevisibilidad y la incertidumbre a que está sometido" (COING, H. *Fundamentos de filosofía del derecho*. Tradução Juan Manuel Mauri. Barcelona: Ariel, 1961).

[282] "[...] num Estado de direito democrático, sem um sentimento geral e profundo de segurança, não são praticáveis as mais elementares facetas da liberdade" (LOUREIRO, M. D. *A política de segurança interna*. Lisboa: Ministério da Administração Interna, 1995).

[283] "[...] entre as principais necessidades e aspirações das sociedades humanas encontra-se a segurança jurídica. Não há pessoa, grupo social, entidade pública ou privada que não tenha necessidade de segurança jurídica para atingir os objetivos e até mesmo sobreviver (DALLARI, D. de A. *Segurança e direito*: o renascer do direito. São Paulo: Saraiva, 1980).

[284] "[...] não há dúvida de que o homem almeja conhecer a si mesmo e conhecer o mundo em que está imerso, com o desejo de atingir aquele saber fundamental que dê coerência a seu agir, aquele saber básico que forneça o sentido último de sua vida e lhe ofereça mais plena explicação da realidade que o cerca" (HERVADA, J. *Lições propedêuticas de filosofia do direito*. São Paulo: Martins Fontes, 2008).

[285] "A pretensão essencial do Estado à legitimidade está em seu papel de garantir a segurança do povo no lado de dentro de suas fronteiras" (HASLAM, J. *A necessidade é a maior virtude*: o pensamento realista nas relações internacionais. São Paulo: Martins Fontes, 2006).

confiável do Estado[286], de outro, o Estado fornece tal comportamento adotando uma atuação legítima, ou seja, compatível com os princípios e garantias individuais e coletivas, na gestão da coisa comum, sempre voltado à finalidade precípua de assegurar o bem estar de todos e a convivência harmônica em sociedade[287].

Com o reconhecimento das duas dimensões da segurança jurídica, desenvolveu-se no direito comparado, em especial na Alemanha, a distinção entre os princípios da segurança jurídica e o da proteção da confiança ou confiança legítima[288]. O princípio da segurança jurídica corresponde ao aspecto objetivo da estabilidade das relações jurídicas e o princípio da proteção da confiança ao aspecto subjetivo, relacionado com a confiança das pessoas no comportamento, nos atos e nos procedimentos do Poder Público.

A ideia da segurança jurídica, elemento da segurança[289], como uma das funções da transparência se perfaz em uma atuação administrativa

---

[286] Para os cidadãos, a actuação dos poderes públicos deve ser sempre uma actuação antevisível, calculável e mensurável. Num Estado de Direito, as pessoas devem poder saber com o que contam. As relações entre o poder e os destinatários têm por isso que ser fundadas a partir da ideia segundo a qual o comportamento dos poderes públicos deve ser um comportamento confiável.

[287] "O Estado atual e o do próximo século XXI precisam de administradores comprometidos com as necessidades do cidadão, que atuem com imparcialidade no exame do que ocorre ao seu redor e que as administrem de modo que expressem confiabilidade originada do uso da solução adequada, aplicando a lei ao fato conhecido e sem desrespeitar o direito subjetivo genérico da cidadania" (DELGADO, J. A. Perspectivas do Direito Administrativo para o século XXI. In: ROCHA, C. L. A. R. (Coord.). *Perspectivas do direito público*: estudos em homenagem a Miguel Seabra Fagundes. Belo Horizonte: Del Rey, 1995).

[288] Parte da doutrina entende que a dimensão subjetiva é a certeza consubstanciada na confiança do cidadão nas leis, que lhe permite agir eticamente adotando condutas razoáveis e previsíveis (SOUZA, C. A. M. de. *Segurança jurídica e jurisprudência*: um enfoque filosófico-jurídico. São Paulo: LTr, 1996). No direito francês, a dimensão objetiva é o princípio da segurança jurídica, e a dimensão subjetiva é o princípio da confiança legítima (VALEMBOIS, A.-L. *La constitutionnalisation de l'exigence de sécurité juridique en droit français*. Paris: Editore LGDJ, 2004).

[289] A segurança jurídica integra a estrutura da segurança de proteção a uma sociedade e a cada um de seus integrantes contra ameaças de qualquer natureza, não obstante seja uma parte dotada de autonomia própria (LUCHAIRE, F. La sécurité juridique en droit constitutionnel français. Disponível em: <http://www.conseil-constitutionnel.fr/conseil.../secjur.pdf>. Acesso em: 15 set. 2013; DELPIAZZO, C. e. El principio de seguridad jurídica en el mundo virtual. In: *Revista de Derecho de la Universidad de Montevideo*. Disponível em:

transparente por dois motivos: a) previsibilidade e estabilidade da atuação jurídica estatal; b) interdição da arbitrariedade[290] dos poderes públicos com a salvaguarda dos cidadãos perante o Estado[291]. Na questão da previsibilidade e da estabilidade, a transparência atende à expectativa das pessoas de uma atuação segundo a racionalidade[292] das normas e dos procedimentos da diafaneidade do poder. Nesse sentido, a transparência contribui para que o cidadão obtenha condições que garantam um planejamento de vida e a produção de um futuro de forma consciente[293].

<http:www.revistaderecho.um.edu.uy>. Acesso em: 18 out. 2013); "Com efeito, desde que o homem se reúne em sociedade, não pode deixar de reconhecer que é preciso que esta goze de segurança, de ordem, de meios para seu progresso; e que ele deve concorrer para a felicidade da comunidade social de que faz parte: esse é o interesse geral" (BUENO, J. P. A. *Direito público brasileiro e análise da constituição do império*. São Paulo: Editora 34, 2002); "[...] se não há segurança na sociedade, a vida se torna insuportável" (TORRES, J. C. de O. *Natureza e fins da sociedade política*: visão cristã do estado. Petrópolis: Vozes, 1968); "[...] não seremos humanos sem segurança ou sem liberdade; mas não podemos ter as duas ao mesmo tempo e ambas na quantidade que quisermos" (BAUMAN, Z. *Comunidade*: a busca por segurança no mundo atual. Tradução Plínio Dentizien. Rio de Janeiro: Zahar, 2003).

[290] "A segurança é, assim, praticamente, a base da Justiça. Um regime social em que haja segurança, em que haja ordem, estabilidade nessa ordem e certeza de que será respeitada e mantida, será por isso só um regime justo. O fim do Direito é realizar esse regime, conseguir o máximo possível de segurança, eliminando o máximo possível de arbitrariedade, de anarquia, de incerteza e instabilidade" (NÓBREGA, J. F. da. *Introdução ao direito*. São Paulo: Sugestões Literárias, 1981).

[291] "A segurança jurídica se expressa, hoje, praticamente, na previsibilidade da atuação estatal, partindo a doutrina moderna do conceito de paz jurídica para a compreensão de que a segurança jurídica requer confiabilidade, certeza e interdição da arbitrariedade no Estado de Direito" (PRUDENTE, A. S. Medida provisória e segurança jurídica. *Revista de Informação Legislativa*, n 138, p. 237-248, abr./jun. 1998).

[292] "O que é essencial é que lembremos o que substituiu a crença nas autoridades: a exigência de que as opiniões sejam justificadas. A exigência de justificativa plausível suplantou a crença no poder por si mesmo" (AARNIO, A. *The rational as reasonable*: a treatise on legal justification. Dordrecht: D. Reidel Publishing Company, 1987, p. XV).

[293] "A segurança é uma necessidade humana básica, considerada uma das principais causas da própria existência do Direito. Se a existência do ordenamento jurídico decorre da necessidade humana de segurança, não há como conceder um ordenamento em que ela não esteja presente... enquanto a concretização da segurança é causa final do Direito, a necessidade da segurança é sua causa eficiente" (MARTINS, R. M. *Efeitos dos vícios do ato administrativo*. São Paulo: Malheiros, 2008); "a segurança e a liberdade são elementos essenciais, logo, ontológicos da relação de cuidado-de-perigo que estrutura todo o comportamento humano" (COSTA, J. F. da. Poder e direito penal. *Revista de Legislação e Jurisprudência*, n. 3942, ano 136, p. 154, jan./fev. 2007); CINTRA, M. Segurança Jurídica e os Tributos. In: BOTTINO, M. T.

A transparência satisfaz, por meio da compreensão, da certeza das coisas e da realidade[294], a previsibilidade na vida social. No primeiro motivo, a transparência funciona como requisito indispensável na realização da segurança jurídica[295], uma espécie de corpo intermediário entre a ordem estatal e a própria segurança jurídica, que serve de canal de expressão dos anseios sociais de previsibilidade e objetividade das relações jurídico-administrativas.

A imagem que caracteriza de forma mais original a função da segurança jurídica é de que a transparência é uma casa de vidro que enseja aos cidadãos a possibilidade de se orientarem, graças à ciência que, de antemão, lhes é dada sobre o que devem ou que podem fazer por lhes ser obrigatório ou conveniente, e o que não devem, não podem ou não lhes convêm fazer, tendo em vista as ulteriores consequências imputáveis a seus atos. Com isso, os sujeitos de direito podem ter certa segurança em relação ao futuro, o qual se lhes apresenta, então, com alguma estabilidade no que atina aos efeitos que terão amanhã os comportamentos que praticarem hoje[296].

A transparência administrativa é um instrumento de previsibilidade das condutas estatais, em que se previnem riscos e corrigem desvios capazes de afetar o equilíbrio das relações jurídicas, mediante informação em plenitude e de máxima qualidade[297], e a participação dos cidadãos, de forma a viabilizar o controle dos atos estatais,

---

(Coord.). *Segurança jurídica no Brasil*. São Paulo: RG Editores, 2012; SILVA, J. A. da. Democracia, segurança e garantismo. *Notícia do Direito Brasileiro*. Brasília, n. 7, p. 163-174, 2000; "La seguridad es, sobre todo y antes que nada, una radical necesidad antropológica humana y el 'saber a que atenerse' es el elemento constitutivo de la aspiración individual y social a la seguridad; raíz común de sus distintas manifestaciones en la vida y fundamento de su razón de ser como valor jurídico" (LUÑO, A. E. P. *La seguridad jurídica*. Barcelona: Ariel, 1994).

[294] "A segurança ontológica se refere à crença que a maioria das pessoas têm na continuidade de sua autoidentidade e na constância dos ambientes de ação social e material circundantes" (BECK, U.; GIDDENS, A.; LASH, S. *Modernidade reflexiva*: trabalho e estética na ordem social moderna. São Paulo: Unesp, 1997).

[295] "El Derecho es fabricado por los hombres sobre todo bajo el estímulo de una urgencia de certeza (saber a qué atenerse) y de seguridad (saber que eso a lo cual puede uno atenerse tendrá forzosamente que ser cumplido); o sea bajo el estímulo de una urgencia de orden en la vida social" (SICHES, L. R. *Tratado de sociología*. Porto Alegre: Globo, 1970).

[296] MELLO, C. A. B. de. *Grandes temas de direito administrativo*. São Paulo: Malheiros, 2009, p. 12.

[297] ADPF 130/DF – MC, Rel. Min. Ayres Britto, DJ 07/11/2008.

e o aperfeiçoamento do regime democrático[298]. Noutros termos, a transparência administrativa embasada na clareza, na limpidez e na veracidade das informações prestadas à coletividade, bem como na participação popular, no contexto de garantir o maior esclarecimento possível aos cidadãos, confere previsibilidade aos comportamentos estatais, proporcionando segurança jurídica na regulação das atividades administrativas.

De acordo com as novas exigências da sociedade contemporânea de riscos, podemos perceber que não basta a previsibilidade normativa para consecução da segurança jurídica; é necessário transparência administrativa, pois esta representa a ideia de que pode se tornar possível à sociedade o prévio conhecimento das consequências de seus atos à luz dos mecanismos de informação e participação popular.

No segundo motivo, a transparência revela a atuação do poder público, incrementando o controle social e impedindo que os governantes possam fazer valer seus interesses próprios na condução do Estado[299].

Dessa forma, a transparência impede o arbítrio dos governos, permitindo uma certa estabilidade das relações jurídicas em que os cidadãos passam a conhecer a racionalidade que rege as relações jurídico-administrativas.

9.6. Transparência e Boa Administração

É impossível estudar a transparência administrativa como dimensão do direito à boa Administração Pública sem que se compreenda primeiro

---

[298] "Que todas as decisões e mais em geral os atos dos governantes devam ser conhecidos pelo povo soberano sempre foi considerado um dos eixos do regime democrático, definido como o governo direto do povo ou controlado pelo povo (e como poderia ser controlado se estivesse escondido?). Mesmo quando o ideal da democracia direta foi abandonado como anacrônico, [...] e foi substituído pelo ideal da democracia representativa [...] o caráter público do poder, entendido como não secreto, como aberto ao 'público', permaneceu como um dos critérios fundamentais para distinguir o Estado constitucional do Estado absoluto se, assim, para assinalar o nascimento ou o renascimento do poder público em público" (BOBBIO, N. *Futuro da democracia*. 11. ed. São Paulo: Paz e Terra, 2009).

[299] "O aspecto sociológico está na movimentação social que confere a base de sustentação dessa limitação do poder, impedindo que os governantes passem a fazer valer seus próprios interesses e regras na condução do Estado" (TAVARES, A. R. *Curso de direito constitucional*. São Paulo: Saraiva, 2007).

o que é boa Administração Pública, já que esta última está em um contexto no qual se desenvolveu a noção de legitimidade da atividade administrativa baseada numa maior eficácia e efetividade das ações estatais e orientada pela principiologia dos direitos fundamentais[300].

O surgimento gradual da boa Administração Pública, numa trajetória de contínua conquista e densificação[301], resulta da conjugação da crescente demanda do papel do direito na Administração Pública, com a reivindicação de maior qualidade no exercício da função administrativa para servir da melhor forma possível os interesses da coletividade[302].

Embora nascido no âmbito doméstico dos Estados-Membros da União Europeia[303], com aspiração programática[304], em forma de princípio, foi no ambiente do direito comunitário europeu que a ideia da "boa Administração Pública" ganha o *status* de direito fundamental.

Essa nova dimensão adquirida exerce influência no funcionamento da Administração Pública nacional. Quatro fases básicas dominaram a construção do significado do direito para os europeus: a) a primeira, em que não havia uma delimitação dos princípios de boa administração, apenas o papel do Defensor do Povo Europeu nos casos de má-administração; b) a segunda, quando já há referências sobre os princípios da boa administração nos Informes Anuais do Defensor do Povo Europeu; c) a terceira, com a publicação da Resolução de 10 de junho de 1997, que pela primeira vez usa a palavra direito, e a edição de novos informes

---

[300] "Não satisfaz às aspirações da Nação a atuação do Estado de modo compatível apenas com a mera ordem legal, exige-se muito mais: necessário se torna que a administração da coisa pública obedeça a determinados princípios que conduzam à valorização da dignidade humana, ao respeito à cidadania e à construção de uma sociedade justa e solidária" (STJ, REsp 579.541/SP, Rel. Min. José Delgado, Primeira Turma, julgado em 17/02/2004, DJ 19/04/2004, p. 165).

[301] MORGADO, C. Direito à boa Administração Pública: recíproca dependência entre direitos fundamentais, organização e procedimento. *Rev. Dir. Proc. Geral*. Rio de Janeiro, n. 65, p. 68-94, 2010.

[302] CASSESE, S. Il diritto alla buona amministrazione. *European Review of Public Law*, v. 21, n. 3, p. 1037ss., 2009; PRATS, J. Derecho y management en las administraciones públicas. *Ekonomiaz*: Revista vasca de economía, n. 26, p. 130-143, 1993.

[303] Constituição Finlandesa (1919); Constituição Portuguesa (1976); Constituição Italiana (1947).

[304] GIL, J. L. M. Una construcción jurídica de la buena administración. *Revista de Direito Administrativo & Constitucional*, v. 54, ano 13, p. 13-44, 2013.

anuais; d) e, por fim, a quarta, a consagração na Carta de Direitos Fundamentais da União Europeia, em seu art. 41[305]:

> A atuação do Ombudsman Europeu na supervisão de casos de má administração e a construção jurisprudencial do Tribunal de Justiça das Comunidades Europeias impôs que se aproveitassem os parâmetros mínimos de atuação da Administração Pública, para declarar e estabelecer um certo núcleo de princípios e deveres de observância obrigatória para garantia de uma administração idônea.

Após incorporação na Carta de Nice, esse documento normativo ensejou uma busca internacional no intuito de reconhecer o direito à boa Administração Pública em tratados internacionais, como no caso do Estatuto de Autonomia da Catalunha de 2006, em seu art. 30. A partir da vigência do Tratado de Lisboa (1.12.2009), a Carta de Nice foi incorporada ao conjunto normativo regente da União Europeia, adquirindo o mesmo valor jurídico dos tratados originários da União Europeia[306].

A boa Administração Pública, enquanto parâmetro da atividade administrativa, pode ser entendida como um conceito que contempla uma série de princípios e deveres que devem ser observados pela Administração Pública, visando a concretização dos direitos

---

[305] 1. Todas as pessoas têm direito a que os seus assuntos sejam tratados pelas instituições e órgãos da União de forma imparcial, equitativa e num prazo razoável; 2. Este direito compreende, nomeadamente: o direito de qualquer pessoa a ser ouvida antes de a seu respeito ser tomada qualquer medida individual que a afecte desfavoravelmente; – o direito de qualquer pessoa a ter acesso aos processos que se lhe refiram, no respeito dos legítimos interesses da confidencialidade e do segredo profissional e comercial, – a obrigação, por parte da administração, de fundamentar as suas decisões; 3. Todas as pessoas têm direito à reparação, por parte da Comunidade, dos danos causados pelas suas instituições ou pelos seus agentes no exercício das respectivas funções, de acordo com os princípios gerais comuns às legislações dos Estados-Membros; 4. Todas as pessoas têm a possibilidade de se dirigir às instituições da União numa das línguas oficiais dos Tratados, devendo obter uma resposta na mesma língua (Carta dos Direitos Fundamentais da União da União Europeia – Carta dos Direitos Fundamentais de Nice. *Jornal Oficial das Comunidades Europeias*. Disponível em: <http://www.europarl.europa.eu/charter/pdf/text_pt.pdf>. Acesso em: 10 maio 2013).

[306] Art. 6º, 1. "A União reconhece os direitos, as liberdades e os princípios enunciados na Carta dos Direitos Fundamentais da União Europeia, de 7 de Dezembro de 2000, com as adaptações que lhe foram introduzidas em 12 de Dezembro de 2007, em Estrasburgo, e que têm o mesmo valor jurídico que os Tratados".

fundamentais[307], ou então ser identificada pelo seu contrário, ou seja, pela má-administração.

No primeiro sentido, o imperativo da boa Administração Pública apresentada, de certo modo com uma intenção revolucionária, opera, afinal, uma revolução "tradicionalista"[308], visto que foi diluída por meio princípios e deveres previstos na Constituição Federal e contemplados pelo Direito Comunitário que conduzem a uma Administração Pública eficiente, eficaz, proba, imparcial, dialógica, transparente e capaz de assegurar a concretização dos direitos fundamentais[309].

É possível afirmar que a boa administração exige do administrador público uma atuação vinculada aos princípios constitucionais consagrados, realizando, no maior grau possível, o atendimento do interesse público[310]. Trata-se de uma atuação legítima que evita excessos, desvios e insuficiência no exercício das competências administrativas.

Permite-se, assim, nesse prisma, uma verificação da observância pela Administração Pública dos princípios que lhe são impostos pelo ordenamento jurídico, como mecanismo de defesa da cidadania no controle administrativo para garantir os direitos e os interesses dos cidadãos.

---

[307] ALLO LOMBARTE, A. apud MALLÉN, B. T. *El derecho fundamental a una buena administración*. Madrid: INAP, 2004.

[308] ANDRADE, J. C. V. de. *O dever de fundamentação expressa de actos administrativos*. Coimbra: Editora Almedina, 2007; Em sentido contrário: "el derecho fundamental a la buena administración, tal y como está redactado en el artículo 41 de la Carta de los Derechos Fundamentales de la Unión Europea de diciembre de 2000, trae consigo un replanteamiento del derecho administrativo en su conjunto. Ahora, desde la centralidad del ciudadano y desde su participación activa en la conformación de los intereses generales, el derecho administrativo y sus principales categorías deben ser nuevamente formulados puesto que ahora la relevancia de los derechos fundamentales de la persona sugiere nuevas formas de comprender el sistema del derecho administrativo" (RODRÍGUEZ-ARANA, J. La buena administración como principio y como derecho fundamental en Europa. *Misión Jurídica Revista de Derecho y Ciencias Sociales*, n. 6, Bogotá, D.C. (Colombia), p. 23-56, jan./dez. 2013).

[309] "Trata-se do direito fundamental à Administração Pública eficiente e eficaz, proporcional cumpridora de seus deveres, com transparência, motivação, imparcialidade e respeito à moralidade, à participação social e à plena responsabilidade por suas condutas omissivas e comissivas. A tal direito corresponde o dever de a Administração Pública observar, nas relações administrativas, a cogência da totalidade dos princípios constitucionais que a regem" (FREITAS, J. *Discricionariedade administrativa e o direito fundamental à boa Administração Pública*. São Paulo: Malheiros, 2009).

[310] GIUFFRIDA, A. *Il "diritto" ad una buona amministrazione pubblica e profili sulla sua giustiziabili*. Torino: G. Giappichelli Editore, 2012, p. 15.

É uma fórmula abrangente de critérios mínimos de uma atuação administrativa que visa resultados úteis para a coletividade[311].

Como parâmetro da atividade administrativa, privilegiam-se duas ideias básicas. A primeira, de um conceito "guarda-chuva" que abriga um feixe de princípios e deveres cujo destinatário é a Administração Pública, que deve, por sua vez, fornecer ao cidadão tratamento de forma imparcial, equitativa e num prazo razoável ao cidadão. A segunda, a de um direito-garantia cuja missão é assegurar a proteção de outros direitos fundamentais[312].

No segundo sentido, o conceito de boa Administração Pública está fundamentado na identificação do seu contrário, ou seja, em seu sentido negativo. De acordo com a Carta de Nice[313], a má-administração gera dois efeitos: a) efeito compensatório: reparação econômica (art. 41.3 – Todas as pessoas têm direito à reparação, por parte da Comunidade, dos danos causados pelas suas instituições ou pelos seus agentes no exercício das respectivas funções, de acordo com os princípios gerais comuns às legislações dos Estados-Membros); b) efeito processual: tutela efetiva (art. 41.4 – Todas as pessoas têm a possibilidade de se dirigir às instituições da União numa das línguas oficiais dos Tratados, devendo obter uma resposta na mesma língua).

A "boa Administração Pública", ao ser apresentada como um direito consagrado no art. 41 da Carta de Direitos Fundamentais da União Europeia[314], tem como centro de referência uma Administração Pública

---

[311] RODRÍGUEZ-ARANA, J. El derecho fundamental a la buena administración en el marco de la lucha contra la corrupción, p. 19. Disponível em: <http://derecho.posgrado.unam.mx/congresos/ConIbeConMexDA/ponyprog/JaimeRodriguezArana.pdf>. Acesso em: 3 abr. 2015.

[312] MALLÉN, B. T. *El derecho fundamental a una buena administración*. Madrid: Instituto Nacional de Administración Pública, 2004, p. 42; HACHEM, D. W. *Tutela administrativa efetiva dos direitos fundamentais sociais*. 2014. 614f. Curitiba, PR. Tese de Doutorado. Universidade Federal do Paraná, 2014.

[313] Disponível em: <http://www.europarl.europa.eu/charter/pdf/text_pt.pdf>. Acesso em: 3 abr. 2015.

[314] "El derecho a la buena administración, por estar inserto dentro del catálogo de derecho de la UE, cumple como el resto de los derechos allí proclamados una función de justificación del poder político" (RUIZ-RICO, G. El derecho a una buena administración: dimensiones constitucional y estatutaria. In: RODRÍGUEZ, C. M. A.; RODRÍGUEZ, F. G. (Coords.). *El derecho a una buena administración y la ética pública*. Valencia: Tirant lo Blanch, 2011).

cumpridora de seus deveres, dentre os quais se destaca a transparência. A transparência é um elemento da definição da boa Administração Pública[315] e, nesse aspecto, funciona como uma qualidade no agir administrativo. Nesse sentido, uma administração opaca não poderá, por definição, ser considerada "boa"[316].

A transparência administrativa não é apenas uma exigência da convivência social democrática[317], mas também um fundamento essencial da boa Administração Pública, destinado a afastar o arbítrio e criar a confiança do cidadão na gestão pública[318]. São técnica e prática que tornam a gestão pública uma realidade, permitindo um controle social permanente pelo povo[319].

A transparência administrativa é algo que se situa na própria raiz da Administração Pública, sendo incompatível imaginá-la sem determinação de visibilidade[320].

[315] Embora nascido no âmbito doméstico dos Estados-Membros da União Europeia, com aspiração programática, em forma de princípio, foi no ambiente do direito comunitário europeu que a ideia da "boa Administração Pública" ganha o *status* de direito fundamental. A atuação do *Ombudsman* Europeu na supervisão de casos de má administração e a construção jurisprudencial do Tribunal de Justiça das Comunidades Europeias impuseram que se aproveitassem os parâmetros mínimos de atuação da Administração Pública, para declarar e estabelecer um certo núcleo de princípios e deveres de observância obrigatória para garantia de uma administração idônea. Após incorporação na Carta de Nice, esse documento normativo ensejou uma busca internacional no intuito do reconhecimento do direito à boa Administração Pública em tratados internacionais, como no caso do Estatuto de Autonomia da Catalunha de 2006, em seu art. 30. A partir da vigência do Tratado de Lisboa (01/12/2009), a Carta de Nice foi incorporada ao conjunto normativo regente da União Europeia, adquirindo o mesmo valor jurídico dos tratados originários da União Europeia (GIL, J. L. M. Una construcción jurídica de la buena administración. *Revista de Direito Administrativo & Constitucional*, ano 13, v. 54, p. 13-44, 2013).

[316] SOARES, R. E. *Interesse público, legalidade e mérito*. Coimbra: Atlântida, 1955.

[317] MÜGÍCA-HERZOG, E. Una buena administración como un recurso de derechos humanos. Derechos Humanos. Órgano Informativo de la Comisión de Derechos Humanos del Estado de México. *El Ombudsman: nuevas competencias, nuevas funciones*, n. 58, nov./dez. 2002.

[318] ENTERRÍA, E. G. de.; FERNANDEZ, T. R. *Curso de derecho administrativo*. Tomo II. Madrid: Civitas, 1995.

[319] GORDILLO, A. *Tratado de derecho administrativo*. Tomo 1: parte general. 7. ed. Belo Horizonte: Del Rey; Fundación de Derecho Administrativo, 2003; BAQUER, L. M.-R. De los derechos humanos al derecho a una buena administración. In: RODRÍGUEZ, C. M. A. R.; RODRÍGUEZ, F. G. (Coords.). *El derecho a una buena administración y la ética pública*. Valencia: Tirant lo Blanch, 2011, p. 43-54.

[320] "[...] o termo boa administração, em nosso sentir, é expressão vinculada a um sentido jurídico de Administração Pública, que se compromete a observar uma série de direitos subjetivos

IDENTIFICAÇÃO DA TRANSPARÊNCIA ADMINISTRATIVA: NOÇÕES GERAIS

A transparência significa abertura da Administração Pública, cujos pilares essenciais são o acesso à informação pública e a possibilidade de o cidadão participar nos assuntos públicos. É esse plano de visibilidade que caracteriza uma das dimensões do direito à "boa Administração Pública". Araújo[321] faz alusão à transparência como noção fundamental do conceito de boa Administração Pública. Freitas sustenta ser a transparência não apenas elemento garantidor da efetividade do direito fundamental à boa administração, mas também um dever de evitar nas relações administrativas a opacidade, salvo nos casos em que o sigilo se apresentar justificável[322].

Martins Júnior, a seu modo, também defende a transparência a respeito dos subprincípios de publicidade, motivação e participação popular como um elemento definitório da administração, capaz de defini-la em contraposição a um perfil autoritário, isolado, hermético, misterioso e opaco da Administração Pública[323]. Na mesma linha, embora fazendo referência à transparência como vetor da boa administração, Freitas reconhece que a Administração há de agir de sorte a nada ocultar e, para além disso, suscitando a participação fiscalizatória da cidadania, na certeza de que nada há, com raras exceções constitucionais, que não deva vir a público. O contrário soaria como negação da essência do Poder em sua feição pública[324].

---

em prol do Administrado (como o direito ao devido processo legal e à participação procedimental), bem como os princípios para ela insculpidos na Constituição, o que resultará em um serviço público mais transparente, legítimo e efetivo" (FILHO ISMAIL, S. A importância da atuação preventiva do Ministério Público *ombudsman* em prol da boa administração, no combate à improbidade administrativa. p. 1-24. Disponível em: <http://www.conamp.org.br/images/artigos/revista_cnmp_versaoweb-5edicao_salomao.pdf>. Acesso em: 22 out. 2015.

[321] ARAÚJO, L. *Parâmetros de precaução da Administração Pública na contratação administrativa*: aspectos de regularidade fiscal e trabalhista dos licitantes. 2013. 436f. Dissertação (Mestrado), Universidade de Fortaleza, 2013.

[322] FREITAS, J. *Discricionariedade administrativa e o direito fundamental à boa Administração Pública*. São Paulo: Malheiros, 2009, p. 22.

[323] "A convergência desses subprincípios conduz à existência (positivada) do princípio da transparência na medida em que a abertura, a visibilidade, a diafaneidade e a proximidade da Administração Pública são erguidas não só pelo conhecimento de sua atuação, senão por sua explicação e pela partilha no processo de tomada de decisão. Isso fornece um novo padrão de governança pela atribuição de legitimação material ao exercício do poder" (MARTINS JÚNIOR, W. P. *Transparência administrativa*: publicidade, motivação e participação popular. São Paulo: Saraiva, 2012, p. 234).

[324] FREITAS, J. *O controle dos atos administrativos e os princípios jurídicos fundamentais*. São Paulo: Malheiros, 1999, p. 70.

9.7. Transparência e Abertura

Existe uma inexorável relação entre transparência e abertura no âmbito da Administração Pública, salientando desde já o fato de a problemática da transparência estar ou não abrangida na concepção da abertura administrativa[325].

No âmbito da União Europeia, a abertura administrativa é gênero do qual são espécies a participação e a transparência. O princípio da transparência, por sua vez, ligado à ideia da Administração aberta, refere-se ao acesso de documentos e informações de entidades públicas.

Além do desenvolvimento no seio da União Europeia, o princípio da transparência aparece nos ordenamentos jurídicos nacionais. Em alguns países, como na Itália, a transparência relaciona-se com a temática da boa Administração Pública.

No Brasil, a transparência surge associada ao fenômeno relacionado à abertura pela democraticidade da Administração Pública; nesse caso, a transparência confunde-se com a ideia da Administração Pública aberta e/ou democrática. Já no sentido mais restrito, significa visibilidade na atuação da Administração Pública. E, nesse sentido, aparecem duas formas de conceituar essa visibilidade administrativa:

a) numa primeira forma, associando a transparência a um determinado tema, no caso, o mais difundido, o acesso a informações e documentos públicos. A transparência é um processo garantidor de acesso à informação pública, reconhecida como direito humano, no âmbito internacional, e desenvolvida em leis de acesso à informação[326]. É, pois, esse assunto de ciência e política

---

[325] RODRIGUES, J. G. Publicidade, transparência e abertura da Administração Pública. *Revista de Direito Administrativo*. Rio de Janeiro, v. 266, p. 89-123, maio/ago. 2014.

[326] No âmbito europeu o acesso à informação pública foi objeto dos Tratados de Maastrich (1992) e Amsterdã (1997), bem como da Diretiva n. 95/46, proclamando o acesso aos documentos (art. 255.º) e a abertura dos trabalhos do Conselho no domínio legislativo (art. 207.º, n. 3). No Direito português, o acesso à informação pública é arrolado entre os princípios gerais do direito administrativo (art. 268/2 da Constituição portuguesa), e regulamentada pela Lei de Acesso aos Documentos Administrativos (Lei n. 65/93, de 26 de agosto). No Direito Brasileiro, o acesso à informação pública foi previsto como um direito fundamental (art. 5º, XXXIII, da Constituição brasileira) e procedimental, regulamentado com a Lei n. 12.257/2011.

que se reflete na abertura administrativa sob a forma de saber o que acontece na gestão pública.
b) numa segunda forma, a transparência é revelada como um conjunto de institutos e normas que, no seu conjunto, delimitam um modo de ser da Administração Pública. Nessa segunda vertente, entendemos que a transparência faz parte do fenômeno da abertura administrativa, em que a Administração Pública não somente garante o acesso à informação pública, mas também cria fluxos comunicacionais e cooperativos entre Administração Pública e coletividade, concretizados pela participação da sociedade no processo de tomada de decisões administrativas e por um ambiente de integridade pública, com a expansão de dados normativos e práticas de boa conduta, a partir do *Foreing Corrupt Pratique Act* estadunidense de 1977, perante os escândalos que se sucederam nos anos 1970.

Em assim sendo, foi a década de 1970 que cunhou a transparência administrativa e a abertura na Administração Pública como as suas duas grandes exigências de modernização administrativa ainda prevalecentes no século XXI[327]. No âmbito europeu, a transparência e a abertura surgem, no contexto da modernização administrativa, primeiramente na Itália em princípio dos anos 1970, sob as influências anglo-saxônicas.

No âmbito do direito comunitário europeu, houve incremento do assunto com a proclamação desses vetores de modelos administrativos ao Estado no âmbito da boa Administração Pública.

É importante ressaltar que o problema da transparência e da abertura da Administração Pública, não sendo recente, surgindo no século XVIII com a implantação da Administração Pública gerencial, na Inglaterra, alcança relevo especial a partir dos anos 1990, especialmente

---

[327] Nos sistemas administrativos, até meados do século XX, caracterizados por modelos burocráticos, a transparência era uma norma excepcional, em que as informações das entidades públicas chegavam ao conhecimento dos administrados de forma genérica e impessoal. Há o predomínio do segredo no andamento dos procedimentos e o funcionamento dos serviços públicos. A partir da segunda metade do século XX, na década de 1950, acentuando-se nos anos 1970, primeiro no Reino Unido, e depois nos demais países, consolidou-se o entendimento da necessidade de uma modernização administrativa, influenciada pelo *New Public Management*, orientada na busca de uma melhoria na gestão pública.

no Brasil, quando, para além da preocupação com alcance de bons resultados, se estabelecem, por meio de estruturas e processos, critérios que possibilitem aos cidadãos maior conhecimento sobre a qualidade administrativa para controlar o desempenho dos administradores públicos que se envolvem em corrupção e outras formas de condutas ilegais ou antiéticas[328].

A abertura pela transparência foi reforçada pela recente iniciativa internacional para criação do *Open Government Partnership*[329], que proclama a transparência como parte integrante da ideia de um governo aberto que, por sua vez, exterioriza-se como uma forma do Estado de governar e implementar políticas que engloba duas perspectivas: a) a de cooperação, que visa a estimular a participação e a colaboração dos cidadãos na tomadas das decisões políticas; b) e a de conhecimento, referente à abertura de dados e ações governamentais.

Ambas as perspectivas podem ser fundamentadas em duas dimensões[330]: a) numa dimensão política, já que reforça o controle democrático dentro e fora do Estado, com maior transparência e responsabilidade. Nesse contexto, a existência de um governo aberto guarda compatibilidade lógica com a ideia de governos que permitem participação popular, a excepcionalidade da consagração de sigilo e uma administração voltada a uma gestão pública da complexidade; b) numa dimensão tecnológica, com a organização de governos fundamentada

---

[328] GRIGORESCU, A. International organizations and government transparency: linking the international and domestic realms. *International Studies Quarterly*, v. 47, n. 4, p. 643-667, dez. 2003.

[329] LINDERS, D.; WILSON, S. C. What is open government? One Year After a Directive. The Proceedings of the 12th Annual International Conference on Digital Government Research, p. 262-271, 2011; ORSZAG, P. Open government directive. Memorandum for the Heads of Executive Departments and Agencies. 2009. Disponível em: <http://www.whitehouse.gov/open/documents/open-government-directive>. Acesso em: 17 jan. 2015; OBAMA, B. H. Transparency and open government. Memorandum for the Heads of Executive Departments and Agencies. 2009. Disponível em: <http://www.whitehouse.gov/the_press_office/TransparencyandOpenGovernment>. Acesso em: 17 jan. 2015.

[330] YU, H.; ROBINSON, D. G. The new ambiguity of "open government". *UCLAL. Rev. Disc.*, v. 178, p.189; 212. PELED, A. Re-designing open data 2.0. In: PARYCEK, P.; EDELMANN, N. (Orgs.). *Conference for e-democracy and open government*, p. 243-258, 2013; PEIXOTO, T. The uncertain relationship between open data and accountability: a response to Yu and Robinson's the new ambiguity of "open government". *UCLAL. Rev. Disc.*, v. 60, p. 200-214, 2013.

no uso de tecnologias que permitem a divulgação e a comunicação dos dados entre órgãos públicos e com a sociedade.

Surgem os portais eletrônicos ou de dados abertos. No contexto da parceria internacional, a *Open Government Partnership*, no governo dos EUA de Barack Obama, projeto de iniciativa da *Tides Foundation*, organização sediada nos Estados Unidos da América, na busca de governos mais transparentes, receptivos, responsáveis e eficientes, o Brasil, como membro da parceria, promove a Declaração para o Governo Aberto, buscando medidas para uma cultura global de governo aberto e participativo que dê autonomia aos cidadãos. Na mesma esteira surge a organização *Open Knowledge Foundation*, sediada no Reino Unido e criada com o objetivo de promover o conhecimento livre, mediante a promoção dos conteúdos abertos.

Alinham-se, em favor do governo aberto, argumentos ligados a três enfoques: a) Enfoque do cidadão: a visibilidade no *modus operandi* das políticas governamentais permite maior vigilância e controle na gestão pública, de forma que pode o cidadão reagir contra o exercício arbitrário do poder; b) Enfoque da Administração: a abertura na gestão pública revela uma qualidade da atuação estatal, quer na vertente da eficácia à boa gestão, quer na vertente de que traz um ambiente de segurança que favorece o investimento e estimula o crescimento e o desenvolvimento social; c) Enfoque da Relação Estado-Sociedade: revela um aperfeiçoamento do vínculo do Estado com a sociedade, com uma aproximação e a melhoria do diálogo, e maior legitimação das ações estatais. E para a sociedade em geral, percebemos melhoria na qualidade da democracia, um fortalecimento das instituições, a eficiência na tomada de suas decisões, uma melhoria na organização, o que promove cultura de responsabilidade e cria compromisso de cumprir seus objetivos.

Contra essa formidável enumeração de argumentos favoráveis, existem críticas e/ou objeções: a) Econômica: o investimento técnico e a respectiva manutenção dependem de gastos significativos[331]; b) Pessoal: a viabilização do projeto depende da intermediação de especialistas em tecnologias

---

[331] KITCHIN, R. Four critiques of open data initiatives. *The Impact Blog*. Londres: London School of Economics and Political Science, 2013. Disponível em: <http://blogs.lse.ac.uk/impactofsocialsciences/2013/11/27/four-critiques-of-open-data-initiati-ves>. Acesso em: 10 maio 2014.

digitais e processamento de dados[332]; c) Política: argumentos ligados ao enfraquecimento do debate público[333], à qualidade elitista dos debates realizados na rede[334] – uma exclusão digital dos mais pobres e com baixa escolaridade, bem como limitação seletiva das fontes a serem consultadas[335]; d) Conteúdo: além da dúvida na veracidade, na utilidade e no uso dos dados divulgados, surge o estímulo dos privilégios a algumas pessoas ou empresas na obtenção dos dados, além do excesso de transparência de forma a entravar a iniciativa da administração ou prejudicar sua eficiência.

9.8. Outras funções
9.8.1. Transparência e Interdição da Arbitrariedade

Além de decorrência do princípio da publicidade administrativa, a transparência funciona como fundamento da interdição de arbitrariedade. No caso ADIN n. 1923, sem transparência no indeferimento do requerimento de qualificação de entidades como "organização social", para que Poder Público e particular colaborem na realização de um interesse comum, há arbitrariedade na atribuição de título jurídico de legitimação da entidade por meio da qualificação, configurando hipótese de credenciamento.

Na mesma esteira, nos julgamentos RE n. 434451[336] e RE n. 660033[337], a transparência aparece como fundamento da interdição da arbitrariedade consistente na formação dos regimes híbridos.

---

[332] GURSTEIN, M. Open data: empowering the empowered or effective data use for everyone? *First Monday*, v. 16, n. 2, 2011.

[333] PUTNAM, R. D. *Bowling alone*: the collapse and revival of American community. New York: Touchstone, 2000; SUNSTEIN, C. *Republic.com*. Princeton: Princeton University Press, 2001.

[334] LEVINE, P. The internet and civil society. [S.l.: s.n., 20--]. Disponível em: <www.imdp.org/artman/-publish/article_29.shtml>. Acesso em: 13 jun. 2009; DAVIS, R. *The web of politics*: the Internet's impact on the American political system. New York: Oxford, 1999.

[335] HINDMAN, M. S. *The myth of digital democracy*. Princeton: Princeton University Press, 2009.

[336] A formação de um regime híbrido, só com as vantagens legais dos cargos públicos ocupados, não encontra amparo constitucional, além de prejudicar a transparência no serviço público (BRASIL. SUPREMO TRIBUNAL FEDERAL. Agravo Regimental no Recurso Extraordinário n. 660033 AgR/DF. Órgão Julgador: Primeira Turma. Relator: Min. DIAS TOFFOLI. Julgamento: 06/11/2014, DJe-021).

[337] A formação de um regime híbrido, só com as vantagens legais dos cargos públicos ocupados, não encontra amparo constitucional, além de prejudicar a transparência no serviço público (BRASIL. SUPREMO TRIBUNAL FEDERAL. Agravo Regimental no Recurso Extraordinário n. 434451 AgR/DF. Órgão Julgador: Primeira Turma. Relator: Min. Roberto Barroso. Julgamento: 27/05/2014, DJe-117).

9.8.2. Transparência e Certidões Administrativas
Em matéria de certidões administrativas, o princípio da transparência exige que seu conteúdo corresponda à realidade dos fatos[338].

9.8.3. Transparência e Motivação
A motivação é uma forma de garantir a transparência na atuação dos agentes públicos, inclusive o juiz quando julga casos concretos, possibilitando a ampla defesa, já que sem o conhecimento pleno da motivação do magistrado, as partes não podem exercer nenhum tipo de insurgência[339].

9.8.4. Transparência e Licitação
Em matéria de licitação, a transparência aparece como fundamento da realização da licitação regular. Nesse sentido, o julgamento do STJ[340] sobre a necessidade de licitação para permissão do serviço de transporte para a exploração de táxi visa a propiciar igualdade de condições e oportunidades para todos os que querem contratar obras e serviços com a Administração, além de atuar como fator de transparência e moralidade dos negócios públicos.

Outro caso julgado que demonstra a transparência como fundamento da regularidade licitatória se deu no caso da não observância da exclusividade elucidada no inciso III do art. 25 da Lei n. 8.666/93. De acordo com a lei de licitações, a exclusividade pressupõe uma relação contratual duradoura, e não algo pontual, destinado à apresentação em um único evento. No caso julgado pelo Tribunal Regional Federal da 4ª região, os empresários dos artistas contratados agiram como meros intermediários pelo fato de as declarações de exclusividade dos artistas

---

[338] BRASIL. Tribunal Regional Federal da Terceira Região. Apelação Cível AC 705965/SP. Órgão Julgador: Nona Turma. Relator: Desembargador Federal Nelson Bernardes. Data do Julgamento: 02/06/2008. DJF3 03/09/2008.

[339] BRASIL. Tribunal Regional Federal da Primeira Região. AG – AGRAVO DE INSTRUMENTO 5044393-14.2016.404.0000. Órgão Julgador: Quarta Turma. Relator: Desembargador Federal VIVIAN JOSETE PANTALEÃO CAMINHA. Data do julgamento: 01/02/2017.

[340] BRASIL. SUPERIOR TRIBUNAL DE JUSTIÇA. Recurso Ordinário em Mandado de Segurança. RMS 19091/DF. Órgão Julgador: Segunda Turma. Relator: Ministro HUMBERTO MARTINS. Julgamento: 04/10/2007, DJ 17/10/2007. p. 268.

serem somente destinadas a apresentações específicas, com datas marcadas originalmente incompatíveis com a transparência e a lisura indispensáveis na aplicação de recursos públicos[341].

9.8.5. Transparência e Regras procedimentais

A transparência aparece como fundamento de certas regras procedimentais, como no sistema de financiamento de campanhas eleitorais[342] e na realização de reuniões abertas em processo de *impeachment*. No julgamento ADPF n. 138, a realização das votações abertas, para controle dos representantes e legitimação do processo, faz parte da transparência em uma democracia, cujo escrutínio secreto somente pode ter lugar em hipóteses excepcionais e especificamente previstas[343]. Em outro julgamento, o respeito à cláusula constitucional da ampla defesa (CF, art. 5º, LV) revela transparência na conduta administrativa[344].

9.8.6. Transparência e Quebra de Sigilo Bancário

Outra função desempenhada pela transparência no ordenamento jurídico é de ser fundamento da quebra do sigilo bancário quando instrumento eficiente e necessário nas investigações patrimoniais e financeiras tendentes à apuração da autoria dos atos relacionados com

---

[341] BRASIL. Tribunal Regional Federal da Quarta Região. Remessa Necessária Cível TRF4 5004062-32.2013.404.7004. Órgão Julgador: Terceira Turma. Relator: FERNANDO QUADROS DA SILVA. Data do julgamento: 24/01/2017.

[342] BRASIL. SUPREMO TRIBUNAL FEDERAL. Ação Direta de Inconstitucionalidade ADI 4650/DF. Órgão Julgador: Tribunal Pleno. Relator: Min. LUIZ FUX. Julgamento: 17/09/2015, DJe-034; "Os dados relativos aos doadores de campanha interessam não apenas às instâncias estatais de controle da regularidade do processo eleitoral, mas à sociedade como um todo, e sua divulgação é indispensável para habilitar o eleitor a fazer uma prognose mais realista da confiabilidade das promessas de campanha de candidatos e partidos" (BRASIL. SUPREMO TRIBUNAL FEDERAL. Medida Cautelar na Ação Direta de Inconstitucionalidade ADI 5394 MC/DF. Órgão Julgador: Tribunal Pleno. Relator: Min. TEORI ZAVASCKI. Julgamento: 12/11/2015. DJe-239).

[343] SUPREMO TRIBUNAL FEDERAL. Medida Cautelar na Arguição por Descumprimento de Preceito Fundamental ADPF 378 MC/DF. Órgão Julgador: Tribunal Pleno. Relator: Min. EDSON FACHIN. Relator p/ Acórdão: Min. ROBERTO BARROSO. Julgamento: 17/12/2015, DJe-043.

[344] BRASIL. Tribunal Regional Federal da Quarta Região. Apelação Cível Processo: 0006505-07.2005.404.7009. Órgão Julgador: Terceira Turma. Relator: Fernando Quadros da Silva. Data do julgamento: 06/07/2001.

a prática contra o erário de ilícitas, como soem ser a improbidade administrativa, o enriquecimento ilícito e os ilícitos fiscais[345].

9.8.7. Transparência e Controle

A transparência administrativa permite, por meio da visibilidade no funcionamento governamental, o controle da atividade pública, limitando a arbitrariedade estatal. Nesse sentido, a transparência funciona como fundamento do controle sobre a Administração Pública, seja interno, seja externo[346].

Para alguns o controle é uma forma de efetivar a transparência administrativa[347]. A transparência administrativa funciona como prevenção e combate da corrupção, já que, ao possibilitar maior visibilidade do poder administrativo, conduz a uma qualidade e racionalidade na prestação do serviço público, permitindo monitoramento e controle da atuação da Administração Pública pela sociedade. Nesse sentido, a transparência fundamenta processo de reparação de eventual irregularidade verificada em procedimento licitatório, em que fica demonstrado o potencial risco de malversação de verbas oriundas da Administração Federal[348].

9.8.8. Transparência e Direito de Resposta

A transparência funciona como fundamento para o direito de resposta, já que seu objetivo é estabelecer a verdade dos fatos em benefício da manutenção da imagem da Administração Pública e seus membros[349].

---

[345] BRASIL. SUPERIOR TRIBUNAL DE JUSTIÇA. Recurso Ordinário em Mandado de Segurança. RMS 20350/MS. Órgão Julgador: Primeira Turma. Relator: Ministro LUIZ FUX. Julgamento: 15/02/2007, DJ 08/03/2007. p. 159.

[346] BRASIL. SUPERIOR TRIBUNAL DE JUSTIÇA. Mandado de Segurança. MS 9642/DF. Órgão Julgador: Primeira Seção. Relator: Ministro LUIZ FUX. Julgamento: 26/02/2005, DJ 21/03/2005. p. 204.

[347] BRASIL. SUPERIOR TRIBUNAL DE JUSTIÇA. Mandado de Segurança. MS 9643/DF. Órgão Julgador: Primeira Seção. Relator: Ministro ELIANA CALMON. Julgamento: 26/10/2005, DJ 14/11/2005. p. 176.

[348] BRASIL. SUPERIOR TRIBUNAL DE JUSTIÇA. Recurso Especial. RESP 716986/PR. Órgão Julgador: Primeira Turma. Relator: Ministro JOSÉ DELGADO. Julgamento: 02/06/2005, DJ 27/06/2005. p. 276.

[349] BRASIL. Tribunal Regional Federal da Terceira Região. AI – AGRAVO DE INSTRUMENTO – 519353/SP. Órgão Julgador: Primeira Turma. Relator: JUIZ CONVOCADO PAULO DOMINGUES. Data do julgamento: 15/04/2014. Data da publicação: e-DJF3 Judicial 1 DATA: 24/04/2014.

9.8.9. Transparência e Proximidade

Ao criar um poder administrativo visível de acordo com os ditames da clareza, da abertura e da simplicidade, a administração pública permite o acesso aos dados governamentais, promovendo aproximação com o cidadão.

A espécie de função da proximidade utiliza a fórmula de criar relacionamentos apropriados entre a administração pública e seu público, que resultam por influenciar quem dirige o país na formulação das políticas públicas e na tomada das decisões para alcançar o bem comum.

A compreensão da dinâmica relacional entre a administração pública e o cidadão é a vitória da abertura da administração pública, que se atualiza e se enriquece pela mantença de uma bilateralidade, em que de um lado está a administração pública, garantindo a visibilidade e a acessibilidade dos dados governamentais, fornecendo subsídios da gestão pública, e de outro lado, o cidadão, com a capacidade de monitorar, avaliar e participar das ações a serem praticadas pelos governantes.

Isso exige da Administração Pública uma atuação efetiva no sentido de redução das assimetrias informacionais entre os cidadãos e os agentes estatais, por meio de ações que envolvam, como visto anteriormente, a transparência material.

9.8.10. Transparência e Controle de Riscos

Em todos os lugares do mundo, o risco e, por consequência, a incerteza, com a carência de critérios suficientemente sólidos para a definição de padrões de orientação de condutas, fazem parte da vida quotidiana, mesmo nas sociedades mais desenvolvidas e esclarecidas.

O sociólogo alemão *Ulrich Beck* [350] chama a nossa sociedade contemporânea[351] de sociedade global do risco[352], uma verdadeira "caixa

---

[350] BECK, Ulrich. *Sociedade de risco*: rumo a uma outra modernidade. São Paulo: Editora 34, 2010.

[351] "A Idade Contemporânea vai do final da Revolução Francesa até os dias atuais. Caracteriza-se pelo progresso científico, desenvolvimento de novas tecnologias e, no período mais recente, pelo aparecimento dos novos riscos" (GOMBRICH, Ernst Hans. *Breve história do mundo*. São Paulo: Martins Fontes, 2001).

[352] "Os riscos sempre dependem de decisões: é dizer, pressupõem decisões. Surgem da transformação da incerteza e dos perigos em decisões (e exigem a tomada de decisões, que, a sua vez produz riscos)" (BECK, Ulrich. *Sociedade de risco*: rumo a uma outra modernidade. São Paulo: Editora 34, 2010).

de pandora" que promove o crescente e contínuo processo de liberação aleatória de "novos riscos" que redundam no retorno da incerteza, da imprevisibilidade e da insegurança, em suas dimensões cognitiva e normativa. O sociólogo britânico *Anthony Giddens*[353] chama de "crise do controle", concebida como perda de domínio sobre o mundo em virtude do surgimento de perigos novos.

Se os riscos fazem parte da condição humana, seu gerenciamento ou controle, de forma planejada e sistêmica por meio de procedimentos estruturados, é essencial para que os indivíduos consigam conduzir o desenvolvimento de suas relações e sobreviver num mundo em constante transformação e crescente competitividade.

Entre os riscos que podem afetar a sociedade, destacam-se os existentes na gestão pública, que devem ser controlados de acordo com a capacidade dos órgãos e das entidades públicas de atender de forma satisfatória, efetiva e eficaz as demandas da sociedade.

Em diferentes épocas e lugares, há inúmeros métodos ou tecnologias de controle dos riscos na gestão pública, com intuito de dominar eventos que possam ocorrer no futuro, para aumentar a probabilidade e os impactos dos eventos positivos na sociedade contemporânea, criando valor público.

O controle de riscos na gestão pública consiste na aplicação de princípios e processos para o exercício da capacidade administrativa do governo de realizar políticas públicas visando a defender e promover o bem público. Quando não submetidos a nenhum controle ou gerenciamento, os riscos na gestão pública impedem o cumprimento de projetos ou de objetivos de uma gestão pública mais próxima do referencial da efetividade, em prejuízo na qualidade dos serviços públicos e a eficácia das políticas públicas.

Cuidar para que os riscos da gestão pública sejam controlados em nome do bem comum é um desafio que cada vez mais os países de todo o mundo têm tido de enfrentar. É digno de nota que esse controle é feito por modelos de gestão e de relação do Estado com a sociedade, em diferentes contextos e sob influxo de diferentes escopos e valores.

A dinâmica evolutiva, no contexto da sociedade pluralista e complexa, acentuada pela crise econômica mundial, exige resultados

---

[353] GIDDENS, A. *Mundo em descontrole*. Rio de Janeiro/São Paulo: Record, 2000.

satisfatórios na condução de políticas públicas e na prestação de serviços de interesse da sociedade. É nesta trajetória de desempenho dos órgãos e de entidades públicas que surge, desde os anos 1980, a necessidade de redefinição da administração pública a fim de sua modernização para melhoria da efetividade da gestão das organizações públicas.

Em substituição ao patrimonialismo[354], associado a um modelo de gestão pública dotado de características de clientelismo, nepotismo, empreguismo, corrupção, a não diferenciação entre o patrimônio público e privado, a desorganização administrativa, o modelo burocrático de administração pública tem sido o recurso tradicional na gestão de políticas públicas e no provimento de serviços. A hierarquia, a rigidez e o Estado como executor direto no desenvolvimento são características da administração pública burocrática justificada na época do Estado Liberal (séculos XVIII e XIX).

A descrença no modelo burocrático disseminado nas administrações públicas do século XX é uma das características que define a nossa época. Num período de intensa globalização, as atividades estatais voltadas ao atendimento das demandas da sociedade exigem mecanismos de flexibilidade, controle, colaboração, dentre outros, que ajudem os países a melhorar suas condições de desenvolvimento. É nesse contexto que surge a governança pública baseada em arranjos institucionais com participação social na gestão das políticas públicas, que passa a desempenhar um papel cada vez mais destacado na era contemporânea. No século XXI, o conceito de gestão para resultados substitui quase por completo a burocracia, pelo menos em sua forma tradicional.

No contexto de modernização do Estado, a governança pública consistente numa ação conjunta do Estado, empresas e sociedade civil[355] na administração dos recursos de um país visando o seu desenvolvimento exige transparência na administração do Estado por meio de

---

[354] "No patrimonialismo, o aparelho do Estado funcionava como a extensão do poder do soberano, e os seus auxiliares, servidores, possuem *status* de nobreza real. Os cargos são considerados *prebendas*. A *res publica* não é diferenciada das *res principis*. Em consequência, a corrupção e o nepotismo são inerentes a esse tipo de administração" (CHIAVENATO, Idalberto. *Administração Geral e Pública*. Barueri, São Paulo: Manole, 2012).

[355] "o cidadão não pode escapar dos efeitos enquanto não participa da decisão" (HERMITTE, Marie-Angèle. Os fundamentos jurídicos da sociedade do risco. Uma análise de U. Beck. In: VARELLA, Marcelo Dias (Org.). *Governo dos riscos*. Brasília: Pallotti, 2005).

mecanismos de informação e participação do cidadão na condução dos negócios públicos.

Assim, na governança pública, a transparência na atividade administrativa, aparece como princípio informador e, na sociedade de risco, como mecanismo de prevenção dos riscos na gestão pública e no fortalecimento da cidadania. Quanto maior a incerteza, maior o risco.

A transparência administrativa consubstanciada no acesso compreensível às informações sobre o poder do Estado, e pela utilização intensiva de mecanismos de participação do cidadão nas ações e nos programas do Estado, confere certeza às condutas estatais e segurança diante de comportamentos, causas e efeitos dos atos da Administração Pública.

A essencialidade da transparência administrativa na sociedade de risco é acentuada quando se tem em consideração que esta representa um instrumento decisivo na concretização da estabilidade e da clareza diante das práticas administrativas e exprime um dos meios fundamentais na criação da confiança que o cidadão tem que depositar no Estado.

PARTE II
Defesa da Transparência na Administração Pública Brasileira

1. Introdução

A defesa da transparência na Administração Pública Brasileira tratada nesta parte da investigação inscreve-se no quadro de movimentos organizados para tornar a ação administrativa mais visível à sociedade que, ao mesmo tempo que se afirma como diretriz para o reforço da boa Administração Pública, representa uma abertura da ação administrativa. Essa transparência é construída no âmbito da Administração Pública Brasileira como um processo contínuo e permanente que vai além da promulgação das leis de acesso à informação, para incluir valores de governança boa e não corrupta.

Na esteira da doutrina jurídico-publicista, a governança, a anticorrupção e o governo eletrônico constituem os campos de referência na defesa da transparência administrativa. A legitimidade da transparência consubstancia um dos grandes desafios que se colocam hoje no âmbito da Administração Pública, reforçando a necessidade de se precisar sua justificação na democracia contemporânea.

2. Dimensão Organizacional: O Impacto da Governança sobre a Transparência

Como paradigma jurídico abrangente de critérios mínimos de uma atuação administrativa[1] que visa resultados úteis para a coletividade[2],

---

[1] "[...] un principio general que preside la relación jurídico administrativa y, a la vez, constituye un deber de la Administración y un derecho de los administrados, posee una potencialidad aplicativa de alto valor no sólo jurídico sino también ético en orden a la mejora de la calidad del Estado de Derecho y, por ende, de la convivencia social" (DELPIAZZO, C. E. La buena administración como imperativo ético para administradores y administrados. *Revista de Derecho*. Facultad de Derecho de la Universidad Católica del Uruguay, 2ª época, ano 9, n. 10, Uruguay, dez. 2014, p. 49).

[2] RODRÍGUEZ-ARANA, J. El derecho fundamental a la buena administración en el marco de la lucha contra la corrupción, p. 19. Disponível em: <http://derecho.posgrado.unam.mx/

a boa Administração Pública possui duas dimensões, a subjetiva e a objetiva.

Na dimensão subjetiva, a boa administração é vista como um direito fundamental[3], com uma eficácia projetada na esfera individual de direitos[4]. Nessa dimensão, permite-se uma verificação da observância pela Administração Pública dos princípios e dos deveres que lhe são impostos pelo ordenamento jurídico, como mecanismo de defesa da cidadania para garantir os direitos e os interesses fundamentais[5].

congresos/ConIbeConMexDA/ponyprog/JaimeRodriguezArana.pdf>. Acesso em: 3 abr. 2015; GIUFFRIDA, A. *Il "diritto" ad una buona amministrazione pubblica e profili sulla sua giustiziabili.* Torino: G. Giappichelli Editore, 2012, p. 15.

[3] "Trata-se do direito fundamental à Administração Pública eficiente e eficaz, proporcional cumpridora de seus deveres, com transparência, motivação, imparcialidade e respeito à moralidade, à participação social e à plena responsabilidade por suas condutas omissivas e comissivas. A tal direito corresponde o dever de a Administração Pública observar, nas relações administrativas, a cogência da totalidade dos princípios constitucionais que a regem" (FREITAS, J. *Discricionariedade administrativa e o direito fundamental à boa Administração Pública.* São Paulo: Malheiros, 2009).

[4] "O artigo 41.º da CDFUE consagra o direito a uma boa administração como um direito de cidadania europeia. Pretende-se criar uma administração bem dirigida, com capacidade de prestação, funcionalmente ordenada e adequada, estruturada com base nos direitos fundamentais e nos princípios estruturantes do direito da UE, como a democracia e o Estado de direito. Em rigor, como resulta do teor literal do preceito, trata-se de um direito de todas as pessoas, físicas e colectivas, que por qualquer motivo entrem numa relação com os serviços administrativos da UE. O mesmo pretende concretizar, na relação entre a administração da UE e os particulares, os princípios da igualdade, da justiça e da eficiência e eficácia e da equidade procedimental. O direito abrange as garantias de procedimento administrativo, como o direito de audiência, o direito à consulta dos processos em que esteja envolvido – sem prejuízo do sigilo profissional e comercial – o direito à fundamentação das decisões da administração, o direito à indemnização por danos e o direito de queixa junto das autoridades administrativas. Trata-se de um elenco não taxativo, que remete para um amplo conjunto de garantias administrativas substantivas e procedimentais reconhecidas, quer pela jurisprudência constitucional dos Estados-membros, quer pela jurisprudência do TEDH" (MACHADO, J. E. M. *Direito da União Europeia.* Coimbra: Coimbra Editora, 2010, p. 254-255).

[5] Como parâmetro da atividade administrativa, o imperativo da boa Administração Pública apresentada, de certo modo com uma intenção revolucionária, opera afinal uma revolução "tradicionalista", visto que foi diluída através de princípios e deveres previstos na Constituição Federal e contemplados pelo Direito Comunitário que conduzem a uma Administração Pública eficiente, eficaz, proba, imparcial, dialógica, transparente e capaz de assegurar a concretização dos direitos fundamentais (LOMBARTE, A. A. In: MALLÉN, B. T. *El derecho fundamental a una buena administración.* Madrid: INAP, 2004; ANDRADE, J. C. V. de. *O dever*

Na dimensão subjetiva, privilegiam-se duas ideias básicas. A primeira é de um conceito "guarda-chuva" que abriga um feixe de princípios e deveres cujo destinatário é a Administração Pública, que deve, por sua vez, fornecer ao cidadão tratamento de forma imparcial, equitativa e num prazo razoável. A segunda é de um direito-garantia cuja missão é assegurar a proteção de outros direitos fundamentais[6].

Na dimensão objetiva, o enfoque é analisar como a Administração Pública no desenvolvimento da sua função administrativa deve garantir a boa administração, no sentido de adequar o seu modo de administrar aos fins que o ordenamento jurídico destina ao Estado[7].

O surgimento gradual da boa Administração Pública, numa trajetória de contínua conquista e densificação[8], resulta da crescente demanda de maior qualidade no exercício da função administrativa para servir da melhor forma possível os interesses da coletividade[9]. A boa administração nasce, então, como um projeto racional na atuação administrativa, impondo deveres no exercício das competências administrativas e limitando a arbitrariedade estatal. A sua criação surge, ainda, como uma forma de orientação do poder administrativo relativamente à tomada de decisões qualificada pela estratégia da garantia dos direitos fundamentais.

Na dimensão objetiva, a Administração Pública deve garantir a boa administração em homenagem a uma atuação administrativa vinculada aos princípios constitucionais consagrados, realizando, no maior grau

---

de fundamentação expressa de actos administrativos. Coimbra: Almedina, 2007; MALLÉN, B. T. *El derecho fundamental a una buena administración.* Madrid: Instituto Nacional de Administración Pública, 2004, p. 42; HACHEM, D. W. 2014. *Tutela administrativa efetiva dos direitos fundamentais sociais.* 2014. 614f. Tese (Doutorado). Universidade Federal do Paraná, 2014).

[6] MALLÉN, B. T. *El derecho fundamental a una buena administración.* Madrid: Instituto Nacional de Administración Pública, 2004, p. 42; HACHEM, D. W. 2014. *Tutela administrativa efetiva dos direitos fundamentais sociais.* 2014. 614f. Tese (Doutorado). Universidade Federal do Paraná, 2014.

[7] VALLE, V. R. L. do. *Direito fundamental à boa administração e governança.* Belo Horizonte: Fórum, 2011, p. 24.

[8] MORGADO, C. Direito à boa Administração Pública: recíproca dependência entre direitos fundamentais, organização e procedimento. *Rev. Dir. Proc. Geral.* Rio de Janeiro, n. 65, 2010, p. 68-94.

[9] CASSESE, S. C. Il diritto alla buona amministrazione. *European Review of Public Law,* v. 21, n. 3, 2009, p. 1037ss.; PRATS, J. Derecho y management en las administraciones públicas. *Ekonomiaz: Revista vasca de economía,* n. 26, 1993, p. 130-143.

possível, o atendimento do interesse público[10]. *Deve*, pois é uma finalidade da Administração Pública representativa de maior qualidade no exercício da função administrativa para servir da melhor forma possível os interesses da coletividade[11]; *Pode*, porque não há obstáculos dogmáticos à concepção de uma Administração Pública provedora da boa administração baseada numa maior eficácia e efetividade das ações estatais e orientada pela principiologia dos direitos fundamentais[12].

Se ao mesmo tempo afirmamos que a Administração Pública tem o encargo de ser provedor da boa administração, dentro do contexto de análise da dimensão objetiva, só se pode reconhecer a existência desta dimensão se se reconhecer a existência do direito das pessoas de terem garantida a referida boa administração, o que, aliás, é objeto de análise de outra dimensão, a subjetiva. O reconhecimento da boa administração como um direito fundamental autônomo a partir da Carta de Nice[13]

---

[10] GIUFFRIDA, A. *Il "diritto" ad una buona amministrazione pubblica e profili sulla sua giustiziabili*. Torino: G. Giappichelli Editore, 2012, p. 15.

[11] CASSESE, S. C. Il diritto alla buona amministrazione. *European Review of Public Law*, v. 21, n. 3, 2009, p. 1037ss.; PRATS, J. Derecho y management en las administraciones públicas. *Ekonomiaz: Revista vasca de economía*, n. 26, 1993, p. 130-143; "A Carta Europeia dos Direitos Fundamentais como reforço na protecção destes direitos no quadro da União Europeia, é um instrumento vinculativo, que ultrapassa ou ao menos precise o *standard* de protecção dos direitos fundamentais neste momento existente no âmbito da União" (RAMOS, R. M. M. A carta dos direitos fundamentais da União Europeia e a protecção dos direitos fundamentais. Estudos em Homenagem ao Prof. Doutor Rogério Soares. *Boletim da Faculdade de Direito da Universidade de Coimbra*, Coimbra Editora, 2001).

[12] "Não satisfaz às aspirações da Nação a atuação do Estado de modo compatível apenas com a mera ordem legal, exige-se muito mais: necessário se torna que a administração da coisa pública obedeça a determinados princípios que conduzam à valorização da dignidade humana, ao respeito à cidadania e à construção de uma sociedade justa e solidária" (STJ, REsp 579.541/SP, Rel. Ministro José Delgado, Primeira Turma, julgado em 17/02/2004, DJ 19/04/2004, p. 165).

[13] A Carta adotada em Nice em dezembro de 2000, além da identificação de direitos dos cidadãos e residentes da União Europeia, inclui o dever de boa administração, cujo conteúdo é a articulação entre diversos princípios da Administração Pública sintetizados sob a fórmula de princípio da solicitude (Acórdão do Tribunal Geral, de 18 de Setembro de 1995, caso T-167/94; Acórdão Technishe Universität München de 21 de Novembro de 1991 do TJCE – caso C-269/90; ALMEIDA, M. A. de. *Princípio da legalidade e boa administração*: dificuldades e desafios. Coimbra: Almedina, 2015; VIANA, C. *Os princípios comunitários na contratação pública*. Coimbra: Coimbra Editora, 2007; SILVA, P. C. e. Uma análise (também crítica) do "novo" princípio da boa administração no projeto de revisão do Código do Procedimento Administrativo. *Anuário Publicista da Escola de Direito da Universidade do Minho*. Departamento

no contexto europeu inaugura uma nova forma de conceber a relação da Administração Pública com o cidadão[14], de forma a considerar o cidadão como um sujeito participativo na configuração dos interesses gerais[15] e a Administração Pública como uma estrutura funcionalizada na promoção do bem-estar do povo por meio de uma atuação responsável, eficaz e direcionada à consecução dos interesses da coletividade.

Gera-se o reposicionamento da Administração Pública como uma organização conectada com o cidadão, em prol da dignidade da pessoa humana, implicando o dever da Administração Pública de construção de estrutura e prática administrativas pautadas em decisões legítimas do gestor público. Essa legitimidade na dimensão objetiva da boa administração deve ser definida e compreendida como elemento integrante de um contexto político-jurídico de desenvolvimento do melhor exercício da função administrativa na satisfação do interesse público.

de Ciências Públicas, subordinado ao tema Ética e Direito, Tomo II, Braga, 2014, nov. 2015, p. 125-136. Disponível em: <http://www.direito.uminho.pt/Uploads/Anu%C3%A1rio/Final_Anu%C3%A1rio_2013_Etica_e_Direito.pdf>. Acesso em: 12 jul. 2015; GOMES, C. A. A boa administração: na revisão do CPA, depressa e bem. *Colóquio sobre o Projeto de Revisão do Código do Procedimento Administrativo.* Instituto de Ciências Jurídico-Políticas, Faculdade de Direito da Universidade de Lisboa, 15 jul. 2013. Disponível em: <http://www.icjp.pt/debate/4268/4337>. Acesso em: 7 jul. 2015; CAETANO, M. *Princípios fundamentais do direito administrativo.* Coimbra: Almedina, 2010).

[14] "El derecho fundamental a la buena administración, tal y como está redactado en el artículo 41 de la Carta de los Derechos Fundamentales de la Unión Europea de diciembre de 2000, trae consigo un replanteamiento del derecho administrativo en su conjunto. Ahora, desde la centralidad del ciudadano y desde su participación activa en la conformación de los intereses generales, el derecho administrativo y sus principales categorías deben ser nuevamente formulados puesto que ahora la relevancia de los derechos fundamentales de la persona sugiere nuevas formas de comprender el sistema del derecho administrativo" (RODRÍGUEZ-ARANA, J. La buena administración como principio y como derecho fundamental en Europa. *Misión Jurídica-Revista de Derecho y Ciencias Sociales,* n. 6, Bogotá, D.C. (Colombia), p. 23-56, jan.-dez. 2013).

[15] "En efecto, el ciudadano es ahora, no sujeto pasivo, receptor mecánico de servicios y bienes públicos, sino sujeto activo, protagonista, persona en su más cabal expresión, y, por ello, debe poner tener una participación destacada en la configuración de los intereses generales porque éstos se definen, en el Estado social y democrático de Derecho, a partir de una adecuada e integrada concertación entre los poderes públicos y la sociedad articulada" (RODRÍGUEZ-ARANA, J. El derecho fundamental a la buena administración en la constitución española y en la Unión Europea. *Revista Eurolatinoamericana de Derecho Administrativo,* v. I, n. 2, Santa Fe, Argentina, p. 77, jul.-dez. 2014).

Nesse contexto, a boa administração encontra fundamentação para solucionar entraves burocráticos no Brasil e, assim, contribuir para melhorar a gestão dos bens e dos interesses qualificados da comunidade, a partir de 1995 com o Plano Diretor da Reforma do Estado. Com efeito, a eficiência com o fim da (re)estruturação do modo de agir da Administração Pública no cumprimento de seus deveres no campo da garantia aos direitos fundamentais ressalta, numa perspectiva econômica, os resultados da ação dos órgãos que constituem o arranjo do aparelho do Estado, com o uso de menos recurso para mais bens.

Trata-se de uma visão que, embora contribua para modernizar e agilizar a Administração Pública na realização do interesse público da melhor maneira possível, dentro da noção de eficiência instrumental, se revela insuficiente para responder às demandas da sociedade, dado que a capacidade administrativa não pode ser avaliada apenas pelos resultados das políticas, mas pela forma por meio da qual a Administração Pública exerce sua gestão.

Nesse sentido, a dimensão objetiva, no rumo do melhor atendimento do interesse público, envolve a democratização da função administrativa com inclusão substantiva a favor da cidadania ativa, incentivando a construção de capacidades comunitárias e coletivas para o bem público. Nos dias atuais, no âmbito da Administração Pública brasileira, a dimensão objetiva é a gestão democrática no exercício da função administrativa, por intermédio da governança, identificada com a lógica da articulação entre o Estado e outros atores sociais na construção do consenso cidadão na consecução do bem comum.

Essa democratização da função administrativa, com a promoção da governança, incorpora um compartilhamento de decisões com a sociedade civil em favor da cidadania, com canais de construção coletiva das escolhas administrativas, tendo o Estado como condutor do processo.

No contexto da governança pública, como dimensão objetiva da boa Administração Pública, representativo de um arranjo institucional predisposto à funcionalização do agir administrativo em favor da coletividade[16], podemos afirmar que suas características instrumentais e

---

[16] "Boa administração" é uma realidade que tem em conta, necessariamente, os termos em que se exerce a função administrativa – o que mais uma vez aponta a viabilidade de se

substanciais são os caminhos que levam à construção de um ambiente propício para a transparência, pois concebe na relação entre Estado e Sociedade a dimensão da proximidade com a cidadania, aumentando a confiança da população na Administração Pública e nos serviços prestados[17]. O comodismo inicial da atividade pública é substituído por gestão pública fundamentada em critérios de eficiência, eficácia e efetividade, constitucionalmente vinculada e compartilhada na interação entre atores públicos e privados. E é exatamente essa nova tônica da condução dos negócios públicos que parece fundamentar a dimensão objetiva da boa administração.

A transparência administrativa é característica instrumental da boa prática de governança no setor público, funcionando como princípio e valor que deve nortear a gestão administrativa, de forma a promover o diálogo e a confiabilidade para o aperfeiçoamento da Administração Pública. Frise-se que a boa governança nas organizações públicas, alicerçada na transparência administrativa, representa suporte do controle do Estado pela sociedade civil.

Em assim sendo, foi a década de 1990, com as transformações na gestão pública sob a inspiração de um modelo gerencial[18], que cunhou as práticas da boa governança, incluindo a transparência como parâmetro objetivo do agir administrativo, ainda prevalentes às vésperas do século XXI. Cabe ressaltar que há uma tendência mundial de adoção de práticas de governança, com a incorporação de princípios como

---

identificar a abertura democrática traduzida na governança como o atributo da administração que, na segunda década do século XXI, se pretenda qualificar como boa" (VALLE, V. R. L. do. *Direito fundamental à boa administração e governança*: democratizando a função administrativa. 2010. 254f. Tese (Pós-doutorado). Escola Brasileira de Administração Pública e de Empresas – Fundação Getulio Vargas, Rio de Janeiro, 2010).

[17] AUSTRÁLIA. CPA. *Excellence Governance for local government*. Melbourne: CPA Australia, 2005. Disponível em: <http://www.CPAAUSTRALIA.COM.AU/CPS/RDE/XCHG/SID.3F57FECB-1A59978E/cpa/hs.xsl/722_11885_ENA_HTML.htm>. Acesso em: 5 ago. 2012.

[18] A reforma pública gerencial, iniciada em 1995, surge com a proposta de repensar o modelo de gestão da Administração Pública, a fim de melhorar a capacidade de governar, com o oferecimento eficiente e eficaz de bens e serviços à sociedade, numa relação clara entre os modelos institucionais e o desempenho por resultado. (REZENDE, F. da C. Desafios gerenciais para a reconfiguração da administração burocrática brasileira. *Sociologias*, ano 11, n. 21, Porto Alegre, p. 344-65, jan.-jun. 2009).

transparência, muito embora as atuações governamentais dos diversos Estados contemporâneos sejam diferentes[19].

O estudo da transparência como valor-chave na Administração Pública fundamenta-se em dois pilares extraídos das características instrumentais e substanciais da governança: a compreensão da atividade administrativa e a inclusão do cidadão na gestão pública. Noutros termos, quando a Administração Pública age com orientação, recomendação e menos imposição, com partilha de poder e de forma participada, consensual e cooperativa, contribui para a compreensão e a inclusão do cidadão na gestão pública, promovendo a transparência administrativa.

2.1. Governança como Paradigma do Agir Administrativo: a Polissemia de um Conceito Fundamental

O termo "governança", que provém do latim *gubernare* e do grego *kybernan* ou *kubernetes*, não pertence apenas ao léxico dos juristas, sendo utilizado em diversos campos do conhecimento[20], como em Ciência da Administração, Economia, História, Ciências Políticas, Ciências Sociais, cada qual com suas especificidades e epistemologias, bem como por instituições internacionais, como o Banco Mundial[21].

É importante ressaltar que o termo de aplicação generalizada em várias áreas assume significados diferentes conforme o contexto em que é inserido, a depender do tipo de organização[22] e enfoque a ser considerado. Além de ser multidisciplinar, o termo "governança" possui um caráter multiespacial[23], assumindo diferentes referências espaciais, como governança local, regional ou global, e também caráter multiforme, com

---

[19] SLOMSKI, V. et al. *Governança corporativa e governança na gestão pública*. São Paulo: Atlas, 2008.

[20] VAN KERSBERGEN, K.; VAN WAARDEN, F. Governance as a bridge between disciplines: cross-disciplinary inspiration regarding shifts in governance and problems of governability, accountability and legitimacy. *European Journal of Political Research*, n. 43, p. 143-171, 2004.

[21] WORLD BANK. *Governance and development*. Washington: Oxford University Press, 1992.

[22] "Chamamos organizações unidades coletivas de ação que utilizam categorias específicas de recursos, cumprem uma função legítima e se orientam por um modelo de autoridade própria" (RESTREPO, M. J.; ANGULO, J. R. *Intervir en la organización*. Bogotá: Significantes de Papel Ediciones, 1992, p. 31).

[23] STONE, C. S. *Regime politics*: governing Atlanta (1946-1988). Lawrence: Kansas University Press, 1989; VALASKAKIS, K. *Mondialisation et gouvernance*. Futuribles, 1998.

aplicação nos setores privado, público e terceiro setor. Muito se fala da governança sem que se chegue a um acordo quanto ao seu conceito, sobretudo quanto ao seu aspecto jurídico adequado no contexto de seu tempo. Desde sua origem econômica, instituições e autores utilizam a expressão com variada significação[24].

Emprega-se a palavra "governança" no sentido de busca da organização de uma disposição articulada de pessoas e grupos com diferentes interesses e expectativas para resolução de problemas comuns. Nessa acepção, a "governança" significa uma estrutura de organização com identidade própria para uma conexão sociopolítica[25]. Pode abranger

---

[24] "So far, so simple; but the problems of definition become acute when specifying this new process, condition or method. There are at least six separate uses of governance: as the minimal state; as corporate governance; as the new public management; as 'good governance'; as a socio-cybernetic system; as self-organizing networks" (RHODES, R. A. W. *Understanding governance*: policy networks, governance, reflexivity and accountability. 7. ed. Maidenhead: Open University Press, 2010, p. 46-47); a) Governança como reformas estruturais do Estado; b) Governança como processo de interação; c) Governança como exercício de autoridade política ou ação de governo; d) Governança como habilidade e capacidade de implementação das políticas públicas; e) Governança como administração da coisa pública, englobando teorias sobre os governos se articulam para prover serviços numa sociedade; f) Governança como administração do desenvolvimento; g) Governança como Governança Global (PIERRE, J.; PETERS, B. G. *Governance, politics and the state*. New York: St. Martin's Press Inc., 2000; KAZANCIGIL, A. A regulação social e a governança democrática da mundialização. In: MILANI, C.; ARTURI, C.; SOLINÍS, G. (Orgs.). *Democracia e governança mundial*: que regulações para o século XXI. Porto Alegre: Universidade/UFRGS/Unesco, 2002, p. 266-29; CZEMPIEL, E.-O. Governança e democratização. In: ROSENAU, J. N. *Governança sem governo*: ordem e transformação na política mundial. Tradução Sergio Bath. São Paulo: Imprensa Oficial do Estado; UnB, 2000, p. 363-392; MELO, M. A. *Governance* e reforma do Estado: o paradigma agente x principal. *Revista do Serviço Público*, Brasília, ano 47, v. 120, n. 1, p. 67-82, jan.-abr. 1996; KISSLER, L.; HEIDEMANN, F. G. H. Governança pública: novo modelo regulatório para as relações entre Estado, mercado e sociedade? *Revista da Administração Pública*, n. 40 (3), p. 482, maio/jun. 2006; LANE, J.-E. *New public management*. Londres: Routledge, 2000; BANDEIRA, P. S. Participação, articulação de atores sociais e desenvolvimento regional. In: BECKER, D. F.; BANDEIRA, P. S. *Desenvolvimento local-regional*: determinantes e desafios contemporâneos. Santa Cruz: Edunisc, 2000, v. 1, p. 23-128; THE WORLD BANK. Strengthening World Bank Group engagement on governance and anticorruption, 2007, p. 67 [*on-line*]. Disponível em: <http://siteresources.worldbank.org/EXTPUBLICSECTORANDGOVERNANCE/Resources/GACStrategyPaper.pdf>. Acesso em: 22 fev. 2012; FILKELSTEIN, L. S. What is global governance? *Global Governance*, n. 1, p. 367-372, 1995).

[25] PROCOPIUCK, M.; FREY, K. Redes de políticas públicas e de governança e sua análise a partir da *websphere analysis*. *Revista de Sociologia e Política*, Curitiba. v. 17, n. 34, p. 63-83, 2009.

mecanismos que sustêm o estado de direito (em contraste com o poder arbitrário, autocrático ou maioritário), a estabilidade política e legal e políticas conducentes a resultados de uma maneira geral desejáveis, tais como a melhoria de níveis de vida, o baixo desemprego, entre outros[26].

Utiliza-se também a palavra "governança" no sentido de uma dinâmica conjunta e compartilhada entre Estado, setor privado, terceiro setor e sociedade civil, visando desenvolvimento sustentável. Nesses casos, o termo "governança" é empregado para expressar uma dimensão pluralista consubstanciada numa relação recíproca entre diversos atores, estruturas e institucionalidades que reflete as particularidades da sociedade contemporânea. Enfim, a "governança", como estado de interações entre atores, funciona como um processo[27] contínuo pelo qual é possível acomodar interesses conflitantes ou diferentes e realizar ações cooperativas[28].

No contexto da interação entre governo, sociedade e setor privado, a "governança" traduz-se efetivamente por um domínio das redes em políticas públicas, em que o Estado assume uma capacidade de influência nas negociações, além de parcerias com os membros destas redes[29]. A "governança" como rede significa uma multiplicidade de atores estatais e não estatais que desenvolvem a concepção e a implementação das políticas públicas.

Não há exercício unilateral de poder[30], mas ações coordenadas de interesses para resolução de problemas e tomada de decisões políticas, a fim de possibilitar o planejamento contínuo e harmonioso de novas estruturas de coordenação social e de interação entre atores públicos e privados[31].

---

[26] PALMER, T. Globalização e governança. In: MOREIRA, J. M.; JALALI, C.; AZEVEDO ALVES, A. (Coords.). *Estado, sociedade civil e Administração Pública*: para um novo paradigma do serviço público. Coimbra: Coimbra Editora, 2008, p. 82.

[27] PIERRE, J.; PETERS, B. G. *Governance, politics and the state*. New York: St. Martin's Press Inc., 2000.

[28] GLOBAL, Comissão sobre Governança. *Nossa comunidade global*. Rio de Janeiro: FGV, 1996.

[29] PETERS, B. G.; PIERRE, J. Governance without Government? Rethinking Public Administration. *Journal of Public Administration Research and Theory: J-Part*, v. 8, n. 2, abr. 1998, p. 223-243.

[30] THORELLI, H. Networks: between markets and hierarchies strategic. *Management Journal*. v. 7, n. 1, p. 37-51, 1986.

[31] "[...] *governance* é caracterizado pelo envolvimento no processo de fazer política, das autoridades estatais e locais, bem como o setor de negócios, os sindicatos de trabalhadores e os

A mesma articulação entre diferentes atores não restrita às instituições do Estado foi reconhecida, no âmbito internacional, à medida que o mundo se torna mais e mais globalizado, não obstante exista desigualdade política e resistência nacionalista, uma gestão que possa acomodar, coordenar e até resolver os problemas que se tornam cada vez mais transnacionais, denominada governança internacional[32].

Pode-se falar em "governança" no sentido de reformas organizacionais que recebem os insumos das novas tecnologias sociais e implementam ações e medidas flexíveis e com arranjos formais e informais[33], que atendem os interesses das pessoas e das instituições. Nesse sentido, as reformas motivadas pela otimização no desempenho administrativo abrangem instrumentos de gestão que assegura o desenvolvimento, respeito aos valores constitucionais, eficiência e democratização das políticas públicas[34].

agentes da sociedade civil, tais como ONGs e os movimentos populares" (KAZANCIGIL, A. A regulação social e a governança democrática da mundialização. In: MILANI, C.; ARTURI, C.; SOLINÍS, G. (Orgs.). *Democracia e governança mundial*: que regulações para o século XXI. Porto Alegre: Universidade/UFRGS/Unesco, 2002, p. 266-29; CZEMPIEL, E.-O. Governança e democratização. In: ROSENAU, J. N. *Governança sem governo*: ordem e transformação na política mundial. Tradução Sergio Bath. São Paulo: Imprensa Oficial do Estado; UnB, 2000, p. 363-392.

[32] LEE, Y.-T. Challenges facing human society in the 21st century. In: BURAWOY, M. (Ed.). *Facing an unequal world*: challenges for a global sociology. v. 1. Taiwan: Institute of Sociology, Academia Sinica, 2010, p. 28-34. Disponível em: <http://www.ios.sinica.edu.tw/cna/download/proceedings/02.Lee.Opening.pdf>. Acesso em: 15 mar. 2016; KRAHMANN, E. National, regional and global governance: one phenome non or many? *Global Governance*, v. 9, p. 323-346, 2003; MARKOFF, J. Globalization and the future of democracy. *Journal of World-Systems Research*, v. 5, n. 2, 1999. Disponível em: <http://jwsr.ucr.edu/archive/vol5/number2/v5n2_split/jwsr_v5n2_markoff.pdf>. Acesso em: 15 mar. 2016; FILKELSTEIN, L. S. What is global governance? *Global governance*, n. 1, p. 367-372, 1995.

[33] OECD, ORGANISATION FOR ECONOMIC CO-OPERATION AND DEVELOPMENT. Initiative on capitalizing on endogenous capacities for conflict prevention and governance. *Compilation of working documents presented at the Initiative's launching workshop*, v. 2, Hôtel Mariador Palace Conakry (Guinea), 9-11 Mar., 2005; KAUFFMAN, D. Rethinking governance: empirical lessons challenge orthodoxy. 11 mar. 2003, p. 5. Disponível em: <http://www.worldbank.org/wbi/governance/pdf/rethink_gov_stanford.pdf>. Acesso em: 10 maio 2014.

[34] BENTO, L. V. *Governança e governabilidade na reforma do estado*: entre a eficiência e a democratização. Barueri, SP: Manole, 2003, p. 85; KISSLER, L.; HEIDEMANN, F. G. H. Governança pública: novo modelo regulatório para as relações entre estado, mercado e sociedade? *Revista da Administração Pública*, n. 40, v. 3, p. 482, maio-jun. 2006; LANE, J.-E. *New public management*. Londres: Routledge, 2000; BANDEIRA, P. S. Participação, articulação de atores

A "governança", como reformas organizacionais[35], revela uma projeção de sua capacidade de solucionar os problemas advindos de sociedades globalizadas e funcionalmente diversificadas[36]. Nesse contexto, a capacidade assume diversas formas e dimensões estratégicas nos planos de gestão da complexidade.

Pode-se conceber a "governança" como modelo de gestão empresarial. Nesse viés, utiliza-se o termo "governança" como governança corporativa[37], assim entendido o conjunto de práticas e estruturas administrativas das corporações que visam a alocar os recursos de forma eficiente, separar a estrutura da propriedade e do controle, garantindo que os executivos e os conselhos de administração atuem de acordo com os interesses dos acionistas[38].

Nesses casos, a "governança" pode ser empregada para expressar um conjunto de mecanismos que visam a solucionar os problemas de

---

sociais e desenvolvimento regional. In: BECKER, D. F.; BANDEIRA, P. S. *Desenvolvimento local--regional*: determinantes e desafios contemporâneos. v. 1. Santa Cruz: Edunisc, 2000, p. 23-128; sua adequação como modelo para a realidade brasileira pode ser aprofundada nas obras de Gabardo (2009) e Torres (2001); "governança se refere à maneira através da qual os agentes e instituições públicas adquirem e exercem sua autoridade para o provimento de bens e serviços públicos, incluindo a oferta de serviços essenciais, infraestrutura e um ambiente favorável ao investimento – corrupção é um produto de uma governança frágil" – THE WORLD BANK. Strengthening World Bank Group engagement on governance and anticorruption, 2007, p. 67 [*on-line*]. Disponível em: <http://siteresources.worldbank.org/EXTPUBLICSECTORAND-GOVERNANCE/Resources/GACStrategyPaper.pdf>. Acesso em: 22 fev. 2012.

[35] "Governance' is [...] used as a specific term to describe the new governance associated with changes in the state following the public sector reforms of the 1980s and 1990s. [...] Typically the reforms are said to have led to a shift from hierarchic bureaucracy toward a greater use of markets, quasi-markets, and networks, especially in the delivery of public services. The effects of the reforms were intensified by global changes, including an increase in transnational economic activity and the rise of regional institutions such as the European Union (EU). So understood, the new governance expresses a widespread belief that the state increasingly depends on other organizations to secure its intentions, deliver its policies, and establish a pattern of rule (BEVIR, M. *Democratic governance*. New Jersey: Princeton, 2010, p. 29).

[36] KISSLER, L.; HEIDEMANN, F. G. Governança pública: novo modelo regulatório para as relações entre Estado, mercado e sociedade? In: *Revista de Administração Pública*, v. 40, n. 3, Rio de Janeiro, maio-jun. 2006.

[37] É seu sentido econômico e gestionário (LEWIS, D. Governance, corporate governance and the public interest. *Corporate Governance International*, n. 2, p. 13-21, 1998).

[38] BERLE, A.; MEANS, G. *Modern corporation and private prospery*. New York: MacMillan, 1932.

agência derivados da separação entre propriedade e gestão das organizações, sendo, pois, objeto de estudo na administração de empresas, bem como feixe de contratos que estabelece relações entre diversos atores, sendo objeto de estudo da economia de empresas[39].

Na diversidade de conceitos doutrinários e institucionais, a "governança" também pode significar a maneira pela qual é exercida a gestão de recursos econômicos e sociais na sociedade. É um significado que faz referência a uma forma de exercício da gestão pública e, nessa função, ser uma condição estrutural para a governabilidade[40]. Uma gestão pública privada da capacidade dos governos de administrar os recursos econômicos e sociais de um país, que transforma a complexidade e a especialização em desempenho[41], não poderá, por definição, ser considerada "boa" ou "adequada" na resolução de problemas comuns.

A concepção de que a "governança" surge como resposta à crise de governabilidade diante das demandas sociais e escassez de recursos econômicos, por meio de estruturas, mecanismos e processos, incluindo valores para a prática de gestão pública vinculada a um desenvolvimento, denota dois aspectos: *a) instrumental*, referente a estruturas e processos pelos quais as organizações são dirigidas, controladas e cobradas; *b) substancial*, relacionado com os parâmetros valorativos de realização das ações públicas[42].

O aspecto instrumental abrange autoridade, gestão, relações/interações, políticas e instituições[43], enfim, técnicas de um desenvolvimento futuro. Tal aspecto é inserido no contexto da "governança" como nova

---

[39] FERREIRA, R. do N. *Governança corporativa e desempenho*: uma análise em empresas brasileiras de capital aberto. 2012. 276f. Tese (Doutorado em Administração). Universidade Federal de Lavras, Minas Gerais, 2012.

[40] COMISSÃO DAS COMUNIDADES EUROPEIAS. Comunicação da Comissão ao Conselho, ao Parlamento Europeu e ao Comité Económico e Social Europeu: Governança e Desenvolvimento, Bruxelas, p. 3-4, 2003.

[41] DRUCKER, P. F. A disciplina universal. In: MAGRETTA, J. *O que é gestão*: como funciona e porque interessa a todos. Lisboa: Actual Editora, 2003.

[42] MATIAS-PEREIRA, J. A governança corporativa aplicada no setor público brasileiro. *Administração Pública e Gestão Social*. Viçosa, v. 2, n. 1, p. 110-135, jan.-mar. 2010.

[43] BARRET, P. Better practice public sector governance. *Australian National Audit Office (ANAO)*, 2003. Disponível em: <http://www.anao.gov.au/uploads/documents/>. Acesso em: 14 mar. 2016; KAUFMANN, D.; KRAAY, A. *Governance indicators*: where are we, where should we be going? World Bank, 2008.

geração de reformas. Já o aspecto substancial está assentado na implementação de valores democráticos no exercício do poder resultando em ações públicas transparentes e responsáveis, a fim de que possam melhorar a eficiência e a credibilidade da organização[44]. Trata-se de vetores de legitimidade[45] e idoneidade para gerar e manter a crença de uma boa governança[46].

Embora não haja um acordo na doutrina quanto ao conceito de "governança", na linha de desenvolvimento que interessa neste estudo, pode-se afirmar como uma possibilidade jurídico-conceptual que o termo, no âmbito público, indica um mecanismo de gestão governamental caracterizado por quatro elementos[47]:

a) *subjetivo*: que considera os sujeitos responsáveis e inseridos no estado de interação: "governança" é exercida por atores governamentais e não governamentais.

b) *material*: que considera a atividade exercida: a "governança" será atividade que tem por objeto coordenar as necessidades e os interesses interdependentes com criação e implementação de políticas e projetos de desenvolvimento de interesse público.

c) *formal*: que considera o regime jurídico: a "governança" seria aquela exercida sob regime de parâmetros legais e legítimos.

d) *finalístico*: é uma gestão vinculada a resolver problemas sociais e a gerar oportunidade de um desenvolvimento futuro sustentável.

---

[44] NETO, J. W. Ministério Público: boa governança e gestão estratégica. In: *Revista do Ministério Público*, n. 137, p. 106-107, jan.-mar. 2014.

[45] "A legitimidade corresponde à ordem ético-política que representa uma ordem legitimada pela estabilização do poder em torno de valores consensualmente aceitos" (MOREIRA NETO, D. de F. *Legitimidade e Discricionariedade*: novas reflexões sobre os limites e controle da discricionariedade. Rio de Janeiro: Forense, 1998, p. 5).

[46] CANOTILHO, J. J. G. *Brancosos e Interconstitucionalidades*: itinerário dos discursos sobre a historicidade constitucional. Coimbra: Almedina, 2006, p. 327.

[47] "[...] o termo governança é aceito aqui como uma nova geração de reformas administrativas e de Estado, tendo como objeto a ação conjunta, implementadas de forma eficiente, eficaz e efetiva, com transparência e ética, e compartilhada pelo Estado, pelo setor privado, terceiro setor e pela sociedade civil, na busca de desenvolver ações e medidas inovadoras para resolver os problemas sociais e gerando oportunidades de um desenvolvimento futuro sustentável para todos os seus integrantes" (MATIAS-PEREIRA, J. *Governança no Setor Público*. São Paulo: Atlas, 2010, p. 92).

Além da difusão do termo e do seu uso por diversos tipos de discurso e por diferentes tipos de linguagem[48], "governança", além de possuir uma indeterminação conceitual, é confundida com outros termos como "governo" e "governabilidade".

As expressões "governo/governabilidade" e "governança" podem ser entendidas como *expressões sinônimas*, pois a capacidade governativa exige a unificação e a harmonização das decisões governamentais com o sistema administrativo do Estado, e não apenas engloba aspectos gerenciais e administrativos, restringido o seu conceito[49]; há uma interdependência entre os conceitos, de forma que não há condução sem gestão dos negócios públicos; ou então como *expressões distintas*, surgindo critérios para estabelecer a diferenciação, partindo da ideia de um substrato comum consubstanciado na realidade de serem atividades orientadas à consecução de metas coletivas:

a) "Governo sugere atividades sustentadas por uma autoridade formal, pelo poder de polícia que garante a implementação das políticas devidamente instituídas, enquanto governança refere-se a atividades apoiadas em objetivos comuns, que podem ou não derivar de responsabilidades legais e formalmente prescritas e não dependem, necessariamente, de poder de polícia para que sejam aceitas e vençam resistências." (Rosenau, 2000, p. 15). Governo é uma abordagem unilateral com ações verticais e hierarquizadas. Governança refere-se a interações entre indivíduos e instituições públicas e privadas. É uma abordagem pluralista com ações horizontais e interativas. Governo diz respeito a instituições e regimes formais autorizados a impor obediência. Governança abrange governo e acordos ou mecanismos que atendem aos interesses das pessoas e das instituições.

b) A crise de governabilidade está relacionada com a ideia de reforma do Estado, enquanto a crise de governança, com a ideia

---

[48] RHODES, R. A. W. *Understanding Governance*: Policy Networks Governance, Reflexibility and Accountability. Philadelphia: Open University Press, 1997.

[49] CASTRO SANTOS, M. H. de. Governabilidade, Governança e Democracia: Criação de Capacidade Governativa e Relações Executivo-Legislativo no Brasil pós-Constituinte. *Dados*, v. 40, n. 3, p. 335-376, 1997.

de reforma do aparelhamento do próprio Estado[50]; a governança aparece como alternativa em relação ao governo que não consegue solucionar os problemas. É um instrumento de reforma com novas formas de decisão e ação. Funciona como método no qual os atores gerenciam as decisões pela ligação de cooperação[51].

c) Governo é o conjunto de condições necessárias ao exercício do poder; governança é a capacidade de ação do governo para exercer o poder; governo refere-se às condições sistêmicas sob as quais se dá o exercício do poder numa dada sociedade, como as características gerais do sistema político, a forma de governo, as relações entre os poderes, os sistemas partidários, o sistema de intermediação de interesses; governança refere-se a práticas, técnicas e mecanismos usados na implementação das políticas e consecução das metas coletivas[52].

d) Governo se refere à arquitetura institucional; governança está ligada à *performance* dos atores e sua capacidade no exercício da autoridade política[53].

e) Governança é adjetivo ou instrumento do governo/governabilidade; governo/governabilidade diz respeito às condições substantivas//materiais de exercício do poder e de legitimidade do Estado e do seu governo; governança refere-se aos aspectos adjetivos/instrumentais da governabilidade; governo/governabilidade é autoridade política do Estado em si; governança é a capacidade que um determinado governo tem para formular e implementar as suas políticas[54].

---

[50] BENTO, L. V. *Governança e Governabilidade na reforma do Estado*: entre eficiência e democratização. Barueri: Manole, 2003.

[51] SCHMITTER, P. What is there to legitimize in the European Union... and how might this be accomplished? *IHS Political Science Series*, n. 75, 2001.

[52] BOBBIO, N. et al. *Dicionário de Política*. 6. ed. Brasília: UnB, 1994. v. 2; DINIZ, E. Governabilidade, *governance* e reforma do Estado: considerações sobre o novo paradigma. *Revista do Serviço Público*. Brasília: ENAP, 1996.

[53] MARTINS, Luciano. Crise de Poder, Governabilidade e Governança. In: VELLOSO, J. P. Reis; ALBUQUERQUE, R. C. (orgs.). *Governabilidade e Reformas*. Rio de Janeiro: José Olympio Ed., 1995; BRESSER PEREIRA, Luiz Carlos. Da Administração Pública Burocrática à Gerencial. *Revista do Serviço Público*, ano 47, v. 120, n. 1, jan./abr. 1996.

[54] ARAÚJO, Vinícius de Carvalho. A conceituação de governabilidade e governança na sua relação entre si e com o conjunto de reforma do Estado e seu aparelho. *Texto para Discussão – ENAP n. 45*, Brasília: ENAP, 2002.

f) Governo pode fazer referência a um elemento da definição de governança e, nessa função, ser uma condição estrutural do exercício do poder. Nesse sentido, o exercício do poder sem governo não poderá por definição ser considerado "governança". A governança como forma de exercício do poder é um conceito amplo que abrange a dimensão governamental, mas que engloba, também, interações entre Estado, sociedade civil e setor privado.

Tabela 3. Comparação das distinções entre governo, governabilidade e governança

Itens	Governo/Governabilidade	Governança
Reforma	Do Estado	Do aparelho do Estado
Exercício do Poder	Condições sistêmicas	Capacidade de ação
Característica	Arquitetura institucional	*Performance* da autoridade política
Capacidade	Transformar a sociedade civil	Implementar as transformações na sociedade civil

Fonte: Elaboração da própria autora.

Pelo conceito clássico, ligado às primeiras organizações políticas, governança compreendia a atividade estatal de exercer o poder, de forma que o conceito de *governance* era entendido como similar ao de *government*. Com a evolução, surgiram formas diversificadas de exercício do poder, até chegar a um conceito moderno de governança organizacional, primeiro no setor privado e, depois, migrando ao setor público. Seja qual for o setor em que o conceito de origem econômica é aplicado, o tema da governança[55] está intimamente associado à noção de bom governo da organização.

A construção desse "bom governo" no âmbito da gestão pública foi concebida na década de 1970, no Reino Unido e nos Estados Unidos da

---

[55] "The NPG [new public governance] is thus a both a product and a response to the increasingly complex, plural and fragmented nature of public policy implementation and service delivery in the twenty-first century" (OSBORNE, Stephen P. *The New Public Governance? Emerging Perspectives on the Theory and Practice of Public Governance*. Oxford: Routledge, 2009, p. 9).

América, sob a denominação de *New Public Management* (NPM) e, posteriormente, incorporada no Brasil com o nome de Nova Administração Pública (NAP), com fundamento da aplicação no setor público de técnicas do setor privado, e numa estratégia desenvolvimentista fundamentada na descentralização da ação pública para fora dos limites das instituições formais do Estado.

Em complemento a uma visão economicista de gestão pública, a ideia da governança do início dos anos 1990 é, nitidamente, uma reivindicação dos sistemas administrativos para o incremento da participação da sociedade civil na contribuição do atingimento dos interesses coletivos. Esse fenômeno da governança está vinculado ao movimento de propostas e ações no sentido de uma reforma administrativa que culmine num controle mais efetivo da sociedade sobre o Estado Administrativo.

Os estudiosos do direito administrativo têm-se inquietado no estudo da governança que se tornou conceito-chave na explicação da realidade jurídico-administrativa para a constituição de políticas públicas e a busca do desenvolvimento. Apesar de ser um conceito polissêmico e revestido de um conteúdo impreciso, é um modelo condutor da gestão pública que possui características reveladoras de uma ação administrativa aberta (baseada em consenso, negociação e participação) e articulada com outros atores sociais na prossecução das tarefas públicas.

Esse modelo de gestão pública parte da constatação dos limites dos arranjos estruturais centrados somente no Estado ou na Administração Pública, como realidade político-administrativa caracterizada por decisões públicas tomadas pelas instituições formais de governo. Identifica-se, perante a globalização e a reconfiguração do Estado Social, uma necessidade de redefinição do novo papel do Estado na sociedade. A governança, originada nas ciências econômicas e sociais, e depois transposta para mundo empresarial e político, a partir da década de 1990, possui dimensões construídas na busca de melhor qualidade da gestão pública[56].

---

[56] HIRST, Paul. Democracy and Governance. In: Jon Pierre (ed.), *Debating Governance*: Authority, Steering, and Democracy, New York, 2000, p. 13 e ss.; MOCKLE, Daniel. *La Gouvernance, le Droit et L'État*: La question du droit dans la gouvernance publique,

Na dimensão relacional, o relacionamento entre Administração Pública e sociedade passa a ser articulado e interativo na tomada de decisões públicas e na respectiva implementação. Nesse contexto, gera-se partilha de responsabilidades, perda de competências administrativas em favor do cidadão e cooperação na tomada de decisões em matéria de interesse público e prestação de serviços públicos, inclusive em sistemas ou redes multiorganizacionais[57].

Essa dimensão relacional é abrangente, pois o Estado ou a Administração Pública continua como elemento central na gestão pública, porém com uma atuação ampliada nas formas de relacionamento com outros atores sociais. É elemento de legitimação da atuação administrativa perante a insuficiência das práticas do neoliberalismo como forma de concretização da condição da Administração Pública de servir ao cidadão. Surge como alternativa à restruturação dos modelos governamentais de gestão política e econômica da sociedade. Adquire conotação internacional, sendo adotada por agências internacionais de desenvolvimento[58].

Aceito esse enquadramento relacional e o seu caráter abrangente, legitimador e alternativo, é compreensível na governança a coexistência e a complementariedade entre eficiência, que tem uma conotação

---

Bruxelles, 2007, p. 2 e ss.; UNITED NATIONS – Economic and Social Commission for Asia and the Pacific, "What is Good Governance?", 2007. Disponível em: <www.unescap.org/pdd/prs/ProjectActivities/Ongoing/gg/governance.asp>. Acesso em: 7 dez. 2014; MAYNTZ, Renate. La teoria della governance: sfide e prospettive, *Rivista Italiana di Scienza Politica*, anno XXIX, n. 1, aprile 1999, p. 3-21; DIAS, José Eduardo de Figueiredo. *A Reinvenção da Autorização Administrativa no Direito do Ambiente*. Coimbra: Coimbra Editora, 2014, p. 691-702.

[57] CHEVALIER, Jacques. La gouvernance, un nouveau paradigme étatique. In: *RFAP*, n. 105-106, 2003, p. 203-217; CANOTILHO, José Joaquim Gomes. A *governance* do terceiro capitalismo e a constituição social. In: CANOTILHO, José Joaquim Gomes & STRECK, Lênio Luiz (coords.). *Entre Discursos e Culturas Jurídicas*, BFDUC, col. Studia Iuridica, n. 89, Coimbra: Coimbra Editora, 2006, p. 145-154; GARCIA, Maria da Glória Dias. *O Lugar do Direito na proteção do ambiente*. Coimbra: Almedina, 2007.

[58] ROSENAU, James. Governance, order and change in world politics. In: James N. Rousenau e Ernst-Otto Czempiel (eds.), *Governance without government*: order and change in world politics, Cambridge, Cambridge University Press, 1992, p. 1-29; DENHARDT, Janet & DENHARDT, Robert. *The New Public Service*: serving, not steering, Expanded edition, New York, 2007, p. 84 e ss.; KETTL, Donald. *The Transformation of Governance*: Public Administration for Twenty-First Century America, Baltimore, 2002, p. 118 e ss.

econômica muito forte, e a efetividade, cuja preocupação central é averiguar a real necessidade e oportunidade de determinadas ações estatais. De um modo estrutural, poder-se-ia afirmar que, enquanto a noção de eficiência está relacionada a aspectos de custo-benefício da atuação administrativa, a noção de efetividade está relacionada com a qualidade do resultado e na própria necessidade de certas ações públicas[59].

Logo, a governança difundida no cenário globalizado por intermédio do Banco Mundial, a partir de 1992, assume uma conotação sociopolítica que se manifesta em conformidade com os avanços democráticos no sentido de abertura da gestão pública a parcerias com a sociedade civil e o mercado para atendimento das demandas sociais e a busca de soluções inovadoras para problemas coletivos, de forma a suplementar as eleições com participação e deliberação diretas[60]. É uma nova forma de administrar para consecução do bem comum. Essa nova forma, no contexto da NPM, enfatiza objetivos relacionados a eficiência e desempenho. No entanto, diante da crise de

---

[59] TORRES, Marcelo Douglas de Figueiredo. *Estado, democracia e Administração Pública no Brasil*. Rio de Janeiro: FGV, 2004; SHAH, Anwar. Gobernando para obtener resultados en un mundo globalizado y localizado. Escola Nacional de Administração Pública. *Revista do Serviço Público*, Brasília, DF, ano 52, n. 4, p. 147, out./dez. 2001; PEREIRA, Luiz Carlos Bresser e SPINK, Peter. *Reforma e Administração Pública Gerencial*. Rio de Janeiro: FGV, 2003; SEABRA, Sérgio Nogueira. A Nova Administração Pública e Mudanças Organizacionais. In: *Revista da Administração Pública*, Rio de Janeiro, v. 35, n. 4, p. 19-43, jul./ago. 2001; KEINERT, Tânia Margarete Mezzomo. *Administração Pública no Brasil*: crises e mudanças de paradigmas. São Paulo: Annablume, 2000; AMARAL, Antonio Carlos Cintra do. O Princípio da Eficiência no Direito Administrativo. In: *Revista Diálogo Jurídico*, Salvador, CAJ – Centro de Atualização Jurídica, n. 14, jun./ago. 2002; BENTO, Leonardo Valles. *Governança e Governabilidade na Reforma do Estado*: entre eficiência e democratização. Barueri, SP: Manole, 2003.

[60] PIERRE, J. *New governance, new democracy?* Gothenburg: The Quality of Government Institute. (Working Paper Series, n. 2009/4); OSBORNE, D.; GAEBLER, T. *Reinventando o governo*: como o espírito empreendedor está transformando o setor público. Brasília: MH Comunicação, 1994; FUNG, A. Democratizing the policy process. In: GOODIN, R. E.; REIN, M.; MORAN, M. (Ed.). *The Oxford handbook of public policy*. Oxford University Press, 2007; DINIZ, E. Apresentação. In: DINIZ, E. (Org.). *Globalização, Estado e desenvolvimento*: dilemas do Brasil no novo milênio. Rio de Janeiro: FGV, 2007. p. 7-16; BOGASON, P. Networks and bargaining in policy analysis. In: PETERS, G.; PIERRE, J. (Eds.). *Handbook of public policy*. London: Sage Publications, 2006.

legitimidade que atinge a capacidade administrativa em fornecer respostas adequadas às demandas sociais, ganha relevo essa forma de agir mais flexível e inclusiva.

A introdução da ideia da governança implica a ressignificação da própria gestão pública focada na interação de diversos atores em torno da explicitação e da promoção do interesse coletivo. Considerar a gestão pública, na perspectiva da governança, é entender um novo formato da relação entre Administração Pública e sociedade que adeque os meios administrativos aos objetivos de desenvolvimento inclusivo e sustentável, enfatizando a cidadania social, em termos de democracia e efetividade.

Nesse cenário, a governança vem a ser a viabilização de uma esfera pública de cogestão dos recursos públicos para aproximação da sociedade com a Administração Pública pela elaboração de um consenso cidadão. Por esse consenso, a representação política tradicional e diferentes atores e organizações podem elaborar programas de ação e de políticas públicas coordenadas e articuladas num processo que leve à construção coletiva de soluções.

De maneira genérica, a gestão pública compartilhada que permite ao povo compreender e participar do funcionamento do sistema administrativo para uma realização efetiva dos programas públicos realiza um arranjo institucional que aproxima o cidadão das fontes de condução dos assuntos da Administração Pública. Essa concepção de governança é lastreada em um projeto político democratizante, em que a abertura da Administração Pública ao cidadão é vista como imprescindível para a consolidação da democracia.

2.2. Governança: um Objetivo em Expansão
A partir dos anos 1980, verifica-se uma mudança na gestão pública inspirada em discursos e práticas do setor privado. Essa influência dos modelos privados teve como reflexo a propagação de soluções importadas da governança corporativa, que ganha destaque quando os organismos internacionais financeiros passam a condicionar financiamentos e empréstimos à adequação das gestões ao modelo da governança. A partir daí a ideia da governança é associada à gestão pública, como uma forma de administração de recursos econômicos e sociais visando o desenvolvimento sustentável.

É importante notar que a transparência foi construída no âmbito da governança[61] do setor privado[62], em especial nas grandes corporações[63], da teoria da gestão estratégia empresarial[64], na busca de solucionar problemas de administração com a separação entre propriedade e gestão de empresas e investimentos. Fala-se em "governança corporativa"[65].

No cenário da governança corporativa, dentre os diversos enfoques das práticas de governança, destacam-se, em função do tema da transparência, as questões operacionais vinculadas aos sistemas que regem as relações entre proprietários, acionistas, conselhos de administração, direção executiva e órgãos de controle[66].

O objetivo é o da implementação de um sistema organizacional, orientado por recomendações objetivas e dirigidas por gestores, que alinhe interesses com a finalidade de preservar e otimizar o valor organizacional, facilitando seu acesso a recursos e contribuindo para sua longevidade[67].

Apesar de se tratar de um fenômeno com dimensões mais amplas relacionadas à estrutura das corporações, um dos vetores da governança corporativa reside na remoção de conflitos e custos de agência envolvendo

---

[61] Pelo conceito clássico, ligado às primeiras organizações políticas, governança compreendia a atividade estatal de exercer o poder, de forma que o conceito de *governance* era entendido como similar ao de *government*. Com a evolução surgiram formas diversificadas de exercício do poder, até chegar num conceito moderno de governança organizacional, em primeiro lugar no setor privado, e depois migrando ao setor público.
[62] ANDRADE, Adriana; ROSSETTI, José Paschoal. *Governança Corporativa*: fundamentos, desenvolvimento e tendências. São Paulo: Atlas, 2004, p. 20.
[63] [...] os princípios e práticas da boa Governança Corporativa aplicam-se a qualquer tipo de organização, independente do porte, natureza jurídica ou tipo de controle [...] adaptável a outros tipos de organizações, como, por exemplo, [...] órgãos governamentais (IBGC, 2009).
[64] CARNEIRO, Roberto. Globalização, Governança e Cidadania. In: GOMES, Maria Teresa Salis (coord.). *A fase oculta da governança*: cidadania, Administração Pública e sociedade. Portugal: Instituto Nacional de Administração.
[65] JENSEN, M. & MECKLING, W. Theory of firms: Managerial behavior, agency costs, and ownership structure. *Journal of Financial Economics*, v. 3, p. 305-360, 1976; SILVEIRA, Alexandre de Miceli da. *Governança corporativa e estrutura da propriedade*. São Paulo: Atlas, 2007.
[66] ANDRADE, Adriana; ROSSETTI, José Paschoal. *Governança Corporativa*: fundamentos, desenvolvimento e tendências. São Paulo: Atlas, 2011, p. 21.
[67] IBGC. Código das Melhores Práticas de Governança Corporativa. Instituto Brasileiro de Governança Corporativa, 5ª versão em fase de consulta pública, 2015, p. 19.

gestores e acionistas, a qual se traduz nas dificuldades de garantir que o capital dos investidores não seja expropriado ou investido em projetos não lucrativos.

Envolvido no contexto de gestão das empresas privadas que a apresenta como um problema de agência sob a forma de falta de alinhamento de interesses de acionistas e gestores, a governança corporativa aparece como um conjunto de mecanismos e práticas e estruturas administrativas das corporações que visam a alocar os recursos de forma eficiente, separar a estrutura da propriedade e do controle, garantindo que os executivos e os conselhos de administração atuem de acordo com os interesses dos acionistas[68].

É, aliás, por proporcionar maior transparência a todos os agentes envolvidos com a empresa, minimizando a assimetria de informação existente entre administradores e proprietários, a fim de garantir equilíbrio de poderes entre administradores, proprietários e seus representantes, que a governança corporativa configura um processo de estruturação das relações entre diversos atores com a visibilidade nas organizações.

A origem do termo governança[69] surgida no mundo das empresas para descrição de protocolos de coordenação diferentes dos mercados foi atribuída por Ronald Coase em 1937 com a publicação do artigo "The Nature of the Firm", e retomada nos anos 1970 por Oliver Williamson.

Como um sistema pelo qual as organizações são dirigidas, monitoradas e incentivadas, envolvendo os relacionamentos entre proprietários, Conselho de Administração, Diretoria e órgãos de controle, com a finalidade de aperfeiçoar o desempenho da empresa e facilitar o acesso ao capital[70], a governança corporativa[71] como expressão associada

---

[68] BERLE, A.; MEANS, G. *Modern corporation and private prospery*. New York: MacMillan, 1932.

[69] Cabe ressalvar que o termo apesar de retomado na literatura moderna com análise de Coase perpassou por diversos períodos da história com a difusão do termo e do seu uso por diversos tipos de discursos e diferentes tipos de linguagem.

[70] INSTITUTO BRASILEIRO DE GOVERNANÇA CORPORATIVA. Governança Corporativa. Código das Melhores Práticas de Governança Corporativa, Instituto Brasileiro de Governança Corporativa. Disponível em: <http://www.ibgc.org.br>.

[71] Não existe na literatura uma definição única (DOBIJA, Dorota. Emergence of Corporate Contract Set, Governance and Accountability: Standing Orders of the East India Company, 2008, p. 1600-1621. Disponível em: <http://papers.ssrn.com/sol3/papers.cfm?abstract_id=1159928>. Acesso em: 19 mar. 2011).

à pulverização do controle da empresa norte-americana e ao crescimento do poder dos gestores em relação aos investidores[72] aparece com Richard Eells na década de 1960.

Com base nas diversas diretrizes corporativas derivadas dos códigos de conduta no âmbito das organizações, o tema da transparência aparece vinculado às informações com a necessidade de sua divulgação precisa e oportuna, a fim de garantir confiança na governança da empresa[73].

Essa divulgação abrange a exposição de estratégias, resultados, oportunidades e riscos relacionados com a corporação, com uso de uma linguagem simples e acessível[74].

Na década de 1970, a governança corporativa surge como reforma nas organizações visando a melhorar a capacidade de gestão pública. Em 1975, o tema foi debatido, tendo sido inclusive objeto de um relatório da Comissão trilateral, como modelo de ação pública, partindo-se do problema de capacidade de gestão perante o aumento das demandas sociais e a falta de recursos financeiros e humanos[75].

Com a inserção da governança corporativa no contexto da globalização, destacando-se nos anos 1980 com o reconhecimento dos excessos corporativos e relatórios da mídia sobre altos lucros nos casos de

---

[72] TRINDADE, Luana Zanetti & NETO, Sigismundo Bialoskorski. Uma análise da separação entre a propriedade e a gestão nas cooperativas de crédito brasileiras. Disponível em: <http://www.brasilcooperativo.coop.br/downloads/Gecom/ebpc/II_EBCP_Luana_Zanetti_Trindade_e_Sigismundo_Bialoskorski_Neto.pdf>. Acesso em: 5 out. 2015.

[73] LAURETTI, Lélio. O princípio da transparência no contexto da governança corporativa. Disponível em: <http://www3.ethos.org.br/cedoc/5790/#.VTROfiFViko>. Acesso em: 2 jun. 2015. OCDE, Princípios de Governança Corporativa da OCDE, 2004.

[74] "Não deve restringir-se ao desempenho econômico-financeiro, contemplando também os demais fatores (inclusive intangíveis) que norteiam a ação gerencial e que conduzem à criação de valor" (IBGC. Código das Melhores Práticas de Governança Corporativa. Instituto Brasileiro de Governança Corporativa, 5ª versão em fase de consulta pública, 2015, p. 19); MALACRIDA, Mara Jane Contrera & YAMAMOTO, Marina Mitiyo. Governança Corporativa: nível de evidenciação das informações e sua relação com a volatilidade das ações do IBOVESPA. In: *Revista Contabilidade & Finanças*, USP, São Paulo, Edição Comemorativa, p. 65-79, set. 2006.

[75] MILANI, Carlos; SOLINÍS, Germán. Pensar a democracia na governança mundial: algumas pistas para o futuro. In: MILANI, Carlos; ARTURI, Carlos; SOLINÍS, Germán. *Democracia e governança mundial*: que regulações para o século XXI? Porto Alegre: UFRGS, 2002.

fraude[76], a preocupação com a qualidade de gestão transparente e responsável foi mantida, inclusive com o apoio de organismos internacionais por meio da good governance.

Ao propor uma condução responsável na administração dos recursos econômicos e sociais, com transparência, equidade e prestação de contas, as orientações de interesse comum a nível global das organizações internacionais, embora sejam soft law, são diretivas que estimulam o desenvolvimento.

Nesse cenário, a governança aparece em documentos do Banco Mundial como forma de gerir os problemas da sociedade e dos seus assuntos, visando a efetividade na implementação de políticas e na consecução de metas coletivas de desenvolvimento[77]. As regras, os processos e os comportamentos previstos nessa regulação jurídica dos organismos internacionais, inspiradas com as boas práticas da governança corporativa, influenciam os Estados Nacionais na adoção de mecanismos internos e externos de controle.

No âmbito da Administração Pública, com a inspiração do modelo da Administração Pública gerencial na Inglaterra nos anos 1970[78], a noção de governança como processo que visa a concretizar diretrizes elaboradas na solução de um problema público, em resposta às necessidades sociais, surge em 1995 quando foi estruturada a primeira governança para o setor público pelo Chartered Institute of Public Finance and Accountancy – CIPFA (Instituto Britânico de Finanças e Contabilidade Pública), com base no The Cadbury Report.

2.3. Governança no Quadro das Reformas Administrativas: Alternativa ao Paradigma Gerencialista?

Uma reflexão sobre o processo de modernização administrativa voltada ao desenvolvimento herdado do século XX conduz-nos à conclusão de que diversas Administrações Públicas dos países ocidentais passaram por uma onda de transformação. Sob a rubrica da modernização--desenvolvimento, se colocam uma mescla de enfoques e preocupações

---

[76] MELLO, Gilmar Ribeiro de. *Governança corporativa no setor público brasileiro*. 2006. 119 f. Dissertação (Mestrado em Ciências Contábeis) – Faculdade de Economia, Administração e Contabilidade. Universidade de São Paulo. São Paulo, 2006.
[77] WORLD BANK – *Governance and development*. Washington, D.C.: World Bank, 1992.
[78] HEALD, D. Fiscal Transparency: Concepts, Measurement and UK Practice. *Public Administration*, Malden, v. 81, n. 4, p. 723-759, 2003.

no sentido de melhoria ou de facilitar a intervenção pública no espaço social para a realização dos interesses públicos[79].

Reforma administrativa é um processo de adaptação da Administração Pública ao contexto histórico-social. Um dos sintomas da reforma administrativa aponta para a reconfiguração do papel e das funções da Administração Pública e para o nítido esforço de busca da modernização-desenvolvimento no sentido de prestar melhor serviço aos cidadãos.

Esse vetor consubstancia-se, desde logo, na implementação de providências destinadas a melhorar a Administração Pública de um dado país, baseadas na eficiência e numa certa eficácia no atendimento das demandas sociais. Uma visão meramente empírica mostra-nos, no contexto mundial, um denominador comum no alcance das ações de transformação administrativa como forma de superação dos efeitos adversos ocasionados por uma crise no ambiente em que se insere a máquina pública.

Diversos autores, numa concepção unitária, tratam das reformas administrativas, condicionadas por contexto histórico, complexidade social e orientação do poder político[80], mencionando que, embora haja vários modelos de modernização administrativa, em resposta aos desmandos e desleixos na gestão pública, existem três objetivos comuns: o controle das despesas públicas e dos resultados, a adoção de técnicas e processos de gestão empresarial e maior orientação para o cliente[81].

---

[79] NOHARA, Irene Patrícia. Controle Social da Administração Pública: Mecanismos Jurídicos de Estímulo à Dimensão Sociopolítica da Governança Pública. In: MARRARA, Thiago (org.). *Controle da Administração e Judicialização*. Coimbra: Almedina, 2016; GONÇALVES, Pedro. *Entidades Privadas com Poderes Públicos. O Exercício de Poderes Públicos de Autoridade por Entidades Privadas com Funções Administrativas*. Coimbra: Almedina, 2005, p. 13-15.

[80] MOZZICAFFREDO, J. Modernização da Administração Pública e Poder Político. In: *Administração e Política, Perspectivas de Reforma da Administração Pública na Europa e nos Estados Unidos*. C. Editores Oeiras, 2001.

[81] ROCHA, J. A. Oliveira. O Modelo Pós-Burocrático: A Reforma da Administração Pública à Luz da Experiência Internacional Recente. In: *Fórum 2000*: Reforma do Estado e Administração Gestionária. Lisboa, Fundação Calouste Gulbenkian, 3-4 Jul. 2000, p. 1-6; ARAÚJO, J. Improving public service delivery: the crossroads between NPM and traditional bureaucracy. In: *Public Administration*, 2001, v. 79, n. 4, p. 915-932; FREDERICKSON, H. Comparing the reinventing government management with the new public administration. In: *Public Administration Review*, 1996, v. 56, n. 3, p. 263-270; HOOD, C. Emerging Issues in Public Administration. In: *Public Administration*, 1995, v. 73, Spring, p. 165-183.

O objetivo perseguido é, pois, retomar a *performance* e a qualidade dos serviços públicos. Na consecução desse objetivo, a Administração Pública serve-se de duas estratégias fundamentais: a melhoria do sistema de Administração Pública condicionada pelo contexto histórico, pela complexidade social e pela orientação de poder político das sociedades, e a ressignificação do formato da relação Administração Pública e sociedade e dos mecanismos de definição dos fins públicos.

É preciso considerar, no entanto, que desde os anos 1970[82], com maior expressão nos anos 1980-1990, reformas administrativas ocorrem em diferentes contextos espaciais e temporais, sob a guarda de diferentes escopos e valores, com inovações em políticas públicas de gestão e no desenho de organizações programáticas, expressas na introdução de práticas típicas de mercado na Administração Pública, bem como em prescrições para melhoria da efetividade da gestão pública[83].

Diante do cenário de desgaste no modelo do Estado de desenvolvimento[84], surgem, a partir do final dos anos 1970, alternativas para a reforma dos Estados Ocidentais, no sentido de redefinir seu papel administrativo na gestão pública, visando fundamentalmente a eliminar as disfunções inerentes ao modelo burocrático[85].

No processo de reconstrução surge a necessidade de práticas de gestão compatíveis com a satisfação das necessidades da coletividade extraídas não apenas da crescente falta de recursos financeiros, mas da conjuntura

---

[82] A partir da década de 1970 é presenciado no âmbito da Administração Pública um movimento geral de "modernização administrativa" em diversos países, direcionado a recriar e a inovar a estrutura administrativa do modelo burocrático weberiano, a fim de redução do déficit público e diminuição do crescimento do setor estatal. Essa onda reformista decorre da crise do Estado de Bem-Estar, face ao expansionismo administrativo distorcido na gestão de uma imensa quantidade de atividades econômicas, sociais e culturais e ao processo de globalização, a Administração Pública revela-se incapaz de satisfazer as demandas sociais.

[83] SECCHI, Leonardo. Modelos organizacionais e reformas da Administração Pública. In: *Revista de Administração Pública*. Rio de Janeiro, v. 43, n. 2, p. 347-369, mar./abr. 2009.

[84] "[...] o Estado social-burocrático assumiu três formas: o Estado do Bem-Estar nos países desenvolvidos; o Estado Desenvolvimentista nos países subdesenvolvidos; e o Estado Burocrático nos países estadistas" (BRESSER PEREIRA, Luiz Carlos. *Reforma do Estado para a cidadania*: a reforma gerencial brasileira na perspectiva internacional. São Paulo: Editora 34; Brasília: ENAP, 1998).

[85] "A administração burocrática aparece como uma verdadeira casta, isolada do resto da sociedade, e que pretende, com a ajuda das suas prerrogativas, impor a sua lei aos administrados" (CHEVALIER, J. *Science Administrative*. Paris, 2002, p. 343 e segs.).

globalizada e informatizada, e das mudanças culturais e sociais que induziram nos cidadãos a exigência de melhor setor público[86].

Essa redefinição da Administração Pública é uma constante que ganhou destaque após a Segunda Guerra Mundial em razão dos modelos pós-burocráticos, dos quais destacam-se os modelos gerenciais[87] e o de governança pública.

Com origem nos anos 1980, a reforma administrativa passou a ser uma constante na agenda pública, em busca de planos e propostas capazes de proporcionar melhorias na provisão de serviços públicos à sociedade, com a redução do déficit público e a diminuição do crescimento do setor estatal.

Nessa tendência reformista do Estado Administrativo, originada com a crise do modelo providencialista, potencializada a partir dos empreendimentos postos em prática pelo Reino Unido, baseada na insuficiência do modelo burocrático para oferecer serviços de qualidade, estava consagrada o surgimento de uma nova gestão pública e, com esta, a consagração da ideia de um modelo que trouxesse eficiência e eficácia para as políticas públicas adotadas por um governo.

A nova gestão pública aparece nesse contexto de transformação com um paradigma direcionado a modificar a Administração Pública, com a finalidade de melhor capacitá-la para servir aos fins do Estado e aos interesses da sociedade.

Esse paradigma envolve um conjunto sistemático de providências voltadas para a retomada da *performance* e da qualidade dos serviços públicos, diante das disfunções burocráticas e a crise do Estado do *Welfare*, baseado numa lógica de substituição da gestão pública tradicional por processos e técnicas de gestão empresarial.

Em termos gerais, embora as reformas sob o influxo do paradigma gerencial envolvam um caráter abrangente e variável, chegando ao extremo de alguns críticos afirmarem que a nova gestão pública parece uma tela vazia em que se pode pintar o que nela quiser, é possível

---

[86] REGO, G. *Gestão empresarial dos serviços públicos – Uma aplicação ao sector da saúde*. Porto: Vida Económica, 2008; BRASIL. MARE. *Plano Diretor da Reforma do Aparelho do Estado*. Brasília: MARE, 1995, p. 21.

[87] "Na verdade, embora a gerência tenha sido inventada há milhares de anos, ela somente foi descoberta depois da Segunda Guerra Mundial" (DRUCKER, Peter. *Sociedade pós--capitalista*. São Paulo: Pioneira, 1994, p. 23).

afirmar que as mudanças foram identificadas em contraposição ao paradigma da burocracia tradicional com medidas instrumentais ligadas ao racionalismo econômico.

Com o advento do *New Public Management*, a gestão pública incorpora princípios e mecanismos de mercado em consonância com a visão neoliberal. Trata-se da adequação estrutural e funcional da Administração Pública às técnicas da gestão do setor privado no sentido de buscar a eficiência pública.

No gerencialismo puro, as alterações se limitaram a um modelo inspirado nas empresas privadas, em que se tentou reduzir os custos administrativos e aumentar a eficiência, sendo o usuário do serviço um financiador do sistema. Já no consumerismo, a Administração Pública passa a focar o cidadão como consumidor, com base na qualidade do serviço público. Começa a ser implementada a avaliação de desempenho como forma de mensurar a satisfação do serviço prestado ao cidadão.

Enquanto os modelos gerenciais, no âmbito das reformas administrativas, vêm vinculados às técnicas de gerenciamento do mercado com a aplicação de regras do setor privado no setor público, abordando questões administrativas e econômicas[88], a governança pública, por sua vez, foca-se em redes, parcerias e valores administrativos com participação, deliberação e democracia[89].

---

[88] Num processo de adaptação às modificações ocorridas na sociedade, a administração gerencial surge a partir da crise do modelo burocrático caracterizado pela neutralidade e racionalidade, com o controle rígido dos procedimentos administrativos, para uma Administração Pública que influenciada pelas técnicas gerenciais das organizações empresariais, busque controle nos resultados com avaliação de desempenho administrativo para aferição da qualidade na prestação dos serviços públicos, e norteada por objetivos de simplificação, eficiência e transparência. O New Public Management possui preceitos teóricos mínimos para sua caracterização e aplicação na condução da gestão pública. Hood aponta os seguintes preceitos mínimos: profissionalização da gestão nas organizações públicas; padrões de desempenho e medidas de avaliação, com objetivos mensuráveis e claramente definidos; ênfase no controle e nos resultados; desagregação das grandes unidades do setor público; introdução da competição no setor público; uso de práticas de gestão do setor privado; ênfase na disciplina e na utilização dos recursos, cortando custos e procurando maior eficiência e economia (HOOD, Christopher. Public management for all seasons? In: *Public Administration*, Londres, v. 69, n. 1, 1991, p. 3-19).

[89] RONCONI, Luciana Francisco de Abreu. *A Secretaria Nacional de Economia Solidária*: uma experiência de Governança Pública. 2008. 279 f. Tese (Doutorado). Programa de Pós-Graduação em Sociologia Política. Universidade Federal de Santa Catarina, Florianópolis, SC, 2008.

Embora a transparência tenha surgido com a nova gestão pública, sua configuração foi no sentido de funcionar como instrumento para alcançar a eficiência. É a necessidade da colaboração, a par da competividade no serviço público, a exigência de comportamentos "responsáveis" e o comprometimento com a integridade pública que evidenciaram a insuficiência desse modelo em reduzir a transparência como instrumento da eficiência.

No contexto pós-gerencial, entendemos que foi com a introdução da governança pública que a transparência assume o significado contemporâneo[90], tornando-se um instrumento de legitimação das atividades administrativas, num cenário de intensificação de um modelo de gestão pública que sirva ao sistema democrático[91].

2.4. Administração Pública Democrática: Modelo Decorrente da Assunção do Ideal da Governança

O surgimento da governança[92] pública, como forma de gerir a coisa pública, conduz-nos à conclusão de que "renovação" é a ideia para caracterizar a contribuição desse modelo de gestão na configuração

---

[90] A transparência é fundamentada na evolução do reformismo administrativo, pela introdução do mecanismo do modelo gerencial na Administração Pública, cuja origem remonta a década de 1970 nos Estados Unidos e no Reino Unido. Na década de 1980, com o intenso movimento de globalização econômica e a necessidade de os Estados se tornarem mais competitivos no cenário internacional que a adoção do *new public management* se propaga, nos diversos países, inclusive no Brasil, com o nome de nova Administração Pública, baseada "en las ideas de flexibilidad administrativa, control por resultados, contractualización, competencia administrada y, con mucho énfasis, en la transformación y ampliación del concepto de lo público, especialmente mediante mecanismos de responsabilización de la administración pública". O problema da transparência na Administração Pública alcança relevo especial a partir do surgimento de modelos de gestão pública pós-gerenciais, mais adequados às sociedades pós-industriais, quando, para além da busca da eficiência dos serviços prestados, se estabelecem, através, dentre muitas, da abordagem da nova governança pública, a busca da efetividade na gestão pública (CLAD. *La responsabilización en la nueva gestión pública latinoamericana*. Buenos Aires: Eudeba, 2000, p. 28).

[91] MOZZICAFREDDO, J. Cidadania e reforma do Estado e da Administração Pública em Portugal. In: Comunicação apresentada no colóquio "A reforma da Administração Pública na Europa e nos Estados Unidos", Lisboa, ISCTE, 2000.

[92] O termo "governança", que provém do latim "gubernare" e do grego "kybernan" ou "kubernetes", não pertence apenas ao léxico dos juristas, sendo utilizado em diversos campos do conhecimento, como na Ciência da Administração, Economia, História, Ciências Políticas,

da ideia da transparência administrativa como um meio para combater a corrupção.

A ideia da renovação justifica-se como forma de enriquecimento dos fundamentos do sistema tradicional relacionados aos pressupostos burocráticos e a nova gestão pública, com sinais de remodelação na capacidade dos governos de administrar os recursos econômicos e sociais de um país, e o resgate de medidas governativas adotadas dentro de uma rede de atores que interagem entre si para uma atuação responsiva conciliatória do bem comum com os valores democráticos.

Em relação à contribuição, podemos afirmar que as características instrumentais e substanciais da governança pública são os caminhos que levam à construção de um ambiente propício para a transparência, pois concebe na relação entre Estado e Sociedade dimensão da cidadania aumentando a confiança da população na Administração Pública e nos serviços prestados[93].

Por meio da gestão modelada pela governança pública, a Administração Pública se envolve num arranjo institucional com uma dinâmica conjunta e compartilhada entre Estado, setor privado, terceiro setor e sociedade civil, visando desenvolvimento sustentável, sendo que o

---

Ciências Sociais, cada qual com suas especificidades e epistemologias, bem como por instituições internacionais, como o Banco Mundial. É importante ressaltar que o termo de aplicação generalizada em várias áreas assume significados diferentes conforme o contexto em que é inserido, a depender do tipo de organização e enfoque a ser considerado. Fala-se em governança urbana, governança territorial, governança ambiental, dentre outros. Além de ser multidisciplinar, o termo "governança" possui um caráter multiespacial, assumindo diferentes referências espaciais, como governança local, regional ou global, e também caráter multiforme, com aplicação nos setores privado, público e terceiro setor (VAN KERSBERGEN, Kees e VAN WAARDEN, Frans. "Governance" as a bridge between disciplines: Cross-disciplinary inspiration regarding shifts in governance and problems of governability, accountability and legitimacy, *European Journal of Political Research*, v. 43, p. 143-171, 2004; WORLD BANK. *Governance and development*. Washington: Oxford University Press, 1992; RESTREPO, Mariluz J. e ANGULO, Jaime Rubio. *Intervir en la organización*. Bogotá: Significantes de Papel Ediciones, 1992, p. 31; STONE, C. S. *Regime politics*: Governing Atlanta (1946-1988). Lawrence: Kansas University Press, 1989; VALASKAKIS, K. *Mondialisation et gouvernance*. Futuribles, 1998).

[93] CPA Austrália. *Excellence Governance for Local Government*. Melbourne: CPA Austrália, 2005. Disponível em: <http://www.CPAAUSTRALIA.COM.AU/CPS/RDE/XCHG/SID.3F57FECB-1A59978E/cpa/hs.xsl/722_11885_ENA_HTML.htm>. Acesso em: 5 ago. 2012.

Estado assume o papel de produzir o bem público em conjunto com outros atores[94].

A governança pública amplia a perspectiva de participação dos cidadãos-clientes a escolha ou controle dos bens ou serviços para uma participação que reflita a influência dos membros da sociedade na gestão pública como cidadãos. Ela substitui as relações hierárquicas entre Estado e sociedade e amplia os mecanismos para formação de preferências e para deliberação em torno da explicitação e da promoção do interesse coletivo.

Como a polarização entre a Administração Pública e a sociedade civil por conta da adoção unilateral de medidas administrativas e a gestão pública democrática, na definição das tutelas jurídico-políticas de interesse público, são modelos de atuação da Administração Pública, surge a importância de identificar se existe alguma ligação entre elas e as formas de governo, notadamente a democrática.

Assim, adotando as formas de legitimidade democrática restritas à representação política por meio do Parlamento e da Chefia do Executivo, a atuação administrativa compatível é a de um modelo bipolar centralizado e hierárquico. No entanto, quando o regime democrático municia o cidadão de dispositivos de *input* de opinião e influência sobre as decisões da Administração Pública, o modelo da governança pública é compatível, já que abre um espaço para uma democracia que vai além da democracia representativa, uma vez que implica participação do cidadão na gestão deliberativa das políticas públicas e, portanto, nos processos decisórios.

Quando temos uma Administração Pública compartilhada, em que os cidadãos se tornam recurso na gestão pública para solução dos problemas que afetam a comunidade, maior numa articulação das dimensões econômico-financeira, institucional-administrativa e sociopolítica da Gestão Pública, coopera-se para a consolidação de uma democracia.

---

[94] RONCONI, L. F. A.; DEBETIR, E.; DE MATTIA, C. Conselhos Gestores de Políticas Públicas – Potenciais Espaços para a Coprodução dos Serviços Públicos. In: *Contabilidade, Gestão e Governança*, Brasília, v. 14, n. 3, p. 46-59, set./dez. 2011; HEIDEMANN, F. G.; KISSLER, L. Governança púbica: Novo modelo regulatório para as relações entre Estado, Mercado e Sociedade. In: *Revista de Administração Pública*, Rio de Janeiro, v. 40, maio/jun. 2006, p. 483.

A governança pública, contudo, não é um modelo de gestão do Estado que, pela esquematização das características formais e substanciais, possa ser levada à sua mais perfeita realidade pragmática. Ela, assim, como a própria democracia, pressupõe um esforço pertinaz voltado para construção de uma administração mais próxima do cidadão. Essa proximidade depende do aprofundamento da *accountability* como responsabilidade na capacidade da administração de atingir resultados públicos, e de uma cidadania mais ativa no processo de desenvolvimento e promoção da gestão pública.

As demandas pela incorporação da *accountability* na gestão pública e da ampliação da cidadania decorrentes da integração da orientação de uma boa administração no contexto da modernização da Administração Pública com o próprio aprofundamento democrático reforçam, por sua vez, a criação de outro princípio para a democratização da Administração Pública: o da transparência.

Nessa perspectiva, diante da necessidade de pensar o problema da transparência no sentido de aprimorar a noção de responsabilidade da Administração Pública diante da sociedade, sua análise é concretizada pela abertura da gestão pública à sociedade. Essa abertura envolve um processo de melhoria no conhecimento até agora nas administrações e sobre seus atos, ou seja, a Administração Pública, ao cumprir seu dever de transparência, em matéria de informação pública administrativa, além de divulgar, deve esclarecer, justificar e compartilhar.

A governança no setor público surge em particular, a partir do século XX, no âmbito do contexto da reforma da Administração Pública preocupada com serviços públicos de qualidade e maior participação do cidadão no desempenho da gestão pública.

Embora seja inegável que tenha emergido um novo modelo de gestão pública, e que ainda está se definindo no torvelinho da dinâmica evolutiva, sua configuração traz atualização no papel da Administração Pública vinculada aos parâmetros de controle, responsabilidade e desempenho no atendimento das demandas sociais, de forma a gerar a oportunidade de um desenvolvimento futuro sustentável[95].

---

[95] "Calls for more transparency and more accountability are made when seeking to check corruption and improve governance" (OSBORNE, Denis. Transparency and Accountability Reconsidered. In: *Journal of Financial Crime*, v. 11, n. 3, p. 292-300, 2004).

Ao permitir uma relação mais estreita de interação do Estado com a sociedade, com interatividade e proximidade, deixa de existir a hierarquia enquanto *design* de organização na administração dos negócios públicos, rompendo com a tradição *top-down*, e transforma-se numa relação de cooperação e colaboração entre Estado, mercado e sociedade civil, em que o compromisso com o valor público traz para a Administração Pública o dever de gerir com envolvimento do público na programação do seu agir administrativo pelas políticas públicas[96].

Verifica-se, assim, que a transparência[97] vincula-se à ideia de governança enquanto modelo de gestão pública que possibilita a participação do cidadão na vida pública do Estado, tendo em vista a realização do bem comum, garantindo a satisfação dos direitos fundamentais.

A observação da governança pública em funcionamento mostrou-se importante elemento paradigmático[98] no desenvolvimento do sentido material da transparência administrativa, não apenas pelas suas características estruturais, especialmente com a ideia de maior aproximação da sociedade nas decisões da Administração Pública, mas também com os imperativos administrativos da *good governance* direcionados a orientar os gestores públicos dos países na realização de uma condução responsável, eficiente e eficaz da máquina pública.

Nesse cenário, a "governança" surge como resposta à crise de governabilidade diante das demandas sociais e escassez de recursos econômicos, por meio de estruturas, mecanismos e processos, incluindo valores para a prática de gestão pública vinculada a um desenvolvimento.

As razões que funcionam como base da governança culminam na concepção instrumental da existência de regras, processos e comportamentos no exercício do poder administrativo e na concepção material

---

[96] MATIAS PEREIRA, José. *Governança no setor público*. São Paulo: Atlas, 2010, p. 109.

[97] "[...] a abertura é necessária para garantir que as partes interessadas (sociedade) tenham confiança na tomada de decisão, processos e ações de entidades do setor público, na gestão de suas atividades, e nos indivíduos dentro delas" (BARROS, Célio da Costa. *O impacto da auditoria de governança na Administração Pública federal brasileira*: o caso do acórdão/TCU 1.603/2008. Dissertação (Mestrado em Ciências Contábeis). Universidade Federal do Rio Grande do Norte. Centro de Ciências Sociais Aplicadas. Programa de Pós-Graduação em Ciências Contábeis. 171 f. 2014).

[98] VILLAS BÔAS FILHO, Orlando. As transformações da regulação jurídica na sociedade contemporânea: a governança como paradigma (resenha do livro *La gouvernance. Un outil de participation*, de André-Jean Arnaud). *Revista Direito GV*, São Paulo, 2016.

da aplicação de princípios nesse mesmo exercício, evitando o arbítrio e a má governação para prevenir a corrupção, e consagrando a vinculação dos gestores públicos como servidores do bem público.

Nesse cenário, governança pública denota dois aspectos: *a) instrumental*, referente a estruturas e processos pelos quais as organizações são dirigidas, controladas e cobradas; *b) substancial*, relacionado com os parâmetros valorativos de realização das ações públicas[99].

O aspecto instrumental abrange autoridade, gestão, relações/interações, políticas e instituições[100], enfim, técnicas de um desenvolvimento futuro. Tal aspecto é inserido no contexto da "governança" como nova geração de reformas que recebem os insumos das novas tecnologias sociais e implementam ações e medidas flexíveis e com arranjos formais e informais[101] que atendam os interesses das pessoas e das instituições.

Trata-se de uma estrutura de organização com identidade própria para uma conexão sociopolítica[102], que abrange as tradições e as instituições pelas quais a autoridade de um país é exercida, com mecanismos e processos de tomada de decisões e implementação de políticas públicas, por meio de uma disposição articulada de pessoas e grupos com diferentes interesses e expectativas para resolução de problemas comuns[103].

---

[99] MATIAS-PEREIRA, José. A Governança Corporativa Aplicada no Setor Público Brasileiro. *Administração Pública e Gestão Social*, Viçosa, v. 2, n. 1, p. 110-135, jan./mar. 2010.
[100] BARRET, Pat. Better Practice Public Sector Governance. *Australian National Audit Office (ANAO)*, 2003. Disponível em: <http://www.anao.gov.au/uploads/documents/>. Acesso em: 14 mar. 2016; KAUFMANN, Daniel; KRAAY, Aart Kraay. *Governance Indicators*: Where Are We, Where Should We Be Going? The World Bank, 2008.
[101] ORGANISATION FOR ECONOMIC CO-OPERATION AND DEVELOPMENT (OECD). Initiative on capitalizing on endogenous capacities for conflict prevention and governance. *Compilation of working documents presented at the Initiative's launching workshop*, v. 2, October 2005. Hôtel Mariador Palace Conakry (Guinea), 9-11 March, 2005.
[102] PROCOPIUCK, M.; FREY, K. Redes de políticas públicas e de governança e sua análise a partir da *websphere analysis*. *Revista de Sociologia e Política*, Curitiba, v. 17, n. 34, p. 63-83, 2009.
[103] WORLD BANK. (2005). Thailand Data at a Glance. Retrieved 6 July 2005. Disponível em: <http://devdata.worldbank.org/AAG/tha_aag.pdf>. UNITED NATIONS DEVELOPMENT PROGRAMME. (1997). *Reconceptualizing Governance*. New York: United Nations Development Programme; UNITED NATIONS DEVELOPMENT PROGRAMME. (2005). *Governance for Sustainable Human Development*. Retrieved 28 August 2005. Disponível em: <http://www.undp.org.in/hdrc/shdr/shdr/SHDR/sk-6.pdf>.

Nesse cenário são duas características estruturais em que se baseia a governança como exercício da autoridade política, econômica e administrativa para gerir os assuntos do país e contribuir para a ideia da transparência: *proximidade e interatividade*.

A interatividade é uma dinâmica conjunta e compartilhada entre Estado, setor privado, terceiro setor e sociedade civil, visando o desenvolvimento sustentável, sendo que o estado assume o papel de produzir o bem público em conjunto com outros atores[104]. Nesse cenário de interação, apesar da realização colaborativa na governança pública, o Estado surge como coordenador na elaboração e na implementação das políticas públicas[105].

Nesses casos, o termo "governança" é empregado para expressar uma dimensão pluralista consubstanciada numa relação recíproca entre diversos atores, estruturas e institucionalidades que refletem as particularidades da sociedade contemporânea. Enfim, a "governança", como estado de interações entre atores, funciona como um processo[106] contínuo pelo qual é possível acomodar interesses conflitantes ou diferentes e realizar ações cooperativas[107].

No contexto da interação entre governo, sociedade e setor privado, a "governança" traduz-se efetivamente em um domínio das redes em políticas públicas, em que o Estado assume uma capacidade de influência nas negociações, além de parcerias com os membros destas redes[108].

---

[104] RONCONI, L. F. A.; DEBETIR, E.; DE MATTIA, C. Conselhos Gestores de Políticas Públicas – Potenciais Espaços para a Coprodução dos Serviços Públicos. In: *Contabilidade, Gestão e Governança*, Brasília, v. 14, n. 3, p. 46-59, set./dez. 2011; HEIDEMANN, F. G.; KISSLER, L. Governança púbica: Novo modelo regulatório para as relações entre Estado, Mercado e Sociedade. In: *Revista de Administração Pública*, Rio de Janeiro, v. 40, p. 483, Maio/Jun. 2006.

[105] SECCHI, Leonardo. Modelos organizacionais e reformas da Administração Pública. *Revista de Administração Pública*. Rio de Janeiro, v. 43, p. 347-369, mar./abr. 2009.

[106] PIERRE, Jon e PETERS, B. Guy. *Governance, politics and the state*. New York: St. Martin's Press Inc., 2000.

[107] COMISSÃO SOBRE GOVERNANÇA GLOBAL. *Nossa comunidade global*. Rio de Janeiro: FGV, 1996.

[108] PETERS, B. G.; PIERRE, J. Governance without Government? Rethinking Public Administration. *Journal of Public Administration Research and Theory: J-Part*, v. 8, n. 2, abr. 1998, p. 223-243.

A "governança" como rede significa uma multiplicidade de atores estatais e não estatais que desenvolvem a concepção e a implementação das políticas públicas. Não há exercício unilateral de poder[109], mas ações coordenadas de interesses para resolução de problemas e tomada de decisões políticas, a fim de possibilitar o planejamento contínuo e harmonioso de novas estruturas de coordenação social e de interação entre atores públicos e privados[110].

A mesma articulação entre diferentes atores não restrita às instituições do Estado foi reconhecida, no âmbito internacional, à medida que o mundo se torna mais e mais globalizado, não obstante exista desigualdade política e resistência nacionalista, uma gestão que possa acomodar, coordenar e até resolver os problemas que se tornam cada vez mais transnacionais denominada governança internacional[111]. A convergência de atores, grupos sociais, instituições envolvidos na ação pública com a finalidade de definir objetivos comuns implica a construção conjunta de políticas públicas ensaiadas no gerencialismo, afastando a sociedade dos efeitos negativos da tradição *top-down* que se desenvolveu no bojo das democracias representativas[112].

[109] THORELLI, H. Networks. Between Markets and Hierarchies Strategic. *Management Journal*, v. 7, n. 1, p. 37-51, 1986.

[110] "*Governance* é caracterizado pelo envolvimento no processo de fazer política, das autoridades estatais e locais, bem como o setor de negócios, os sindicatos de trabalhadores e os agentes da sociedade civil, tais como ONGs e os movimentos populares" (KAZANCIGIL, Ali. A regulação social e a governança democrática da mundialização. In: MILANI, Carlos & ARTURI, Carlos & SOLINÍS, Germán (orgs.). *Democracia e governança mundial – que regulações para o século XXI*. Porto Alegre: Universidade/UFRGS/Unesco, 2002, p. 266-29; CZEMPIEL, Ernst-Otto. Governança e democratização. In: ROSENAU, James N. *Governança sem governo*: ordem e transformação na política mundial. Tradução de Sergio Bath. São Paulo: Imprensa Oficial do Estado; UnB, 2000, p. 363-392.

[111] LEE, Yuan-Tseh. Challenges Facing Human Society in the 21st Century. In: BURAWOY, Michael (Ed.). *Facing an Unequal World*: Challenges for a Global Sociology. Taiwan: Institute of Sociology, Academia Sinica, 2010, v. 1, p. 28-34. Disponível em: <http://www.ios.sinica.edu.tw/cna/download/proceedings/02.Lee.Opening.pdf>. Acesso em: 15 mar. 2016; KRAHMANN, Elke. National, Regional and Global Governance: One Phenome non or Many? *Global Governance*, v. 9, p. 323-346, 2003; MARKOFF, John. Globalization and the Future of Democracy. *Journal of World-Systems Research*, v. 5, n. 2, 1999. Disponível em: <http://jwsr.ucr.edu/archive/vol5/number2/v5n2_split/jwsr_v5n2_markoff.pdf>. Acesso em: 15 mar. 2016. FILKELSTEIN, Lawrence S. What is Global Governance? *Global Governance*, n. 1, p. 367-372, 1995.

[112] Na democracia representativa, advinda do próprio governo representativo que começou a surgir a partir das revoluções liberais ocorridas no século XVIII, não somente para colocar

A proximidade parte da premissa de superação do papel da Administração Pública, com a tarefa apenas de execução de decisões, para a ideia de uma gestão compartilhada com a formação de redes que numa conjugação ordenada formulem políticas públicas para a realização de objetivos socialmente relevantes.

A governança é parte de um processo de repensar e refazer o Estado Moderno[113], surgindo como um modelo de gestão da complexidade caracterizado por uma coordenação recíproca de interesses com estruturas congruentes com os processos do mundo real[114].

A compreensão desse modo de agir administrativo supõe a inserção de sua análise num contexto condizente com os reclames do novo milênio, sem afirmações fictícias de que a ordem jurídica é emanada exclusivamente do Estado, e, depois, que uma administração interna no estilo hierárquico e unilateral é suficiente em suas determinações e prescrições.

Nesse compartilhamento na condução da realidade jurídico-administrativa, o Estado conduz e orienta a gestão pública juntamente com

---

solução ao problema da causa demográfica, mas também para consolidar a forma aristocrática de governo, em que a participação popular é indireta, periódica e formal, por via das instituições eleitorais que visam disciplinar as técnicas de escolha de representantes do povo, a sua estabilidade reside na manutenção do método democrático com a escolha daqueles que tomam as decisões, pelos votos do povo, em eleições periódicas e livres. Falar em democracia representativa é falar em um modelo de bases formais, em que a razão da eleição é ser um mecanismo de suficiência democrática. Além de um sistema de transferência do poder, a legitimidade política está na vontade do povo que dá origem ao poder. A democracia representativa é, por sua vez, caracterizada por três elementos componentes de sua essência: a) elemento subjetivo: o governo é exercido por representantes eleitos pelo povo; b) elemento formal: a escolha dos governantes é submetida a um regime jurídico de escolha, a eleição; c) elemento material: a representação é exercida por um prazo e por pessoas que agem na qualidade de representantes em nome do povo (PATEMAN, Carole. *Participação e teoria democrática*. Rio de Janeiro: Paz e Terra, 1992, p. 25; SILVA, José Afonso da. *Poder Constituinte e poder popular*: estudos sobre constituição. São Paulo: Malheiros, 2002, p. 47; TOCQUEVILLE, Alexis de. *A democracia na América*. São Paulo: Martins Fontes, 2005, v. I, p. 303); "Advém a democracia representativa" (SANTANA, Jair Eduardo. *Democracia e Cidadania*: O referendo como instrumento de participação política. Belo Horizonte: Del Rey, 1995, p. 39-40).

[113] BEVIR, Mark. *Democratic governance*. New Jersey: Princeton, 2010.

[114] JESSOP, Bob. *The governance of complexity and the complexity of governance*: preliminary remarks on some problems and limits of economic guidance. Lancaster: Department of Sociology, Lancaster University, 1999. Disponível em: <http://www.comp.lancs.ac.uk/sociology/papers/Jessop-Governance-of-Complexity.pdf>. Acesso em: mar. 2016.

outros atores sociais. É um modelo de desestadualização com componente da cooperação e entendimento em rede com outros poderes. Com efeito, gera-se uma interdependência entre o Estado e os diversos atores sociais com um complexo sistema de relações e partilha de responsabilidades. É o fortalecimento da autorregulação com diálogo.

Na atuação administrativa interativa, em oposição a uma organização hierarquizada com uma abordagem impositiva e ordenadora no comando e controle na condução da gestão pública, marcada pela descentralização, subsidiariedade dos poderes públicos e maior recurso ao *soft law*, são utilizadas ferramentas de cooperação que redundam numa forma de agir administrativa flexível, criativa e inovadora: a) negociação dentro de quadro social complexo para convergência das forças políticas e sociais numa verdadeira democracia do diálogo; b) participação de organizações e redes sociais para construção cooperativa do bem comum com solução de problemas coletivos; c) ponderação de interesses buscando convergência na prossecução das tarefas públicas; d) formação de cidadãos como sujeitos ativos na regulação, por meio de oferta de um regime jurídico-público da informação, criando uma cidadania atenta, exigente, participativa e responsável.

Já o aspecto substancial está assentado na implementação de valores democráticos no exercício do poder, resultando em ações públicas transparentes e responsáveis, a fim de que possam melhorar a eficiência e a credibilidade da organização[115]. Trata-se de vetores de legitimidade[116] e idoneidade para gerar e manter a crença de uma boa governança[117].

---

[115] NETO, Jayme Weingartner. Ministério Público, boa governança e gestão estratégica. In: *Revista do Ministério Público*, v. 137, p. 106-107, jan./mar. 2014.

[116] A legitimidade corresponde à ordem ético-política que representa uma ordem legitimada pela estabilização do poder em torno de valores consensualmente aceitos (MOREIRA NETO, Diogo de Figueiredo. *Legitimidade e Discricionariedade*: novas reflexões sobre os limites e controle da discricionariedade. Rio de Janeiro: Forense, 1998, p. 5).

[117] CANOTILHO, José Joaquim Gomes. *Brancosos e Interconstitucionalidades*: itinerário dos discursos sobre a historicidade constitucional. Coimbra: Almedina, 2006, p. 327; BENTO, Leonardo Valle. *Governança e governabilidade na reforma do Estado*: entre a eficiência e a democratização. Barueri, SP: Manole, 2003, p. 85; KISSLER, Leo e HEIDEMANN, Francisco G. Heidemann. Governança pública: novo modelo regulatório para as relações entre Estado, mercado e sociedade? *Revista da Administração Pública*, v. 40, n. 3, Maio/Jun. 2006, p. 482; LANE, J.-E. *New public management*. Londres: Routledge, 2000; BANDEIRA, Pedro S. Participação, articulação de atores sociais e desenvolvimento regional. In: BECKER, Dinizar F. & BANDEIRA,

A boa governação se refere aos princípios substantivos que tornam a administração do país transparente, responsável, eficiente e justa no quadro da relação interativa entre o Estado, a sociedade, o setor privado e público em geral[118].

Transpondo princípios para a gestão dos recursos públicos na interação dinâmica entre atores diferentes, promove-se a boa governança, assegurando o primado do Direito, melhorando a eficiência e a responsabilização do setor público e o combate à corrupção, como elementos essenciais de um quadro em que as economias podem prosperar[119].

Conexo com a governança substancial, um dos sintomas da sua contribuição na formação da transparência aponta para a reconfiguração da maneira pelo qual o poder administrativo é exercido para o atingimento do desenvolvimento sustentado[120], sob o influxo da "boa" governança.

Nesse cenário, a "boa" governança consubstancia-se na implementação de boas práticas de gestão pública em forma de princípios ou diretrizes que funcionam como vetores do agir administrativo na condução responsável dos recursos econômicos e sociais de um país.

Uma visão estrutural mostra-nos que esses princípios da gestão pública relevam a importância da orientação finalística do poder administrativo em relação às exigências legítimas de uma sociedade, cuja transparência e

---

Pedro S. *Desenvolvimento local-regional – determinantes e desafios contemporâneos*. Santa Cruz: Edunisc, v. 1, 2000, p. 23-128; sua adequação como modelo para a realidade brasileira pode ser aprofundada nas obras de Gabardo (2009) e Torres (2001); "governança se refere à maneira através da qual os agentes e instituições públicas adquirem e exercem sua autoridade para o provimento de bens e serviços públicos, incluindo a oferta de serviços essenciais, infraestrutura e um ambiente favorável ao investimento – corrupção é um produto de uma governança frágil" – THE WORLD BANK. Strengthening World Bank Group engagement on governance and anticorruption, 2007, p. 67 [*on-line*]. Disponível em: <http://siteresources.worldbank.org/EXTPUBLICSECTORANDGOVERNANCE/Resources/GACStrategyPaper.pdf>. Acesso em: 22 fev. 2012. KISSLER, Leo & HEIDEMANN, Francisco G. Governança Pública: novo modelo regulatório para as relações entre Estado, mercado e sociedade? In: *Revista de Administração Pública*, v. 40, n. 3, Rio de Janeiro, maio/jun. 2006.

[118] BOONMI, T. Good governance: a strategy to restore Thailand. In D. McCargo (Ed.). *Reforming Thai Politics*. Copenhagen: NIAS Publishing, 2002, p. 31.

[119] FUNDO MONETÁRIO INTERNACIONAL – The IMF's Approach to Promoting Good Governance and Combating Corruption – A Guide. International Monetary Fund. Disponível em: <www.imf.org>. Acesso em: 2012.

[120] WORL BANK. *Governance and development*. Washington-DC: World Bank Publications, 1992.

responsabilidade se apresentam como os grandes pilares aplicados ao gestor público, comprometido com o desenvolvimento equitativo e sustentável, a fim de garantir eficácia e credibilidade do setor público.

A finalidade a ser alcançada no exercício do poder administrativo é a de enfatizar mecanismos gerenciais mais abertos, responsáveis e democráticos[121], que demandam uma abertura de comportamento dos governantes ao público e a exposição do funcionamento e da dinâmica do setor público[122].

Na consecução dessa finalidade, a administração pública serve-se de diretrizes que consigam lidar com a dimensão plural da sociedade, em que atores públicos e privados, num processo dinâmico de interação[123], organizam e geram a vida pública[124].

Não há uniformidade a respeito da enunciação das referidas diretrizes fundamentais para reforçar o atendimento dos objetivos coletivos de uma sociedade. Associadas à ideia de regulações justas e consistentes na estrutura do agir administrativo, essas diretrizes apontam para uma otimização no desempenho administrativo com a devida responsabilização dos gestores públicos[125].

A conjugação e a implementação concreta das diretrizes, as quais refletem em alterações significativas na forma da gestão, assumem, nesse cenário, uma arquitetura administrativa comprometida com a responsividade e voltada ao atendimento das demandas da coletividade. As diretrizes que explicam a interação horizontal entre diferentes atores são variáveis, dentre as quais se destacam alguns.

---

[121] MEDEIROS, Paulo Henrique Ramos & GUIMARÃES, Tomás de Aquino. Contribuições do governo eletrônico para a reforma administrativa e a governança no Brasil. In: *Revista do Serviço Público*, Brasília, v. 56, n. 4, p. 449-464, out./dez 2005.

[122] NETO, Jayme Weingartner. Ministério Público, boa governança e gestão estratégica. In: *Revista do Ministério Público*, v. 137, jan./mar. 2014, p. 106-107.

[123] ORGANIZAÇÃO DAS NAÇÕES UNIDAS. *Benchmarking e-government*: a global perspective. New York: United Nations – Division for Public Economics and Public Administration: American Society for Public Administration, 2002, p. 53-54.

[124] BRESSER-PEREIRA, Luiz Carlos. Uma nova gestão para um novo Estado: liberal, social e republicano. In: *Revista do Servidor Público*, ano 52, n. 1, jan./mar. 2001, p. 12; DINIZ, Eli. Governabilidade, *governance* e reforma do Estado: considerações sobre o novo paradigma. In: *Revista do Serviço Público*, Brasília, ano 47, v. 120, n. 2, p 5-21, maio/ago. 1996, p. 13.

[125] BENTO, Leonardo Valles. *Governança e Governabilidade na reforma do Estado*. Barueri: Manole, 2003, p. 85.

Matias-Pereira afirma que relações éticas, conformidade, transparência e prestação responsável de contas são os elementos que compõem a boa governança e sem as quais o desenvolvimento não se caracteriza. Streit; Klering sustentam ser a boa governança uma nova prática de gestão, na qual a ênfase se dá nos aspectos de participação, transparência, integridade e *accountability*. Rhodes[126] acentua que a boa governança está relacionada a um serviço público eficiente, competitivo, com descentralização administrativa e com *accountability* sobre os recursos públicos. Trata-se de uma perspectiva relacionada às ações do Banco Mundial e do Fundo Monetário Nacional no sentido de responder às exigências de melhoria na eficiência e na eficácia administrativas[127].

2.5. Administração Pública Deliberativa: a Transparência na Justificação Teórica do Discurso de Abertura da Administração Pública no Contexto Brasileiro

A transparência é compreendida como qualidade do agir administrativo resultante do modo aberto de condução da gestão pública. Com efeito, trata-se de um atributo cuja configuração depende de um modelo de governação, no âmbito da Administração Pública, cuja legitimidade é garantida pelo aperfeiçoamento de condições e procedimentos sob os quais se desenvolve a administração deliberativa.

Esse modelo de governação exige uma reflexão sobre a burocracia marcada pela preocupação do papel da Administração Pública em suas organizações e na sua forma de prestação de serviços essenciais à coletividade. Com a evolução social, surgem novos interesses que devem ser satisfeitos pelo Estado, o que demanda a necessidade de a organização administrativa, como categoria instrumental, amoldar-se às novas dimensões de tempo e espaço[128]. Essa adaptação do aparelho

---

[126] RHODES, R. A. W. The new governance: governing without government. In: Political Studies. University of Newcastle-upon-Tyne. n. XLIV, p. 652-667, 1996.

[127] RAQUEL, Izabela. Governança pública: A Consolidação de uma Matriz com Atributos que Caracterizam o Tema, na Perspectiva dos Especialistas. 2012. 175 f. Dissertação (Mestrado em Administração) – Centro Socioeconômico. Universidade Federal de Santa Catarina. Florianópolis, 2012).

[128] Na dinâmica evolutiva, o Estado, como forma de organização política, surge na ordenação e integração social para satisfazer as necessidades humanas e realizar o bem comum. A organização administrativa do Estado é o aparato instrumental para realizar segurança, justiça e o bem-estar econômico e social.

administrativo a uma agenda reformista orientada pela organização do Estado cada vez mais complexa envolve a necessidade de institucionalização de meios de aproximação da sociedade na busca de um consenso.

É uma nova realidade que exige da Administração Pública Brasileira uma abordagem gestionária que incorpore elementos de natureza política, jurídica e social numa íntima imbricação, para promoção da capacidade coletiva da Administração Pública por meio de uma comunicação dialógica fundamentada no desenvolvimento de habilidades relacionais e mediadoras para atingir resultados públicos.

Como uma necessidade fundamental de resgate efetivo da missão da Administração Pública no compromisso de defender, conservar e aprimorar os interesses da coletividade, a referida comunicação dialógica é uma das exigências em que se condensa a interação com a sociedade e reflete a defesa da própria cidadania, e dela derivam, subsequentemente, a legitimidade administrativa e a responsabilização por meio de um controle social permanente.

Na conexão dos princípios democráticos e sociais formulada na proposta habermasiana, a gestão pública deve ser um ambiente de trocas comunicativas entre a Administração Pública e a sociedade, no qual prevaleça o diálogo pela garantia da participação e do controle social nas políticas públicas concretizadoras dos direitos fundamentais, em atendimento às demandas dos diversos grupos sociais.

A construção dessa abordagem gestionária consistente num processo de adaptação da função administrativa às profundas transformações ligadas ao modelo de Estado aponta para um necessário redimensionamento na feição da Administração Pública sedimentada sobre bases legalistas e autoritárias em direção ao caminho em favor do cidadão, da sua dignidade e da realização plena dos direitos fundamentais.

A administração deliberativa fundamentada na comunicação pública dialógica fornece ao Estado Democrático (e social) do Direito, como cavaleiro cruzado da modernização da gestão pública e um modelo sustentável e reflexivo do desenvolvimento, uma dimensão inclusiva, com uma comunicação eminentemente democrática[129] caracterizada pela

---

[129] JARAMILLO LÓPEZ, Juan Camilo. Advocacy: uma estratégia de comunicação pública. In: KUNSCH, Margarida M. Krohling (org.). Comunicação pública, sociedade e cidadania. São Caetano do Sul, SP: Difusão, 2011. p. 61-80.

interação social e pela manutenção de um fluxo de informações pertinentes, confiáveis, inteligíveis, tempestivas e vinculadas a temas de interesse coletivo, no sentido de tornar a Administração Pública mais permeável às demandas existentes na sociedade.

No direito brasileiro, a dimensão inclusiva numa feição deliberativa, delineada a partir dos limites e das fronteiras da publicidade como uma obrigação quase que formal de apregoar o agir do Poder Público, da concepção estreita do conceito de eficiência e despolitização da administração gerencial e da insuficiência instrumental da democracia representativa, justifica-se a partir de uma diretriz principiológica na Constituição Federal de 1988, no tocante ao tratamento dos valores democráticos no exercício da função pública.

Com efeito, a Constituição Federal privilegia a abertura democrática do Estado de Direito e, assim, redimensiona o resguardo do valor da soberania popular. Constata-se, desse modo, uma nova realidade administrativa, na medida em que o texto de 1988 privilegia a ampliação da participação popular não apenas no voto e na escolha de representantes, mas também no controle e na tomada de decisões administrativas. A adoção de técnicas participativas na gestão pública pela Constituição Federal de 1988, em sintonia com a tendência contemporânea de democratização do exercício do poder, representa uma forma mais acentuada de proteção dos direitos fundamentais.

A diretriz prevista na Constituição Federal, como fundamento da dimensão inclusiva, pode ser vista em duas dimensões. Na primeira, dimensão formal, busca-se a efetivação da integração das vozes dos cidadãos e suas comunidades nos aspectos relevantes da Administração Pública como criadoras de valores e como agentes ativos na produção de bens públicos. Na segunda, dimensão material, em direta relação com a anterior, verifica-se a compatibilização de programas e projetos públicos com as exigências e as demandas substantivas de realização máxima dos direitos fundamentais sociais. A organização piramidal fundada exclusivamente na hierarquia, marcada pela centralização e pela imperatividade, no atual estágio civilizatório, é uma ficção[130] diante de uma

---

[130] VITAL MOREIRA. Administração autônoma e associações públicas. Coimbra: Coimbra Editora, 2003, p. 33-34; CASSESE, Sabino. Le Basi del Diritto Amministrativo. Milão: Garzanti, 200, p. 189-190.

sociedade de risco[131], pluralista e organizada em rede[132], o que demanda repensar a organização administrativa para uma estrutura que concretize a flexibilização da hegemonia estatal de modo a romper com as matrizes autoritárias, que impõe a vontade estatal ao cidadão por meio de atos unilaterais, e ampliar o espaço público[133].

O alcance dessa inclusão da sociedade e do cidadão com vistas à eficácia da gestão administrativa é um processo de abertura da Administração Pública que surge, nas últimas décadas do século XX, como alternativa ao modelo de gestão pública fundada na burocracia weberiana, a qual a reduzia a um processo perdulário e ineficiente do interesse público[134]. Em oposição às disfunções da administração burocrática, a Administração Pública gerencial repousa na compreensão de decisões e políticas que incorporam princípios e mecanismos de mercado.

---

[131] O sociólogo alemão Ulrich Beck chama a nossa sociedade contemporânea de sociedade global do risco, uma verdadeira "caixa de pandora" que promove o crescente e contínuo processo de liberação aleatória de "novos riscos" que redundam no retorno da incerteza, da imprevisibilidade e da insegurança, em suas dimensões cognitiva e normativa (BECK, Ulrich. Sociedade de Risco: rumo a uma outra modernidade. São Paulo: Editora 34, 2010). O sociólogo britânico Anthony Giddens chama de "crise do controle", concebida como perda de domínio sobre o mundo em virtude do surgimento de perigos novos (GIDDENS, A. Mundo em descontrole. Rio de Janeiro/São Paulo: Record, 2000).

[132] Aliada ao novo paradigma da tecnologia informacional, a forma das relações sociais em rede se disseminou na realidade social contemporânea gera a estrutura em rede (CASTELLS, Manuel. A era da informação: economia, sociedade e cultura. v. 1. A sociedade em rede. São Paulo: Paz e Terra, 2000).

[133] PIRES, Maria Coeli Simões. Transparência e responsabilidade na gestão pública. Revista do Tribunal de Contas do Estado de Minas Gerais, v. 81, p. 69, 2011. Disponível em: <http://revista.tce.mg.gov.br/Content/Upload/Materia/1335.pdf>. Acesso em: 10 out. 2015.

[134] Em substituição ao patrimonialismo, associado a um modelo de gestão pública dotado de características do clientismo, nepotismo, empreguismo, corrupção, a não diferenciação entre o patrimônio público e privado, a desorganização administrativa, o modelo burocrático de Administração Pública tem sido o recurso tradicional na gestão de políticas públicas e no provimento de serviços. A hierarquia, a rigidez e o Estado como executor direto no desenvolvimento são características da Administração Pública burocrática justificada na época do Estado Liberal (séculos XVIII e XIX). A descrença no modelo burocrático disseminado nas administrações públicas do século XX é uma das características que definem a nossa época. Num período de intensa globalização, as atividades estatais voltadas ao atendimento das demandas da sociedade, exigem mecanismos de flexibilidade, controle, colaboração, dentre outros que ajudem os países a melhorarem suas condições de desenvolvimento.

O paradigma da administração gerencial resultante da proposta de transformação do Estado brasileiro, levado a efeito no final da década de 1990, é a gestão pela qual o Estado assume uma posição subsidiária, interferindo onde houvesse a incapacidade do mercado de resolver por si só o atendimento do interesse público.

Ao mesmo tempo, o modelo gerencialista acaba por limitar, sob o discurso de melhoria da qualidade, eficiência e produtividade dos serviços públicos resultante da combinação de mecanismos de mercado e instrumentos de gestão das organizações privadas, a participação do cidadão na escolha e/ou no controle dos serviços, sem constituir mecanismos para formação de preferências e deliberação[135].

Embora a proposta gerencial da década de 1990 no Brasil[136] tenha buscado enfrentar os problemas nas práxis burocráticas, com técnicas mais modernas e eficientes de gestão, capazes de proporcionar melhorias na provisão de serviços públicos à sociedade, seus princípios e práticas não se harmonizaram com a vontade da Constituição comprometida pela eficácia das políticas públicas e a concretização dos valores democráticos qualificados pelo incremento da participação popular na Administração Pública.

---

[135] NOHARA, Irene Patrícia. Reforma Administrativa e Burocracia: impacto da eficiência na configuração do Direito Administrativo Brasileiro. São Paulo: Atlas, 2012.

[136] Com base no Plano Diretor de Reforma do Aparelho do Estado (PDRAE), a orientação gerencial surge como solução à crise fiscal, no modo de intervenção do Estado no sistema econômico-social e no modelo burocrático de Administração. Introduz-se, portanto, uma especial carga aos métodos de gestão dos negócios privados, com ênfase na eficiência (PEREIRA, L. C. B. Reforma do Estado para a cidadania: a reforma gerencial brasileira na perspectiva internacional. São Paulo: Ed. 34; Brasília: ENAP, 1998; BRASIL. Plano Diretor da Reforma do Aparelho do Estado. Brasília: Presidência da República/Câmara da Reforma do Estado, 1995; PINTO, E. G. Por uma Administração Pública (gerencial ou não) mais *accountable* no Brasil: entre outras coisas, uma questão de respeito às salvaguardas constitucionais. In: Concurso de Ensayos del CLAD "Controly Evaluación del Desempeño Gubernamental", 15, 2001, Caracas, 2001; FERREIRA, C. M. M. Crise e reforma do Estado: uma questão de cidadania e valorização do servidor. In: Petrucci, Vera; Schwarz, Letícia (Org.). Administração Pública Gerencial: a reforma de 1995. Brasília: Editora UnB, ENAP, 1999, cap. 2, p. 63-96; PAULA, Ana Paula Paes de. Por uma nova gestão pública: limites e potencialidades da experiência contemporânea. Rio de Janeiro: Editora FGV, 2005; JUSTEN FILHO, M. Curso de direito administrativo. Belo Horizonte: Fórum, 2012; ABRUCIO, F. L. O impacto do modelo gerencial na Administração Pública: um breve estudo sobre a experiência internacional recente. Brasília: ENAP, 1997. Cadernos ENAP; n. 10; NOGUEIRA, R. P; SANTANA, J. P. Human Resource Management and public sector reforms: trends and origins of a new approach. IPEA, texto para discussão n. 888. Brasília, junho de 2002).

A experiência da proposta gerencial demonstrou que a gestão pública deve envolver, além da eficiência operacional, também a possibilidade efetiva de se considerar a eficácia social da atuação administrativa. A criação de canais e mecanismos para diálogo e participação no enfrentamento dos problemas coletivos racionaliza e legitima a gestão da *res publica*[137].

Essa eficácia social é compreendida como uma gestão integrativa, pois para ela convergirão ações administrativas que removam as barreiras que impedem a cidadania ativa e incentivem a construção de capacidades comunitárias para a concretização dos objetivos fundamentais da República, com supedâneo nas ideias de igualdade e desenvolvimento.

Optar pela deliberação como método de administração, desse modo, significa acomodar uma sociedade pluralista na busca do equilíbrio de interesses contraditórios e antinômicos, em respeito à diversidade e à diferença, com a criação pela Administração Pública de mecanismos de explicação, oitiva e prestação de contas, para que exista uma ação compartilhada e participativa na gestão pública na consecução do interesse público, na qual prevaleçam a expressão, a interpretação e o diálogo[138].

Mas para que esse arranjo institucional[139] se realize como modelo de gestão face à dinamicidade da realidade contemporânea e às novas demandas sociais, a abertura depende da presença de atributos configuradores dessa nova vertente no reformismo administrativo fundamentado não só num sentido material na forma de atuação da Administração Pública, mas também e sobretudo na descentralização do processo decisório e da ação pública para fora dos limites das instituições formais do Estado alicerçada na consecução do interesse público e na satisfação das necessidades sociais.

---

[137] PIRES, Maria Coeli Simões. Transparência e responsabilidade na gestão pública. Revista do Tribunal de Contas do Estado de Minas Gerais, v. 81, p. 69, 2011. Disponível em: <http://revista.tce.mg.gov.br/Content/Upload/Materia/1335.pdf>. Acesso em: 04 jul. 2014.

[138] MARQUES, Ângela; MATOS, Heloiza. Comunicação e política: capital social, reconhecimento e deliberação pública. São Paulo: Summus, 2011.

[139] Esse arranjo que incorpora dimensão sociopolítica à gestão pública é a governança pública como será analisado em capítulo próprio. Governança surge da consciência de que o Estado não pode ser o único ator envolvido na direção e gestão de interesses comuns. Porém seu surgimento se deu a partir das críticas na orientação gerencial da ação pública, num contexto político-jurídico que impulsionou o desenvolvimento desse tipo de gestão na sociedade contemporânea.

Esses atributos viabilizadores no surgimento desse aparato organizacional, na qual o ente estatal compartilha sua autoridade internamente e com instituições, instâncias, organizações e atores diversos, locais, regionais, nacionais e supranacionais, públicos e privados, conexionados por pontos nodais que sustentam múltiplas relações de distensão do poder em lógica pluricêntrica, têm pauta teórica e focam na ressignificação do cânone democrático destinado a conformar a Administração Pública neste início de século, passando pela análise da modernização da atuação administrativa que desenvolva uma capacidade de resposta às exigências e às demandas substantivas de uma nova e complexa ordem social.

Nesse contexto, a abertura administrativa encontra-se intimamente associada a um modelo que se caracteriza pela integração com comunicação e diálogo, por meio de instrumentos de governança participativa para consulta e representação direta dos cidadãos, que busque pautar o controle da Administração Pública com vistas à concretização dos preeminentes anseios democráticos da nossa sociedade.

Essa abertura administrativa há de ser alcançada a partir da análise das características que permitem afirmar que ela se submete a uma democratização administrativa. Serão aqui consideradas a *inclusão*, o *consenso*, a *vigilância* e a *inovação*, que correspondem, na realidade, a verdadeiros traços gerais da Administração Pública no século XXI, dentre as muitas que a colocam em posição de um modelo contemporâneo de governação da Administração Pública[140].

---

[140] BEHN, R. O novo paradigma da Administração Pública e a busca da accountability democrática. In: RSP, Revista do Serviço Público, ano 49, n. 4, p. 5-44, out.-dez. 1998; V.; SCHWARZ, L. (Orgs.). Administração Pública gerencial: a reforma de 1995: ensaios sobre a reforma administrativa brasileira no limiar do século XXI. Brasília: UNB: ENAP, 1999, p. 17-62; BOURGON, J. O cidadão no coração da reforma do setor público. Em busca de uma nova síntese para a Administração Pública – textos para discussão. Brasília: ENAP, 2010b, caderno NS6; DINIZ, E. Governabilidade, democracia e reforma do Estado: os desafios da construção de uma nova ordem no Brasil dos anos 90. In: Diniz, E; Azevedo, S. (Orgs.). Reforma do Estado e democracia no Brasil. Brasília: UNB, 1997; DUNLEAVY, P.; HOOD, C. From old public administration to new management. In: Public Money and Management, vol. 14, n. 3, p. 9-16, 1994; EVANS, P. B. Análise do Estado no mundo neoliberal: uma abordagem institucional comparativa. In: Revista de Economia Contemporânea, n. 4 p. 51-85, jun.-dez. 1998; GRANIER, L. El espacio de la política en la gestión pública. In: BRESSER-PEREIRA, L. C. et al. (Orgs.). Política y Gestión Pública. Caracas: CLAD; Buenos

Esses atributos gerais dizem respeito à incorporação, ao funcionamento da Administração Pública, de elementos de natureza institucional que aproximem a cidadania da gestão pública. Nesse contexto, uma administração inclusiva deve ter, como objetivo, não apenas a eficiência instrumental, mas a ampliação da participação da sociedade civil na busca de soluções para problemas coletivos e o aprofundamento da democracia[141].

Nesse cenário, os referidos atributos, partindo da crise de legitimidade que atinge os sistemas representativos, expressam a necessidade do comprometimento da Administração Pública para implementar um projeto institucional de expansão do conceito de *accountability* como um processo de prestação de contas para a responsabilização pública, visando resultados sociais e sistêmicos, com a forma de um sistema abrangente de acesso à informação pública com uma plataforma tecnológica institucional que converte os dados governamentais em dados abertos para os cidadãos avaliarem, opinarem e decidirem sobre a gestão pública, e de expansão das vias para integrar as vozes dos cidadãos e suas comunidades nos aspectos relevantes da Administração Pública[142].

Assim, os atributos, ao abrangerem a participação democrática no âmbito da Administração Pública, diz respeito às iniciativas da própria Administração no sentido de construir canais para que os cidadãos tenham condições de envolvimento com a coisa pública no controle das

---

Aires: Fondo de Cultura Económica de Argentina, 2004; GREGORY, R. Accountability, responsability and corruption: mananging the public production process. In: Boston, J. The state under contract. Wellington: Bridget Williams Book, 1995, p. 97-114.

[141] "Não há democracia sem participação. De sorte que a participação aponta para as forças sociais que vitalizam a democracia e lhe assinam o grau de eficácia e legitimidade no quadro social das relações de poder" (BONAVIDES, Paulo. Teoria Constitucional da Democracia Participativa: por um direito constitucional de luta e resistência, por uma nova hermenêutica, por uma repolitização da legitimidade. São Paulo: Malheiros, 2008, p. 51).

[142] BOURGON, J. Finalidade pública, autoridade governamental e poder coletivo. In: Revista do Serviço Público, v. 61, n. 1, p. 5-34, jan./mar. 2010. Disponível em: <http://www.enap.gov.br/downloads/RSP%2061-1.pdf>. Acesso em: 05/10/2015; Almazán, R. S., La larga marcha del Gobierno Abierto. Teoría, medición y futuro. México D.F.: Instituto Nacional de Administración Pública, A.C, 2013; Caffarena, V. A. De la transparencia al Gobierno Abierto. In: Telos, 2013, pp. 74-76; Climent, M. Á. B. La transparencia informativa de las administraciones públicas. Pamplona: Aranzadi, 2014; Lathrop, D. & Ruma, L. R. Open Government. Transparency, Collaboration and Participation in Practice. s.l.: O'Reilly Media, 2010.

políticas em direção ao bem comum[143]. A ideia da participação democrática encontra-se fortemente associada à de legitimação na ação pública. A relação entre ambas leva à conclusão de que sem participação não há que se falar em legitimidade do exercício do poder administrativo, diante do quadro de crise da democracia representativa. Essa qualificação democrática decorrente do fenômeno participativo tem um relevante papel de colaboração nas formas pelas quais a Administração Pública elabora e executa suas políticas, resultando em ganhos que visam a melhorar ou facilitar o dia a dia da ação pública[144].

3. Um Modelo de Administração Pública Orientação à Era Digital: Foco no Cidadão

3.1. Tecnologia e Sociedade: Sociedade de Informação

A tecnologia é parte integrante da vida do homem e da sociedade, funcionando como ferramenta para o desenvolvimento da civilização. Insere-se num processo histórico não linear, atua como canal de expressão da cultura das sociedades e serve como instrumento transformador das formações sociais[145].

---

[143] "Se haría prácticamente imposible la administración de bienes ajenos, por invertirse de hecho su titularidad al conceder la más amplia libertad de actuación al gestor y convertir al propietario em un simple espectador de su espoliación" (MENDIZÁBAL ALEENDE. Función y esencial del Tribunal de Cuentas. In: Revista de Administración Pública, n. 46, 1965, p. 13).

[144] BRUGUÉ, Q. e SUBIRATS, J. Introducción. In: Brugué, Quin e Subirats, Joan (seleção de textos). Lecturas de gestión pública. Madrid: Instituto de Administración Pública, 1996, p. 403-418; PEREZ ROYO, Javier. El Tribunal de Cuentas em La Constitución y em el proyecto de ley reguladora del mesmo, em AA.VV.: El Tribunal de Cuentas em España, vol. II, Instituto de Estudios Fiscales. Madrid, 1982, p. 1146.

[145] VARGAS, M. Para uma filosofia da tecnologia. São Paulo: Alfa Ômega, 1994; BRITO, Glaucia da Silva. Educação e Novas Tecnologias: um repensar. Curitiba: Ibpex, 2008; JOHNSON, Steven. Cultura da interface: como o computador transforma nossa maneira de criar e comunicar. Rio de Janeiro: Jorge Zahar, 2001; PINTO, Álvaro Vieira. O conceito de tecnologia. Rio de Janeiro: Contraponto, 2005. v. 1, p.20; "o valor da tecnologia não está nela em si mesma, mas depende do uso que fazemos dela." (CÔRREA, Juliana. Novas tecnologias de informação e da comunicação: novas tecnologias de ensino e aprendizagem. In: COSCARELLI, Carla Viana (org.). Novas tecnologias, novos textos, novas formas de pensar. Belo Horizonte: Autentica, 2002); CARDOSO, T. F. L. Sociedade e Desenvolvimento Tecnológico: Uma Abordagem Histórica. In: Grinspun, M.P.S.Z. (org.). Educação Tecnológica: Desafios e Perspectivas. São Paulo. Cortez. 2001; VERASZTO, E. V. Projeto Teckids: Educação Tecnológica no Ensino Fundamental. Dissertação de Mestrado. Campinas. Faculdade de Educação. UNICAMP. 2004.

Fala-se em interação entre sociedade e tecnologia como um processo impreciso e de conteúdo heterogêneo, associado à determinação das técnicas de que dispõe um grupo social em qualquer fase histórica de seu desenvolvimento e ao surgimento de comportamentos, valores e atitudes adaptáveis aos estágios evolutivos referentes aos momentos tecnológicos[146].

Fator de organização social, instrumental de produtividade e/ou competitividade, aplicação de conhecimentos ou atividade humana em que se busca a solução de problemas práticos, a tecnologia exerce influência decisiva na sociedade, seja trazendo benefícios à humanidade com o conforto proporcionado pelos diversos aparatos e dispositivos técnicos, seja com os riscos da evolução tecnológica resultante em lucros, interesses e diversas questões sociais, éticas e políticas[147].

É nesse contexto do progresso tecnológico e do seu impacto social que na história da humanidade, desde o início da civilização, é possível

---

[146] "As tecnologias são produzidas e apropriadas de formas diferenciadas, a partir de dinâmicos processos socioeconômicos, culturais e políticos específicos. Uma tecnologia influencia fenômenos sociais e é marcada por eles, em um complexo movimento histórico de reciprocidades, usos, inovações, desvirtuamentos e disputas" (RIBEIRO DE MELLO, Gilberto. Estudos de Prática de Governança Eletrônica: instrumento de controladoria para tomada de decisões na gestão dos Estados Brasileiros. São Paulo: USP, 2009. 187 f. Tese (Doutorado em Ciências Contábeis) – Programa de Pós-Graduação em Ciências Contábeis, Faculdade de Economia, Administração e Contabilidade, Universidade São Paulo, São Paulo, 2009).

[147] SCHIENSTOCK, G. Technology policy in the process of change. Changing paradigms in research and technology policy? In: Aichholzer y Schienstock, 1994; WYNNE, B. Redefining the Issues of Risk and Public Acceptance. In: Futures, Fevereiro, 1983; BUNGE, M. Treatise on basic philosophy. v.7: Philosophy of science and technology. Dordrecht, Reidel, 1985; MITCHAM, Carl. Thinking through technology. The path between engineering and philosophy. Chicago: The University of Chicago Press, 1994; SCHIENSTOCK, G. (1994): "Technology policy in the process of change. Changing paradigms in research and technology policy", in Aichholzer, G y Schienstock, G. (eds.) Technology policy: Towards and integration of social and ecological concerns, Berlin-Nueva York, De Gruyter; WYNNE, B. (1.983): "Redefining the issues of risk and public acceptance" Futures, Febrero, 13, 32; PACEY, A. The Culture of Technology. Cambridge, MA: MIT Press. 1983; CARVALHO, M. G. Tecnologia e Sociedade. IN: Tecnologia e Interação. João A S. L. Bastos (org.) Coletânea "Educação e Tecnologia", PPGTE-CEFET. Curitiba: CEFET- PR, 1998, p. 01; BAZZO, W. A. Ciência, Tecnologia e Sociedade: e o contexto da educação tecnológica. Florianópolis: Ed. da UFSC, 1998; HERRERA, Amílcar. et al. Las Nuevas Tecnologías y el Futuro de América Latina. Siglo XXI. México. 1994; HEIDEGGER, Martin. Introdução à Metafísica. São Paulo: Piaget, 1987.

detectar movimentos ou eras tecnológicas, ou seja, épocas na evolução histórico-social do homem marcadas pelo predomínio de um tipo de tecnologia[148]. O desenvolvimento tecnológico da humanidade pode ser classificado em quatro eras: industrial, elétrica, eletrônica e da informação.

Com isso, se o desenvolvimento tecnológico faz parte das dinâmicas sociais, bastante peculiar à perspectiva do progresso técnico, é possível afirmar, com a chegada dos computadores, e principalmente com a internet, que estamos vivendo numa realidade em que o fluxo de mensagens e imagens entre as redes passou a ser o ingrediente básico nas relações sociais, revelando a configuração de uma sociedade tecnológica marcada pelo avanço da tecnologia de informação, uma verdadeira sociedade de informação. No contexto da sociedade de informação, os avanços da microeletrônica permitiram o desenvolvimento das tecnologias de informação e comunicação, e o surgimento da era eletrônica, fatores que condicionam a exigência de um momento histórico-cultural mais aberto e potencializado pela difusão, pela disseminação e pela transmissão de informações para todos e por todos[149].

Na era eletrônica, ancorada nas novas tecnologias digitais, surge um novo ambiente de informação e comunicação, com transmissão global, velocidade ímpar e subversão dos fatores de tempo e espaço, que propicia novas formas de sociabilidade, influenciando no relacionamento entre o público e o privado. É o ciberespaço[150], termo citado

---

[148] ORTEGA Y GASSET, J. Meditação da técnica. Rio de Janeiro: Livro Ibero Americano Limitada, 1963.

[149] "A capacidade criar, difundir e usar conhecimento e informação é cada vez mais o principal fator para o crescimento econômico e a melhoria da qualidade de vida" (OCDE, OCDE SCIENCE. Technology and Industry Scoreboard 1999. Benchmarking Knowledge – based Economies, OCDE, 1999); HOBSBAWM, E O Novo Século (Entrevista a Antônio Polito). São Paulo, Companhia das Letras, 2000.

[150] Parece-nos útil delimitar o âmbito do ciberespaço em dois aspectos: a) aspecto subjetivo: ele designa os seres que navegam e alimentam o universo das redes digitais; dentro do aspecto subjetivo do ciberespaço a concepção dos seres se utiliza desse espaço se identificam como identidades nômades sem corpo, sem simultaneidade de presença, apenas em solidão coletiva. Nesta linha há um universo complexo e dinâmico de interações de sujeitos que transitam no ambiente virtual com discursos, práticas e imagens que passam a influenciar a conformação social; b) aspecto objetivo: ele designa o conteúdo que abrange um universo oceânico de informações com base numa infraestrutura material da comunicação digital. Ao lado da socialização, o ambiente virtual proporciona intercâmbio intenso de

por William Gibson no romance *Neuromancer*, entendido como um espaço de comunicação aberta que surge da interconexão mundial de computadores.

A Era Eletrônica, especialmente com o surgimento da internet, propicia a invasão no corpo da vida comunitária de uma nova identidade social baseada na ampliação da informação como papel de moeda globalizante, criando a *sociedade em rede* e uma *cidadania eletrônica* ou *cibercidadania*[151].

3.2. A Adoção das Novas Tecnologias de Informação e Comunicação na Administração Pública Brasileira

A Sociedade de Informação[152] foi introduzida com paradigma de sociedade a partir da década de 1960-1970, difundindo-se no final do século XX e, no processo, adquirindo características de uma sociedade

---

informações e imagens, especialmente com o advento da internet e o desenvolvimento da web (LEVY, Pierre. Cibercultura. São Paulo: Editora 34, 1999; LYSLOFF, René. Musical life in Soft city: in internet ethnography. In musical and technoculture. LYSLOFF, René & GAY, Leslie (orgs). Middletown: Wesleyan University Press; GIDDENS, Anthony. Modernidade e identidade. Traduzido por Plínio Dentizien. Rio de Janeiro: Jorge Zahar, 2002).

[151] PIERANTI, O. P.; RODRIGUES, S.; PECI, A.. Governança e New Public Management: convergências e contradições no contexto brasileiro. In: XXXI Encontro da ANPAD, Rio de Janeiro, 2007; TOFFLER, Alvin. A terceira onda. Rio de Janeiro: Record, 1997; AKUTSU, L.; PINHO, J. A. G. Sociedade da informação, accountability, e democracia delegada: investigação em portais de governo no Brasil. Revista de Administração Pública, Rio de Janeiro, v. 36, n. 5, p. 723-745, set./out. 2002; LOCK, F. N.. Transparência da gestão municipal através das informações contábeis divulgadas na internet. 2003. 111f. (Dissertação – Mestrado em Gestão Pública para o Desenvolvimento do Nordeste) – Universidade Federal de Pernambuco. Recife, 2003. SANTANA JUNIOR, J. J. B.. Transparência fiscal eletrônica: uma análise dos níveis de transparência apresentados nos sites dos poderes e órgãos dos Estados e do Distrito Federal do Brasil. 2008. 176f. Dissertação (Mestrado em Ciências Contábeis) – Programa Multinstitucional e Inter-regional de Pós-graduação em Ciências Contábeis. Recife, 2008; CASTELLS, Manuel. A sociedade em rede. São Paulo: Paz e Terra, 1999.

[152] A sociedade de informação pode ser vista como uma revolução da informação ocorrida na história da humanidade após a invenção da escrita, livro escrito e impressão, ou como paradigma construído em função da dependência da tecnologia e da ciência, como sequência conceitual ao longo do eixo da produção e dos tipos de conhecimento utilizados (BELL, D. O advento da Sociedade Pós-Industrial: uma tentativa de previsão social. Trad. Heloysa de Lima Dantas. São Paulo: Editora Cultrix, 1973, p. 25; KUMAR, Krishan. Da Sociedade Pós--Industrial à Pós-Moderna: Novas Teorias sobre o Mundo Contemporâneo. Rio de Janeiro: Jorge Zahar Editor, 1997, p. 21).

em que as tecnologias de informação e comunicação têm alta penetrabilidade e a interatividade passa a ser o ingrediente básico das comunicações. Essa inovada designação com que se identifica uma sociedade "pós-industrial" adquire um sentido próprio no campo da organização geopolítica, por apontar o surgimento de um novo paradigma técnico-social em que a informação se tornou recurso estratégico em todos os setores da atividade humana[153].

A organização e a disseminação da informação, como meios e formas de criação de conhecimento e, ao mesmo tempo, necessidades sociais e elementos essenciais no pleno exercício dos direitos humanos[154], nesse paradigma de organização das sociedades contemporâneas[155], passam a ser objetos de reflexão com desafios na construção da transparência administrativa.

O processo evolutivo das tecnologias da informação encontra abertura da Administração Pública para integrá-las na condução da gestão pública, seja sob o aspecto orgânico, seja sob o aspecto funcional[156]. Essa integração ao advento da internet e das inovações tecnológicas na comunicação implica a utilização dos sistemas de informação e das tecnologias de informação e comunicação no modo de criar, armazenar, processar e produzir informações e conhecimento[157]. Com efeito, uma

[153] FARIA DA COSTA, José de. O Papel do Provedor de Justiça e o acesso à Informação Pública. Disponível em: acesso em 10/01/2016.
[154] UNESCO. Communication and society: a documentary history of a new world information and communication order seen an evolving and continuous process, 1975 -1986. Paris: UNESCO, 1987, p. 27.
[155] TAKAHASHI, T. (org.). Livro verde da Sociedade da Informação no Brasil. Brasília: Ministério da Ciência e Tecnologia, 2000, p. 5.
[156] O fenômeno de uma Administração Pública adaptada às tecnologias de informação e comunicação possui dificuldade conceitual, face à sua característica emergente e abrangente. E o desconcerto aumenta quando a doutrina apresenta o estudo do tema, seja num contexto relacional, seja num contexto de evolução de acordo com as aplicações de TIC na gestão pública.
[157] A implantação da sociedade de informação implica no desenvolvimento de ações referentes ao estabelecimento de uma Administração Pública que se adapte às necessidades de uma nova Era do Conhecimento, no sentido de proporcionar, através das TIC, melhorias nos processos de gestão interna da Administração Pública e de prestação de serviços à população (MEDEIROS, Paulo Henrique Ramos. Governo eletrônico no Brasil: aspectos institucionais e reflexos na governança. 2004. 314 f. Dissertação (Mestrado) – Curso de Mestrado em Administração. Universidade de Brasília, Brasília, 2004; COELHO, Espartaco

Administração Pública habilitada pela evolução e pela convergência tecnológica implica a inovação e a adaptação como componentes necessários no funcionamento da máquina pública.

Inovação significa atualização de métodos e ferramentas da evolução tecnológica na formulação e na gestão das políticas públicas e na prestação dos serviços públicos. No aspecto da inovação assume especial relevância a criação e a manutenção da infraestrutura necessária de plataformas *web*, bem como o tipo e a forma de colocação dos dados nessas plataformas. Adaptação significa adequar a forma de relacionamento com a sociedade ao contexto da sociedade de informação. Nesse aspecto, merecem destaque as mudanças nas condições de uso de tecnologias, como parte estratégica de modernização dos governos, para criar e aumentar a geração do valor público de participação, transparência e colaboração[158].

Essa situação imediatamente coloca em destaque o surgimento de uma Administração Pública que, ao mesmo tempo em que o uso das

Madureira. Governo eletrônico e seus impactos na estrutura e na força de trabalho das organizações públicas. In: Revista do Serviço Público, Brasília, ano 52, n. 2, p. 111-138, abr./jun. 2001; DINIZ, Eduardo Henrique et al. O governo eletrônico no Brasil: perspectiva histórica a partir de um modelo estruturado de análise. In: Revista de Administração Pública, Rio de Janeiro, v. 43, n. 1, p. 23-48, jan./fev., 2009; PINHO, José Antônio Gomes. Investigando portais de governo eletrônico de estados no Brasil: muita tecnologia, pouca democracia. In: Revista de Administração Pública, Rio de Janeiro, v.43, n.3, p. 471-493, mai./jun. 2008; RUEDIGER, Marco Aurélio. Governança democrática na era da informação. In: Revista de Administração Pública. Rio de Janeiro, v. 37, n. 6, p. 1257-1280, nov./dez. 2003).

[158] RAMÍREZ-ALUJAS, Álvaro V. Gobierno abierto es la respuesta: ¿cuál era la pregunta?. Revista Más Poder Local, v. 12, p. 14-22, 2012; NICO, C. The concept of participation. If they have access and interact, do they really participate? Revista Fronteiras– estudos midiáticos, v.14, n.2, p.164-177, 2012. [472] FERRO, E., LOUKIS, E. N., CHARALABIDIS, Y.; OSELLA, M. Policy making 2.0: From theory to practice. In: Government Information Quarterly, v. 30, n. 4, p. 359-368, 2013; GURSTEIN, Michael. Open data: empowering the empowered or effective data use for everyone? First Monday, v. 16, n. 2, 2011; KITCHIN, Rob. Four critiques of open data initiatives. The Impact Blog. Londres: London School of Economics and Political Science, 2013. Disponível em: <http://blo-gs.lse.ac.uk/impactofsocialsciences/2013/11/27/four-critiques-of-open-data-initiati-ves>. Acesso em: 06 set. 2014; NOVECK, B. S. S. Wiki government: how technology can make government better, democracy stronger, and citizens more powerful. Washington: Brookings Institution Press, 2009. [473] MANSELL, Robin; WEHN, Uta. Knowledge societies: information technology for sustainable development. New York: Oxford University Press, 1998. Disponível em: <http://www.sussex.ac.uk/spru/ink/knowledge.html>. Acesso em: 10/10/2014.

tecnologias computacionais passa a ser o ingrediente básico na sua organização e funcionamento, encontra dificuldades técnicas, altos custos, exclusão digital, plataformas incipientes, dados vagos e descontextualizados, insegurança na proteção de dados e resistência institucional[159].

A aplicação das tecnologias de informação e comunicação com "qualidade" no âmbito da Administração Pública, fator de desenvolvimento econômico e social no país[160], além de elemento vital para a sobrevivência organizacional, resulta de um processo evolutivo com custos e riscos financeiros e políticos no uso das tecnologias digitais pela Administração Pública, como parte integrada das estratégias de modernização administrativa para gerar benefícios à sociedade[161].

Frequentemente, a utilização da internet como canal digital de acesso e entrega de informações e serviços públicos eletrônicos não é suficiente para conter a corrupção cometida pelos agentes públicos, pois estes, quando extravasados de seus naturais limites no exercício do mandato, cargo, emprego ou função pública, com o objetivo de obter ganhos privados, lesando o patrimônio público, muitas vezes não podem ser contidos sem o efetivo controle social relacionado com uma comunicação pública, que seja espaço de cidadania e responsabilidade na condução da gestão pública.

Por isso, reconhece-se a utilização das tecnologias de informação e comunicação não apenas para melhoria do desempenho da gestão interna, mas, igualmente, para estimular a democratização das ações

---

[159] FERRO, E., LOUKIS, E. N., CHARALABIDIS, Y.; OSELLA, M. Policy making 2.0: From theory to practice. In: Government Information Quarterly, v. 30, n. 4, p. 359-368, 2013; GURSTEIN, Michael. Open data: empowering the empowered or effective data use for everyone? First Monday, v. 16, n. 2, 2011; KITCHIN, Rob. Four critiques of open data initiatives. The Impact Blog. Londres: London School of Economics and Political Science, 2013. Disponível em: <http://blogs.lse.ac.uk/impactofsocialsciences/2013/11/27/four-critiques-of--open-data-initiati-ves>. Acesso em: 06 set. 2014; NOVECK, B. S. S. Wiki government: how technology can make government better, democracy stronger, and citizens more powerful. Washington: Brookings Institution Press, 2009.

[160] MANSELL, Robin; WEHN, Uta. Knowledge societies: information technology for sustainable development. New York: Oxford University Press, 1998. Disponível em: <http://www.sussex.ac.uk/spru/ink/knowledge.html>. Acesso: 10/10/14.

[161] ORGANIZATION FOR ECONOMIC CO-OPERATION AND DEVELOPMENT. OECD Egovernment studies – the e-government imperative. Paris: OECD Publishing, 2003.

públicas, no sentido de concretizar uma Administração Pública que preste contas à sociedade com esclarecimento compartilhado das suas atividades. Ao lado da inovação centrada nos aspectos técnicos, deve existir mudança de postura sobre uma perspectiva de valor público que apresente ganhos democráticos baseados na cocriação e na coprodução de dados e decisões, de forma a impulsionar uma nova abordagem na gestão pública fundamentada numa governança democrática e aberta que consiga, enfim, combater a corrupção[162].

Nesse cenário, "Administração Eletrônica" é um processo evolutivo no uso das tecnologias de informação e comunicação pela Administração Pública[163] para promover não apenas a eficiência administrativa, mas também a efetividade no sentido de permitir o controle social e a participação popular, com estruturas e medidas de facilitação de acesso à informação pública e para melhoria da prestação dos serviços públicos aos cidadãos[164].

Além da automação dos processos e da disponibilização de serviços e informações públicas, com migração dos sistemas existentes

---

[162] MARQUES, F. P. J. Muro baixo, o povo pula: iniciativas institucionais de participação digital e seus desafios fundamentais. Opinião Pública, v.16, p. 117-142, 2010; GOMES, Wilson. Participação Política Online: Questões e hipóteses de trabalho. In: MAIA, R. C. M.; GOMES, W.; MARQUES, F. P. J. A. Internet e Participação política no Brasil. Porto Alegre: Sulina, 2011, p. 19-45.

[163] "É uma aplicação de tecnologias de informação e comunicação (TIC) para o desenvolvimento nacional objetivando a modernização da gestão pública, políticas públicas de universalização e políticas de caráter industrial de TIC" (POLIZELLI, Demerval L; OZAKI, Adalton M. Sociedade da Informação: os desafios na era da colaboração e da gestão do conhecimento. São Paulo: Saraiva, 2008, p. 177); NAÇÕES UNIDAS. Benchmarking E-Government: a global perspective. New York: United Nations, American Society for Public Administration, 2002, p.1; OKOT-UMA, R. Electronic Governance: Re-inventing Good Governance. London: Commonwealth Secretariat London, 2001, p. 9.

[164] PACIFIC COUNCIL ON INTERNATIONAL POLICY. Roadmap for e-government in the developing world. Los Angeles: Pacific Council on International Policy, 2002, 31 p.6; SEIFERT, Jeffrey. A primer on e-Government: sectors, stages, opportunities, and challenger of online governance. In: Report for Congress, New York, jan. 2003, p. 4; ZWEERS, K.; PLANQUE, K. Electronic government: from a organizational based perspective towards a client oriented approach. In: PRINS, J. E. J. (Ed.). Designing E-government. [S.l.]: Kluwer Law International, 2001, p. 92; MEDEIROS, P. H. R; GUIMARÃES, T. A. A relação entre governo eletrônico e governança eletrônica no governo federal brasileiro. In: Cadernos EBAPE.BR, v. 3, n. 4, p. 1-18, 2005.

em plataformas convencionais para os sistemas com interface *web*[165], a "Administração Eletrônica" implica mudança no modo como a Administração Pública, com o uso das tecnologias de informação, atinge seus objetivos[166].

Nesse processo de mudança, sob o influxo da modernização do Estado apoiado no uso das novas tecnologias de informação, representado pela informatização de suas atividades internas e pela comunicação com o público externo, surge a partir dos anos 2000 um sistema de inter-relação, uma verdadeira via de mão dupla, em que a Administração Pública procura ir ao encontro das necessidades do cidadão em termos de informações e serviços, mas precisa do acesso e da participação para justificar e manter sua existência[167].

Esse processo evolutivo no âmbito da Administração Pública Brasileira foi feito de maneira gradual, mas necessário, a fim de inserir a Administração Pública no contexto da sociedade de informação e conhecimento, tornar nossa economia mais dinâmica e competitiva e adaptar sua estrutura com o redesenho da geopolítica informacional no quadro da globalização e as novas agendas sociais no plano local, nacional e transnacional[168].

[165] UNITED NATIONS; AMERICAN SOCIETY FOR PUBLIC ADMINISTRATION. Benchmarking egovernment: a global perspective. New York: Division for Public Economics and Public Administration, 2002.
[166] EUROPEAN COMMUNITIES. The role of egovernment for europe's future. Brussels: Commission of the European Communities, 2003.
[167] SILVA, H. P. e LIMA, J. B. Governo Eletrônico e Informação Utilitária: uma relação necessária para uma efetiva inclusão digital. Disponível em eposcom.portcom.intercom.org.br/bitstream/1904/16892/1/R20911.pdf Acesso em 12 mar. 2014, p. 1; FERGUSON, M. Estratégias de governo eletrônico: o cenário internacional em desenvolvimento. IN: EISENBERG, J; CEPIK, M (Orgs). Internet e política: teoria e prática da democracia eletrônica. Belo Horizonte: Editora: UFMG, 2002, p. 104-105; PINHO, José Antonio G. de. Investigando portais de governo eletrônico de Estados no Brasil: muita tecnologia, pouca democracia. In: Revista de Administração Pública, v. 42, n. 3, maio/jun. 2008, p. 473; MEDEIROS, Paulo Henrique Ramos; GUIMARÃES, Tomás de Aquino. A Institucionalização do Governo Eletrônico no Brasil. In: Revista de Administração Empresarial (ERA), v. 46, n. 4, 2005, p. 67; SILVA, Arídio; RIBEIRO, José Araújo; RODRIGUES, Luiz Alberto. Sistemas de Informação na Administração Pública. Rio de Janeiro: Revan.2005, p. 191.
[168] JARDIM, José Maria. Governo Eletrônico no Brasil: O Portal Rede Governo. In: Arquivística.net – www.arquivistica.net, Rio de janeiro, v.3, n.1, p. 28-37, jan./jun.2007, p. 28-37. Acesso em: 10/05/2013.

Indicadores demonstram a necessidade de cada vez mais se buscar a interação digital entre Administração Pública e sociedade. Nos dias atuais, o Brasil, segundo *ranking* dos países mais avançados em tecnologias de informação e comunicação, elaborado pelo Huawei na 3ª edição do Índice Global de Conectividade, ocupa pelo segundo ano seguido o 30º lugar no relatório sobre melhores redes, investimentos e tecnologias de informação no mundo. No indicador do Fórum Econômico Mundial, o Brasil ocupa o 72º lugar no relatório global de tecnologia de informação de 2016, fundamentado na atuação fraca do governo na promoção das tecnologias digitais.

No processo de evolução do uso das tecnologias de informação e comunicação na Administração Pública brasileira, temos duas fases: a) a da inovação (dos anos 1950 até a década de 1980); e b) a de adaptação (dos anos 1990 até os dias atuais), dividida em duas partes: a Administração Eletrônica e a Administração Digital[169].

O marco histórico da Administração Eletrônica foi o programa da Sociedade de Informação (SocInfo), instituído pelo governo federal e concebido em 1996 a partir de um estudo conduzido pelo Conselho Nacional de Ciência e Tecnologia (CCT). Parte integrante de um conjunto de projetos que compõem o Plano Plurianual 2000-2003 (PPA), com um aporte de recursos previsto de R$ 3,4 bilhões, coordenado pelo Ministério da Ciência e Tecnologia (MCT), o programa que resultou num amplo conjunto de serviços na internet e um portal Rede de Governo foi formalizado na Gestão do então Presidente Fernando Henrique Cardoso.

As primeiras iniciativas de implantação da Administração Eletrônica, elaboradas nos anos 2000, se preocupavam com a eficiência para que

---

[169] AGUNE, R.; CARLOS, J. Governo eletrônico e novos processos de trabalho. In: LEVY, E.; DRAGO, P. (Orgs.). Gestão pública no Brasil contemporâneo. São Paulo: Fundap, 2005; OSBORNE, D. Banishing bureaucracy: the five strategies for reinventing government. New York: Plume, 1997; RONAGHAN, S. Benchmarking e-government: a global perspective. Assessing the progress of the UN member states. United Nations Division for Public Economics and Public Administration & American Society for Public Administration, May, 2002; MEDEIROS, P. H. Governo eletrônico no Brasil: aspectos institucionais e reflexos na governança. Dissertação (Mestrado em Administração) — Universidade de Brasília (UnB), Brasília, 2004; GRANT, G.; CHAU, D. Developing a generic framework for e-government. Journal of Global Information Management, v. 13, n. 1, Jan./Mar. 2005.

recursos e serviços da Administração Pública se tornassem acessíveis em meios digitais. Foi por força do Decreto Presidencial de n. 03, de abril de 2000, com a criação de um Grupo de Trabalho em Tecnologia da Informação (GTTI), destinado a examinar e propor políticas, diretrizes e normas relacionadas com as novas formas eletrônicas de interação, que se deu início à fase da adaptação pela vertente da Administração Eletrônica.

As regras de interação direta da Administração Pública com o cidadão contidas nessas primeiras iniciativas surgiam de forma unidirecional, em que a Administração Pública determina quais informações estarão disponíveis ao cidadão, sendo o único responsável por entender e atender as demandas da sociedade, uma vez que a questão era tratada com foco na compreensão dos serviços sob a ótica do cidadão e de natureza eficiente.

No contexto de modernização e reforma da Administração Pública, a Administração Eletrônica busca melhorar a eficiência nas operações da gestão pública e a qualidade dos serviços públicos. No momento em que a Administração Pública adota estruturas e processos que potencializem boas práticas de governança eletrônica, proporcionando mais transparência com provimento democrático de informações para decisão e abertura de canais de comunicação com o cidadão, fala-se na sua vertente digital, direcionada à promoção de uma Administração aberta e responsável[170].

A Administração Eletrônica orientada na maior eficiência sobre os gastos públicos, na capacidade de prover serviços aos cidadãos e nos

---

[170] SATO, C. S. Utilizando a internet na Administração Pública. Brasília, DF: ENAP, 1997. Disponível em: <http://www.enap.gov.br/index.php?option=content&task=view&id=259>. Acesso em: 15 abril 2014; SANTANA JÚNIOR, J. J. B. Transparência fiscal eletrônica: uma análise dos níveis de transparência apresentados nos sites dos poderes e órgãos dos Estados e do Distrito Federal do Brasil. 2008. 177 p. Dissertação (Mestrado em Ciências Contábeis) – Universidade de Brasília, Brasília, DF, 2008; ORGANIZATION FOR ECONOMIC CO-OPERATION AND DEVELOPMENT. Best practices for budget transparency. 2002. Disponível em: <http:// www.oecd.org/dataoecd/33/13/1905258.pdf>. Acesso em: 04 set. 2013; RUEDIGER, M. A. Governo eletrônico e democracia: uma análise preliminar dos impactos e potencialidades na gestão pública. In: Organização & Sociedade, v. 9, n. 25, p. 29-43, set./dez. 2002; LOUREIRO, M. R.; TEIXEIRA, M. A. C.; PRADO, O. Construção de instituições democráticas no Brasil contemporâneo: transparência das contas públicas. In: Organização & Sociedade, v. 15, n. 47, p. 107-119, out./dez. 2008. Disponível em: <http://www.revistaoes.ufba.br/viewarticle.php?id=493>. Acesso em: 10 out. 2014.

procedimentos internos reflete as exigências da nova gestão pública. Já na Administração Digital, sob o influxo da introdução da governança como arranjo institucional de gestão pública vinculada ao projeto democrático, a orientação foi complementar a eficiência com a transparência, pela democratização do acesso às informações públicas e abertura de diálogo social, de forma a garantir a sustentabilidade das gestões públicas.

São as recomendações da OCDE aprovadas em julho de 2014[171] que inaugura um novo paradigma de atuação não meramente eletrônica, mas também digital, fundamentada em três estratégias: a) informação (transparência, abertura e inclusão de processos e operações governamentais com criação de cultura orientadas a dados no setor público); b) participação (incentivo ao envolvimento de partes interessadas públicas, privadas e da sociedade civil na elaboração de políticas públicas e no desempenho e na implementação de serviços públicos); c) segurança (gerenciamento de risco para lidar com questões de privacidade digital, incluindo adoção de medidas eficazes e adequadas de segurança para aumentar a confiança nos serviços governamentais)[172]. A partir da criação dessas recomendações, reconhece-se a existência do uso das tecnologias digitais para criar valor público, com o objetivo de melhorar a informação e a prestação de serviços, incentivando a participação cívica.

Contudo, o principal promotor do modelo digital, com base nas recomendações da OCDE, foi política de Governança Digital (Decreto n. 8.638/2016 e Portaria 68/2016) efetivada por três eixos fundamentais: a) informação (assegurar a obtenção de informações pela sociedade,

---

[171] Essas recomendações são inspiradas na Declaração de Princípios resultante da Cúpula das Nações Unidas sobre a Sociedade da Informação realizada em duas fases (a primeira fase foi realizada em Genebra de 10 a 12 Dezembro de 2003 e a segunda fase ocorreu em Tunis, de 16 a 18 Novembro de 2005, nos termos da resolução da Assembleia Geral das Nações Unidas 56/183 de 21 de dezembro 2001). Trata-se de uma declaração voltada a implementar estratégias de governo eletrônico com foco em aplicações que visam inovar e promover a transparência na Administração Pública e nos processos democráticos, melhorando a eficiência e reforçando as relações com os cidadãos.

[172] ORGANIZAÇÃO PARA COOPERAÇÃO E DESENVOLVIENTO ECONÔMICO – OCDE. Recommendation of the Council on Digital Government Strategies. 2014. Disponível em: http://www.oecd.org/gov/digital-government/Recommendation-digital-government-strategies.pdf. Acesso em 10 de agosto de 2015.

observadas as restrições legalmente previstas); b) participação (estimular a participação da sociedade na formulação, na implementação, no monitoramento e na avaliação das políticas públicas e dos serviços públicos disponibilizados em meio digital); c) prestação de serviços (gerar benefícios para a sociedade mediante o uso da informação e dos recursos de tecnologia da informação e comunicação na prestação de serviços públicos) [173]. Abriu-se, portanto, caminho para a formação e a utilização pelo setor público de recursos de tecnologia da informação e comunicação com o objetivo de melhorar a disponibilização de informação e a prestação de serviços públicos, incentivar a participação da sociedade no processo de tomada de decisão e aprimorar os níveis de responsabilidade, transparência e efetividade do governo[174].

O uso da tecnologia de informação passa a ser visto não mais apenas como uma ferramenta auxiliar da eficiência operacional com ganhos de agilidade para a gestão pública, mas também como um mecanismo de interação com a sociedade no âmbito da burocracia estatal capaz de envolver os cidadãos ativamente no processo de fiscalização da gestão pública e de tomada de decisões dentro da Administração Pública[175].

O desenvolvimento da gestão de tecnologias de informação e comunicação na Administração Pública brasileira que culminou com a eficiência na gestão pública contribui para a defesa da transparência administrativa quando a transformação digital no setor público funciona como uma resposta adequada para o exercício do controle social e da participação popular. O desafio de defender a transparência administrativa envolve o esforço da Administração Pública para, por meio da articulação de estruturas e processos relacionados com os recursos da informática, criar maior proximidade dos cidadãos com a gestão pública.

---

[173] Artigo 1º, inciso I a III do Decreto n. 8.638 de 15 de janeiro de 2016.
[174] Artigo 2º, inciso III do Decreto n. 8.638 de 15 de janeiro de 2016.
[175] AGUNE, R.; CARLOS, J. In: LEVY, E.; DRAGO, P. (Orgs.). Gestão pública no Brasil contemporâneo. São Paulo Governo eletrônico e novos processos de trabalho: Fundap, 2005; CUNHA, M. A. V. C.; DUCLÓS, L. C.; BARBOSA, A. F.; Institucionalização do e – governo como Instrumento de Legitimidade da Governança Eletrônica no Setor Público no Brasil, Chile e Peru. In: Encontro da ANPAD; XXX, Salvador, 2006. Anais. Anpad, 2006. Disponível em: <http://www.anpad.org.br/enanpad/2006/dwn/enanpad2006-adic-2856.pdf>. Acesso em: 29 mar. 2014; LÉVY, P. Ciberdemocracia. Lisboa: Instituto Piaget, 2004.

De uma informatização do setor público (adaptação à evolução tecnológica) e da criação de programas de governo eletrônico concentrados estritamente na eficiência com soluções tecnológicas para aumentar rapidez e precisão no gerenciamento do funcionamento da máquina pública, constata-se, a partir dos anos 2014, uma transparência com objetivo de governança digital, ou seja, de melhorar a informação e a prestação de serviço, incentivando a interação direta entre Administração Pública e sociedade. Uma Administração Pública que utiliza as tecnologias de informação e comunicação para estimular a participação do cidadão no processo de tomada de decisão, de forma a tornar a atuação administrativa mais responsável.

Aliás, essa Administração digital é justificada não apenas por uma demanda social, em que a sociedade exige atendimento de qualidade de forma a ampliar a confiança na atuação administrativa com transações e contatos mais econômicos e ágeis, mas por exigência democrática, já que esta configuração na estrutura e no funcionamento da Administração Púbica permite o acompanhamento da gestão pública, com fiscalização cidadã, proteção de dados pessoais e menor fragmentação da Administração Pública para com o cidadão em suas interfaces de interação[176].

No âmbito da interação entre Administração Pública e sociedade, a transparência é inserida na perspectiva centrada no cidadão, principal razão de ser da transformação digital no setor público, quando fomenta a participação social na gestão pública, por meio de uma estratégia de construção de relacionamentos abertos e dialógicos entre Administração Pública e cidadão, tendo como base a colaboração mútua e o compartilhamento efetivo de dados, recursos e responsabilidade entre todos os atores envolvidos no processo[177].

---

[176] Busca-se uma união dos cidadãos junto à Administração Pública, por meios eletrônicos. É a formulação e implementação das políticas públicas com a participação da sociedade, com vista ao desenvolvimento da cidadania e fortalecimento da democracia (FERGUSON, M. Estratégias de governo eletrônico: o cenário internacional em desenvolvimento. In: EISENBERG, J.; CEPIK, M. (Org.). Internet e política: teoria e prática da democracia eletrônica. Belo Horizonte: UFMG, 2002, p. 103-140).

[177] OLIVEIRA, Aroldo Cedraz de. O Controle da Administração na Era Digital. Belo Horizonte: Editora Fórum, 2016, p. 23; RUEDIGER, Marco Aurélio. Governo eletrônico ou governança eletrônica: conceitos alternativos no uso das tecnologias da informação para o

Nesse contexto, a transparência como elemento de ligação na interação entre cidadão e a Administração Pública consubstanciada no poder do cidadão de aceder, processar e extrair informação necessária para interagir *on-line* com a Administração Pública é revelada em três principais aspectos: a) informações de mais qualidade (atualizada e compreensível) e conteúdo referentes a processos, sem cadastros redundantes e inconsistentes entre si, com publicação de dados abertos; b) simplificação e ampliação no compartilhamento e integração de serviços eletrônicos de utilidade pública; c) atuação do suporte digital para a interação do cidadão na elaboração de políticas públicas[178].

Nessa fase digital, podemos destacar como fator colaborador a Parceria para Governo Aberto. Desde 2011, é possível constatar a adesão de mais de 70 países na parceria para Governo Aberto consistente em soluções e desafios na melhoria da governança dos signatários em relação ao fortalecimento da transparência com disponibilidade de informações governamentais para o público em geral, ampliação e incentivo da participação cívica na tomada de decisões e melhoria da qualidade dos serviços públicos.

A referida parceria internacional lançada em 20 de setembro de 2011 utiliza como componente essencial na abertura governamental a ampliação do acesso às novas tecnologias para troca de informações, participação pública e colaboração. Nessa ideia de um governo mais

provimento de acesso cívico aos mecanismos de governo e da reforma do Estado. In: CONCURSO DE ENSAYOS E MONOGRAFIAS DEL CLAD SOBRE REFORMA DEL ESTADO Y MODERNIZACIÓN DE LA ADMINISTRACIÓN PÚBLICA "GOBIERNO ELETRONICO", 16, 2002, Caracas. Anais. Disponível em: <http://WWW.clad.org.ve/invest/estudios.html>. Acesso em: 25/09/2013; LEKN, K.; TRAUNMULLER, R. Broadening the concept of electronic government. In: PRINS, J. E. J. (Ed.). Designing E-Government. [s.l.]: Kluwer Law International, 2001. p. 28-50.

[178] PINHO, José António Gomes de. Investigando portais de governo eletrônico de estados no Brasil: muita tecnologia, pouca democracia. In: Administração Pública, Rio de Janeiro, v. 42, n. 3, maio/jun. XXX, p. 474; PERRI, G. Governo eletrônico, o que é? Disponível em: www.ebape.fgv.br/e_government/asp/dsp_oquee.asp. Acesso em: 17 abr. 2013; JARDIM, José Maria. Capacidade governativa, informação, e governo eletrônico. In: DataGramaZero, v. 1, n. 5, out. 2000. Disponível em: <http://www.dgz.org.br/out00/Art_01.htm>. Acesso em: 18. jul. 2013; VILELLA, Renata Moutinho. Conteúdos, usabilidade e funcionalidade: três dimensões para a avaliação de portais estaduais de governo eletrônico na web. 2003. Dissertação (Mestrado em Ciência da Informação) – ECI/UFMG, Belo Horizonte, 2003, p. 25.

aberto e transparência, visível especialmente pela atuação do governo Barack Obama, o objetivo é a difusão e o aprimoramento de práticas governamentais referentes à transparência, ao acesso à informação pública e à participação social, no sentido de buscar o fortalecimento das democracias na luta contra a corrupção e no fomento a inovações e tecnologias para transformar a governança do século XXI[179].

A trajetória histórico-constitucional na transparência da administração dos recursos de informação e informática no âmbito da Administração Pública Brasileira, visando seu alinhamento ao dinamismo da era da informação, no contexto de evolução de programas de governo, resultante de um movimento internacional do e-gov, cuja origem formal no âmbito internacional está ligada ao Fórum Global sobre Reinvenção do Governo em Washington, em janeiro de 1999[180], possui três momentos essenciais[181]:

a) a informatização da Administração Pública com foco na gestão interna fundamentada nos sistemas de automação de atividades-meio;

b) a partir dos anos 1990, o surgimento do governo eletrônico ligado aos aspectos gerenciais e ideias consumeristas, com realizações a partir da década de 2000;

c) sob o mote da Administração Pública digital, um complexo processo de iniciativas da Administração Pública, a partir de julho de 2014 (confirmada em janeiro de 2016), visando a ampliar a

---

[179] Disponível em: http://www.governoaberto.cgu.gov.br/a-ogp/o-que-e-a-iniciativa. Acesso em: 10/08/2013.

[180] Desenvolvido com ferramentas que facilitaram a rapidez de navegação na Web, e com a realização de Fóruns Internacionais, sendo o 2º Fórum Global 'O Estado democrático e governança no século XXI' sediado no Brasil–em Brasília, tendo como premissas básicas, orientar a reorganização do Estado, auxiliar o planejamento do Governo, basear o processo decisório do Governo e proporcionar a transparência da Administração Pública.

[181] Não há uniformidade a respeito da enumeração das fases. Com base no Congresso de Informática Pública (Conip), divide-se em três fases: gestão interna (1970 a 1992); serviço e informações ao cidadão (1993 a 1998) e a entrega de serviços via internet (a partir de 1999) (DINIZ, V. A história do uso da tecnologia da informação na gestão pública brasileira através do CONIP – Congresso de Informática Pública. In: CONGRESO INTERNACIONAL DEL CLAD SOBRE LA REFORMA DEL ESTADO Y DE LA ADMINISTRACIÓN PÚBLICA, 10., 2005, Santiago. Anales... Chile, 2005).

interação com o cidadão, com aprimoramento da qualidade e efetividade dos serviços e informações.

É importante acentuar que, apesar de apontarmos os referidos marcos paradigmáticos, entre 2000 e 2016 foram realizadas diversas iniciativas pela Administração Pública brasileira que impulsionaram a transição do paradigma de governo eletrônico para uma nova abordagem de governo digital. Independentemente da data da ocorrência, as iniciativas ora manifestam característica de uma Administração Eletrônica, ora de uma Administração Digital[182].

A defesa da transparência no primeiro momento tem um significado tecnológico em que são utilizadas novas tecnologias como modernização da máquina pública com a criação de centros de processamentos de dados. No segundo momento, a defesa da transparência adquire um significado de eficiência, buscando, com a chegada da internet, das tecnologias computacionais e a privatização das telecomunicações, o incremento da capacidade de processamento e armazenamento de informações com aplicações de um governo eletrônico. E, por fim, no terceiro momento, a defesa da transparência adquire significado democrático, o que implica participação e colaboração, além da inovação[183].

A defesa da transparência administrativa, num sentido material, surge apenas no terceiro momento na trajetória, pois é nesse período que os meios digitais são gerenciados com ampla abertura à participação social. A computação digital e as redes computacionais são caracterizadas por uma estratégia de governança digital revelada por dados abertos, pela oferta e pela entrega efetiva de serviços públicos por meio de canais digitais e pela interação entre Administração Pública e sociedade,

---

[182] Os estágios de maturidade em governo eletrônico mostram que os avanços na utilização de TIC em governos não são lineares nem isentos de riscos (GAETANI, Francisco. Estratégia e Gestão da Mudança nas Políticas de Gestão Pública. In: LEVY, Evelyn e DRAGO, Pedro Aníbal (org.) Gestão Pública no Brasil Contemporâneo. São Paulo. FUNDAP: Casa Civil, 2005).

[183] MERGEL, Ines. Social Media in the Public Sector: A Guide to Participation, Collaboration and Transparency in the Networked World. [Hoboken, NJ]: Jossey-Bass, 2012; PELED, Alon. Re-Designing Open Data 2.0. In: PARYCEK, P.; EDELMANN, N. (Org.). Conference for E-Democracy and Open Government, 2013, p. 243-258; YU, Harlan; ROBINSON, David G. The new ambiguity of 'Open Government'. UCLA L. Rev. Disc, v. 178, 2012.

fundamentada na participação e na colaboração dos cidadãos no ciclo de políticas públicas, em reforço ao controle democrático dentro e fora do Estado.

3.3. Administração Pública Informatizada

Em relação à primeira coordenada assinalada, o uso da tecnologia de informação e comunicação na gestão pública brasileira, iniciado na década de 1950, aponta para um processo de informatização pública no Brasil marcado pela modernização da máquina pública, com a instalação de equipamentos e melhoria da gestão interna, com nítido esforço de eficiência nos processos administrativos financeiros.

Essa fase da informatização nos processos da Administração Pública, inserida num cenário econômico baseado no alto grau de intervenção estatal na economia, e num modelo burocrático de gestão que enfatizava a centralização e os controles administrativos de legalidade, abrange três dimensões: a) dimensão formal: é a criação das plataformas proprietárias e equipamentos de grande porte, com uma gestão industrial caracterizada pela capacidade de produzir grandes volumes; b) dimensão material: é o processamento de dados e informações de natureza fiscal e depois amplia para outras áreas, como educação; c) dimensão finalística: a informatização visa a modernizar a máquina pública para melhorar gestão interna, especialmente a capacidade de arrecadar tributos[184].

Dos anos 1950 até meados dos anos 1960, temos uma fase de instalação de equipamentos em diversos órgãos públicos, com as máquinas eletromecânicas e tabuladoras de dados utilizadas para cálculos de folha de pagamento.

De meados dos anos 1960 até o final dos anos 1970[185], no período de centralização do processo de informatização do setor público no Brasil,

---

[184] VIAMONTE, Luiz Bernardo Marques. Informação e Informática na área pública: O DATASUS como objeto de estudo. 2009. 68 f. Dissertação (Mestrado Profissional em Gestão da Informação e Comunicação em Saúde) – Fundação Oswaldo Cruz, Ministério da Saúde, Rio de Janeiro. 2009.

[185] É a fase da centralização (REINHARD, N.; DIAS, I. Categorization of e-gov initiatives: a comparison of three perspectives. In: CONGRESO INTERNACIONAL DEL CLAD SOBRE LA REFORMA DEL ESTADO Y DE LA ADMINISTRACIÓN PÚBLICA, 10., 2005, Santiago. Anales... Chile, 2005).

a informática pública é voltada para o ambiente interno, centrada na busca de soluções para automação das atividades-meio como administração financeira e recursos humanos, e revelados sob a forma de centros de processamentos de dados localizados em cada órgão. É a fase do pioneirismo[186].

Nessa centralização dos serviços de informática, foram criadas empresas públicas federais, estaduais e municipais de prestação de serviços na área de Tecnologia de Informação (TI) vinculadas ao Ministério e Secretarias Estaduais e Municipais de Fazenda[187].

A partir de 1964, com o Serpro, um modelo de empresa pública de natureza industrial, dotada de personalidade jurídica própria, vinculada ao Ministério da Fazenda, percebe-se um processo de centralização de recurso, das decisões e das soluções de *hardware* e *software*, justificado não só pelos altos custos na modernização da máquina pública, mas também pelo cenário político até meados dos anos 1980 que enquadrava a informática como questão de segurança nacional[188]. Com essa moldura, foram criadas no Brasil empresas governamentais, entre as quais a Empresa de Processamento de Dados da Previdência (Dataprev).

3.4. Administração Pública Eletrônica

Outra coordenada tem-se desenvolvido sob os motes da "Administração Pública Eletrônica", que surge no Brasil após disseminação do *e-commerce*, pelas empresas privadas[189], mas só ganha maior expressão a

---

[186] REINHARD, N.; DIAS, I. Categorization of e-gov initiatives: a comparison of three perspectives. In: CONGRESO INTERNACIONAL DEL CLAD SOBRE LA REFORMA DEL ESTADO Y DE LA ADMINISTRACIÓN PÚBLICA, 10., 2005, Santiago. Anales... Chile, 2005.

[187] VIDIGAL, Luís. A Face Oculta da Administração Pública Eletrônica – Uma Abordagem Sócio-Técnica. In: AMARAL, Luís et al. Sistemas de Informação Organizacionais. Lisboa: Silabo, 2005, p. 527.

[188] MIRANDA, P.R.M. (1994). A modernização da Administração Pública e as tecnologias da informação. In: Bate Byte, Curitiba: CELEPAR, n. 33, maio 1994.

[189] DINIZ, E. H. Uso do comércio eletrônico em órgãos do governo. Relatório 18/2000 NPP. Eaesp/FGV, maio 2000. 100 p; LENK, K.; TRAUNMÜLLER, R. Electronic government: where are we heading? In: ELECTRONIC GOVERNMENT, FIRST INTERNATIONAL CONFERENCE, 2002, Aix-en-Provence, France. Proceedings... 2002. p. 1-9.

partir dos anos 1990[190], com ênfase na melhoria da prestação de serviços eletrônica ao cidadão e fomentadas as iniciativas do governo federal, desenvolvidas no escopo do projeto chamado "Governo Eletrônico – e-gov"[191].

O surgimento da Administração Eletrônica representa a utilização da internet e da *web* para ofertar informações e serviços governamentais aos cidadãos, visando melhoria dos processos internos e otimização de processo de gestão governamental em benefício da sociedade brasileira[192].

A partir dos anos 1990, a ideia da Administração Pública Eletrônica no Brasil foi associada ao movimento de reforma gerencial do Estado e à expansão da oferta de serviços públicos ao cidadão pela internet, visando maior eficiência e agilidade perante uma Administração Pública estruturada consoante os pressupostos da burocracia weberiana, transmutando o cidadão em consumidor. Ao mesmo tempo, a ideia buscou criar sistemas de informação que conferisse melhor desempenho na provisão de serviços públicos à população pela internet.

Apesar de a Administração Eletrônica surgir associada ao movimento gerencial de reforma do Estado, com incremento de temas como *accountability* e transparência, visando maior interação com os cidadãos, a sua implementação funcionou como fator de simplificação e facilitação de atos administrativos, com foco maior na gestão interna do que no atendimento ao cidadão. O uso das tecnologias de informação e comunicação, especialmente as que envolvem atividades em rede pelo governo

---

[190] A partir dos anos 1990 surgiu o conceito de Big Data para designar as ferramentas e práticas que gerenciam e analisam grandes volumes de dados, de diferentes fontes, em velocidade considerável, com a finalidade de carrear para organizações maior confiabilidade ao processo de tomada de decisão (GASTON NOGUEIRA, Nair Maria. Panorama Evolutivo da Administração Pública. In: O Controle da Administração na Era Digital. Aroldo Cedraz de Oliveira (Coord.). Belo Horizonte: Fórum, 2016, p. 6465.

[191] O governo eletrônico é chamado de Br@sil.gov, tendo como instrumentos o portal de serviços e informações do governo federal (www.redegoverno.gov.br) e a criação do portal Governo Eletrônico (www.governoeletronico.gov.br).

[192] NAÇÕES UNIDAS. Benchmarking e-government: a global perspective. New York: United Nations – Division for Public Economics and Public Administration, American Society of Public Administration, 2002, p.1; MEDEIROS, P.H.R; GUIMARÃES, T.A. Mudança, inovação e aprendizagem em organizações no contexto da Administração Pública. In: Assembleia Anual do CLADEA, 38, 2003, Lima, p. 9.

em todo o espectro de suas atividades, serviu para aumentar o acesso e melhorar o fornecimento de serviços do governo para cidadãos, fornecedores e servidores[193].

Nesse contexto, a partir de 1994, a Administração Pública brasileira formaliza o início da política do e-gov quando revela preocupação em inserir o país na Sociedade de Informação, um novo ambiente global baseado em comunicação e informação, cujas regras e modos de operação estão sendo construídos em todo o mundo[194].

A política e-gov aparece, nessa fase da Administração Eletrônica, como estratégia da Administração Pública em usar as tecnologias de informação e comunicação para melhorar e ampliar o acesso à informação pública e serviços governamentais aos cidadãos. Com a contínua otimização de oferta de serviços de utilidade pública pelo uso da internet, promove-se a transformação dos relacionamentos internos e externos da Administração Pública para busca da maior eficiência[195].

Tendo como pano de fundo gerar eficiência administrativa com o desenvolvimento da tecnologia de informação, surge como instrumento da Administração Eletrônica o Sistema Integrado de Administração de Serviços Gerais (SIASG), um sistema informatizado, instituído pelo

---

[193] VAZ, José Carlos. Artigo: Perspectivas e Desafios para Ampliação do Governo Eletrônico nos Municípios Brasileiros. Publicado em 2003, no Seminário Internacional Governo Eletrônico e Governo Locais, realizado em novembro de 2003 em Brasília/DF; PRADO, Otávio; LOUREIRO, Maria Rita Garcia. Artigo: Governo Eletrônico, transparência e democracia: a publicação das contas públicas das capitais brasileiras. 17º Congresso Brasileiro de Contabilidade, CFC, 2004.

[194] MINISTÉRIO DE CIÊNCIA E TECNOLOGIA – MCT. Ciência e Tecnologia para a Construção da Sociedade da Informação – Projeto de Política Pública. Ministro: Ronaldo Mota Sardenberg et al., 1999. Disponível em: <http://alphalinux.redp.edu.co/redacad/export/REDACADEMICA/crecursos/documentacion/politicas/archivos_politicas/cytensI_d.pdf>. Acesso: 04/02/2015, página 5.

[195] TESORO, Jose Luis et al. Factores endógenos y exógenos asociados al desempeño del gobierno electrónico. Hallazgos emergentes de un análisis exploratorio de experiencias nacionales. Disponível em: <http://www.clad.org.ve/fulltext/0043105.pdf>. Acesso em: 7 jun. 2004; GARTNER GROUP. Singapore's E-Government Initiative. Stamford, Connecticut: Gartner First Take, 2000; RUEDIGER, Marco Aurélio. Governo Eletrônico ou Governança Eletrônica: conceitos alternativos no uso das tecnologias de informação para o provimento de acesso cívico aos mecanismos de governo e da reforma do Estado. Disponível em:< portal.cnti.ve/cnti_docmgr/ sharedfiles/gobiernoelectronico7.pdf>. Acesso em: 3 jun. 2014.

Decreto n. 1.094, de 23 de março de 1994, de apoio às atividades operacionais do Sistema de Serviços Gerais (SISG)[196], que possibilita, em tempo real, consultas, registros de documentos, operações, controle e compatibilização das atividades e procedimentos relativos ao SISG, notadamente relacionados com licitações, contratos e compras.

O Sistema Integrado de Administração é constituído por diversos módulos[197] básicos, sendo que alguns ainda estão em desenvolvimento, oferecendo ainda o acesso na internet a um conjunto de serviços e informações. O painel de informações do SIASG apresenta dados de licitações, contratos, atas de registro de preços e preços praticados. Ao oferecer um panorama dos gastos públicos e do comportamento licitatório no âmbito da Administração Pública Federal, permite ao cidadão a criação de indicadores e consultas personalizadas, bem como exportar os dados em diversos formatos. É o sistema no qual são realizadas as operações das compras governamentais dos órgãos integrantes do SISG (Administração Pública Federal direta, autárquica e

---

[196] O SISG (Sistema de Serviços Gerais) regulamentado pelo Decreto n. 1.094, de 23 de março de 1994, tem por objetivo organizar, sob a forma de sistema, a gestão das atividades de serviços gerais, que compreende a administração de edifícios públicos e imóveis funcionais, material, transporte, comunicações administrativas e documentação do Governo Federal. Busca a melhor coordenação e eficiência das atividades de apoio administrativo no Governo Federal, e é integrado pelos órgãos e pelas entidades da Administração Federal direta, autárquica e fundacional, cujo órgão central é o Ministério do Planejamento, Orçamento e Gestão.

[197] a) Sistema de Catálogo de materiais e de serviços que estabelece uma linguagem única e propicia a definição de padrões determinados de qualidade e produtividade para os materiais e serviços especificados nas compras da Administração Pública Federal; b) SICAF (Sistema de Cadastramento Unificado de Fornecedores) que cadastra e habilita as pessoas físicas ou jurídicas interessadas em participar de licitações; c) SIREP (Sistema de Registro de Preços) atende às consultas dos gestores públicos sobre os preços praticados nas licitações realizadas; d) SIDEC (Sistema de Divulgação Eletrônica de Compras) oferece rotinas automatizadas para publicação de avisos de licitações na Imprensa Oficial, bem como avisos, editais e outras informações sobre as compras governamentais; e) SICON (Sistema de Contratações) realiza o cadastro dos contratos firmados pela Administração Federal; f) MINUTA DE EMPENHO: possibilita a geração automática de minutas de empenho (comprometimento de recursos orçamentários para pagamento de fornecedores) de forma interligada com o Sistema Integrado de Administração Financeira. Disponível em: https://www.governoeletronico.gov.br/eixosde-atuacao/integracao/compras-governamentais/sistema-integrado-de-administracao-deservicos-gerais-2013-siasg. Acesso em: 10/05/2014.

fundacional). O Comprasnet[198], um dos módulos do SIASG, passou por recente alteração, transformando-se em portal denominado Compras Governamentais. Em meados de 1998, surge a criação do portal de Compras do Governo Federal (www.comprasgovernamentais.gov.br), plataforma utilizada para operar todos os processos eletrônicos de aquisições e disponibilizar informações referentes aos editais e às atas de licitações e contratações realizadas pelos órgãos do governo federal. Todos os dias, cerca de 400 licitações são feitas por meio do Comprasnet.

Figura 2. Portal de compras governamentais
Fonte: Disponível em: <http://www.comprasgovernamentais.gov.br>. Acesso em: 10 abr. 2015.

---

[198] COMPRASNET é um sistema "on-line" de acesso a serviços do SIASG, inclusive por meio da Internet, no site www.comprasnet.gov.br. Oferece a consulta a convites, tomadas de preços e concorrências realizados pela Administração Federal, que pode ser facilmente realizada por qualquer interessado. O Comprasnet oferece ainda vários outros serviços e facilidades, como a consulta ao cadastro de fornecedores (SICAF), o download da íntegra de editais de licitações e a consulta a resultados de licitações realizadas. São facilidades que beneficiam os fornecedores do Governo, reduzem custos e tornam mais transparentes e competitivas as licitações. Disponível em: https://www.governoeletronico.gov.br/eixos-de--atuacao/integracao/comprasgovernamentais/sistema-integrado-de-administracao-de-servicos-gerais-2013-siasg. Acesso em: 10/05/2014.

Como um programa governamental em construção e contínua evolução, a política do e-gov tem na divulgação eletrônica de dados e informações públicas o primeiro passo marcante na construção da Administração Eletrônica. É a colocação de informações públicas em um *website*. Nesse contexto de disponibilização de informações e serviços governamentais de forma *on-line*, pela internet ou por outras formas digitais[199]. Em 1996, a Secretaria da Receita Federal do Brasil, visando a melhoria da qualidade na prestação de serviços ao cidadão, cria a *"Homepage* do Imposto de Renda", além de um sítio próprio, que foi ao ar em 19 de setembro de 1996 (www.receita.fazenda.gov.br). Em 1997, realiza a implantação do projeto ReceitaNet[200], com o objetivo de facilitar a vida do contribuinte e estimular o cumprimento voluntário das obrigações com o Fisco.

A necessidade de uma estratégia ativa de abertura apoiada na internet, de fato, inspirou a edição da Lei n. 9.755/98, fruto do Projeto n. 4.576/98, de autoria do Deputado Federal Luiz Carlos Hauly[201], que instituiu a obrigatoriedade a todos os órgãos e entidades públicas de divulgar suas contas públicas na *homepage* criada pelo Tribunal de Contas da União (www.contaspublicas.gov.br).

A primeira norma a tratar da obrigatoriedade de divulgação de informações financeiras da Administração à população em geral, por meio da rede mundial de computadores, foi a Lei n. 9.755/98, que determinou que o TCU criasse uma *homepage* intitulada "contas públicas", para a divulgação de dados relativos ao montante de cada tributo arrecadado, transferência de recursos, relatórios resumidos de execução orçamentária, balanços consolidados, dentre outros[202].

O sítio eletrônico (*homepage* na rede de computadores com o título "contas públicas") criado e gerenciado pelo Tribunal de Contas da União com o escopo de reunir as informações tributárias e financeiras

---

[199] TEICHER, Julian; HUGHES, Owen; DOW, Nina. E-government: a new route to public sector quality. In: Managing Service Quality, vol. 12, n. 6, p. 384-393, 2002.
[200] Website: http://www.receita.fazenda.gov.br/.
[201] Disponível em: <http://www2.camara.gov.br/proposicoes/loadFrame.html?link=http://www.camara.gov.br/internet/sileg /prop_lista.asp?fMode=1&btnPesquisar=OK&Ano=1998&Numero=4576&sigla=PL,>. Acesso em: 30 ago. 2014. (Página não está mais disponível).
[202] BRASIL. Tribunal de Contas da União. AC – 2379-34/10-P. TC 015.186/2010-5. Órgão Julgador: Plenário do TCU. Data da Sessão: 15/09/2010.

dos diversos entes da federação em um único portal, a fim de facilitar o acesso dessas informações pelo público, é baseado em dois eixos fundamentais: a) inclusão e disponibilização dos dados; b) fiscalização pelo Tribunal de Contas da União. Trata-se de uma *homepage* estática que apenas disponibiliza informação técnica ao público e a outros órgãos, funcionando como um livreto informativo[203].

Sobre a lei, foram feitas duas audiências públicas, em 2007 e 2008. Em cumprimento ao art. 3º da Lei, o TCU edita a Instrução Normativa n. 28, de 5 de maio de 1999, estabelecendo regras para implementação da *homepage* de contas públicas referentes a conteúdo, prazo e responsabilidade na divulgação dos dados, bem como a Portaria TCU n. 186/99.

A propósito da Lei n. 9.755/98, que dispõe sobre a criação pelo Tribunal de Contas da União de um sítio eletrônico de informações sobre finanças públicas e dados tributários dos entes da federação, foi proposta no Supremo Tribunal Federal a ADIN n. 2198 no STF pelo Governador do Estado da Paraíba. Na perspectiva do caso concreto subjacente à ADIN, a questão colocada prende-se com a função do TCU na criação da *homepage* Contas Públicas e com o fato de saber se os fundamentos da violação ao princípio federativo e da legalidade invocados na ADIN são suficientes para justificar o reconhecimento da inconstitucionalidade da lei.

Em primeiro lugar, é necessário compreender o enquadramento funcional do TCU na Lei n. 9.755/98, a fim de se avaliar os poderes que a lei reconhece àquela entidade. Na Lei n. 9.755/98, regulamentada pela Instrução Normativa n. 28/99, o TCU não fiscaliza, não julga e não condena, apenas provê o acesso organizado de todos os dados e informações. O art. 2º da lei atribui competência para fiscalizar prazo na remessa dessas informações e dados. A normatização se restringe às formas e ao tempo de apresentação dos dados e das informações.

A finalidade na criação desse sítio eletrônico é criar uma prestação de serviços de divulgação de dados e informações à sociedade. A execução das atribuições conferida pela Lei n. 9.755/98 ao TCU possibilita ao órgão apenas prestar um serviço à sociedade, que consiste em

---

[203] BACKUS, Michiel. E-Governance and Developing Countries: Research Report. In: IICD Research report, n. 3, Abril 2001. Disponível em: <http://editor.iicd.org/about/publications/egovernance-anddeveloping-countries-introduction-and-examples/report3.pdf>. Acesso em 15 Maio 2013.

coordenar e gerenciar o fornecimento de informações disponíveis nas três esferas de governo em uma única página da internet.

A lei não dá ao TCU poder de fiscalização, apenas competência de fomento a uma Administração Pública transparente, que, aliás, a lei poderia ter dado a qualquer órgão ou entidade pública. A função constitucional do Tribunal de Contas de auxiliar o Poder Legislativo no controle externo abrange não apenas a fiscalização e suas derivações (apreciação, julgamento e condenação), mas também a prestação de serviços nos planos normativo, educativo e da divulgação[204].

Quando o TCU exerce a coordenação para disponibilizar informações já existentes nos diversos níveis de governo, sem qualquer característica de fiscalização sobre eles, não ofende a autonomia político-administrativa do ente federativo, pois, além do fundamento de que o exercício da transparência não é privativo ou exclusivo de nenhum ente federativo, essa coordenação reforça um conjunto de normas já existentes, dando cunho prático ao disposto nos arts. 37, *caput*, 162, *caput*, e 165, § 3º, da Constituição Federal.

O ingresso necessário de Estados, Municípios e Distrito Federal no portal sem envolvimento de verba federal ofenderia o princípio federativo se a finalidade do TCU nessa *homepage* fosse auxiliar no controle externo dos gastos públicos. Aliás, a consolidação num sistema especial e coordenado pelo TCU facilita o acesso do cidadão no acompanhamento das contas públicas, permitindo o controle social. É uma concentração de informações que permite esse conhecimento de forma fácil e ampla, em sintonia com a responsabilidade e as exigências do princípio republicano.

O programa da Sociedade de Informação no Brasil, integrante do Plano Plurianual 2000-2003 do Governo Federal, estabelece a Sociedade da Informação como um modo de desenvolvimento social e econômico, com redes físicas, sistemas lógicos de comunicação digital e uma miríade de novos serviços e aplicações, bem como modelos e regras de uso[205].

---

[204] BRASIL. Tribunal de Contas da União. AC – 815/2000-P. TC 011.784/1999-7. Órgão Julgador: Plenário do TCU. Data da Sessão: 27/09/2010. DOU 19/10/2000.
[205] MINISTÉRIO DE CIÊNCIA E TECNOLOGIA – MCT. Ciência e Tecnologia para a Construção da Sociedade da Informação – Projeto de Política Pública. Ministro: Ronaldo Mota Sardenberg et al., 1999. Disponível em: <http://alphalinux.redp.edu.co/redacad/

Trata-se de um programa que faz previsão de investimentos, caracterizado pela participação do governo, iniciativa privada e sociedade civil, preocupado em implantar bibliotecas públicas nos municípios, com incentivo à importância do ensino a distância, que pretende informatizar todas as escolas públicas, com o teletrabalho, sem muito detalhamento[206], e que é dividido em duas fases: a) fase da implementação; b) fase da execução.

A fase da implementação (1996 a 2000) que procurou promover infraestrutura de informação com velocidade alta, aplicações avançadas, experimentos nas áreas das TICs e qualidade de serviços[207] é dividida em três partes: a) inicial: estudos preliminares no sentido de identificar possibilidades e desafios relativos ao programa em diversas partes; b) instituição oficial: lançamento em 15 de dezembro de 1999, o Programa Sociedade da Informação (SocInfo), instituído pelo Decreto Presidencial n. 3.294/99; c) instauração: ao longo do ano 2000, com a elaboração de uma primeira proposta detalhada de Programa, no chamado Livro Verde (até agosto); um amplo processo de consulta à sociedade (de agosto a outubro); a consolidação, em um Livro Branco, de um plano definitivo de atividades para o Programa, a partir da incorporação ao Livro Verde de ideias e opiniões colhidas no processo de consulta (novembro)[208].

Na fase inicial, em 1996, o Ministério da Ciência e Tecnologia, por meio do Conselho Nacional de Ciência e Tecnologia, iniciou estudos para implantação do Programa Brasileiro para a Sociedade da Informação[209] e encomendou um documento a uma pesquisadora brasileira

export/REDACADEMICA/crecursos/documentacion/politicas/archivos_politicas/cytensI_d.pdf>. Acesso em: 04/02/2015, p. 5.
[206] RODRIGUES, Georgete Medleg; SIMÃO, João Batista; ANDRADE, Patrícia Simões. Sociedade da Informação no Brasil e em Portugal: um panorama dos Livros Verdes. In: Ci. Inf., Brasília, v. 32, n. 3, p. 89-102, set./dez. 2003, p. 89-102.
[207] NEVES, B. C., & GOMES, H. F. A inclusão digital e o contexto brasileiro: uma experiência nos domínios de uma universidade. BID. In: Textos Universitarios de Biblioteconomia i Documentación, v. 21, pp. 1-15, 2008. Recuperado em 30 julho, 2013, de http://bid.ub.edu/21/coelh2.htm.
[208] TAKAHASHI, Tadao (org.). LIVRO VERDE – Sociedade da Informação no Brasil. Brasília: Ministério da Ciência e Tecnologia, 2000. Disponível em: <www.fsp.usp.br/acessibilidade/ LivroVerdeSOCINFO-240701.pdf>. Acesso: 10/01/15.
[209] "A Sociedade da Informação é um novo ambiente global baseado em comunicação e informação, cujas regras e modos de operação estão sendo construídos em todo o mundo. Não somente redes físicas e sistemas lógicos de comunicação digital estão sendo pesquisados, desenvolvidos, instalados e utilizados mundialmente, mas uma miríade de novos serviços e aplicações, bem como

que examinasse "os principais aspectos das mais destacadas iniciativas mundiais e que servisse como subsídio para as atividades do Grupo de Trabalho sobre Sociedade da Informação". Esse trabalho foi intitulado "Sociedade da Informação: políticas de desenvolvimento no exterior"[210].

Na fase da instituição oficial, o programa da Sociedade de Informação, resultante do trabalho iniciado em 1996 pelo Conselho Nacional de Ciência e Tecnologia, coordenado pelo Ministério de Ciência e Tecnologia, é oficializado por meio do Decreto n. 3.294, de 15 de dezembro de 1999, com o objetivo de viabilizar a nova geração da internet e suas aplicações em benefício da sociedade brasileira.

Na fase da instauração são constituídos grupos de trabalho para debates e estudos do governo eletrônico: Grupo de Trabalho Interministerial (GTTI) e o Comitê Executivo de Governo Eletrônico (CEGE).

O GTTI foi criado pelo Decreto Presidencial de 3 de abril de 2000, com a finalidade de examinar e propor políticas, diretrizes e normas relacionadas com novas formas eletrônicas de interação, cujo trabalho foi fundamentado em três linhas de ação dentro do programa Sociedade da Informação: a) universalização de serviços; b) governo ao alcance de todos; e c) infraestrutura avançada. As ações desse Grupo de Trabalho foram formalizadas pela Portaria da Casa Civil n. 23, de 12 de maio de 2000, e incorporadas às metas do programa Sociedade da Informação, coordenado pelo Ministério da Ciência e Tecnologia.

Em julho de 2000, o GTTI propôs uma nova política de interação eletrônica do Governo com a sociedade, apresentando um relatório de diagnóstico da situação da infraestrutura e serviços do Governo Federal,

---

modelos e regras de uso, estão sendo discutidos em escala global neste momento" (MINISTÉRIO DE CIÊNCIA E TECNOLOGIA – MCT. Ciência e Tecnologia para a Construção da Sociedade da Informação – Projeto de Política Pública. Ministro: Ronaldo Mota Sardenberg et al., 1999. Disponível em: <http://alphalinux.redp.edu.co/redacad/export/REDACADEMICA/crecursos/documentacion/politicas/archivos_politicas/cytensI_d.pdf>. Acesso: 04/02/2014, p. 4-5).

[210] VICARI, Rosa. Sociedade da informação: políticas em desenvolvimento no exterior. Porto Alegre: UFRGS, [1996]. Disponível em: <Internet:http://www.socinfo.org.br/documentos/polit-desex/index.htm>. Acesso em 06 jul. 2014; ARAÚJO, Evandro Nicomedes. Sociedade da Informação no Brasil: uma proposta de mensuração e sua aplicação para o período 2001-2004. 2007. Dissertação (Mestrado em Administração Pública) – Escola de Governo da Fundação João Pinheiro, Belo Horizonte, 2007; PORCARO, Rosa Maria. Indicadores da sociedade atual: informação, conhecimento e aprendizado intensivos. A perspectiva da OECD. Revista de Ciência da Informação, v. 6, n. 4, ago. 2005.

as aplicações existentes e desejadas e a situação da legislação sobre o assunto, apresentando em 20 de setembro de 2000 o documento "Proposta de Política de Governo Eletrônico para o Poder Executivo Federal" com detalhamento de metas e macro-objetivos prioritários: a) mensuração e controle dos serviços prestados; b) disponibilização de todos os serviços prestados no ambiente internet; c) implantação de solução de *call center* governamental integrada; d) pregão eletrônico para a realização de compras governamentais; e) eliminação do uso do papel na documentação governamental; e f) integração dos sistemas de gestão administrativa.

Foi a partir da publicação desse documento que o programa "Sociedade da Informação" do Ministério da Ciência e Tecnologia entrou na agenda de governo do então Presidente Fernando Henrique Cardoso, concentrando os esforços em três fundamentos básicos: a) universalização do acesso à Internet; b) governo ao alcance de todos; e c) infraestrutura avançada[211].

O CEGE foi criado pelo Decreto de 18 de Outubro de 2000, com o objetivo de formular políticas, estabelecer diretrizes, coordenar e articular as ações de implantação do Governo Eletrônico. O Ministério do Planejamento, Orçamento e Gestão exerce as atribuições de Secretaria-Executiva do comitê, fornecendo apoio técnico-administrativo necessário ao seu funcionamento.

Em 2000 foi publicado pelo Ministério da Ciência e Tecnologia o documento Livro Verde da Sociedade da Informação, que contém diretrizes e metas de implementação do Programa Sociedade da Informação e constitui uma síntese consolidada de planejamento, orçamento, execução e acompanhamento de possíveis aplicações concretas de Tecnologias da Informação no país.

Tendo como pano de fundo integrar, coordenar e fomentar ações para a utilização de tecnologias de informação e comunicação de forma a contribuir para a inclusão social de todos os brasileiros na nova sociedade e, ao mesmo tempo, contribuir para que a economia tenha

---

[211] CUNHA, M. A.; REINHARD, N. Portal de Serviços Públicos e de Informação ao Cidadão: estudos de caso no Brasil. In: XXV Encontro Anual Associação Nacional dos Programas de Pós-Graduação em Administração. Anais em CD. Campinas: Anpad. Setembro 2001; SOCINFO. Sociedade da Informação no Brasil: Livro Verde. TAKAHASHI, Tadao (org.). Brasília: Ministério de Ciência e Tecnologia, 2000.

condições de competir no mercado Global, o livro trouxe as seguintes diretrizes: a) Mercado, trabalho e oportunidades: o uso das tecnologias pelas empresas brasileiras para melhorar os processos produtivos, além de gerar mudanças no perfil do trabalho e emprego com novas ocupações e especializações profissionais; b) Universalização de serviços para cidadania: criar condições de inclusão digital, com equilíbrio nos custos da conexão e dos serviços de acesso ao provedor e construção de telecentros de acesso comunitário; c) Educação na Sociedade de Informação: interligação das escolas à internet, incentivo aos cursos de educação à distância e revisão curricular com adaptação às novas tecnologias; d) Conteúdos e Identidade Cultural: geração de conteúdos e de aplicações relacionadas com a identidade cultural do povo brasileiro; e) Governo ao alcance de todos: presença do governo na *web*; f) P&D, T-chaves e aplicações: cooperação entre as empresas e as instituições de pesquisa e desenvolvimento para a maximização dos benefícios econômicos e sociais; g) Infraestrutura avançada e novos serviços: articulação do governo, do setor acadêmico e da indústria para promover a manutenção e a implantação de novas redes.

O terceiro e último estágio de implantação do programa Sociedade da Informação foi marcado pela realização da 2ª Conferência Nacional de Ciência, Tecnologia e Inovação em 2001, que culminou na publicação em junho de 2002 do Livro Branco da Ciência e Tecnologia.

A fase de execução (2001 a 2003), englobando atividades de execução do Programa, é dividida em três partes: a) etapa de decolagem (até junho de 2001), em que as principais ações iniciais previstas no Programa serão colocadas em execução; b) etapa de operação em regime (de julho de 2001 a junho de 2003), com início de novas ações e acompanhamento das que estão em curso; c) etapa de consolidação (de julho a dezembro de 2003), em que se fará uma avaliação geral do progresso do Programa e se elaborará um conjunto de propostas para 2004 em diante, à luz dos resultados alcançados[212].

Na fase de execução, uma das suas estratégias de interação do Governo Eletrônico com a sociedade foi, além de um amplo conjunto de

---

[212] TAKAHASHI, Tadao (org.). LIVRO VERDE – Sociedade da Informação no Brasil. Brasília: Ministério da Ciência e Tecnologia, 2000. Disponível em: <www.fsp.usp.br/acessibilidade/ LivroVerdeSOCINFO-240701.pdf>. Acesso: 10/01/15.

serviços na internet, a criação da *web* do governo brasileiro pelo Portal Rede Governo (http://www.redegoverno.gov.br/), iniciativa desenvolvida a partir de 1995 pela Secretaria de Logística e Tecnologia da Informação (SLTI) e posteriormente incorporada à arquitetura do e-gov no Governo Federal.

Trata-se de um Portal eletrônico de serviços e informações para o cidadão, com novo modelo adotado a partir de abril de 2000, com informações institucionais sobre a estrutura e as ações de governo e *links* para a prestação eletrônica de 101 serviços de utilidade pública. Possui, inclusive, um Fale Conosco administrado pela Secretaria de Comunicação de Governo da Presidência da República[213].

Essa primeira experiência de Portal Eletrônico representou um portal informativo, num estágio emergente que serviu para difusão de informações e serviços. Não houve preocupação com a identificação do cidadão nem com a segurança. Foi marcado pela falta de clareza e objetividade no acesso aos serviços e informações disponíveis na página do portal[214]. Tendo como pano de fundo a presença do governo na *web*, esse portal privilegiou a eficiência administrativa com a disponibilização ao cidadão, em um único *site*, de informações e serviços virtuais produzidos pelas entidades da União, dos Estados e dos Municípios em todos os poderes. Em 2001 surge o Portal do Governo Eletrônico.

Nessa fase eletrônica da Administração marcada pela disponibilização de informações e serviços focada na eficiência[215], destacam-se as seguintes diretrizes:

a) *Disponibilização dados sem preocupação com a interação com o cidadão*: Resolução n. 13, de 25 de novembro de 2002, que institui e aborda a gestão operacional e as ações necessárias para implantação do Sistema de Acompanhamento de Processos do Governo Federal – PROTOCOLO.NET, que condensará informações

---

[213] Website: http://www.brasil.gov.br/; Website: http://www.redegoverno.gov.br/.
[214] JARDIM, J. M. Governo Eletrônico no Brasil: O Portal Rede Governo. In: Arquivística.net – www.arquivistica.net, Rio de janeiro, v.3, n.1, p.28-37, jan./jun.2007.
[215] Resolução n. 01, de 8 de Março de 2001 – trata da implantação ou aperfeiçoamento de sistemas de gestão destinados ao uso compartilhado por todos os órgãos e entidades da APF; Resolução n. 02, de 30 de Julho de 2001 – aborda modificações nos sistemas de informação gerenciados no âmbito do Sistema de Serviços Gerais (SISG).

comuns a todos os sistemas de protocolo de processos administrativos dos órgãos da APF; e Resolução n. 14, de 6 de dezembro de 2002 que institui o Inventário de Recursos de Tecnologia da Informação e de Comunicação (INVENTIC).

b) *Estruturação de dados*[216]: Em 2007, o e-MAG passa a ser institucionalizado e obrigatório no âmbito do Sistema de Administração dos Recursos de Tecnologia da Informação (SISP), pela Portaria n. 03, de 7 maio. O SISP foi instituído pelo Decreto n. 1.048, de 21 de janeiro de 1994. Em dezembro, a SLTI disponibilizou o Avaliador e Simulador para a Acessibilidade de Sítios (ASES) – *software* de código livre para avaliar, simular e corrigir a acessibilidade de páginas, sítios e portais, resultado de uma parceria entre a SLTI e a OSCIP Acessibilidade Brasil.

c) *Integração de dados*[217]: em 2004, é criado o Departamento de Governo Eletrônico, pelo Decreto n. 5.134, de 7 de julho, encarregado de coordenar e articular a implantação de ações unificadas e integradas de governo eletrônico, as atividades relacionadas à prestação de serviços públicos por meios eletrônicos, além de normatizar e disseminar o desenvolvimento de ações e informações de governo eletrônico na administração federal. Nesse ano, é publicada a primeira versão do documento: "Padrões de Interoperabilidade em Governo Eletrônico (e-PING)" – hoje na versão 2010 – e o Guia Livre – Referência de Migração para *Software*

---

[216] Neste sentido: Resolução n. 07, de 29 de Julho de 2002 que estabelece regras e diretrizes para os sítios na Internet da APF tais como: a forma de estruturação, elaboração, os elementos obrigatórios de usabilidade, arquitetura da informação e acessibilidade, elementos de interação, modelo organizacional dos sítios, diretrizes para adoção de nomes de domínio, o prazo para adoção de tais recomendações, entre outras regras; Instrução Normativa n. 02 de 30 de Abril de 2008 – aborda as regras e diretrizes para a contratação de serviços, continuados ou não; Instrução Normativa n. 04 de 19 de Maio de 2008 – dispõe sobre o processo de contratação de serviços de Tecnologia da Informação pela Administração Pública Federal direta, autárquica e fundacional; e Portaria de 30 de dezembro de 2008 que aprova a Estratégia Geral de Tecnologia da Informação (EGTI) no âmbito do Sistema de Administração dos Recursos de Informação e Informática na versão de 2008.

[217] Neste sentido as resoluções: Resolução n. 09, de 4 de Outubro de 2002 que institui o Portal Governo como ambiente virtual de interação interna dos órgãos da APF; Resolução n. 12, de 14 de Novembro de 2002 que institui o Portal de Serviços e Informações de Governo e-Gov.

Livre. Foi publicada também Portaria conjunta de 8/3/2004, que designa os coordenadores dos Comitês Técnicos no âmbito do CEGE.

d) *Certificação digital*: foram criadas medidas normativas e operacionais como a criação da Infraestrutura de Chaves Públicas (ICP-Brasil) para o desenvolvimento de um modelo que possibilitou o uso de assinaturas eletrônicas, a certificação digital e a validade legal dos documentos que tramitam por meio eletrônico; o Decreto n° 3.697, de 21 de dezembro de 2000, que regulamentou o pregão eletrônico no âmbito da administração federal, entre outras; em julho de 2005, foi publicado o Decreto n. 5.450, que regulou as compras governamentais, tornando obrigatório na Administração Pública Federal o uso do pregão nas compras de bens e serviços comuns e determinando que a forma eletrônica deverá ser preferencialmente adotada. Foi publicada a Portaria Normativa n. 05, de 14 de julho de 2005, que institucionaliza os Padrões de Interoperabilidade de Governo Eletrônico (e-PING), no âmbito SISP, cria sua Coordenação, define as competências desta última e a forma de atualização das versões do documento; e inúmeras resoluções[218].

Em 2002, a Secretaria de Logística e Tecnologia da Informação do Ministério do Planejamento, com a colaboração dos membros do Comitê Executivo, publicou um documento de avaliação das atividades

---

[218] Resolução n. 03, de 20 de Dezembro de 2001 – autoriza a implantação da Autoridade Certificadora AC-Correios; Resolução n. 05-a, de 15 de Julho de 2002 que torna obrigatória a autorização do CEGE para prestar ou contratar serviços de certificação digital. Ela condiciona esse tipo de contratação de serviços por parte das entidades da APF à infraestrutura de Chaves Públicas Brasileira – ICP-Brasil; Resolução n. 05, de 27 de Março de 2002 que autoriza a implantação da Autoridade Certificadora do Serviço Federal de Processamento de Dados (SERPRO); Resolução n. 06, de 22 de Julho de 2002 que cria, define competências e a composição no âmbito do CEGE do subcomitê de Certificação Digital com o objetivo de gerenciar as ações de implantação, manutenção e normatização do uso de certificação digital no Governo Federal; Resolução n. 10, de 11 de Outubro de 2002 que autoriza a Caixa Econômica Federal a realizar contratações e tomar as medidas necessárias para que aquela instituição se torne autoridade Certificadora; Resolução n. 11, de 14 de Outubro de 2002 que autoriza a contratação de serviços de Certificação Digital para órgãos do Ministério das Minas e Energia por intermédio da Autoridade Certificadora do SERPRO.

dos dois anos de Governo Eletrônico, no qual relata os principais avanços e desafios futuros, que serviriam como informações para a continuidade do programa.

3.5. Administração Pública Digital: a Busca da Transparência Digital

Há uma terceira coordenada que também tem implicações na delimitação da transparência administrativa e que pode considerar-se expressão de uma governança eletrônica fruto da busca de uma Administração Pública aberta e responsável como meta necessária e coerente com a lógica da tendência da democratização das relações de poder.

É o que acentua Ruediger[219] quando propõe, nesse contexto, uma esfera qualitativa em termos de interação republicana, em que houvesse uma efetiva capacidade de *accountability* e interlocução entre decisores e cidadãos, bem como de provimento de informações com real valor agregado para discussão da agenda pública.

Tanto na Administração Eletrônica como na Digital, a Administração Pública usa as tecnologias de informação e comunicação, especialmente as que envolvem atividades em rede pelo governo em todo o espectro de suas atividades, e sua adoção[220] para estabelecer o relacionamento da Administração Pública com outras organizações e pessoas[221].

A Administração Digital é um *plus* em relação à Administração Eletrônica, já que, além de prover um conjunto de serviços de forma mais eficiente, é uma política pública fundamentada num relacionamento mais democrático entre Administração Pública e cidadãos, como uma interação entre quem toma decisões e os cidadãos[222].

---

[219] RUEDIGER, Marco Aurélio. Governança Democrática na era da Informação. In: 27° Encontro da Associação Nacional dos Programas de Pós-Graduação e Pesquisa em Administração- ENANPAD, 2003, Atibaia-SP, Anais da ANPAD, 2003.

[220] WASHTENAW COUNTY. E-Government Strategic Plan: Executive Summary. 2002. Disponível em: <http://www.co.washtenaw.mi.us/E\Gov/FINALEGOVSTRATEGICPLAN10.30.pdf>.

[221] GRANDE, J. I. C.; ARAUJO, M. C. R.; SERNA, M. S. La Necesidad de Teoría(s) sobre Gobierno Electrónico. In: Centro Latinoamericano de Administración para El Desarrollo (CLAD). Concurso de Ensayos y Monografías del CLAD sobre Reforma del Estado y Modernización de la Administración Pública, 16, Venezuela, 2002.

[222] DAVISON, Robert M., WAGNER, C.; MA, C.K. From government to e-government: a transition model. In: Information Technology & People, v. 18, n. 3, 2005, pp. 280-299.

Enquanto na Administração Eletrônica[223] o foco é a disponibilização de serviços *on-line*, a utilização das TIC serve para o alcance de melhores condições de governança, por meio da prestação de serviços mais rápidos e eficientes à população; há uma entrega de informações e serviços governamentais por meios eletrônicos; é parte integrante da Administração Digital para aumento de eficiência para o governo; o cidadão é consumidor passivo dos serviços públicos; as TIC são adotadas para a prestação de serviços eletrônicos[224].

Na Administração Digital, o foco é o aumento do grau e da qualidade da participação da sociedade no controle das ações públicas: a utilização das TIC serve para capacitação política da sociedade[225]; há uma interação entre Administração Pública e sociedade por meios eletrônicos; é gênero que abrange o governo eletrônico e a democracia eletrônica, pois além da eficiência é ferramenta que visa a permitir a participação direta dos cidadãos na gestão das atividades com o desenvolvimento de uma interação entre governo e sociedade; o cidadão tem papel ativo, funcionando como parte integrante no processo de tomada de decisão; as TIC são adotadas para a gestão de políticas públicas e a construção de uma arena cívica, o que remete à noção republicana do Estado[226].

Na Administração Digital temos a implementação da governança digital como um processo que visa interação entre Administração

---

[223] "Governo Eletrônico se trata, não só do uso intensivo, extensivo e estratégico das TIC por parte do governo e da Administração Pública, mas, e também, para facilitar e ampliar o uso intensivo, extensivo e estratégico de todas as organizações, empresas e indivíduos na Sociedade sem exclusões, promovendo a inovação, as redes e o conhecimento" (PRINCE, Alejandro. E-democracia e desarrollo: límites politológicos. In: FINQUELIEVICH, Susana (org.). Desarrollo local em la sociedad de la información:
Municipios e Internet. Buenos Aires: La Crujía, 2005).
[224] OKOT-UMA, Rogers. Electronic Governance: re-inventing good governance. London: Commonwealth Secretariat, 2000.
[225] PINHO, José Antônio Gomes; IGLESIAS, Diego Moura; SOUZA, Ana Carolina Pereira de. Portais de governo eletrônico de estados no Brasil: muita tecnologia e pouca democracia. In: Revista de Administração Pública. Rio de Janeiro 42(3):471-93, maio/Jun. 2008. Disponível em <http://www.scielo.br/pdf/rap/v42n3/a03v42n3.pdf>. Acesso em: 29 nov. 2014.
[226] RUEDIGER, Marco Aurélio. Governo eletrônico ou Governança Eletrônica – Conceitos alternativos no uso das tecnologias da informação para o provimento de acesso cívico aos mecanismos de governo e da reforma do Estado. XVI Concurso de Ensayos e Monografías del CLAD sobre Reforma del Estado y Modernización de la Administración Pública "Gobierno Electrónico". Caracas, 2002.

Pública e sociedade na formulação, acompanhamento da implementação e avaliação das políticas públicas[227]. Nesse processo, a transparência revela-se pelas iniciativas da própria Administração em utilizar a internet como meio para melhorar a sua capacidade de relacionamento com os cidadãos no sentido de oferecer serviços de qualidade, informação confiável e mais conhecimento, visando facilitar-lhes o acesso aos processos de governo e incentivar sua participação[228].

A governança eletrônica é compreendida como a dimensão política do governo eletrônico[229], no sentido de aperfeiçoamento da gestão pública com a participação da sociedade nas decisões administrativas para os problemas sociais[230]; é a utilização de tecnologias de informação e comunicação envolvendo aspectos de comunicação cívica e expressão democrática da vontade dos cidadãos com espaços deliberativos de discussão[231]. Parte dos estudiosos[232] diferencia e-governança da e-democracia: a e-governança é relacionada com o processo de participação da sociedade na formulação e avaliação de políticas públicas; a e-democracia refere-se ao incentivo a consulta e extensão de processos democráticos.

Em abril de 2001, o presidente Fernando Henrique Cardoso anuncia a criação da Corregedoria-Geral da União, com o objetivo principal de dar celeridade aos processos de apuração de irregularidades no âmbito

---

[227] BACKUS, M. E-governance in developing countries. In: International Institute for Communication and Development Research Brief, Haia, n.1. Mar. 2001, p.1.

[228] KAKABADSE A.; KAKABADSE, N.K.; KOUZMIN, A. Reinventing the democratic governance Project through information technology? A growing agenda for debate. In: Public Administration Review, Washington, v. 63, n.1, p. 44-60, Jan-Feb. 2003.

[229] RUEDIGER, M.A. Governo Eletrônico ou governança eletrônica- conceitos alternativos no uso das tecnologias de informação para o provimento de acesso cívico aos mecanismos de governo e da reforma do Estado. In: Concurso de Ensayos y Monografías Del CLAD sobre Reforma Del Estado Y Modernización de La Administración Pública. Caracas: CLAD, 2002, p. 1-22.

[230] BANCO MUNDIAL. Electronic government and governance: lessons for Argentina. Washington: The World Bank, 2002.

[231] MARCHE, S.; MCNIVEN, J.D. E-government and e-governance: the future isn't what it used to be. In: Canadian Journal of Administrative Sciences, Halifax, v.20, n.1, p. 74-86, mar. 2003.

[232] OKOT-UMA, R. Electronic governance: re-inventing good governance. Londres: Commonwealth Secretariat London, 2001, p. 5.

do governo federal[233]. Criada no dia 2 de abril de 2001, pela Medida Provisória n° 2.143-31, teve como sua primeira ministra-corregedora a jurista Anadyr de Mendonça Rodrigues, na esteira da crise da Sudam, quando se constatou uma diversidade de desvios de verbas da Superintendência de Desenvolvimento da Amazônia.

Inicialmente foi denominada Corregedoria-Geral da União, mas, em 28 de maio de 2003, com a publicação da Lei n. 10.683, o órgão passou a se chamar Controladoria-Geral da União, assim como atribuiu ao seu titular a denominação de Ministro de Estado do Controle e da Transparência, incorporando, à estrutura do novo órgão, as funções da Corregedoria-Geral da União, que tinha o propósito de combater, no âmbito do Poder Executivo Federal, a fraude e a corrupção e promover a defesa do patrimônio público.

Em 2002, é convidado pelo presidente Lula para o cargo de ministro-chefe da Controladoria-Geral da União (CGU) o Ministro Waldir Pires, com a gestão de 1º de janeiro de 2003 a 31 de março de 2006. Na gestão do Ministro Waldir Pires, foi criado em 2004, pela Controladoria-Geral da União, o Portal da Transparência com o objetivo de aumentar a transparência da gestão pública, possibilitando que cidadãos acessassem e acompanhassem como são gastos os recursos públicos federais. O processo de criação do Portal da Transparência passou por duas fases:

a) *Inicial*: com disponibilização de informações relativas a transferências e repasses de recursos públicos federais para Estados, Distrito Federal e Municípios, constantes do Orçamento Fiscal e da Seguridade Social, relativos ao exercício do ano de 2004, gastos com o Sistema Único de Saúde e as transferências diretas ao cidadão, como as do Programa Bolsa-Família. Essa fase inicial passou pelas seguintes etapas: a) constituição de um grupo de trabalho com a finalidade de definir a estratégia de divulgação, por meio físico e eletrônico, das informações relativas às transferências de recursos federais; b) contratação do Serviço Federal de Processamento de Dados para prestação continuada de serviços de informática em setembro de 2003; c) em outubro de 2003, solicitações

---

[233] Disponível em: http://www.biblioteca.presidencia.gov.br/presidencia/ex-presidentes/fernandohenrique-cardoso/discursos/2o-mandato/2001/28.pdf/view. Acesso em: 10/05/2013.

aos Ministérios que autorizassem a Caixa Econômica Federal a fornecer à CGU os dados referentes às transferências diretas ao cidadão; d) lançamento do portal em 2004[234].

b) *A formalização com o Decreto n° 5.482, de 30 de junho de 2005*: criou na Internet o Portal da Transparência para divulgação de dados e informações sobre os gastos, despesas e pagamentos efetuados por todas as áreas do governo federal. O decreto trouxe, em matéria de interação digital da Administração Pública com o cidadão, incentivando o controle social na fiscalização da gestão pública contra a corrupção, não apenas a oficialização do portal da transparência, mas também a criação, por órgãos e entidades da Administração Pública federal, direta e indireta, de página denominada Transparência Pública, para divulgação, de dados e informações relativas à sua execução orçamentária e financeira, licitações, contratações, convênios, diárias e passagens, mantidas em seus respectivos sítios eletrônicos, na internet.

Em 2004, o Governo Federal lança o Portal de Inclusão Digital durante a 5ª Oficina para a Inclusão Digital, cuja iniciativa é do Comitê Técnico de Inclusão Digital do Comitê Executivo de Governo Eletrônico. O portal é gerenciado pelo Ministério do Planejamento por meio da Secretaria de Logística e Tecnologia da Informação e reúne informações sobre as várias iniciativas desenvolvidas na área pelos órgãos do governo, além de notícias, documentos, informações sobre eventos em inclusão digital e serviços de governo eletrônico. Com ações voltadas para as comunidades mais carentes e informações sobre diferentes iniciativas governamentais nessa área, está atualmente fora do ar.

Em 2005, foi a vez do lançamento do Modelo de Acessibilidade de Governo Eletrônico (e-MAG)[235], que recomenda a acessibilidade nos portais e sítios eletrônicos da Administração Pública para o uso das pessoas com deficiência, garantindo-lhes o pleno acesso aos conteúdos disponíveis.

---

[234] FREIRE, Felipe Ribeiro. Desafios para a transparência pública: um estudo com os usuários do Portal da Transparência do Governo Federal. 2014. 283 f., il. Dissertação (Mestrado em Ciência Política) – Universidade de Brasília, Brasília, 2014.

[235] Houve sucessivas reedições, sendo que a última versão foi lançada em abril de 2014. Disponível: https://www.governoeletronico.gov.br/eixos-de-atuacao/governo/acessibilidade/emag-modelo-de-acessibilidade-emgoverno-eletronico. Acesso em: 06/06/2015.

É uma iniciativa do Governo Federal que possui dois aspectos: a) subjetivo: deve ser adotado em portais e sítios eletrônicos, sistemas, equipamentos e programas em TIC no âmbito da Administração Pública Federal direta, autárquica e fundacional; b) objetivo: garantir o acesso da informação disponível, a todos os interessados, independentemente de suas capacidades físico-motoras, perceptivas, culturais e sociais[236].

Foi realizado o evento Acessibilidade Digital no dia Nacional da Luta da Pessoa com Deficiência (21/9/11), com o lançamento da 3ª versão do Modelo de Acessibilidade de Governo Eletrônico (o e-MAG 3.0) e do Portal da Pessoa com Deficiência, tendo sido realizada em setembro de 2011 a "Avaliação de 200 sítios e serviços do Governo Eletrônico Brasileiro", com levantamento dos problemas dos ambientes virtuais do governo federal a partir das recomendações e-MAG.

Figura 3. Modelo de acessibilidade de governo eletrônico
Fonte: Disponível em: <http://www.emag.governoeletronico.gov.br>. Acesso em: 15 abr. 2015.

---

[236] Portaria n. 3, de 07 de maio de 2007 do Secretário de Logística e Tecnologia e Tecnologia da Informação do Ministério do Planejamento, Orçamento e Gestão.

Em 2006, é realizada a primeira pesquisa de avaliação dos serviços de e-Gov considerando os parâmetros da Metodologia de Indicadores e Métricas de Serviços de Governo Eletrônico. Essa metodologia busca avaliar a qualidade dos serviços eletrônicos prestados pelos governos de todas as esferas: federal, estadual e municipal – de acordo com a conveniência para o cidadão, sendo a primeira iniciativa com esse foco já desenvolvida no país. Os resultados foram publicados no ano seguinte, em 2007[237].

Em 2008, os Padrões Brasil e-GOV surgem como recomendações de boas práticas agrupadas em formato de cartilhas, com o objetivo de aprimorar a comunicação e o fornecimento de informações e serviços prestados por meios eletrônicos pelos órgãos do Governo Federal. A Cartilha de codificação foi a primeira a ser lançada[238].

Na mesma época, foi lançado o Portal de Convênios, NOTA 553 para a realização, por meio da internet, de convênios e contratos de repasse

Figura 4. Cadastro SICONV
Fonte: Disponível em: <http://portal.convenios.gov.br/noticias/cadastro-no-siconv/>.
Acesso em: 15 abr. 2015.

---

[237] Disponível em: https://www.governoeletronico.gov.br/documentos-earquivos/Livro-Fina_04102007.pdf. Acesso em: 10/02/2015.
[238] Disponível em: http://epwg.governoeletronico.gov.br/cartilha-usabilidade. Acesso em: 10/05/2013. [553] Disponível em: http://api.convenios.gov.br/. Acesso em: 10/02/2015.

com recursos voluntários da União, inaugurando uma nova relação entre a Administração Pública Federal e os demais entes federativos. Esse novo portal automatiza os atos de credenciamento, celebração, alteração, liberação de recursos, acompanhamento da execução do projeto e a prestação de contas.

O projeto Infovia Brasil consiste na implantação de uma rede governamental de transmissão de dados, voz e imagem, com elevados padrões de desempenho e segurança, para a integração de órgãos e entidades governamentais segundo os modernos conceitos de convergência digital[239].

Em 2009, surge a Lei Complementar n. 131 (Lei Capiberibe), que alterou e acrescentou na redação dos arts. 48 e 73 da Lei Complementar (LC) n. 101/2000 prazos e obrigatoriedades para União, Estados, Distrito Federal e Municípios se adequarem sobre a divulgação em meios eletrônicos, em tempo real, da execução orçamentária e financeira.

A transparência administrativa, visando a envolver a sociedade ao controle social das contas e dos recursos geridos pelos gestores públicos, criou o Padrão Mínimo de Qualidade do Sistema Integrado de Administração Financeira e Controle, no âmbito de cada ente da Federação, por meio do Decreto n. 7.185/2010 e Portaria MF n. 548/2010. Nessa fase digital da Administração, destacam-se as seguintes diretrizes:

a) *Sustentabilidade ambiental*: 1) a compra pelos órgãos públicos de computadores menos poluentes ao meio ambiente por meio da Instrução Normativa n. 01, de 2010. A orientação é que os equipa-

---

[239] As principais ações da INFOVIA Brasil neste ano foram: Realização de infraestrutura ótica para integrar 16 novos prédios do Governo Federal a rede INFOVIA em Brasília; Suporte técnico ao SERPRO na elaboração do termo de referência para a nova contratação de serviços de manutenção da infraestrutura da rede INFOVIA Brasília; Renovação do termo de parceria com a RNP (Rede Nacional de Ensino e Pesquisa) a fim de permitir o compartilhamento de fibras e infraestrutura na cidade de Brasília; Revisão das condições comerciais de alguns serviços e inclusão de novos serviços que geraram a versão 2.0 do modelo de negócios da INFOVIA. Com destaque para a redução do preço do Mbps do serviço de Internet que nas bandas mais elevadas teve uma queda de quase 50%, ou seja, de R$ 700,00 para R$ 364,50 Mbps; Revisão e atualização da política de segurança da INFOVIA Brasília que ainda será ratificada pelo comitê de infraestrutura de redes; e Revisão e elaboração do novo termo de referência para a contratação de infraestrutura para novas obras de fibra ótica para atender a demanda de interligar novos órgãos a INFOVIA Brasília.

mentos eletrônicos sejam livres de chumbo e utilizem quantidades reduzidas de recursos minerais metálicos; 2) Decreto n. 7.746, que consolida e amplia o Programa de Contratações Sustentáveis do Ministério do Planejamento, em que órgãos e entidades da Administração Pública federal direta, autárquica e fundacional poderão adquirir bens e contratar serviços e obras considerando critérios e práticas de sustentabilidade; 3) todos os órgãos da Administração Pública federal deverão elaborar os seus Planos de Gestão de Logística Sustentável.

b) *Facilidades nos serviços públicos*: 1) Portal *Software* Público Brasileiro, o e-Nota. Fruto de parceria entre o governo federal e a iniciativa privada, a emissão da Nota Fiscal Eletrônica (NF-e) proporciona mais agilidade para as pessoas físicas e jurídicas que prestam serviços a prefeituras ao firmarem contratos com o poder executivo municipal (2010); 2) Guia de Gestão de Processos de Governo com orientação metodológica de suporte à gestão de processos e na contratação de serviços de modelagem de processos, na qual o guia exemplifica algumas dessas boas práticas na forma de um "Processo de Contratação de Atividades de Modelagem de Processos"; 3) durante o ano de 2011, acordos de cooperação técnica do governo federal com municípios com o intuito de melhorar a gestão administrativa das prefeituras e os serviços eletrônicos oferecidos à população; 4) "Padrão de Dados – Integração de Protocolos do Governo Federal": sistema de protocolo integrado na Administração Pública federal, com diretrizes para que os órgãos públicos disponibilizem os seus dados em um canal único do governo federal para oferta de consultas e serviços para a sociedade; 5) Metodologia de Gerenciamento de Projetos do SISP para auxiliar os órgãos públicos a melhorar suas práticas de gestão e governança de Tecnologia da Informação (TI); 6) Infraestrutura Nacional de Dados Espaciais (Inde), uma plataforma que tem como objetivo reunir, catalogar, integrar, harmonizar e disseminar dados e informações geoespaciais existentes nas instituições do governo brasileiro. O acesso aos dados é público e pode ser feito a partir do *site*: www.inde.gov.br, que conta com um visualizador de mapas e um catálogo de metadados, em que é possível buscar informações e gerar mapas e análises a partir de dados disponibilizados pelos órgãos públicos. Tem gestão compartilhada entre a Comissão Nacional de Cartografia (Concar), o Instituto Brasileiro de Geografia e Estatística (IBGE) e a Secretaria de Planejamento e Investimentos Estratégicos (SPI) do Ministério do Planejamento; 7) versão beta do Guia de Serviços, o governo organiza de forma centralizada os serviços oferecidos pela Administração Pública e reúne os *links* dos portais de serviços disponibilizados por estados e municípios, facilitando, assim, o acesso dos cidadãos a serviços em atendimento ao Decreto Cidadão (Decreto n. 6.932/2009) e também à Lei de Acesso à informação (Lei n. 12.527, de novembro de 2011); 8) acordo de cooperação com o Núcleo de Informação e Coordenação do Ponto BR (NIC.br), em que o Ministério do Planejamento irá compartilhar aproximadamente 32,5 km de sua infraestrutura de fibras ópticas, da chamada Infovia Brasília, e o NIC.br implantará pontos de troca de tráfego (PTT) na capital federal, os primeiros localizados fora de São Paulo; 9) Roteiro de Métricas de *Software* do SISP para apoiar a medição e a contratação de projetos de desenvolvimento e manutenção de sistemas dos órgãos do governo federal; Portal do *Software* Público Brasileiro (6 de outubro de 2012): mediante

Figura 5. Portal de serviços
Fonte: Disponível em: <http://portal.servicos.gov.br>. Acesso em: 18 abr. 2015.

Acordo de Cooperação Técnica entre o Ministério do Planejamento e a Telebras, foi feita a migração da estrutura tecnológica do ambiente para a Telebras; 10) Portal de Serviços: plataforma centralizada que facilita cidadãos e empresas a acessarem os serviços públicos federais.

c) *Melhorias de compras*: 1) agilidade e eficiência nas contratações de serviços da área de Tecnologia da Informação (TI) e nas compras de *softwares* e *hardwares* realizadas pelo Poder Executivo Federal (Instrução Normativa (IN) n. 04/2010); 2) em 2013, o Sistema de Registros de Preços (SRP) foi atualizado por meio do Decreto n. 7.892, que estabelece os procedimentos para a contratação de serviços e aquisição de bens em futuras compras feitas por mais de um órgão ou programas de governo.

d) *Preocupação com a satisfação do cidadão nos serviços do e-gov*: 1) em 2010 foi feita a primeira pesquisa no Brasil sobre o uso dos serviços públicos na internet, visão sobre o e-gov, dificuldades encontradas e comunicação com o governo; 2) 7ª pesquisa TIC Empresas 2011, conduzida pelo Centro de Estudos sobre as Tecnologias da Informação e da Comunicação (CETIC.br), visou contribuir para introdução e impactos de *softwares* novos ou aperfeiçoados; 3) Primeira pesquisa TIC Kids Online Brasil, resultado de um acordo entre o Centro de Estudos sobre as Tecnologias da Informação e da Comunicação (CETIC.br) e a *London School of Economics* (LSE) para levantar dados sobre as oportunidades *on--line* e o uso seguro da internet.

e) *Movimento de dados abertos*: 1) na esfera pública federal teve início em, 2010, com a publicação da Resolução n. 7 (Estratégia Geral de TI) e da Portaria n. 39 (Planejamento Estratégico da SLTI/MP); 2) Plano de Ação Nacional sobre Governo Aberto com medidas de incremento da transparência e do acesso à informação pública, à melhoria na prestação de serviços públicos e ao fortalecimento da integridade pública, e a criação do Comitê Interministerial Governo Aberto (CIGA); 3) Portal Brasileiro de Dados Abertos que visa a compartilhar dados públicos em formato bruto e aberto; INDA é um conjunto de padrões, tecnologias, procedimentos e mecanismos de controle para atender às condições de troca de dados e informações, entre os diferentes poderes e esferas de governo, gerados e armazenados nos portais dos órgãos públicos para que sejam utilizados livremente pela sociedade em geral (o modelo de elaboração do ambiente virtual foi feito de forma colaborativa com a sociedade civil especializada e utilizou plataformas abertas, como o *software* livre disponibilizado pela *Open Knowledge Foundation*.

Figura 6. Sobre os dados
Fonte: Disponível em: <http://dados.gov.br>. Acesso em: 18 abr. 2015.

f) *Fomento à participação do cidadão*: 1) participação social no processo de elaboração do Marco Civil da Internet, por meio de duas consultas *on-line* consecutivas (2009 e 2010)[240]; 2) criação do Gabinete Digital em 2011 pelo governo do Rio Grande do Sul[241]; 3) Dialoga Brasil: plataforma de participação digital para o cidadão elaborar e apoiar propostas para ajudar a melhorar as principais políticas e programas do governo; 4) novo Portal Brasil: plataforma moderna, interativa, acessível e portável que agrega conteúdo de ministérios e secretarias do governo federal, com

---

[240] Disponível em: <http://culturadigital.br/marcocivil/>. Acesso em: 16 abr. 2014.
[241] Disponível em: <http://gabinetedigital.rs.gov.br>. Acesso em: 16 abril de 2014.

notícias diárias e serviços para o cidadão; 5) Guia de Aplicativos: catálogo de aplicativos para dispositivos móveis criados por órgãos do Poder Executivo Federal, no qual o cidadão obtém informações e conhece os aplicativos que o governo oferece gratuitamente à população; 6) Barra Brasil: a barra de Identidade Visual do Governo Federal na internet tem a função de identificar, padronizar e integrar sítios e portais do Governo Federal. A barra também tem a função de proporcionar acesso direto ao Portal Brasil – brasil.gov.br, às informações públicas de acordo com a Lei de acesso à informação, aos canais de participação social, ao portal de serviços prestados pelos diversos órgãos servicos.gov.br, página com toda a legislação brasileira – planalto.gov.br/legislacao/ e *link* para os canais de comunicação do Governo Federal.

Figura 7. Portal Brasil
Fonte: Disponível em: <http://www.brasil.gov.br>. Acesso em: 18 abr. 2015.

g) *Segurança digital*: a) fortalecimento do modelo do Software Público por meio da Instrução Normativa (IN) n. 1 (2011), visando segurança para a manutenção e o desenvolvimento de todo o processo que é realizado pela Administração Pública, como as políticas de registro e usabilidade dos *softwares*; 2) primeira versão da Licença Pública de Marca (LPM) para o fortalecimento do ecossistema dos *softwares* públicos (http://www.softwarepublico.gov.br/lpm_marcas).

h) *Interação com fornecedores e servidores públicos*: 1) Sistema de Cadastramento Unificado de Fornecedores (Sicaf): facilidade oferecida aos fornecedores que passarão a informar seus dados pela internet, sem precisar se dirigir a uma unidade cadastradora; 2) Catálogo de Serviços de Consultoria com atendimento destinado aos mais de 200 órgãos que integram o Sistema de Administração dos Recursos de Informação e Informática (SISP) do governo federal. O contato com a equipe é feito pelo e-mail sisp@planejamento.gov.br; 3) serviço de consultoria para os portais do Governo Federal para orientar o processo de implementação da acessibilidade em sítios oficiais e estimular a utilização das recomendações e-MAG; 4) Decreto n. 7.579 que dispõe sobre o SISP, com o Poder Executivo federal visando mais eficiência, eficácia e economicidade no emprego dos recursos públicos utilizados na área da Tecnologia da Informação (TI); 5) Portal do Servidor: oferece informações e notícias importantes para os servidores públicos.

Figura 8. Servidor Governo Federal
Fonte: Disponível em: <http://www.servidor.gov.br>. Acesso em: 18 abr. 2015.

i) *Educação eletrônica*: 1) pós-graduação feita em parceria entre a Universidade Corporativa do Serpro (Uniserpro) e a Escola Superior de Administração Fazendária (ESAF) com objetivo de aprofundar as discussões sobre as teorias emergentes no campo das Tecnologias da Informação e Comunicação (TICs), para aplicação de novas práticas na Administração Pública; 2) b) I Fórum da Internet no Brasil promovido pelo Comitê Gestor da Internet (CGI.br) para discutir o presente e o futuro da internet no Brasil; 3) parceria com a Universidade Federal da Paraíba (UFPB) por meio de seu Centro de Informática (CI) e pelo Núcleo de Pesquisa e Extensão do Laboratório de Aplicações de Vídeo Digital (LAVID), para o desenvolvimento da Suíte VLibras, tornando computadores, dispositivos móveis e plataformas *web* acessíveis para pessoas surdas.

j) *Consultas públicas*: um sistema pioneiro foi o Portal Governo eletrônico, implementado no ano de 2011, com o objetivo de promover a participação da sociedade e tornar mais transparentes as ações de Governo Eletrônico. Durante 11 anos (2004 a 2015), o Sistema de Consulta Pública do sítio do Governo Eletrônico fez parte do processo democrático de construção de políticas públicas do Governo com a colaboração da sociedade, pela ferramenta "Participa.br"[242].

k) *Acessibilidade digital*: 1) Governo estimula a implementação da acessibilidade na *web* ao lançar a primeira edição do Prêmio Nacional de Acessibilidade (Todos@Web), com destaque ao

---

[242] O acesso ao sistema de consulta pública do programa governo eletrônico exige um cadastro prévio. Após, este o usuário pode apresentar contribuições paras as consultas abertas, acompanhar o andamento; enviar comentários; receber informações por e-mail dos novos comentários postados na consulta; e receber retorno dos gestores após a publicação da versão final. O sistema também permite a consulta sem identificação, mas limita o acesso às contribuições e comentários postados pelos participantes cadastrados. Em 2009 foram realizadas sete consultas públicas sendo elas: Padrão de Metadados do Governo Eletrônico – e-PMG; Padrões de Interoperabilidade de Governo Eletrônico – e-PING; Chamada Pública – Software de Gestão de Tecnologia da Informação; Chamada Pública – Software de Gestão para Municípios; Documentos preliminares do Projeto Nacional de Apoio a Telecentros; Normativa de gestão de domínios, sítios e portais; e o Guia de Administração dos Padrões Brasil e-Gov (Disponível em: https://www.governoeletronico.gov.br/eixos-de-atuacao/cidadao/arquivo-consultas-publicas. Acesso em: 10/04/2014).

município de Rio das Ostras, que obteve o primeiro lugar na categoria Projetos Web. A iniciativa contou com apoio do Ministério do Planejamento, da Associação Brasileira das Agências Digitais

Figura 9. Identidade digital
Fonte: Disponível em: <http://www.brasil.gov.br>. Acesso em: 18 abr. 2015.

Figura 10. Identidade digital (a)
Fonte: Disponível em: <http://www.brasil.gov.br>. Acesso em: 18 abr. 2015.

(Abradi) e da Secretaria dos Direitos da Pessoa com Deficiência de São Paulo; 2) governo consolida o serviço de consultoria em acessibilidade para todos órgãos públicos, incentivando a utilização das recomendações do e-MAG nos portais do governo federal (c3s.sisp.gov.br); 3) Identidade Digital do Governo (IDG): modelo-padrão de portal, que facilita a busca por informações e a navegação, além de melhorar a experiência do usuário, com normas e diretrizes que ampliam a acessibilidade; 4) Redes Sociais: perfis nas principais redes sociais, bem como a reformulação do Portal e do Blog do Planalto.

O Programa Brasil Transparente[243], lançado em janeiro de 2013 e instituído em 7 de fevereiro de 2013, abrange, por um lado, o uso das tecnologias de informação para o desenvolvimento de sistemas de apoio à gestão e ao controle do Estado e, por outro, envolve a difusão de informações para modernização da gestão administrativa e fiscal, integrando Administração Pública e sociedade[244].

A Controladoria-Geral da União, ao instituir o Programa Brasil Transparente, por meio da Portaria n. 277, buscou adesão de Estados e Municípios no processo de modernização e racionalização da Administração Pública, com a implementação da Lei de Acesso à Informação, no incremento da transparência pública e na adoção de medidas de governo aberto.

A transparência é um procedimento e um modelo de ação para o controle social da corrupção por meio da disponibilidade e da estrutura

---

[243] TRICATE, Heloísa. E-government e a necessidade de sistemas integrados de gestão, p. 121-128. In: FERRER, Florencia e SANTOS, Paula. (Orgs.) e-government: o governo eletrônico no Brasil. São Paulo: Saraiva, 2004; SOBOLL, Walter e PONCHIO, João Adolfo de Rezende. Compras governamentais com tecnologia de informação. In: FERRER, Florencia e SANTOS, Paula. (Orgs.) e-government: o governo eletrônico no Brasil. São Paulo: Saraiva, 2004. (p. 163-177); LEAL, Ney Gilberto. As interfaces com a sociedade–o cidadão em tela. In: FERRER, Florencia e SANTOS, Paula. (Orgs.) e-government: o governo eletrônico no Brasil. São Paulo: Saraiva, 2004. (p. 64-69).

[244] PERSEGONA, Marcelo Felipe Moreira & ALVES, Isabel Tersa Gama. História da Internet: origens do e-gov. no Brasil. In: Anais da Conferência Sul-americana em Ciência e Tecnologia aplicada ao Governo Eletrônico – CONeGOV, 2004. Disponível em: http:\\www.i3g.org.br/editora/livros/conecov2004anais.pdf.

da informação pública em um formato simples e claro, de forma que o cidadão compreenda e aja em relação à publicidade[245].

O reconhecimento do programa como iniciativa de referência para o fortalecimento da democracia e melhoria da gestão pública, no contexto de reflexão de uma Administração Pública mais transparente e aberta à participação social, apresenta-se como forma de implementação de uma cultura de acesso à informação[246].

A partir da Portaria n. 277/2013 da CGU, os esforços de mudança na implementação de uma cultura de acesso à informação dirigem-se a um processo permanente de diálogo e estruturação envolvendo a capacitação e a conscientização dos servidores públicos, bem como a promoção de uso de novas tecnologias, soluções inovadoras e intercâmbio de práticas e informações entre os entes federados.

O Programa Brasil Transparente possui três elementos para sua configuração: o subjetivo (é identificação do participante e da coordenação), o formal (procedimento de adesão ao programa) e o objetivo (atividades e obrigações instituídas com o programa).

Em relação ao elemento subjetivo, podemos afirmar que podem ser participantes os representantes das três esferas de Poder (legislativo, executivo e judiciário) de estados e municípios. O Programa Brasil Transparente será coordenado pela Secretaria de Prevenção da Corrupção e Informações Estratégicas, e implementado pelas unidades regionais da CGU, nos termos da Portaria n. 277/2013.

No elemento formal, o procedimento de adesão ao programa é definido na Portaria 277/2013, cujas características são: a) a participação no Programa é voluntária; b) será realizada mediante a adesão por autoridade máxima do ente público (ente parceiro); c) a adesão se fará mediante assinatura do Termo de Adesão, conforme formulário anexo, disponível no endereço eletrônico www.cgu.gov.br/brasiltransparente; d) encaminhamento à unidade regional da Controladoria-Geral da União correspondente ao estado da federação de localização do órgão

---

[245] TRICATE, Heloísa. E-government e a necessidade dos sistemas integrados de gestão. In: FERRER, Florência & SANTOS, Paula (ORGS). E-government: o Governo Eletrônico no Brasil. São Paulo: Saraiva, 2004, p.121-128.

[246] LEAL, Ney Gilberto. As interfaces com a sociedade – o cidadão em tela. In: FERRER, Florência & SANTOS, Paula (ORGS). E-government: o Governo Eletrônico no Brasil. São Paulo: Saraiva, 2004, p. 64-69.

interessado; e) o Programa não implica desembolso de recursos para a execução dos seus serviços. As despesas necessárias correrão por conta de dotações orçamentárias de cada ente interessado.

E, por fim, no elemento material, tendo como pano de fundo o aprimoramento da gestão pública por meio da valorização da transparência, acesso à informação e participação do cidadão, e aceitando que é possível uma Administração Pública Transparente, são realizadas atividades e cumpridas obrigações, que podem ser conjuntas (CGU e parceiro)[247] ou individuais (somente do parceiro)[248]. Em relação às atividades, entre outras, destacam-se:

- Ações de treinamento e capacitação na Lei de Acesso à Informação para os servidores de estados e municípios, com seminários, cursos e treinamentos sobre transparência e acesso à informação, presenciais e virtuais.
- Cessão, pela CGU, do código fonte do sistema eletrônico do Serviço de Informação ao Cidadão (e-SIC) e apoio técnico na implantação do sistema e-Sic (sistema informatizado utilizado pelo Poder Executivo Federal para recebimento e gerenciamento das solicitações de informação encaminhadas pela população a todos os órgãos federais).
- Elaboração e distribuição de material técnico e orientativo sobre a Lei de Acesso à Informação e outros diplomas legais sobre transparência. Nessa atividade, a CGU publicou, em maio de 2013, em

---

[247] Art. 5º da Portaria 277/2013 – Constituem-se obrigações conjuntas da CGU e do ente parceiro: I – executar as ações do Programa, com zelo, tempestividade e boa qualidade dos resultados apresentados, com a observância dos demais princípios da Administração Pública, buscando alcançar eficiência e êxito em suas atividades; II – elaborar indicadores e, quando possível, divulgar os resultados dos estudos realizados sobre o Programa; III – adotar as ações necessárias para a realização dos seminários, cursos e treinamentos; IV – realizar as ações necessárias à replicação por multiplicadores de conhecimento da metodologia de capacitação resultante do Programa (Disponível em: file:///D:/Ana%20Flavia/Downloads/Portaria_CGU_277_2013%20(1).pdf).

[248] Artigo 4º § 2º da Portaria 277/2013- Incumbe ao ente parceiro: a) instalar o e-SIC nas suas dependências, arcando com todos os ônus e obrigações inerentes; b) integrar, quando necessário, o e-SIC aos softwares que utiliza; c) zelar pelo uso adequado do programa, comprometendo-se a utilizar os dados que lhe forem disponibilizados somente nas atividades que, em virtude de lei, lhes compete exercer; d) não vender, ceder ou transferir, a qualquer título, o direito de uso do código-fonte do e-SIC e seus conexos; e) apurar o fato, no caso de uso indevido do programa, com vistas a eventual responsabilização administrativa e

seu *site*, três guias (Criação da Seção de Acesso à Informação nos Sítios Eletrônicos dos Órgãos e Entidades Estaduais e Municipais, Implantação de Portal da Transparência e Regulamentação da Lei de Acesso à Informação em Municípios e *Check List*) e um Manual da Lei de Acesso à Informação para Estados e Municípios[564].
- Promoção de campanhas e ações de disseminação da Lei de Acesso à Informação para a sociedade.

4. Movimento Anticorrupção no Brasil
4.1. Corrupção na Gestão Pública

Embora a tendência para viver em sociedade seja natural, a ordem de convivência é criada e constituída pelo homem, sendo característica do agir ou não agir dos seres humanos. A sociedade é produto das interações sociais[249]. As relações humanas que formam a sociedade resultam da interação entre indivíduos possibilitada pela comunicação de ideias, pensamentos e sentimentos.

A convivência social é viabilizada pela existência de uma ordem jurídica e, portanto, de uma instância superior para declarar e aplicar o direito[250]. O Estado, fenômeno complexo, surge num certo momento da evolução social, quando as sociedades, ao adquirirem maior complexidade, verificam a necessidade de sua instituição.

A existência do Estado é justificada para realização de fins que condicionam as funções, os direitos, os deveres e os limites da autoridade[251]. Os fins do Estado, enquanto elemento constitutivo ou característica do Estado, podem ser entendidos como a razão do Estado, privilegiando-se o aspecto instrumental em que o Estado funciona como meio para realização de seus fins representativos de necessidades e interesses gerais do cidadão[252].

Dentre os fins do Estado, cuja especificação não é tarefa fácil diante da diversidade de sentidos atribuídos ao longo da história e de possibilidade

---

[249] SIMMEL, Georg. A sociabilidade (Exemplo de sociologia pura ou formal). In: Questões fundamentais da sociologia: indivíduo e sociedade. Tradução de Pedro Caldas. Rio de Janeiro: Jorge Zahar, 2006.

[250] REALE, Miguel. Teoria Geral do Direito e do Estado. São Paulo: Saraiva, 2000.

[251] BIGNE DE VILLENEUVE, Marcel de La. Traité Général de L'État. França: Recueil Sirey, 1929, p.1.

[252] IELLINEK, Paul. Teoría General del Estado. Buenos Aires: Editora Albatros, 1973; MALBERG, R. Carré de. Contribution a La Théorie Générale de L'Etat. Paris: Sirey, 1920.

de análise em planos distintos e nas diferentes comunidades, destaca-se o fim geral ou essencial que é a tutela da ordem interior para o pacífico desenvolvimento da ordem social, com segurança para os conviventes em suas pessoas, famílias e bens[253].

Na satisfação das condições para que as pessoas tenham qualidade de vida e possam atingir seus objetivos livremente e sem prejuízo dos demais[254], são desenvolvidas atividades que cumpram os comandos normativos para a satisfação das necessidades públicas, sob o regime predominante do direito público.

Na realização de suas atividades, o Estado, por meio da Administração Pública, utiliza-se de instrumentos previstos na ordem jurídica para consecução do interesse público. Esses instrumentos devem ser manejados para satisfação das necessidades públicas em conformidade com as finalidades objetivadas pelo Direito e previstas na lei e na Constituição.

Acontece que, enquanto no plano do dever ser, o Estado, como aparelho organizador das relações sociais, busca o bem comum de um certo povo situado num determinado território, na realidade, percebe-se um distanciamento quando ocorre o uso dos poderes-deveres de forma deturpada com o abuso do ofício público para fins privados.

No momento em que o agente público, representativo do agir administrativo, não se comporta em conformidade com os comandos jurídicos, no exercício legítimo das atribuições político-constitucionais, derivadas das competências postas a seu encargo, descumprindo suas finalidades, sua conduta estará eivada de vício de abuso de poder, ato abusivo e arbitrário que, como tal, é ilegítimo e ilegal[255].

No abuso de poder, há a prática do ato administrativo, calcada no poder de agir do agente, mas direcionada à consecução de um fim de interesse privado, ou mesmo de outro fim público estranho à previsão

---

[253] GROPALI, Alexandre. Doutrina do Estado. São Paulo: Saraiva, 1968, p. 141 e segs.
[254] DE CICCO, Cláudio & GONZAGA, Álvaro de Azevedo. Teoria Geral do Estado e Ciência Política. São Paulo: Editora Revista dos Tribunais, 2009.
[255] JUSTEN FILHO, Marçal. Curso de Direito Administrativo. São Paulo: Saraiva, 2005; MEIRELLES, Hely Lopes. Direito Administrativo Brasileiro. São Paulo: Malheiros, 2001; CARVALHO FILHO, José dos Santos. Manual de Direito Administrativo. Lumen Juris: Rio de Janeiro, 2005; MOREIRA NETO, Diogo de Figueiredo. Mutações do Direito Administrativo. Rio de Janeiro: Renovar, 2001.

legal[256]. O abuso de poder pode ser manifestado de diferentes formas, sendo que uma delas é o desvio da finalidade pública[257], caracterizado pelo rompimento do pressuposto moral de que os agentes públicos agem dentro da lei e no cumprimento dos legítimos fins contemplados na norma[258] e que, somado ao proveito privado pela obtenção da vantagem indevida, geram a corrupção administrativa, com conotações surpreendentes e desalentadoras no contexto brasileiro[259].

Parece haver consenso entre os autores contemporâneos que tratam do fenômeno social da corrupção como uma espécie de má gestão pública, analisado sob diversas perspectivas e por diferentes ciências, que com ela se impôs a lógica do desvirtuamento da Administração Pública e afronta à ordem jurídica[260], provocando uma subversão dos valores caracterizada por uma conduta inquinada pela deslealdade, desonestidade, má-fé e desrespeito aos princípios da Administração Pública, para a obtenção de vantagem indevida para si ou para outrem em flagrante prejuízo ao erário[261].

Além de englobar diversos tipos e níveis de degradação dos valores éticos nas Administrações Públicas com o uso indevido do poder público para proveito privado, a corrupção administrativa conectada

---

[256] TÁCITO, Caio. O desvio de poder no controle dos atos administrativos, legislativos e jurisdicionais. In: Revista de Direito Administrativo, Rio de Janeiro, v. 228, p. 1-12. abr./jun. 2002. p. 2.

[257] "[...] la moralidad de la actuación del funcionario, la bondad o maldad de su conducta, debe juzgarse en relación con la finalidad del servicio público, del bien común, que justifica la propia existencia de la Administración" (RODRÍGUEZ-ARANA, Jaime. La Dimensión Ética. Madrid: Dykinson, 2001, p. 294).

[258] BRASIL. Superior Tribunal de Justiça. Agravo regimental no recurso especial n. 1337768/MG Relator: Ministro Olindo Menezes. Órgão julgador: Primeira Turma. DJe 19/11/2015.

[259] SARMENTO, George. Aspectos da investigação dos atos de improbidade administrativa. Revista do Ministério Público: Alagoas. n. 1, jan./jun., Maceió: MPE/AL, 1999, p. 91. (p.91-116).

[260] PAZZAGLINI FILHO, Marino; ELIAS ROSA, Márcio Fernando & FAZZIO JÚNIOR, Waldo. Improbidade administrativa: aspectos jurídicos da defesa do patrimônio público. São Paulo: Atlas, 1999, p. 39; BRASIL. Superior Tribunal de Justiça. Agravo Regimental em Recurso Especial n. 1129668 – RS. Relator: Ministro NAPOLEÃO NUNES MAIA FILHO. Órgão julgador: Decisão Monocrática. Data do julgamento: 29/08/2013.

[261] BRASIL. Superior Tribunal de Justiça. Mandado de Segurança n. 13520/DF. Relator: Ministra Laurita Vaz. Órgão julgador: Terceira Seção. DJe 02/09/2013.

a práticas de violação nos deveres de moralidade e lealdade para com a coletividade, num processo de desvirtuamento do legítimo encargo do administrador de defender, conservar e aprimorar os interesses da coletividade possui variáveis causas e consequências de contornos difusos.

A corrupção é um fenômeno negativo que afeta os pobres desproporcionalmente, desviando verbas para o desenvolvimento, comprometendo a capacidade da Administração Pública no aperfeiçoamento do bem comum e da boa convivência social, alimentando a desigualdade e a injustiça e desencorajando investimentos e apoio externos[262]. A corrupção é fenômeno complexo, universal e multidimensional, no qual o gestor público é levado a agir de modo diverso dos padrões normativos e éticos do sistema, favorecendo interesses particulares em troca de recompensa[263].

4.2. Corrupção e Democracia

Os abusos representativos da má conduta dos servidores contra o interesse público identificados com a obtenção de vantagens econômico-financeiras ilegais por parte dos agentes envolvidos, como no caso do "petrolão", ou pela busca de poder e melhor acomodação política, como no caso do "mensalão", demonstram que os administradores públicos em sua atuação não estão apresentando resultados esperados de uma gestão concreta dos assuntos da sociedade.

Nesse contexto, a corrupção representa uma ameaça à democracia[264], pois quando são cometidos abusos de poderes confiados para alcançar

---

[262] Discurso de Kofi Annan, ex-Secretário-Geral das Nações Unidas sobre adoção da Convenção das Nações Unidas contra corrupção; GHIZZO, Affonso Neto. Corrupção, estado democrático de direito e educação. Rio de Janeiro: Lumen Juris, 2012; JIMÉNEZ, Fernando y CARBONA, Vicene. Esto funciona así. Anatomía de la corrupción en España, Dossier Corrupción en España, Letras Libres, Madrid, v. 125, p. 8-19, feb. 2012; JIMÉNEZ SANCHEZ, Fernando. La trampa política: la corrupción con problema de acción colectiva. In: Gobernabilidad, ciudadanía y democracia participativa: análisis comparado España-México. Madrid: Librería-Editorial Dykinson, 2014.

[263] BOBBIO, Norberto; MATTEUCCI, Nicola; PASQUINO, Gianfranco (org.). Dicionário de Política. Brasília: Editora UNB, 2009.

[264] "Enquanto modelo ideal, a democracia pressupõe que o povo escolha pelo voto os seus representantes, que irão governá-lo. Pretende que nessa escolha o eleitor não leve em conta senão as qualidades do candidato e seu programa de atuação. Reclama que o eleito aja em vista exclusivamente do interesse geral, doa o que doer, custe o que custar. E tanto povo,

benefício pessoal, individual ou coletivo, direto ou indireto, há o distanciamento que os cidadãos sentem em relação aos seus gestores públicos, gerando perda da confiança do público[265]. Esse distanciamento causado pela corrupção com prejuízos imensuráveis, dentre várias causas, decorre de uma falha democrática no exercício do poder administrativo, identificada por dois fatores reveladores do comprometimento com as características de inclusão na estruturação de uma Administração Pública democrática: a) déficit informacional; b) déficit participativo.

O déficit informacional decorre de problemas ligados a comunicação, estrutura e proteção. Na comunicação, o déficit é o problema da falta de qualidade da informação pública, revelada pela escassez da informação, informação incompleta ou genérica e linguagem técnica com falta de clareza na compreensão dos dados disponíveis. Na proteção, o déficit é referente à falta de critérios para negativa de informações para que as sigilosas sejam classificadas em conformidade com o devido respaldo legal, e fundamentadas em ponderações legítimas; falta de medidas que estimulem a promoção do governo aberto. Na estrutura, o déficit é causado pela lógica dos arquivos públicos estruturados para não atender as necessidades dos cidadãos-usuários, além da criação de exigências indevidas dificultando o acesso.

O déficit participativo decorre não apenas do problema da falta de educação cívica, fomentada pela inobservância pelos próprios administradores públicos da legislação que faz previsão dos canais de participação popular, muito embora o componente digital tenha realizado algum progresso na conscientização dos cidadãos em seus direitos, mas também de uma verdadeira apatia política decorrente da falta de estímulo para ação cidadã causada pela falta de informação sobre direitos e deveres dos cidadãos.

---

como governante, nada devem esperar em troca de sua participação, exceto a satisfação do dever cumprido" (FERREIRA FILHO, Manoel Gonçalves. Corrupção e democracia. In: Revista de Direito Administrativo, volume 226, p. 213-218, Rio de Janeiro, out/dez 2001).

[265] "O governo constitucional nos Estados Unidos está fundado no princípio de que a autoridade governamental é derivada do consentimento dos governados. [...] A noção de que agentes públicos, possuam ou não um cargo eletivo, devem ser responsáveis perante os cidadãos tem, assim, contornos constitucionais. A confiança do público é vital para o sucesso de um governo democrático" (Disponível em http://www.oecd.org/document/40/0,3343,fr_2649_34135_2731816_1_1_1_1,00.html. Acesso em 28/07/2011).

4.3. Combate à Corrupção no Brasil

Na análise do cenário brasileiro, a corrupção tem uma conotação cultural vinculada à herança colonial e imperial patrimonialista, marcada pela indistinção entre as noções de público e privado, ambiente em que os nobres governantes convertiam os palácios em suas casas, sem lei que não a do seu próprio interesse e da sua própria vontade[266]. Trata-se de uma cadeia causal, na qual numa administração predominantemente patrimonialista, em que se confundiam a *res publica* e a propriedade da Coroa, mostra-se como ambiente adequado à perpetração da corrupção administrativa, com ausência de uma cultura do público.

Mais do que uma questão de natureza cultural[267], a corrupção[268], como problema grave e estrutural da sociedade e do sistema político-administrativo brasileiro[269], fenômeno social complexo e negativo que

---

[266] ROCHA, Carmem Lúcia Antunes. O Ministério Público, os movimentos sociais e os poderes públicos na construção de uma sociedade democrática. In: Boletim de Direito Administrativo, n. 8, ago./1998, p. 499, (p.495 – 503); Da mistura dos nobres governantes com os degredados enviados por Portugal nos primórdios de nossa colonização, sobrou-nos a tradição das vestes talares e da corrupção (ORTIZ, Carlos Alberto. Improbidade administrativa. In: Cadernos de Direito Constitucional e Eleitoral. Vol. 7. n. 28. São Paulo: Imprensa Oficial do Estado, p. 21. out./nov./dez. de 1994).

[267] FILGUEIRAS, Fernando. A tolerância à corrupção no Brasil: uma antinomia entre normas morais e prática social. In: Opinião Pública. Campinas, v. 15, n. 2, p. 386-421, nov. 2009.

[268] É um sintoma e não a doença em si (ROSE-ACKERMAN, S. Corruption: A study in political economy. New York: Academic Press, 1978), decorrente não apenas de uma deficiência educacional ou moral de indivíduos ou burocratas. Antes de ser um problema moral decorre das falhas nos instrumentos de controle do Estado. A deficiência é de instituições; "Sin embargo, es una plaga universal y omnipresente, es decir, no es exclusiva del poder público, sino que abarca a todos los sectores de la vida pública; no es un flagelo intermitente y temporal, sino que es cotidiano y sin reposo. Si hay algo que está repartido democráticamente en el país es la práctica de la corrupción". LLACA, Edmundo González. La Corrupción: Patología Colectiva. México: Arte Voce, S. A. de CV – INAP, 2005. p. 171.

[269] "A corrupção drena recursos que seriam destinados a produzir e realizar bens e serviços públicos em favor da sociedade, a gerar negócios e a criar e manter empregos. A corrupção e a malversação das verbas e recursos públicos são enormes obstáculos ao desenvolvimento nacional, porque implicam diretamente na redução da atividade econômica e diminuição da qualidade de vida da população" (MARE. Plano diretor da reforma do aparelho do Estado, Brasília: PR/Câmara da Reforma do Estado, Ministério da Administração Federal e Reforma do Estado. Brasília: 1995. Disponível em http://www.planalto.gov.br/publi_04/COLECAO/PLANDI.HTM>. Acesso em: 05 maio 2014); É fenômeno que enfraquece a democracia, a confiança no Estado, a legitimidade dos governos e a moral pública. A má gestão na aplicação dos recursos do Estado é consequência da corrupção e da distorção dos gastos

favorece poucos em detrimento dos interesses da coletividade[270], diante dos efeitos causados pela sua prática, ao confundir o patrimônio público com o privado, caracterizada pelo desvio na realização do interesse coletivo com a não preservação da dignidade das instituições e incolumidade do patrimônio público, é um risco[271] que faz parte da vida cotidiana, mesmo nas sociedades mais desenvolvidas e esclarecidas, que deve ser combatido com meios previstos na ciência jurídica.

Como um risco negativo que deve ser eliminado, a corrupção no cenário brasileiro está instalada na gestão pública de forma sistêmica[272] em que o pagamento de propina para a realização das atividades administrativas passou a ser o ingrediente de funcionamento das entidades públicas e privadas, fazendo interesses especiais prevalecerem em detrimento da valorização do bem comum no convívio social, em flagrante desrespeito ao dever de boa administração e na preservação de valores éticos.

Diante desse quadro degenerativo dos costumes públicos e privados formatado a partir de uma lógica viciosa decorrente da formação de redes clientelistas criminosas e da ideia generalizada da impunidade,

---

associados a tais atividades (MATIAS PEREIRA, José. Reforma do Estado e Controle da Corrupção no Brasil. In: Caderno de Pesquisas em Administração, São Paulo, v. 12, n. 2, p. 1-17, abril/junho 2005, p. 1-17).

[270] BRASIL. Superior Tribunal de Justiça. Agravo em Recurso Especial n. 804392 – GO. Relator: Ministro BENEDITO GONÇALVES. Órgão julgador: Decisão Monocrática. Data do julgamento: 01/12/2015.

[271] "É um vírus global, um efeito contagioso, um fantasma que percorre o mundo, em alusão às primeiras palavras do manifesto comunista" (ORTIZ, Álvaro García. Da Corrupção e Outros Pesares: Comentários não Jurídicos sobre um Fenômeno Global. In: 48 Visões sobre a Corrupção. CUNHA FILHO, Alexandre Jorge Carneiro da; ARAÚJO, Glaucio Roberto Brittes de; LIVIANU, Roberto; PASCOLATI JUNIOR, Ulisses Augusto (coords.). São Paulo: Quartier Latin, 2016, p. 915-927).

[272] "Não foram falhas pontuais, individuais, pequenas fraquezas humanas. Foi um fenômeno sistêmico, estrutural, generalizado. Tornou-se o modo natural de se fazer negócios e política no Brasil. Esta é a dura e triste realidade" (Disponível em: http://agenciabrasil.ebc.com.br/politica/noticia/2017-03/corrupcao-no-brasil-e-fenomeno-sistemico-e-estrutural-diz-ministro-do-stf. Acesso em: 30/05/2017); "A gravidade e a recorrência dos casos de corrupção demonstram que o problema possui abrangência sistêmica no Brasil. Não são episódios isolados, mas integram um ambiente geral, consolidado historicamente, que abrange todas as esferas da Administração Pública brasileira. Problemas sistêmicos demandam soluções sistêmicas (Disponível em: http://www.oabrr.org.br/colegio-de-presidentes-da-oab-divulga-a--carta-de-florianopolis/. Acesso em: 10/04/2016).

surge no Brasil a necessidade de mecanismos estruturais que reduzam as oportunidades e os incentivos para a corrupção, no sentido de que esse mal passe a ser apenas um comportamento desviante e não uma regra de comportamento[273].

A corrupção na Administração Pública é fenômeno antigo que alcançou especial importância no contexto sociopolítico brasileiro nos anos recentes, constituindo o tema do seu combate pauta relevante na agenda de debate nacional. Essa agenda é obra que reabre a necessidade da criação de mecanismos eficazes para prevenção e repressão dessa patologia que assume no cenário administrativo a forma de círculos viciosos clientelistas de difícil ruptura, com efeitos nefastos para economia, com prejuízo a segurança e estabilidade da sociedade, enfraquecendo a democracia e o Estado de Direito[274].

O combate é um desafio que se renova a cada escândalo de corrupção por que vem passando a Administração Pública brasileira, uma exigência central num quadro de corrupção sistêmica nas quais interesses especiais prevalecem sobre as virtudes públicas e o bem comum. Essa corrupção sistêmica é caracterizada pela incorporação de valores antiéticos e imorais na condução da gestão pública, com desvios comportamentais caracterizadores de uma atuação administrativa em que se denota uma falta de infraestrutura ética, ou seja, uma desonestidade consciente e deliberada dos gestores públicos com uma vinculação do bem público a interesses privados, num quadro de resgate do patrimonialismo para atender interesses escusos e subalternos dos "amigos do rei"[275].

Essa busca por combater a corrupção como um compromisso permanente coletivo, sem prestar a saciar anseios momentâneos que contribuem para o próprio incremento do mal a ser eliminado e/ou reduzido,

---

[273] Disponível em: https://africa21digital.com/2017/05/30/sergio-moro-diz-em-portugal--que-lava-jato-e-anseio-da-sociedade-brasileira/. Acesso em 31 de maio de 2017.
[274] Preâmbulo da Convenção das Nações Unidas contra Corrupção, ONU, 2003.
[275] GIANETTI, Eduardo. Vícios privados, benefícios públicos? A ética na riqueza das nações. São Paulo: Companhia de Bolso, 2010; RESENDE, André Lara. Corrupção e Capital Cívico. Valor Econômico, Encarte EU&Fim de Semana, São Paulo, 31 julho 2015; BARROSO, Luís Roberto. Um outro país. Veja, São Paulo, n. 2487, 24 julho de 2016; AZEVEDO, Lúcio de; RODRÍGUEZ, Ricardo Vélez. Patrimonialismo e a realidade latino--americana. Rio de Janeiro: Documenta Histórica, 2006.

gera a combinação de elementos repressivos e preventivos fundamentada num sistema normativo amparado pela Constituição Federal, inseridos numa ação coletiva *não somente de instituições oficiais, mas também da sociedade brasileira*. A centralidade recente da temática com um problema de ação coletiva no Brasil é um desafio, reflexo não só de fatores culturais e históricos já conhecidos, mas também da integração diretamente relacionada à normatização de medidas de detecção, prevenção e repressão da corrupção e à cooperação social e de algumas instituições públicas, especialmente a Controladora-Geral da União, o Ministério Público e o Judiciário. No caso do Judiciário, é importante mencionar sua atuação no julgamento da conhecida Ação Penal n. 470, nos anos de 2012 e 2013, e da Operação Lava-Jato, em 2014.

Como risco representativo da degradação do Estado Democrático de Direito, integrante da realidade social, seu combate de forma planejada e sistêmica por meio de procedimentos estruturados, com função preventiva e repressiva, é essencial para que os indivíduos consigam conduzir o desenvolvimento de suas relações e sobreviver num mundo em constante transformação e crescente competitividade. Em diferentes épocas e lugares, há inúmeros métodos ou tecnologias de combate dos riscos na gestão pública e, diante da insuficiência da lógica do repressivismo e do punitivismo, destacam-se os de cunho preventivo que visam a dominar eventos que possam ocorrer no futuro, para aumentar a probabilidade e os impactos dos eventos positivos na sociedade contemporânea, criando valor público.

O advento da *Foreign Corrupt Practices Act*, aprovada pelo governo americano em 1977, representou um marco no contexto internacional em matéria de combate à corrupção no exterior para dar fim ao suborno de funcionários públicos estrangeiros. Esse documento normativo visando a restaurar a confiança pública na integridade do sistema empresarial americano ensejou uma busca internacional no intuito de criminalização da corrupção transnacional, gerando diversas convenções internacionais sobre o assunto[276]. Foi no final do século XX e o início do século XXI que se sentiu de modo particularmente intenso a necessidade de criar, no nível da comunidade internacional,

---

[276] MEYER-PLFUG, Samantha Ribeiro & OLIVEIRA, Vitor Eduardo Tavares de. "O Brasil e o combate internacional à corrupção" in Brasília a.46, n. 181, jan./mar. 2009.

mecanismos jurídicos visando cooperação e integração na prevenção e no combate à corrupção. Esse movimento global de combate à corrupção incentivou os países a criarem, em seus âmbitos internos, mecanismos de combate a esse abuso de poder.

Desde então, com base nas pesquisas científicas sobre corrupção, a doutrina brasileira, a partir da década de 1980-1990, tem se ocupado intensamente do tema, não apenas porque os atos de corrupção são reprováveis do ponto de vista ético, mas também em razão dos efeitos econômicos negativos na sociedade[277]. Em larga medida, esses debates se concentram na busca de estruturas e processos por meio dos quais é possível prevenir e combater os inúmeros escândalos relacionados à fraude e ao desvio dos recursos públicos de forma eficaz ao aperfeiçoamento do bem comum e da boa convivência social. Nessa linha, o ideal de eliminação da corrupção com instrumentos e ações de controle das práticas ilícitas inerentes aos círculos viciosos da indecência no trato do dinheiro público[278], num processo de reinvenção do comprometimento social e coletivo no desenvolvimento do país, exige propostas e ações providas de um elo estruturante que aumentem a confiança social, defendam o Estado Democrático de Direito e preservem as garantias constitucionais.

Nesse contexto, o cenário brasileiro vem sofrendo mudanças profundas nos últimos tempos relacionados à emergência de um movimento tanto na teoria jurídica quanto na prática social e institucional, que tem sido designado como "anticorrupção". Ao mesmo tempo em que a corrupção está em primeiro lugar entre os problemas que mais preocupam

---

[277] FURTADO, Lucas Rocha. As Raízes da Corrupção no Brasil: Estudos de casos e Lições para o futuro. Belo Horizonte: Editora Fórum, 2015, p. 23-60.

[278] "En este tipo de sociedades con alta percepción social de corrupción se ha generado históricamente un círculo vicioso que alimenta la desconfianza social, incentiva el funcionamiento parcial de las instituciones de gobierno y, en definitivo, produce una corrupción enraizada y ubicua que es muy difícil de combatir" (JIMÉNEZ SANCHEZ, Fernando. La trampa política: la corrupción como problema de acción colectiva. IN: Gobernabilidad, ciudadanía y democracia participativa: análisis comparado España-México. Madrid: Librería-Editorial Dykison, 2014, p157-174).

os brasileiros[279], constata-se um *movimento de anticorrupção*[280] de matiz brasileiro que, embora se enquadre numa perspectiva jurídica, tem alcance sociológico. Essas mudanças que se desenvolvem sob a égide da Constituição Federal de 1988 podem ser analisadas em dois eixos principais: o jurídico e o sociológico.

O primeiro eixo parte da perspectiva jurídica: significa um sistema normativo criado para lidar com os atos de corrupção, de forma a efetivar a moralidade. Na perspectiva jurídica, a anticorrupção, enquanto princípio autônomo, pode ser entendida como um movimento normativo voltado à intensificação de controle sobre a Administração Pública e a responsabilização pela prática de atos corruptos. Essa dupla referenciação traduz uma nova relação da Administração Pública com a sociedade, que encontra seu modo de convívio a partir do desenvolvimento de uma ética pública, por meio de mecanismos de integridade que garantam condutas probas, conforme o interesse público, contribuindo para a redução dos riscos de corrupção.

O aperfeiçoamento dessa integridade no setor público aproxima a Administração Pública da sociedade numa relação de convivência reciprocamente influente, fomentando a adoção de boas práticas de governança e a condução de políticas públicas alinhadas ao interesse público. Nesse cenário, os textos normativos, desenvolvidos num determinado contexto político-institucional, assumem o papel de enunciar um projeto anticorrupção, direcionando a atuação da Administração Pública em três eixos principais: prevenção, detecção e repressão.

Na perspectiva jurídica, o movimento anticorrupção, embora seja objeto de tratamento constitucional no Brasil desde a primeira Constituição em matéria de responsabilidade de agentes públicos em casos de

---

[279] Segundo pesquisa Datafolha realizada nos dias 25 e 26 de novembro de 2015 em todo o Brasil, 34% dos eleitores colocam a corrupção como principal problema do Brasil na atualidade. O tema começou a ganhar força em junho de 2013. Nas três pesquisas anteriores de 2015, ficou sempre acima de 20%. Disponível em: http://www1.folha.uol.com.br/poder/2015/11/1712475-pela-1-vez-corrupcao-e-vista-como-maior-problema-do-pais.shtml. Acesso em 20/12/2015; 70% dos brasileiros entrevistados acreditam que a corrupção é um sério problema para o país; 81% responderam que os partidos políticos são extremamente corruptos (TRANSPARENCY INTERNATIONAL. Global Corruption Barometer: Brazil. Disponível em: <http://www.transparency.org/gcb2013/country//////?country=brazil>. Acesso em: 21.09.2013).

[280] É importante ressaltar que o movimento constitui-se num processo desencadeado por diversos fatores, com curvas e reentrâncias.

corrupção, incluindo o crime de responsabilidade de certas autoridades, só sofreu mudanças no século XX.

No final do século XX, a Constituição Federal de 1988, não obstante tenha mantido a responsabilidade dos agentes públicos em casos de corrupção, inaugura uma nova Era no controle desta patologia. Nesse documento, reconheceu-se uma diretriz principiológica mais expressa para atuação da Administração Pública, resultado do efeito expansivo das normas constitucionais, bem como o fortalecimento do controle social e institucional sobre a Administração Pública[281].

Com efeito, na perspectiva jurídica, a fundamentação constitucional decorre de dois argumentos distintos. Em primeiro lugar, o influxo da ordem constitucional vigente na atuação da Administração Pública, como uma expansão axiológica do direito, em prol dos direitos fundamentais[282]. A relação entre a Administração Pública e a Constituição, no período do Estado Liberal[283], era frágil, já que os textos constitucionais, no século XIX, regulavam o tema da Administração Pública, no máximo, em preceitos isolados. É verdade que, na prática, as consequências dessa fragilidade revelam que as relações jurídicas travadas entre a Administração Pública e os particulares eram remetidas ao direito administrativo, escapando completamente ao direito constitucional, cuja função era outra, e à disciplina do direito civil[284].

---

[281] MENEZES DE ALMEIDA, Fernando. Combate à Corrupção pelo Direito Brasileiro: Perspectiva Constitucional e Nova Tendência trazida pela Lei das Empresas Estatais. In: CUNHA FILHO, Alexandre Jorge Carneiro da; ARAÚJO, Glaucio Roberto Brittes de; LIVIANU, Roberto; PASCOLATI JUNIOR, Ulisses Augusto (coords.). 48 Visões sobre a Corrupção. São Paulo: Quartier Latin, 2016, p. 707-718. É necessário ressaltar que o fortalecimento do controle sobre a Administração Pública é analisado em tópico próprio neste capítulo, e ainda na parte III da presente investigação.

[282] LAFER, Celso. A internalização dos direitos humanos: constituição, racismo e relações internacionais. Barueri: Manole, 2005, p. 13.

[283] "No início do período moderno, a dissolução da ordem feudal, a contestação do poder temporal da Igreja, o combate à monarquia absoluta e ao estado centralizado, surgido principalmente na França do séc. XVII criam a necessidade da busca e discussão de um novo modelo de ordem social, de organização política de legitimação do exercício do poder, representado pelas teses dos teóricos do liberalismo" (MARCONDES, Danilo. Iniciação à história da filosofia. São Paulo: Editora Zahar, 2002, p. 197).

[284] MELO, Felipe de. Para além da legalidade: a constitucionalização do direito administrativo através do princípio da juridicidade. Disponível em: http://anape.org.br/site/wp-content/uploads/2014/01/004_046_Felipe_de_Melo_Fonte_06072009-20h15m.pdf. Acesso em 5/8/2014.

O direito constitucional e o direito administrativo se identificam porque possuem uma origem comum consubstanciada na necessidade de limitação do Estado pelo Direito como consequência das revoluções liberais. Porém, o desenvolvimento na origem das duas disciplinas permitiu a formação da tese da autonomia[285] do direito administrativo. Tal tese, em relação ao direito privado, como direito especial[286], decorre do fato de ele possuir um regime jurídico que lhe é próprio, cujo conteúdo é formado por normas associadas ao primado do interesse geral sobre os interesses privados, exorbitantes ao direito comum[287]. Nesse sentido, acentua Cassese[288] que o "direito administrativo implica que os poderes públicos estão submetidos a normas derrogatórias do direito comum e que poderes especiais lhe são atribuídos, decorrentes de sua participação na soberania do Estado".

Essa autonomia, justificada pela rígida separação de poderes e pela jurisprudência administrativa produzida pelo Conselho de Estado e conjugada com um trabalho de sistematização doutrinária, revelada como uma balança desigual em que as administrações públicas ocupam posição de superioridade em relação aos administrados[289], decorre de

---

[285] "[...] a autonomia de um sistema de direito com respeito a um outro significa simplesmente que as fontes de direito são distintas para cada um deles e que as regras promulgadas para reger um dos dois não são automaticamente aplicáveis ao outro" (LAMARQUE, Jean. Reserches Sur L'Application Du Droit Privé Aux Services Publics Administratifs. Paris: Librarie Generale di Droit et Jurisprudence, 1960, p. 18).

[286] "No mundo da common-law, os princípios básicos do direito administrativo foram construídos por cortes comuns por analogia com os princípios do direito privado" (SCHWARTZ, Bernard. French Administrative Law and the Common-Law World. New York: New York University Press, 1954, p. 3); Sobre o direito administrativo atual: "Ambos, inglês e americano, apresentam predomínio do aspecto processual, pelo peso conferido ao modo de tomada das decisões administrativa e pela importância dada ao controle da administração pelo judiciário" (MEDAUAR, Odete. Direito Administrativo Moderno. São Paulo: Revista dos Tribunais, 2015, p. 53).

[287] ESTORNINHO, Maria João. A fuga para o Direito Privado – Contributo para o estudo da atividade de direito privado da Administração Pública. Coimbra: Almedina, 1999, p.27/28; ENTERRÍA, Eduardo Garcia de & RÁMON FERNANDEZ, Tomás. Curso de Direito Administrativo, vol. I, São Paulo: Revista dos Tribunais, 2015, p.43; ZANOBI, Guido. Corso di Diritto Ammnistrative, vol. I, Milão: Giuffrè, 1947. P.31.

[288] CASSESE, Sabino. La Construction du Droit Administratif France et Royaume-une. Paris: Montchrestien, 2000, p. 23.

[289] HAURIOU, André. A utilização em direito administrativo das regras e princípios do direito privado. In: Revista de Direito Administrativo, Rio de Janeiro, ano 1, n. 1, 1945, abril, p. 466-467.

uma dinâmica evolutiva da própria sistematicidade do direito administrativo, sendo que o direito privado permaneceu como sua fonte de inspiração e atuação[290].

Além da autonomia perante o direito privado, registra-se uma fuga do direito administrativo ao direito constitucional pela falta de força jurídica das normas constitucionais diante da perpetuidade das práticas burocráticas[291]. Essa fuga, rebatida por alguns doutrinadores[292], permaneceu até quando, no decorrer do século XX, com a expansão da atividade administrativa, se registra a tendência paralela de inserção nas Constituições de temas ligados à Administração Pública.

Em alinhamento com essa tendência, a Constituição Brasileira de 1988, ao contemplar a organização do Estado, traz um capítulo próprio sobre a Administração Pública, prevendo os princípios[293] disciplinadores

---

[290] GONÇALVES, Pedro. O Contrato Administrativo. Uma instituição do direito Administrativo do nosso tempo. Coimbra: Almedina, 2004, p. 46.

[291] MARTÍN-RETORILLO BAQUER, Sebastian. El Derecho Civil en la Genesis del Derecho Administrativo y de sus Instituciones. Madrid: Editorial Civitas, 1996. p. 215; trata-se de um direito administrativo acéfalo e anacrônico (GALLEGO ANABITARTE, Alfredo. Derecho Administrativo: programa, sistemática y guia para su estudio. Santiago de Compostela: Universidad de Santiago de Compostela, 1973. p. 35

[292] VEDEL, Georges & DELVOLVÉ, Pierre. Droit Admnistratif. Paris: PUF, 1992, 2 t., p. 25.

[293] Os princípios são vagos e indeterminados, possuindo elevado grau de abstração. Com mandatos de otimização possuem vários graus de concretização, podendo ser cumpridos em diferentes níveis da graduação, conforme condições normativas e fáticas subjacentes. Na colisão entre princípios, aplica-se a ponderação de valores, verificando pelas circunstâncias do caso concreto qual prevalecerá. Já as regras são específicas, possuindo reduzido grau de abstração. Têm aplicação direta no caso concreto e possuem como conteúdo uma conduta ou uma estrutura. Como mandatos de determinação, são aplicadas de uma maneira do "tudo ou nada". Na colisão entre regras, a solução encontra-se no âmbito da validez, com utilização dos critérios hierárquico, cronológico ou especial (BOBBIO, Norberto. Teoria do Ordenamento Jurídico. Tradução Maria Celeste Cordeiro Leite dos Santos. Brasília: UNB, 1996; CANOTILHO, J.J. Gomes. Direito Constitucional e Teoria da Constituição. Coimbra: Editora Almedina, 1999; ALEXY, Robert. Teoría de Los Derechos Fundamentales. Madrid: Centro de Estudios Constitucionales, 1993; DWORKIN, Ronald. Los Derechos en serio. Tradução Marta Guastavino. Barcelona: Editora Ariel, 1995; CARRAZA, Roque. Direito constitucional tributário. São Paulo: Malheiros, 2011; CANOTILHO, J.J. Gomes. Direito Constitucional e Teoria da Constituição. Coimbra: Editora Almedina, 1999); ALEXY, Robert. Teoria dos Direitos Fundamentais, p. 90; BARROSO, Luís Roberto. Fundamentos teóricos e filosóficos do novo direito constitucional brasileiro (pós-modernidade, teoria crítica e pós-positivismo). In: Revista Interesse Público, Sapucaia do Sul, n. 11, jul./set. 2001, p. 69).

de sua atuação[294], no art. 37, "a legalidade, impessoalidade, moralidade, publicidade". Nesse contexto, a Administração Pública pode aplicar de forma imediata os princípios em suas decisões e atos administrativos, em detrimento da disciplina normativa, pois os princípios são normas[295].

A partir do questionamento acerca da legitimidade dos regimes autoritários após a Segunda Guerra Mundial, surgiu necessidade de um resgate ético nos produtos normativos por meio da valorização dos princípios reveladores dos valores sociais. Esse fenômeno, de abertura constitucional, muito mais do que uma conquista da juridicidade administrativa, representa a "atualização"[296] do modelo positivista do Estado de Direito para o surgimento de referenciais que prestigiam os direitos fundamentais, postos, assim, como fundamentos numa qualidade de agir estatal. Nesse contexto, em que critérios e referências de índole moral começam a surgir como fazendo parte integrante do direito[297], dando origem a uma nova maneira de ver o direito[298], com a consciência

---

[294] MEDAUAR, Odete. Direito Administrativo Moderno. São Paulo: Revista dos Tribunais, 1998, p. 50-51.

[295] Num estágio evolutivo, podemos afirmar que os princípios na fase jusnaturalista confundiam-se com a justiça; na fase positivista passa a ter força normativa, mas subsidiária ou integrativa; e hoje, na fase pós-positivista, os princípios passam a ter força normativa irradiante, com influência direta e imediata no ordenamento jurídico, de forma a condicionar a validade e o sentido das normas infraconstitucionais e das relações sociais. (SILVA, Ivan Luiz da. Introdução aos princípios jurídicos. In: Revista de Informação Legislativa, Brasília a. 40 n. 160 out./dez. 2003, p. 269 – 290; CORREIA, Marcus Orione Gonçalves. Os Direitos Sociais enquanto Direitos Fundamentais. In: Revista da Faculdade de Direito da USP, n. 99, 2004, p. 305-325; BRANCO, Paulo Gustavo Gonet. Juízo de Ponderação na Jurisdição Constitucional. São Paulo: Saraiva, 2009, p. 130-141; BARCELLOS, Ana Paula de & BARROSO, Luís Roberto. O começo da história: a nova interpretação constitucional e o papel dos princípios no Direito brasileiro. In: Revista de Direito Administrativo, n. 232, 2003, p. 141-176).

[296] BARBERIS, Mauro. Neoconstitucionalismo. In Revista Brasileira de direito Constitucional: Revista de Pós-Graduação Lato Sensu em Direito Constitucional. Escola Superior de Direito Constitucional (ESDC). São Paulo: ESDC, 2006, n.7, vol. I, p. 18-30.

[297] ATIENZA, Manuel. Argumentación y Constitución. In: AGUILÓ REGLA, Joseph, ATIENZA, Manuel & RUIZ MANERO, Juan. Fragmentos para una teoría de la constitución. Madrid: Iustel, 2007, p. 113-182.

[298] No período pós-segunda guerra mundial a insuficiência do positivismo jurídico gera a necessidade de buscar um novo pensamento jurídico adequado à nova realidade. Surge o "pós-positivismo" que emerge como marco filosófico do "neoconstitucionalismo" que valoriza os princípios com diretrizes normativas. "Pós-positivismo" significa assumir a

de que se trata de uma moralidade intersubjetiva, a Constituição passa a ser vista não mais apenas como um documento essencialmente político, um estatuto do poder[299], mas também como um ordenamento normativo capaz de determinar as relações de um país, fixando diretrizes e valores que servem de padrões de conduta política e jurídica, em torno do qual se forma um consenso fundamental para os integrantes de uma comunidade[300].

Com o fim da Segunda Guerra Mundial e a revivescência da dignidade da pessoa humana como fundamento do Estado, a Constituição deixa de ser um documento organizador do Estado e seus limites para, por meio de sua normatividade, impor diretrizes que justificam o sistema jurídico na sua totalidade[301]. Com a mudança de paradigma, surge o efeito expansivo das normas constitucionais, em que seu conteúdo material e axiológico passam a condicionar a validade e o sentido das

---

responsabilidade de imposição dos limites valorativos ao aplicador do direito, com uma pretensão de correção do sistema, admitindo critérios materiais de validade das normas, reconhecendo com a abertura valorativa do sistema jurídico princípios como normas jurídicas. Acontece que decisionismos ou discricionariedades interpretativas surgem em razão do aumento da força política do Judiciário em face da constatação de que o intérprete cria norma jurídica. Surge o problema do controle da interpretação agravado pelo crescimento da jurisdição em relação à legislação, relacionado com um processo de concretização normativa estruturada e passível de verificação e justificação intersubjetiva. Para alguns se confunde com o jusnaturalismo em que o direito se encontra fundado na moralidade, para outros marca o rompimento com o positivismo clássico fundamentado na segurança jurídica pela adoção dos valores que ingressam no sistema jurídico, por intermédio dos princípios, com o intuito de permitir a tomada de decisões com base em parâmetros de justiça ou tem significado mais amplo como uma posição jusfilosófica coerente à complexidade social que demanda um Direito mais atento ao pluralismo do mundo pós-moderno (ATIENZA, Manuel. Es el positivismo jurídico una teoría aceptable del derecho? In: MOREIRA, Eduardo Ribeiro; GONÇALVES JÚNIOR, Jerson Carneiro; BETTINI, Lucia Helena Polleti (Org.). Hermenêutica constitucional- homenagem aos 22 anos do grupo de estudos Maria Garcia. Florianópolis: Conceito Editorial, 2009; CARVALHO FERNANDES, Ricardo Vieira de & BICALHO, Guilherme Pereira Dolabella. Do positivismo ao pós-positivismo jurídico. O atual paradigma jusfilosófico constitucional. In: Brasília a. 48 n. 189 jan./mar. 2011, p. 105-131).

[299] BURDEAU, George. O Estado. São Paulo: Editora Martins Fontes, 2005.

[300] CANOTILHO, José Joaquim Gomes. Teoria da Constituição e Direito Constitucional. Coimbra: Editora Coimbra, 2014.

[301] ANDERSON, Gavin W. Constitutional Rights after Globalization. Oxford and Portland. Oregon: Hart Publishing, 2005, p. 5-6.

normas infraconstitucionais e das relações sociais (é a constitucionalização do direito)[302].

Essa "revolução" na visão do pensamento jurídico no pós-guerra significa assumir uma relação de complementação recíproca entre moral e direito positivo, reconhecendo força normativa aos princípios[303]. O foco dessa visão está em uma concepção valorativa, seja pelos princípios, seja pela abordagem dos direitos fundamentais, e se refere ao mínimo ético nos produtos normativos[304].

Em segundo lugar, a diretriz principiológica mais expressa admite de forma crescente e progressiva comportamentos necessários à consecução do seu melhor cumprimento possível e, no caso da transparência, fruto de uma atualização expansiva da publicidade, comportamentos necessários à consecução de um maior controle social por parte da cidadania dos atos e informações emanados do Poder Público. É uma atualização[305] no significado dos princípios disciplinadores da atividade

---

[302] BARROSO, Luís Roberto. Neoconstitucionalismo e constitucionalização do direito. Revista de Direito Administrativo. Rio de Janeiro, volume 240, 2005.

[303] HABERMAS, Jürgen. Direito e democracia: entre facticidade e validade, volume I. tradução: Flávio Beno Siebeneichler. Rio de Janeiro: Tempo Brasileiro, 1997, p. 139-141.

[304] "o pensamento jurídico ocidental está sendo conduzido a uma concepção substancialista e não formal do direito, cujo ponto de penetração mais que uma metafísica da justiça, em um axioma de matéria legal, tem sido encontrado nos princípios gerais do direito, expressão desde logo de uma justiça material, porém especificada tecnicamente em função dos problemas jurídicos concretos" (ENTERRÍA. Eduardo García. Reflexiones sobre la ley y los principios generales del derecho. Madrid: Editorial Civitas, 1986, p. 30).

[305] O eixo básico à reflexão é a que a constituição, representativa do direito, se insere no horizonte temporal, como referência de orientação na vida da coletividade jamais concluída e sempre a refazer, face às configurações culturais e históricas em movimento da realidade social. A constituição, como documento jurídico, possui um conceito interpretativo medido pelo tempo, e que se revelam por meio das premissas gerais adotadas pelos detentores do poder e destinatários das normas como fundamento de sua aplicação no sistema social. Desta forma, embora vocacionada para estabilidade e permanência, em face da exigência social de um mínimo de certeza e estabilidade no direito, a constituição não é documento eterno, embora o direito concebido até meados do século XX tenha assumindo feição de algo autônomo do tempo e limitado ao seu aspecto normativo. A ideia de eternidade na perspectiva jurídica ao considerar o direito como um modelo fundamental da vida em grupo, indiferente ao tempo, apesar de acolhida pelo jusnaturalismo antigo e moderno, e incrementada sob os auspícios do positivismo jurídico (a ideia de uma articulação do direito com o tempo social, não encontra respaldo no positivismo jurídico que, embora conceba um direito contingente e mutável, não permite uma interpretação evolutiva do direito, pois

administrativa justificada não só pela natureza de mandado de otimização, mas também pela mutação[306] em face da evolução sociocultural

a significação era obtida pelos sentidos imediatos encontrados nos textos legislativos, como resultado de um legalismo hermenêutico), não se revela compatível ao mundo histórico cultural em que se insere que por sua vez exige uma leitura construída por meio do consenso social, linguístico e progressivo na solução de problemas.

[306] A mutação constitucional não obstante haja diversidade terminológica, como poder constituinte difuso, transição constitucional, vicissitude constitucional tácita, disseminou-se como um processo informal de alteração do significado da norma constitucional, direcionada a acompanhar a evolução social no âmbito da concretização constitucional. Além de ser um modo informal de modificação constitucional, já que não está previsto de forma expressa no texto, sua ação é permanente e contínua no sentido de refazer soluções normativas atribuindo às constituições, significados novos de forma a possibilitar a efetiva aplicação da constituição. Alteração na interpretação implica na permanência do texto, que vivifica a constituição adequando-a à realidade. A expressão mutação constitucional foi introduzida pela doutrina publicista alemã a partir do final do século XIX e início do século XX, difundindo-se e, no processo, adquirindo conotações de concretização constitucional, e até mesmo, negativas, num confronto com a constituição. Esse inovado processo de mudança da constituição com que se identificou a constituição alemã de 1871, adquiriu um sentido de constante na vida dos Estados, por apontar a simbiose entre a carta maior e a realidade (PINTO FERREIRA, Luis. Princípios Gerais do Direito Constitucional Moderno. São Paulo: Revista dos Tribunais, 1971, v. 1, p. 158; "Y por mutación de la constitución, entiendo la modificación que deja indemne su texto sin cambiarlo formalmente que se produce por hechos que no tienen que ir acompañados por la intención, o consciencia, de tal mutación" (JELLINEK, G. Reforma y mutación de la constitución. Tradução Christian Förster. Madrid: Centro de Estudios Constitucionales, 1991, p. 7; CANOTILHO, J. J. G. Direito constitucional e teoria da constituição. Coimbra: Almedina, 2002, p. 1212; MIRANDA, J. Teoria do estado e da constituição. Rio de Janeiro: Forense, 2002, p. 389; DAU-LIN, H. Mutación de la constitución. Tradução Pablo Lucas Verdú e Christian Förster. Bilbao: Instituto Vasco de Administración Pública, 1998, p. 45; BULOS, U. L. Curso de direito constitucional. São Paulo: Editora Saraiva, p. 425; BURDEAU, G. Traité de Science politique. Paris: LGDJ, 1969, v. 4, p. 246/247; FERRAZ, A. C. da C. Processos informais de mudança da Constituição. São Paulo: Max Limonad, 1986, p. 12; ALMEIDA FILHO, A. Introdução ao direito constitucional. Rio de Janeiro: Forense, 2008; AGRA, W. de M. Fraudes à Constituição: um atentado ao poder reformador. Porto Alegre: Sergio Antonio Fabris, 2000; ZANDONADE, A. Mutação constitucional. Revista de Direito Constitucional e Internacional. São Paulo, n.35, abr.-jun., 2001. Instituto Brasileiro de Direito Constitucional. São Paulo: RT, 2001; BRASIL. Supremo Tribunal Federal. Acórdão no Habeas Corpus n.94.695-0/RS. Relator: MELLO, Celso de. Publicado no DJ de 06-02-2009 p. 00658. Disponível em http://www.stf.jus.br/portal/jurisprudencia/listarJurisprudencia.asp?s1=%2894695.NUME.+OU+94695.ACMS.%29&base=baseAcordaos&url=http://tinyurl.com/oreljwg. Acessado em 21-06-2014; NEVES, Marcelo. A constitucionalização simbólica. Coleção Justiça e Direito. São Paulo: WMF Martins Fontes, 2007, p. 83; "La dicotomía Constitución-realidad constitucional supone una provechosa

que acomoda o sentido e o alcance das disposições constitucionais às transformações da realidade. Essa atualização de sentido é compatível com a concepção da constituição como um sistema aberto de regras e princípios que permite pensar suas normas em diálogo com a realidade circundante[307].

renovación del estudio del derecho constitucional, en la medida que corrige las excesivas formalizaciones de la doctrina positivista, de suerte que capta la realidad y proceso políticos normativizados e institucionalizados por el derecho fundamental" (VERDÚ, Pablo Lucas. Curso de Derecho Político, vol. IV., Madrid, Tecnos, 1989, p.74).

[307] O postulado central que o sustentou, de oposição ao modelo estatal absolutista, não foi mais do que a ideia de organização e limitação do poder político. Desta mesma conotação, de conceber a constituição a partir de seus aspectos formais, se veio alimentar a concepção jurídica de KELSEN e a concepção positivista de JELLINEK. Ambos os autores representam o formalismo positivista. No período weberiano, esta noção restritiva de constituição passa a ser questionada, surgindo como ideário triunfante para o constitucionalismo, teorias alternativas ordenadas a integrar fatores políticos, históricos e sociológicos ao tema constitucional. Neste sentido acentua SMEND que a constituição é, a um só tempo, norma e realidade, possuindo, como consequência, um efeito integrador, que se realiza historicamente. A concepção clássica de constituição, gerada pelo constitucionalismo do final do século XVIII, permanece seja qual for a situação histórica concreta em determinado país, mas de acordo com a dinâmica evolutiva sofre um alargamento do seu campo de incidência. Precisamente após a segunda guerra mundial, foi constatada a insuficiência dos elementos formais para determinar o sentido da constituição, com a consequente valorização da constituição como ordem material fundamental em normas e valores, em abandono à concepção positivista que reduz o direito à lei do Estado. Segue-se que, com a formulação da concepção material da constituição em oposição ao formalismo lógico-positivista, coloca-se em foco o seu papel de legitimação do poder, enquanto indispensável instrumento de interação entre Estado e sociedade, refletindo as condições fáticas de sua vigência, e imprimindo ordem e conformação à realidade política e social. Neste contexto, HELLER acentua que a normalidade (o ser) e a normatividade (o deve ser) não podem ser separadas da constituição, Essa dualidade, asseverou o jurista alemão, qualifica-se num processo de complementação recíproca. No mesmo sentido, na caracterização da constituição material, MORTATI, propõe a correspondência do conteúdo da constituição formal à realidade social, compondo a unidade entre o Estado e sociedade. Segundo VAZ assiste-se, assim, à revalorização do texto constitucional, sem prejuízo, no entanto da realidade e dos valores constitucionais.....Esta concepção de tridimensionalidade constitucional engloba valores (elementos axiológicos) e a realidade (elementos políticos e sociológicos) que caracterizam o ambiente em que o texto vai ser interpretado e aplicado. Para HESSE, a constituição jurídica (texto) e a constituição real (realidade), condicionam-se mutuamente, sem serem simplesmente dependentes uma da outra. Neste sentido, o publicista alemão indica que um dos pressupostos da força normativa da constituição é a capacidade de adaptação da constituição às mudanças das circunstâncias reais do presente (LAUDAN, Larry. O progresso e seus problemas: rumo a uma teoria do conhecimento científico. Tradução Roberto Leal Ferreira. São Paulo: Editora

O segundo eixo parte de uma perspectiva diversa, ainda que correlata: sociologicamente, a anticorrupção representa um movimento social[308] que dá sustentação à prevenção e ao combate à corrupção, inviabilizando que os governantes possam fazer prevalecer seus interesses e regras na condução da máquina pública em detrimento da satisfação das necessidades que se apresentam no cenário social.

É um movimento de combate à corrupção na gestão pública caracterizado pelo comprometimento ativo da sociedade e pelo fortalecimento

Unesp, 2011, p. 273; FERRAZ JR., Tércio Sampaio. Introdução ao estudo do direito. São Paulo: Atlas, 2003, p. 110; WOLKMER, Antonio Carlos. Ideologia, Estado e Direito. São Paulo: Revista dos Tribunais, 1989, p. 124; TOSI, Giuseppe. Bartolomeu de Las Casas, primeiro teólogo e filósofo da libertação. IHU *on-line*, Revista do Instituto Humanitas, Unisinos, São Leopoldo, ano 10, n. 342, p. 17-19, 06 set. 2010; UNGER, Roberto Mangabeira. Law in Modern society: towards a criticism of social theory. Nova York: The Free Press, 1977, p. 78/79; BOBBIO, Norberto. Dicionário de Política. Brasília: UnB, 1992, p. 655; GRÓCIO, Hugo. The law of war and peace. Livonia: LONANG, 2005. Disponível em <http://www.lonang.com/exlibris/grotius/>. Acesso em 25/07/2014; HORTA, Raul Machado. Direito Constitucional. Belo Horizonte: Del Rey, 2002, p. 106; PACHECO, Cláudio. Excessos de instabilidade institucional. In: Revista de Informação Legislativa, Brasília, 24, n. 93, jan./mar. de 1987, p. 32-36; SMEND, Rudolf. Constitución e Derecho Constitucional. Traducción de José María Beneyto Prez. Madri: Centro de Estudios Constitucionales, 1985, p. 135-136; VERGOTTINI, Giuseppe de. Constituição. In: BOBBIO, Norberto et al. (org.), Dicionário de Política, vol. 1, p. 260; HESSE, Konrad. A forma normativa da Constituição. Tradução Gilmar Ferreira Mendes. Porto Alegre: SAFE, 1991, p. 15; HELLER, Herman. A Constituição do Estado. In: Teoria do Estado. São Paulo: Mestre Jou, 1968, p. 295-300; MORTATI, Constantino. La constitución en sentido material. Trad. Almudena Bergareche Gros. Madrid: Centro de Estudios Políticos y Constitucionales, 2000; LOIS, Cecilia Caballero. A Teoria Constitucional no liminar do século XXI: mudança política e crise de racionalidade. In: Anuario de Derecho Constitucional Latinoamericano, 2003, p. 197-108. Disponível em: http://www.juridicas.unam.mx/publica/librev/rev/dconstla/cont/2003/pr/pr8.pdf. Acesso em: 15/9/2013; VAZ, Manuel Afonso. Teoria da Constituição. O que é a constituição, hoje? Coimbra: Coimbra Editora, 2012, p. 67-70; HESSE, Konrad. Elementos de direito constitucional da República Federal da Alemanha. Porto Alegre: Sergio Antonio Fabris, 1998, p. 70; VERDÚ, Pablo Lucas. Curso de Derecho Político, vol. IV, p. 74; ANDRADE, José Carlos Vieira. Os Direitos Fundamentais na Constituição Portuguesa de 1976. Coimbra: Almedina, 1983, p. 56; GRAU, Eros Roberto. Sobre a interpretação da Constituição (Constituição formal e Constituição material). In: Revista da Fundação Brasileira de Direito Econômico, vol.3, n. 1, Ano 2011, p. 13-17; MENDES, Gilmar Ferreira. Curso de direito constitucional. (São Paulo: Saraiva 2012, p. 105).

[308] É importante advertir que a anticorrupção é um movimento que sofre variação em relação a fatores políticos, sociais e culturais da cada Estado. Não há única anticorrupção, sendo que na presente investigação, a abordagem foi a anticorrupção de matiz brasileira.

institucional. Sua efetividade reside na aplicação de princípios e processos que visem a criar sinergias mais fortes entre Administração Pública e sociedade no exercício da capacidade administrativa do governo, com o objetivo de defender e promover o bem público, com uma gestão pública mais próxima do referencial da efetividade, promovendo a qualidade dos serviços públicos e a eficácia das políticas públicas.

Essa perspectiva sociológica que considera a anticorrupção como movimento político-social, inspirado pelo movimento global de anticorrupção, envolve vários fenômenos diferentes, mas reciprocamente implicados que podem ser assim revelados por quatro fatores essenciais: a) cooperação mais ou menos sistemática da sociedade civil brasileira no combate da corrupção; b) empenho de algumas instituições oficiais brasileiras no aumento da eficácia de suas ações com vistas a imprimir maior consequência às atividades de combate à corrupção, com destaque à Operação Lava-Jato, cujo responsável, o juiz da 13ª Vara Federal em Curitiba, Sérgio Moro: "mais do que uma investigação criminal, transformou-se em um processo de amadurecimento institucional, no qual há crimes praticados por pessoas poderosas e em que se mudou de um regime de impunidade para outro de responsabilidade (pela prática de atos ilícitos)[309]"; c) trabalhos da Estratégia Nacional de Combate à Corrupção e à Lavagem de Dinheiro, fórum que reúne mais de setenta órgãos públicos e entidades privadas ligadas à prevenção e à repressão da corrupção e da lavagem de dinheiro d) aplicação factual de mecanismos de controle da corrupção com ferramentas da iniciativa privada, como a adoção de programas de *compliance*[310] na Administração Pública, e aperfeiçoamento de mecanismos do setor público ligados à gestão estratégica da informação e à criação de redes de discussão, deliberação e provisão em função do valor público.

---

[309] Disponível em: http://oglobo.globo.com/brasil/ha-risco-de-retrocesso-diz-moro-sobre--combate-corrupcao-futuro-da-lava-jato-21041003#ixzz4e2oUgOBl. Acesso em: 10/04/2017; O Banco Mundial observou que as instituições são a estrutura de incentivos para o comportamento das organizações e dos indivíduos (Banco Mundial. Beyond the Washington Consensus: Instituttions Matter, Banco Mundial, 2001).

[310] Originado do termo inglês "to comply" *compliance* significa cumprir ou estar em conformidade com regulamentos internos e externos impostos às atividades de uma entidade. Não significa apenas cumprimento de regras, mas ter integridade em suas atividades.

4.4. Perspectiva Jurídica: o Sistema Normativo Brasileiro Anticorrupção
4.4.1. Eixo da Prevenção no Combate à Corrupção

O primeiro eixo parte da prevenção, a necessidade de ações de prevenção e orientação para impedir o problema da corrupção, visando garantir a correta aplicação dos recursos públicos. O eixo preventivo tem o objetivo de evitar a corrupção, bem como orientar os agentes público e a sociedade sobre os valores de uma administração proba e ética.

Na perspectiva da prevenção, a fundamentação do movimento exige duas formas de prevenção de riscos de corrupção. Em primeiro lugar, o desenvolvimento de um sistema amplo de integridade pública e fortalecimento da integridade corporativa, com o desenvolvimento dos princípios da ética no ambiente das organizações.

Uma das medidas é a normatividade de orientação de conduta ética dos agentes públicos na prática de atos administrativos. A existência de prescrições legislativas impondo a obediência do princípio da moralidade e da impessoalidade, seja de forma genérica, seja de forma específica com previsão de vedações e deveres a serem cumpridos pelos agentes públicos no desempenho da função administrativa, constitui modelo mais disseminado de organização na aplicação obrigatória de um padrão ético para o setor público e contributivo da conscientização dos valores de ordem ética pelos agentes públicos.

A caracterização e a consequente definição dos contornos dessa normatividade passam, em primeiro lugar, pela normatividade constitucional. É razoável que assim seja, quando se tem em conta que a constituição representa um documento jurídico dotado de uma força normativa vinculativa e irradiante às demais normas jurídicas e relações sociais. No direito brasileiro, há a consagração constitucional dos princípios de fomento ao elemento ético na conduta administrativa, no art. 37, *caput*, da Constituição Federal, com a previsão dos princípios da moralidade, da impessoalidade e da publicidade.

Além da normatividade constitucional, surgem normas infraconstitucionais de aplicação obrigatória por todos os entes públicos, especificando a aplicação dos vetores constitucionais nos âmbitos de atuação administrativa e/ou regulamentando o tema na prática dos atos administrativos. No contexto normativo de promoção da moralidade no serviço público, surgem comandos específicos em cumprimento ao padrão ético que deve nortear a atuação dos agentes públicos. Fala-se em Códigos de Ética ou Códigos de Conduta como documentos que estabelecem uma orientação ética de honestidade e responsabilidade que deve nortear o desempenho da função pública.

No âmbito nacional, os Códigos de Ética funcionam como diretriz fundamental no combate à corrupção, em conformidade com o art. 8º da Convenção das Nações Unidas contra a Corrupção, que preconiza que cada Estado Parte, de acordo com os princípios fundamentais de seu ordenamento jurídico, promoverá, entre outras coisas, a integridade, a honestidade e a responsabilidade entre seus funcionários públicos, por meio de códigos ou normas de conduta para o correto, o honroso e o devido cumprimento das funções públicas, encampando iniciativas pertinentes das organizações regionais, inter-regionais e multilaterais, tais como o Código Internacional de Conduta para os titulares de cargos públicos, que figura no anexo da Resolução 51/59 da Assembleia Geral de 12 de dezembro de 1996.

No *aspecto formal*, os códigos possuem caráter vinculativo, pois são veiculados por atos normativos, sejam primários, sejam secundários, reforçando o quadro normativo constitucional e infraconstitucional sobre o tema. No *aspecto material*, os códigos estabelecem regras de comportamento, permissivas e/ou proibitivas, densificando parâmetros valorativos justificadores de uma ética administrativa. No *aspecto sancionador*, os códigos quando desrespeitados configuram violação de deveres éticos reveladores da inabilitação moral do agente para o exercício da função pública, sujeitando o agente faltoso às sanções de ordem disciplinar e submissão à legislação da improbidade administrativa.

Os Códigos de Ética, no âmbito brasileiro, possuem quatro dimensões: a) dimensão finalística (finalidades); b) dimensão material (deveres e proibições a que estão sujeitos os agentes públicos para o exercício da função pública); c) dimensão justificadora (a demonstração da habilitação moral do agente para o exercício da função pública); d) dimensão punitiva (sanções no caso de desrespeito aos valores de ordem ética); e) dimensão subjetiva (destinatários dos deveres éticos normatizados pelo Poder Público).

No Brasil, a formulação dos Códigos de Ética deve ser feita em todos os setores da Administração Pública[311], inclusive nas empresas estatais,

---

[311] Além do Regime Jurídico dos Servidores Públicos da União (artigos 116 e 117 da Lei n. 8112/90), temos o Código de Ética Profissional do Servidor Público Civil do Poder

com intuito de combater a corrupção. Um caso que foi paradigmático desse raciocínio foi a prescrição legislativa na elaboração e na divulgação do código de conduta e integridade como parte integrante no estatuto jurídico da empresa pública, da sociedade de economia mista e de suas subsidiárias, no âmbito da União, dos Estados, do Distrito Federal e dos Municípios, nos termos da Lei n. 13.303, de 20 de junho de 2016, diante da ocorrência de fatos relacionados com a corrupção na Petrobras, cujo conhecimento desencadeou processo de investigação e responsabilização sob a epígrafe da Operação Lava-Jato.

Além dos códigos de conduta, surgem medidas que reforçam a capacidade da administração de se dotar de sistemas normativos que, articulados, permitam uma gestão ética. Tal reforço deve ser cada vez mais expandido e aplicado no setor público, para que haja de forma progressiva o compromisso do agir administrativo no atendimento dos valores éticos. Nesse quadro, surgem atos administrativos normativos, que complementam a normatividade já existente, com divulgação interna e externa, reforçando as diretrizes éticas para nortear a atuação dos agentes públicos.

Além da normatividade, qualifica ainda a ação administrativa como íntegra a divulgação ampla de práticas e resultados daquilo que são consideradas diretrizes éticas básicas para nortear a atuação dos agentes públicos, e sua oferta em caráter constante. Nesse sentido, é imperativa a confecção de "Boletins da Ética", com informações claras sobre as condutas éticas e boas práticas, bem como os resultados positivos a partir da gestão da ética na Administração Pública. A divulgação da ética pública há de envolver o engenho e a arte em utilizar o espaço virtual com a enunciação das variáveis normativas e concretas que estão a determinar o agir da Administração Pública de forma ética à cidadania.

Outra ideia é a de que o monitoramento da evolução patrimonial significa o conjunto de mecanismos que permitem aferir a licitude da evolução patrimonial. Trata-se de uma verificação da compatibilidade dessa evolução com recursos e disponibilidades do agente público. O monitoramento pode ser feito por declaração de atividades, relacionada com a

---

Executivo Federal (Decreto n. 1.171 de 22 de junho de 1994), e o Código de Conduta da Alta Administração Federal de 21 de agosto de 2000, sem excluir os Códigos de Ética nos âmbitos estadual, distrital e municipal.

verificação dos rendimentos de outras fontes que não os cofres públicos, ou por declaração de bens.

A conformidade da evolução patrimonial com as rendas auferidas pelo agente público demonstra cumprimento ao interesse público e ética administrativa. A desconformidade da evolução patrimonial com os rendimentos auferidos em razão do exercício da função pública é demonstrada quando o valor da renda acumulável é muito inferior ao patrimônio declarado pelo agente público em sua declaração de ajuste anual. Ou seja, quando a renda acumulável não é apta a permitir a aquisição patrimonial verificada.

Uma vez constatada a irregularidade revelada por sinas exteriores de riqueza desproporcionais e incompatíveis com a evolução do patrimônio ou da renda do agente público, denota-se um enriquecimento ilícito decorrente de um proveito ilegal obtido pelo agente público e, portanto, um ato de improbidade administrativa. Além de ato de improbidade administrativa, o ato pode configurar crime de responsabilidade.

A existência da evolução desproporcional do patrimônio depende da presença de requisitos: a) material: a conduta do agente pode ou não estar vinculada com o exercício do cargo público; b) finalístico: a conduta deve evidenciar incompatibilidade com o exercício das funções do cargo.

Nesse cenário, a promoção da ética pública e o papel mais ativo do controle social sobre a Administração Pública levou ao surgimento de normas de aplicação obrigatória por todos os entes da federação, sobre o exercício da participação do cidadão na fiscalização das ações da Administração Pública para boa e correta aplicação dos recursos públicos, bem como sobre a observância do elemento ético na conduta do servidor público.

Em relação à promoção da ética pública, no caso de confronto entre interesses público e privado, que possa comprometer o interesse coletivo ou influenciar, de maneira imprópria, o desempenho da função pública, independentemente de lesão ao patrimônio público ou ganho pelo agente público ou por terceiro, durante e após o exercício do cargo ou emprego, a Lei n. 12.813/2013 trouxe um sistema preventivo fundamentado em três planos orientados pela diretriz de que todos os ocupantes de cargo ou emprego no Poder Executivo federal deverão agir de modo a prevenir ou a impedir possível conflito de interesses e a resguardar informação privilegiada:

a) *Plano educacional*: com a elaboração e a divulgação de materiais de orientação sobre o tema.
b) *Plano consultivo*: com a possibilidade de o agente público consultar órgãos competentes para solucionar dúvida na ocorrência da situação de conflito de interesses, seja pela consulta em dúvida sobre a existência de conflito de interesses em alguma situação concreta, individualizada, seja pelo pedido de autorização para o exercício de atividade privada (ambos os mecanismos estão previstos na Portaria Interministerial n. 333, da Ministra do Planejamento, Orçamento e Gestão e do Ministro Chefe da Controladoria-Geral da União, de 19 de setembro de 2013);
c) *Plano obrigacional*: com a previsão de vedações aplicáveis a todos durante exercício do cargo ou emprego público, de regras e obrigações da lei aplicáveis somente a um grupo específico de agentes públicos cuja atividade proporcione acesso sistemático a informações privilegiadas.

Em segundo lugar, o fundamento do movimento é extraído dos esforços de cidadãos, empresas e agentes públicos para evitar corrupção, com destaque à participação cidadã no acompanhamento e no controle da gestão pública. É a ampliação do controle social sobre a Administração Pública.

Com o fim da ditadura militar e a promulgação da atual Constituição Federativa do Brasil – CF/88, o controle social passou a ter papel de destaque na Administração Pública. Na própria Constituição Federal de 1988, surgem mecanismos de fiscalização cidadã, como a ação popular, utilizada por qualquer cidadão para impugnar atos lesivos ao patrimônio público e à moralidade administrativa, nos termos do art. 5º, LXXIII. Em relação à ampliação do controle social, surgem dois marcos regulatórios, um fiscal, com a Lei Complementar n. 131/2009, e outro, geral, com a Lei Ordinária Federal n. 12.527/2011.

A Lei Complementar n. 131/2009[312], que alterou a redação da Lei de Responsabilidade Fiscal (LRF) no que se refere à transparência da

---

[312] A Lei Complementar n. 131/2009 foi regulamentada: a) pelo Decreto n. 7.185, de 27 de maio de 2010, que define o padrão mínimo de qualidade do sistema integrado de administração financeira e controle, nos termos do inciso III, parágrafo único do art. 48 da LRF;

gestão fiscal, determina a disponibilização, em tempo real (em meio eletrônico que possibilite amplo acesso público, até o primeiro dia útil subsequente à data do registro contábil no respectivo sistema, sem prejuízo do desempenho e da preservação das rotinas de segurança operacional necessários ao seu pleno funcionamento), das informações pormenorizadas sobre a execução orçamentária e financeira da União, dos Estados, do Distrito Federal e dos Municípios.

A transparência fiscal é analisada em dois planos: o formal, quando a Lei Complementar n. 131/2009 estipula prazo de atualização[313]; e o material, quando a referida lei prevê o conteúdo mínimo de informações sobre receita e despesa que devem ser divulgadas na internet[314].

Outro marco é a lei de acesso à informação que inaugura uma Era de organizações públicas abertas em relação a informações sobre planos, regras, processos e ações. Nessa lei, reconheceu-se a existência de uma série de dispositivos que buscam facilitar e desburocratizar o acesso às informações públicas, o que beneficia a gestão pública e propicia o desenvolvimento de uma cidadania participativa. Contudo, a principal promotora do modelo de Administração Pública aberta foi o Decreto n. 7.724/2012, que regulamenta os procedimentos para garantia do acesso à informação e para classificação de informação sobre restrição de acessos.

Além dos marcos regulatórios, surgem iniciativas da Administração Pública de permitir que qualquer cidadão possa acompanhar os

---

b) e pela Portaria n. 548, de 22 de novembro de 2010 da Secretaria do Tesouro Nacional também editou a, que estabelece os requisitos mínimos de segurança e contábeis do sistema integrado de administração financeira e controle utilizado no âmbito de cada ente da Federação, adicionais aos previstos no Decreto n. 7.185, de 27 de maio de 2010.

[313] A LC 131 definiu os seguintes prazos, a contar da data de sua publicação (27/05/2009): I – 1 (um) ano para a União, os Estados, o Distrito Federal e os Municípios com mais de 100.000 (cem mil) habitantes – maio de 2010; II – 2 (dois) anos para os Municípios que tenham entre 50.000; (cinquenta mil) e 100.000 (cem mil) habitantes – maio de 2011; III – 4 (quatro) anos para os Municípios que tenham até 50.000 (cinquenta mil) habitantes – maio de 2013.

[314] Conforme determinado pela LC 131, todos os entes deverão divulgar: Quanto à despesa: todos os atos praticados pelas unidades gestoras no decorrer da execução da despesa, no momento de sua realização, com a disponibilização mínima dos dados referentes ao número do correspondente processo, ao bem fornecido ou ao serviço prestado, à pessoa física ou jurídica beneficiária do pagamento e, quando for o caso, ao procedimento licitatório realizado; quanto à receita: o lançamento e o recebimento de toda a receita das unidades gestoras, inclusive referente a recursos extraordinários.

programas e as ações de Governo: a) Lei n. 9.755/98 que dispôs sobre a criação de *homepage* intitulada "Contas Públicas" (www.contaspublicas.gov.br) na internet, pelo Tribunal de Contas da União; b) a criação, em novembro de 2004, do Portal da Transparência pela Controladoria-Geral da União – CGU.

4.4.2. Eixo da Detecção no combate da corrupção

O *segundo eixo é identificar os atos de corrupção* para que seja promovida a apuração das responsabilidades. Essa detecção revela-se na intensificação e melhoria dos processos de investigação e controle estatal, incluindo articulação interinstitucional entre órgãos de controle de desvios e irregularidades.

A Lei n. 12.813/2003 previu para fiscalizar e avaliar o conflito de interesses envolvendo ocupantes de cargo ou emprego no âmbito do Poder Executivo federal a Comissão de Ética Pública (ocupantes dos seguintes cargos e empregos: ministro de Estado; de natureza especial ou equivalente; de presidente, vice-presidente e diretor, ou equivalentes, de autarquias, fundações públicas, empresas públicas ou sociedades de economia mista; e do Grupo-Direção e Assessoramento Superiores – DAS, níveis 6 e 5 ou equivalentes) e a Controladoria-Geral da União (para os demais servidores e empregados públicos).

A partir de abril de 2003 foi criado um Programa de Fiscalização por Sorteios Públicos, ou seja, um programa de fiscalização *in loco* em Municípios a partir de sorteios públicos, com base no sistema das loterias da Caixa Econômica Federal. Instituído em caráter definitivo pela CGU por meio da Portaria n. 247, de 20/6/2003, do então Ministro de Estado do Controle e da Transparência, Waldir Pires, para garantir maior transparência e visibilidade à gestão governamental, e assegurar a correta aplicação dos recursos públicos, em benefício da população. A partir de 2015, o programa foi aprimorado e rebatizado de Programa de Fiscalização em Entes Federativos, com organização por ciclos, e agregação de outras formas de seleção na definição dos entes a serem fiscalizados, como Censo e Matriz de Vulnerabilidade.

Em 2005, surge, pelo Decreto n. 5.480, o Sistema de Correição do Poder Executivo Federal para apuração de irregularidades, no âmbito do Poder Executivo Federal, por meio da instauração e condução de procedimentos correcionais, por meio da investigação preliminar, a inspeção, a sindicância, o processo administrativo geral e o processo administrativo disciplinar.

O Sistema de Correição é integrado por um órgão central (a Controladoria-Geral da União); por um órgão consultivo (Comissão de Coordenação de Correição); por unidades setoriais (unidades específicas de correição para atuação junto aos Ministérios); unidades seccionais (unidades específicas de correição nos órgãos que compõem a estrutura dos Ministérios, bem como de suas autarquias e fundações públicas); e órgão especial (Secretaria de Controle Interno da Casa Civil da Presidência da República, que exercerá atribuições de unidade seccional de correição dos órgãos integrantes da Presidência da República e da Vice-Presidência da República, com exceção da Controladoria-Geral da União e da Agência Brasileira de Inteligência).

Um importante instrumento de detecção da corrupção para posterior criação de mecanismos preventivos e repressivos no combate da corrupção com a iniciativa da Controladoria-Geral da União em parceria com a Transparência Brasil foi, em caráter experimental, em 2006, a criação de uma metodologia de mapeamento de riscos à corrupção. Neste cenário, busca-se identificar vulnerabilidades a desvios de recursos e possível influência de interesses indevidos nos diferentes processos de trabalho dos entes públicos[315].

Em 2007, o Governo Federal afirma que um dos eixos que fundamentam a estratégia de melhoria da gestão é o combate da corrupção por meio da articulação e integração entre os órgãos de defesa do Estado.

Em 2011, a Lei de Acesso à Informação inclui o art. 126-A na Lei n. 8.112/90, criando uma proteção do servidor denunciante sobre os atos de corrupção consistente na garantia de não sofrer qualquer tipo de responsabilidade civil, penal ou administrativa.

A denúncia geradora da proteção deve ser feita à autoridade superior (chefe imediato do servidor) ou quando houver suspeita de envolvimento desta a outra autoridade competente para apuração de informação concernente à prática de crime ou improbidade de que tenha conhecimento, ainda que em decorrência do exercício do cargo,

---

[315] Disponível em: http://www.pm.al.gov.br/intra/downloads/bc_corrupcao/cor_04.pdf. Acesso em: 10/02/2014

emprego ou função (neste caso deve ser o superior do chefe imediato do servidor)[316].

Essa proteção é limitada aos servidores públicos federais. A autoridade que tiver ciência de irregularidade no serviço público é obrigada a promover a sua apuração imediata, mediante sindicância ou processo administrativo disciplinar, assegurada ao acusado ampla defesa. O denunciante deve realizar denúncia em prol do interesse público e sempre de boa-fé. Nada impede que possa endereçar a denúncia a mais de uma autoridade.

Sobre a possibilidade de a denúncia ser anônima, em proteção da identidade do denunciante, a Lei n. 8.112/90 prevê, no seu art. 144, que as denúncias sobre irregularidades serão objeto de apuração, desde que contenham a identificação e o endereço do denunciante e seja formulada por escrito, confirmada a autenticidade. Mesmo diante do dispositivo legal, a Instrução Normativa n. 1/2014 da CGU não exige a identificação, bastando que a denúncia contenha elementos mínimos de autoria e materialidade.

Em 2015 a Controladoria-Geral da União assinou acordo de cooperação com a Polícia Federal para aprimorar a ação fiscalizadora no combate à corrupção. O documento formaliza parceria que já vinha sendo efetuada há anos e fortalece a ação conjunta entre os órgãos, mediante articulação e interação nos procedimentos fiscalizatórios para racionalizar e aperfeiçoar os trabalhos e eventos realizados na proteção do patrimônio público federal[317].

Em 2016 foi publicada a Lei n. 13.341, que extinguiu a Controladoria-Geral da União e transferiu suas competências para o Ministério da Transparência, Fiscalização e Controle. Essa transformação gerou divergência. Para alguns, fortalece seu poder de atuação. Para outros, a transformação da CGU, o órgão anticorrupção do governo, em um Ministério representou um retrocesso, já que a referida lei representou a perda da autonomia da Controladoria-Geral da União para fiscalizar e cobrar servidores e ministros de todo o governo, com sua transformação em

---

[316] MATTOS, Mauro Roberto Gomes de. Tratado de Direito Administrativo Disciplinar. Rio de Janeiro: América Jurídica, 2008, p. 475.

[317] Disponível em: http://www.cgu.gov.br/assuntos/auditoria-e-fiscalizacao/acoes-investigativas/operacoes-especiais/arquivos/acordo-de-cooperacao-cgu-dpf. Acesso em: 10/02/2016.

ministério. Na condição de Ministério, a Controladoria-Geral da União deixa de ser um órgão de assessoramento da Presidência da República, passando a sugerir mudanças, aplicar sanções e cobrar transparência de órgãos da mesma posição hierárquica.

Além da perda da identidade, a mudança acarreta enfraquecimento maior da independência da CGU na fiscalização do governo federal e defesa do patrimônio público, ocorre o enfraquecimento do poder de promover transparência de gestão por atividades de controle interno, auditoria, ouvidoria e prevenção e combate à corrupção, já que o órgão controlador deveria estar hierarquicamente acima dos órgãos controlados.

No caso da detecção da corrupção, funcionam como importante instrumento os dados coletados em interceptação telefônica. Uma interceptação telefônica autorizada pela justiça competente é mecanismo real disponível para obtenção de prova fundamentada na relatividade dos direitos fundamentais. Em relação à prova obtida, temos duas situações[318]:

a) O juiz autoriza a interceptação da pessoa com foro privilegiado: a prova é ilícita, pois viola a regra da prerrogativa de foro (princípio do juiz natural).

b) O juiz autoriza a interceptação da pessoa sem foro privilegiado e, acidentalmente, intercepta pessoa com foro privilegiado: nessa situação o juiz deve encaminhar o caso ao tribunal competente, sob pena de a prova se tornar ilícita, por usurpação de competência. Neste caso, a decisão judicial é passível de ratificação pelo Tribunal Competente.

4.4.3. Eixo da Repressão no Combate da Corrupção

O *terceiro eixo* parte da perspectiva da repressão: instrumentos repressivos de combate da corrupção variam em função dos contextos espaciais e dos padrões culturais. Neste eixo, fala-se em responsabilização administrativa, política, civil e penal. Nesta última, surge o discurso da

---

[318] BRASIL. Tribunal Regional Federal da 4ª Região. Correição Parcial CP 5019555-75.2014.404.0000. Órgão Julgador: Sétima Turma. Relator: Cláudia Cristina Cristofani. Data do julgamento: 07/10/2014.

intervenção penal, em permanente emergência, que, para alguns, prejudica outras estratégias de uma intervenção em grau necessário, em *ultima ratio* e nos limites das garantias de um Estado Social de Direito, e, para outros, funciona como resposta útil e eficaz ao problema da corrupção.

No eixo da repressão, os textos normativos proclamam a subordinação à possibilidade de sanções por meio da responsabilização jurídica dos agentes públicos e privados decorrentes de atos de corrupção contra a Administração Pública brasileira[319].

Na Constituição Federal de 1988 encontramos a cassação do mandato de parlamentar quando o procedimento de deputado ou senador for declarado incompatível com o decoro parlamentar, que abrange, além dos casos definidos no regimento interno, o abuso das prerrogativas asseguradas a membro do Congresso Nacional ou a percepção de vantagens indevidas, nos termos do art. 55, § 1º.

Em 1992 surge Lei da Improbidade Administrativa (Lei n. 8.429), prevendo a responsabilização de todos, agentes públicos ou não, que induzam ou concorram para a prática do ato de improbidade ou dele se beneficiem sob qualquer forma, direta ou indireta. Busca-se, além da punição do agente, o ressarcimento do dano causado ao patrimônio público, bem como a reversão dos produtos obtidos com o proveito do ato ímprobo.

Sancionada em 4 de junho de 2010, passou a vigorar no dia 7 de junho do mesmo ano, a partir da publicação no Diário Oficial da União, a Lei Complementar n. 135, conhecida como a Lei da Ficha Limpa, impulsionada pela decisão desfavorável do Supremo Tribunal Federal na Arguição de Descumprimento de Preceito Fundamental n. 144, proposta pela Associação dos Magistrados do Brasil (AMB), que justamente pedia a implantação da inelegibilidade mesmo sem o trânsito em julgado de ações de conteúdo grave ou desabonador (criminais ou de improbidade), determinando casos de inelegibilidade e os prazos de sua cessação, a fim de proteger a probidade administrativa, a moralidade para exercício de mandato considerada a vida pregressa do candidato,

---

[319] SCHEDLER, Andreas. Conceptualizing Accountability. In: SCHEDLER, Andreas; DIAMOND, Larry; PLATTNER, Mark F. (Eds.). The Self-Restraining State: Power and Accountability in New Democracies. Colorado: Lynne Rienne, 1999, p. 13-28.

e a normalidade e legitimidade das eleições contra a influência do poder econômico ou o abuso do exercício de função, cargo ou emprego na administração direta ou indireta[320].

A Lei n. 12.813/2013 previu que quem incorrer em situações que configuram conflito de interesses envolvendo ocupantes de cargo ou emprego no âmbito do Poder Executivo federal, o agente público incorrerá em improbidade administrativa, além de ficar sujeito à aplicação da pena de demissão ou medida equivalente, nos termos da Lei n. 8.112/90.

No parâmetro repressivo, as primeiras leis elaboradas após a CF/88 se preocupam exclusivamente com a responsabilidade do corrupto. A corrupção é produto da conduta exclusiva do servidor público, ou de particular, quando concorre com o servidor (Lei da Improbidade Administrativa).

No século XXI, é a Lei n. 12.846[321], inspirada em compromissos internacionais assumidos pelo Brasil, que entrou em vigência a partir de fevereiro de 2014, que inaugura uma nova era de responsabilização não só do corrupto, mas também do corruptor. Trata-se de um diploma legal que muda o paradigma do controle da corrupção no Brasil.

Nesta lei anticorrupção, reconheceu-se a existência da responsabilidade administrativa e civil das empresas por ato de corrupção, bem como aplicação de mecanismos de integridade empresarial. Contudo, o principal promotor do modelo de responsabilidade abrangente foi o Decreto n. 8.420/2015. Abriu-se, portanto, o caminho para a formação da integridade com mecanismos de fiscalização e controle, incentivos a denúncia de irregularidades, programas de integridade (*compliance*) com foco na conduta ética e criação, atualização e aprimoramento do Código de Ética.

4.5. Perspectiva Sociológica da Anticorrupção

O movimento anticorrupção, nesta perspectiva sociológica, é uma integração entre instituições públicas, setor privado e cidadão que unem esforços para o combate da corrupção. Como fenômeno integrativo,

---

[320] CARVALHO RAMOS, André & PEREIRA NETO, Pedro Barbosa. Repertório Jurisprudencial Elaborado pela PRE-SP sobre a Lei da Ficha Limpa. Disponível em: http://s.conjur.com.br/dl/repertorio-ficha-limpa-pre-sp.pdf. Acesso em 10/05/2014.

[321] A norma dispõe sobre a responsabilização administrativa e civil de pessoas jurídicas pela prática de atos de corrupção contra a Administração Pública, nacional ou estrangeira.

convoca contributo destes setores empenhados em dinamizar mudanças que aperfeiçoem instrumentos de prevenção ao cometimento da corrupção no âmbito da Administração Pública.

Compreende-se, assim, a articulação deste movimento nesta perspectiva com uma diversidade de meios e instrumentos no domínio social (mobilização da sociedade de criar proximidade com a esfera pública resultando em controle social da função administrativa decorrente do princípio republicano e da ideia da soberania popular para iniciativas em movimentos e projetos não governamentais de anticorrupção) e ao nível institucional (criação de forças-tarefa com atuação articulada e coordenada com fomento à transparência).

Na perspectiva sociológica, como movimento político-social, inspirado na anticorrupção global, o movimento anticorrupção é caracterizado por esforços de empresas, cidadãos e governo na prevenção e combate da corrupção no Brasil revelado por quatro fatores essenciais: a) cooperação mais ou menos sistemática da sociedade civil brasileira no combate da corrupção; b) empenho de algumas instituições oficiais brasileiras no aumento da eficácia de suas ações com vistas a imprimir maior consequência às atividades de combate à corrupção, com destaque à Operação Lava-Jato[322], cujo responsável, o juiz da 13ª Vara Federal em Curitiba, Sérgio Moro:

> mais do que uma investigação criminal, transformou-se em um processo de amadurecimento institucional, no qual há crimes praticados por pessoas poderosas e em que se mudou de um regime de impunidade para outro de responsabilidade (pela prática de atos ilícitos)[323].

Neste item optamos em analisar atuação exemplificativa do Ministério Público e da Controladoria-Geral da União; c) trabalhos da Estratégia Nacional de Combate à Corrupção e à Lavagem de Dinheiro, fórum que reúne mais de setenta órgãos públicos e entidades privadas ligadas à prevenção e à repressão da corrupção e da lavagem de dinheiro; d) na

---

[322] A Operação Lava-Jato é uma integração entre Polícia, Ministério Público e Judiciário no combate da corrupção com investigação e punição dos políticos, empresários e agentes públicos envolvidos num quadro de corrupção sistêmica.

[323] Disponível em: http://oglobo.globo.com/brasil/ha-risco-de-retrocesso-diz-moro-sobre--combate-corrupcao-futuro-da-lava-jato-21041003#ixzz4e2oUgOBl. Acesso em: 10/04/2017.

esfera privada, com a adoção voluntária pelo setor privado de preceitos de boa governança corporativa, criando a responsabilidade social no enfrentamento do problema da corrupção.

4.5.1. Movimento Global de Anticorrupção
4.5.1.1. A Corrupção Pública Globalizada

A corrupção administrativa representativa da deturpação do poder administrativo, forma de abuso na esfera pública[324], revelada por diversas práticas, que podem ou não estar abrangidas em tipos criminais, é uma patologia[325] cuja ocorrência é tida como uma espécie de má gestão pública[326] nas sociedades contemporâneas, difundindo-se no contexto da globalização e, no processo, adquirindo conotações econômicas, políticas e culturais.

A jurista Kimberly Ann Elliott[327] expõe que a corrupção é uma das mais dramáticas mazelas que assolam o mundo globalizado, já que enfraquece a legitimidade política, provoca desperdício de recursos, afeta o comércio internacional e o fluxo dos acontecimentos. A afirmativa de Elliott faz referência ao problema da má gestão pública derivada da corrupção, que é constante razão de atraso, miséria e dos incontáveis

---

[324] "O abuso de direito é das mais graves violências contra o regime jurídico republicano, e ele se manifesta tanto pelo abuso de poder político, quanto pelo abuso de poder econômico. Ambos compreendem arbitrariedade e discriminação. O abuso de autoridade, espécie de abuso de poder político, se caracteriza pelo uso exorbitante de faculdades administrativas, pelo privilégio, pela discriminação" (AMARAL, Roberto; CUNHA, Sérgio Sérvulo da. Manual das eleições. São Paulo: Saraiva, 2002, p. 283).

[325] "bureaucratic corruption has bens regarded as a particularly viral form of bureau pathology. 'Once it enters the blood of a public organization, it spreads quickly to all parts. If it is not diagnosed and treated it will eventually destroy public credibility and organizational effectiveness. Even if treated, there is no guarantee that it will be eliminated or that all infected areas will be reached" (HOPE, Kempe Ronald. Politics, bureaucratic corruption, and a maladministration in the third world. In: Revue Internationale des Sciences Administratives. Bruxelles, v. 51, n.1. p. 1-6, 1985).

[326] "[...] é tal o nível de degradação dos valores éticos nas Administrações Públicas, que parece que a questão se centra na corrupção, quando esta constitui tão somente um, embora seja o mais grave, dos atentados à ética em que pode incorrer um servidor público" (GONZÁLEZ PÉREZ, Jesus. La ética em la administración pública. Madrid: Civitas, 1996, p. 31/32).

[327] ELLIOTT, Kimberly Ann. A Corrupção e a Economia Global. Brasília: Editora UNB, 2002.

escândalos envolvendo uso indevido das atribuições públicas para obtenção de benefícios privados. Revelada por práticas criminalizadas em vários Estados, é uma patologia que prejudica o governo honesto, distorce as políticas públicas, leva à má alocação de recursos e prejudica o desenvolvimento econômico e social do país[328].

Além de a globalização funcionar como elemento contributivo para proliferação e incentivo de práticas corruptas[329], ela torna o problema da corrupção uma questão transnacional. É uma corrupção sistêmica e em larga escala que viola os direitos humanos, impede o desenvolvimento sustentável e alimenta a exclusão social.

Os indicadores da corrupção no âmbito mundial levam em conta a percepção da corrupção pela população. Mediante tais fatos, numa periodicidade anual, a Transparência Internacional[330], fundada em 1993, pela iniciativa de várias organizações de países democráticos, com a missão de criar movimento global para acabar com a corrupção e promover a transparência, responsabilidade e integridade em todos os níveis e em todos os setores da sociedade, passou a divulgar o índice de percepção da corrupção no setor público envolvendo mais de 170 países.

De acordo com índice do ano de 2015, o nível de corrupção das nações mostrou-se bem preocupante: mais de dois terços dos países apresentaram graves problemas de corrupção ao não conseguirem o mínimo de 50 pontos, situação na qual se encontra metade do G20 e todo o grupo dos Brics (Brasil, Rússia, Índia, China e África do Sul). A região do Leste Europeu e da Ásia Central registrou 95% de países com pontuação abaixo de 50[331].

---

[328] BANCO MUNDIAL. Helping Countries Combat Corruption: The Role of the World Bank. PREM, Set.1997. Disponível em: http://info.worldbank.org/etools/docs/library/18143/fp_summer97.pdf. Acesso em 05/02/214.

[329] "[...] o aumento das transações comerciais e o constante fluxo de capitais entre países em muito contribui para a sua proliferação.....A globalização também se apresenta como elemento estimulador da corrupção na medida em que realça e aproxima das desigualdades de ordem econômica, social, cultural e jurídica, o que permite a coexistência de realidades que em muito destoam entre si" (GARCIA, Emerson & ALVES, Rogério Pacheco. Improbidade Administrativa. Rio de Janeiro: Editora Lumen Juris, 2008, p. 24-25).

[330] TRANSPARENCY, International Organization. Disponível em: <http://www.transparency.org/>. Acesso em: 26 set. 2016.

[331] Disponível em: http://g1.globo.com/economia/noticia/2016/01/ranking-de-corrupcao-coloca-brasil-em-76-lugar-entre-168-paises.html. Acesso em 25/6/2106.

Entre os 177 países avaliados, a Dinamarca e a Nova Zelândia se revelaram como os locais mais transparentes, sendo que Somália, Afeganistão e Coreia do Norte ficaram nas últimas posições. No *ranking* global, divulgado em 27 de janeiro de 2016, o Brasil deslocou-se da 69ª para 76ª colocação: queda fomentada pelos escândalos da Petrobras, problemas na economia e crescimento do desemprego[332].

Figura 11. Índice de percepção da corrupção 2016
Fonte: Disponível em: <http://www.transparency/>. Acesso em: 18 abr. 2015.

O escândalo da Petrobras[333] e outros casos envolvendo propinas e desvios de recursos públicos no Brasil levaram o país a ser o que mais perdeu posições no Índice de Percepção da Corrupção 2015 da

---

[332] Disponível em: http://g1.globo.com/economia/noticia/2016/01/ranking-de-corrupcao--coloca-brasil-em-76-lugar-entre-168-paises.html. Acesso em 25/6/2106.

[333] Em 2016, a Transparency International elegeu a Operação Lava Jato como a maior iniciativa de combate à corrupção no mundo, classificando a investigação como um dos maiores escândalos de corrupção a nível mundial.

Transparência Internacional[334]. Entre os países lusófonos, Angola continua a ser o país onde existe maior percepção da corrupção no setor público, e Portugal aquele onde este sentimento é menor, mas preocupante.

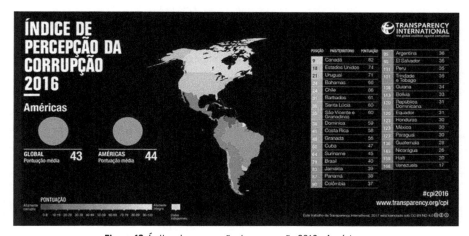

Figura 12. Índice de percepção da corrupção 2016 – Américas
Fonte: Disponível em: <http://www.transparency>. Acesso em: 18 abr. 2015.

O estudo do Barômetro da Corrupção Global de 2013, ao revelar que a maioria da população mundial considera que a corrupção piorou nos últimos dois anos e que seus governos estão menos eficazes no combate da corrupção gerando uma falta de confiança nas instituições, serve para ilustrar tal momento[335].

Chega-se ao ponto de afirmar que, segundo o Índice de corrupção do Fórum Econômico Mundial, baseado em uma pesquisa com 15.000 líderes empresariais de 141 economias do mundo, entre as dez nações mais corruptas do *ranking*, cinco são latino-americanas, sendo que o Brasil é a quarta nação mais corrupta do mundo, ficando atrás apenas do Chade, da Bolívia e da Venezuela, que lidera o *ranking*. Portugal aparece na 44ª

---

[334] Disponível em: http://www.bbc.com/portuguese/noticias/2016/01/160126_relatorio_transparencia_df_tg. Acesso em: 10/5/2016.
[335] Disponível em: https://www.transparency.org/gcb2013. Acesso em 5/8/2014.

colocação no *ranking*[336]. Fala-se ainda que em uma escala de um a sete, em que, quanto maior a nota, maior é a transparência, o Brasil recebeu 2,1, segundo análise publicada pela *Business Insider*[337].

4.5.1.2. Combate Internacional da Corrupção

Conexo com a primeira coordenada assinalada, um dos sintomas do movimento anticorrupção no Brasil aponta para a luta contra a corrupção em nível internacional e para o nítido esforço de fortalecimento na capacidade dos Estados na cooperação internacional e na recuperação de ativos desviados por corrupção.

Este vetor consubstancia-se, desde logo, na criação de normas de caráter internacional para evitar a corrupção transnacional intensificada com a globalização baseadas numa lógica de restauração da credibilidade e estabilidade das instituições públicas, e de cooperação internacional no combate da corrupção.

A intensificação das relações internacionais, a globalização e a entrada de novos agentes de atuação mundial impõem a propagação da corrupção, contaminando a saúde moral dos povos, e impedindo desenvolvimento econômico sustentável das nações[338]. A propagação do tema no âmbito internacional implicou que se aproveitassem os laços internacionais para a cooperação e integração na prevenção e no combate à corrupção[339].

O problema de corrupção[340] torna-se algo que atinge todos os países do mundo, sendo um crime contra a humanidade, que ganha uma

---

[336] Disponível em: http://reports.weforum.org/global-competitiveness-index/competitiveness-rankings/#series=GCI.A.01.01.02. Acesso em 5/8/2014.

[337] Disponível em www.businessinsider.com. Acesso em 05/08/2014.

[338] Centro Americano da Legislação Contra a Corrupção (2000). San José, Costa Rica, 2000. Encontro Regional Contra a Narcoatividade e a Corrupção.

[339] "[...] o aumento das transações comerciais e o constante fluxo de capitais entre países em muito contribui para a sua proliferação.....A globalização também se apresenta como elemento estimulador da corrupção na medida em que realça e aproxima das desigualdades de ordem econômica, social, cultural e jurídica, o que permite a coexistência de realidades que em muito destoam entre si" (GARCIA, Emerson & ALVES, Rogério Pacheco. Improbidade Administrativa. Rio de Janeiro: Editora Lumen Juris, 2008, p. 24-25).

[340] "Ato ou efeito de deterioração, decomposição física de algo, putrefação, depravação de hábitos, costumes, devassidão, ato, processo ou efeito de subornar uma ou mais pessoas em causa própria ou alheia, ger. com oferecimento de dinheiro; suborno etc." (HOUAISS, Antônio e VILLAR, Mauro de Salles. Dicionário Houaiss da Língua Portuguesa. Ed. Objetiva. Rio de Janeiro, 2009).

dimensão transnacional no interesse de seu combate através de uma cooperação internacional com medidas que visem promover a integridade, a obrigação de render contas e a devida gestão dos assuntos e dos bens públicos[341].

A conscientização internacional da luta contra a corrupção para moralização da vida pública visando à criação de medidas de prevenção e repressão deste ilícito surge a partir de duas preocupações: a) custo do fenômeno da corrupção para o mundo; b) a relação do fenômeno da corrupção com o crime organizado. Em relação ao custo da corrupção mundial, segundo relatório do FMI/2016, se gasta quase sete trilhões por ano à economia mundial. Além dos custos econômicos diretos da corrupção, sua ocorrência aumenta a incerteza dos agentes econômicos. Investir num país com altos níveis de corrupção custa 20% a mais do que investir em países que contribuem de forma eficaz para prevenção e repressão da corrupção. Segundo o Fórum Mundial Econômico, o custo da corrupção é de cerca de um bilhão de dólares por ano. Estimativas da OCDE afirmam que, como "indústria global", a corrupção movimenta por ano cerca de US$ 2 trilhões, o equivalente a todo o PIB da França ou superior à economia brasileira.

Uma visão meramente empírica mostra-nos que os Estados Unidos, no processo de globalização, aparecem como pioneiros no combate da corrupção, quando em face do escândalo de corrupção Watergate, em 1977, o Congresso americano promulgou a Lei sobre a Prática de Corrupção no Exterior para dar fim ao suborno de funcionários públicos estrangeiros[342].

A *Foreing Corrupt Practices Act* (FCPA) estabeleceu um marco regulatório no combate da corrupção internacional, ao punir uma série de práticas corruptas por empresas multinacionais norte-americanas em outros países, incluindo contribuições ilegais para a campanha do ex-presidente dos Estados Unidos Richard Nixon, tendo levado o político à renúncia do cargo.

---

[341] BRASIL. Decreto n. 5.687, de 31 de janeiro de 2006. Promulga o texto da Convenção das Nações Unidas contra a Corrupção. Diário Oficial da União 01.02.2006.
[342] GLYNN, Patrick; KOBRIN, Stephen J.; NAÍM, Moisés. A globalização da corrupção. In: ELLIOT, Kimberly Ann (org.). A corrupção e a economia global. Tradução de Marsel Nascimento Gonçalves de Souza. Brasília: UNB, 2002, p. 40-50; JAPIASSÚ, Carlos Eduardo Adriano. A corrupção em uma perspectiva internacional. In: Revista Brasileira de Ciências Criminais. São Paulo: Revista dos tribunais, p. 40, jan./fev. 2007.

A lei americana é um marco mundial, pois serviu como início da internacionalização do combate da corrupção transnacional, com a criação de leis e convenções internacionais de prevenção e combate à corrupção.

Em seguida, vários países, especialmente europeus, a despeito da resistência inicial de alguns países, permitiram que, no plano normativo, as primeiras normas, que foram elaboradas somente a partir do final do século passado, se preocupavam em considerar os efeitos da corrupção como benéficos, na medida em que empresas podiam obter tratamento favorecido, como a dedução de valores pagos a título de suborno a funcionários públicos estrangeiros da base de cálculo do imposto de renda. Eram despesas operacionais a serem deduzidas do faturamento bruto para determinação da base de cálculo do imposto sobre a renda da matriz em seu país natal[343].

Embora já em 1975, a Assembleia Geral das Nações Unidas, por meio da Resolução n. 3.514, se tivesse revelado a necessidade de combater internacionalmente a corrupção para dar fim ao suborno de funcionários públicos estrangeiros e restaurar a confiança pública na integridade do sistema empresarial[344], foi a partir da década de 1990 que se sentiu de modo particularmente intenso a necessidade de criar, ao nível da comunidade internacional, mecanismos jurídicos capazes de inserir o combate da corrupção como parte integrante dos processos de cooperação para o desenvolvimento e o bem-estar das pessoas[345].

Neste cenário, a partir da década de 1990[346], portanto, surgem normas internacionais que reconhecem a necessidade de que a corrupção internacional deveria ser combatida em razão dos maléficos efeitos

---

[343] GLYNN, Patrick; KOBRIN, Stephen J.; NAÍM, Moisés. A globalização da corrupção. In: ELLIOT, Kimberly Ann (org.). A corrupção e a economia global. Tradução de Marsel Nascimento Gonçalves de Souza. Brasília: UNB, 2002, p. 40-50; JAPIASSÚ, Carlos Eduardo Adriano. A corrupção em uma perspectiva internacional. In: Revista Brasileira de Ciências Criminais. São Paulo: Revista dos tribunais, p. 40, jan./fev. 2007.

[344] Nos Estados Unidos, em 1977 é promulgada lei sobre a prática de corrupção no exterior para dar fim ao suborno de funcionários públicos estrangeiros e restaurar a confiança pública na integridade do sistema empresarial americano.

[345] SPECK, Bruno Wilhelm. O Controle da Corrupção como Desafio Internacional. In: Caminhos da Transparência, org. Bruno Wilhelm Speck. Editora da Unicamp. Campinas: 2002.

[346] Em 1990, é aprovado o Convênio de Estrasburgo (Conselho da Europa) sobre confisco e lavagem de capital. Em 1991, no âmbito da União Europeia é editada a Diretiva 91/308/CEE, que estabelece os sujeitos obrigados a indicar a origem dos recursos financeiros.

nocivos à sociedade, notadamente o impacto negativo na economia e no desenvolvimento sustentável do país.

Em 1993, a Organização Mundial do Comércio emite a Declaração de ARUSHA sobre cooperação e integridade aduaneira com medidas de combate à corrupção na área alfandegária. Tendo como pano de fundo de que a Alfândega não presente nenhum caso de corrupção, para a realização dos objetivos nacionais tais como aumento das receitas, proteção da comunidade, facilitação do intercâmbio e proteção da segurança nacional, a Declaração apresenta parâmetros de simplificação e a harmonização dos procedimentos aduaneiros com transparência e ética.

Em 1994, a ONU edita a Declaração de Nápoles a fim de combater a criminalidade transnacional, criando um plano global contra o crime organizado transnacional, contendo não apenas a necessidade de conhecer o crime organizado e suas dinâmicas, mas expondo diretrizes para as medidas legislativas efetivas e explícitas com instrumentos operacionais, especialmente no controle da lavagem de dinheiro e dos produtos do crime, sempre em consistência com os direitos humanos.

Em 1995, a OCDE emite a "Recomendação sobre a Dedução de Impostos de Suborno de Funcionários Públicos Estrangeiros". É um instrumento normativo específico, sem força vinculante, mas que traz a atenção dos países sobre o tema. No mesmo ano é implantado o Grupo Egmont – unidade de inteligência financeira.

Em 1997 é aprovado o Convênio relativo à luta contra os atos de corrupção no qual estão envolvidos funcionários das Comunidades Europeias e dos Estados Participantes da União Europeia, aprovado pelo Conselho da União Europeia.

A Convenção sobre o Combate da Corrupção de Funcionários Públicos Estrangeiros em Transações Comerciais Internacionais, concluída em Paris, em 17 de dezembro de 1997 (ratificada pelo Brasil em 15 de junho de 2000, conforme Decreto n. 3.678/2000) já se refere a medidas e técnicas de prevenção, controle e combate do delito de corrupção de funcionários públicos estrangeiros, com intuito de proteger operações comerciais.

O foco da Convenção era o combate das práticas ilícitas derivadas da corrupção, de modo a assegurar uma conduta ética das partes nas transações internacionais[347].

---

[347] "A percepção é que o negócio que resulta da corrupção causa grandes malefícios à livre concorrência, na medida em que confere a uma das partes vantagens indevidas e inacessíveis

A Convenção firmada pelos Estados-membros da OCDE, aos quais se somaram Brasil, Argentina, Bulgária, Chile e República Eslovaca, que entrou em vigor em 1999, apesar de contribuir na luta contra corrupção, seu âmbito de aplicação ficou restrito à punição de empresas ou pessoas físicas que praticassem atos de corrupção no exterior.

Neste cenário, surge necessidade de um instrumento jurídico internacional eficaz com um campo de aplicação mais extenso contra a corrupção, o que levou a feitura da Convenção das Nações Unidas contra a Corrupção, assinada em Mérida, no México, em 9 de dezembro de 2003, oriunda das resoluções da Assembleia Geral da ONU, n. 55/61 e 56/260.

A convenção da ONU contra a corrupção trouxe as seguintes diretrizes: *cooperação*: para recuperar somas de dinheiro desviadas dos países; *criminalização*: do suborno, lavagem de dinheiro e outros atos criminosos; *elaboração* de códigos de conduta para funcionários públicos; *incentivo*: a participação da sociedade civil, das organizações na prevenção e luta contra corrupção; *prevenção*: necessidade de órgãos de prevenção contra prática de corrupção pelos países signatários; *princípio*: acentua a importância do princípio da eficiência no setor público; *promoção*: a integridade nos setores públicos e privado; *transparência* no financiamento de campanhas e partidos políticos.

Os Estados Americanos, por seu lado, concluíram negociações para adoção de um tratado contra a corrupção em 29 de março de 1996, em Caracas, Venezuela, que, no entanto, só começou a ser implementado a partir de 1997, com o nome de Convenção Interamericana contra a Corrupção (Convenção da OEA), fruto do trabalho do Grupo de Trabalho sobre Probidade e Ética, constituído por meio da Resolução AG/RES 1294 (XXIV – 0/94)[348].

às demais, desequilibrando o ambiente de negócios entre os que pagam a propina e os que não pagam. Consequentemente, aumenta-se o custo das transações e, no longo prazo, toda a economia sofre, sendo ainda atingidos os alicerces das instituições públicas, enfraquecendo-se o sistema democrático como um todo" (ARAUJO, Nadia de; SPITZ, Lidia; NORONHA, Carolina. Combate à corrupção de caráter internacional. In: Jornal Valor Econômico, 08/07/2015. Disponível em: http://nadiadearaujo.com/wp-content/uploads/2015/03/Combate-%C3%A0-corrup%C3%A7%C3%A3o-de-car%C3%A1ter-internacional.pdf. Acesso em: 10/02/2016).

[348] Em 1994, os Ministros das Relações Exteriores da América e os Chefes de Delegação dos Estados Membros da Organização dos Estados Americanos – OEA – assinaram a "Declaração de Belém do Pará", manifestando apoio a estudos de medidas de combate à corrupção,

Foi a Convenção dos Estados Americanos que difundiu o Mecanismo de Acompanhamento da Implementação da Convenção Interamericana contra a Corrupção – MESICIC, como modelo de estratégias locais para a efetivação das obrigações oriundas do texto, pautado em discussões e recomendações oriundas de encontros e pareceres recíprocos, os denominados Planos de Ações Nacionais da OEA, o que resultou na utilização de instrumentos similares pelos acordos multilaterais posteriores.

Também a Europa adota iniciativas na luta contra a corrupção, tendo, com o Grupo Multidisciplinar sobre a Corrupção[349], durante a Conferência de Ministros Europeus da Justiça, criado uma Convenção Criminal adotada em novembro de 1998 e uma Convenção Civil adotada em 1999.

Os países africanos, por seu turno, deram igualmente um passo decisivo na luta contra a corrupção, quando em julho de 2003 a OUA adotou a Convenção da União Africana de Prevenção e Combate à Corrupção. A assinatura de todas essas Convenções Internacionais, associada ao desempenho das organizações não governamentais tais como a Transparência Internacional, assinala a preocupação internacional de combater a corrupção. E, neste contexto, destacam-se iniciativas de diversas associações civis e organizações internacionais que tratam do problema da corrupção, visando ações e estruturas para sua erradicação[350].

Essa preocupação internacional revela a emergência da imposição social e democrática de probidade administrativa e de rigor nos costumes e na moral política e administrativa[351], fundamentada na

---

de melhoria da eficiência da gestão pública e de promoção da transparência e probidade da Administração Pública (BRASIL. Convenção Interamericana contra a Corrupção. Presidência, Controladoria-Geral da União. Brasília: CGU, 2007).

[349] Em 05 de maio de 1998, o Comitê de Ministros do Conselho da Europa por meio da Resolução n. 7 foi criado o Grupo de Estados contra a corrupção (GRECO).

[350] Organizações governamentais: Assembleia geral da ONU, Banco mundial, Conselho Econômico e Social, Centro das Nações Unidas para prevenção da criminalidade organizada, Comissão das nações unidas para o direito do comércio internacional, Fundo monetário internacional, Organização mundial do comércio, Programa das nações unidades para o desenvolvimento; Organizações não governamentais: Câmara internacional do comércio e a Transparência internacional (RAMINA, Larissa R.O. Ação Internacional Contra a Corrupção. Curitiba: Juruá, 2002).

[351] Doutor Henrique Gaspar, 11 de janeiro de 2012, no encerramento do ciclo de conferências "O Ministério Público e o Combate à Corrupção", realizado em Lisboa.

intervenção preventiva e repressiva dos Estados perante as práticas corruptas não apenas porque são reprováveis do ponto de vista ético, mas também em razão da produção dos malefícios para o desenvolvimento econômico e social.

Muito embora tenha ocorrido um embate com mecanismos normativos variados, surge o problema da conscientização na aplicação do discurso anticorrupção para responsabilização nos desvios de recursos públicos. Embora a proliferação de normas e acordos internacionais não tenha o condão de garantir de forma eficaz o combate da corrupção, revela, ao menos, um compromisso dos Estados no enfrentamento do tema[352]. Além das assinaturas de declarações, convenções e pactos, o movimento da anticorrupção global, os Estados implementam medidas contra a corrupção, cuja análise varia conforme a experiência dos países.

4.5.2. Cooperação Social no Combate da Corrupção

Como fenômeno social, o combate da corrupção depende da mobilização da sociedade civil, organizada ou não, numa reação que detecta responsabilidades e demanda por punições de agentes públicos que fazem prevalecer seus interesses pessoais na gestão pública, implicando malversação das instituições e recursos públicos[353].

Em defesa dos ideais republicano-democráticos assumidos pela assunção pelo gestor público dos poderes recebidos da coletividade para manejo da coisa pública, a reação da sociedade contra a corrupção possui formas de expressão, desde manifestações populares em prol de impedimento de Presidente da República denunciado por grande esquema de corrupção, como o movimento das caras pintadas, culminando no processo de *impeachment*, até organizações não governamentais e projetos de lei feitos na contenção desta ameaça à estabilidade social e ao sistema democrático.

A cooperação social no combate da corrupção dentro do cenário brasileiro tem revelado uma tendência de aumento em escala constante, desde a década dos anos 1980-1990, perante a endemia de escândalos

---

[352] ACOSTA, Fernando. La corruption Politique dans le cadre du nouvel ordre mondial. In: Revista Brasileira de Ciências Criminais. São Paulo: Revista dos Tribunais, p. 285.
[353] ARLAND, Rodolfo. Ética o Corrupción: el dilema del nuevo milenio. Serie Transparencia. Fundación Estado y Sociedad. Mendoza, 2002.

e denúncias de verbas públicas divulgadas pelos veículos de comunicação, representando, a partir da indignação da sociedade diante dos casos de corrupção nas principais áreas de atuação administrativa do Estado brasileiro, compreendendo as atividades de fomento e concessão de benefícios previdenciários, de fraudes orçamentárias e em licitações e contratos públicos, bem como na relação entre agências e setor privado[354], um problema sério que impacta o desenvolvimento, o bem-estar e a própria democracia.

É importante ressaltar que a corrupção, desde a Grécia Antiga, quando o termo surgiu ligado à podridão do corpo político, até hoje, referente ao uso de cargos públicos para ganho privado, aparecendo em todos os tempos, lugares e culturas, recebe, com o avanço dos meios digitais de comunicação e a difusão midiática com destaque nas redes sociais, uma notoriedade preocupante em prejuízo ao bem-estar comum da sociedade[355].

A sociedade é parte fundamental no processo de recuperação da legitimidade nas instituições públicas e construiu no Brasil um sistema de mobilização capaz de fazer frente ao fenômeno da corrupção e oferecer alternativa eficaz de combate às suas variadas formas. Neste sentido, dentro do contexto de conscientização social de uma ética pública, a corrupção exige uma mudança cultural e comportamental de cada cidadão, com base na educação de gerações futuras, e com ativação da cidadania para encaminhamento de denúncia na efetiva punição de corruptos e corruptores[356].

O surgimento da maior conscientização social no combate da corrupção ocorre por influência da integração do fenômeno da corrupção pública ao conceito de crime organizado, do acesso à informação, do

---

[354] FURTADO, Lucas Rocha. As Raízes da Corrupção no Brasil: Estudo de Casos e Lições para o Futuro. Belo Horizonte: Editora Fórum, 2015, p. 233-375.
[355] TRANSPARÊNCIA BRASIL. O Brasil e o índice de percepções de corrupção – 2003. São Paulo: TI-Brasil, 2004. Disponível em: <http://www.transparencia.org.br/tbrasil-ie.asp>. Acesso em: 20/09/2014.
[356] DAMATTA, Roberto. O que faz do brasil, Brasil? 11. Ed. Rio de Janeiro: Rocco, 2000; PEREIRA, José Matias. Reforma do Estado e Controle da Corrupção no Brasil. In: Revista de Administração Mackenzie. São Paulo: Mackenzie. Ano 04, n. 1, 2003, pp. 38-58; GORCZVESKI, Clovis; MARTIN; Nuria Belloso. A necessária revisão do conceito de cidadania: os movimentos sociais e novos protagonistas na esfera pública democrática. Santa Cruz do Sul: EDUNISC, 2011.

avanço das tecnologias de comunicação, notadamente das redes sociais e da resposta judicial efetiva na punição de autoridades por ato de corrupção numa postura de respeito ao patrimônio coletivo e a imparcial exercício da função pública.

O art. 5º da Convenção das Nações Unidas contra Corrupção, sob a epígrafe "Medidas Preventivas", dispõe no n. 1: "Cada Estado-Parte, de conformidade com os princípios fundamentais de seu ordenamento jurídico, formulará e aplicará ou manterá em vigor políticas coordenadas e eficazes contra a corrupção que promovam a participação da sociedade e reflitam os princípios do Estado de Direito, a devida gestão dos assuntos e bens públicos, a integridade, a transparência e a obrigação de render contas".

Uma cidadania social ativa, seja na perspectiva individual, seja na perspectiva associativa, pressupõe envolvimento e discernimento popular na fiscalização não apenas do cumprimento das prescrições legais, mas do impacto da ação administrativa tomada e da efetividade dos resultados. Em termos jurídicos, impõe-se realçar aqui, conforme será demonstrado na terceira parte desta investigação, como instrumento efetivo para o exercício deste controle-fiscalização uma prestação de contas que fomente essa participação popular e consolide espaços públicos.

A cooperação social no combate da corrupção, decorrência do princípio republicano e da própria ideia de soberania popular, implica o desenvolvimento de mecanismos de participação dos cidadãos em ações concretas traduzidas, no plano sociopolítico, em práticas de cidadania ativa fomentadoras de uma democracia mais participativa[357] consubstanciadas em *movimentos anticorrupção* (diversas ONGs com a missão de busca por reduzir a corrupção ou pelo menos apontar seus casos e deixar a população informada sobre estes atos ilícitos) e *projetos não governamentais anticorrupção* (projetos de lei, mobilizações sociais e dados de

---

[357] "O combate à corrupção não haverá de ser fruto de mera produção normativa, mas, sim, o resultado da aquisição de uma consciência democrática e de uma lenta e paulatina participação popular, o que permitirá uma contínua fiscalização das instituições públicas, reduzirá a conivência e, pouco a pouco, depurará as ideias daqueles que pretendem ascender ao poder" (GARCIA, Emerson. A Corrupção. Uma visão jurídico-sociológica. Rio de Janeiro: TJ/RJ, 2008. Disponível em: <http://www.tjrj.jus.br/institucional/dir_gerais/dgcon/pdf/artigos/direi_const/a_corrupcao_uma_visao.pdf>. Acesso em: 30 out. 2014).

facilitação do controle social visando à melhoria da gestão financeira dos recursos públicos).

Em relação aos *Movimentos Anticorrupção*, destacam-se Organizações locais, como a Associação de Moradores de Ribeirão Bonito, e nacionais, como a Transparência Brasil, a Associação Contas Abertas, o Movimento Contra a Corrupção Eleitoral (MCCE) e o Movimento contra a Corrupção. AMARRIBO Brasil[358] (Amigos Associados de Ribeirão Bonito) é uma organização da sociedade civil de interesse público sem fins lucrativos, formada por diversas associações de moradores e amigos de cidades brasileiras dedicadas ao monitoramento de mandatos, orçamentos e políticas públicas. Com o título de OSCIP, a AMARRIBO Brasil nasceu em 1999 de uma reunião de amigos nascidos, residentes ou simpatizantes de Ribeirão Bonito, no interior do Estado de São Paulo, visando contribuir para o desenvolvimento social e humano da cidade[359].

Num primeiro momento, a AMARRIBO Brasil buscava empreendimentos e projetos com intuito de melhorar a qualidade de vida na cidade de Ribeirão Bonito. Ao tentar empreender projetos de interesse social, a organização verificou indícios fortes de desvio de recursos públicos, deparando-se com uma grosseira corrupção institucionalizada no âmbito da administração municipal.

Em razão das diversas denúncias que começaram a chegar à sede da AMARRIBO Brasil nos anos 2000, a entidade, visando combater essa corrupção prejudicial ao desenvolvimento da cidade, resolveu investigar as denúncias dos esquemas de corrupção que contaminavam a sociedade local. Nesta investigação, a entidade conseguiu descobrir irregularidades praticadas por prefeitos e vereadores da cidade[360].

---

[358] Disponível em: <www.amarribo.org.br/pt_BR/conheca/historico>. Acesso em: 7 ago. 2014.
[359] Ver www.amarribo.org.br. Acesso em 09.07.2014.
[360] "Quase todos os políticos que passaram pela Prefeitura Municipal de Ribeirão Bonito depois de 1995 tiveram problemas e isso colocou a entidade em confronto com os principais grupos políticos locais. Esse fato foi importante para que a entidade tivesse noção de como a corrupção é institucionalizada. Independente de partido os políticos corruptos apresentam quase sempre as mesmas características; só uma vigilância muito forte da comunidade pode mudar esse estado de coisas. Os Prefeitos corruptos transmitem os esquemas de corrupção aos seus sucessores. Parece que há um pacto não escrito, uma espécie de código de honra entre os corruptos sobre esse assunto, e eles cumprem os seus termos, mesmo quando são

Para promover o afastamento dos corruptos a AMARRIBO mobilizou a sociedade, realizou audiências públicas, desenvolveu diversos meios de comunicação com a população e, com as provas coletadas, a organização efetuou denúncias junto à Câmara Municipal e a Promotoria de Justiça da cidade e ao Tribunal de Contas do Estado.

Essa mobilização foi fundamental e garantiu a cassação de dois prefeitos (*Antônio Buzzá*, do PMDB, por desvio de dinheiro através de fraudes em licitações e recebimento de notas fiscais fictícias, e *Rubens Gayoso Júnior*, do PT, por irregularidades em um contrato firmado com um jornal da região que era utilizado para fazer propaganda pessoal do prefeito e de sua administração) e cinco vereadores em Ribeirão Bonito.

O caso de Ribeirão Bonito teve repercussão nacional e diversos cidadãos do país procuraram a organização em busca de apoio e orientação para formarem ONGs com o mesmo objetivo em seus municípios, se constituindo hoje na AMARRIBO Brasil, que, em parceria com o Instituto de Fiscalização e Controle (IFC), veio a formação da Rede AMARRIBO Brasil – IFC[361]. Em 2011 a organização passou a ser AMARRIBO BRASIL, ampliando sua atuação para nível internacional.

A densificação da sua atividade, cujo conteúdo defluiu de normas expressas no Estatuto da entidade (disponível no endereço eletrônico: <http://www.amarribo.org.br/pt_BR/conheca/estatuto_social>) é revelada nas seguintes diretrizes básicas direcionadas na promoção do combate à corrupção:

a) *Diretriz punitiva*: utilização da representação, de medidas judiciais ou extrajudiciais voltadas para a responsabilização de pessoas ou entidades envolvidas na má gestão de recursos que deveriam ser aplicados no interesse público;

b) *Diretriz da fiscalização cidadã*: denunciar e/ ou promover procedimentos destinados a esclarecer ou coibir a prática de improbidade administrativa e medidas de divulgação de atos de corrupção praticados por gestores responsáveis pelo desvio de verbas públicas;

---

inimigos políticos" (O Combate à corrupção nas prefeituras do Brasil/Amigos Associados de Ribeirão Bonito – AMARRIBO. São Paulo: 24X7 Cultural, 2012, p. 18).

[361] Consultar http://www.amarribo.org.br/pt_BR/iniciativas/brasil_em_andamento. Acesso em 15.10.2016.

c) *Diretriz educacional*: desenvolver ou participar de estudos, seminários, congressos, conferências ou trabalhos voltados para a prevenção e combate à corrupção; desenvolver meios e técnicas que propiciem o controle social e a fiscalização dos órgãos públicos e disseminá-los para facilitar o trabalho de outras organizações da sociedade civil; promover medidas educativas contra a corrupção; promover a consciência e a educação dos jovens para elevar e o entendimento dos atos e mecanismos de combate à corrupção.

d) *Diretriz integrativa*: integrar organismos públicos ou privados, nacionais e/ou internacionais voltados para o combate à corrupção e com eles colaborar; estimular a criação de entidades de controle social em todo o território nacional; reconhecer e credenciar como afiliadas entidades sociais com objetivos comuns com elas desenvolvendo parcerias e coalizões; promover o cumprimento dos acordos internacionais firmados pelo Brasil contra a corrupção.

e) *Diretriz do desenvolvimento*: adotar e promover na sociedade a prática do desenvolvimento econômico, social e ambientalmente sustentável; promover a transparência e a responsabilidade na política e nos negócios; promover a preservação da cultura nacional e regional.

A partir de então a AMARRIBO Brasil iniciou um trabalho de disseminação de sua experiência, e lançou o livro *O Combate à Corrupção nas Prefeituras do Brasil* (cinco edições no total, a última no ano de 2012) com sua história e ferramentas para o controle social sobre mandatos executivos municipais[362]. Hoje a ONG é a representante brasileira da Transparência Internacional, organização que tem como missão desenvolvimento sustentável, participação cidadã em Ribeirão Bonito e, ao mesmo tempo, atuar nacional e internacionalmente no combate à corrupção.

A Transparência Brasil é uma organização independente e autônoma, uma associação sem fins econômicos ou lucrativos, fundada em abril de 2000 por um grupo de indivíduos e entidades não governamentais

---

[362] Versão digital gratuita. Disponível em: <www.amarribo.org.br/pt_BR/midia/publicação_cartilha>. Acesso em: 19.05.2015.

comprometidos com o combate à corrupção e promover a transparência, responsabilidade e integridade em todos os níveis e em todos os setores da sociedade.

A atividade da Transparência Brasil, de forma correlata à observância das prescrições legais e dos princípios da impessoalidade, moralidade, publicidade, economicidade e da eficiência, deve promover a defesa do interesse público por meio da edificação da integridade do Estado brasileiro e o combate à corrupção, contribuindo para o aperfeiçoamento das instituições e do processo democrático, sem conotação político-partidária.

A Transparência Brasil, como organização não governamental, além de órgãos públicos e da sociedade civil no combate à corrupção, possui como áreas de foco de atuação o financiamento de campanhas eleitorais e a compra de votos[363]. A densificação da sua atividade, cujo conteúdo deflui de normas expressas no Regimento Interno da entidade (disponível no endereço eletrônico: <http://www.transparencia.org.br/quem-somos>) é revelada em três diretrizes básicas direcionadas na promoção do combate à corrupção:

a) *Diretriz educacional*: organizar e divulgar dados sobre a corrupção nas diversas esferas de governo e no setor privado; promover palestras, debates e encontros com outras instituições sobre o combate à corrupção, bem como estimular a participação dos associados em conferências e fóruns internacionais; divulgar e comunicar informações sobre o trabalho desenvolvido pela Transparência Brasil e outras entidades, além de projetos governamentais de combate à corrupção.

b) *Diretriz ativa*: propor medidas para a defesa do interesse público; estabelecer redes, parcerias e intercâmbios, bem como participar da criação, organização e atuação de entidades que tenham como objetivo promover o combate da corrupção.

---

[363] Em relação à compra de votos, a Transparência Brasil conduziu em 2004 um estudo (via o instituto de pesquisas de opinião Ibope) que indicava que, durante a campanha eleitoral de 2004, 9% dos eleitores receberam oferta de dinheiro ou de algum bem material por seu voto (TRANSPARÊNCIA Brasil (2004). Compra de Votos nas Eleições 2004: Corrupção em municípios. Autoria de Cláudio Weber Abramo).

c) *Diretriz cooperativa*: ajudar órgãos e entidades ligadas ao Poder Público no planejamento, mobilização de recursos e implantação de projetos de combate à corrupção; apoiar pessoas, grupos, movimentos e organizações que lutam por reformas institucionais e conscientização pública; estimular e desenvolver estudos e trabalhos com a finalidade de incentivar a implantação de políticas públicas e atitudes privadas, evitando-se o uso indevido do Poder Público para benefício privado.

Tendo como pano de fundo as diretrizes, a Transparência Brasil tem projetos ativos, como o *projeto às claras* (plataforma web que contém informações e análises sobre financiamento eleitoral em todas as campanhas desde 2002)[364], o *projeto excelências* (histórico da vida pública de todos os congressistas) e o *projeto meritíssimo* (acompanhamento do desempenho dos ministros do Supremo Tribunal Federal), e futuros, como o *Cadê Minha Escola? / Tá de Pé* (monitoramento participativo da construção de escolas e creches públicas) e *Achados e Pedidos* (repositório *crowdsourcing* de pedidos de acesso à informação pública e as respectivas respostas).

A ASSOCIAÇÃO CONTAS ABERTAS[365] foi constituída em Assembleia Geral realizada aos dezenove dias do mês de setembro de 2005. É uma pessoa jurídica de direito privado, sem fins econômicos, com sede, administração e foro em Brasília-DF, e tem por finalidade a defesa do interesse público, em especial por intermédio do desenvolvimento, aprimoramento, fiscalização, acompanhamento e divulgação das

---

[364] "Às Claras", em http://www.asclaras.org.br/html/index.html. Acesso em 07 abr. 2005.
[365] A Associação Contas Abertas recebeu, em 2007, o Prêmio Esso de "Melhor Contribuição à Imprensa". No ano seguinte, foi finalista do Prêmio "Faz Diferença" do jornal O Globo e ganhou do Escritório das Nações Unidas sobre Drogas e Crime prêmio pela "Conscientização Pública sobre Prevenção e Combate à Corrupção". Em 2011, obteve o Prêmio Transparência e Fiscalização Pública, concedido pela Mesa Diretora e Comissão de Fiscalização Financeira e Controle da Câmara dos Deputados. Em 2015, foi homenageada no Tribunal de Contas do Estado do Rio Grande do Sul e na ABRAJI – Associação Brasileira de Jornalismo Investigativo. A Contas Abertas também esteve presente como convidada da ONU na reunião anual entre o Fundo Monetário Internacional (FMI) e o Banco Mundial. A ONU ainda convidou a associação para participar como observadora das últimas Convenções de Combate à Corrupção (Ver em: http://www.contasabertas.com.br/site/quem-somos/premios. Acesso em: 15/08/2015).

execuções orçamentária, financeira e contábil da União, dos Estados, do Distrito Federal e Municípios, de forma a assegurar o uso ético e transparente dos recursos públicos[366].

Trata-se de uma associação que possui eixo educacional com a realização de palestras, cursos e treinamentos, fundamentados em duas metas principais: o fomento da transparência, do acesso à informação e do controle social, e o estímulo da cidadania participativa, buscando o aprimoramento da qualidade, da prioridade e da legalidade do dispêndio público.

O Movimento de Combate à Corrupção Eleitoral, instituído no período eleitoral de 2002, preconiza o combate da corrupção eleitoral e educação no voto, de modo a propagar um cenário político-eleitoral mais justo e transparente. Formado por uma rede de entidades da sociedade civil, movimentos, organizações sociais e religiosas, o movimento possui três eixos de atuação: *fiscalização* (recebimento de denúncias, acompanhamento de processos e encaminhamentos de representações aos órgãos competentes), *educação* (encontros, palestras e seminários, cartilhas, *folders* e cartazes são distribuídos durante os eventos) e *monitoramento* (acompanhamento das ações do parlamento brasileiro em relação à Lei n. 9.840 e à LC n. 135/2010, como o controle social do orçamento público e da máquina administrativa).

Tendo como pano de fundo contribuir para a minoração do fenômeno da corrupção, de modo a preservar a aplicação escorreita do dinheiro público no cumprimento dos deveres constitucionalmente estabelecidos, o movimento contra a corrupção, fundado em 16 de janeiro de 2013, tem como diretrizes de atuação:

a) *Informação social*: divulgar notícias referentes a casos de corrupção, informando a população; uso de mídias para dimanar modos de crítica e conscientização contra a corrupção, o abuso do erário e o desrespeito à democracia.
b) *Educação cidadã*: promover estudos a respeito do fenômeno da corrupção, para sugestão de medidas preventivas, punitivo-sancionatórias, reparatórias e inibitórias; estimular o aprendizado

---

[366] Ver em: http://www.contasabertas.com.br/site/quem-somos/a-contas-aberta. Acesso em: 10/04/2014.

e a prática referentes à cidadania; contribuir para a formação de cidadãos conscientes, dotados de capacidade intelectual, crítica e analítica no que concerne à sociedade, à política e à economia; instruir a população, no que tange a temáticas concernentes, a respeito da Constituição Federal, de leis, normas, pareceres, doutrinas, direitos, deveres e assertivas em geral; conscientizar os cidadãos a respeito da importância da honestidade no cotidiano, bem como no que concerne à relevância da denúncia, da fiscalização dos agentes públicos, do controle, da pressão popular, de modo pacífico e democrático, pela preservação da civilização, da eficiência, da higidez das contas públicas e do cumprimento das funções estatais arrogadas.

c) *Consenso cidadão*: estimular o debate público, coletivo e democrático a respeito de modos de resolução da problemática da corrupção; constituir um ambiente de debate útil e honesto, compartilhamento pessoal de informações e sugestões.

d) *Mobilização social*: organizar eventos, manifestações, passeatas promotores da cidadania, da legalidade, da responsabilidade pública, do zelo pelo país e pela sociedade; concentrar tantos membros quanto possível em meios de divulgação, de modo a permitir a rápida consecução de projetos, mobilizações e conscientização.

e) *Integração social*: unidade pelo interesse comum de higidez e sanidade da *res publica*; unir cidadãos conscientes e honestos, ampliando a sua força de atuação e demonstrando que não estão sozinhos; compor uma estrutura permanente, sólida, holística e integrada de cidadãos que visem à preservação da democracia, do Estado de Direito, da legitimidade pública, da representatividade, da união da sociedade, da cidadania, do desenvolvimento nacional e da higidez das instituições; performar blocos de cidadania de atuação municipal, estadual, regional e nacional, eliciando a participatividade, a integração entre os cidadãos e a promoção da dignidade humana, social e institucional.

f) *Descentralização*: constituir seccionais como forma de atuação física, perene, constante, reiterada e organizada no combate à corrupção.

Em relação aos Projetos Não Governamentais Anticorrupção, destaca-se o projeto Empresa Limpa – pela integridade e contra a corrupção[367]. Com o fim de prevenir condutas incompatíveis com o padrão ético e íntegro almejado para o mercado, empresas aprovaram um Pacto Empresarial pela integridade e contra corrupção, cujos princípios estão baseados na Carta de Princípios de Responsabilidade Social, na Convenção da ONU contra a Corrupção, no 10º princípio do Pacto Global e nas diretrizes da OCDE, lançado no dia 22 de junho de 2006, por iniciativa do Instituto Ethos de Empresas e Responsabilidade Social, UniEthos – Formação e Desenvolvimento da Gestão Socialmente Responsável, Patri Relações Governamentais & Políticas Públicas, Programa das Nações Unidas para o Desenvolvimento (Pnud), Escritório das Nações Unidas Contra Drogas e Crime (UNODC) e Comitê Brasileiro do Pacto Global.

Como ressalta da exposição de motivos, as diretrizes comportamentais ali traçadas buscam propagar boas práticas de ética empresarial, assegurando a lisura e a transparência nos atos praticados pelos agentes econômicos socialmente responsáveis. Com isso almeja-se contribuir na informação sobre legislação; divulgação, orientação e respostas sobre princípios legais aplicáveis às suas atividades; vedação ao suborno; contribuição transparente e lícita a campanhas políticas; propagação de princípios do Pacto entre seus públicos; investigações abertas e transparentes; atuação junto à cadeia produtiva.

Ao indicar condutas de promoção da integridade e combate à corrupção, o projeto mobiliza empresas e organizações que formam um grupo de trabalho do Pacto Empresarial no sentido de aperfeiçoar o ambiente das relações entre o setor público e o setor privado. A importância de estar inserido no referido pacto visa à criação de diálogo em práticas de gestão, bem como influir sobre o comportamento de seu setor e seus públicos de interesse.

Da análise de algumas iniciativas consubstanciadas em movimentos e projetos não governamentais de anticorrupção, exemplificadas na presente tese, é possível extrair princípios que expressam a força da sociedade no combate da corrupção:

---

[367] Disponível em: <http://www.empresalimpa.ethos.org.br/index.php>. Acesso em: 10/05/2013.

a) *Princípio da educação no combate da corrupção*: a conscientização pela educação ajuda não apenas na percepção do mal da corrupção que deteriora o convívio social e compromete a vida das gerações atuais e futuras, como estimula a criação de soluções desta patologia no desenvolvimento social e econômico do país. No âmbito da educação formal, é importante a inclusão nos currículos escolares das redes públicas e privadas de diretrizes na formação de hábitos de respeito à ética pública que consigam criar consciência e percepção da corrupção com algo prejudicial e que deve ser objeto de prevenção e repressão. No âmbito da educação informal, destaca-se a realização de programas e campanhas feitas para conscientizar e engajar o cidadão na proteção de bens públicos.
b) *Princípio da integração no combate da corrupção*: criar estímulos para unir pessoas entendidas no combate da corrupção, seja estimulando parcerias, redes e intercâmbios, seja pelo apoio na criação e participação em movimentos e entidades que tenham como objetivo o combate da corrupção.
c) *Princípio da coibição de abusos*: é a promoção de denúncias e medidas para punição dos corruptos e corruptores, além de atuação preventiva para evitar a ocorrência de novas práticas abusivas, como a inclusão de membros da sociedade civil na fiscalização da gestão pública.
d) *Princípio da conscientização social*: é a facilitação no acesso à informação sobre os casos de corrupção, especialmente com o uso das mídias sociais.

4.5.3. Cooperação Institucional no Combate da Corrupção

É evidente que a mobilização da sociedade não se posiciona de modo isolado neste domínio do combate da corrupção. Com efeito, instituições públicas atuantes e comprometidas em combater a corrupção administrativa em todos os níveis sociais emergem como umas das ferramentas indispensáveis na promoção de um ambiente sadio de prevenção dos atos de corrupção.

Nesta compreensão das coisas, a ideia é identificar um regime jurídico como base para o aperfeiçoamento de ações e metas nacionais contra a corrupção. Nos termos do art. 1º do Decreto de 15 de setembro de 2011, que institui o Plano Nacional sobre Governo Aberto, uma das tarefas que incumbem às instituições públicas em geral é promover o incremento da transparência e do acesso à informação pública, à melhoria na prestação de serviços públicos e ao fortalecimento da integridade pública.

Em sintonia com as diretrizes do referido Plano Nacional, a atuação institucional no setor público é atualmente entendida no contexto mais amplo do aprimoramento da própria governança pública. A partir dos anos 1990, na sequência da redefinição e ampliação das formas de relacionamento entre Administração Pública e sociedade, um ponto de partida tem sido sua análise como um processo estrutural de interação entre vários interesses para enfrentamento da corrupção, integrando iniciativas de cooperação institucional como no caso da ENCCLA e de constituição de mecanismos de fomento à participação da sociedade na condução da gestão pública, como forma de aproximar a sociedade da Administração Pública e garantir a *accountability*.

Em termos de iniciativa à escala internacional, a partir de 2010-2011, o tema do Governo Aberto passou a integrar a agenda pública. Trata-se de uma parceria orientada para cooperação mundial em busca da democratização das ações governamentais, sendo a transparência, a participação e a colaboração as condições necessárias e fundamentais para prossecução desta meta. Na sequência desta parceria, a Administração Pública no Brasil adotou, em maio de 2016, a Política de Dados Abertos do Poder Executivo Federal, visando aprimorar a cultura da transparência pública.

O Brasil tem desenvolvido uma série de documentos normativos de planejamento e orientação no domínio do fortalecimento da gestão pública, com destaque à Instrução Normativo SLTI n. 4/2012 e à Estratégia de Governança Digital, em conjunto com atuação de instituições como a Controladoria-Geral da União e o Ministério Público.

4.5.3.1. Controladoria-Geral da União

A Controladoria-Geral da União, como órgão de assistência do Poder Executivo, é definida como um complexo de órgãos dedicados ao exercício predominante da defesa do patrimônio público e à promoção da transparência da gestão pública. Em 2003, o órgão atribuiu ao seu titular a denominação de Ministro de Estado do Controle e da Transparência. Em 2006, foi criada a Secretaria de Prevenção da Corrupção e Informações Estratégicas (SPCI), consolidando a atual estrutura da CGU. Na história institucional da CGU, desde sua criação em abril de 2001 pela Medida Provisória n. 2.143, objetivando dar andamento a representações ou denúncias fundamentadas recebidas referentes a lesão ou ameaça de lesão ao patrimônio público, até hoje constata-se uma ampliação funcional, cujas diretrizes de referência se reconduzem à defesa do patrimônio público e incremento da transparência[368].

Além do controle interno (financeiro), auditoria pública, ouvidoria[369], correição (punição de infrações disciplinares dentro da Administração Pública)[370], a CGU tem importante atuação na prevenção e combate à corrupção[371].

Só entre 2003 e 2015, foram realizadas 182 operações especiais com objetivo de apurar fraudes na execução de programas, prestação de contas irregulares, além de montagem e direcionamento de licitações, sendo que em 65% dos casos, o foco dos trabalhos foi avaliar a gestão de recursos federais repassados a estados e municípios[372]. Na linha de

---

[368] CONTROLADORIA-Geral da União (2005a). Sítio oficial do órgão da Presidência da República Controladoria-Geral da União.

[369] Ouvidoria-Geral da União, criada em 2002, visa coordenar Ouvidorias do Poder Executivo Federal, que são responsáveis por receber, examinar e encaminhar denúncias, reclamações, elogios, sugestões e pedidos de informação referentes a procedimentos e ações de agentes, órgãos e entidades do Estado.

[370] Dentre os poderes de correição administrativa, destaca-se o poder de iniciar processos administrativo-disciplinares (PADs) e declarar empresas inidôneas. Entre 2003 e 2012, levando-se em conta, ao menos 5.916 processos acompanhados pela CGU, 4.125 servidores da APF sofreram penas capitais, em decorrência de irregularidades praticadas (Controladoria-Geral da União, 03/2013).

[371] BRASIL. Lei n. 11.204. Art. 17. "À Controladoria-Geral da União compete assistir direta e imediatamente ao Presidente da República no desempenho de suas atribuições quanto aos assuntos e providências que, no âmbito do Poder Executivo, sejam atinentes à defesa do patrimônio público, ao controle interno, à auditoria pública, à correição, à prevenção e ao combate à corrupção, às atividades de ouvidoria e ao incremento da transparência da gestão no âmbito da Administração Pública federal. A Controladoria-Geral da União tem como titular o Ministro de Estado do Controle e da Transparência, e sua estrutura básica são constituída por: Gabinete, Assessoria Jurídica, Conselho de Transparência Pública e Combate à Corrupção, Comissão de Coordenação de Controle Interno, Secretaria-Executiva, Corregedoria-Geral da União, Ouvidoria-Geral da União e 2 (duas) Secretarias, sendo 1 (uma) a Secretaria Federal de Controle Interno".

[372] Disponível em: http://www.brasil.gov.br/cidadania-e-justica/2015/09/em-doze-anos--cgu-realizou-182-operacoes-especiais. Acesso em: 10/04/2016.

prevenção da corrupção no âmbito da Administração Pública brasileira, a CGU exerce atribuições de natureza diretiva, educacional e integrativa.

4.5.3.1.1. Atribuição Diretiva

A Controladoria-Geral da União exerce atribuição diretiva quando incrementa a transparência e estimula o controle social. Na promoção da transparência, por meio da Secretaria de Prevenção da Corrupção e Informações Estratégicas (SPCI), adota medidas de proximidade entre a Administração Pública e a sociedade, com orientação e fortalecimento da gestão, visibilidade administrativa e articulação com o setor empresarial. No Programa de Orientação e Fortalecimento da Gestão, a CGU orienta a condução na gestão pública, promovendo o aprimoramento da gestão pública por meio de capacitações dos gestores para a correta aplicação dos recursos públicos.

No tocante à visibilidade, quatro medidas que possibilitam o cidadão ter proximidade na atuação administrativa: a criação do Portal de Transparência, a criação do Observatório da Despesa Pública, a criação de conselhos de debates[373] e a realização de conferências para promover a transparência pública e estimular a participação da sociedade no acompanhamento e controle da gestão pública, contribuindo para um controle social mais efetivo e democrático.

Uma das maiores ações promovidas pela Controladoria-Geral da União foi o lançamento do Portal da Transparência, no ano de 2004, iniciativa premiada e considerada referência internacional em transparência administrativa. E depois aperfeiçoado com a inclusão do Sistema *push* convênios. O Portal de Transparência privilegia informações públicas atualizadas diariamente com relação às despesas (cf. LC n. 131), e mensalmente com relação às receitas governamentais, e completas abrangendo a totalidade de recursos originários do Poder Executivo Federal, inclusive transferências para entes subnacionais.

---

[373] O Conselho de Transparência Pública e Combate à Corrupção, órgão colegiado e consultivo vinculado à Controladoria-Geral da União, tem a finalidade de sugerir e debater medidas de aperfeiçoamento dos métodos e sistemas de controle e incremento da transparência na gestão da Administração Pública. Além disso, tem o papel de planejar estratégias de combate à corrupção e à impunidade (Disponível em: http://www.cgu.gov.br/assuntos/transparencia-publica/conselho-da-transparencia. Acesso em 10/10/2014).

É a SPCI que realiza o monitoramento dos gastos públicos, por intermédio do Observatório da Despesa Pública (ODP), unidade de produção de informações estratégicas que subsidia decisões sobre onde realizar auditorias e fiscalizações bem como sobre possíveis ações corretivas. Na Articulação Empresarial, além da educação com distribuição de livretos, estabelece parcerias, com destaque da parceria com o instituto ETHOS.

Em relação ao estímulo ao controle social, a CGU, partindo da ideia de que com a ajuda da sociedade, é mais fácil controlar os gastos do Governo Federal em todo o Brasil e garantir, assim, a correta aplicação dos recursos públicos, cria capacitação de cidadãos para exercer o controle social, bem como estímulos ao controle social com denúncias na internet.

No âmbito da capacitação, destaca-se o Programa "Olho Vivo no Dinheiro Público", criado em 2004, que capacita cidadãos (agentes públicos municipais, conselheiros municipais e lideranças locais) para acompanharem os gastos de seus Estados e municípios.

No campo do estímulo, importante iniciativa é a Ouvidoria da CGU, que mantém o *e-Ouv*, um portal de denúncias e manifestações diversas (sugestões, reclamações, elogios), para que o cidadão possa registrar fatos importantes relacionados ao trabalho dos agentes, órgãos e entidades do Poder Executivo Federal.

4.5.3.1.2. Atribuição Educacional
A Controladoria-Geral da União é titular de atribuição educacional, um vez que os seus órgãos promovem educação para a ética e cidadania, seja criando medidas de educação infantil (www.portalzinho.cgu.gov.br), seja projetos de escola, como o Projeto "Um por Todos e Todos por Um pela Ética e Cidadania", Cursos EAD e Escola Virtual (com cursos gratuitos voltados tanto para os cidadãos, quanto para os servidores públicos).

4.5.3.1.3. Atribuição Integrativa
A Controladoria-Geral da União é titular de atribuição integrativa, uma vez que os órgãos tomam iniciativas na implementação das convenções internacionais e no aprimoramento do Marco Legal. No tocante ao aprimoramento do marco legal, a CGU investe no monitoramento,

capacitação, disseminação e procedimentos para implementação da Lei do Acesso à Informação[374]. Em relação à implementação das convenções internacionais, firma parceria internacional, originalmente formada por Brasil e Estados Unidos, em 2011, com o objetivo de tornar os governos mais abertos, que tem a transparência como um dos seus pilares mais relevantes.

4.5.3.2. Ministério Público

No contexto da tutela da transparência administrativa, sobressai o Ministério Público, como um dos principais instrumentos dessa atuação protetiva, em razão das suas incumbências constitucionais e legais em defesa da democracia, da ordem jurídica e dos interesses sociais e individuais indisponíveis dos cidadãos e do alto nível profissional de seus membros.

O Ministério Público desempenha papel de grande relevância na fiscalização e implementação da Lei de Acesso à Informação, que traz subjacente uma via de mão dupla entre o interesse da sociedade, que é o de compreender a condução da gestão pública, e o interesse da Administração Pública, que é o de prestar contas ao cidadão, esclarecendo quanto e como tem aplicado o dinheiro público.

Nesta função de fazer cumprir a LAI, o Ministério Público possui dois papéis: *a) interno*: é a implementação e fiscalização da LAI no âmbito do Ministério Público; *b) externo:* é a implementação e fiscalização da LAI nos órgãos públicos integrantes da administração direta dos Poderes Executivo, Legislativo, incluindo as Cortes de Contas e Judiciário; as autarquias, as fundações públicas, as empresas públicas, as sociedades de economia mista e demais entidades controladas direta ou indiretamente pela União, Estados, Distrito Federal e Municípios; entidades privadas sem fins lucrativos que recebam, para realização de ações de interesse público, recursos públicos diretamente do orçamento ou mediante subvenções sociais, contrato de gestão, termo de parceria, convênios, acordo, ajustes ou outros instrumentos congêneres.

No seu papel interno é obrigação do Ministério Público informar a sociedade todos os dados e informações detalhadas sobre a gestão administrativa e execução orçamentária e financeira dos Ministérios Públicos

---

[374] Disponível em: http://www.cgu.gov.br/ Imprensa/Noticias/2012/noticia19712.asp

da União (Ministério Público Federal, Ministério Público do Trabalho, Ministério Público Militar e Ministério Público do Distrito Federal e Territórios) e dos Estados (em suas 26 unidades estaduais). Entre o direito da sociedade e a obrigação do MP fica instituído o "Portal da Transparência do Ministério Público"[375].

Se a sociedade tem o direito de acesso à informação pública, é intuitivo que deva ser ela informada adequadamente acerca dos dados mínimos dos órgãos e entidades públicas. Aliás, por força de lei, o MP está obrigado a dar informações pertinentes, de forma que cheguem com clareza e precisão ao conhecimento do cidadão (art. 2º da Lei n. 12.527/2011).

Considerando a necessidade de se promover a transparência da gestão administrativa e financeira do MP, o Portal deve incluir dois aspectos: a) *formal*: com acesso fácil, rápido e simples; b) *material*: com informações e dados claros, completos, objetivos e com uma linguagem de fácil compreensão; c) *jurídico*: é a verificação do cumprimento das formalidades exigidas no acesso à informação pública.

No *aspecto formal*, o Portal deve ser um sítio eletrônico à disposição da Sociedade na Rede Mundial de Computadores – Internet, gerenciado pelo Conselho Nacional do Ministério Público, cujo acesso será, necessariamente, por meio de atalho inserido na página inicial do sítio eletrônico do Conselho Nacional do Ministério Público, dos Ministérios Públicos dos Estados, e dos ramos do Ministério Público da União. As consultas poderão ser realizadas por "Tipo de Despesa", "Despesa por Unidade Administrativa", "Favorecido" e "Diárias pagas". O Portal não exige senha do usuário. Na página do próprio Conselho Nacional do Ministério Público há *links* para os portais da transparência de todas as unidades do Ministério Público brasileiro. No *aspecto material* levam-se em conta as seguintes características das informações e dados que devem ser disponibilizados para a sociedade: a) *completude*: informações orçamentárias e financeiras[376], informações relativas às licitações,

---

[375] Resolução CNMP n. 86, de 21 de março de 2012 – Anexo II; Resolução CNMP n. 89, de 28 de agosto de 2012 (Alterada pelas Resoluções n. 100/2013 e 115/2014).

[376] São compostas de: a) receitas próprias totais previstas e arrecadadas, discriminadas por objeto; b) despesas totais previstas e pagas por grupo e elemento de despesa; c) especificação da programação orçamentária e respectivos valores autorizados, empenhados, liquidados e pagos; d) valores empenhados, por unidade gestora, contendo nome, CNPJ ou CPF do

contratos e convênios[377] e informações relativas à gestão de pessoas[378]; *b) atualizada*: as informações do Portal Transparência deverão ser atualizadas até o 15º dia do mês subsequente ao mês a que se refere, exceção feita no caso de apuração quadrimestral do limite de gastos com pessoal estabelecido pela Lei de Responsabilidade Fiscal, cujas informações

beneficiado, descrição do objeto, tipo e modalidade de licitação e valores pagos; e) despesas com cartão corporativo e suprimento de fundos, com a descrição dos gastos e indicação da aprovação de sua prestação de contas; f) despesas com passagens e diárias, discriminando nome e cargo do beneficiário, origem e destino de todos os trechos, período e motivo da viagem, meio de transporte e valor da passagem ou fretamento, bem como quantidade e valor das diárias concedidas; g) descrição da natureza e valor de quaisquer outros benefícios não previstos expressamente nesta Resolução, concedidos aos membros ou servidores do Ministério Público, sendo identificados obrigatoriamente o nome e o cargo do beneficiário; h) repasses aos fundos ou institutos previdenciários; i) apuração quadrimestral do limite de gastos com pessoal estabelecido pela Lei de Responsabilidade Fiscal; j) prestação de contas anual do ordenador de despesas.

[377] São compostas de: a) números da licitação e do processo administrativo; b) tipo e modalidade da licitação; c) objeto da licitação e do contrato dela resultante ou do convênio; d) resultado e situação da licitação; e) nome, CNPJ ou CPF do contratado ou convenente e, no caso de pessoa jurídica, dos três principais integrantes de seu quadro societário, assim compreendido aqueles que detenham maior parcela das cotas societárias ou o poder de gestão da sociedade; f) número e descrição dos itens fornecidos, excetuando-se despesas classificáveis como "Material de Consumo"; g) eventuais termos aditivos, com as mesmas informações exigidas em relação ao contrato ou convênio original; h) data das publicações dos editais, dos extratos de contratos ou convênios e dos termos aditivos e demais informações exigidas por lei; i) período de vigência, discriminando eventuais prorrogações; j) valor global e preços unitários do contrato; k) atas de registro de preços próprias ou adesões, com as mesmas informações exigidas em relação ao contrato; l) no caso de convênio, o valor do repasse e da contrapartida exigida ao conveniado e situação quanto à regularidade da prestação de contas; m) situação do contrato ou do convênio (ativo, concluído ou rescindido); n) relação de nomes de funcionários prestadores de mão-de-obra aos Ministérios Públicos, agrupados por contrato e local de efetiva prestação dos serviços, indicando o CPF e cargo ou atividade exercida.

[378] São compostas de: a) relação dos nomes dos membros e dos servidores ocupantes de cargos de provimento efetivo pertencentes ao quadro de pessoal do órgão, ativos e inativos, o número de identificação funcional, cargo e função, lotação, ato de nomeação ou contratação e a respectiva data de publicação com a indicação se são estáveis, não estáveis ou vitalícios ou a data de publicação do ato de aposentadoria; b) relação dos nomes de pensionistas, contendo informações sobre o nome do membro ou servidor falecido, cargo por ele ocupado e data de publicação do ato de concessão do benefício; c) relação dos nomes de servidores cedidos de outros órgãos da Administração Pública direta ou indireta, número de identificação funcional, cargo e função, lotação, ato de nomeação ou contratação e a respectiva data de publicação, com a indicação de sua origem, do ônus da

serão atualizadas até trinta dias após o final de cada quadrimestre, e prestação de contas do ordenador de despesas, cujas informações são de caráter anual; *c) excepcionalidade do sigilo*: cada unidade do Ministério Público poderá conferir sigilo aos dados relacionados a operações especiais ou as investigações que esteja procedendo, e que, caso expostos, previamente, possam frustrar os seus objetivos, reservando-se o direito de não identificar eventuais beneficiários de pagamentos e restringir o acesso a esses dados, enquanto perdurarem as razões para o sigilo.

No *aspecto jurídico* a Comissão de Controle Administrativo e Financeiro do Conselho Nacional do Ministério Público verificará periodicamente o cumprimento das formalidades exigidas no portal. Essa comissão elabora *ranking* trimestral que verifica se os sítios das unidades do Ministério Público estão cumprindo total ou parcialmente as regras da transparência pública. Esse *ranking* é colocado no próprio portal e é chamado de TRANSPARENTÔMETRO. De acordo com os *rankings* do 2º e 4º semestre de 2016, nenhuma unidade do MP teve resultado insatisfatório, isto é, cumprimento de menos de 70% das normas.

Além da criação do Portal da Transparência, o MP desempenha função relevante ao possibilitar harmonização de interesses e coibição de abusos na formulação e implementação de transparência como instrumento na prevenção e repressão à corrupção e na defesa do patrimônio público. Neste cenário, a proteção da transparência deve ser compatibilizada com a criação de medidas de interação social e estruturas especializadas para otimização do enfrentamento da corrupção.

Como medida de interação social, destaca-se a criação do Fórum Nacional de Combate à Corrupção, como espaço aberto a qualquer

---

cessão e do prazo da mesma; d) relação dos nomes de servidores cedidos para outros órgãos da Administração Pública direta ou indireta, número de identificação funcional, cargo e função, ato de nomeação ou contratação e a respectiva data de publicação, com a indicação de seu destino, do ônus da cessão e do prazo da mesma; e) relação dos nomes de membros e servidores com funções gratificadas ou comissionadas, número de identificação funcional, descrição da função, lotação, ato de nomeação e a respectiva data de publicação; f) relação dos nomes dos estagiários, indicando se o estágio é obrigatório ou não- obrigatório, nível, especialidade e seu prazo; g) planos de carreiras e estruturas remuneratórias das carreiras e cargos das Unidades do Ministério Público; h) quantitativo de cargos vagos e ocupados, discriminados por carreiras e cargos; i) cargos em comissão e funções de confiança vagos e ocupados por servidores com e sem vínculo com a Administração Pública, agrupados por nível e classificação; j) atos de provimento e vacância.

pessoa física ou jurídica para debater e construir iniciativas de prevenção e repressão da corrupção no âmbito do Ministério Público brasileiro[379], que possui duas diretrizes: *a) educacional,* com a realização de estudos e eventos para compartilhamento de ideias e aprofundamento dos debates no combate à corrupção; *b) consensual,* com a realização de parcerias com a sociedade na elaboração, execução e monitoramento de projetos na efetivação da transparência.

No papel externo, o MP pode atuar de ofício, por iniciativa própria, em cumprimento de suas atribuições constitucionais e legais, ou por provocação de qualquer cidadão em caso de descumprimento da LAI pelos órgãos e entidades, tanto por meio das Promotorias de Proteção do Patrimônio Público ou por meio das Procuradorias da República.

Na sua atuação de ofício, a fiscalização e implementação da LAI pode ser feita em cumprimento à sua função constitucional de zelar pelo efetivo respeito dos Poderes Públicos e dos serviços de relevância pública aos direitos assegurados nesta Constituição, promovendo as medidas necessárias a sua garantia: a) inquérito civil; b) audiências públicas; c) termos de ajustamento de conduta; d) ações necessárias ao exercício de suas funções institucionais, em defesa da ordem jurídica, do regime democrático e dos interesses sociais e individuais indisponíveis, especialmente quanto às instituições democráticas, ao patrimônio e à probidade administrativa; e) recomendações, visando à melhoria dos serviços públicos e de relevância pública, bem como ao respeito, aos interesses, direitos e bens cuja defesa lhe cabe promover, fixando prazo razoável para a adoção das providências cabíveis; f) participação nos órgãos colegiados estatais, federais ou do Distrito Federal, constituídos para defesa de direitos e interesses relacionados com as funções da Instituição; g) procedimentos administrativos; h) requisição de informações da Administração Pública direta ou indireta e de entidades privadas, e ter acesso incondicional a qualquer banco de dados de caráter público ou relativo a serviço de relevância pública.

O Ministério Público Federal tem se inquietado no questionamento e no enfrentamento do controle da transparência na gestão pública como instrumento de combate da corrupção. Neste cenário, estão sendo

---

[379] Disponível em: <http://www.cnmp.mp.br/portal/images/08-05_Guia_Direito_a_Informa%C3%A7%C3%A3o_Completo.pdf>. Acesso em: 16/05/2017.

tomadas iniciativas assentadas na ampliação da cada vez maior da visibilidade na atuação administrativa e no alargamento dos ideais democráticos. Uma das medidas tomadas pela instituição é a propositura da ação civil pública com fundamento no art. 1º, VIII, da Lei n. 7.347/85, no sentido de condenar o gestor público à obrigação de fazer consistente em promover a correta implantação do portal da transparência, previsto na Lei Complementar n. 131/2009 e na Lei n. 12.527/2011, assegurando que nele estejam inseridos, e atualizados em tempo real, os dados previstos nas citadas normas e também no Decreto n. 7.185/10 (art. 7º)[380]. É uma ação civil pública por ato de improbidade administrativa, que visa apurar omissão de gestor municipal, em dar publicidade das verbas repassadas pela União ao município, por intermédio do Portal de Transparência de Recursos[381].

4.5.4. Regime Jurídico de Cooperação Institucional na Anticorrupção

Assim, o presente tópico visa, com base na estrutura acima descrita, com exemplificação da atuação da CGU e do MP, identificar os seguintes princípios desenvolvidos no cumprimento das atribuições institucionais:

a) *Cooperação*: com base na política do governo aberto e na estratégia da governança digital, a existência da articulação interinstitucional na implementação da transparência ativa nos meios digitais.
b) *Formação e sensibilização*: estimular a participação da sociedade na formulação, na implementação, no monitoramento e na avaliação das políticas públicas e dos serviços públicos disponibilizados em meio digital.
c) *Recursos* on-line *com atividades e materiais pedagógicos.*

---

[380] BRASIL. Tribunal Regional Federal da Primeira Região. Apelação Cível AG 0061380-97.2016.4.01.0000 / MG. Órgão Julgador: Sexta Turma. Relator: Desembargador Federal Kassio Nunes Marcos. Data do julgamento: 20/03/2017. Data da publicação: 31/03/2017 e-DJF1; BRASIL. Tribunal Regional Federal da Primeira Região. Apelação Cível AC 0001986-78.2016.4.01.3810 / MG. Órgão Julgador: Sexta Turma. Relator: Desembargador Federal Kassio Nunes Marcos. Data do julgamento: 20/02/2017. Data da publicação: 06/03/2017 e-DJF1.
[381] BRASIL. Tribunal Regional Federal da Primeira Região. Agravo de Instrumento AG 0061357-54.2016.4.01.0000 / MG. Órgão Julgador: Terceira Turma. Relator: Desembargador Federal Ney Bello. Data do julgamento: 14/03/2017. Data da publicação: 24/03/2017 e-DJF1.

PARTE III
O Conteúdo Jurídico do Princípio da Transparência Administrativa
Accountability Democrática

1. Introdução

A razão fundamental da transparência na gestão da coisa pública como instrumento de prevenção e combate à corrupção é a exigência de participação da comunidade no controle dos gastos públicos. A participação de todos os segmentos da sociedade na fiscalização dos atos praticados pelo administrador público contribui para evitar práticas e ações referentes ao uso inadequado dos bens públicos. No contexto de que o incremento da transparência na gestão pública constitui um dos pontos nevrálgicos no combate da corrupção e de que sua agregação na atuação administrativa por meio da participação da sociedade é, sem dúvida, um expediente necessário para tanto, é necessário o desenvolvimento de condições e arranjos institucionais que desenvolvam uma proximidade da Administração Pública com o cidadão, no sentido de permitir e facilitar o acompanhamento público da atuação administrativa. Para viabilizar a proximidade entre a Administração Pública e a sociedade, coerente com uma conformação mais substancial do princípio da publicidade na experiência democrática, aponta-se *como requisito estrutural* o funcionamento da Administração Pública, como organização aberta, que interage com a sociedade, por meio de interlocução com os atores sociais e em defesa da própria cidadania. Conexo com a necessidade de criação de uma proximidade da Administração Pública com o cidadão, um dos sintomas da abertura administrativa aponta para a reconfiguração do papel da comunicação pública e para o nítido reforço da interação com a sociedade para a governança pública. Este vetor consubstancia-se, desde logo, na implementação de uma organização com uma dinâmica para trocas comunicativas entre instituições e a sociedade, que favoreça a correlação entre a atuação da Administração

Pública com os interesses e as expectativas da sociedade. Lopez menciona cinco níveis desta comunicação (informação, consulta, deliberação, consenso e corresponsabilidade)[1].

Uma visão lógica mostra-nos que a criação de canais de diálogo entre Administração Pública e sociedade cria maior compromisso público no atendimento das demandas sociais, pois quanto mais visibilidade na gestão dos assuntos de interesse público, mais haverá espaço para discussões e participação do cidadão, criando legitimidade na atuação administrativa. Afirma-se, pois, que a comunicação pública está centralizada no cidadão e é exercida como um processo dialógico com base na negociação entre os interesses das diversas instâncias de poder constitutivas da vida pública no país[2].

A coerência entre a comunicação e esses suportes em que medidas de interesse coletivo são debatidas gera uma decisão democraticamente legítima[3]. A comunicação pública referente aos assuntos de interesse da coletividade, que abrange fluxos de informação e relacionamentos

---

[1] Os níveis de comunicação são: a) informação: compreende a capacidade de informar e a necessidade de ser informado, tendo por instrumento básico a notícia; b) consulta: corresponde à ideia de consultar e de ser consultados por meio de entrevistas, pesquisas, grupos específicos, mesas de consulta e sondagens de opinião; c) deliberação: consiste na capacidade de deliberar e na disposição em reconhecer os argumentos do outro em ambientes como foros, painéis locais de debate público e discussões em grupo; d) consenso: fundamenta-se na disposição de apresentar e negociar os próprios interesses em mesas de negociação ou debate, e; e) corresponsabilidade, que é a capacidade de assumir compromissos de forma corresponsável, mediante uma gestão compartilhada (LÓPEZ, Juan Camilo Jaramillo et al. Modelo de comunicación pública organizacional e informativa para entidades del estado – MCPOI. Bogotá: Usaid/Casals & Associates Inc., 2004, p. 44).

[2] "A Comunicação Pública ocorre no espaço formado pelos fluxos de informação e de interação entre agentes públicos e atores sociais em temas de interesse público e ocupa-se da viabilização do direito social coletivo e individual ao diálogo, à informação e expressão. Assim, fazer Comunicação Pública é assumir a perspectiva cidadã na comunicação envolvendo temas de interesse coletivo" (BRANDÃO, Elizabeth Pazito. Conceito de comunicação pública. In: DUARTE, Jorge (Org.). Comunicação pública: Estado, mercado, sociedade e interesse público. São Paulo: Editora Atlas, 2009, p. 20).

[3] MATOS, Heloiza. Comunicação pública, esfera pública e capital social. In: DUARTE, Jorge (org.). Comunicação pública: Estado, mercado, sociedade e interesse público. São Paulo: Atlas, 2009, p.47-58; FACCIOLI, F. Comunicazione pubblica e cultura del servizio. Roma: Carocci, 2000, p.48; MANCINI, P. Manuale di comunicazione pubblica. Bari: Editori Laterza, 2008. P. 63.

envolvendo a Administração Pública e a sociedade[4], num exame estrutural, possui os seguintes aspectos: *a) finalístico*: a comunicação deve chegar ao cidadão comum, visar ao interesse público e funcionar como instrumento da cidadania promovendo o controle social permanente[5]; *b) material*: a comunicação é um processo de interação com diálogo, que seja inclusivo e participativo, caracterizando uma comunicação democrática com sinergia entre o agir administrativo e as expectativas e interesses da sociedade[6].

Desde a década de 1980 e, sobretudo, a partir da década de 1990 que se faz sentir, no âmbito da Administração Pública Brasileira, uma discussão no tema da transparência. Trata-se de uma ressignificação no seu conteúdo jurídico, como reflexo, desde logo, da alteração dos pressupostos políticos, filosóficos e dogmáticos que sustentam o tratamento da comunicação da Administração Pública com o cidadão.

As alterações têm pauta teórica originada com a introdução da ideia da governança, que, apesar de ter um conteúdo impreciso, traz nítida a noção de partilha de responsabilidade entre Administração Pública e sociedade na prossecução das tarefas públicas. Em um contexto crítico da NPM, onde o funcionamento administrativo gerencial é posto em xeque e o déficit de legitimidade no processo de modernização da gestão pública é constatado, surgindo a necessidade de articulação da Administração Pública com os cidadãos no processo decisório e da ação pública em torno da explicitação e promoção do interesse coletivo, as ações comunicativas são concebidas como um conjunto de práticas democráticas inclusivas direcionadas em resultados sociais e sistêmicos. Essas alterações justificam que se fale na legitimidade democrática da atividade administrativa, embora seja comum a doutrina aludir a uma comunicação dialógica como

---

[4] DUARTE, Jorge. Sobre a emergência do(s) conceito(s) de comunicação pública. In: KUNSCH, Margarida M. Krohling (org.). Comunicação pública, sociedade e cidadania. São Caetano do Sul, SP: Difusão, 2011. P. 126.
[5] OLIVEIRA, Maria José da Costa. Comunicação pública e os setores não estatais. In: Comunicação pública. Campinas: Alínea, 2004. P. 186.
[6] KUNSCH, Margarida M. Krohling. Relações públicas comunitárias: a comunicação em uma perspectiva dialógica e transformadora. São Paulo: Summus, 2007, p. 77; JARAMILLO LÓPEZ, Juan Camilo. Advocacy: uma estratégia de comunicação pública. In: KUNSCH, Margarida M. Krohling (org.). Comunicação pública, sociedade e cidadania. São Caetano do Sul, SP: Difusão, 2011. p. 64-65.

meio de interlocução com os atores sociais e em defesa da própria cidadania. Como decorrência desta abordagem estrutural consubstanciada numa descentralização da ação pública para fora dos limites das instituições formais do Estado, para além de uma concepção democrática eminentemente representativa, com uma estratégia relacional integrativa que ponha o foco de sua atenção no intercâmbio público, que promova deliberação aberta na resolução dos dilemas da ação coletiva e que enfatize da melhor forma possível a ligação entre a burocracia pública e a sociedade, num contexto que exige que os interesses das organizações se alinhem com os interesses da sociedade, surge uma comunicação pública mediada por uma prestação de contas que incorpore na sua dinâmica o diálogo com os membros da sociedade não como consumidor de bens e serviços, mas como cidadãos, de forma a incentivar a cidadania ativa, o empoderamento das comunidades e o espírito cívico na melhoria dos resultados das políticas públicas.

O desenvolvimento de uma comunicação pública dialógica a partir do reconhecimento do modelo de governança em torno da modernização da Administração Pública representa a densificação do conteúdo jurídico do princípio da transparência administrativa. Essa comunicação, apesar de continuar a realizar a divulgação oficial dos atos administrativos, a fim de que eles possam produzir efeitos externos, dispõe agora de estruturas institucionais que refletem na democratização das ações públicas para acesso do cidadão, como instrumento de concretização de um espaço plural para intervenção do cidadão na administração de bens, serviços e interesses da coletividade. Essa abertura administrativa depende de uma comunicação entre a Administração Pública e a sociedade como um espaço para o debate, a negociação e a tomada de decisões relativas à vida pública do país. No âmbito dessa comunicação pública dialógica emergiu a categoria da *accountability* democrática em relação à qual a doutrina foi procurando densificar os seus elementos caracterizadores, salientando em especial o caráter de dever do gestor público de prestar contas de sua gestão de bens e interesses da coletividade, funcionalizada ao controle social, ou seja, que crie no cidadão a capacidade de avaliar as contas públicas e o desempenho das políticas públicas.

Em todo o caso, e apesar deste vastíssimo campo de aplicação da *accountabilty* democrática, utilizada em inúmeras atividades e comportamentos da Administração Pública, vamos ter em mente a sua aplicação no domínio das parcerias da Administração Pública, e, dentro das parcerias, sobretudo nas áreas destacadas como suscetíveis de corrupção, com proeminência para as parcerias com as organizações da sociedade civil. Neste sentido, o estudo da *accountability* democrática, representando o conteúdo jurídico do princípio da transparência administrativa, será analisado nesta investigação em três partes: *a) parte conceitual*: abordagem dos significados e a compreensão do termo no contexto atual do Direito Administrativo; *b) parte analítica*: análise da *accountability* antes e depois da introdução da governança com a articulação de diversos atores sociais em atuação conjunta com o Estado para construir um consenso cidadão na consecução do bem comum; *c) parte prática*: com a especificação do conteúdo da prestação democrática, pela análise de seus elementos configuradores e fixação da ideia da *accountability* nas parcerias com as organizações da sociedade civil, como aplicação do princípio da transparência administrativa.

Figura 13. Em busca da concretização da transparência administrativa
Fonte: Elaborada pela própria autora.

2. *Accountability*: Origem do Conceito e Significados

A transparência administrativa tem vindo a ser equacionada em torno do conceito de *accountability*[7]; embora possua diferentes concepções, e seja

---

[7] Não há um consenso na tradução do termo, seja no idioma português, seja em outros idiomas. A expressão accountability, anglo-saxônica, de origem anglo-normanda, cuja raiz vem da palavra *account*, sem equivalente preciso na língua portuguesa, deriva do latim e é composta por ad + *computare*, que significa "contar para, prestar contas a, dar satisfação a, corresponder à expectativa de" (HEIDEMANN, F.G. (2009). Ética de responsabilidade: sensibilidade e

dotado de características que diferem conforme o contexto de análise[8], há certo consenso em interpretá-lo como a obrigação da Administração Pública de responder pelos seus atos, agir com responsabilidade[9].

Accountability indica a qualidade de ser responsável[10], derivada da palavra *accomptare*, no sentido de tomar conta. Termo de longa tradição na ciência política e na contabilidade financeira, hoje em dia, a *accountability* é uma característica de quase todas as áreas[11], tornando-se um conceito central significativo nas últimas décadas na governança moderna.

---

correspondência a promessas e expectativas contratadas. In: HEIDEMANN, F.G.; SALM, J.F. (orgs.). Políticas públicas e desenvolvimento: bases epistemológicas e modelos de análise. Brasília: Ed. UnB, p. 303); FERNANDES, Maria Sueli Arnoud. Potencial de utilização da informação contábil no processo de prestação de contas sob a ótica do mecanismo da governança corporativa: um estudo em hotéis brasileiros. Tese (Doutorado em Ciências Contábeis) – Programa Multi-Institucional e Inter-Regional de Pós-Graduação em Ciências Contábeis, UnB/UFPB/UFRN. João Pessoa: UnB; UFPB; UFRN, 2012, p. 111); CAMPOS, Ana M. Accountability: quando poderemos traduzi-la para o português? Revista de Administração Pública, Rio de Janeiro, v. 24, n. 2, p. 30-50, mar./abr. 1990; CENEVIVA, Ricardo. Accountability: novos fatos e novos argumentos — uma revisão da literatura recente. In: ENCONTRO DE ADMINISTRAÇÃO PÚBLICA E GOVERNANÇA DA ANPAD, 2006, São Paulo. Anais... São Paulo: Anpad, 2006; PINHO, José A. G.; SACRAMENTO, Ana R. S. Accountability: já podemos traduzi-la para o português? Revista de Administração Pública, Rio de Janeiro, v. 43, n. 6, p. 1343-1368, nov./dez. 2009; SACRAMENTO, Ana R. S. Contribuições da Lei de Responsabilidade Fiscal para o avanço da accountability no Brasil. Cadernos Gestão Pública e Cidadania/CEAPG, São Paulo, v. 10, n. 47, p. 20-47, 2005.

[8] O conceito de accountability possui elevada carga axiológica variável a depender do idioma usado e do contexto a ser aplicado.

[9] BEHN, Robert D. Rethinking Democratic Accountability. Washington, D.C.: Brookings Institution Press, 2001; BOVENS, Mark. The Quest For Responsibility: Accountability And Citizenship in Complex Organizations. Cambridge, England; New York: Cambridge University Press, 1998; BROOKS, Theo. Accountability: it all Depends on What You Mean. Clifton, NJ: Akkad Press, 1995; DUBNICK, Melvin J & ROMZEK, Barbara S. Accountability and the Centrality of Expectations in American Public Administration. In Research in Public Administration, edited by J. L. Perry. Greenwich CT: JAI PRESS, 1993; YAKEL, Elizabeth. The Social Construction of Accountability: Radiologists and Their Record – Keeping Practices. In The Information Society 17 (4):233-245, 2001; MCCORMICK, John P. Contain the wealthy and patrol the magistrates: restoring elite accountability to popular government. In: American Political Science Review, vol. 100, n.2, May 2006, p. 147-163.

[10] GARMONSWAY, G. N.; SIMPSON, Jacqueline. The penguin english dictionary. Middlesex: Penguin Books, 1969, p.5; WEBSTER'S third new international dictionary. Chicago: Encyclopedia Britannica, 1986. v. 3, p. 13.

[11] MULGAN, R. Accountability Issues in the New Model of Governance, 2002. Disponível em: http://dspac.anu.edu.au/bitstream/1885/41731/3/mulgan.pdf. Acesso em 10/7/2012.

A difusão do termo nos sistemas democráticos, e o seu uso por diversos tipos de discursos, introduziu uma confusão semântica indesejável, tornando mais árdua a busca de conceitualização e de clarificação de seu conteúdo. Afirma-se que, dentre as variadas formas em que podem ser apresentadas, em função das suas formações únicas socio-históricas, inclinações ideológicas, culturais e crenças, tendo como pano de fundo a pluralidade e diversidade de perspectivas a partir das quais pode ser analisado o tema, a *accountability* pode ser entendida em quatro sentidos.

Numa primeira acepção, emprega-se a referência à responsabilidade[12] do servidor público, seja civil (relacionado à reparação do dano patrimonial e/ou moral), penal (em razão da prática de uma infração penal), administrativa (decorrente da infração funcional) e política (pela prática de crime de responsabilidade). Esta acepção inclui o cumprimento das leis, das normas e das regras estabelecidas e as sansões decorrentes de seu descumprimento. Nesse sentido, organizações e indivíduos devem ser responsabilizados pelas suas ações e punidos pelos danos causados[13].

Numa segunda acepção, responsabilidade é identificada com a capacidade ou autoridade do agente público para realizar funções. É o agir administrativo de modo a cumprir todas as obrigações que são inerentes, ao cargo público, emprego público, função pública ou mandato.

Tem-se utilizado numa terceira concepção possível para a responsabilidade ela ser entendida como responsividade, para indicar a

---

[12] O vocábulo responsabilidade vem do latim *respondere*, que significa o dever de fazer ou cumprir alguma coisa em virtude de um contrato ou da norma jurídica. É a obrigação, por parte de alguém, de responder por alguma coisa resultante de negócio jurídico ou de ato ilícito. Os estudiosos dizem que o referido vocábulo significa também arcar com os prejuízos causados de um ilícito ou fato danoso, para recompor não só a situação do eventual prejudicado, mas também a harmonia social. Numa análise comparativa das duas versões sobre o vocábulo responsabilidade, conclui-se que a expressão em comento compreende a ideia de obediência à norma, no sentido da necessidade da observância do estabelecido em norma ou contrato, e o compromisso de restabelecimento da ordem violada consubstanciado na reparação dos prejuízos causados com o descumprimento de normas jurídicas (SIDOU, J. M. Othon. Dicionário Jurídico. Rio de Janeiro: Forense Universitária, 1990; SILVA, De Plácido. Vocabulário Jurídico. Rio de Janeiro: Forense, 1997; CASTRO, José Nilo. A defesa dos prefeitos e vereadores em face do Decreto-lei n. 201/67. Belo Horizonte: Del Rey, 2002).

[13] GRANT, Ruth W; KEOHANE, Robert O. Accountability and abuses of power in world politics. In: American Political Science Review, vol. 99, n. 1, February 2005, p. 29-43.

capacidade da Administração de resposta às demandas sociais. As organizações e os agentes na Administração Pública são responsivos quando conseguem satisfizer as expectativas da população a que servem[14].

E, por fim, responsabilidade como dever de prestar contas pela Administração Pública[15]. Refere-se à obrigação que a Administração Pública tem de fornecer informações, explicações e/ou justificações a outrem. Essa prestação de contas pode ser encarada de duas formas: uma restrita, baseada numa concepção de autoridade hierárquica[16]; e outra de forma ampla, fundamentada em uma noção democrática[17].

3. *Accountability*: Responsabilidade como Prestação de Contas (Concepções)

Não é tarefa fácil definir *accountability*, pois sua noção, além de plurívoca, sofreu consideráveis transformações no decurso do tempo. Afora a indefinição do significado, alguns autores preferem o conceito amplo, outros preferem um conceito clássico do termo em questão. Na concepção clássica, *accountability* envolve a prestação de contas do administrador público por suas ações perante autoridade superior. É uma relação que envolve não apenas o desempenho funcional, mas o controle de

---

[14] KOPPELL, Jonathan G. S. Pathologies of Accountability: ICANN and the Challenge of "Multiple Accountabilities Disorder". In: Public Administration Review. Vol. 65, n. 1, p. 94-108, jan./fev. 2005.

[15] GARCIA, Emerson. A corrupção: uma visão sociojurídica. In: Revista de Direito Administrativo. Rio de Janeiro: Renovar, vol. 233, jul./set. 2003, p. 103-139; MILESKI, Helio Saul. Corrupção – aspectos jurídicos, políticos e econômicos. In: Interesse Público, ano 5, n. 19, maio/junho de 2003, Porto Alegre, Notadez, p. 237-250.

[16] ROMZEK, B.S. & DUBNIK, M.J. Accountability in the public sector: Lessons from the Challenger tragedy. In: Public Administration Review, 47:3 (1987), pp. 227-238; DWIVEDI, O.P. & JABBRA, J.G. Public service responsibility and accountability. In J.G. Jabbra, O.P. Dwivedi (eds.), Public Service Accountability: A Comparative Perspective (West Hartford, Conn.: Kumarian, 1989, p. 17-38).

[17] METCALFE, L. Accountability and effectiveness: Designing the rules of the accounting game, keynote speech delivered at the European Institute for Advanced Studies. In Management Conference on Accounting for the New Public Management, Venice, 17-19 September 1998; CAMPOS, Anna Maria. Accountability: quando poderemos traduzi-la para o português? In: Revista de Administração Pública, Rio de Janeiro, v. 24, n. 2, p. 30-50, fev./ /abr. 1990.

cima para baixo dentro de uma hierarquia tradicional[18], que não se limita a democracias[19].

Na concepção ampla, proposição fundamental nos sistemas democráticos, o conceito de *accountability* significa prestar contas a um órgão controlador interno ou externo para a correção e fiscalização das atividades da Administração Pública[20]. Em paralelo ao controle exercido pelos poderes estatais, e visando ao atendimento das demandas sociais, a atividade administrativa se sujeita ao controle social, ou seja, confere-se à sociedade, de maneira organizada ou por cada indivíduo, a capacidade de exercer a vigilância e monitoramento da função administrativa no sentido de contribuir para a formação de uma boa governança no âmbito da Administração Pública.

O dever de prestação de contas quando mantido em relação à satisfação do controle social, como forma de os administrados exercerem seu direito público subjetivo à fiscalização adequada das atividades exercidas na Administração Pública, projeta a prestação de contas do gestor para além dos limites formais da burocracia, responsabilizando-o perante a sociedade, e pressupondo mecanismos de salvaguarda da sociedade contra excessos de poder.

Neste cenário, partindo-se da insuficiência do controle técnico-formal e a necessidade de uma cidadania ativa no processo de controle dos recursos públicos, a *accountability* pode ser entendida como um demonstrativo da conformidade dos atos praticados com as normas e dispositivos legais pertinentes[21], ou então como esclarecimento

---

[18] WOLF, A. Symposium on accountability in public administration: reconciling democracy, efficiency and ethics. In: International Review of Administrative Sciences, 66(1):16-20, 2000.

[19] NORMANTON, L.E. Public Accountability and Audit: reconnaissance. In Bruce, L.R.S and Haque, D.C (eds). The Dilemma of Accountability in Modern Governments: Independence versus Control. London: Macmillan, 1972, p. 312; GILDENHUYS, J.S.H. Public Financial Management. Pretoria: Van Schaik, 1997, p. 58.

[20] "Sem controle não há responsabilidade. Não pode haver responsabilidade pública sem fiscalização eficaz de todos os atos públicos" (DROMI, Roberto. Derecho Administrativo. Buenos Aires: Ciudad Argentina, 2.004. p. 1049).

[21] "Processo formalizado que apresenta as contas dos administradores e responsáveis de órgãos e entidades da administração indireta, incluídas as fundações e sociedades instituídas e mantidas pelo Poder Público Federal, bem como dos fundos administrados ou geridos por órgão ou entidade federal, dos serviços sociais autônomos, das contas nacionais

compartilhado dos atos e decisões inseridos na gestão dos assuntos públicos e diálogo com o cidadão.

No primeiro sentido, privilegia-se o aspecto formal da operação, relacionado com a ideia de os oficiais públicos serem *accountables* somente em relação aos termos legais; no segundo sentido, dá-se relevo ao aspecto material da prestação de contas, relacionado com a responsabilidade democrática da Administração Pública traduzida na construção de mecanismos institucionais que garantam o controle público das ações na Administração Pública[22], de forma a assegurar a regularidade formal e adequação da atuação administrativa aos reclamos do interesse público, em sintonia com os valores que conformam o direito.

A efetivação desta responsabilização democrática dos agentes públicos sofre variação na literatura. Buscando delimitar a *accountability*, nesta concepção ampla, O'Donnell fixa dois marcos na abordagem do assunto. Um teórico, associado à fundamentação feita pelas correntes clássicas do pensamento político (democracia, liberalismo e o republicanismo)[23], e outro, jurídico, afirmado que pode ser exercida de forma vertical, quando exercida pelos atores sociais em relação aos atores estatais mediante a sua manutenção no poder ou sua retirada dele por intermédio do voto direto em eleições livres, além de outros mecanismos de pressão política; e de forma horizontal, quando exercida no interior do próprio Estado pelas diversas agências estatais, e que se efetiva mediante a mútua fiscalização entre os poderes (*checks and balances*)[24]. Para Dahl, a *accountability* depende da igualdade intrínseca

---

das empresas supranacionais" (TCU – Tribunal de Contas da União. Relatório de Atividades do TCU 2º Trimestre de 1999. Disponível em: http://www.tcu.gov.br/isc/relatorios/Atividades/1999-t2/GLOSS%C3%81RIO.htm. Acesso em: 10/05/2013.

[22] CLAD. Centro Latino-Americano de Administración para el Desarrollo. La responsabilización en la nueva gestión pública latinoamericana. Buenos Aires: Clad BID, 2000. Disponível em: <www.clad.org/siare_isis/innotend/control/control-nc.pdf>. Acesso em: 3 jan. 2013.

[23] "A democracia com seus impulsos igualadores, o liberalismo com sua vocação de proteger as liberdades individuais e o republicanismo com sua severa concepção das obrigações dos governantes" (O'DONNELL, Guillermo. Accountability horizontal e novas poliarquias. In: Revista Lua Nova. São Paulo, n. 44, 1998a. p. 27-54).

[24] "Accountability vertical corresponde às ações realizadas, individualmente ou por algum tipo de ação organizada e/ou coletiva, com referência àqueles que ocupam posições em instituições do Estado, eleitos ou não; accountability horizontal é a existência de agências

entre representantes e representados no nível de conhecimento e informação[25].

Romzek e Ingraham[26] diferenciam quatro tipos "primários" de *accountability*: (1) *accountability* hierárquico (*hierarchical accountability*), baseado na supervisão; (2) *accountability* legal (*legal accountability*), baseado na fiscalização externa (auditorias) e estruturas legislativas; (3) *accountability* profissional (*professional accountability*), baseado em altos níveis de autonomia, nos quais os indivíduos baseiam sua decisão em normas internas; e (4) *accountability* política (*political accountability*), baseado em atores externos, como governantes eleitos, opinião pública, entre outros.

Já Abrucio e Loureiro[27] afirmam que a efetivação é feita pela: (a) *accountability* eleitoral, garantidor da soberania popular; (b) controle institucional durante o mandato, que fornece os mecanismos de fiscalização contínua dos representantes eleitos e da alta burocracia com responsabilidade decisória; e (c) criação de regras estatais intertemporais a fim de garantir os direitos dos indivíduos e da coletividade que não podem simplesmente ser alterados pelo governo de ocasião.

Emprega-se a palavra *"accountability"* no sentido de responsabilidade pela prestação de contas. Nessa acepção, ser responsável significa uma obrigação de um órgão administrativo ou representativo de prestar contas a instâncias controladas ou a seus representados. O conceito de responsabilidade mais relevante para configuração da dimensão organizacional da transparência é o de responsabilidade como prestação de contas, uma vez que é o que é mais significativo para a análise do desem-

---

estatais que têm o direito e o poder legal e que estão de fato dispostas e capacitadas para realizar ações, que vão desde a supervisão de rotina a sanções legais ou até impeachment contra ações ou emissões de outros agentes ou agências do Estado que possam ser qualificadas como delituosas" (O'DONNELL, Guillermo. Accountability horizontal e novas poliarquias. Lua Nova, São Paulo, n. 44, p. 27-54, 1998).

[25] DAHL, Robert A. Sobre a Democracia. Tradução de Beatriz Sidou. Brasília: Universidade de Brasília, 2001, p. 75-81.

[26] ROMZEK, Barbara S.; INGRAHAM, Patricia. Cross pressures of accountability: initiative, command, and failure in the Ron Brown Plane Crash. In: Public Administration Review, v. 60, n. 3, p. 240-253, 2000.

[27] ABRUCIO, Fernando Luiz; LOUREIRO, Maria Rita. Finanças públicas, democracia e accountability. In: ARVATE, Paulo Roberto; BIDERMAN, Ciro. Economia do Setor Público no Brasil. Rio de Janeiro: Elsevier/Campus, 2004, p. 75.

penho das administrações públicas, e também é mais revelador sobre o caráter democrático de qualquer sistema administrativo[28].

Essa prestação de contas alinha-se ao encargo do gestor público de exercer suas funções em nome e benefício do povo, e adquire, nos dias atuais, um significado necessário de acompanhamento, avaliação, controle e responsabilização dos agentes públicos. Neste processo, surge a necessidade de identificar como essa *accountability* pode contribuir para defender a transparência ativa na Administração Pública brasileira, de forma a ampliar a fiscalização e o acompanhamento social da gestão pública.

4. Abordagens da *Accountability* na Administração Pública

Na vigência da fase correspondente à Monarquia Absoluta, de meados do século XVII aos finais do século XVIII, o poder monárquico era juridicamente irresponsável e incontrolável, desvinculado de qualquer vínculo limitativo de sua autoridade. Os súditos eram submetidos ao Direito sem poder exigir direitos em face do Estado. No absolutismo, o Estado, representado pela figura do monarca, era a expressão máxima do Direito, sendo inconcebível creditar a ele qualquer transgressão da ordem jurídica ocorrida sob o seu manto protetor, de forma que o rei não cometia erros e a sua vontade era a lei[29].

A ideia que baliza a concepção da *accountability* no modelo patrimonialista de Administração Pública típico dos Estados Absolutistas da Europa, trazido ao Brasil com a vinda de Dom João VI e sua corte em 1808, é a de irresponsabilidade administrativa perante o povo. Na visão patrimonialista, entendia-se que a Administração Pública era uma entidade que deveria ter suas necessidades satisfeitas por meio do trabalho dos seus governados. A Administração Pública atende aos interesses dos governantes, que faz uso do poder que emana do povo em seu favor. Como consequência, não há necessidade de submissão do soberano ao processo de prestar contas à sociedade. Os governantes são incapazes de distinguir entre os bens públicos e seus bens particulares.

---

[28] CENDÓN, Antonio Bar. Accountability and Public Administration: Concepts, Dimensions, Developments. Disponível em: http://unpan1.un.org/intradoc/groups/public/documents/nispacee/unpan006506.pdf. Acesso em: 10/09/2015.

[29] CAVALIERI FILHO, Sergio. Programa de Responsabilidade Civil. Malheiros: São Paulo, 2005, p. 235; GAGLIANO, Pablo Stolze; PAMPLONA FILHO, Rodolfo. Novo Curso de Direito Civil. Vol. III. Saraiva: São Paulo, 2003, p. 209.

Com origem no Estado Absoluto[30] caracterizado pela concentração e pelo poder ilimitado, a irresponsabilidade dos detentores do poder administrativo perante os súditos passou para época liberal, nos Estados Modernos, com a ideia de responsabilidade, compatível coma concepção do primado da lei surgida em pleno período do liberalismo, cuja preocupação central foi implantar limites à atuação estatal, preservando os direitos fundamentais, em especial a propriedade e a liberdade[31].

Na vigência do Estado Liberal sob a vigência do modelo burocrático de administrativa, que surge como resposta aos desmandos e desleixos do patrimonialismo, visando melhorar a eficiência das organizações, o sentido da *accountability* é concebido com base na premissa de modelo racional-legal fundamentado na distinção entre a decisão política e a execução das políticas públicas. Na rígida separação entre política e administração, baseada numa lógica de confrontação entre o saber técnico e a legitimidade política, a *accountability* para os líderes políticos eleitos assume um sentido mais amplo do que o da responsabilidade dos administradores.

A *accountability* dos representantes políticos se consolida como social tomando como referência o ideário de responsabilidade sobre quais e como as políticas públicas serão implementadas e é concebida tendo como base o modelo de representação política e o seu adequado governo representativo. Na democracia representativa, baseada na justificação da origem do poder pelo povo, estava implícita autorização do poder ao representante e, com aquele, a consagração da ideia da obrigação de exercer o poder em nome e em benefício do povo.

---

[30] Nas monarquias da Europa Ocidental dos séculos XVII e XVIII e na Rússia, até 1905 vigorou o absolutismo, sistema caracterizado pela concentração do poder nas mãos do soberano, surgido com o fim do feudalismo. No sistema absolutista, o soberano governa sem limitações ou reservas, com concentração total do poder em mãos de um indivíduo ou um grupo de indivíduos. O poder do soberano resultava de uma combinação de fatores político-ideológicos, quais sejam, do poder de Deus, de uma força armada unificada e do apoio da burguesia.

[31] "O papel do Estado e do Direito era o de proteger os direitos fundamentais, em especial, a propriedade e a liberdade. Era um papel essencialmente negativo ou abstencionista. Daí esse período ser chamado de Estado Mínimo, inspirado na fórmula do laisser faire, laisse passer" (PIETRO, Maria Sylvia Zanella Di. O princípio da segurança jurídica diante do princípio da legalidade. In Princípios de direito administrativo: legalidade, segurança jurídica, impessoalidade, publicidade, motivação, eficiência, moralidade, razoabilidade, interesse público. Thiago Marrara (organizador). São Paulo: Atlas, 2012); DIAZ, Elias. Estado de Derecho y Sociedad Democrática. Madrid: Editorial Cuadernos para El Dialogo, 1975.

O outro termo da separação, os administradores (agentes públicos não eleitos nomeados e permanentes), possui uma *accountability* institucional consubstanciada na obrigação de responder pela implementação e execução das políticas públicas em conformidade com regras e procedimentos estabelecidos perante os agentes eleitos. Aos administradores, portadores da função executiva de políticas públicas e colocados numa posição hierárquica inferior aos líderes políticos, ficava vedado qualquer vínculo político ou ideológico na implementação das regras e procedimentos estabelecidos em lei e regulamentos.

A clara demarcação no sentido da *accountability* entre as esferas da política reservada aos representantes eleitos (*accountability* social), e a esfera administrativa, reservada aos agentes públicos não eleitos (*accountability* institucional), revelava-se portanto muito nítida, considerando-se compatível com o modelo analisado e sintetizado por Max Weber, inicialmente, no livro *A Ética Protestante e o Espírito do Capitalismo* (1904), e teve suas bases mais bem definidas somente em 1922, com a publicação do seu outro livro *Economia e Sociedade*.

Como reação do modelo burocrático incapaz de oferecer resposta efetiva ao aumento das demandas sociais, surge nos Estados Europeus na segunda metade do século XX um modelo que propusesse a estruturação e a gestão da Administração Pública, baseado em valores de eficiência, eficácia e competitividade. Inspirados na iniciativa privada, definem-se os objetivos que devem ser atingidos através de uma ação pública, atribuindo ao administrador autonomia na gestão dos recursos e propondo um controle *a posteriori* do alcance dos resultados propostos.

Na década de 1980, com o intenso movimento de globalização econômica e a necessidade de os Estados se tornarem mais competitivos no cenário internacional que a adoção do *new public management* se propaga, nos diversos países, inclusive no Brasil, com o nome de nova Administração Pública, baseada

> en las ideas de flexibilidad administrativa, control por resultados, contractualización, competencia administrada y, con mucho énfasis, en la transformación y ampliación del concepto de lo público, especialmente mediante mecanismos de responsabilización de la administración pública[32].

---

[32] CLAD. La responsabilización en la nueva gestión pública latinoamericana. Buenos Aires: Eudeba, 2000, p. 28.

Neste modelo gerencial, a *accountability* orientada por uma visão de mercado é interpretada como uma responsabilidade dos administradores pela decisão e execução da política pública perante a sociedade. O interesse público passa a ter como foco o atendimento das necessidades do cidadão, contribuinte de impostos e destinatário de serviços. Não há mecanismos de avaliação da responsabilidade dos administradores perante a sociedade. Há auditorias de desempenho efetuadas pelos órgãos de controle de Estado.

Com o advento dos de gestão pública pós-gerenciais, mais adequados às sociedades pós-industriais, marcados pela busca não só da eficiência dos serviços prestados, mas também da efetividade na gestão pública, as fronteiras entre política e administração esbatem-se; a lógica burocrática de separação surge substituída por uma lógica de cooperação, que se expressa através de processos de integração, diálogo e interação das instituições públicas com a sociedade.

As alterações introduzidas com a governança pública não se limitaram à instituição de uma integração entre a administração da política e a administração do Estado, mas um modelo pautado num projeto político democratizante em que a Administração Pública busca soluções para os problemas sociais por meio de parcerias com a sociedade civil e o mercado.

O incremento do fenômeno da governança pública veio demonstrar a necessidade da *accountability* social. As instituições públicas buscam o interesse público servindo aos cidadãos, valorizando pessoas. A concepção da Administração Pública pode assim constituir um meio de assegurar resposta às preferências e necessidades dos cidadãos.

Como prestação de contas, depois da década de 1980, o termo passou a ser usado para designar uma realidade mais ampla que é aquela que é nossa contemporânea. Desde o final do século XX constata-se a transformação do conceito da *accountability* do sentido financeiro para um sentido público[33].

Nos nossos dias, característica de quase todas as áreas, incluindo política e ciência social, o termo da *accountability* é trazido para

---

[33] Esta mudança de contabilidade Financeira para Accountability pública decorreu paralelamente à introdução da Nova Gestão pública do Governo Thatcher, no Reino Unido, e à reforma Reinventing Government iniciadas pelo governo Clinton na administração dos Estados Unidos. No Brasil foi a partir da Reforma Gerencial da Administração Pública Brasileira iniciada em 1995.

Administração Pública de forma não limitativa à prudência financeira e contabilística de acordo com os regulamentos e instruções, mas como condição indispensável a uma boa gestão, funcionando como a responsabilidade do gestor público perante a sociedade no trato da coisa pública e nos interesses dos cidadãos.

No conceito atual no âmbito da Administração Pública, mais abrangente de boa governança, a *accountability* não é apenas uma prestação de contas em termos quantitativos, mas qualitativos, no sentido de buscar reduzir a assimetria informacional entre o gestor público e os cidadãos, e aumentar o controle social sobre a eficácia, eficiência e efetividade das estruturas administrativas[34]. "Nas verdadeiras Democracias, a regra fundamental é: quanto mais elevadas e relevantes as funções assumidas pelo agente público, maior há de ser o grau de sua responsabilidade"[35].

5. A Compreensão da *Accountability* no Contexto Atual do Direito Administrativo

Embora a *accountability* não possua significado específico, já que os estudiosos entendem o tema de várias formas, ela possui uma força capaz de gerar resposta quando colocada em uso retórico ou icônico[36]. Na literatura acadêmica, as análises contemporâneas acerca da *accountability*, tanto acadêmica como política, têm apontado para duas perspectivas: uma pessimista[37] e outra otimista.

---

[34] LUCENA, Wenner Glaucio Lopes. Avaliação de desempenho no setor público: aplicação de modelos no Ministério da Ciência e Tecnologia. 2011. 367 f. Tese (Doutorado em Ciências Contábeis) – Programa Multi-Institucional e Inter-Regional de Pós-Graduação em Ciências Contábeis, UnB/UFPB/UFRN. João Pessoa: UnB; UFPB; UFRN, 2011.

[35] BRASIL. Supremo Tribunal Federal. Reclamação n. 2.138-6/DF. Órgão Julgador: Tribunal Pleno. Relator(a): Min. NELSON JOBIM. Data do julgamento: 13/06/2007. RTJ VOL-00211-01 PP-00058.

[36] DUBNICK, M. J. Seeking Salvation for Accountability. Paper presented at the Annual Meeting of the American Political Science Association, Boston, 2002, p.11.

[37] "The pessimistic narrative risks idealizing the past, as if holding a government to account was ever that easy and straightforward; and it also risks leading to unrealistically high expectations and consequently to negative assessments of the presente" (VAN DOOREN, Wouter & WILLEMS, Tom. Coming to Terms With Accountability: Combining Different Foruns and Functions in a Multidimensional Way. Disponível em: https://ecpr.eu/filestore/paperproposal/79d2738d-62e7-4991-a1af-6dcd19dccbca.pdf. Acesso em: 25/8/2012.

Na primeira perspectiva, a ideia de uma Administração Pública responsável é prejudicada com uma prestação de contas que não corresponde aos desafios atuais da governança pública, além do déficit democrático para aproximação da atividade estatal com as expectativas sociais[38]. Por outro lado, na segunda perspectiva, o agir responsável implica uma evolução da mera contabilidade financeira para o conceito de boa governação no âmbito da Administração Pública, com a consequente melhoria do relacionamento estatal com a sociedade na prossecução do desenvolvimento sustentável e equitativo. A *accountability* é uma realidade singular dotada de "magia"[39] no cenário do reformismo do setor público. Ela é a um só tempo símbolo[40] que representa valores de qualquer boa governação associados a conceitos como integridade e justiça, e um indicador na compreensão de uma condução legítima no âmbito da Administração Pública.

Com a promulgação da Constituição de 1988, adquire nova dimensão, no ordenamento pátrio, o tema da *accountability* na Administração Pública. O parágrafo único do art. 1º inserido no título dedicado aos princípios fundamentais, ao materializar o rompimento com o regime autocrático-militar, bem como ao alargar o exercício da democracia

---

[38] MICHELS, A., & MEIJER, A. Safeguarding Public Accountability in Horizontal Government. In: Public Management Review, 10(2), 2008, 165-173; PAPADOPOULOS, Y. Cooperative forms of governance: Problems of democratic accountability in complex environments. In: European Journal of Political Research, 42(4), 2003, 473-501; GOETZ, A. M., & JENKINS, R. Hybrid Forms of Accountability: Citizen engagement in institutions of public-sector oversight in India. In: Public Management Review, 3(3), 2001, 363-383.

[39] POLLITT, C., & HUPE, P. Talking About Government. In: Public Management Review, 13(5), 641-658, 2011; "accountability is a chameleon word. We all like accountability, when others are accounting of themselves to us; we are not quite so keen when we are required to account of ourselves to others. At this personal and basic level, accountability revolves around the relationships between people, the power relations between people and the level of trust between people" (QUIRK, Barry. Accountable to everyone: postmodern pressures on public managers. In: Public Administration, vol. 75, Autumn 1997, 569-586).

[40] "accountability has taken on a 'life of its own' as a symbol detached from any specific meaning, yet with the capacity to generate a response when put to rhetorical or iconic use." (tradução: "a responsabilidade assumiu uma "vida própria" como um símbolo separado de qualquer significado específico, mas com a capacidade de gerar uma resposta quando colocada em uso retórico ou icônico") In: DUBNICK, M. J. Seeking Salvation for Accountability. Paper presented at the Annual Meeting of the American Political Science Association, Boston, 2002, p. 11.

brasileira em participativa, além da representativa, inclusive com a institucionalização de diversas formas de participação da sociedade na vida do Estado, inaugurou uma *accountability* administrativa fundamentada no paradigma democrático.

A *accountability* democrática é a responsabilidade democrática da Administração Pública traduzida no dever de prestação de contas que permita o acompanhamento público da atuação administrativa com esclarecimento compartilhado da gestão dos assuntos públicos. E foi precisamente este significado que se converteu numa expressão que ganhou força no Brasil após a queda do regime militar, surgindo intimamente associado às noções de controle social e democratização do Estado.

Considerado o sistema constitucional em vigor no Brasil, existe um dever da Administração Pública de prestar contas de sua gestão pública num sentido democrático. O conteúdo essencial dessa nova dimensão, que será detalhado e aprofundado adiante, ao propor uma aproximação entre os anseios sociais e o agir administrativo, envolve a necessidade da Administração Pública que recebeu uma atribuição ou delegação de poder, de apresentar, de forma pública, as informações e justificações sobre suas ações e resultados, podendo ser sancionada por suas atividades.

Neste cenário, a *accountability* como prestação de contas é uma obrigação traduzida num vínculo jurídico do qual a Administração Pública fica adstrita a satisfazer uma prestação (apresentação de informações e razões relacionadas ao desempenho administrativo que amplie a participação dos cidadãos nas políticas públicas estatais) em proveito da outra (coletividade), e que pressupõe um conjunto de leis e instituições com a missão de acompanhar e fiscalizar os atos e despesas realizados pelos gestores públicos. Além de um dever constitucional, prestar contas é um dever moral e cívico, em decorrência de exercer a gestão de interesses alheios[41]. Administrar bens e recursos públicos traz ínsita a ideia de zelo e conservação, buscando sempre um fim único: o bem comum da coletividade administrada.

---

[41] "Friso que o dever de prestar contas não pode ser tido como mera irregularidade ou formalidade, porque a medida é corolário do Estado Democrático de Direito, em que os administradores da máquina pública devem pautar seu agir de acordo com a transparência, publicidade, legalidade, moralidade e probidade" (FAZZIO JÚNIOR, Waldo. Atos de improbidade administrativa. São Paulo: Editora Atlas, 2007, p. 193-194).

6. A *Accountability* Democrática como Instrumento de Defesa da Transparência na Administração Pública Brasileira

A obrigação de prestar contas públicas faz parte de uma comunicação pública dialógica, ou seja, de uma comunicação entre a Administração Pública e a sociedade que funcione como um espaço de debate de assuntos de interesse público para a tomada de decisões legítimas relativas à vida pública do país. Essa prestação de contas da Administração Pública à sociedade vai além do mero processo informativo, funcionando como um espaço de debates para exercício da cidadania.

Neste contexto, a obrigação de prestar contas públicas encontra-se numa nova dimensão, defendendo mesmo parte da doutrina, em particular a brasileira, que já emergiu um novo paradigma que legitima a referência a uma *accountability* democrática, suportada numa maior responsividade administrativa, com uma qualificação na prestação de contas no sentido de sua efetividade, para torná-la mais participativa.

É essa perspectiva que vamos aqui tratar: tendo como pano de fundo o alcance democrático da *accountability*, busca-se concretizar a ideia da transparência administrativa para promover uma noção maior de responsabilidade pública perante os cidadãos. Como consequência, verifica-se a insuficiência dos mecanismos institucionais de informação e intervenção do cidadão na gestão pública, resultando numa *accountability formal*, donde surge a importância da formação de uma noção substantiva da responsabilidade democrática da Administração Pública, por meio de uma prestação de contas decorrente da gestão de bens e interesses da coletividade que crie no cidadão a capacidade de avaliar as contas públicas e o desempenho das políticas públicas.

A adesão ao novo paradigma significa colocar em relevo a ideia do afastamento de uma noção tradicional de responsabilidade que segue a cadeia formal de prestação de contas. Os cidadãos precisam de melhores avaliações da responsabilidade da Administração Pública, exigindo-se, para tanto, uma prestação de contas, que possua visibilidade administrativa, ou seja, que, além de possibilitar a compreensão da atuação administrativa pela coletividade, tenha o potencial de fomentar o controle social no comportamento da Administração Pública, no sentido de avaliar não apenas a legalidade, mas a legitimidade na conduta administrativa.

6.1. A Accountability Formal: a Primeira Fase da Transparência Administrativa

Neste item vamos dedicar-nos à análise do modo como tradicionalmente se cumpre a obrigação dos responsáveis pelos dinheiros, bens e valores públicos de prestar contas à coletividade, em função da responsabilidade que decorre de uma delegação de poder[42], essencialmente no âmbito da Administração Pública Brasileira, com destaque para a esfera federal.

Para cumprir a obrigação de prestar contas, a Administração Pública brasileira a partir do final do século XX recorreu ao princípio da publicidade. A noção de publicidade administrativa, apesar de suas raízes históricas muito anteriores, ganhou importância, no cenário brasileiro, com o advento da Constituição Federal de 1988. Neste período, a prestação de contas consistia, na perspectiva da Administração Pública, numa obrigação formal de divulgação das informações públicas, como um quadro de avisos, e como uma obrigação passiva de permitir o acesso a documentos administrativos, como se tratasse de um simples direito de crédito do cidadão contra o Estado, cujo adimplemento pode ser exigido por meio do processo judicial ou administrativo[43].

Tal entendimento perdurou ao longo do século XX e início do século XXI, período durante o qual a divulgação de informações era feita pela publicação por meio oficial com um conteúdo técnico, acessível às pessoas com conhecimento técnico específico do tema. A ideia da prestação de contas revelava-se por um conjunto de documentos e informações disponibilizadas pelos dirigentes das entidades aos órgãos interessados e autoridades, para verificação das contas e da gestão dos administradores das entidades, segundo as competências de cada órgão e autoridade, na periodicidade estabelecida no estatuto social ou na lei[44].

---

[42] Sobre a obrigação de prestar contas públicas: No âmbito da Administração Pública a prestação de contas deve ser feita perante a coletividade em razão de dois fundamentos: a) quem administra bens ou interesses alheios tem de prestar contas ao proprietário; b) o dinheiro público é do povo, sendo o gestor público um agente que deve ter uma atuação conforme às disposições legais e constitucionais em busca do bem comum.

[43] BADIN, Luiz Armando. O Direito Fundamental à Informação em Face da Segurança do Estado e da Sociedade – Em busca da efetiva afirmação do princípio constitucional da publicidade. Tese de doutorado defendido na Faculdade de Direito da Universidade de São Paulo, 2007, p. 21.

[44] CONSELHO FEDERAL DE CONTABILIDADE. Manual de Procedimentos Contábeis para Fundações e Entidades de Interesse Social. Brasília: CFC, 2003, p. 78.

No entanto, essa forma de prestação de contas não se vai circunscrever a este momento histórico, perdurando até os dias atuais como uma das principais formas de Administração Pública se comunicar com o cidadão, embora seu sentido venha a se expandir em razão de fundamentos justificadores para um significado substancial vinculado à qualificação do controle social de suficiente compreensão da informação pública. Esses fundamentos podem ser revelados por três eixos: a) eixo legislativo (atos normativos); b) eixo administrativo (atuação da Administração Pública); c) eixo judicial.

Desta forma, a obrigação de prestar contas não se refere a divulgar informações, pelo simples fato de a lei exigir, mas sim a um princípio fundamental da ordem constitucional brasileira (art. 34, VII, *d*, da Constituição Federal), enquanto vetor jurídico que obriga a Administração Pública a se preocupar em tornar a informação clara, de fácil compreensão pela população, para apresentar o que ela faz, como faz e por que faz, e responder por seus atos ou omissões. Isto, todavia, sem pôr em relevo a relevância que foram assumindo as normas, as políticas públicas e as decisões judiciais dedicadas de acessibilidade, clareza e inteligibilidade das informações públicas.

Uma das principais mudanças que, entretanto, se operou teve a ver com a ultrapassagem da concepção que reduzia a ideia da publicidade à atividade de divulgação de atos, ou seja, uma atividade de exteriorização passiva das informações públicas. Com o surgimento da lei de transparência, primeiro no âmbito tributário, e depois de forma geral no setor público, desenvolveu-se uma prestação de contas substantiva: ao lado da obrigação formal, a publicidade passou a incluir um dever objetivo de agir positivamente para informar o cidadão de maneira clara, acessível, exata e honesta[45]. A substanciação na prestação de contas pela

---

[45] BADIN, Luiz Armando. O Direito Fundamental à Informação em Face da Segurança do Estado e da Sociedade – Em busca da efetiva afirmação do princípio constitucional da publicidade. Tese de doutorado defendida na Faculdade de Direito da Universidade de São Paulo, 2007, p. 21; "[...] a divulgação das informações dos gastos públicos é muito importante para os cidadãos, desde que estes as compreendam de forma que possam levantar críticas a respeito e não tenham dúvidas como o dinheiro de seus impostos está sendo aplicado" (OLIVEIRA, Érick Setúbal. O impacto da LC n. 131/2009 – lei da transparência Pública – nos municípios cearenses com mais de cem mil habitantes. Fortaleza: Faculdade Lourenço Filho, 2010, p. 42); "as informações financeiras detalhadas, quando expostas à população....

visibilidade de informações de interesse público, com possibilidade de os cidadãos engajarem-se na constituição dessas informações, gera a inserção da sociedade como parte integrante e condicionante dos atos da Administração Pública, e contribui para prevenir comportamentos clientelistas[46].

A primeira lei de transparência foi a Lei Complementar n. 131/2009, a lei da transparência orçamentária, determinando a disponibilização, em tempo real, de informações pormenorizadas sobre a execução orçamentária e financeira da União, Estados, Distrito Federal e Municípios. No entanto essa transparência era uma das principais formas de a Administração Pública levar a cabo sua obrigação de prestar contas, embora seu sentido ficasse restrito identificando-se com dados relacionados ao orçamento.

Com a Lei do Acesso à Informação ampliou-se o dever de informação a cargo de quem gere o que não é seu, afirmando-se a tendência para consecução de uma comunicação aberta entre Administração Pública e cidadãos. Suas balizas legais refletem os princípios consagrados pelo Direito Internacional em matéria de acesso à informação pública. Neste sentido amplo, a publicidade representa a busca da transparência, porém num aspecto de legitimidade conquistada apenas com a promulgação da lei. A prestação de contas surge, assim, como instrumento de concretização de uma prestação de informação mais abrangente sobre a administração de bens alheios.

A Lei de Acesso à Informação trouxe a ideia de uma ativação no cumprimento da obrigação de prestação de contas, no sentido dos órgãos e entidades públicas terem que divulgar, independentemente de solicitações, informações de interesse geral ou coletivo, salvo aque-

---

permitem à comunidade avaliar as intenções políticas de um governo, suas prioridades e sua implementação" (ARAÚJO, Paulo Sérgio Sabino de. A tecnologia de informação como ferramenta de transparência orçamentária: Evolução dos Sistemas Orçamentários e o Desafio da Integração Governamental. Brasília: Cefor, 2008, p. 14).

[46] GARCIA, Alice Maria Costa Botelho. A transparência na gestão pública da Câmara dos deputados sob a égide da lei de responsabilidade fiscal. Brasília: Cefor, 2010, p.5-10; LOPES, Cristiano Aguiar. O uso das Tecnologias da Informação e Comunicações nas políticas de acesso à informação pública na América Latina. Consultoria Legislativa, 2009, p.6-10; TAVARES, Luis Eduardo, PEREIRA, Natasha Bachini. A Transparência Pública na Era Digital. Universidade Católica de São Paulo (PUC-SP), 2011, p. 12-15.

las cuja confidencialidade esteja prevista no texto legal. Além de propor meios mais claros para o direito de acesso à informação, cria um acompanhamento participativo e inclusivo na gestão pública.

No âmbito da Administração Eletrônica, o uso das tecnologias de informação e comunicação, iniciado a partir da década de 1950 com o intuito de informatização para desenvolvimento de sistemas de informação orientados às atividades rotineiras, e depois aperfeiçoado em busca de melhorar a eficiência da Administração Pública, representa a divulgação da atuação administrativa com atributos de inovação, mas só adquire atributos desta nova concepção quando divulga as informações com a criação de um portal eletrônico, sem que o mesmo sirva como um quadro de avisos eletrônico e que haja preocupação em criar proximidade da atuação administrativa com o cidadão[47].

Tal relacionamento anteriormente descrito é conhecido na literatura por G2C ou *government-to-citizen*[48].

---

[47] BERNARDES, Marciele Berger. SANTOS. Paloma Maria. ROVER, Aires José. Lei de Acesso a Informação e o Debate Acerca da Divulgação de Dados Remuneratórios de Servidores Públicos. Universidade Federal de Santa Catarina, 2013, p 6-10; RAUPP, Fabiano Maury. PINHO, José Antonio Gomes de. Prestação de Contas, Transparência e Participação em Portais Eletrônicos de Câmaras Municipais. Universidade do Estado de Santa Catarina, 2012, p.1-10; SILVA, Daniela Bezerra da. Transparência na esfera pública interconectada. São Paulo: Faculdade Cásper Líbero, 2010, p. 22-25.

[48] ARAÚJO, W. G. F.; LAIA, M. M. Governança eletrônica e gestão da informação em portais de governo: uma análise da reestruturação do Portal Minas. In: ENCONTRO NACIONAL DA ASSOCIAÇÃO NACIONAL DE PÓS-GRADUAÇÃO E PESQUISA EM ADMINISTRAÇÃO, 2004. Anais...Curitiba, 2004. p.1-16; BARBOSA, A. F. Governo eletrônico: dimensões da avaliação de desempenho na perspectiva do cidadão. 2008. 248f. Tese (Doutorado em Administração de Empresas) – Escola de Administração de Empresas de São Paulo, Fundação Getúlio Vargas, São Paulo, 2008; LEMOS, A. Cidade, tecnologias e interfaces: análise de interfaces deportais governamentais brasileiros. Uma proposta metodológica. Revista Fronteiras. Estudos Mediáticos, v. VI, n. 2, p. 117-136, 2004; GRUMAN, M. Lei de acesso à informação: notas e um breve exemplo. Revista Debates, v. 6, n. 3, p. 97-108, set./dez. 2012; MELLO, G. R.; SLOMSKI, V. Índice de governança eletrônica dos estados brasileiros (2009) no âmbito do poder executivo. Revista de Gestão da Tecnologia e Sistemas de Informação (Journal of Information Systems and Tecnology Management), v. 7, n. 2, p. 369-402, 2010; MEDEIROS, P. H. R; GUIMARÃES, T. A. A relação entre governo eletrônico e governança eletrônica no governo federal brasileiro. CadernosEBAPE.BR, v. 3, n. 4, p. 1-18, 2005; DINIZ, E. H. et al. O governo eletrônico no Brasil: perspectiva histórica a partir de um modelo estruturado de análise. Revista de Administração Pública, v. 43, n. 1, p. 23-48, jan.-fev. 2009. Disponível em: <http://www.scielo.br/pdf/rap/v43n1/a03v43n1.

Acontece que, apesar do avanço legislativo num sinal de aprimoramento do Estado Democrático de Direito, podemos salientar sérios obstáculos que estabelecem impedimentos no desenvolvimento de uma real cultura de transparência na Administração Pública. A função administrativa do Estado deve voltar-se para a compreensão do funcionamento da gestão pública ao cidadão, além de facilitar a participação na fiscalização dos atos administrativos.

Neste sentido, em direção à substanciação da prestação de contas, visando atribuir-lhe um sentido democrático, melhor adequado às exigências de efetividade, e considerando que o atendimento à transparência não se satisfaz mediante mera publicação, exigindo a plena compreensão dos motivos e fundamentos da atuação administrativa, com especificação não apenas do que se recebeu e gastou, mas também como, porquê, para quê, quando, qual o resultado e o que se projeta fazer, é importante que haja atuação administrativa na efetivação da transparência com medidas de esclarecimento e compartilhamento. E, no sentido de fortalecimento da transparência administrativa, na perspectiva da cidadania, verificar a jurisprudência relativa à prestação de contas que, a partir de 2011, foi modificada, passando a ampliar a cognição pela sociedade de como está sendo efetivado o funcionamento da máquina administrativa.

Após 2011 a Administração Pública foi sucessivamente alargando a sua legitimidade com o planejamento e a elaboração de políticas

---

pdf >. Acesso em: 9 jan. 2013; EVANS, D.; YEN D. C. E-Government: evolving relationship of citizens and Government, domestic, and international development. Government Information Quarterly, v. 23, p. 207-235, 2006; JAEGER, P. T.; THOMPSON, K.M. Social information behavior and the democratic process: information poverty, normative behavior, and electronic government in the United States. Library & Information Science Research, v. 26, p. 94-107, 2004; LAIA, M. M. et al. Electronic government policies in Brazil: context, ICT management and outcomes. Revista de Administração de Empresas, v. 51, n. 1, p. 43-57, jan.-fev. 2011. Disponível em: <http://www.scielo.br/pdf/rae/v51n1/05.pdf >. Acesso em: 13 jan. 2013; MICHENER, M. G. The Surrender of Secrecy? Explaining the Strength of Transparency and Access to Information Laws. In: APSA 2009 TORONTO MEETING PAPER. Proceedings... Toronto, Canada, 2009. Working Paper n. 1449170. Disponível em: <http://ssrn.com/abstract=1449170>. Acesso em: 8 jan. 2013; PINHO, J. A. G. Investigando portais de governo eletrônico de estados no Brasil: muita tecnologia, pouca democracia. Revista de Administração Pública, v. 42, n. 3, p. 471-493, 2008; WELCH, E. W., HINNANT. C. C.; MOON, M. J. Linking Citizen Satisfaction with E-Government and Trust in Government. Journal of Public Administration Research and Theory, v. 15, n. 3, p. 371-391, 2005.

públicas, nomeadamente, no que tange à organização e difusão da informação pública. Ou, numa designação talvez ainda mais precisa, por intermédio de uma comunicação pública que tenha um enfoque interativo. Além de ampliar o acesso, pela população, às informações relativas à gestão dos recursos públicos, trazendo a previsão de disponibilização, em tempo real, de informações pormenorizadas sobre execução orçamentária e financeira dos entes federativos, em meios eletrônicos, de acesso público, acrescentou o dever dos órgãos e entidades públicas de promover, independentemente de requerimento, a divulgação, no âmbito de sua competência, de dados de interesse coletivo ou geral por eles produzidos ou custodiados, em linguagem de simples compreensão e em local de fácil acesso com exposição obrigatória em sítios oficiais da rede mundial de computadores[49].

Uma noção importante, na trajetória substantiva da prestação de contas, é incutir nos responsáveis pela gestão pública de que a prestação de contas deve conter informações lançadas não apenas aos órgãos públicos responsáveis pela fiscalização, mas, também, para toda a sociedade brasileira, que, em última análise, é quem suporta o ônus de municiar o erário com tais recursos, mediante pesada carga tributária[50]. Essa responsabilidade democrática da Administração Pública é traduzida na exigência de mecanismos institucionais que permitam o controle público da gestão pública e a colaboração ativa do cidadão na definição das metas coletivas.

Neste contexto, além das estritas considerações de publicidade, num aspecto formal e passivo, passaram a estar em jogo: a) esclarecimento (qualidade informacional e justificativa administrativa); b) compartilhamento (democratização digital e disponibilidade de canais abertos à sociedade).

---

[49] BRASIL. Tribunal Regional Federal da Segunda Região. Agravo de Instrumento AG 0005140-61.2016.4.02.0000 (2016.00.00.005140-7). Órgão Julgador: Quinta Turma Especializada. Relator: Desembargador Federal Ricardo Perlingeiro. Data do julgamento: 03/08/2016. Data da publicação: e-DJF2R de 24/08/2016.

[50] BRASIL. Tribunal Regional Federal da Primeira Região. Agravo de Instrumento AG 0061380-97.2016.4.01.0000 / MG. Órgão Julgador: Quinta Turma. Relator: Desembargador Federal Souza Prudente. Data do julgamento: 29/03/2017. Data da publicação: 07/04/2017 e-DJF1; BRASIL. Tribunal Regional Federal da Primeira Região. Apelação Cível AC 0001701-37.2016.4.01.3826 / MG. Órgão Julgador: Quinta Turma. Relator: Desembargador Federal Souza Prudente. Data do julgamento: 22/02/2017. Data da publicação: 06/03/2017 e-DJF1

Dessa forma, além do esclarecimento sobre atos da gestão dos assuntos públicos, com o acesso intelectual da informação pública, é necessário o compartilhamento revelado pelo acesso físico da informação pública, e pelas formas em que cada cidadão, individualmente, ou reunido em associações civis, exerce o seu papel no planejamento, gestão e controle das políticas públicas, visando combater e prevenir a corrupção no âmbito da Administração Pública[51]. Neste sentido, a transparência e a visibilidade também serão asseguradas mediante incentivo à participação popular na Administração Pública, sobre o exercício da função administrativa, abrange o controle social (fiscalização cidadã) e a gestão participativa.

Neste sentido, a ressignificação do conteúdo jurídico da transparência administrativa fez-se sentir, de forma muito particular, ao nível das normas, princípios e rotinas utilizadas no fluxo de informações e nos padrões de relacionamento envolvendo Administração Pública e a sociedade. Esse conteúdo jurídico, apesar de exigir a divulgação dos atos da Administração Pública, é mediado por uma prestação de contas repleto de exigências que permitem o cidadão exercer controle sobre a legitimidade na conduta dos agentes administrativos, especialmente no mérito e oportunidade das políticas públicas. A transparência tornou-se associada a estratégias de aproximação com uso de procedimentos, instrumentos e canais que permitem o diálogo entre cidadão e agente público fundado em dois alicerces: a) compreensão da atividade administrativa e seus processos; b) inclusão com a expansão das vias para integrar as vozes dos cidadãos e suas comunidades nos aspectos relevantes da Administração Pública.

Para o efeito, começa-se pela caracterização dos elementos desta obrigação de prestar contas democrática do gestor público, com particular incidência nos sujeitos, no vínculo jurídico e no modo de seu cumprimento. Além da dimensão discursiva, surge a dimensão punitiva, com análise das consequências jurídicas da omissão de prestar contas, e a dimensão do controle judicial sobre o cumprimento desta obrigação nas perspectivas de criação de valores públicos de boa gestão com

---

[51] Controladoria-Geral da União. Secretaria de Prevenção da Corrupção e Informações Estratégicas. Controle Social: Orientações aos cidadãos para participação na gestão pública e exercício do controle social. In: Coleção Olho Vivo. Brasília, DF, 2012.

a formação de cidadãos conscientes de seus direitos e agentes ativos na produção de bens públicos. Procura-se demonstrar que a prestação de contas democrática se insere como uma garantia constitucional da Administração Pública.

6.2. Accountability Substancial: Transparência Material

Prestar contas tendo em vista o fortalecimento da transparência ativa na Administração Pública brasileira é o objetivo de um paradigma de gestão que permite a sociedade acompanhar e fiscalizar os atos e despesas realizadas pelos gestores públicos. Neste cenário, existe uma compreensão clara de que a atividade da Administração Pública deve ser concretizada com ferramentas que permitam a reconstrução da confiança do cidadão na gestão pública não apenas no plano estritamente normativo, mas, principalmente, na aplicação factual da norma anticorrupção. Esta aplicação, ao envolver a formação do conceito de *accountability*, como prestação de contas que tem a finalidade de ampliar os espaços de participação na Administração Pública, depende da combinação de três elementos: material, subjetivo e formal[52].

O elemento subjetivo abrange quem deve prestar contas e quem irá se beneficiar com a prestação de contas. No tocante ao enfoque de quem irá se beneficiar da prestação de contas, podemos afirmar que o beneficiário pode ser visto em duas dimensões: a estatal e a não estatal.

Na dimensão não estatal, a prestação de contas deve beneficiar toda a coletividade, pois sua efetivação nos comportamentos estatais gera uma aproximação com a sociedade, assegurando o diálogo, estimulando a confiança na administração, e incentivando o exercício da cidadania[53]. É fácil compreender que a visibilidade no trato da coisa pública decorre da própria natureza da Administração Pública através da difusão e

---

[52] "*accountability não é apenas uma questão de desenvolvimento organizacional ou de reforma administrativa. A simples criação de mecanismos de controle burocrático não tem se mostrado suficiente para tornar efetiva a responsabilidade dos servidores públicos*" (CAMPOS, A. M. Accountability: quando poderemos traduzi-la para o português? In: Revista de Administração Pública, Rio de Janeiro, fev.-abr. 1990, p. 30-31).

[53] "Só existe cidadania se houver a prática da reinvindicação, da apropriação dos espaços próprios e respeito ao espaço dos demais, dentro de uma coalização de poder" (COVRE, M. de L. M. O que é cidadania. São Paulo: Brasiliense, 1995).

conhecimento por parte da cidadania dos atos e informações emanados do poder público[54]. É importante ressaltar que a prestação de contas deve ser avaliada sob o ponto de vista do cidadão comum, que é quem deve controlar a Administração Pública "en sus entrañas, e incluso, en sus más recónditos sitiales"[55]. A atuação administrativa é uma função exercida na condição de servidores do bem público, de forma que se dirige ao cidadão.

Além do benefício coletivo, a prestação de contas, ainda no espectro não estatal, pode assumir uma proporção individual quando sua utilização vier a resguardar interesses particulares dos indivíduos, como, por exemplo, a negativa de acesso a documento não protegido pela ideia de sigilo[56]. Já na dimensão estatal, não há dúvida sobre os benefícios da prestação de contas para o funcionamento do ente estatal, já que sua realização significa uma ruptura com seu tradicional modelo autoritário e sigiloso, em que prevalece a tradição do segredo administrativo, característica de uma Administração Pública autoritária, fechada sobre si própria[57], para uma Administração Pública aberta, que age com publicidade e com comunicação para o exterior. A autoridade administrativa é uma delegação popular e, portanto, deve ser exercida de forma mais

---

[54] BINENBOJM, Gustavo. O princípio da publicidade administrativa e a eficácia da divulgação de atos do poder público pela internet. Revista Eletrônica de Direito do Estado. Bahia, n.19, p. 1-23, julho/agosto/setembro 2009.

[55] GUERREIRO, Omar. La Transparencia en La Administración Pública: Principios Conceptuales. Disponível em: http://www.omarguerrero.org/articulos/TransparenciaenAP.pdf. Acesso em: 05/10/2014. Tradução livre: "[...]no seu ventre, e até mesmo em seus lugares mais íntimos de honra".

[56] MELLO. Celso Antônio Bandeira de. Curso de Direito Administrativo. São Paulo: Malheiros, 2009; MIRANDA, Jorge. O direito de informação dos Administrados. In: SARAIVA, Paulo Lopo (coord.). Antologia luso-brasileira de Direito Constitucional. Brasília: Brasília Jurídica, 1992; SUNDFELD, Carlos Ari. Princípio da Publicidade Administrativa (Direito de Certidão, Vista e Intimação). Revista de Direito Administrativo. n. 199. Rio de Janeiro, jan./mar. 1995.

[57] O segredo administrativo se mostra como resquício do autoritarismo administrativo e por isso incompatível com a construção democrática. (ANTUNES, Luís Filipe Colaço. Mito e realidade da transparência administrativa. Boletim da Faculdade de Direito, Coimbra, p. 9, No especial: estudos em homenagem ao Prof. Doutor Afonso Rodrigues Queiró II, 1993); MIRANDA, Jorge. O direito de informação dos Administrados. In: SARAIVA, Paulo Lopo (coord.). Antologia luso-brasileira de Direito Constitucional. Brasília: Brasília Jurídica, 1992.

aberta e responsável, em substituição ao modelo de gestão formalista e isolado[58].

A razão de ser da Administração Pública é a sua abertura ao conhecimento público, como imperativo ou dever de desnudamento, expondo ao povo as condições de exercício da atividade administrativa[59], com a superação gradativa e progressiva[60], mas não total[61] da tradição do segredo administrativo[62], reforçada com impulso da informática, pois, tendo o povo, titular do poder, a capacidade de conhecer das decisões administrativas e exigir dos administradores a responsabilidade por seus atos, controlando passo a passo o exercício do poder[63], existirão,

---

[58] A Administração Pública brasileira, aos olhos do homem comum, impõe injusto fardo aos cidadãos. Para muitos, a Administração Pública vive um presente de passado contínuo, reitera antigas práticas de compadrio, clientelismo e patrimonialismo e se perde em amarras burocráticas descoladas das demandas sociais. Essa Administração é distante e centralizadora; a ausência de transparência na sua ação pode refletir mais do que autoritarismo, implicando muitas vezes desatenção com os fins da atuação pública (CLÈVE, Clèmerson Merlin; FRANZON, Júlia Ávila. Administração Pública e Lei de Acesso à Informação. Disponível em: http://www.tce.ms.gov.br/revistaeletronica2/doc/01.pdf. Acesso em: 10/8/2015).

[59] JARDIM, José Maria. Arquivos in (visíveis): a opacidade informacional do Estado Brasileiro. Tese (Doutoramento em Ciência da Informação). Escola de Comunicação/UFRJ, Rio de Janeiro, 1998.

[60] É possível que a efetividade da transparência seja encarada com ceticismo, pois está na contracorrente de longa tradição e de hábitos moldados pela regra do segredo administrativo (MEDAUAR, Odete. O Direito Administrativo em Evolução. São Paulo: Editora Revista dos Tribunais, 2003).

[61] Numa democracia a publicidade é a regra básica do poder e o segredo, a exceção, o que significa que é extremamente limitado o espaço dos arcana imperii, ou seja, os segredos do Estado (LAFER, Celso. A Reconstrução dos direitos humanos: um diálogo com o pensamento de Hannah Arendt. São Paulo: Cia das Letras, 1988).

[62] "Numa democracia a publicidade é a regra básica do poder e o segredo, a exceção, o que significa que é extremamente limitado o espaço do arcana imperii, ou seja, os segredos do Estado" (LAFER, Celso. A Reconstrução dos direitos humanos: um diálogo com o pensamento de Hannah Arendt. São Paulo: Cia das Letras, 1988). "A liberdade de informação exige uma divulgação verdadeira sobre fatos de relevância pública e, portanto, capaz de oferecer interesse para a reta conformação de uma opinião pública livre, requisito básico de toda a sociedade democrática" (CHEQUER, Cláudio. A liberdade de expressão como direito fundamental preferencial prima facie (análise crítica e proposta de revisão ao padrão jurisprudencial brasileiro). Rio de Janeiro: Lúmen Júris, 2011).

[63] Quando não submetidas a nenhum controle, as democracias são capazes de destituir as pessoas de seus bens e de sua dignidade. (BEATTY, David M. A essência do Estado de Direito. São Paulo: Editora Martins Fontes, 2014).

por consequência, uma melhoria das instituições estatais, a proteção dos direitos e garantias fundamentais e a tutela impessoal dos interesses públicos[64].

No sentido subjetivo, considerando quem deve garantir a prestação de contas, podemos afirmar que a expressão "administrativa" deve ser interpretada em seu sentido amplo, como transparência pública. Neste diapasão, é preciso referir que a prestação de contas deve ser garantida pelos três poderes, o Legislativo, o Executivo e o Judiciário.

Neste sentido, a prestação de contas alcança todas as atividades exercidas pelo Estado, seja qual for o "poder" que as exerça, atuando, portanto, como verdadeiro parâmetro essencial da referência da ação estatal. Cada função exercida por cada um dos "poderes" é diferente, de forma que a realização da transparência sobre cada uma destas funções e seus fundamentos também é diversa.

Em razão dessa diversidade funcional e das diferentes formas que devem ser cumpridas pelos "poderes" para preservar a transparência administrativa, o presente estudo, desse modo, ocupa-se da transparência pelo Poder Executivo, no exercício da função administrativa.

E, neste âmbito administrativo, o problema da estrutura subjetiva ativa no dever de prestação de contas ao cidadão é identificar quem deve cumprir esse imperativo de sustentação e credibilidade das Instituições públicas. Neste cenário, a obrigação de prestar contas estende-se a toda e qualquer pessoa física ou jurídica, pública ou privada, que utilize, arrecade, guarde, gerencie ou administre dinheiros, bens e valores públicos. Incluem-se na obrigação de prestar contas as entidades públicas ou privadas que recebem repasses financeiros[65] para realizar atividades de interesse público, bem como as entidades e organizações em geral, dotadas de personalidades jurídicas de direito privado, que recebam contribuições parafiscais e prestem serviços de interesse público ou social.

---

[64] TABORDA, Maren Guimarães. O princípio da publicidade e a participação na Administração Pública. 2006. 217 f. Tese (Doutorado em Direito) – Faculdade de Direito da Universidade Federal do Rio Grande do Sul, Porto Alegre, 2006.
[65] Por exemplo, o Fundo Nacional de Desenvolvimento da Educação (FNDE), autarquia federal criada pela Lei n. 5.537, de 21 de novembro de 1968, e alterada pelo Decreto–Lei n. 872, de 15 de setembro de 1969, responsável pela execução de políticas educacionais do Ministério da Educação (MEC), realiza repasses financeiros para alcançar a melhoria e garantir uma educação de qualidade a todos, em especial a educação básica da rede pública.

Quem quer que utilize dinheiros públicos terá de justificar para a sociedade seu bom e regular emprego na conformidade do direito. Neste sentido, uma pessoa, para figurar como sujeito ativo neste dever, precisa:

a) Estar autorizado na legislação constitucional e infraconstitucional (por exemplo, o prefeito, na condição de gestor do município, tem o dever constitucional de prestar contas, nos termos da legislação constitucional e infraconstitucional – art. 70, parágrafo único, da Carta Política, c/c o art. 84 do Decreto-lei n. 200/67 e art. 8º da Lei n. 8.443/92).
b) Ser pessoa responsável por bens e valores públicos, seja ele agente público ou não[66].

No caso dos instrumentos consensuais, como contratos de repasse ou equivalente obrigação de prestar contas, é do ente convenente, sendo que o signatário do convênio assume a responsabilidade pela correta aplicação dos recursos transferidos e, mesmo delegando atribuições para *prestação de contas,* responde solidariamente pelos atos praticados pelos delegados escolhidos (culpa *in eligendo* e *in vigilando*)[67]. O encerramento das atividades da entidade privada beneficiada com recursos de ajustes firmados com a União não afasta a obrigatoriedade da *prestação de contas* pelos responsáveis.

No caso de sucessão, cabe aos gestores públicos sucessores prestarem contas dos recursos provenientes de convênios, contratos de repasse e termos de parcerias firmadas pelos seus antecessores. Se o gestor for responsável pela movimentação dos recursos da conta específica, de imediato assumiu obrigação em nome do ente a que estava à frente da gestão[68].

---

[66] BRASIL. Supremo Tribunal Federal. Mandado de Segurança MS 21644/DF – DISTRITO FEDERAL. Relator Néri da Silveira. Julgamento: 04/11/1993. Órgão Julgador: Tribunal Pleno. DJ 08-11-1996 PP-43204.
[67] BRASIL. Tribunal de Contas da União. Tomada de Contas Especial. Processo n. 009.774/2009-7. Acórdão n.2360/15. Órgão Julgador: Plenário. Data da Sessão: 23/09/15.
[68] BRASIL. Tribunal de Contas da União. Tomada de Contas Especial. Processo n. 016.365/2015-1. Acórdão n.3531/17. Órgão Julgador: Primeira Câmara. Data da Sessão: 23/05/17.

O elemento formal é o liame[69] existente entre pessoa física ou jurídica, pública ou privada, que utilize, arrecade, guarde, gerencie ou administre dinheiros, bens e valores públicos, e o cidadão, e que confere ao cidadão, como membro da coletividade, o direito de exigir do segundo o cumprimento deste dever jurídico decorrente da gestão de bens e interesses da coletividade[70], pilar indispensável ao exercício da democracia, previsto no art. 70, parágrafo único, da Constituição Federal de 1988, e principal instrumento na efetivação do princípio republicano no Estado Democrático de Direito, pois é por seu intermédio que o administrador público torna-se responsável perante a sociedade pela gestão dos negócios públicos.

É uma obrigação que deve ser concretizada de ofício pelo gestor público, independentemente de sua vontade, em cumprimento da sua missão de atuar em nome do interesse público, de forma a fortalecer o ideal republicano.

É a obrigação constante do administrador público, que, na democracia, recebe uma delegação do povo soberano para gerenciar recursos, mediante estratégias e ações, na busca da satisfação do interesse público. No contexto do regime republicano, funciona como um múnus público, em que o gestor público deve ser representativo de todos os segmentos da sociedade, de forma a atuar como legítimo representante do povo, sem incorrer na prática da corrupção administrativa, conciliando a racionalidade pública com a vontade popular. Neste elemento formal a ideia é o cumprimento da obrigação da prestação de contas ao cidadão, viabilizada pela obrigação de disponibilização de meios, dados e informação relacionados com a atuação administrativa.

A não comprovação da boa e regular aplicação dos recursos públicos em razão da omissão no dever de prestar contas gera a presunção do desvio dos recursos públicos envolvidos. A falta de prestação de contas implica desprezo aos valores éticos e jurídicos inerentes ao exercício de seu ofício, em clara ofensa aos princípios da transparência, legalidade

---

[69] "[...] accountability involves a mutual exchange of responsibilities and potential sanctions between citizens and rulers" (SCHMITTER, Philippe C. Political Accountability in 'Real-Existing' Democracies: Meaning and Mechanisms. Istituto Universitario Europeo Firenze, Italia, 2007. p. 424.

[70] MATIAS-PEREIRA, José. Manual de gestão pública contemporânea. São Paulo: Atlas, 2012, p. 78.

e moralidade[71]. A omissão é constatada quando o gestor não coloca as informações no Portal de Transparência, canal de comunicação com a sociedade[72], ou seja, o gestor público não implementa no sítio eletrônico oficial a prestação de contas.

A Lei de Acesso à Informação que emergiu em 2011 tem nas preocupações de gestão pública transparente uma de suas características marcantes[73]. A necessidade de superação da publicidade no sentido formal, de fato, forçou fomento ao desenvolvimento da cultura de transparência e de controle social na Administração Pública. De igual forma, determinam a LC n. 101/2000, alterada pela LC n. 111/2009, e Decreto n. 7.185/2010 sejam adotados pela União, Distrito Federal, Estados e Municípios instrumentos que garantam a transparência da gestão fiscal, inclusive por meios eletrônicos.

Mas, foi sobretudo pela via da Lei n. 12.527, de 18 de novembro de 2011[74], regulamentando o art. 5º, XXXIII, da Constituição Federal, que se operou um esforço de incrementar a transparência, a participação democrática dos cidadãos, e combater a corrupção[75]. As coordenadas

---

[71] BRASIL. Tribunal Regional Federal da Primeira Região. Apelação Cível AC 2007.40.00.004296-0 / PI. Órgão Julgador: Terceira Turma. Relator: Desembargadora Federal Monica Sifuentes. Data do julgamento: 08/02/2017. Data da publicação: 17/02/2017 e-DJF1.

[72] BRASIL. Tribunal Regional Federal da Primeira Região. Agravo de Instrumento 0061357-54.2016.4.01.0000/MG. Relator: Desembargador Federal Ney Bello. Órgão Julgador: Terceira Turma. Data do julgamento: 14/03/2017. Publicação: 24/03/2017 e-DJF1.

[73] É preciso destacar, ainda, no sentido de viabilizar a Parceria para Governo Aberto (Open Government Partnership – OGP) em 2011, a criação da Infraestrutura Nacional de Dados Abertos (INDA) em 2012 e a Política de Dados Abertos do Poder Executivo Federal em 2016 (Decreto 8.777, de 11 de maio de 2016), além de ter desenvolvido sítio eletrônico de referência para busca e acesso a dados governamentais abertos.

[74] Cabe registrar que a lei de acesso à informação embora não tenha sido a primeira a tratar do tema da promoção da transparência, pois de acordo com a Lei n. 8.429, editada em 1992, o agente público que deixa de prestar contas quando esteja obrigado a fazê-lo comete ato de improbidade e está sujeito a uma série de penalidades, incluindo prisão, e a Lei Complementar n. 101/2001, exige que a prestação de contas deverá ser feita também por meio eletrônico, foi a responsável, juntamente com a política dos dados abertos e as estratégias da governança digital, em contribuir para afirmação de uma prestação de contas mais democrática, de forma a robustecer um clima de confiança recíproca entre Administração Pública e sociedade.

[75] BARCELLOS, Ana Paula de. Acesso à Informação: Os Princípios da Lei n. 12.527/2011. In: Quaestio Iuris, v. 8, n. 3, Rio de Janeiro, 2015. p. 1741-1759.

jurídicas advindas da lei, para lá da concepção formalista e reativa, retirando do indivíduo a integralidade do ônus para obtenção do conhecimento acerca dos atos do poder público, assumiram a dimensão de verdadeiros comandos para as entidades e órgãos públicos divulgarem informações de interesse coletivo, salvo aquelas cuja confidencialidade decorra de lei, prevendo que tal divulgação deve ser feita através de todos os meios disponíveis e, obrigatoriamente, em sítios da Internet.

O incremento da transparência na Administração Pública tornou obrigatória a criação e manutenção, pelos entes federativos, do denominado "Portal da Transparência" para garantir a efetividade da referida lei[76]. Essa manutenção deve ser feita pelo portal da transparência no sentido de estar sendo melhorado e alimentado diariamente pelo Gestor Público, para que atenda de maneira cada vez mais eficiente e completa o comando legal[77]. O cumprimento da lei realça a força normativa da Constituição, na medida em que contribui para a eficácia máxima das normas que asseguram o direito fundamental de acesso à informação e os princípios que regem a atuação da Administração Pública[78].

Neste sentido surge a atuação dos órgãos de controle, especialmente o Ministério Público, que pode, alicerçado no art. 129, III, da Constituição Federal de 1988, instaurar inquérito civil, com o objetivo de verificar o cumprimento das Leis de Acesso à Informação e da Transparência[79], e depois se for o caso propor ação civil pública. Também se destaca na

---

[76] BRASIL. Tribunal Regional Federal da Segunda Região. Agravo de Instrumento n. 0000493-23.2016.4.02.0000. Órgão Julgador: 7ª Turma Especializada. Relator: Desembargadora Federal Luiz Paulo da Silva Araujo Filho. Data do julgamento: 05/10/2016. Data da publicação: 13/10/2016 e-DJF2.

[77] Os critérios de que fez uso foram os elaborados na ação n. 4 de 2015 da Estratégia Nacional de Combate à Corrupção e Lavagem de Dinheiro (ENCCLA), na qual se buscou estabelecer um plano para fomentar, monitorar e cobrar o cumprimento da Lei n. 12.527/11 (Disponível em: http://enccla.camara.leg.br/acoes/acoes-de-2015. Acesso em: 05/120/2016).

[78] BRASIL. Tribunal Regional Federal da Quarta Região. Apelação Cível n. 5002990-05.2016.404.7004/PR. Órgão Julgador: Quarta Turma. Relator: Desembargadora Federal Vivian Josete Pantaleão Caminha. Data do julgamento: 14/06/2017. Data da publicação: 13/10/2016 e-DJF4.

[79] BRASIL. Tribunal Regional Federal da Segunda Região. Agravo de Instrumento n. 0001504-87.2016.4.02.0000 (2016.00.00.001504-0). Órgão Julgador: Turma Especializada III. Relator: Desembargadora Federal Salete Maccalóz. Data do julgamento: 19/07/2016. Data da publicação: 21/07/2016 e-DJF2.

importante função de velar pela transparência administrativa o índice de governança de TI (iGovTI), criado em 2010, no âmbito do 2º Levantamento de Governança de TI (Acórdão 2.308/2010-TCU-Plenário), com o propósito de orientar as organizações públicas no esforço de melhoria da governança e da gestão de TI.

Além desta atuação dos órgãos de controle, é possível o cidadão ajuizar ação popular no sentido de exigir que sejam tomadas as medidas necessárias no cumprimento das exigências existentes para assegurar a correta aplicação dos recursos públicos, aumentando a transparência da gestão pública e permitindo aos cidadãos a fiscalização da aplicação dos recursos públicos.

Com esses mecanismos processuais (ação civil pública e ação popular) pretende-se que sejam regularizadas as pendências que sejam encontradas para promoção da correta implantação do *Portal de Transparência*, atendendo ao disposto na LC n. 131/2009 (arts. 48-A, II, e 52 a 58) e na Lei n. 12.527/2011 (arts. 8º, § 1º, 9º, I, *b*, 10, § 2º, e 30, III). São instrumentos que permitem a fiscalização dos recursos públicos, inclusive os repassados[80].

Outro fator de substancial relevância é que do cumprimento das exigências da Lei de Acesso à Informação, especialmente no tocante à divulgação de informação de interesse público, não sujeita ao sigilo, nos termos do art. 6º da Lei n. 12.527, que prevê o dever dos órgãos e entidades do poder público, observadas as normas e procedimentos específicos aplicáveis, de assegurar a gestão transparente da informação, propiciando amplo acesso a ela e sua divulgação, não cabe indenização por danos morais pela divulgação de remuneração dos agentes públicos. Embora a forma da divulgação possa causar aborrecimentos ao agente, o fato é que ele recebe, em verdade, o valor divulgado[81].

---

[80] BRASIL. Tribunal Regional Federal da Terceira Região. Agravo de Instrumento n. 588044 / SP. Órgão Julgador: Terceira Turma. Relator: Desembargador Federal CARLOS MUTA. Data do julgamento: 07/06/2017. Data da publicação: e-DJF3 Judicial 1 DATA:21/06/2017.
[81] BRASIL. TRIBUNAL REGIONAL FEDERAL DA 4º REGIÃO. APELAÇÃO CIVEL n. 5042797-06.2014.404.7100/RS. **Órgão Julgador:** 4º Turma. Relator: Desembargador Federal CANDIDO ALFREDO SILVA LEAL JUNIOR. Data do Julgamento: 31/05/2017; "A Lei de Acesso à Informação constitui importante propulsor da cultura da transparência na Administração Pública brasileira, intrinsecamente conectado aos ditames da cidadania e da moralidade pública, sendo legítima a divulgação dos vencimentos dos cargos, empregos

No caso da não prestação de contas, o administrador responde por ato de improbidade administrativa, nos termos da Lei n. 8.429/92. O atraso no cumprimento da obrigação de prestação de contas não configura ato de improbidade administrativa, pois as contas foram apresentadas, ainda que tardiamente. A conduta vedada pelo inciso VII do art. 11 da Lei n. 8.429/92 é deixar de prestar contas, não aludindo a atraso por parte da autoridade administrativa. O descumprimento do prazo não se mostra associado a qualquer violação aos deveres de honestidade, imparcialidade, legalidade e lealdade às instituições[82].

A falta de prestação de contas também pode configurar crime de responsabilidade. No sentido jurídico, os Crimes de Responsabilidade são infrações político-administrativas, consistentes em condutas politicamente indesejáveis e violadoras da Constituição, definidas em lei, cometidas por agentes políticos no desempenho de seu mandato, que atentem contra valores político-administrativos (são escolhidos pelo legislador que, por sua vez, leva em conta as necessidades sociais e individuais extraídas da convivência, em condições de dignidade; de forma objetiva e basilar, tais valores são os parâmetros jurídico-constitucionais do comportamento governamental consagrados na Constituição Federal), submetidos a um julgamento feito por órgão político ou legislativo e sujeito às sanções impostas na lei e de natureza política com a perda do cargo e a inabilitação do exercício da função pública por um tempo determinado.

A configuração do Crime de Responsabilidade[83] exige a presença dos seguintes elementos: a) Elemento Pessoal: a pessoa que pode praticar

---

e funções públicas, informações de caráter estatal, e sobre as quais o acesso da coletividade é garantido constitucionalmente (art. 5º, XXXIII, art. 37, § 3º, II e art. 216, § 2º, da CF/88). A divulgação individualizada e nominal das remunerações dos servidores públicos no Portal da Transparência do Governo Federal [...] não se contrapondo aos ditames da Lei 12.527/2011, que, ao normatizar o acesso a informações, determinou que todos os dados estritamente necessários ao controle e fiscalização, pela sociedade, dos gastos públicos sejam obrigatoriamente lançados nos meios de comunicação (MS 18.847/DF, Rel. Ministro MAURO CAMPBELL MARQUES, PRIMEIRA SEÇÃO, julgado em 12/11/2014, DJe 17/11/2014).

[82] BRASIL. TRIBUNAL REGIONAL FEDERAL DA 5º REGIÃO. Agravo de Instrumento n. 08079249120164050000. **Órgão Julgador:** 1º Turma. Relator: Desembargador Federal Manoel Erhardt. Data do Julgamento: 06/04/2017

[83] Crime de Responsabilidade é uma infração político-administrativa, pelos seguintes motivos: a) Razão histórico-tradicional: o sentido empregado de ilícito político-administrativo é empregado nas Constituições, desde a primeira Constituição Republicana, que inseriu em

Crime de Responsabilidade é o agente político, titular de cargo que compõe a estrutura fundamental do Estado; b) Elemento Funcional: o agente deve praticar o Crime de Responsabilidade no exercício do cargo, devendo existir, portanto, o nexo causal entre a conduta política ilícita, consubstanciada na exorbitância dos limites legais e morais da normalidade funcional e no desvio das finalidades públicas, com a função exercida; c) Elemento Material: o Crime de Responsabilidade é um atentado à Constituição; d) Elemento Consequencial: o agente que praticar Crime de Responsabilidade sofrerá sanções políticas, quais sejam, a perda do mandato e inabilitação do exercício funcional por tempo determinado; e) Elemento Objetivo: o objeto pode ser um mandato eletivo ou a função administrativa exercida por agente político; f) Elemento Orgânico: é necessário um órgão político para processo e julgamento, que pode ter na sua composição membros do Judiciário. No Direito Brasileiro, os Crimes de Responsabilidade estão previstos no art. 85 da Constituição Federal, no capítulo do Poder Executivo e, no art. 55, no capítulo do Poder Legislativo. No parágrafo único do art. 85 da CF, há a previsão de que os Crimes de Responsabilidade serão definidos em lei especial, que estabelecerá as normas de processo

seu texto os Crimes de Responsabilidade do Presidente da República; b) Razão consequencial: os Crimes de Responsabilidade são fatos sujeitos às sanções políticas como a perda do mandato e a inabilitação do exercício da função pública por um tempo específico. O próprio Supremo Tribunal Federal manifestou posição favorável de que a sanção resultante do "impeachment" é – sanção política (HC 42108/PR); c) Razão procedimental: o processo de apuração e julgamento dos Crimes de Responsabilidade é de natureza político-administrativa, pois está submetido a uma jurisdição política, ou seja, o procedimento é dirigido por um órgão político, qual seja o Legislativo; os interesses envolvidos na apuração e julgamento são políticos, pois o objetivo é tirar do cargo agentes políticos que afrontam a Constituição e as leis, em total desrespeito à segurança jurídica da Nação, por um julgamento baseado em critérios políticos de conveniência; a parte envolvida no polo passivo é agente político e, os equiparados pela legislação; o Judiciário não pode rever o mérito da decisão legislativa a respeito do Crime de Responsabilidade e o objeto é um mandato, direito da coletividade outorgante; d) Razão valorativa: os Crimes de Responsabilidade são infrações que ofendem valores político-administrativos consagrados na ordem jurídica; e) Razão ativa: os Crimes de Responsabilidade só podem ser praticados por agentes políticos, que devem atuar sob a lei e a Constituição, para o resguardo da integridade governamental e a efetivação do direito do povo a uma administração honesta, eficiente, regular e adaptada à realidade social.

e julgamento[84]. Na classificação de José Afonso da Silva[85], trata-se de norma constitucional de eficácia limitada, pois apresenta aplicabilidade indireta, mediata e reduzida, necessitando da atuação do legislador infraconstitucional para que sua eficácia possa se produzir. E, por fim, o elemento material que diz respeito ao conteúdo das informações e razões e os limites que elas devem observar. Esse elemento significa visibilidade na prestação de contas, ou seja, a Administração Pública deve criar uma comunicação aberta com os cidadãos, integrando a essa prestação de contas um compartilhamento esclarecido das informações sobre as suas atividades[86]. É precisamente esse sentido que denota a expressão *ansewerability*. Nesta acepção os agentes precisam revelar o que e o porquê de seus atos. Nos dias atuais, trata-se de uma relação dialógica com interação entre *accountee* e *accountor*, em oposição a uma Administração Pública verticalizada com atuação imperativa e unilateral[87].

É importante acentuar que a prestação de contas, como instrumento da transparência, exige uma atuação proativa da Administração Pública

---

[84] O primeiro diploma legal a definir os Crimes de Responsabilidade, trazendo em seu bojo além da especificação das condutas reprováveis, o procedimento da responsabilidade foi a Lei n. 15 de outubro de 1827, dispondo sobre a responsabilidade dos Ministros e Secretários de Estado, e dos Conselheiros de Estado. Com o advento da Constituição de 1891, surgiu a necessidade de lei especial para definição dos Crimes de Responsabilidade, bem como para o regulamento da sua acusação e de seu processo e julgamento. A necessidade de regulamentação por lei especial foi reproduzida nos textos das Constituições de 1946, 1967 e 1969. A exigência de lei especial prevista no texto da Constituição de 1891, deu origem ao surgimento de duas normas: a) o Decreto n. 30, de janeiro de 1892, que especificou os Crimes de Responsabilidade; b) o Decreto n. 27, de janeiro de 1892, que regulou o processo e julgamento dos Crimes de Responsabilidade. Ambos os Decretos editados à época da Constituição de 1891, foram mantidos até a entrada em vigor da Lei n. 1.079/50. A Lei n. 1.079/50, editada sob a égide da Constituição de 1946, além de estabelecer normas de processo e julgamento, definiu os Crimes de Responsabilidade.

[85] SILVA, José Afonso. Aplicabilidade das normas constitucionais. São Paulo: Malheiros, 1998.

[86] ZUCCOLOTTO, R.; TEIXEIRA, M. A. C.; RICCIO, E. L. Transparência: reposicionando o debate. In: Revista Contemporânea de Contabilidade, Florianópolis, v. 2, n. 25, p. 137--158, jan./abr., 2015; TRANSPARENCY INTERNATIONAL. Guía de lenguaje claro sobre la lucha contra la corrupción. 2009. Disponível em: <http://www.transparencia.pt/wp-content/uploads/2012/03/Plain-Language-Guide-ES.pdf>. Acesso em: 8 nov. 2014, p. 44.

[87] BOVENS, Mark. Public accountability. In: The Oxford handbook of public management. Nova York: Oxford University Press, 2005. p. 182-208.

de reduzir o distanciamento entre Administração Pública e sociedade, pelo compartilhamento esclarecido dos seus atos (demonstrar o que fez, como fez e para que se fez). Sua finalidade é tornar claro e compreensível o conteúdo da informação para efetivação da cidadania, no que lhes competir acompanhar criticamente os atos do poder[88].

Neste cenário, a visibilidade, além de possibilitar a compreensão da atuação administrativa pela coletividade, gera credibilidade, reduz da assimetria da informação, provoca uma maior aproximação entre a Administração Pública e sociedade[89], e tem o potencial de fomentar o controle social no comportamento da Administração Pública, no sentido de avaliar não apenas a legalidade, mas a legitimidade na conduta administrativa, gerando o que Tolila afirma de uma discussão real sobre as estratégias, os investimentos, as orientações e a satisfação dos direitos e necessidades dos cidadãos no âmbito democrático[90].

A interação entre Administração Pública e cidadão para maior interferência popular nos espaços de construção das decisões públicas, num contexto de processo democrático inclusivo, depende de instrumentos que busquem aproximar o poder público de todas as demandas da sociedade, com a promoção da participação da sociedade na elaboração, debate e votação de propostas para solução de problemas sociais[91].

---

[88] SS 3.902-AgR-segundo, rel. Min. Ayres Britto, j. 09.06.2011, Informativo 630.

[89] LOCK, F. N. Transparência da gestão municipal através das informações contábeis divulgadas na Internet. 2003. 111 p. Dissertação (Mestrado em Gestão Pública) – Universidade Federal de Pernambuco, Recife, 2003; VERRECCHIA, R. E. Essays on disclosure. In: Journal of Accounting and Economics, v. 32, p. 97-180, jun. 2001.

[90] TOLILA, P. Cultura e Economia. São Paulo: Iluminuras/Itaú Cultural, 2007.

[91] COLOMBO, Clecia. Innovación democrática y TIC, ¿hacia una democracia participativa? In: Revista de los Estudios de Derecho y Ciencia Política de la UOC, Catalunha, 2006; OLIVEIRA, Thiago Paulo Silva de. Participação Popular via Internet: o próximo passo do governo eletrônico? In: Portal de e-governo, inclusão digital e sociedade do conhecimento, UFSC, Nov./2008; MEZZAROBA, Orides; BERNARDES, Marciele Berger. Democracia Eletrônica no Brasil: reflexões sobre o uso da internet nos processos eleitorais-Lei N.12034/09. In: XIX Encontro Nacional do CONPEDI, 2010, Fortaleza, Anais, p.3955-3964; SANTOS, Simone; MENDES, Sílvia M; AMARAL, Luís. E-government e Outras Políticas Públicas para o Fomento de Participação Pública. In: Repositório UM – Universidade do Minho, Núcleo de Estudos em Administração e Políticas Públicas, Documento de Trabalho, 2006; NUNES, Denise Silva. Desdobramentos da Democracia Brasileira partir da Experiência do Governo Aberto. In: XII Seminário Internacional de Demandas Sociais e Políticas Públicas na Sociedade Contemporânea, VII Mostra de Trabalhos Jurídicos Científicos, 2015.

Neste contexto, o elemento material na *accountability* é revelado por processos e estruturas promovidos pela Administração Pública Federal Brasileira em duas dimensões da transparência[92]: *a do esclarecimento* relacionada com o acesso cognitivo à informação pública, e a *do compartilhamento,* que envolve o acesso físico à informação pública. Essas dimensões conjugadas ao aproximar o cidadão no acompanhamento da função pública contribuem para a transformação de uma Administração Pública fechada para uma atuação aberta e democrática[93].

7. Dimensões da *Accountability* Democrática: Concretização da Transparência Administrativa
7.1. Dimensão do Esclarecimento

A tratar da questão do esclarecimento, Vygotsky[94] chama a atenção ao afirmar que "uma palavra que não representa uma ideia é uma coisa morta, da mesma forma que uma ideia não incorporada em palavras não passa de uma sombra".

Na dimensão do esclarecimento, a Administração Pública fornece ao cidadão comum qualidade informacional e justificativa administrativa. Contudo, não nos parece satisfatório que a prestação de contas transparente só fique cumprida por uma dimensão discursiva de justificativa demonstrativa e qualitativa da ação administrativa, sendo necessário

---

[92] "La necesidad de transparencia en la actuación pública es una exigencia irrenunciable en las sociedades modernas, que demandan, cada vez en mayor medida, que la ciudadanía pueda conocer lo que hacen, y como lo hacen, sus representantes y el resto de servidores públicos". (MUÑOZ, J. R.-A.; GARCÍA, M. Á. S. G. Transparencia: acceso a la información y el buen gobierno. Granada: Comares, 2014, p. 93).

[93] A integração das dimensões visa concretização do afastamento do segredo administrativo, a fim de tornar o funcionamento da administração mais democrático e mais transparente. A ideia é defender a transparência não apenas como um requisito de gestão, mas como garantia da preservação de direito a uma Administração Pública honesta, excluindo a redução do significado da transparência à somente publicidade dos atos da Administração Pública, e incluindo meios que aumente o controle social, a fim de viabilizar a democratização da vida administrativa e combater a corrupção (DELPIAZZO, C. E. De la publicidad a la transparencia en la gestión administrativa. Revista de Derecho de La Universidad de Montevideo. Disponível em: <http://revistaderecho.um.edu.uy/wp-content/uploads/2012/12/Delpiazzo-De-la-publicidad-a-la-transparencia-en-la-gestion-administrativa.pdf>. Acesso em: 5 set. 2013).

[94] VYGOTSKY, L. S. Pensamento e linguagem. Edição eletrônica: Ed Ridendo Castigat Mores, 2002. Disponível em: <http:// www.ebooksbrasil.org>. Acesso em: 10 maio 2015.

integrar uma dimensão punitiva com aplicação de sanções cabíveis em virtude de irregularidades na execução e na prestação de contas transparente devidas pela gestão pública. Assim, se a prestação de contas não for cumprida, surge a dimensão punitiva, que é a capacidade de aplicar sanções aos agentes públicos em caso de violação das obrigações impostas. Corresponde ao *enforcement*[95]. Nesse viés, analisa-se o termo da *accountability* através de dois elementos: a) conduta irregular: omissão//insuficiência e/ou desconformidade da informação e justificação usadas pelos gestores públicos na prática de seus atos[96]; b) aplicação da sanção: será feita em conformidade com a gravidade do fato e com as normas da ordem jurídica, podendo assumir natureza penal e/ou extrapenal[97].

Centrando-nos na qualidade informacional, ela constitui uma das notas mais expressivas da ideia de transparência e que compreende uma série de atributos reveladores de uma atuação administrativa comunicativa e interativa. Com efeito, qualidade informacional é a manutenção de um fluxo de informações de fácil acesso e úteis ao exercício da cidadania, e que sejam pertinentes, confiáveis, inteligíveis e oferecidas no momento oportuno. A divulgação deve transformar o acesso em real e verdadeiro conhecimento acerca dos atos da Administração Pública. É certo que quanto maior for a quantidade de informação disponível abertamente pelo governo e sobre o governo, menor será a possibilidade de este governo conseguir ocultar atos ilegais, corrupção e má administração[98].

---

[95] BEHN, Robert D. Rethinking democratic accountability. Washington: Brookings Institution Press, 2000, p. 13; SCHEDLER, Andreas. ¿Qué es la rendición de cuentas? In: Cuadernos de Transparencias, México, v. 3, p. 7-46, ago. 2004, p. 16.

[96] Há improbidade administrativa na omissão dolosa do administrador, pois o dever de prestar contas está relacionado ao princípio da publicidade, tendo por objetivo dar transparência ao uso de recursos e de bens públicos por parte do agente estatal. Todavia, o simples atraso na entrega das contas, sem que exista dolo na espécie, não configura ato de improbidade (BRASIL. Superior Tribunal de Justiça. Agravo Regimental no Recurso Especial n. 1382436. Relator: Humberto Martins. Data de Julgamento: 20/08/2013. DJe 30/08/2013 – informativo 529/2013 do STJ).

[97] JENKINS, Rob. The role of political institutions in promoting accountability. In: ____. Performance accountability and combating corruption. Washington: World Bank Publications, 2007. p. 135-182.

[98] UHLIR, P. F. Diretrizes políticas para o desenvolvimento e a promoção da informação governamental de domínio público. Brasília: Unesco, 2006, p. 14.

A gestão pública que possua mecanismos de abertura informacional é o pilar do desenvolvimento de decisões governamentais adequadas, donde a crítica e o debate aberto possibilitam um melhor conhecimento dos dados administrados pelo Estado. O dever de visibilidade no campo da informação pública enfrenta o desafio de transformar a informação em real e efetivo conhecimento através da compreensão. A intenção é apresentar no campo da informação pública, sob o influxo da realidade digital, a fim de criar uma interação entre Estado e a sociedade, a maneira de a Administração Pública possibilitar a abertura de informações, não no sentido do aparelhamento técnico e da consequente reorganização administrativa, mas com enfoque nas questões qualitativas da "arquitetura da informação"[99].

O reconhecimento da existência de atributos que permitem a compreensão da informação pública é conquista cognitiva relacionada com o seu acesso intelectual, ou seja, com a possibilidade de apropriação pelo cidadão, que, por sua vez, envolve não apenas a linguagem utilizada em documentos públicos, mas a apresentação pelo formato da publicação da informação pública. Neste sentido, a dimensão intelectual coloca em debate a questão epistemológica no campo da informação pública, com influência da linguística, e da ciência da informação na comunicação.

Constituindo a linguagem da informação pública, uma representação do agir estatal empregado no aprimoramento da vida em comum, é consequência natural que seja dotada de características capazes de esclarecer os programas e os respetivos gastos da ação governamental voltados à satisfação das necessidades da coletividade.

Neste sentido, se a linguagem informacional representa conjugação e complementariedade de diversos tipos de signos[100], disso decorre que

---

[99] (PERUZZOTTI, E. Accountability. In: AVRITZER, L. et al (Orgs.). Corrupção: ensaios e críticas. Belo Horizonte: Editora UFMG, p. 482; "Quanto mais as ideias são expostas a debate aberto, mas se estimula à exibição de suas falhas e mais favoráveis se tornam às condições para que estas sejam evitadas. Mas a crítica só seve para alguma coisa se feita com conhecimento de causa.... Não porque isso seja politicamente correto, mas porque melhora a eficiência de sua gestão" (ABRAMO, C. W. Acesso e a informação e eficiência do Estado. Disponível em: <http://www.buscalegis.ufsc.br/revistas/files/anexos/5894-5886-1-PB.pdf>. Acesso em: 12 ago. 2014).

[100] PÉREZ TORNERO, J. M. Los nuevos procesos de mediación: del texto al hipermedia, en comunicación y educación en la sociedad de la información. Barcelona: Paidós, 2000.

o conteúdo da informação deve ser equilibrado no sentido de abranger tanto os riscos como os benefícios da atuação do Estado, com menção da necessidade e dos cuidados específicos na ação governamental, bem como adequado para que o cidadão comum entenda a mensagem.

Assim, não basta saber a ação governamental direcionada a buscar o aprimoramento da vida em comum, mas o resultado gerado da adoção das políticas e programas executados pelo setor público e se esse mesmo efeito poderia ser alcançado naquela conjuntura institucional, e ainda de acordo com as metas fiscais e com menores custos para o contribuinte, dentro da projeção para o futuro mais próximo.

Embora seja difícil encontrar um critério de mensuração da qualidade da informação pública[101], podemos estabelecer parâmetros mínimos para que seja considerada como apta para os cidadãos. Assim, a linguagem da informação pública como instrumento de revelação do agir estatal é estruturada de forma a representar o conteúdo da informação, de forma a reduzir incerteza e gerar conhecimento da ação pública pelo cidadão comum, deve ser clara, útil, confiável, acessível e inteligível.

Em relação às informações úteis ao exercício da cidadania, a ideia é excepcionar o sigilo de forma justificada, e democratizar as informações num processo de difusão do conhecimento e crescimento social, com função renovadora no contrato social a partir de uma participação horizontalizada e includente. Este desafio torna-se indispensável para que o cidadão forme opinião, consiga avaliar e agir no sentido de exigir as providências para proteção do interesse público cabíveis dos órgãos públicos competentes. Dowbor acentua a ideia da apropriação social da informação pública quando muda a concepção para elevar a consideração daquilo que a sociedade precisa saber para uma participação política informada[102].

---

[101] "A informação nunca será exata porque depende do contexto; nunca está isolada, tem vida própria e sua qualidade depende da visão, do nível de conhecimento, da interpretação de seu receptor. A busca da qualidade total da informação é similar à busca do eldorado" (PAIM, I; NEHMY, M. R. Q; GUIMARÃES, C.G. Problematização do conceito de "qualidade" de informação. In: Perspectivas da Ciência da Informação. Belo Horizonte, v.1, n. 1, p. 111-119, jan./jun. 1996. Disponível em: http://portaldeperiodicos.eci.ufmg.br/index.php/pci/article/view/8. Acesso em janeiro de 2013.
[102] DOWBOR, L. Informação para a cidadania e o desenvolvimento sustentável. Acessível em http://dowbor.org/04infocid.doc. Acesso em 17/07/2013, p. 8.

A confiança na informação pública é gerada quando for atual, verdadeira e disponível para os cidadãos em vários formatos, proporcionando o acesso para pessoas diferentes, com necessidades e possibilidades diferentes, a tempo de poder influenciá-los em suas decisões. O atributo fundamental é também ser completa. Por exemplo, em relação às contas públicas o cumprimento do dever abrange não apenas das contas que demonstram o retrato da situação das finanças da unidade federativa (União, Estados, DF e Municípios), mas também contas dos administradores e gestores de recurso público, que revelam o cumprir do orçamento, dos planos de governo, dos programas governamentais, demonstram os níveis de endividamento, o atender aos limites de gasto mínimo e máximo previstos no ordenamento para saúde, educação, gasto com pessoal, nos termos da Lei n. 4.320/64.

A acessibilidade diz respeito à sua utilização desde que não infrinja qualquer direito legal, ou qualquer obrigação de confidencialidade, já que a regra geral na Administração Pública é não guardar nenhum segredo e tudo divulgar, exceto diante de ordem legal expressa em sentido contrário, que deve ser interpretada restritivamente pelo administrador e juiz. A transmissão proativa de informações constitui dever dos órgãos e entidades públicas com informações de interesse coletivo ou geral. A diretriz na divulgação de informações é a de excepcionalidade do sigilo, devendo ser a divulgação decidida com base no interesse geral do controle social dos atos da Administração Pública.

Neste cenário, em relação à decisão do que pode ser divulgado, são necessários dois requisitos cumulativos: a) é que a informação seja de interesse público; b) que o sigilo seja justificado, e determinado em casos excepcionais previstos na legislação constitucional e infraconstitucional. Neste sentido, Carlos Eduardo Copetti Leite, em parecer proferido em processo em Apelação Cível julgada no Tribunal Regional Federal da 4ª Região[103]:

> Modernamente, o Estado de Direito funda-se na responsabilidade social de prestação de informações sobre o que se administra. De fato,

---

[103] BRASIL. Tribunal Regional Federal da Quarta Região. Apelação Cível Processo: 0004240-52.2002.404.7004. Órgão julgador: Terceira Turma. Relator: Maria Lúcia Luz Leiria. Data do julgamento: 01/02/2011.

informar sobre o desempenho de atribuições, e deveres legais e regulamentares, é conduta-suporte da transparência administrativa e, por isso, instrumento destinado a proporcionar o controle social dos atos do Poder Público. Assim, prestar contas deixou de ser mero relatório sobre exercer corretamente atribuições ou realizar incumbências determinadas, para se caracterizar como resposta à coletividade sobre a responsabilidade dos agentes políticos e administradores públicos pelos atos que praticam no gerenciamento da *res publica*.

No âmbito da Administração Pública Brasileira são duas as hipóteses de sigilo de informação pública: a) segurança do Estado e da sociedade; b) privacidade e intimidade dos indivíduos. No caso de segurança do Estado e da sociedade temos informações que coloquem em risco a soberania do Estado, a economia do Estado, as Forças Armadas, Tecnologia do Estado e Instituições ou Autoridades do Estado.

Em relação à informação de interesse público, temos discussões fomentadas no Brasil, pelos juízes e tribunais, a respeito do tema. O primeiro caso é a *Divulgação Nominal dos Rendimentos dos Magistrados*.

A propósito do art. 7º, VI, do Decreto n. 7.724/2012, preceito que disciplina a obrigatoriedade de divulgação em *sites* da remuneração e subsídio recebidos por ocupante de cargo, posto, graduação, função e emprego público, incluindo auxílios, ajudas de custo, *jetons* e quaisquer outras vantagens pecuniárias, bem como proventos de aposentadoria e pensões daqueles que estiverem na ativa, de maneira individualizada, conforme ato do Ministério do Planejamento, Orçamento e Gestão, é importante analisar o objeto dessa divulgação e dos termos de seu alcance à luz dos preceitos constitucionais relativos aos direitos e garantias de privacidade do servidor público.

Na perspectiva da controvérsia subjacente à análise, a questão colocada prende-se ao fato de interpretar se a transparência administrativa deve englobar a publicação de dados individualizados da remuneração dos servidores públicos, como uma informação necessária a um controle social saudável. Assim, a informação dos dados interessa à sociedade como um todo, fazendo prevalecer transparência, ou a informação interessa apenas ao servidor, em respeito à sua privacidade.

Antes de iniciar nossa análise, cabe registrar que o decreto em questão é regulamentador da Lei n. 12.527/2011, a lei do acesso de informação no

Brasil. Na Lei a referência sobre a divulgação da remuneração dos servidores consta no art. 7º, VI, da seguinte forma:

> O acesso à informação de que trata esta Lei [a lei do acesso à informação] compreende, entre outros, os direitos de obter:
> [...]
> VI – informação pertinente à administração do patrimônio público, utilização de recursos públicos, licitação, contratos administrativos.

A favor da divulgação nominal dos rendimentos dos magistrados, utiliza-se como argumento a transparência vista como um valor constitucional que deve ser otimizado para o exercício consistente do controle oficial e social dos gastos públicos.

A transparência é um princípio que, para além da simples publicidade do agir de toda a Administração Pública, propicia o controle da atividade estatal até mesmo pelos cidadãos, em respeito ao princípio republicano. Neste sentido[104]:

> A prevalência do princípio da publicidade administrativa outra coisa não é senão um dos mais altaneiros modos de concretizar a República enquanto forma de governo. Se, por um lado, há um necessário modo republicano de administrar o Estado brasileiro, de outra parte é a cidadania mesma que tem o direito de ver o seu Estado republicanamente administrado. O "como" se administra a coisa pública a preponderar sobre o "quem" administra – falaria Norberto Bobbio –, e o fato é que esse modo público de gerir a máquina estatal é elemento conceitual da nossa República. O olho e a pálpebra da nossa fisionomia constitucional republicana. A negativa de prevalência do princípio da publicidade administrativa implicaria, no caso, inadmissível situação de grave lesão à ordem pública.

É do regime democrático que a população exerça controle sobre gestão pública. A não divulgação nominal representa obstáculo à

---

[104] BRASIL. Supremo Tribunal Federal. SEGUNDO AG. REG. NA SUSPENSÃO DE SEGURANÇA SS 3902 AgR-segundo / SP – SÃO PAULO. Órgão julgador: Tribunal Pleno. Relator: Min. AYRES BRITTO. Data de julgamento: 09/06/2011. RTJ VOL-00220-01 PP-00149.

concretização de política pública da efetiva publicidade aos gastos públicos no Portal da Transparência.

Desta forma, impedir a divulgação de parcela relevante dos gastos públicos viola a regular ordem administrativa, prejudicando o acompanhamento público da gestão dos bens e interesses da coletividade.

Outro argumento favorável à divulgação nominal é que as informações reveladas na divulgação são de interesse coletivo ou geral (informação de caráter estatal, decorrente da natureza pública do cargo e a respeito da qual toda a coletividade deve ter acesso), nos termos da 1ª parte do inciso XXXIII do art. 5º da Constituição Federal de 1988. Na Administração Pública a área de recursos humanos assume a função de instrumental necessário para diante da sinergia do esforço conjunto buscar a satisfação das necessidades de coletividade[105]. Nesta área, as pessoas que prestam serviços ao Estado são os agentes públicos.

Os partidários da transparência, nesta divulgação nominal, afirmam não existir violação à privacidade ou intimidade do servidor, já que não está em jogo nem a segurança do Estado nem do conjunto da sociedade.

Na condição de agentes públicos, agindo nesta qualidade (art. 37, § 4º, da CF), o servidor público não sofre violação na sua segurança pessoal, pois não se revela o endereço residencial, o CPF e a CI de cada servidor, além do que é o preço que se paga pela opção por uma carreira pública no seio de um Estado republicano.

Em sentido contrário, a divulgação nominal viola a segurança pessoal dos servidores públicos, pois expõe os servidores e suas famílias a situações de perigo, em especial numa realidade social brasileira de insegurança pública.

Além de violar a segurança pessoal, a divulgação nominal não é informação necessária a um controle social saudável, já que configura como uma restrição[106] desnecessária aos valores constitucionais da privacidade

---

[105] "[...] as organizações são constituídas de pessoas e dependem delas para atingir seus objetivos e cumprir suas missões." (CHIAVENATO, Idalberto. Gestão de pessoas: o novo papel dos recursos humanos nas organizações. Rio de Janeiro: Campus, 1999, p. 5-6).

[106] Em geral, não se suscitam dúvidas na doutrina quanto à qualificação dos direitos fundamentais como relativos, possibilitando a existência de restrições aos direitos fundamentais (Sobre o tema da relatividade dos direitos fundamentais, v. SARMENTO, Daniel. Interesses públicos vs. Interesses Privados. In: SARMENTO, Daniel (Org.) Interesses Públicos, Interesses Privados: Desconstruindo o Princípio da Supremacia do Interesse Público. Rio

e intimidade do servidor público, em prejuízo à dignidade da pessoa humana.

O posicionamento contrário à divulgação nominal sustenta que a divulgação de pagamento já permite o controle social dos gastos sobre o erário, sendo desnecessário realizar a divulgação nominal.

Em termos metódicos, a nossa análise começa com um enquadramento do tema no contexto da restrição aos direitos e garantias fundamentais. Este enquadramento afigura-se necessário para verificar se a transparência pode ser restringida, e ainda por meio de um decreto regulamentador.

Após esse enquadramento, surge a necessidade de identificar se os dados relativos ao patrimônio e remuneração dos servidores públicos são protegidos pela transparência ou pela privacidade. E, ainda, se existe relevância no fato do detalhamento dos referidos dados. Trata-se da delimitação do âmbito de proteção constitucional para definir o objeto e o conteúdo principal dos bens jurídicos.

O segundo caso é o *Sigilo Bancário de Contas Públicas*. A incidência do sigilo bancário de contas públicas envolve o confronto de dois valores constitucionalmente assegurados, o da privacidade/intimidade, nos termos do art. 5º, X, da CF, que estabelece "são invioláveis a intimidade, a vida privada, a honra e a imagem das pessoas", e a publicidade com o escopo de manter a transparência na prática dos atos da Administração Pública.

No caso de prevalecer privacidade/intimidade, é possível afirmar a existência da garantia de sigilo bancário em relação às contas públicas. Ao contrário, no caso de prevalecer transparência, não existirá a referida garantia, de forma que é lícita a requisição de informações bancárias

---

de Janeiro: Lumen Juris, 2005; NOVAIS, Jorge Reis. As restrições aos Direitos Fundamentais não expressamente autorizadas pela Constituição. Coimbra: Coimbra Editora, 2003; HABERLE, Peter. La Garantia del contenido esencial dos direitos fundamentais. Madrid: Dykinson, 2003; CANOTILHO, José Joaquim Gomes. Direito Constitucional e Teoria da Constituição. Coimbra: Editora Almedina, 2008; ALEXY, Robert. El concepto y la validez del derecho. Barcelona: Gedisa Editorial, 2004; LUQUE, Luis Aguiar de. Los límites de los Derechos Fundamentales. In: Revista del Centro de Estudios Constitucionales, n. 14, enero--abril 1993, p.14; SILVA, Virgílio Afonso da. O conteúdo essencial dos direitos fundamentais e a eficácia das normas constitucionais. In: RDE. Revista de Direito do Estado. n. 4, p. 23-51, out.-dez. 2006).

de titularidade de ente público com o fim de proteger o patrimônio público[107]. Na busca de solucionar este confronto, serão utilizados dois critérios de análise: a) a titularidade da informação; b) o conteúdo da informação.

A privacidade, como direito fundamental integrante da personalidade, e direito humano consagrado em diversos documentos internacionais[108], tem como titular da informação a pessoa humana, indivíduos que compõem a sociedade e das pessoas jurídicas de direito privado.

Em relação ao conteúdo da informação, a privacidade envolve informações acerca do indivíduo que ele pode decidir manter sob seu exclusivo controle, ou comunicar, decidindo a quem, quando, onde e em que condições[109]. Abrange informações da vida privada, da personalidade e da esfera íntima.

Além dos atos da vida pessoal não secreta que devem ser subtraídos da curiosidade pública[110], a privacidade abrange a intimidade como um espaço fechado da própria pessoa, com os seus segredos, sentimentos e particularidades. É o direito de estar só ou de ser deixado tranquilo[111].

No que tange às contas públicas, o titular é a Administração Pública, ou ainda qualquer pessoa física ou jurídica, pública ou privada, que

---

[107] Não são nulas as provas obtidas por meio de requisição do Ministério Público de informações bancárias de titularidade de prefeitura municipal para fins de apurar supostos crimes praticados por agentes públicos contra a Administração Pública (informativo n. 572/2015 do STJ).

[108] Artigo XII – Ninguém será sujeito a interferências na sua vida privada, na sua família, no seu lar ou na sua correspondência, nem ataques à sua honra e reputação. Toda pessoa tem direito à proteção da lei contra tais interferências ou ataques (Declaração Universal dos Direitos do Homem); Artigo 11 – Toda pessoa tem direito ao respeito de sua honra e ao reconhecimento de sua dignidade; Ninguém pode ser objeto de ingerências arbitrárias ou abusivas em sua vida privada, na de sua família, em seu domicílio ou em sua correspondência, nem de ofensas ilegais à sua honra ou reputação; Toda pessoa tem direito à proteção da lei contra tais ingerências ou tais ofensas (Convenção Americana dos Direitos do Homem).

[109] SILVA, José Afonso. Curso de Direito Constitucional Positivo. São Paulo: Malheiros, 2012, p. 102.

[110] TEIXEIRA, Manoel Pinto & MENDES, Victor. Casos e Temas de Direito da Comunicação. Porto: Legis, 1996,

[111] DOTTI, René Ariel. Proteção da Vida Privada e Liberdade de Informação. São Paulo: Revista dos Tribunais, 1980, p. 68; ANDRADE, Manoel Costa. Liberdade de informação e Inviolabilidade Pessoal. Coimbra: Coimbra Editora, 1996, p. 96/97.

utilize, arrecade, guarde, gerencie ou administre dinheiros, bens e valores públicos.

Quanto ao conteúdo, o tema das contas públicas é de interesse público, devendo ser acessível à coletividade, pois a sociedade tem o direito de conhecer o destino dos recursos públicos, como consectário do Estado Democrático de Direito, fundamentado numa responsabilidade transparente da Administração Pública[112].

O terceiro caso é a transparência nos gastos com o Cartão Corporativo. A preocupação fundamental da transparência administrativa é disponibilizar informações de interesse público. A decisão nesta divulgação deve ser feita levando em conta o critério de utilidade para cidadania. Neste sentido, resta identificar se os documentos e informações a respeito dos gastos efetuados com cartão corporativo do Governo Federal podem ser divulgados ou se, ao contrário, há alguma justificativa para mantê-los em sigilo.

Cartão Corporativo do Governo Federal é um meio de pagamento utilizável pelos órgãos e entidades das administrações públicas federais integrantes do orçamento fiscal e da seguridade social, para pagamento de despesas públicas. Instrumento de validade internacional, emitido em nome da Unidade Gestora, com identificação do portador, visa satisfazer despesas ordinárias (realizadas com compra de material e prestação de serviços, inclusive enquadradas como suprimentos de fundos) ou especiais (outras despesas autorizadas por ato conjunto dos Ministros de Estado do Planejamento, Orçamento e Gestão e da Fazenda).

A normatização do cartão corporativo iniciou-se em 1998 com o Decreto n. 2.809[113], que determinava o uso do referido instrumento para aquisição de passagem para transporte aéreo, nacional e internacional, pelos órgãos e pelas entidades da Administração Pública Federal direta,

---

[112] A regra é a transparência nos atos da Administração Pública, como exigência inderrogável da democracia e do Estado de Direito (BRASIL. SUPERIOR TRIBUNAL DE JUSTIÇA. Mandado de Segurança n. 20543. Relator: Ministro OG Fernandes. Órgão Julgador: Primeira Seção. Data do julgamento: 10/06/2015. DJe: DJ 18/06/2015).

[113] Independentemente da forma de pagamento, nos bilhetes de passagens aéreas deverá constar a seguinte informação: "PAGAMENTO À CONTA DE RECURSOS PÚBLICOS, REEMBOLSÁVEL EXCLUSIVAMENTE AO ÓRGÃO REQUISITANTE OU COMPRADOR".

autárquica e fundacional[114]. Pode-se perceber na dinâmica evolutiva dos decretos regulamentadores do cartão corporativo tendência de ampliar o uso do instrumento no atendimento das despesas públicas.

Em 2001 surge o Decreto n. 3.892, que amplia a utilização do cartão corporativo para incluir também a aquisição de materiais e serviços de pronto pagamento e de entrega imediata, enquadrados como suprimento de fundos. Eram admitidas transações por meio de saques em moeda corrente para atender às despesas enquadradas como Suprimento de Fundos (art. 6º do Decreto n. 3.892/2001 combinado com a Portaria n. 265/2001 do Ministério do Planejamento, Orçamento e Gestão).

Em 25 de janeiro de 2005, surge o Decreto n. 5.355, alterado pelo Decreto n. 5.635/2005, disciplinando o cartão corporativo com alteração para Cartão de Pagamento do Governo Federal, passível de ser utilizado pelos órgãos e entidades da Administração Pública federal direta, autárquica e fundacional, para pagamento das despesas realizadas com aquisição de materiais e contratação de serviços de pronto pagamento e de entrega imediata enquadrados como suprimento de fundos, prestação de serviços de cotação de preços, reservas e emissão de bilhetes de passagens, desde que previamente contratadas, vedado o saque em moeda corrente para pagamento da despesa, e pagamento de diária de viagem a servidor, destinada às despesas extraordinárias com pousada, alimentação e locomoção urbana, bem como de adicional para cobrir as despesas de deslocamento até o local de embarque e do desembarque ao local de trabalho ou de hospedagem e vice-versa.

O assunto relacionado com o cartão corporativo é de interesse público, pois envolve gastos com o dinheiro público. No entanto, surge a indagação a respeito se a divulgação das informações relacionadas violaria o sigilo em razão da necessidade de restrição de acesso público

---

[114] Era vedada aquisição de passagem aérea mediante a utilização de cartão de crédito corporativo quando não houvesse saldo suficiente para o atendimento da despesa na correspondente nota de empenho, ou utilização com finalidade diversa. Na aquisição deveria ser buscada a passagem pelo menor preço dentre aqueles oferecidos pelas companhias aéreas, inclusive os decorrentes da aplicação de tarifas promocionais ou reduzidas para horários compatíveis com a programação da viagem. O ordenador de despesas é a autoridade responsável pelo uso do cartão de crédito corporativo, pela definição e pelos controles dos limites de créditos rotativos.

fundamentada na imprescindibilidade para a segurança da sociedade e do Estado, nos termos do art. 4º, III, da Lei n. 12.527/2011. No julgamento n. 20.895, o STJ entendeu pela manutenção da transparência nos gastos do cartão corporativo usado pela Presidência da República, sob alegação de inexistir justificativa para manter em sigilo as informações solicitadas, pois não se evidencia atentado contra a segurança do Presidente e Vice-Presidente da República ou de suas famílias[115].

A qualidade informacional[116] é um direito reconhecido no plano nacional – em que o dever do Estado de garantir o direito de acesso à informação de forma transparente, clara e em linguagem de fácil compreensão – tem consagração no nível constitucional (art. 5º, XXIII, combinado com o art. 37, *caput* e § 3º, todos da CF/88), legal (art. 5º da Lei n. 12.527/2011) e infralegal (arts. 2º e 8º, ambos do Decreto n. 7.724/2012, Instrução Normativa n. 4, 12 de abril de 2012, Decreto n. 8.777, de 11 de maio de 2016).

O Brasil regula a qualidade informacional nos dados e informações públicas[117] disponibilizadas no meio eletrônico, adotando uma gestão a serviço da sociedade com dados abertos para garantir que o cidadão

---

[115] BRASIL. Superior Tribunal de Justiça. MS 20895 / DF – MANDADO DE SEGURANÇA. Relator: Ministro NAPOLEÃO NUNES MAIA FILHO. Órgão Julgador: S1 – PRIMEIRA SEÇÃO. Data de julgamento: 12/11/2014. DJe 25/11/2014.

[116] Na presente investigação será analisado o tema da qualidade informacional no contexto da Política de Dados Abertos no Poder Executivo Federal.

[117] "Informação – dados, processados ou não, que podem ser utilizados para produção e transmissão de conhecimento, contidos em qualquer meio, suporte ou formato; II – dados processados – dados submetidos a qualquer operação ou tratamento por meio de processamento eletrônico ou por meio automatizado com o emprego de tecnologia da informação; III – documento – unidade de registro de informações, qualquer que seja o suporte ou formato" (artigo 3º do Decreto 7724/12); "I – dado – sequência de símbolos ou valores, representados em quaisquer meio, produzidos como resultado de um processo natural ou artificial; II – dado acessível ao público – qualquer dado gerado ou acumulado pelo Governo que não esteja sob sigilo ou sob restrição de acesso nos termos da Lei n. 12.527, de 18 de novembro de 2011; III – dados abertos – dados acessíveis ao público, representados em meio digital, estruturados em formato aberto, processáveis por máquina, referenciados na internet e disponibilizados sob licença aberta que permita sua livre utilização, consumo ou cruzamento, limitando-se a creditar a autoria ou a fonte; IV – formato aberto – formato de arquivo não proprietário, cuja especificação esteja documentada publicamente e seja de livre conhecimento e implementação, livre de patentes ou qualquer outra restrição legal quanto à sua utilização" (artigo 2º do Decreto n. 8.777, de 11 de maio de 2016).

possa participar e influenciar as decisões administrativas e as de políticas públicas, sem prejuízo do compartilhamento e integração de base de dados no âmbito da Administração Pública, bem como do respeito a certos limites impostos na proteção da privacidade e segurança do próprio Estado[118].

A partir de setembro de 2011, com a Parceria com o Governo[119] tendo como objetivo promover governos mais transparentes e eficientes, através de uma maior participação, o Brasil, corroborando para democratização do acesso a dados e informações no paradigma de dados abertos, cria uma Política de Dados Abertos do Poder Executivo Federal, formula diretrizes num Plano Nacional de Dados Abertos e implanta a infraestrutura nacional de dados abertos, todos voltados para uma disseminação de dados e informações governamentais com o livre uso pela sociedade, numa linguagem clara na comunicação da Administração Pública com os cidadãos.

No âmbito deste regime jurídico, previsto e disciplinado nos referidos atos normativos, é possível fixar algumas coordenadas fundamentais para propiciar melhorias concretas na interação entre cidadão e Administração Pública, a seguir mencionadas.

---

[118] AGUNE, R. M.; GREGORIO FILHO, A. S.; BOLLIGER, S. P. Governo aberto SP: disponibilização de bases de dados e informações em formato aberto. In: Congresso Consad de Gestão Pública, III, Brasília, 2010; WORLD WIDE WEB CONSORTIUM. W3C. Disponível em: http://www.w3c.br/divulgacao/. Acesso em: 8 jul. 2010; DINIZ, V. Como conseguir dados governamentais abertos. In: Congresso Consad de Gestão Pública, III, Brasília, 2010.

[119] São princípios do Governo Aberto: 1. Completos. Todos os dados públicos estão disponíveis. Dado público é o dado que não está sujeito a limitações válidas de privacidade, segurança ou controle de acesso; 2. Primários. Os dados são apresentados tais como os coletados na fonte, com o maior nível possível de granularidade e sem agregação ou modificação; 3. Atuais. Os dados são disponibilizados tão rapidamente quanto necessário à preservação do seu valor; 4. Acessíveis. Os dados são disponibilizados para o maior alcance possível de usuários e para o maior conjunto possível de finalidades; 5. Compreensíveis por máquinas. Os dados são razoavelmente estruturados de modo a possibilitar processamento automatizado; 6. Não discriminatórios. Os dados são disponíveis para todos, sem exigência de requerimento ou cadastro; 7. Não proprietários. Os dados são disponíveis em formato sobre o qual nenhuma entidade detenha controle exclusivo; 8. Livres de licenças. Os dados não estão sujeitos a nenhuma restrição de direito autoral, patente, propriedade intelectual ou segredo industrial. Restrições sensatas relacionadas à privacidade, segurança e privilégios de acesso são permitidas (OPEN GOV DATA. Eight principles of open government data. Disponível em: http://resource.org/8_principles.html. Acesso em: 12 jun. 2014).

A *coordenada formal* é dever dos órgãos e entidades da Administração Pública federal direta, autárquica e fundacional, de promover a publicação de dados contidos em bases de dados sob a forma de dados abertos, e realizar seu plano de dados abertos como instrumento de consolidação da política para órgãos e entes federais. Esse plano é especificar os dados que possui e os que serão abertos para a sociedade, a periodicidade e a atualização.

A *coordenada substancial* está fundamentada em três premissas: inovação, cooperação e foco no cidadão. A *inovação* é a promoção do desenvolvimento tecnológico e novos negócios. A *cooperação* é a facilitação no intercâmbio de dados entre órgãos e entidades da Administração Pública federal e as diferentes esferas da federação e promoção do compartilhamento de recursos de tecnologia da informação (de maneira a evitar a duplicidade de ações e o desperdício de recursos na disseminação de dados e informações) e da oferta de serviços públicos digitais de forma integrada. O *foco no cidadão* é o franqueamento aos cidadãos do acesso, de forma aberta, aos dados produzidos ou acumulados pelo Poder Executivo federal, sobre os quais não recaia vedação expressa de acesso e fomento do controle social, com o desenvolvimento de novas tecnologias destinadas à construção de ambiente de gestão pública participativa e democrática e à melhor oferta de serviços públicos para o cidadão.

A efetivação da abertura dos dados governamentais fundamentada na inovação, cooperação e foco no cidadão é componente necessário da qualidade informacional para esclarecimento dos atos da Administração Pública numa concepção democrática da *accountability*. Essa efetivação é revelada tanto nas iniciativas da Administração Pública quanto no entendimento dos tribunais, a partir da celebração do Governo Aberto, em setembro de 2011, na disponibilização de dados e informações públicas.

De acordo com a Estratégia da Governança Digital, as ações públicas devem ser direcionadas no eixo da informação no sentido de viabilizar dados abertos. Neste cenário, a qualidade informacional abrange os seguintes aspectos:

a) *Aspecto quantitativo*: a informação e/ou dado não deve abranger todas as áreas da Administração Pública, e não apenas no assunto orçamentário. De acordo com a pesquisa TIC governo eletrônico[120], não há ainda a ampliação necessária nos assuntos da gestão pública. Há forte limitação em áreas tradicionais como legislação, licitações e contratos. A disponibilização deve incluir não apenas temas referentes aos recursos públicos, limitando a prestação de contas a um enfoque econômico-financeiro, mas ampliar, no sentido de incluir dados de qualquer natureza de interesse para a sociedade, como questões ambientais e de transporte público. A ideia é aperfeiçoar os dados que tradicionalmente são disponibilizados, e também incluir outros temas de relevância para sociedade.

b) *Aspecto espacial*: a informação tem que estar disponível na internet, ou seja, o dado tem que ser encontrado e indexado na *web*.

c) *Aspecto temporal*: a informação tem que ser atualizada; no caso de política pública são necessárias informações contínuas para avaliação da evolução do programa governamental criado para atendimento das necessidades sociais.

d) *Aspecto material*: a informação e/ou dado tem que estar disponível em formato que o cidadão possa usar; essa disponibilização deve possibilitar o uso do dado pelo cidadão para casos como investigações acadêmicas ou para gerar novas ideias de negócios, de forma a contribuir para internet das cosias e cidades inteligentes; se não estiver aberto e em formato compreensível por máquina, ele não pode ser reaproveitado (padrão aberto); tem que ser útil, com a inexistência de dispositivo legal que não permita o uso pelo cidadão; a existência do referido dispositivo não permite sua reaplicação, sendo não útil; as bases de dados públicos deverão ser disponibilizadas, exceto aquelas limitadas pela legislação vigente (sigilo, privacidade e segurança).

e) *Aspecto subjetivo*: qualquer pessoa pode livremente usar e acessar sem pedir autorização, creditando a fonte da autoria. As bases de dados disponibilizadas não devem estar sujeitas a quaisquer

---

[120] De acordo com a pesquisa TIC Governo Eletrônico 2015, a Administração Pública disponibiliza dados relacionados à legislação, contas públicas, licitações, salários dos servidores públicos, contratos, catálogo de serviços públicos e documento de planejamento como objetivos, planos, metas e resultados (Disponível em: http://cetic.br/tics/governo/2015/orgaos/D2/. Acesso em: 15/8/2015).

direitos de autor, patentes ou marcas registradas, salvo exigência excepcional, pois deverão ser disponíveis para toda a sociedade; se houver algum licenciamento específico, deve ser esclarecido, inclusive com orientações da formulação do termo de uso.

A qualidade informacional abrange além dos aspectos acima mencionados atributos por meio dos quais se há de cumprir o imperativo da inteligibilidade da informação pública. A inteligibilidade, como instrumento de colaboração informativo em benefício da comunidade[121], diz respeito à linguagem e à apresentação da informação, de modo que ela seja compreensível, com esclarecimento, se prestada em linguagem técnica ou de forma complexa ou desordenada. A ideia é que a informação seja fácil de ser compreendida, já que, quando adequadamente assimilada, permite desenvolvimento das potencialidades do cidadão para acompanhamento no funcionamento da Administração Pública.

A clareza da informação apresenta-se como requisito ligado à compreensão dos significados dos dados. Deve ser feita numa linguagem interpretável e de fácil entendimento ao cidadão comum. A informação depende da construção de uma linguagem que envolva a representação elucidativa das decisões alocativas no âmbito do Estado, evitando dados ambíguos e desconexos. A base da clareza são os dados expressos numa linguagem coerente, com ausência de contradições, exposta de forma a possibilitar a imediata compreensão do sentido da ação pública pelo cidadão. A linguagem da informação pública deve evitar excessos de técnica e vultosa erudição, e ser veiculada numa linguagem simples para entendimento geral. Se a Administração Pública decide em nome do povo, não pode usar uma linguagem inacessível aos destinatários de suas decisões.

Recomenda-se a utilização de métodos que facilitem linguagem nos documentos públicos e o formato da publicação da informação pública, inclusive com o uso de representações gráficas[122]. Essa inteligibilidade

---

[121] PITSCHAS, Rainer. Derecho administrativo de la información: la administración pública y el tratamiento de la información y del conocimiento en la era del gobierno electrónico e de la web 2.0. In: VÁZQUEZ. Javier Barnés (Ed.). Innovación y reforma en el Derecho Administrativo. Sevilla: Global Law Press, 2012.

[122] BARRETO, Aldo de Albuquerque. A questão da informação. São Paulo em Perspectiva, São Paulo, v.8, n.4, 1994. Disponível em: http://www.e-iasi.org/cinfor/quest/quest.htm. Acesso em: 20 jun. 2014.

justifica uma mudança comportamental da Administração Pública em simplificar a linguagem puramente técnica das informações públicas para que funcione como um recurso crítico e estratégico para a sociedade[123].

Segundo pesquisa INAF Brasil 2016, 27% dos cidadãos brasileiros entre 15 e 64 anos são considerados analfabetos funcionais. Destes, 4% são analfabetos absolutos. Apenas 8% são considerados alfabetizados plenos, revelando domínio de habilidades que não impõem restrições para compreender e interpretar textos em situações usuais e resolvem problemas envolvendo múltiplas etapas, operações e informações[124]. A Administração Pública deve evitar a construção de uma escrita hermética com palavras de uso não cotidiano ou empregadas na linguagem culta ou técnica. Palavras difíceis e uma gramática rebuscada devem ser substituídas por uma linguagem ao alcance da compreensão das pessoas simples.

A inteligibilidade da informação pública deve disponibilizar os dados de maneira acessível, clara e compreensível a qualquer interessado em obter informações sobre agentes e instituições públicas. Neste contexto, é insuficiente a publicação e abertura de dados brutos, de forma que é necessário decifrá-los para disponibilização em sítios eletrônicos de forma esclarecida e compreensível para o cidadão comum[125].

A fundamentação da inteligibilidade informacional na construção de uma comunicação e a interação por meios eletrônicos de forma concisa e clara têm dois eixos fundamentais. O primeiro eixo parte da perspectiva normativa: o comando jurídico da necessidade de linguagem ao alcance da compreensão das pessoas simples. Na perspectiva normativa, a fundamentação é prevista nos arts. 5º e 8º, parágrafo 3º, I, ambos da

---

[123] INGWERSEN, Peter. Information science in context. In: Information retrieval interaction. London, Taylor Graham Pub. 1992. Chapter 1, p. 14.
[124] Indicador de Alfabetismo Funcional (INAF). Disponível em: http://acaoeducativa.org.br/wp-content/uploads/2016/09/INAFEstudosEspeciais_2016_Letramento_e_Mundo_do_Trabalho.pdf. Acesso em: 31/05/2014.
[125] MARGETTS, H. Transparency and digital government. In: HOOD, C.; HEALD, D. (org). Transparency: the key to better governance? Nova York: Oxford University Press, p. 197-210, 2006; SILVA, S. P. Estado, democracia e internet: requisitos democráticos e dimensões analíticas para a interface digital do Estado. Salvador, 2009. Tese (Doutorado em Comunicação Social) – Programa de Pós-Graduação em Comunicação e Cultura Contemporâneas, Universidade Federal da Bahia.

Lei n. 12.527/2011, que prescreve ser dever do Estado garantir o direito de acesso à informação, mediante procedimentos objetivos e ágeis, de forma transparente, clara e em linguagem de fácil compreensão. O segundo eixo parte de uma perspectiva diversa, ainda que correlata: inciativas da Administração Brasileira voltadas à linguagem compreensível com simplificação dos termos utilizados em informações públicas e documentos oficiais, relatados em *sites*, levando em conta os cidadãos.

Justificativa administrativa é a apresentação pública das razões da atuação administrativa de forma consistente e especificada. As razões dizem respeito à motivação do ato. Em relação às razões, a justificativa administrativa não se esgota na indicação do fundamento legal que embasa a atuação administrativa[126].

A decisão administrativa deve vir devidamente fundamentada, especificando, inclusive, os motivos que a determinaram, elencando e discriminando todas as exigências e providências que a autoridade entenda cabíveis, pautadas na lei[127], e também as que dizem respeito ao atendimento das demandas do que a sociedade considera como comportamento íntegro por parte dos detentores de cargos públicos[128].

---

[126] "Não é suficiente o mero cumprimento de formalidades burocráticas; é necessário demonstrar que a administração agiu com economia, eficiência e honestidade" (AKUTSU, L. Portais de governo no Brasil: accountability e democracia delegativa. In: CONGRESO INTERNACIONAL DEL CLAD SOBRE LA REFORMA DEL ESTADO Y DE LA ADMINISTRACIÓN PÚBLICA, X, Santiago, Chile, 18 – 21 oct. 2005. P. 5).

[127] "O princípio da legalidade não pode ser interpretado de forma a abonar esta ou aquela conduta, e aplicado em prejuízo ou a favor do administrado, pois este princípio se constitui em corolário da transparência administrativa, imposto aos atos praticados naquela esfera, que deve ser observado pelo agente público" (BRASIL. Tribunal Regional Federal da Terceira Região. REEXAME NECESSÁRIO CÍVEL – 201716 / SP. Órgão Julgador: TURMA SUPLEMENTAR DA SEGUNDA SEÇÃO. Relator: JUÍZA CONVOCADA ELIANA MARCELO. Data do julgamento: 25/10/2007. Data da publicação DJU DATA:05/11/2007 PÁGINA: 643).

[128] CORBARI, E. C. Accountability e controle social: desafio à construção da cidadania. In: Cadernos da Escola de Negócios da UniBrasil, Curitiba, v. 2, jan./jun. 2004; CARLOS, F. A. et al. Uma discussão sobre a criação de indicadores de transparência na gestão pública federal como suporte ao ciclo da política pública. In: Revista de Contabilidade do Mestrado em Ciências Contábeis da UERJ, v. 13, n. 2, p. 1-15, maio/ago. 2008; CRUZ, C. F.; SILVA, L. M.; SANTOS, R. Transparência da gestão fiscal: um estudo a partir dos portais eletrônicos dos maiores municípios do Estado do Rio de Janeiro. In: Contabilidade, Gestão e Governança, Brasília, DF, v. 12, n. 3, p. 102-115, set./dez. 2009; GOULART, A. M. C. Evidenciação contábil do risco de mercado por instituições financeiras no Brasil. 2003. 202 p. Dissertação

A principal característica é a preocupação da Administração Pública em apresentar não apenas demonstrativos comprobatórios da alocação de recursos públicos, mas, também, proporcionar informações que sejam transmitidas da forma mais transparente possível[129], com indicação não apenas dos resultados, mas do desempenho realizado pela Administração Pública com clareza, abertura e simplicidade.

A consistência é a apresentação das provas específicas que a lei e os demais atos regulamentares requerem para o cumprimento da prestação de contas. Todas as despesas efetuadas com as verbas públicas devem ser comprovadas. Os documentos não devem ser genéricos, mas sim discriminar corretamente os serviços prestados. As verbas públicas não podem ser utilizadas para pagar despesas não previstas em lei ou no instrumento consensual. Todo o saldo deve ser devolvido aos cofres públicos.

E especificação significa indicar a eficácia (comprovação da destinação das verbas para fins públicos) e efetividade (apontamento dos benefícios da medida para o bem-estar social) da medida tomada pelo gestor público. A efetividade está relacionada com os resultados já alcançados e seus benefícios; os impactos econômicos ou sociais; o grau de satisfação do público-alvo; a possibilidade de sustentabilidade das ações após a conclusão do objeto pactuado.

A indicação da eficácia da medida administrativa não é apresentar critérios jurídicos de aplicação e destinação válida de recursos públicos, mas é a demonstração da aplicação plena, criteriosa e correta das verbas públicas em atividades inerentes ao interesse público. Em matéria de eficácia administrativa, quando ocorre repasse de verba pública é necessário que o gestor da verba realize sua aplicação na finalidade pública indicada no convênio (quando entre entes estatais), ou termo

---

(Mestrado em Ciências Contábeis) – Universidade de São Paulo, São Paulo, 2003; GRACILIANO, E. A. et al. Accountability na Administração Pública federal: contribuição das auditorias operacionais do TCU. In: Pensar Contábil, v. 12, n. 47, p. 43-51, jan./mar. 2010; LEVY, E. Apresentação. In: KONDO, S. et al. Transparência e responsabilização **no setor público**: fazendo acontecer. Brasília, DF: Coleção Gestão Pública, 2002.

[129] ALBUQUERQUE, J. H. M. et al. Um estudo sob a óptica da teoria do agenciamento sobre a accountability e a relação Estado-sociedade. In: CONGRESSO USP DE CONTROLADORIA E CONTABILIDADE, 7., 2007, São Paulo. Anais... São Paulo: USP, 2007. CD-ROM.

de colaboração ou fomento (quando entre Administração Pública e organização da sociedade civil).

No caso de a finalidade ser a realização de uma *ação social*, a interpretação é de ser uma atuação administrativa que objetive o atendimento dos direitos sociais assegurados aos cidadãos, cuja realização é obrigatória por parte do Poder Público, como alimentação, moradia, segurança, proteção à maternidade e à infância, assistência aos desamparados, ordem social, seguridade social, saúde, previdência social, assistência social, educação, cultura e desporto[130].

7.2. Dimensão do Compartilhamento

A dimensão do compartilhamento é um conjunto de medidas e procedimentos adotados pela Administração Pública no sentido de garantir democratização administrativa. Essa democratização pode ser vista em duas perspectivas principais: a digital e a organizacional.

A primeira é a perspectiva digital relacionada com o acesso físico da informação pública. Esse acesso é viabilizado pela promoção da acessibilidade digital integrada por dois elementos: a) *openness*: é a declaração de que a informação pública pertence ao público e, portanto, deve ser disponibilizada em conformidade com esse direito, pela ampla divulgação em meios eletrônicos, das prestações de contas periódicas para consulta e apreciação dos cidadãos e de instituições da sociedade, e da segurança do usuário nas plataformas digitais, especialmente diante dos *hackers* ou *crackers*, que se aproveitam das facilidades da abertura da rede e dos descuidos com a segurança dos sistemas; b) *interatividade*: é a facilidade com que as informações dispostas podem ser acessadas pelos cidadãos no *site* governamental[131],

---

[130] BRASIL. Superior Tribunal de Justiça. Recurso Especial REsp 1.372.942/AL, Rel. Ministro Benedito Gonçalves, Primeira Turma, DJe 11.4.2014. 5. Agravo Regimental não provido". ..EMEN:(AARESP 201303684163, HERMAN BENJAMIN, STJ – SEGUNDA TURMA, DJE DATA:27/11/2014

[131] LAPORTE, T.; DEMCHAK, C., FRIIS, C. Webbing governance: national differences in constructing the face of public organizations. In: GARSON, G. Handbook of public information systems. New York: Marcel Dekker Publishers, 2000; VAZ, J. C. Administração Pública e governança eletrônica: possibilidades para a tecnologia da informação. In: Governo eletrônico – os desafios da participação cidadã. Fortaleza: Fundação Konrad Adenauer, Série Debates n. 24, dez. 2002; VAZ, J. C. Perspectivas e desafios para a ampliação do governo eletrônico nos municípios brasileiros. In: Seminário Internacional Governo Eletrônico e Governos Locais, Brasília, 2003.

especialmente com ferramentas de busca e sua capacidade de recuperar informações.

A outra é a perspectiva organizacional revelada por mecanismos que visam privilegiar a ampliação da participação popular na gestão pública não apenas no exercício do voto e na escolha de representantes. É a concretização da democracia de operação[132]. Reflexo da democracia de operação[133], a ampliação participativa não obstaculiza a ação do gestor público, mas, ao contrário, possui dois objetivos: *a) regularidade*: evita desvios e improbidades nos gastos públicos; *b) correção das políticas públicas*: permite o uso racional e regular das verbas públicas, no sentido de evitar e direcionar a consecução de metas do bem comum com eficiência, efetividade e juridicidade.

7.2.1. Acesso Físico da Informação Pública
7.2.1.1. Openness

O acesso físico da informação pública é um direito reconhecido não só no plano nacional, onde o direito à informação pública tem consagração no nível constitucional e legal, mas também no plano internacional como um direito humano, onde o reconhecimento desta dimensão aparece expressamente em atos normativos internacionais.

No plano internacional, a partir de 1946, com a Resolução n. 59/46, até o início da década de 1990, a regulação jurídico-internacional do acesso à informação pública como direito humano foi iniciada com a tutela da liberdade da informação, parte integrante do núcleo fundamental de direitos internacionais do homem[134]. A liberdade de

---

[132] MEDAUAR, Odete. Direito administrativo moderno. São Paulo: Revista dos Tribunais, 2015; GOUVEIA, Jorge Bacelar. Manual de Direito Constitucional, vol. II. Coimbra: Almedina, 2005, p. 900.

[133] Contemporaneamente, o controle social da Administração Pública permite a adoção de mecanismos que visam privilegiar a ampliação da participação popular não apenas no exercício do voto e na escolha de representantes, funcionando como importante mecanismo de prevenção da corrupção e de fortalecimento da cidadania; "O Direito Administrativo contemporâneo tende ao abandono da vertente autoritária para valorizar a participação de seus destinatários finais quanto à formação da conduta administrativa" (TÁCITO, Caio. Direito Administrativo Participativo. Revista de Direito Administrativo, Rio de Janeiro, n. 209, 1997, p. 1-6); MEDAUAR, Odete. Direito administrativo moderno. São Paulo: Revista dos Tribunais, 2015.

[134] ANDRADE, José Carlos Vieira. Os Direitos Fundamentais na Constituição Portuguesa de 1976. Coimbra: Editora Almedina, 2009, p. 27; LINHARES, Fernando Moura. O Direito

informação era vista apenas como um direito humano que inclui a liberdade de expressar opiniões sem interferência e de buscar, receber e transmitir informações e ideias por quaisquer meios e sem limitações de fronteiras. Não se falava em direito de acesso à informação detida por órgãos públicos. Era apenas referência genérica ao livre fluxo da informação na sociedade[135].

Nesta fase surgem diversos documentos internacionais sobre o tema. A Resolução n. 59 da ONU, de 1946, já se refere à liberdade de informação como um direito humano fundamental e *a pedra de toque de todas as liberdades a que se dedica a ONU*.

A Declaração Universal dos Direitos do Homem[136], marco inicial do surgimento do Direito Internacional dos Direitos Humanos, documento promulgado pela ONU, elaborado em Paris, em 10 de dezembro de 1998, proclama a informação como direito ("Art. 19. Todos têm o direito à liberdade de opinião e expressão; este direito inclui a liberdade de expressar opiniões sem interferência e de buscar, receber e transmitir informações e ideias por quaisquer meios e sem limitações de fronteiras").

Em 1966 surge o Pacto internacional dos direitos civis e políticos, consagrando a liberdade de expressão, do qual o direito à informação é inerente ("Art. 19. Toda pessoa terá o direito à liberdade de expressão; esse direito incluirá a liberdade de procurar, receber e difundir informações e ideias de qualquer natureza, independentemente de considerações de fronteiras, verbalmente ou por escrito, de forma impressa ou artística, ou por qualquer meio de sua escolha").

Em 22 de novembro de 1969 é adotada e aberta à assinatura na Conferência Especializada Interamericana sobre Direitos Humanos, em São

---

de acesso à informação pública nas democracias representativas contemporâneas, 2011. 163f. Dissertação (Mestrado em Direito Constitucional). Fortaleza: Universidade de Fortaleza, 2011, p. 31.

[135] WAHEED KHAN, A. Libertad de información: comparación jurídica. UNESCO Segunda Edición. 2008.

[136] "A Declaração Universal acrescenta, aos documentos nacionais, uma dimensão internacional que nenhum deles podia dar aos direitos humanos....Por outro lado é capital que se possa ter realizado, pela primeira vez na história, em escala mundial e apesar da diferença das culturas e das tradições, um acordo, mesmo que formal, sobre um conjunto de valores que definem um ética comum." (RIVERO, Jean & MOUTOUH, Hugues. Liberdades Públicas. São Paulo: Martins Fontes, 2006).

José da Costa Rica, a Convenção Americana dos Direitos do Homem, que entrou em vigor em 18 de julho de 1978. A convenção conhecida como Pacto de São José da Costa Rica garante a liberdade de expressão nos países-membros, em termos semelhantes aos instrumentos da ONU ("Art. 13. Toda pessoa tem direito à liberdade de pensamento e de expressão. Esse direito compreende a liberdade de buscar, receber e difundir informações e ideias de toda natureza, sem consideração de fronteiras, verbalmente ou por escrito, ou em forma impressa ou artística, ou por qualquer outro processo de sua escolha").

No âmbito europeu, surge em 1950 a Convenção Europeia para salvaguarda dos direitos do homem com os seus protocolos adicionais, prevendo a liberdade de expressão abrangendo o direito à informação ("Art. 10. Qualquer pessoa tem direito à liberdade de expressão. Este direito compreende a liberdade de opinião e a liberdade de receber ou de transmitir informações ou ideias sem que possa haver ingerência de quaisquer autoridades públicas e sem considerações de fronteiras"); a Carta dos Direitos Fundamentais da União Europeia de 2001, com previsão de liberdade de expressão e opinião, nos mesmos moldes do art. 10 da Convenção Europeia.

No ambiente africano, surge em 1986 a Carta Africana dos Direitos Humanos e dos Povos, aprovada pela Conferência Ministerial da Organização da Unidade Africana (OUA), em Banjul, Gâmbia, em janeiro de 1981, e adotada pela XVIII Assembleia dos Chefes de Estado e Governo da Organização da Unidade Africana (OUA), em Nairóbi, Quênia, em 27 de julho de 1981, que prevê direito à informação, no seu art. 9º, mas não enuncia os elementos constitutivos da liberdade de expressão, como sejam a liberdade de procurar, difundir e receber livremente informações ou ideias, escritas, orais ou por imagem, nem faz referência à comunicação social, liberdade distinta mas conexa com a liberdade de expressão.

Após diversas declarações, convenções e pactos assinados no período pós-Segunda Guerra fazerem referência à tutela genérica da informação, surge preocupação internacional de garantir o acesso à informação detida pelo Estado. A partir de 1993, encontramos documentos internacionais que consagram de forma expressa o direito de pedir e receber acesso à informação sob o controle de órgãos públicos. Portanto, especificando a tutela anteriormente genérica da informação, inclui o direito das pessoas de acesso a informação e, a saber, o que os governos estão fazendo em seu nome.

A necessidade de uma proteção específica do acesso à informação pública levou à feitura de relatórios, a partir de 1993, no âmbito da Comissão da ONU para os direitos humanos[137], a fim de esclarecer a inclusão da obrigação positiva sobre os Estados no intuito de assegurar o acesso à informação, sobretudo no que tange às informações mantidas pelo Governo em todos os tipos de sistemas de armazenamento e recuperação.

Os relatórios também aparecem no âmbito da Comissão Interamericana de Direitos Humanos, a partir de 1997, com a inclusão do direito de acesso à informação mantida por órgãos públicos como uma das pedras angulares da democracia representativa, em que os representantes devem responder ao povo que lhes confiou sua representação e a autoridade para tomar decisões sobre assuntos públicos[138].

Além de Relatórios, em sede da ONU, no ano de 2004, é feita uma Declaração Conjunta Anual de 2004, com o reconhecimento de que o direito de acesso à informação em posse das autoridades públicas constitui um direito humano fundamental que deve ser efetivado em nível nacional através de legislação abrangente (leis de liberdade de informação, por exemplo) baseada no princípio da máxima divulgação, estabelecendo a presunção de que toda informação é acessível e está sujeita somente a um sistema estrito de exceções[139].

A Comissão Interamericana de Direitos Humanos da OEA aprova a Declaração Interamericana de Princípios sobre Liberdade de Expressão, que estabelece o direito de acesso à informação pública e mais uma vez ressalta que o acesso à informação em poder do Estado é um direito fundamental de todo indivíduo[140].

---

[137] Relatório 1198/42; Relatório do Relator Especial, Promotion and protection of the right to freedom of opinion and expression, Doc. da ONU E/CN.4/2000/63, de 18 janeiro de 2000.
[138] OEA. Annual Report of the Inter-American Commission on Human Rights, 1998, v. 3: report of the Office of the Special Rapporteur for Freedom of Expression, 16 de abril de 1999. (OEA/Ser. L/V/II.102, Doc. 6 rev.), p. 24.
[139] Adotado em 6 de dezembro de 2004. Disponível em: <http://www.unhchr.ch/huricane/huricane.nsf/0/9A56F80984C8BD5EC1256F6B005C47F0?opendocument>.
[140] Toda pessoa tem o direito de acesso à informação sobre si e seus bens com presteza e sem ônus, independentemente de estar contida em bancos de dados ou cadastros públicos

E surge também a Declaração de *Chapultepec*, uma carta de princípios que coloca "uma imprensa livre como uma condição fundamental para que as sociedades resolvam os seus conflitos, promovam o bem-estar e protejam a sua liberdade. Não deve existir nenhuma lei ou ato de poder que restrinja a liberdade de expressão ou de imprensa, seja qual for o meio de comunicação", adotada pela Conferência Hemisférica sobre Liberdade de Expressão realizada em *Chapultepec*, na cidade do México, em 11 de março de 1994.

A referida Declaração menciona de forma expressa o direito de toda pessoa de buscar e receber informações, expressar opiniões e divulgá-las livremente. Ninguém pode restringir ou negar estes direitos. As autoridades precisam ser obrigadas por lei a disponibilizar de forma oportuna e razoável as informações geradas pelo setor público[141].

Em 2000 o Brasil adere à Declaração Interamericana de Princípios da Liberdade de Expressão, reconhecendo o acesso à informação em poder do Estado como um direito fundamental do indivíduo. No exercício do direito são previstas limitações excepcionais que devem estar previamente estabelecidas em lei para o caso de existência de perigo real e iminente que ameace a segurança nacional em sociedades democráticas.

No âmbito da União Europeia, o Conselho da Europa aprovou em 2009 o Convênio sobre o Acesso dos Documentos Públicos, considerando a importância da transparência das autoridades públicas em uma sociedade democrática e pluralista. De acordo com o Convênio, o exercício do direito de acesso a documentos públicos fornece uma fonte de informação para o público, ajuda o público a formar uma opinião sobre o estado da sociedade e nas autoridades públicas; promove a integridade, eficiência e responsabilidade das autoridades públicas, ajudando-o a afirmar a sua legitimidade[142].

---

ou privados e, se necessário, de atualizá-la, corrigi-la ou emendá-la. O acesso à informação mantida pelo Estado constitui um direito fundamental de todo indivíduo. Os Estados têm obrigações de garantir o pleno exercício desse direito. Esse princípio permite somente limitações excepcionais que precisam ser definidas previamente por lei na eventualidade de um perigo real e iminente que ameace a segurança nacional das sociedades democráticas. (Disponível em: http://www.iachr.org/declaration.htm).

[141] Disponível em: <http:// www.declaraciondechapultepec.org/english/presidential_sign.htm>.
[142] Disponível em: <http://www.oas.org/es/sla/ddi/docs/acceso_informacion_desarrollos_convenio_consejo_europeo.pdf>.

No plano do direito comunitário, surge o Regulamento n. 1.049, de 30 de maio de 2009, relativo ao acesso do público aos documentos do Parlamento Europeu, do Conselho e da Comissão. O regulamento considera a transparência um instrumento essencial para permitir aos cidadãos participar no processo decisório da União Europeia, bem como para garantir a responsabilidade das instituições europeias perante os cidadãos e, deste modo, reforçar o empenho e a confiança destes últimos. Há, inclusive, um processo para ampliar seu âmbito de aplicação, conforme Resolução do Parlamento Europeu sobre o impasse na revisão do Regulamento (B7-0256/2013)[143].

Os países africanos, por seu turno, deram igualmente um passo decisivo na regulação específica do tema, ao reconhecerem de forma expressa o direito de acesso à informação mantida por órgãos públicos, na Declaração de Princípios sobre Liberdade de Expressão na África em outubro de 2002 ("Os órgãos públicos não detêm informações para si, mas atuam como guardiães do bem público, de modo que todos têm o direito de acesso à informação, sujeito somente a regras claramente definidas, estabelecidas por lei")[144].

Além do enquadramento jurídico internacional[145], o acesso físico da informação pública no plano nacional é, desde a promulgação da Constituição Federal de 1988, uma garantia fundamental do cidadão que tem sido destacada, com propriedade, que, apesar da dificuldade na abordagem conceitual e do questionamento a que tem sido submetida, quando disponibilizada de forma acessível, aproxima o

---

[143] Disponível em: http://www.europarl.europa.eu/sides/getDoc.do?pubRef=-//EP//NONSGML+MOTION+B7-2013-0256+0+DOC+PDF+V0//PT

[144] Disponível em: <http://www.achpr.org/english/declarations/declaration_freedom_exp_en.html>.

[145] O acesso à informação pública é reconhecida não apenas como um direito humano, no âmbito internacional e, desenvolvida em leis de acesso à informação, no contexto dos Estados, mas fundamentada na divulgação clara e justificada de informações por parte da Administração Pública para os cidadãos (GRIGORESCU, A. International organizations and government transparency: linking the international and domestic realms. International Studies Quarterly, v. 47, n. 4, dez. 2003, p. 643-667). No âmbito europeu o acesso à informação pública foi objeto dos Tratados de Maastrich (1992) e Amsterdã (1997), bem como da Diretiva 95/46, proclamando o acesso aos documentos (artigo 255.º) e a abertura dos trabalhos do Conselho no domínio legislativo (artigo 207º, n. 3).

indivíduo da atuação estatal na realização de suas políticas, serviços e projetos[146].

Pode-se afirmar que sem o fácil acesso da informação pública, a própria cidadania, num contexto de uma sociedade participativa, além de resultar materialmente inconsistente e politicamente intolerável, careceria de sentido como pressuposto inarredável na formação da capacidade de conhecer e compreender as informações divulgadas para efetivação de uma real participação do cidadão na gestão e no controle da Administração Pública. Antes de avaliar a funcionalidade da disponibilização da informação como instrumento de aprofundamento democrático, uma vez que, ao facilitar o debate público, contribui para o desenvolvimento social e o exercício da cidadania[147], é necessário estabelecer a noção de informação pública, que é de extrema relevância, já que o seu acesso não pode prescindir de seu elemento-chave[148].

O termo informação, apesar de uso frequente na linguagem cotidiana, possui uma diversidade conceitual em razão das diferentes perspectivas de análise desenvolvidas em várias áreas de conhecimento[149]. Além de ser objeto de vários campos semânticos, o conceito de informação,

---

[146] No Direito português, o acesso à informação pública é arrolado entre os princípios gerais do direito administrativo (artigo 268/2 da constituição portuguesa), e regulamentada pela Lei de Acesso aos Documentos Administrativos (Lei 65/93 de 26 de agosto). No Direito Brasileiro, o acesso à informação pública foi previsto como um direito fundamental (artigo 5º, inciso XXXIII da constituição brasileira) procedimental foi regulamentado com a Lei 12257/11.

[147] Segundo Pérez-Luño a cidadania é o conceito jurídico que vincula o indivíduo com a comunidade política, constituindo-se o nexo de pertencimento e de participação na comunidade (PÉREZ LUÑO, Antonio-Enrique. Cidadanía y Definiciones. Doxa 25. Cuadernos de Filosofía del Derecho. Departamento de Filosofía del Derecho Universidad de Alicante. 1989. Disponível em: <http://bib.cervantesvirtual.com/servlet/SirveObras/23584061091481851665679/doxa25_06.pdf, página 68. Acesso em: 3 out. 2014.

[148] Essa necessidade ganha relevância em um momento em que se projeta uma reformulação nas relações jurídico-administrativas, quando o fácil acesso à informação pública constitui um dos critérios principais de desenvolvimento do exercício ativo da cidadania com maior participação e envolvimento da coletividade nas atividades do Estado.

[149] CAPURRO, Rafael & HJORLAND, Birger. O Conceito de Informação. Trad. Cardoso, A. & Ferreira, M. G. & Azevedo, M. A. In: Perspectivas em Ciência da Informação, v.12, n.1, p.148-207, jan./abr., 2007.

como um conjunto de dados[150] inscritos em um suporte[151], tais como documentos eletrônicos, recursos *on-line*, vídeos e material impresso, coletados, organizados de forma significativa, e inseridos num contexto histórico[152] para determinado uso, é estabelecido a partir das relações entre os sujeitos e suas práticas sociais, como uma força constitutiva na sociedade[153], fruto das interações entre cultura e tecnologia[154].

A informação pode atuar como formadora de estoque ou como agente modificador capaz de produzir conhecimento[155]. Assim, a informação

---

[150] Dados são um conjunto de números ou fatos, descritos como registros, com a finalidade de criar informação, que podem ser novos (primários) ou já coletados para outras finalidades (secundários) (FERREL, O. C.; HARTLINE, M. D. Estratégia de Marketing. São Paulo, Pioneira Thomson Learning, 2005).

[151] "A informação não é, pois, uma entidade física, um objeto tangível, visível, audível. O que se toca, se vê ou se ouve é o 'documento' escrito, gravado, etc. contendo conhecimento registrado, em geral, mediante um código de representação" (ROBREDO, Jaime. Filosofia da ciência da informação ou Ciência da informação e filosofia? In: TOUTAIN, Lídia Maria Batista Brandão (Org.). Para entender a ciência da informação. Salvador: EDUFBA, 2007. p. 36-73); LE COADIC, Y. F. A Ciência da informação. Brasília: Briquet de Lemos, 2004, p. 4.

[152] "A informação sintoniza o mundo, pois referencia o homem ao seu passado histórico, às suas cognições prévias e ao seu espaço de convivência, colocando-o em um ponto do presente, com uma memória do passado e uma perspectiva de futuro; o indivíduo do conhecimento se localiza no presente continuo que é o espaço de apropriação da informação" (BARRETO, Aldo de Albuquerque. Uma história da ciência da informação. In: TOUTAIN. L. M. B. (Org.). Para entender a ciência da informação. Salvador: EDUFBA, 2007, p. 23).

[153] BRAMAN, S. Defining information: an approach for policy makers. In: Telecomunications Policy, v. 13, n. 1, p. 233-242, sep. 1989; "O homem, porém, precisa da informação sobre os outros porque é sobre esta noção que funda sua relação com eles" (PINTO, Álvaro Vieira. O conceito de tecnologia. Rio de Janeiro: Contraponto, 2005. 2v, p. 244); SILVEIRA, Henrique F. Rodrigues da. Um estudo do poder na sociedade da informação. In: Ci. Inf., Brasília, v.29, n.3, p.79-90, set./dez. 2000. Disponível em: <http//: www.ibict.br/cionline>. Acesso em: 20 jan. 2013.

[154] A tecnologia, como corpo intermediário que é posicionando-se entre o homem e a natureza, atua como canal de expressão da cultura das sociedades, servindo como instrumento transformador das formações sociais, que afeta nosso modo de viver, interagir e aprender a realidade (BASTOS, João Augusto de Souza L A. Educação Tecnológica: conceitos, características e perspectivas In: REVISTA TECNOLOGIA E INTERAÇÃO. Curitiba: CEFET – PR, 1998).

[155] TARGINO, Maria das Graças. Comunicação científica: uma revisão de seus elementos básicos. In: Informação & Sociedade: Estudos. João Pessoa, v. 10, n. 2, 2000, p. 9; SOUZA, Maria da Paixão Neres de. Abordagem inter e transdisciplinar em ciência da informação. In: TOUTAIN, Lídia Maria Batista Brandão (Org.). Para entender a ciência da informação. Salvador: EDUFBA, 2007. p. 75-90.

funciona como fonte de conhecimento[156] quando for ancorada na compreensão, ultrapassando as aparências para chegar à essência, por um caminho ou um método que garanta a elucidação da realidade e quiçá a verdade[157]. Pode-se afirmar que a informação é um conhecimento inscrito num suporte, quando analisada num enfoque estático, independente da apreensão pelo ser humano, decorrente apenas de relações estáticas entre os objetos materiais, num contexto de uma abordagem meramente estrutural[158].

Num enfoque dinâmico, a informação é um conceito que se refere ao ato de informar, ou seja, a uma mensagem ou dados comunicados relativamente a um assunto específico. Neste enfoque, a informação é matéria-prima de uma relação de comunicação estabelecida entre o

---

[156] Uma mistura fluida de experiência condensada, valores, informação, contextual e insight experimentado, a qual proporciona uma estrutura para a avaliação e incorporação de novas experiências e informações (PRUSSAK L.; DAVENPORT T., Conhecimento Empresarial – Como as Organizações Gerenciam o Seu Capital Intelectual. Rio de Janeiro: Campus, 1998, p. 05).

[157] Não é de hoje que ouvimos falar que a intelegibilidade do mundo é uma preocupação constante do ser humano. Da mesma forma que tal preocupação não é nova, a relação do homem com o conhecimento também não o é, pelo contrário, é tão antiga quanto a própria existência humana de dominar a natureza para sua realização existencial. Nesta constante atividade de apreensão consciente da realidade, extraímos que o conhecimento como significação e compreensão contextualizada, já que reflete o momento em que é elaborado, apoia-se em conhecimentos anteriores, produzidos por outros sujeitos, e se dá na experiência. O conhecimento, como capacidade humana para resolver os problemas da vida, com menos riscos e perigos, resultante da dinâmica simultânea dos aspectos físico, biológico e social, refletida num processo de conscientização da realidade e de apropriação da natureza pelo homem, é desenvolvido progressivamente em escalas cada vez mais complexas e com novas respostas às novas necessidades. Além de um processo histórico-social, o conhecimento como atividade humana de transformação da opacidade da realidade em caminhos "iluminados", pelo controle dos fenômenos naturais, ou por curiosidade intelectual, é uma criação da mente humana com seus conceitos e ideias implicado em um caminho não linear, constante e complexo da evolução que, partindo dos mitos, passa pela filosofia, até alcançar o status da ciência experimental moderna (LUCKESI, C. C. Fazer universidade: uma proposta metodológica. São Paulo: Cortez, 1985, p. 51; GERMANO, Marcelo Gomes. Uma nova ciência para um novo senso comum. Campina Grande: EDUEPB, 2011, p. 41. Disponível em: http://static.scielo.org/scielobooks/qdy2w/pdf/germano-9788578791209.pdf. Acesso em: 10/03/2012; LUCKESI, Cipriano. Filosofia da educação. São Paulo: Cortez, 1994, p, 121-131).

[158] WERSIG, G; NEVELING, U. Os fenômenos de interesse da ciência da informação. In: Information Scientist, v. 9, n. 4, p. 127-140, dez. 1975.

receptor e o emissor[159]. No processo de comunicação em que as pessoas trocam e compartilham informações umas com as outras, é necessário compreensão do que foi transmitido para todos os envolvidos no processo. O homem, ao entrar em contato com a realidade, quer compreender suas relações e produções, como garantia de seu modo de ser, estar e viver no mundo[160].

7.2.1.2. Acessibilidade digital

A democratização digital é um processo de inclusão digital promovido pela Administração Pública com adoção de políticas públicas que visam permitir a inserção de todos aos usos e benefícios da sociedade de informação, com a universalização do acesso ao computador e à internet, e a criação de espaços coletivos de debate e tomada de decisão, no sentido de ampliar a inserção dos cidadãos nos processos de elaboração conjunta de políticas públicas.

Não obstante haja dificuldades relacionadas com a falta de recursos e dispersão geográfica[161], busca-se a criação de *softwares* e aplicativos que permitem com maior facilidade a interação da Administração Pública com os cidadãos. É importante ressaltar a necessidade de que a potencialidade democrática da internet depende da utilização emancipatória de tecnologias de informação e comunicação, ou seja, um uso informativo compreensível sobre a gestão pública no sentido de educar e capacitar os cidadãos para participação[162].

---

[159] "Informação é um conjunto de dados utilizados para a transferência de uma mensagem entre indivíduos e/ou máquinas em processos comunicativos (isto é, baseados em trocas de mensagens) ou transacionais (isto é, processos em que sejam realizadas operações que envolvam, por exemplo, a transferência de valores monetários)" (SÊMOLA, M. Gestão da Segurança da Informação. Rio de Janeiro: Campus, 2003, p. 45).

[160] "[...] há em todas as coisas um desejo natural de serem do melhor modo que lhes permite a sua condição natural, que agem em ordem a esse fim e dispõem dos instrumentos adequados. Entre estes, a capacidade de julgar corresponde ao objetivo de conhecer, para que não seja em vão a apetência e cada uma possa atingir no [objeto} amado o repouso de sua própria natureza" (CUSA, Nicolau de. A Douta Ignorância, livro I, cap. I, 2003, p.3).

[161] Segundo o IBGE, apenas em 2014 a internet chegou à residência da maior parte da população brasileira, alcançando 36,8 milhões de domicílios, ou 54,9% (IBGE – INSTITTUTO BRASILEIRO DE GEOGRAFIA E ESTATÍSTICA. Acesso à internet e à televisão e posse de telefone móvel celular para uso pessoal: 2014. Coordenação de Trabalho e Rendimento, Rio de Janeiro, 2016. p.89).

[162] MAIA, R.C.M. Redes Cívicas e internet – do ambiente informativo denso às condições da deliberação pública. In: EISENBERG, J; CEPIK, M. (Org.). Internet e política: teoria e

Essa inclusão deve promover um trabalho educativo e integrado de forma a fornecer ao cidadão o instrumental para lidar com os novos dispositivos e as redes telemáticas em uma sociedade cada vez mais móvel e global. No Brasil, a inclusão digital aparece no âmbito das políticas públicas com o programa da Sociedade de Informação lançado pelo Decreto n. 3.294/99, que culminou no Livro Verde em 2000[163].

A inclusão como política pública, ao promover maior grau de conscientização no cidadão, o que, por sua vez, conduzirá a um maior equilíbrio nas relações jurídico-administrativas, é um problema não apenas de eficiência administrativa, mas também político, ligado à perspectiva democrática de que estar incluído significa ser cidadão, com o reconhecimento da possibilidade de acompanhar de perto o exercício das funções públicas, tornando-se integrante da dinâmica da máquina pública em todas as suas instâncias[164]. É a inclusão para a formação de sujeitos autônomos, participativos e com o poder de decisão, e não como meros consumidores de produtos ou informações[165].

Neste cenário, esta política inclusiva da Administração Pública deve: a) disponibilizar espaços públicos de acesso às tecnologias digitais; b) oferecer cursos e oficinas de iniciação em informática; c) incluir nos currículos escolares ministrados aos alunos das redes pública e privada; d) formar professores nos ambientes e culturas digitais; e) criar comunidade de interação com participação ativa e empreendedora dos cidadãos[166]. No sentido de realizar a inclusão digital, o Governo pro-

---

prática da democracia eletrônica. Belo Horizonte: Editora UFMG, 2002, p. 46-72; FREY, K. Governança Eletrônica – experiência de cidades europeias e algumas lições para países em desenvolvimento. EISENBERG, J; CEPIK, M. (Org.). Internet e política: teoria e prática da democracia eletrônica. Belo Horizonte: Editora UFMG, 2002, p. 141-163.
[163] TAKAHASHI, Tadao (Org.). Sociedade da Informação no Brasil: livro verde. Brasília: Ministério da Ciência e Tecnologia, 2000. Disponível em: http://www.mct.gov.br/index.php/content/view/18878.html. Acesso em: 10/05/2014.
[164] BONILLA, Maria Helena Silveira. Escola aprendente: para além da sociedade da informação. Rio de Janeiro: Quartet, 2005, p. 43.
[165] PRETTO, Nelson De Luca. Sociedade da Informação mas... que sociedade? 2001. Disponível em: http://www.ufba.br/~pretto>. Acesso em: 14 jan. 2004. Acesso em: 12/8/2013; WARSCHAUER, Mark. Tecnologia e inclusão social: a exclusão digital em debate. Tradução Carlos Szlak. São Paulo: Editora Senac, 2006, p.21.
[166] SCHWARTZ, Gilson. Educar para emancipação social. 2006. Disponível em: <http://www.reescrevendoaeducacao.com.br/2006/pages.php?recid=41>. Acesso em: 20/12/2006. Acesso em: 15/9/2014; PALACIOS, Marcos. Entrevista concedida ao PID – Programa Iden-

move iniciativas: Programa Casa Brasil, Centro de Difusão de Tecnologia e Conhecimento, Centros de Inclusão Digital. É parte integrante da inclusão digital a proposição de um modelo de interação para serviços de governo eletrônico adequado para analfabetos e pessoas com deficiência visual e auditiva.

7.2.2. Participação Popular na Gestão Pública

O entendimento sobre democracia constitui um assunto de grande vastidão e complexidade, destacando-se como um regime político em que seu elemento fundamental é a participação do povo no governo. É indiscutível a influência que a participação[167], direta ou indireta do povo no poder, exerce no desenvolvimento da democracia[168], desde o seu surgimento na Grécia Antiga até os dias atuais, criando raízes sólidas no pensamento jurídico contemporâneo[169]. A nota distintiva do Estado Democrático de

tidade Digital. 2005. Disponível em: <http://www.identidadedigital.ba.org.br>. Acesso em: 14 dez. 2005. Acesso em: 10/02/2014; BERWIG, Aldemir. Cidadania e direitos humanos na mediação da escola. 1997. 118 f. Dissertação (Mestrado em Educação nas Ciências) – Universidade Regional do Noroeste do Estado do Rio Grande do Sul, Ijuí, 1997. P. 10.

[167] "O objetivo principal da participação é o de facilitar, tornar mais direto e mais cotidiano o contato entre cidadãos e as diversas instituições do Estado" (BORJA, J. Estado Y Ciudad. PPU. Barcelona. 1988).

[168] "é o único regime político compatível com o pleno respeito aos direitos humanos" (COMPARATO, Fábio Konder. A afirmação histórica dos direitos humanos. São Paulo: Saraiva, 2010).

[169] Primeiramente, no plano político, sobretudo na Grécia Antiga, a participação na vida política era um direito especial dos homens livres por serem detentores de posses e estarem livres de preocupações relativas aos meios de sobrevivência. Na Grécia Antiga se formou a convicção de que a participação não podia ser de todos, mas apenas de uma minoria cidadã, com exclusão das mulheres, estrangeiros, escravos, assalariados e pequenos agricultores. Já sob uma perspectiva moderna, a participação foi viabilizada pela representação política, em que as decisões coletivas são tomadas, por pessoas eleitas para esse propósito, e acompanhada de uma delimitação na interferência participativa dos cidadãos nas decisões políticas. No contexto das sociedades modernas, a eleição afigura-se completamente necessária na manutenção da soberania popular. Para isso, na dimensão mais relevante da representação política, o representante terá que produzir políticas públicas, em lugar da intervenção direta e constante dos cidadãos. Numa abordagem política, a consideração da democracia como regime político que está em constante aprimoramento expõe a incorporação, na sua relação com a sociedade, de metas de um desenvolvimento progressivo de aproximação da vontade do povo no processo político, com coordenação recíproca de interesses e ações com a ordem estatal. Neste contexto, as ideias e práticas chocam-se e competem por reconhecimento e adesões, revelando-se configurações em movimento, logrando efetivar parâmetros

Direito reside não mais na representatividade, mas na abertura democrática do exercício da soberania popular. O problema da abertura democrática está ligado com a ampliação da participação popular[170] abrangendo a intervenção do povo no controle e tomada de decisões.

A abertura democrática se espraia em várias vias, que alcançam desde as vias adotadas pela democracia direta dos antigos até os instrumentos

com acordos sociais mais justos e equitativos, que viabilizem o exercício do poder político transparente baseado na defesa do direito à informação, de forma a proporcionar participação popular nas decisões sobre questões públicas (ARENDT, Hannah. A condição humana. Rio de Janeiro: Forense Universitária, 1995; JAMBEIRO, O.; BORGES, J. Internet, participação política e organizações da sociedade civil. Revista Eco-Pós. v. 13, n. 1, Perspectivas, 2010, p. 124-145; MARQUES, F. P. J. A. Participação política e Internet: meios e oportunidades digitais de participação civil na democracia contemporânea, com um estudo do caso do estado brasileiro. 2008. 498 f. Tese (Doutorado em Comunicação e Cultura Contemporâneas) – Faculdade de Comunicação, Universidade Federal da Bahia, Salvador, 2008; CAMPILONGO, Celso Fernandes. O direito na sociedade complexa. São Paulo: Max Limonad, 2000; MANIN, Bernard; PRZEWORSKI, Adam & STOKES, Susan C. (orgs.). Democracy and Accountability. New York, Cambridge University Press, 2000; PINTO FERREIRA, Luiz. Princípios gerais do direito constitucional moderno. São Paulo: Editora Saraiva, 1983; BONAVIDES, Paulo. Teoria Constitucional da Democracia Participativa: Por um Direito Constitucional de luta e resistência. Por uma Nova Hermenêutica. Por uma repolitização da legitimidade. São Paulo: Malheiros Editores, 2008; MEDAUAR, Odete. Direito administrativo em evolução. São Paulo: Editora Revista dos Tribunais, 2003; POPKEWITZ, T. Reforma educacional: uma política sociológica – poder e conhecimento em educação. Porto Alegre: Artes Médicas, 1997).

[170] A participação popular representa um pressuposto necessário para a existência da democracia, em sintonia com a clássica conceituação de Abraham Lincoln, no célebre discurso de Gettysburg, em 19 de novembro de 1983, um governo do povo, pelo povo e para o povo. Aléxis de Tocqueville, em sua obra A Democracia na América, postula a importância da participação popular na democracia. Assim, o historiador francês resolve considerar as manifestações participativas do povo soberano e a ação política dos cidadãos como fundamentos da democracia ("o povo participa da composição das leis, pela escolha dos legisladores, da sua aplicação pela eleição dos agentes do poder executivo; pode-se dizer que ele mesmo governa, tão frágil e restrita é a parte deixada à administração, tanto se ressente esta da sua origem popular e obedece ao poder de que emana. O povo reina sobre o mundo político americano como Deus sobre o universo. É ele a causa e o fim de todas as coisas; tudo sai do seu seio, e tudo se absorve nele" – TOCQUEVILLE, Aléxis de. A democracia na América. Tradução, prefácio e notas: Neil Ribeiro da Silva. Belo Horizonte: Itatiaia; São Paulo: Edusp, 1998). A participação popular é o instrumento modelar no grau de desenvolvimento e efetivação da democracia, e apto a interferir no governo da sociedade. Por isso, os sistemas democráticos, além de poderem ser realizados no quadro da sistemática da participação política, são até mesmo aperfeiçoados por intermédio da mesma.

de participação instituídos nos sistemas jurídicos em geral. É inegável, pois, que no Estado Democrático de Direito, a abertura democrática é tanto mais assegurada quando repousa na produção e articulação dos interesses coletivos pela participação do cidadão na esfera pública e social de forma consciente e responsável[171].

Neste contexto, a participação administrativa no Direito brasileiro possui dois aspectos: o político e o jurídico. No aspecto político, a participação introduz na democracia, ao lado da representação política, a atuação direta ou indireta do cidadão, na forma singular ou associativa, na gestão e controle da Administração Pública. No aspecto jurídico, a participação como vetor da atividade administrativa é princípio implícito na CF/88, que ora assume a condição de direito fundamental (neste caso a participação opera para a tutela de direitos subjetivos), ora de instrumento que viabiliza os direitos fundamentais perante a Administração Pública (neste caso a participação opera para tutela do interesse comum).

Reconstruir o princípio da participação no âmbito do ordenamento jurídico brasileiro, como norma-princípio fundada na Constituição da República Federativa do Brasil (CF/88), que abrange os dois aspectos (político e jurídico) por meio de suas características fundamentais, é tarefa assumida para compreensão do contexto da dimensão da confiabilidade da transparência administrativa.

O princípio da participação é, nitidamente, uma derivação funcional e axiológica do Estado Democrático de Direito para o acompanhamento do exercício do poder administrativo pelos cidadãos, com consequentes implicações na redefinição e ampliação das formas de relacionamento entre Administração Pública e sociedade.

A fundamentação constitucional ao Estado Democrático de Direito é fornecida pelo próprio ordenamento constitucional brasileiro vigente. Com efeito, a menção ao Estado Democrático de Direito já é feita no preâmbulo[172]. Além da previsão preambular, a CF/88, em seu art. 1º,

---

[171] VILHENA VIEIRA, Oscar. Direitos Fundamentais: uma leitura da Jurisprudência do STF. São Paulo: Malheiros, 2006, p. 624; CUNHA FERRAZ, Anna Cândida. Aspectos da Projeção da Democracia Participativa na Atuação do STF. In: Revista de Direito Público, Ano III, n. 5, janeiro/junho de 2011, Instituto de Direito Público, Lisboa, 2011, p. 27-58.

[172] "Nós, representantes do povo brasileiro, reunidos em Assembleia Nacional Constituinte para instituir um Estado Democrático, destinado a assegurar o exercício dos direitos sociais

parágrafo único, faz referência direta à participação, como um princípio fundamental, devendo ser respeitado e protegido para construção de uma sociedade livre, justa e solidária[173]. Trata-se de um dos princípios estruturantes condensadores dos valores superiores adotados em uma sociedade política, previstos na Constituição Federal. Num dos seus princípios mais correntes e divulgados, a doutrina publicista apresenta-nos o princípio da participação como uma estrutura fundada na interação e conjunção dos elementos representativo e participativo, garantindo a democratização da Administração Pública. Tal modelo faz-se acompanhar de uma semântica renovada que inclui o reposicionamento do papel do Estado na sociedade[174].

Esta constatação inicial, baseada nos dispositivos constitucionais, demonstra que a participação é, do ponto de vista normativo, uma escolha da CF/88 que possui uma eficácia irradiante para além das fronteiras do território político como parâmetro de atuação da Administração Pública[175]. Além da eficácia irradiante, compatível com o sentido constitucional da democratização da democracia, o déficit da legitimidade democrática da função administrativa e a redefinição do papel

---

e individuais, a liberdade, a segurança, o bem-estar, o desenvolvimento, a igualdade e a justiça como valores supremos de uma sociedade fraterna, pluralista e sem preconceitos, fundada na harmonia social e comprometida, na ordem interna e internacional, com a solução pacífica das controvérsias, promulgamos, sob a proteção de Deus, a seguinte CONSTITUIÇÃO DA REPÚBLICA FEDERATIVA DO BRASIL" (Preâmbulo da Constituição da República Federativa do Brasil de 1988).

[173] "A República Federativa do Brasil, formada pela união indissolúvel dos Estados e Municípios e do Distrito Federal, constitui-se em Estado Democrático de Direito e tem como fundamentos: I – a soberania; II – a cidadania; III – a dignidade da pessoa humana; IV – os valores sociais do trabalho e da livre iniciativa; V – o pluralismo político. Parágrafo único. Todo o poder emana do povo, que o exerce por meio de representantes eleitos ou diretamente, nos termos desta Constituição" (artigo 1º da Constituição da República Federativa do Brasil de 1988).

[174] CANOTILHO, J.J. Gomes. Direito Constitucional e Teoria da Constituição. Coimbra: Almedina, 199, p. 282-283; PEREIRA DA SILVA, Vasco Manuel Pascoal. Em busca do ato Administrativo Perdido. Coimbra: Almedina, 1988, p. 401-402; SILVA, José Afonso da. Curso de Direito Constitucional Positivo. São Paulo: Malheiros, 2002, p. 126.

[175] "To become legitimate the rule of law would seem to have to be (I) democratically accountable, (II) procedurally fair and even perhaps e (III) substantively grounded" (ROSENFELD, Michel. The rule of law, and the legitimacy of constitutional democracy. Working paper series. N.36. Cardozo Law school – Jacob burns institute for advanced legal studies).

da Administração Pública em função da dignidade da pessoa humana foram propulsores na constituição da participação administrativa[176].

No plano administrativo, a participação, como mecanismo de legitimação democrática do atuar da Administração Pública, fundamenta-se na maior aceitação das decisões administrativas para assegurar um tratamento mais justo aos administrados e na proteção dos direitos fundamentais, limitando o poder das burocracias, de forma a consagrar estruturas mais horizontalizadas e interativas na gestão pública[177].

Embora a participação administrativa encontre dificuldades de se firmar como categoria do Direito Administrativo Brasileiro[178], os riscos de sua operacionalização devem ser assumidos respeitados os critérios técnicos de ponderação de princípios, em homenagem ao princípio democrático como meio e instrumento de realização dos valores essenciais da convivência humana.

A concretização da participação pode melhor ser compreendida em dois eixos: um eixo da fiscalização cidadã, destinada a examinar o controle social com a participação do cidadão no monitoramento

---

[176] BAPTISTA, Patrícia. Transformações do Direito Administrativo. Rio de Janeiro: Renovar, 2003, p. 121.

[177] GALLIGAN, Denis J. Due Process and Fair Procedures: A Study of Administrative Procedures. Oxford: Clarendon Press, 1996, p. 132; WOLKMER, Antônio Carlos. Pluralismo Jurídico: Fundamentos de uma Nova Cultura no Direito. São Paulo: Alfa Ômega, 1997, p. 26.

[178] As principais críticas da participação administrativa são: a) lentidão na sua implantação; b) comprometimento da eficiência administrativa; c) perigo de substituição do parâmetro objetivo da legalidade pelos critérios subjetivos da participação; d) excesso de retórica; e) efeito conservador; f) interferência excessiva dos interesses sociais mais fortes e organizados em detrimentos dos menos mobilizados da sociedade (BOMBARDELLI, Marco. Decioni e Pubblica Amministrazione: La Determinazione Procedimentale dell'Interesse Pubblico. Torino: G. Giappichelli, 1996, p. 214-218; DEBBASCH, Charles. Le Droit Administratif face à l'Evolution de l'Administration Française. In: Mélanges Offerts à Marcel Waline: Le Juge et el Droit Public (obra coletiva). Paris: LGDJ, 1974, t.2. p. 343-360; DUARTE, David. Procedimentalização, Participação e Fundamentação: Para uma Concretização do Princípio da Imparcialidade como Parâmetro Decisório. Coimbra: Almedina, 1996, p. 168-172; MACHAW, Jerry L. Greed, Chaos & Governance: Using Public Choice to improve Public Law. New Haven: Yale University Press, 1997, p. 26-35; MORENO, Alfonso Pérez. Crisis de la Participación Administrativa. In: Actualidad y Perspectivas del Derecho Público a Fines del Siglo XX: Homenaje al Profesor Garrido Falla (obra colectiva). Madrid: Complutense, 1992, v. 1, p. 301-332; ALFONSO, Luciano Parejo. Eficacia y Administración: Tres Estudios. Madrid: INAP, 1995.

das ações da Administração Pública. Neste cenário, o controle social instrumentaliza-se, a partir da Constituição Federal de 1988, designadamente, no direito dos cidadãos de acompanhamento da gestão pública em defesa da sua legalidade e moralidade com mecanismos que permitam questionar a legitimidade das ações públicas inclusive as contas públicas, e a denunciar irregularidades ou ilegalidades perante os órgãos de fiscalização.

Outro eixo, o da gestão participativa vocacionada a investigar mecanismos institucionais de diálogo entre Administração Pública e os cidadãos ligados ao exercício de uma cidadania ativa preocupada com o atendimento das demandas sociais. Na gestão participativa pós-88, o problema da participação popular na gestão pública transita de um sentido restrito de participação cidadã, fundamentada na soberania popular no sentido de inclusão e autodeterminação, para um sentido mais amplo, incluindo a participação em políticas públicas, concretizada pela inclusão da sociedade no debate público, com a efetiva intervenção do cidadão na construção de soluções para a gestão pública.

A doutrina publicista diverge a respeito da relação entre participação popular e controle social, de forma que existem quatro posicionamentos: a) participação popular é gênero entendido como qualquer forma de intervenção do cidadão, de forma individual ou associativa, na gestão pública; e o controle social, uma espécie relacionada à intervenção de fiscalização da gestão pública[179]; b) enquanto a participação popular coloca o cidadão ao lado da Administração Pública na definição das políticas públicas, o controle social coloca o cidadão na verificação do atendimento do interesse público[180]; c) controle social é gênero do qual participação popular é espécie[181]; d) participação popular é emanação da soberania popular e o controle social, um direito decorrente[182].

---

[179] MENEZES SOARES, Fabiana de. Direito Administrativo de Participação: cidadania, direito, estado, município. Belo Horizonte: Del Rey, 1997, p. 77.
[180] FREITAS, Juarez. O Controle Social no Orçamento Público. In: Revista de Interesse Público, Sapucaia do Sul, ano 3, n. 11, jul./set. 2001, p. 13-26.
[181] AGUILLAR, Fernando Herren. Controle Social de Serviços Públicos. São Paulo: Max Limonad, 1999, p. 292;
[182] AYRES BRITTO, Carlos. Distinção entre "Controle Social do Poder" e "Participação Popular". In: Revista de Direito Administrativo, Rio de Janeiro, n. 89, p. 14-122, jul./set/92.

7.2.2.1. Transparência pelo Controle Social

É entendida como controle social que compromete o cidadão na perspectiva da responsabilidade para o exercício da cidadania, e a participação popular na construção de soluções para a gestão que a Administração Pública faz dos desafios pelas cidades, por meio de canais institucionalizados e procedimentais, enfeixado na Constituição, e que serve para estabelecer uma comunicação entre a Administração Pública e a sociedade.

No contexto do reformismo administrativo, o controle social pode ser analisado em conformidade com o modelo de gestão assumido pela Administração Pública Brasileira. Na administração patrimonialista não havia possibilidade de controle social nos destinos da gestão pública. Como reação à confusão entre o patrimônio público e o privado surge a administração burocrática, criando a ideia de um controle, mas dentro do modelo racional-legal, focado em procedimentos, condicionado pela legalidade e realizado pelo próprio administrador e por órgãos do controle interno e externo. Com o surgimento da administração gerencial, fundamentada em princípios e técnicas da iniciativa privada, surge a possibilidade do controle social, que compensa a redução do controle legal de procedimento, e complementa o controle dos resultados.

No Brasil, as reformas estatais tiveram dois momentos fundamentais: um a partir dos anos 1970 com medidas para tornar o Estado eficaz e eficiente; e outro a partir da década de 1990, na busca de um Estado efetivo. Neste segundo momento, a partir das políticas gerenciais de modernização do setor público, surgem mecanismos de controle social independente dos poderes públicos. Aliada à administração gerencial, a Constituição Federal contribui para ampliação do controle social. Neste sentido, Gilmar Mendes[183]:

> [...] a Constituição abriu novas perspectivas para o exercício ampliado do controle social da atuação do Estado, com destacada contribuição da imprensa livre, de organizações não governamentais e da

---

[183] BRASIL. Supremo Tribunal Federal. SEGUNDO AG.REG. NA SUSPENSÃO DE SEGURANÇA SS 3902 AgR-segundo / SP – SÃO PAULO. Órgão julgador: Tribunal Pleno. Relator: Min. AYRES BRITTO. Data de julgamento: 09/06/2011. RTJ VOL-00220-01 PP-00149.

atuação individualizada de cada cidadão. Ao mesmo tempo, os novos processos tecnológicos oportunizaram um aumento gradativo e impressionante da informatização e compartilhamento de informações dos órgãos estatais, que passaram, em grande medida, a serem divulgados na Internet, não só como meio de concretização das determinações constitucionais de publicidade, informação e transparência, mas também como propulsão de maior eficiência administrativa no atendimento aos cidadãos e de diminuição dos custos na prestação de serviços.

É inegável, pois, que, no Estado Democrático de Direito, a viabilização do controle social com a participação do cidadão no monitoramento das ações da Administração Pública, especialmente na aplicação dos recursos públicos, é tanto mais assegurada não apenas na conscientização da sociedade de que ela tem o direito de participar desse controle, mas também com a criação de mecanismos institucionais que permitam a fiscalização para salvaguarda do atendimento eficiente e eficaz das demandas sociais.

O controle social diz respeito ao problema da iniciativa da sociedade por meio do cidadão (membro da sociedade que age de forma individual ou coletiva no acompanhamento da gestão pública) de tomar conhecimento da atuação da Administração Pública e exercer sobre essa cognoscibilidade a verificação sobre a constitucionalidade e adequação das normas ao interesse público. Essa verificação pressupõe a prestação de contas pelos responsáveis na gestão da coisa pública, podendo culminar com a denúncia de irregularidades tanto na destinação dos recursos quanto na sua aplicação, para posterior responsabilização. No aspecto subjetivo, o controle social pode ser direto, quando efetivado pelo cidadão (de forma individual ou coletiva por meio de entidades representativas), ou indireto, exercido por entidades e órgãos do Poder Público, instituídos para a defesa de interesses gerais da coletividade, como é o caso do Ministério Público[184].

A eficácia deste controle social, como complemento indispensável ao controle institucional para garantir a boa e correta aplicação dos

---

[184] CARVALHO FILHO, José dos Santos. Manual de Direito Administrativo. São Paulo: Atlas, 2012, p. 939; PEIXE, Blênio César Severo. Finanças públicas: controladoria governamental. Curitiba: Ed. Juruá, 2010, p. 161.

recursos públicos no atendimento eficiente das demandas sociais, depende da educação para cidadania, da construção de uma cidadania ativa que garanta a inserção da sociedade na fiscalização do cumprimento dos programas de gestão pública e da oferta de instrumentos judiciais e administrativos consagrados na legislação, como o direito de petição (art. 5º, XXXIV, *a*, da CF), ação popular (art. 5º, LXXIII, da CF), dentre outros.

No tocante à educação para cidadania, significa construir no cidadão ação orientada na procura do bem comum e da justiça, para além dos níveis da educação formal[185]. Trata-se de incutir um modo de estar em sociedade que tem como referência os direitos humanos, nomeadamente os valores da igualdade, da democracia e da justiça social.

Enquanto processo educativo, a educação para a cidadania, ao criar desenvolvimento integral da pessoal com a integração ética e política do indivíduo na comunidade, visa contribuir para a formação de pessoas responsáveis, autônomas, solidárias, que conhecem e exercem os seus direitos e deveres em diálogo e no respeito pelos outros, com espírito democrático, pluralista, crítico e criativo[186].

Neste sentido, o desafio na concretização da educação para cidadania é incutir conhecimento, habilidade e valores para a participação de cidadãos e sua contribuição para dimensões do desenvolvimento da sociedade que estão interligadas nos âmbitos local e global[187].

---

[185] No âmbito federal destaca-se o Programa Ética e Cidadania – Construindo Valores na Escola e na Sociedade que visa consolidar práticas pedagógicas que conduzam à consagração da liberdade, da convivência social, da solidariedade humana e da promoção e inclusão social. Disponível em: http://portal.mec.gov.br/par/195-secretarias-112877938/seb-educacao-basica-2007048997/13607-programa-etica-e-cidadania. Acesso em: 10/5/2014.

[186] Disponível em: https://www.dge.mec.pt/sites/default/files/ECidadania/Docs_referencia/educacao_para_cidadania_linhas_orientadoras_nov2013.pdf; MENEZES, Isabel. Educação cívica: reflexões a propósito da análise do currículo implementado. In: Revista Inovação, 12, Participation experiences civic concepts, attitudes and engagement implications for citizenship education projects. In: European Education Research Journal, 2/3, 2003, pp. 430-445.

[187] TAWIL, S. Education for 'global citizenship': a framework for discussion. Paris, UNESCO, 2013. (UNESCO Education Research and Foresight (ERF) Working Papers Series, 7). Neste sentido os programas do governo federal disponíveis em: http://portalamm.org.br/programas-governo-federal-direitos-da-cidadania/. Acesso em: 10/04/2014.

Em relação à construção da cidadania ativa, ressalta-se que a cidadania é um conceito histórico. Não constitui por si um valor-fim, mas meio e instrumento de realização da democracia em que o poder repousa na vontade do povo. Sob esse aspecto, a cidadania não é um conceito político abstrato e estático, mas é um processo de afirmação de direitos civis, políticos e econômicos, e de garantia de inclusão (política, econômica e cultural dos indivíduos na sociedade), que o povo vai conquistando no correr da história para que os espaços de discussão possam ser multiplicados na Administração Pública.

Neste processo, vai se configurando a valorização do indivíduo na sociedade em substituição do conceito de administrado por cidadão, pois se exige uma postura não só de respeito, mas atuante, em homenagem à dignidade da pessoa humana como fundamento da República[188]. O cidadão é visto como coparticipante na gestão pública, ou seja, como parceiro do administrador público e não servo do século XX, como sugere a obsoleta expressão administrado, que contribui para aumentar a infeliz distância entre a sociedade e o Estado. Esta valorização consubstancia-se, desde logo, na consideração do cidadão como personagem atuante num processo de cogestão pública[189], em que o interesse analítico identifica-se por padrões de interação com a sociedade no processo decisório.

Uma visão sobre os impactos da inserção direta da soberania popular na gestão pública mostra-nos o Estado a querer redefinição e ampliação das formas de relacionamento com a sociedade; em vez de atuar diretamente na prossecução do interesse público[190], mostra preferência por

---

[188] BAPTISTA, Patrícia. Transformações do direito administrativo. Rio de Janeiro: Renovar, 2003.

[189] "[...] intervenções populares, constituídas pelo conjunto de cidadãos ou associações representativas da comunidade, sobre a qual incidirão as políticas públicas, cujas demandas ganham visibilidade através das consultas populares, audiências públicas ou concerto. Aquelas intervenções têm como fim influenciar o conteúdo da decisão administrativa de modo efetivo ou se constituírem na própria decisão administrativa definidora daquelas políticas" (SOARES, Fabiana de Menezes. Direito Administrativo de Participação (Cidadania, Direito, Estado e Município). Belo Horizonte: Del Rey, 1997, p. 161-169).

[190] "Em vez de uma relação de contradição entre os interesses privado e público há, em verdade, uma "conexão estrutural" (SARMENTO, Daniel (org.). Interesses públicos versus Interesses privados: Desconstruindo o Princípio de Supremacia do Interesse Público. Rio de Janeiro: Lúmen Júris, 2005, p. 190-191).

um caminho de um desenvolvimento sustentável e inclusivo, com a articulação entre diversos atores sociais.

O objetivo perseguido é, pois, o de aproveitar, na máxima medida possível, a capacidade de participação do cidadão nos processos decisórios, contribuindo tanto para a ampliação das capacidades do Estado como para corrigir os déficits da democracia representativa. Essa máxima inclusão possível dos indivíduos na gestão pública, no quadro do Estado Democrático de Direito transformando os cidadãos em protagonistas dentro de um espaço de compartilhamento do poder, resulta do dinamismo histórico nas relações entre Estado e cidadão, desde o advento do Estado Moderno.

Do ponto de vista histórico, uma interpretação compreensiva da cidadania sugere que a gestão pública democrática com interação Estado-sociedade para resolução dos dilemas da ação coletiva implicou a ampliação no conceito da cidadania, que antes era de direitos políticos ativos e passivos[191], para uma cidadania social em que os cidadãos são convocados a participar das deliberações coletivas.

7.2.2.2. Transparência pela Gestão Participativa

Num dos seus itens mais correntes e divulgados, a reforma da Administração Pública brasileira apresenta-nos a participação social como um princípio organizativo da gestão pública, que visa chamar cidadãos e organizações cívicas para atuarem como atores políticos da gestão pública, com supedâneo nas ideias de igualdade e desenvolvimento.

---

[191] Numa relação de verticalidade, a cidadania originada da nacionalidade determinada pelo critério do jus sanguinis, representada um status jurídico dúplice, ou seja, ativo no sentido de poder exercer relações e direitos frente ao soberano, e passivo traduzido na obediência ao soberano. É na concepção de Estado de Jean Bodin, que encontramos a construção da noção de cidadania, em que o cidadão é nacional do Estado, definido como aquele que desfruta da liberdade comum e da proteção do poder soberano. A cidadania não está fundamentada em privilégios, em direitos ou em deveres, mas no mútuo reconhecimento de submissão diante do mesmo comando. De acordo com os seus estudos, dá-se relevo ao modelo da relação vertical consubstanciada entre a autoridade e a obediência, e é desconsiderado o modelo grego de relação horizontal entre os indivíduos (BODIN, Jean. Les six livres de la République. Paris: Librairie Générale Française, 1993. p. 139).

Essa vertente social na Administração Pública ligada à tradição mobilizatória brasileira[192], que pretende romper com desequilíbrios históricos que marcaram a relação sociedade-Estado no Brasil, busca um processo gerencial dialógico, com organizações administrativas abertas à participação popular, em que haja compartilhamento da autoridade entre diversos atores sociais.

Desde a promulgação da Constituição Federal de 1988, a participação social, como elemento central nos processos de reforma democrática do Estado, vem sendo construída como um princípio político-administrativo que envolve a intervenção dos cidadãos e organizações da sociedade civil no processo decisório de políticas públicas. Essa construção faz-se acompanhar de uma semântica renovada que se tornou uma feição do Estado Brasileiro, e que inclui fórmulas como a "inclusão social" ou "instituições participativas".

A participação direta dos cidadãos e da sociedade civil organizada em processos decisórios das políticas públicas implica a democratização da gestão pública para construção de espaços públicos com maior interlocução entre Administração Pública e sociedade. Esse fenômeno decorre do (res)surgimento da democracia participativa. Na dinâmica evolutiva da participação social como instrumento da democracia participativa da publicização das políticas públicas[193] e da transparência, interessa-nos enfatizar três momentos essenciais: iniciação, consolidação e atual.

---

[192] Essa tradição alcançou o seu auge na década de 1960, quando a sociedade se organizou pelas reformas no país. Após o golpe de 1964, essas mobilizações retornaram na década de 1970.
[193] "As origens do discurso sobre a participação social são múltiplas: encontram-se referências (e elogios) à necessidade do uso de ferramentas participativas nos manuais das agências internacionais de cooperação para o desenvolvimento, no âmbito dos programas de reforma do Estado e das políticas de descentralização, mas também na prática de alguns governos locais que afirmam promover, graças à participação dos cidadãos, estratégias de inovação e, em alguns casos, de radicalização da democracia local. A participação é reivindicação histórica de alguns movimentos sociais, por exemplo, os relacionados à pauta dos trabalhadores rurais sem-terra, à gestão de políticas urbanas ou à educação popular" (MILANI, Carlos R. S. O princípio da participação social na gestão de políticas públicas locais: uma análise de experiências latino-americanas e europeias. In: Revista da Administração Pública, rio de Janeiro 42(3):551-79, maio/Jun. 2008, p. 551-579).

a) *Fase de iniciação*: a partir dos anos 1970 e ao longo dos anos 1980, inicia-se a luta pela participação popular na esfera pública como resistência à ditatura militar.

A partir da segunda metade da década de 1970 e ao longo dos anos 1980, surgem novos movimentos sociais, tanto como manifestações de massas esporádicas e não estruturadas, como formatos mais organizados. Nestes espaços de ação reivindicativa há uma mobilização em busca de direitos[194], com recusa às relações subordinadas, de tutela ou de cooptação por parte do Estado, dos partidos ou outras instituições.

Tendo como pano de fundo a transformação gradual das estruturas de poder, com a ampliação da participação dos cidadãos na esfera pública, esses movimentos sociais funcionaram como protagonistas de uma ruptura com a política do regime de exceção (entre 1964 e 1985)[195], com a finalidade de emancipação e consciência cidadã, gerando uma multiplicidade de experiências participativas com os segmentos populares.

Nesta fase de iniciação da participação social desenvolvida como forma de defesa da democracia contra o autoritarismo estatal, os setores progressistas da Igreja Católica, por meio das Comunidades Eclesiais de Base (CEBs), inspiradas pelos ideais da teologia da libertação e da educação popular, conferem ao movimento unidade e força política com uma abordagem pedagógica da participação, e inspiram o sindicalismo, a formação do Partido dos Trabalhadores e a constituição de associações de desenvolvimento e defesa de direitos[196]. Neste período anterior à CF/88 assistia-se, no plano constitucional

---

[194] "O fato inegável é que os movimentos sociais dos anos 1970/1980, no Brasil, contribuíram decisivamente, via demandas e pressões organizadas, para a conquista de vários direitos sociais, que foram inscritos em leis na nova Constituição Federal de 1988" (GOHN, Maria da Glória. Movimentos sociais na contemporaneidade. In: Revista Brasileira de Educação, vol.16, n. 47, Rio de Janeiro May/Aug. 2011. Disponível em: http://www.scielo.br/scielo.php?script=sci_arttext&pid=S1413-24782011000200005. Acesso em: 10/02/2013).

[195] Na ditadura militar há um cotidiano que impede a mobilização política da sociedade e contribui para a não existência de qualquer estratégia de participação popular na gestão pública.

[196] Esse vínculo associativo na comunidade foi percebido como vínculo para enfrentar problemas cotidianos mais imediatos, assim como um lócus de convívio democrático de constituição de identidades (Boschi, R. A arte da associação: Política de Base e Democracia no Brasil. São Paulo: Revista dos Tribunais, 1987, p. 71).

e administrativo, a uma inefetividade dos direitos fundamentais sociais, não só porque esses direitos eram vistos com declarações exigentes de legislação integrativa para produzir força normativa, mas também pela compreensão estrita da separação de poderes[197], ainda tributária da Revolução Francesa[198].

b) *Fase de consolidação*: com a promulgação da Constituição Federal de 1988 até o advento do Decreto n. 8.243/2014, com destaque na década de 2000, em que conselhos gestores de políticas públicas integram a arquitetura institucional do Estado brasileiro.

A partir da promulgação da CF/88, sob a influência do movimento democrático na sociedade civil durante as décadas de 1970 e 1980[199],

---

[197] É mecanismo estrutural do poder (limita o poder em contraposição ao fenômeno da concentração de poder vigorante no absolutismo monárquico de origem divina), do Estado (organiza do Estado através da distribuição orgânico-funcional) e garantista (protege os indivíduos contra o arbítrio, garante liberdade em face da vocação abusiva gerada na concentração de atribuições ou governo autocrático). Depois do advento da CF/88 percebe-se uma dinâmica evolutiva em que o princípio da separação de poderes sofre mudanças em sua formulação orgânico-funcional, num processo gradual de transformação, dentro de um contexto de adaptação estrutural coordenada e interdependente de vigilância e correção social sobre a conduta funcional do poder à busca do equilíbrio necessário à realização do bem da coletividade e indispensável para evitar o arbítrio e o desmando de um em detrimento do outro e especialmente governados.

[198] HACHEM, Daniel Wunder. Administração Pública Inclusiva, igualdade e desenvolvimento: O Direito Administrativo Brasileiro rumo à atuação estatal para além do mínimo existencial. In: MARRARA, Thiago. Direito Administrativo: Transformações e Tendências. Coimbra: Editora Almedina, 2014, p. 390-484.

[199] Sobre a origem da consolidação da participação social: "... possui suas raízes no ideário dos herdeiros políticos das mobilizações populares contra a ditadura e pela redemocratização do país, com destaque para os movimentos sociais, os partidos políticos de esquerda e centro-esquerda, e as organizações não-governamentais" (PAES DA PAULA, Ana Paula. Administração Pública Brasileira entre o Gerencialismo e a Gestão Social. In: Revista de Administração de Empresas, vol. 45, n. 1, jan.-mar 2005, p. 35-49). Além das mobilizações populares, a participação social decorre do êxito de experiências participativas de gestão municipal, do questionamento do "público" como sinônimo de "estatal" e do debate sobre a necessidade de um novo projeto político nacional, capaz de ir além dos ajustes gerenciais, promovendo o engajamento popular e o controle social (PAES DE PAULA, A. P.; PRESTES MOTTA, F. C. Administração Pública popular: participação cidadã e melhorias sustentáveis na qualidade de vida no Brasil. In: ENCONTRO NACIONAL DOS PROGRAMAS DE PÓS--GRADUAÇÃO EM ADMINISTRAÇÃO, 27., 2003, Atibaia: ANPAD, 2003. 1 CD-ROM; PAES DE PAULA, A. P. Por uma nova gestão pública: limites e potencialidades da experiência contemporânea. Rio de Janeiro: FGV, 2005).

com o advento do Estado Democrático de Direito, houve a institucionalização de princípios e diretrizes sobre a participação dos cidadãos nas políticas públicas do Estado brasileiro. Com a institucionalização dos processos participativos na CF/88, surgem mecanismos de deliberação coletiva no processo decisório das políticas públicas, como o orçamento participativo, os conselhos de políticas públicas e as conferências nacionais.

Nos anos 1990 há uma generalização do discurso de participação social no Brasil, que implica a configuração da vertente social na Administração Pública, que, por sua vez, possui dois eixos principais. O primeiro eixo parte da perspectiva da democracia: o conceito da democracia atualiza o enfoque participativo para ideia de um processo dinâmico ancorado na deliberação dialógica. O segundo eixo parte da perspectiva da gestão pública, em que a vertente social surge como aperfeiçoamento da vertente gerencial constituída no governo do ex-presidente Fernando Henrique Cardoso, buscando a elaboração de instituições públicas mais abertas com uma estratégia sociopolítica de gestão pública voltada para as necessidades dos cidadãos[200].

A partir da década de 2000, outra coordenada tem-se desenvolvido sob os motes da consolidação da participação social, cuja característica é a implantação dos vários conselhos gestores das políticas públicas[201], em sua maioria instituída com caráter deliberativo e fiscalizador para

---

[200] Embora o gerencialismo tenha sido desenvolvido no contexto da Inglaterra e EUA, seus valores e ações baseadas na cultura do empreendedorismo que orienta a organização das atividades de forma a garantir controle, eficiência e competitividade máximos, contaminaram a Europa e América Latina. No Brasil ganhou força nos anos 1990 com o debate da reforma gerencial do Estado e o desenvolvimento da Administração Pública gerencial com ênfase na profissionalização e o uso de práticas de gestão do setor privado (BAGGULEY, P. Postfordism and enterprise culture: flexibility, autonomy and changes in economic organization. In: KEAT, R.; ABERCROMBIE, N. (Eds.). Enterprise Culture. Routledge: London, 1991; BRESSER-PEREIRA, L. C. Da Administração Pública burocrática à gerencial. In: Revista do Serviço Público, v. 120, n. 1, 1996; BRESSER-PEREIRA, L. C. Reforma do Estado nos anos 90: lógica e mecanismos de controle. Brasília: MARE, Cadernos MARE, n. 1, 1997).

[201] De acordo com os dados oficiais da Secretaria-Geral da Presidência da República de 1941 a 2010, foram realizadas 113 conferências nacionais, das quais 74 ocorreram entre 2003 e 2010 abrangendo 40 áreas setoriais em níveis local, municipal, regional, estadual e nacional, mobilizando cerca de cinco milhões de pessoas no debate de propostas para as políticas públicas (Dados atualizados até 2010 disponíveis em http://www.secretariageral.gov.br/art_social/conselhosconferencias). Acesso em: 15/10/2015.

legitimar a decisão administrativa na gestão pública. Apesar de serem instrumentos de condução coletiva de políticas sociais, uma das críticas no deslocamento compartilhado das discussões e decisões para esfera pública é o não funcionamento na prática como instâncias de diálogo, mas como estruturas formais e/ou mecanismos de referendo das decisões governamentais.

Envolvido num contexto de gestão descentralizada e participativa da sociedade civil, os conselhos têm, todavia, repercussões que ultrapassam as dinâmicas internas e desempenho específico de atores no seu funcionamento. Tais repercussões apresentam-se focadas no impacto desses conselhos no atendimento eficiente e satisfatório das demandas sociais.

Neste período posterior à CF/88 até 2000, assistia-se, no plano constitucional e administrativo, a uma efetividade dos direitos fundamentais sociais com direitos subjetivos exigíveis perante o Judiciário, sob o prisma individual.

c) *Fase atual*: a partir do Decreto n. 8.243/2014 até os dias atuais[202], em que se busca um sistema nacional de participação que tenha caráter mais articulado e consolidado, com parâmetros de efetividade das instituições participativas no Brasil, e de caracterização do Poder Judiciário como espaço de participação social no controle da execução das políticas públicas.

Publicado em maio de 2014, o Decreto n. 8.243[203] entrou em vigor no dia 26 do mesmo mês e ano, estabelecendo o novo marco regulatório da participação social. Ele regula a Política Nacional da Participação Social e o Sistema Nacional da Participação Social, promovendo mudanças significativas na formulação, execução, no monitoramento e na avaliação de programas e políticas públicas da gestão pública.

Nesta linha, propõe o regime de diálogo e a atuação conjunta entre a Administração Pública Federal e a sociedade civil. Antes de 2014 não

---

[202] Em 11 de abril de 2019 foi publicado o Decreto nº 9759 estabelecendo diretrizes, regras e limitações para colegiados da administração pública federal. O objetivo foi impedir a estrutura consultiva dos conselhos, entendida, pelo governo federal atual, fruto de políticas de "esquerda" que não representam a totalidade da população. Trata-se de uma limitação na participação popular.

[203] O Decreto surgiu de debates e reuniões feitas entre o Governo Federal e as Organizações da Sociedade Civil entre 2011 e 2013, cuja minuta foi submetida a um processo de consulta on-line.

havia um tratamento normativo específico sobre as instâncias e mecanismos de participação social nos órgãos e entidades da Administração Pública Federal direta e indireta. De acordo como o Governo Federal, os objetivos do marco regulatório são reconhecer, incentivar, aprimorar e ampliar a participação social como direito do cidadão e método de governo, de forma a garantir a integração entre mecanismos e instâncias da democracia representativa, participativa e direta.

O Sistema Nacional de Participação Social é o conjunto de instâncias de participação social vinculadas à Secretaria-Geral da Presidência da República[204], que, no nível federal, são encarregadas do diálogo entre a Administração Pública federal e a sociedade civil. Além do SNPS, cuja estruturação é feita com base na Política Nacional de Participação Social, outras instituições nacionais têm importantes atribuições no que se refere ao diálogo com a sociedade civil.

Ao Executivo, por meio da Secretaria-Geral da Presidência da República, estão afetadas as tarefas de orientação e implementação da PNPS e do SNPS nos órgãos e entidades da Administração Pública federal direta e indireta, com a realização de estudos técnicos, avaliações, sistematizações, audiências e consultas públicas das instâncias e dos mecanismos de participação social.

Ao Legislativo, compete elaboração de leis sobre planos e programas nacionais, regionais e setoriais de desenvolvimento e o controle direto, ou por qualquer de suas Casas, sobre os atos do Poder Executivo, incluídos os da administração indireta. O Judiciário é o instrumento pelo qual contesta medidas adotadas pelo Executivo ou Legislativo que prejudiquem a participação social, com fundamento na desconformidade com o ordenamento jurídico.

As origens do SNPS remontam o processo democrático brasileiro consolidando as lutas sociais por liberdade e cidadania, logo após a promulgação da Constituição Federal de 1988. Outro momento que marca os antecedentes do SNPS é a Política Nacional dos Direitos Humanos

---

[204] Fica instituído o Comitê Governamental de Participação Social – CGPS, para assessorar a Secretaria-Geral da Presidência da República no monitoramento e na implementação da PNPS e na coordenação do SNPS. O CGPS será coordenado pela Secretaria-Geral da Presidência da República, que dará o suporte técnico-administrativo para seu funcionamento. Ato do Ministro de Estado Chefe da Secretaria-Geral da Presidência da República disporá sobre seu funcionamento (artigo 9º do Decreto n. 8.243/2014).

(PNDH-3), partindo do compromisso compartilhado e da participação social na construção e monitoramento das distintas políticas públicas como essenciais para que a consolidação dos Direitos Humanos recomende a integração e o aprimoramento dos fóruns de participação existentes, bem como a criação de novos espaços e mecanismos institucionais de interação e acompanhamento.

O Decreto n. 8.243/2014, que dispõe sobre a Política Nacional da Participação Social, institui através de seu art. 7º o Sistema Nacional de Participação Social (SNPS). Este sistema é influenciado pela Constituição da República, que consagra a participação direta popular na gestão pública, cujo processo é a descentralização das atividades da Administração Pública. A finalidade do SNPS é ampliar diálogo entre os movimentos sociais e o governo, visando implementar a Política Nacional da Participação Social, a fim de alinhar políticas públicas às demandas sociais.

A defesa da participação social não pode ser encarada como instrumento de confronto entre Administração Pública e sociedade, senão como meio de compatibilizar e harmonizar os interesses envolvidos. Neste contexto, a Política Nacional da Participação Social deve estar fundamentada nas seguintes diretrizes:

a) *Conscientização da cidadania*: se o que se busca é o diálogo e a atuação conjunta entre Administração Pública e sociedade civil para que os programas e políticas públicas atendam às demandas sociais, é natural que a conscientização do cidadão no que toca aos seus direitos e deveres e sua inclusão no processo democrático conduzirá a esse objetivo. Pode-se dizer que quanto maior o grau de conscientização, mais efetiva será a participação social. Essa conscientização, visando aprimorar a relação do governo federal com a sociedade civil, bem como a promoção e a consolidação das instâncias e dos mecanismos de participação social, inclui educação para a cidadania ativa, a informação nas ações públicas com uso da linguagem simples e objetiva, o uso e o desenvolvimento de metodologias que incorporem múltiplas formas de expressão e linguagens de participação social, por meio da internet, com a adoção de tecnologias livres de comunicação e informação e a promoção de ações e programas de apoio institucional, formação e qualificação em participação social para agentes públicos e sociedade civil.

b) *Autonomia do cidadão*: é o núcleo essencial da participação social. É induvidosa que o cidadão (individual ou representado por organizações da sociedade civil) é a parte que possui capacidade para atuar nos espaços públicos; apresenta o cidadão sinais de autodeterminação em relação ao Estado. No Brasil, o Decreto n. 8.243/2014 reconhece claramente essa situação de autonomia, ao declarar o reconhecimento da participação social como sua expressão.
c) *Legitimidade democrática*: a questão da legitimidade democrática está associada com a integração entre a representação e os mecanismos de participação popular, de modo a proporcionar a interferência e controle dos cidadãos sobre as decisões políticas que lhes são fundamentais.
d) *Não discriminação*: a PNPS não será completa se não dispuser sobre a igualdade dos cidadãos na construção da participação social para a construção de valores de cidadania e inclusão social, com o desenvolvimento de mecanismos de participação social acessíveis aos grupos sociais historicamente excluídos e aos vulneráveis.
e) *Coibição de abusos*: a PNPS deve ampliar o controle social para evitar a ocorrência de práticas abusivas.
f) *Cooperação*: apesar de a participação social ser aplicada pelo Decreto n. 8.243/2014 para órgãos e entidades da Administração Pública Federal, procurando fomentar o diálogo na gestão pública, não deve, por outro lado, deixar de incentivar que tal providência seja tomada por outros entes federativos. O próprio Governo Federal lançou o compromisso de participação nacional voltado especificamente a estados e municípios que a ele aderirem, ou a órgãos públicos em geral que pretendam ampliar suas ações participativas.

Em relação aos direitos fundamentais sociais, surge uma efetivação igualitária no sentido de criação de medidas e políticas voltadas ao alcance de todos. A formulação e a execução das políticas públicas[205]

[205] "Por política estatal – ou políticas públicas – entende-se o conjunto de atividades do Estado tendentes a seus fins, de acordo com metas a serem atingidas. Trata-se de um conjunto de normas (Poder Legislativo), atos (Poder Executivo) e decisões (Poder Judiciário) que visam à realização dos fins primordiais do Estado" (CANELA JÚNIOR, Oswaldo. A efetivação dos direitos fundamentais através do processo coletivo: um novo modelo de

estão inseridas no compromisso dos Poderes Legislativo e Executivo com os direitos fundamentais na condição de servidor do bem público em atendimento às demandas sociais. O reconhecimento deste compromisso configura um dever constitucional dos referidos Poderes, funcionando como veículo juridicizado de planejamento da ação estatal[206].

Acontece que, quando os Poderes Legislativo e Executivo se mostram incapazes ou totalmente omissos em garantir o cumprimento adequado dos programas públicos numa constatação de insuficiência da ação estatal com a consequente violação dos direitos fundamentais, em descumprimento da efetividade do texto constitucional, surge a intervenção do Judiciário para empreender um controle das políticas públicas[207].

Na execução dos programas públicos, o controle jurisdicional é exercido de duas formas, no contexto brasileiro: a) verificação da legalidade

jurisdição. Tese (Doutorado em Direito) – Faculdade de Direito. Universidade de São Paulo. São Paulo, 2009); "sistematizações de ações do Estado voltadas para a consecução de determinados fins setoriais ou gerais, baseadas na articulação entre a sociedade, o próprio Estado e o mercado" (PIZZOLATTI, Rômulo. O controle judicial do mérito da atividade administrativa. Tese de Doutorado em Direito apresentada na Universidade Federal de Santa Catarina. Florianópolis, 2001, p. 172); as políticas se classificam em (1) políticas sociais, de prestação de serviços públicos essenciais, como saúde e educação; (2) políticas sociais compensatórias, tais como o seguro-desemprego; (3) políticas de fomento à economia; (4) reformas de base e (5) políticas de estabilização monetária (LOPES, José Reinaldo de Lima. Direito subjetivo e direitos sociais: o dilema do Judiciário no Estado Social de Direito. In: FARIA, José Eduardo (Org.). Direitos humanos, direitos sociais e justiça. São Paulo: Malheiros, 1999. p .113-143).

[206] COMPARATO, Fábio Konder. Ensaio sobre o juízo de constitucionalidade de políticas públicas. In: Interesse Público, Belo Horizonte, v. 4, n. 16, out. 2002. Disponível em: <http://bdjur.stj.jus.br/dspace/hand-le/2011/31244>. Acesso em: 09 set. 2014; SOUZA, Celina. Políticas Públicas: uma revisão da literatura. In: Sociologias, Porto Alegre, ano 8, n. 16, jul./dez. 2006, p. 20-45.

[207] CUNHA JÚNIOR, Dirley da. Controle judicial das omissões do Poder Público: em busca de uma dogmática constitucional transformadora à luz do direito fundamental à efetivação da Constituição. São Paulo: Saraiva, 2004. p. 353; GOUVÊA, Ronaldo Guimarães. Políticas públicas, governabilidade e globalização. In: Revista do Legislativo. Brasília, n. 25, p. 59-66, jan./mar. 1999, p. 59; SOUZA JÚNIOR, Cezar Saldanha. O Tribunal Constitucional como Poder. São Paulo: Memória Jurídica, 2002. p. 64; FARIA, Luiz Alberto Gurgel de. Controle da constitucionalidade na omissão legislativa: instrumentos de proteção judicial e seus efeitos. Curitiba: Juruá, 2002. p. 37; KRELL, Andreas. Controle judicial dos serviços públicos básicos na base dos direitos fundamentais sociais. In: SARLET, Ingo. (Org.). A Constituição concretizada: construindo pontes com o público e o privado. Porto Alegre: Livraria do Advogado, 2000. p. 27.

dos atos administrativos, podendo resultar na sua invalidação; b) substituição da atividade administrativa na concretização dos direitos inseridos nos programas públicos.

Nessa atuação judicial revelada por uma atividade substitutiva, o Judiciário atua como garantidor dos direitos fundamentais, em fiscalização do dever do Poder Executivo de fazer cumprir as políticas públicas constitucionalizadas, de forma a contribuir para estabilização das relações sociais. Serve para desenvolver uma cultura de efetividade da dimensão objetiva dos direitos fundamentais, em compromisso conciliatório das escolhas públicas nos programas públicos sociais e econômicos com as condições materiais de uma existência digna.

Neste cenário, os favoráveis a uma intervenção judicial ampla justificam-se no constitucionalismo contemporâneo, em que o Judiciário pode verificar o exercício discricionário do poder de administrar em nome da concretização dos resultados objetivados na Constituição[208]. Essa justificativa tem dois eixos principais.

Além da influência do pós-positivismo no sistema jurídico resultante na ampliação valorativa da constituição decorrente da concepção substantiva do Estado de Direito, o reconhecimento da força normativa da constituição, cuja eficácia depende não apenas da acomodação do texto à realidade integrante e constitutiva da própria norma, mas da vontade da constituição que surge como ideia ativista, como atuação dos participantes da vida constitucional, especialmente

---

[208] Com a promulgação da Constituição de 1988 e a implementação do Estado Social e Constitucional, a Constituição passa a ser um texto que não se limita à disposição de competências ou à separação dos poderes públicos, mas, para, além disso, contêm um alto nível de normas materiais ou substantivas que condicionam o Estado por meio de fins e objetivos. Sob o influxo da ordem constitucional vigente dá-se a irradiação de valores materiais e axiológicos do direito, contidos na constituição nas relações humanas, como representação que certa comunidade faz da sua ordenação e do seu destino à luz dos princípios jurídicos. Os valores constitucionalizados são critérios jurídicos construídos pela vontade popular na dinâmica da vida, compatível com os reclamos de uma justiça voltada à proteção jurídica dos direitos do homem. A constitucionalização do direito administrativo contribui com a afirmação de um agir estatal menos positivista e menos formalista, para uma atuação administrativa de qualidade caracterizada por empregar e espelhar a supremacia dos direitos fundamentais e a uma ética político-administrativa responsável e legítima (CARBONELL, Miguel. Neoconstitucionalismo(s). Madrid: Editorial Trotta, 2005, p.9-10; ANDRADE, José Carlos Vieira. Os Direitos Fundamentais na Constituição Portuguesa de 1976. Coimbra: Editora Almedina, 1983, p. 56).

o judiciário, a fim de viabilizar a constituição como fonte da realidade social cambiante[209].

A inobservância do dever de agir por parte do Poder Executivo na execução das políticas públicas que gera a atuação substitutiva do Poder Judiciário tem recebido argumentos contrários. Um dos argumentos é a violação ao equilíbrio e harmonia entre os poderes[210]. Na era

---

[209] Precisamente após a segunda guerra mundial, foi constatada a insuficiência dos elementos formais para determinar o sentido da constituição, com a consequente valorização da constituição como ordem material fundamenta em normas e valores, em abandono à concepção positivista que reduz o direito à lei do Estado. Desde logo, ressalta-se uma concepção material de constituição que, por se apresentar mais compatível com a complexidade das relações entre constituição, Estado e poder político, propicia uma maior aproximação entre constituição e realidade, estimulando uma desejável totalidade formada pela realidade sociocultural e a normatividade jurídica. Neste contexto de concretização constitucional, a constituição deve ser concebida como uma ordem aberta, ou seja, como uma ordenação de permanente dinamicidade tendo em conta a necessidade de diálogo com evolução social da comunidade (VEGA, Pedro de. La reforma constitucional y la problemática del poder constituyente. Editora Tecnos, 2011, p. 180-181; VERDÚ, Pablo Lucas. Curso de Derecho Político, vol. IV, p. 74; ANDRADE, José Carlos Vieira. Os Direitos Fundamentais na Constituição Portuguesa de 1976. Coimbra: Almedina, 1983, p. 56; MORTATI, Constantino. La constitución en sentido material. Trad. Almudena Bergareche Gros. Madrid: Centro de Estudios Políticos y Constitucionales, 2000).

[210] É inegável a influência que a doutrina ou técnica da separação de poderes exerce no desenvolvimento do direito público, em especial na configuração da estrutura do Estado e do Poder. Temas fundamentais no estudo sistemático do Estado ganham raízes sólidas na juspublicística ocidental graças ao relevo que lhe foi dado pelo Barão Montesquieu e seus precursores Aristóteles, Bodin, Swift, Bolinglbroke, Locke. Limitação do poder político, proteção da liberdade individual e organização operacional e institucional do Estado constituem exemplos do lastro deixado pelo engenho teórico-organicista. Pilar do constitucionalismo moderno e instituto fundamental da ordem jurídica pública, a separação de poderes como mecanismo estrutural do Estado, pode ser entendida como distribuição de funções a diferentes órgãos do Estado, ou então como instrumento contra o despotismo. No primeiro sentido, privilegia-se o enfoque substancial da separação de poderes, envolvendo divisão funcional; divisão orgânica; independência orgânica e harmonia entre os poderes (os órgãos Legislativo, Executivo e Judiciário são harmônicos entre si, ou seja, cada órgão exerce funções típicas e atípicas, além da possibilidade da fiscalização mútua entre eles). No segundo sentido, destaca-se o enfoque instrumental, em que a separação de poderes surge como mecanismo estrutural do poder (limita o poder em contraposição ao fenômeno da concentração de poder vigorante no absolutismo monárquico de origem divina), do Estado (organiza do Estado através da distribuição orgânico-funcional) e garantista (protege os indivíduos contra o arbítrio, garante liberdade em face da vocação abusiva gerada na concentração de atribuições ou governo autocrático) (MS 25668/DF – Rel. Min.

contemporânea o princípio da separação de poderes, longe de ser uma estrutura orgânica funcionalmente justa, sofre mudanças em sua formulação orgânico-funcional, num processo gradual de transformação, dentro de um contexto de adaptação estrutural coordenada e interdependente de vigilância e correção que um poder exerce sobre a conduta funcional do outro em busca do equilíbrio necessário à realização do bem da coletividade e indispensável para evitar o arbítrio e o desmando de um em detrimento do outro e especialmente governados[211].

Neste cenário, em nome da interpretação adequada da Constituição para preservação da dignidade da pessoa humana, o Judiciário substitui a atividade administrativa, praticando atos privativos da Administração Pública, não tendo legitimidade democrática para atuar no processo de execução das políticas públicas reservado à vontade dos eleitos pelo povo, em desrespeito à margem de discricionariedade administrativa consistente na opção de priorização na implementação de programas sociais e de políticas econômicas.

Além da violação à separação de poderes, outro argumento essencial à atuação substitutiva do Poder Judiciário é a violação do equilíbrio orçamentário, pois o juiz, ao atender a uma demanda de natureza individual sem que exista um programa prévio de proteção social já implementado, viola o princípio da isonomia entre os cidadãos, com desequilíbrio das prestações sociais condicionadas à disponibilidade do orçamento público[212].

Celso de Mello, DF 04/08/06; FREIRE JUNIOR, Américo Bedê. O controle judicial das políticas públicas. São Paulo; Editora Revista dos Tribunais, 2005; COMPARATO, Fábio Konder. Ética: Direito, Moral e Religião no Mundo Moderno. São Paulo: Companhia das Letras, 2006; MONTESQUIEU. Do espírito das leis. Nova Cultural, Os Pensadores, 1977; SILVA, José Afonso da. Curso de direito constitucional positivo. São Paulo: Malheiros, 1999. p. 112; FERRAZ, Ana Cândida Cunha. Conflito entre poderes: o poder congressual de sustar atos normativos do poder executivo. São Paulo: Editora Revista dos Tribunais, 1994).

[211] SILVA, José Afonso da. Op. cit., p. 114.

[212] BUCCI, Maria Paula Dallari. Direito administrativo e políticas públicas. São Paulo: Saraiva, 2002; DIAS, Jean Carlos. Políticas públicas e questão ambiental. In: Revista de Direito Ambiental. São Paulo: Revista dos Tribunais, ano 8, n.31, p. 117-135, jul./set. 2003; GESTA LEAL, Rogério. Os princípios fundamentais do Direito Administrativo brasileiro. São Leopoldo: Anuário do programa de pós-graduação em Direito da Universidade do Vale do Rio dos Sinos (UNISINOS), 2000. p. 185-223; DWORKIN, Ronald. Levando os direitos a sério. Tradução Nélson Boeira. São Paulo: Martins Fontes, 2002; RITSINELIS, Marco Falcão. Políticas públicas e normas jurídicas. Rio de Janeiro: América Jurídica, 2003.

8. *Accountability* nas Parcerias com as Organizações da Sociedade Civil

O tema da *accountability* é reconhecidamente considerado dos mais fragmentários no Direito Administrativo Brasileiro. Essa imperfeição decorre da diversidade e complexidade das normas federais legais e infralegais reforçada pela obscuridade no seu regime jurídico. Além da incompreensibilidade e da instabilidade normativa, são perceptíveis deficiências estruturais no controle da prestação de contas. Neste aspecto da fiscalização, é preciso acentuar que essa falha na conformação destes ajustes representa a manutenção da opacidade administrativa como princípio essencial no funcionamento da Administração Pública. O desconcerto no controle da prestação de contas decorre da lógica mecanicista e formalista na prestação de contas, sem preocupação inclusiva da cidadania.

Na Administração de Gestão, cabe destacar que, diante do novo marco regulatório das Organizações da Sociedade Civil (MROSC), a Lei n. 13.019/2014, que regula o regime jurídico do terceiro setor, no sistema de transferências voluntárias de recursos da Administração Pública, os convênios passam a ser aplicáveis apenas quando os signatários forem entidades públicas.

As parcerias existentes no momento da entrada em vigor da lei[213] permanecerão regidas pela legislação vigente ao tempo de sua celebração, podendo ter aplicação subsidiária da Lei n. 13.019/2014 naquilo em que for cabível, desde que em benefício do alcance do objeto da parceria.

As parcerias firmadas por prazo indeterminado antes de 23 de janeiro de 2016 (para União, Estados e Distrito Federal) ou 1º de janeiro de 2017 (para Municípios) ou prorrogáveis por período superior ao inicialmente estabelecido serão substituídas por termo de fomento ou de colaboração ou serão objeto de rescisão unilateral, no prazo de um ano.

---

[213] Essas parcerias poderão ser prorrogadas de ofício, no caso de atraso na liberação de recursos por parte da Administração Pública, por período equivalente ao atraso, nos termos do artigo 83, § 1º, da Lei n. 13.019/2010.

No caso do terceiro setor, a *accountability* será feita quando houver parceria entre a Administração Pública[214] e as organizações da sociedade civil[215], mediante execução de atividade[216] ou projeto[217].

A parceria em regime de mútua cooperação, para a consecução de finalidades de interesse público e recíproco, pode envolver ou não recursos financeiros. No caso de não envolver recursos financeiros, a parceria será formalizada por um *acordo de cooperação*. Se envolver recursos financeiros, se a proposta for da organização da sociedade civil a parceria será formalizada por *termo de fomento*; se a proposta for da Administração Pública (a Administração Pública pode receber propostas dos conselhos de políticas públicas), a parceria será formalizada por *termo de colaboração*.

A *accountability* nestas parecerias entre a Administração Pública e as organizações da sociedade civil, observando-se as regras previstas na

---

[214] União, Estados, Distrito Federal, Municípios e respectivas autarquias, fundações, empresas públicas e sociedades de economia mista prestadoras de serviço público, e suas subsidiárias, alcançadas pelo disposto no § 9º do art. 37 da Constituição Federal/88 (artigo 1º, inciso II da Lei n. 13.019/2014).

[215] a) Entidade privada sem fins lucrativos que não distribua entre os seus sócios ou associados, conselheiros, diretores, empregados, doadores ou terceiros eventuais resultados, sobras, excedentes operacionais, brutos ou líquidos, dividendos, isenções de qualquer natureza, participações ou parcelas do seu patrimônio, auferidos mediante o exercício de suas atividades, e que os aplique integralmente na consecução do respectivo objeto social, de forma imediata ou por meio da constituição de fundo patrimonial ou fundo de reserva; b) as sociedades cooperativas previstas na Lei nº 9.867, de 10 de novembro de 1999; as integradas por pessoas em situação de risco ou vulnerabilidade pessoal ou social; as alcançadas por programas e ações de combate à pobreza e de geração de trabalho e renda; as voltadas para fomento, educação e capacitação de trabalhadores rurais ou capacitação de agentes de assistência técnica e extensão rural; e as capacitadas para execução de atividades ou de projetos de interesse público e de cunho social; c) as organizações religiosas que se dediquem a atividades ou a projetos de interesse público e de cunho social distintas das destinadas a fins exclusivamente religiosos (artigo 1º, inciso I da Lei n. 13.019/2014).

[216] É o conjunto de operações que se realizam de modo contínuo ou permanente, das quais resulta um produto ou serviço necessário à satisfação de interesses compartilhados pela Administração Pública e pela organização da sociedade civil (artigo 1º, inciso III-A da Lei n. 13.019/2014).

[217] É o conjunto de operações, limitadas no tempo, das quais resulta um produto destinado à satisfação de interesses compartilhados pela Administração Pública e pela organização da sociedade civil (artigo 1º, inciso III-B da Lei n. 13.019/2014).

Lei n. 13.019/2014[218], no instrumento de parceria (pode ser acordo de cooperação, termo de fomento ou termo de colaboração) e no plano de trabalho (é o instrumento programático e integrante do Termo a ser celebrado, que evidencia o detalhamento da parceria apresentado pelo beneficiário dos recursos).

Tendo como pano de fundo a simplificação e racionalização dos procedimentos, a Administração Pública pode fornecer manuais específicos às organizações da sociedade civil por ocasião da celebração das parcerias, cujas eventuais alterações no conteúdo devem ser previamente informadas à organização da sociedade civil e publicadas em meios oficiais de comunicação.

Na dimensão de esclarecimento, a qualidade informacional deverá considerar a verdade real e os resultados alcançados, sendo extraída de elementos que permitam à sociedade avaliar o andamento ou concluir que o seu objeto foi executado conforme pactuado, com a descrição pormenorizada das atividades realizadas e a comprovação do alcance das metas e dos resultados esperados.

As informações deverão incluir, no mínimo: a) data de assinatura e identificação do instrumento de parceria e do órgão da Administração Pública responsável; b) nome da organização da sociedade civil e seu número de inscrição no Cadastro Nacional da Pessoa Jurídica – CNPJ, da Secretaria da Receita Federal do Brasil – RFB; c) descrição do objeto da parceria; d) valor total da parceria e valores liberados, quando for o caso; e) situação da prestação de contas da parceria, que deverá informar a data prevista para a sua apresentação, a data em que foi apresentada, o prazo para a sua análise e o resultado conclusivo; f) quando vinculados à execução do objeto e pagos com recursos da parceria, o valor total da remuneração da equipe de trabalho, as funções que seus integrantes desempenham e a remuneração prevista para o respectivo exercício.

Em consonância com a excepcionalidade do segredo administrativo, a lei estipula que o sigilo em todas as etapas que envolvam a parceria,

---

[218] Estabelece o regime jurídico das parcerias entre a Administração Pública e as organizações da sociedade civil, em regime de mútua cooperação, para a consecução de finalidades de interesse público e recíproco, mediante a execução de atividades ou de projetos previamente estabelecidos em planos de trabalho inseridos em termos de colaboração, em termos de fomento ou em acordos de cooperação; define diretrizes para a política de fomento, de colaboração e de cooperação com organizações da sociedade civil.

desde a fase preparatória até o fim da prestação de contas, é justificado quando se tratar de programa de proteção a pessoas ameaçadas ou em situação que possa comprometer a segurança.

Em relação aos programas de proteção de pessoas ameaçadas, temos o Sistema Nacional de Proteção a Pessoas Ameaçadas, coordenado pela Secretaria de Direitos Humanos do Ministério da Justiça (SDH), que abrange o Programa de Proteção a Crianças e Adolescentes Ameaçados de Morte (PPCAAM), Programa de Proteção a Vítimas e Testemunhas Ameaçadas (Provita) e Programa Nacional de Proteção aos Defensores dos Direitos Humanos (PPDDH).

A justificativa administrativa é a apresentação pública das razões da atuação administrativa de forma consistente e especificada. No caso a motivação aparece na causalidade entre a receita e a despesa realizada, a sua conformidade e o cumprimento das normas pertinentes. Serão glosados valores relacionados a metas e resultados descumpridos sem justificativa suficiente. Inclui-se na motivação a observância dos procedimentos relacionada com o recebimento dos recursos públicos e a execução da parceria.

Em relação aos procedimentos a serem adotados após o recebimento dos recursos: a) manter os recursos em conta corrente específica isenta de tarifa bancária na instituição financeira pública determinada pela Administração Pública; b) movimentar os recursos mediante transferência eletrônica sujeita à identificação do beneficiário final e à obrigatoriedade de depósito em sua conta bancária; c) realizar pagamentos mediante crédito na conta bancária de titularidade dos fornecedores e prestadores de serviços. Demonstrada a impossibilidade física de pagamento mediante transferência eletrônica, o termo de colaboração ou de fomento poderá admitir a realização de pagamentos em espécie.

A consistência da justificativa administrativa é feita por documentos e relatórios pormenorizados[219]. Os documentos incluídos pela entidade

---

[219] I – relatório de execução do objeto, elaborado pela organização da sociedade civil, contendo as atividades ou projetos desenvolvidos para o cumprimento do objeto e o comparativo de metas propostas com os resultados alcançados; II – relatório de execução financeira do termo de colaboração ou do termo de fomento, com a descrição das despesas e receitas efetivamente realizadas e sua vinculação com a execução do objeto, na hipótese de descumprimento de metas e resultados estabelecidos no plano de trabalho. A Administração Pública deverá considerar ainda em sua análise os seguintes relatórios elaborados

na plataforma eletrônica, desde que possuam garantia da origem e de seu signatário por certificação digital, serão considerados originais para os efeitos de prestação de contas. Durante o prazo de dez anos, contado do dia útil subsequente ao da prestação de contas, a entidade deve manter em seu arquivo os documentos originais que compõem a prestação de contas.

E a especificação diz respeito à eficácia e efetividade das ações em execução ou já realizadas por meio dos seguintes instrumentos: os resultados já alcançados e seus benefícios; os impactos econômicos ou sociais; o grau de satisfação do público-alvo; a possibilidade de sustentabilidade das ações após a conclusão do objeto pactuado.

Na dimensão do compartilhamento, além de a parceria ser assunto de interesse público, especialmente quando envolvem recursos públicos, a prestação de contas deve permitir a visualização de qualquer interessado, sendo feita em plataforma eletrônica.

A Administração Pública deverá manter, em seu sítio oficial na internet, a relação das parcerias celebradas e dos respectivos planos de trabalho, até 180 dias após o respectivo encerramento. A Administração Pública deverá divulgar pela internet os meios de representação sobre a aplicação irregular dos recursos envolvidos na parceria.

A União utiliza o Sistema de Gestão de Convênios e Contratos de Repasse (SINCOV) aberto à consulta pública, disponível na rede mundial de computadores, criado em 2008, gerido pelo Ministério do Planejamento, Orçamento e Gestão (MPOG), e que tem por objetivo permitir a realização dos atos e procedimentos relativos à formalização, execução, acompanhamento, prestação de contas e informações acerca dos convênios, contratos de repasse e termos de parceria celebrados pela União, visando agilidade na efetivação dos contratos, a transparência do repasse do dinheiro público e a qualificação da gestão financeira.

Em relação aos Estados, Distrito Federal e Municípios com mais de cem mil habitantes, podem aderir ao SINCOV mediante autorização da União, sendo que até que seja viabilizada essa adaptação, serão

internamente, quando houver: I – relatório de visita técnica in loco eventualmente realizada durante a execução da parceria; II – relatório técnico de monitoramento e avaliação, homologado pela comissão de monitoramento e avaliação designada, sobre a conformidade do cumprimento do objeto e os resultados alcançados durante execução do termo de colaboração ou de fomento (artigo 66 da lei 13019/14).

utilizadas as rotinas previstas para repasse de recursos a organizações da sociedade civil decorrentes de parcerias.

Os Municípios de até cem mil habitantes são autorizados a efetivar a prestação de contas e os atos dela decorrentes sem utilização da plataforma eletrônica, nos termos do art. 81-A, II, da Lei n. 13.019/2014.

O processamento das compras e contratações que envolvam recursos financeiros provenientes de parceria poderá ser efetuado por meio de sistema eletrônico disponibilizado pela Administração Pública às organizações da sociedade civil, aberto ao público via internet, que permita aos interessados formularem propostas.

A organização da sociedade civil deverá divulgar na internet e em locais visíveis de suas sedes sociais e dos estabelecimentos em que exerça suas ações todas as parcerias celebradas com a Administração Pública.

A celebração e a formalização do termo de colaboração e do termo de fomento dependerão da adoção das seguintes providências pela Administração Pública da aprovação do plano de trabalho, que não pode ser elaborado de forma genérica, devendo trazer, de forma clara e sucinta, todas as informações suficientes para a identificação do projeto ou atividade a ser executada na parceria.

O plano de trabalho deve ser *congruente* (compatível com os programas e ações financiáveis em função das políticas públicas), *consistente* (perante as normas técnicas exigíveis, e financeira e economicamente viável) e *exequível* (dentro do prazo de vigência dos créditos orçamentários).

A anatomia do plano de trabalho deve conter informações necessárias ao bom desempenho de parceria em regime de mútua cooperação, para consecução de finalidades de interesse público e recíproco, por meio do conjunto de quatro elementos básicos constitutivos da parceria: o objeto, a forma, a finalidade e a economicidade.

O *objeto do plano de trabalho* deve ser ter uma descrição completa do objeto da parceria, incluindo a descrição das atividades ou projetos a serem executados. Na forma de execução das atividades ou projetos devem ser incluídas de forma clara as etapas ou fases da execução do objeto, com previsão de início e fim.

No objeto, além da descrição da realidade que será objeto da parceria, deve ser demonstrado o nexo entre essa realidade e as atividades ou projetos e metas a serem atingidas. Essa descrição funciona como as razões que justificam a celebração da parceria, bem como sua eficácia.

No objeto, deve-se ter a especificação completa do bem a ser produzido ou adquirido ou, no caso de obras ou serviços, o projeto básico, conjunto de elementos necessários e suficientes, com nível de precisão adequado, para caracterizar a obra ou serviço, ou complexo de obras ou serviços objeto da licitação, elaborado com base nas indicações dos estudos técnicos preliminares, que assegurem a viabilidade técnica e o adequado tratamento e do impacto ambiental do empreendimento, e que possibilite a avaliação do custo da obra e a definição dos métodos e do prazo de execução.

A *forma do plano de trabalho* é incluir o plano de trabalho como anexo do termo de colaboração, do termo de fomento ou do acordo de cooperação, como parte integrante e indissociável; fazer constar documentos previstos na legislação; observar regras de alteração do plano de trabalho. O plano de trabalho da parceria poderá ser revisto para alteração de valores ou de metas, mediante termo aditivo ou por apostila ao plano de trabalho original, nos termos do art. 57 da Lei n. 13.019/2014.

Quando a prestação de contas for avaliada como irregular, depois de exaurida a fase recursal, se mantida a decisão, a organização da sociedade civil poderá solicitar autorização para que o ressarcimento ao erário seja promovido por meio de ações compensatórias de interesse público, mediante a apresentação de novo plano de trabalho, conforme o objeto descrito no termo de colaboração ou de fomento e a área de atuação da organização, cuja mensuração econômica será feita a partir do plano de trabalho original, desde que não tenha havido dolo ou fraude e não seja o caso de restituição integral dos recursos.

Na *finalidade do plano de trabalho*, devem ser descritas as metas a serem atingidas, qualitativa e quantitativamente, a forma de cumpri-las, bem como a definição dos parâmetros a serem utilizados para aferição do cumprimento de metas. A interpretação da finalidade pública contida no instrumento consensual deve ser resultado de interpretação restritiva, teleológica e sistemática.

Na parte das despesas relacionadas à execução da parceria, é vedado desvio de finalidade consubstanciado em dois casos: a) utilização de recursos com finalidade alheia ao objeto da parceria; b) pagamento, a qualquer título, a servidor ou empregado público com recursos vinculados à parceria, salvo nas hipóteses previstas em lei específica e na lei de diretrizes orçamentárias.

A economicidade é a previsão de receitas e despesas a serem realizadas na execução das atividades ou dos projetos abrangidos pela parceria, bem como os pagamentos realizados com recursos vinculados à parceria.

A execução das despesas será feita levando em conta que a responsabilidade exclusiva da organização da sociedade civil pelo gerenciamento administrativo e financeiro dos recursos recebidos, inclusive no que diz respeito às despesas de custeio, de investimento e de pessoal; e pelo pagamento dos encargos trabalhistas, previdenciários, fiscais e comerciais relacionados à execução do objeto previsto no termo de colaboração ou de fomento, não implicando responsabilidade solidária ou subsidiária da Administração Pública a inadimplência da organização da sociedade civil em relação ao referido pagamento, os ônus incidentes sobre o objeto da parceria ou os danos decorrentes de restrição à sua execução.

No caso de pagamento com recursos vinculados à parceria é possível: a) remuneração da equipe encarregada da execução do plano de trabalho, inclusive de pessoal próprio da organização da sociedade civil, durante a vigência da parceria, compreendendo as despesas com pagamentos de impostos, contribuições sociais, Fundo de Garantia do Tempo de Serviço – FGTS, férias, décimo terceiro salário, salários proporcionais, verbas rescisórias e demais encargos sociais e trabalhistas; b) diárias referentes a deslocamento, hospedagem e alimentação nos casos em que a execução do objeto da parceria assim o exija; c) custos indiretos necessários à execução do objeto sejam quais forem à proporção em relação ao valor total da parceria; d) aquisição de equipamentos e materiais permanentes essenciais à consecução do objeto e serviços de adequação de espaço físico, desde que necessários à instalação dos referidos equipamentos e materiais.

PARTE IV
Síntese Conclusiva e Considerações Finais

1. Síntese Conclusiva
1. O cenário de corrupção pública gera a necessidade de defesa da transparência pela Administração Pública Brasileira, viabilizada por instrumentos de visibilidade administrativa e por um processo de abertura administrativa que se efetiva no contexto da democratização do país e da necessidade de reestruturação e modernização do aparato administrativo com a finalidade de melhor servir aos interesses da sociedade.
    2. O processo de abertura administrativa é justificado por uma perspectiva tridimensional: a) organizacional (introdução da ideia da governança); b) estrutural (desenvolvimento das tecnologias da informação e comunicação); c) ética (movimento anticorrupção).
    3. A visibilidade administrativa como conteúdo da transparência administrativa é revelada na concepção democrática de *accountability* traduzida numa comunicação pública dialógica, e caracterizada pelo esclarecimento compartilhado da gestão pública. Na dimensão do esclarecimento garante-se qualidade informacional e justificação administrativa, com acesso claro e compreensível da informação pública. Na dimensão do compartilhamento analisa-se o acesso físico da informação pública e intervenção do cidadão na fiscalização e participação da gestão pública (reconhecimento do acesso à informação pública, a democratização digital e a gestão participativa). Ao assumir esse significado democrático, a *accountability* funciona como instrumento de viabilização da própria transparência administrativa.
    4. No sentido etimológico, transparência é plurívoca, mas suas acepções são analógicas, pois exprimem, todas, as ideias de visibilidade de alguma coisa e, por extensão, a de clareza e limpidez de seres, substâncias e entidades. No âmbito das Ciências Naturais, transparência é a

propriedade pela qual um corpo permite a passagem da luz, possibilitando a visibilidade de objetos e imagens.

5. A difusão do termo transparência decorrente das ações da Transparência Internacional (e do Brasil) e dos avanços das tecnologias de informação e comunicação possui três enfoques: a) enfoque político: reforço na atuação democrática dos governos; b) enfoque administrativo: com fator de modernização de gestão pública, ora ligado à eficiência (orientação gerencial), ora ligado à abertura (orientação da governança pública); c) social: promove melhoria da atividade pública no atendimento das demandas sociais.

6. A transparência é um valor, pois reúne as características dos valores em geral e porque representa um estado desejável. A transparência é um fato quando se constata a visibilidade administrativa no plano da realidade concreta. A transparência é uma norma, pois denota um juízo prescritivo da visibilidade administrativa, de forma a permitir o controle democrático sobre a Administração Pública.

7. O termo transparência apresenta vários significados. Embora se enquadre numa perspectiva jurídica, tem alcance sociológico. Em termos jurídicos, possui dois sentidos. Numa primeira acepção ampla, emprega-se a referência ao movimento político-social com origens históricas bastante remotas que pretendem a interdição da arbitrariedade na conduta da Administração Pública. Numa segunda acepção, mais restrita, a transparência reporta-se a uma norma-princípio fundada na Constituição da República Federativa de 1988 que impõe uma gestão dos assuntos públicos para o público, por meio da visibilidade de todas as ações e motivações de interesse público da Administração Pública.

8. A concepção da transparência se pauta em um projeto administrativo democratizante, em que a redução das assimetrias informacionais entre cidadãos e Administração Pública e a participação da sociedade civil na gestão pública são vistas como imprescindíveis para um maior controle sobre os atos ilícitos cometidos no setor público.

9. A opacidade ou não transparência é um modelo de gestão pública caracterizada, seja pela ausência da transparência, como a administração patrimonialista e a burocrática, seja porque a Administração Pública disponibiliza dados sem se preocupar com o acesso físico e intelectual da informação pública, ou com manipulação da verdade.

10. A transparência como um postulado fundamental que inspira todo o modo de agir administrativo, é compreendida como abertura da Administração Pública ao cidadão para permitir o controle social. Refere-se, portanto, a um tipo de diretriz na atuação administrativa, seja sob o aspecto orgânico, seja sob o aspecto funcional que, ao articular as dimensões informacional e participativa e estabelecer um esclarecimento compartilhado da gestão pública, busca reduzir as falhas da gestão, atenta às exigências do público e ao aprofundamento da democracia.

11. No Brasil, enquanto a *accountability* é uma obrigação legal e periódica do gestor público que abrange os aspectos econômicos da sua atividade perante órgãos estatais de controle, interno ou externo, a transparência é princípio da boa governança de visibilidade permanente que abrange outros aspectos além dos econômicos da sua atividade perante a sociedade.

12. É comum no Brasil compreender a transparência como meio de controle da Administração Pública. Ao permitir um monitoramento sobre a atuação administrativa, a transparência traz consigo dois aspectos: a) negativo, pois a Administração Pública é impedida de praticar determinados atos contrários ao interesse público; b) positivo, pois a exposição ao escrutínio público exclui a corrupção, contribuindo para boa governação na gestão pública.

13. A transparência é um elemento essencial na recuperação de legitimidade de autoridades públicas, quando funciona como meio a serviço da democracia. O cidadão, ao acompanhar a condução dos negócios públicos, consegue participar da gestão pública, e com isso gerar maior legitimidade decisória. Essa legitimidade gera visibilidade administrativa. Ela é a um só tempo o reflexo do apoio popular e da participação de toda a sociedade no combate da corrupção, e um meio usado por alguns órgãos estatais na criação de um modelo de responsabilidade na gestão dos recursos públicos.

14. A transparência, como doutrina, envolve a necessidade de uma política da Administração para garantir a visibilidade no exercício do poder administrativo necessário para construção de governos mais eficientes e eficazes, que gastem de maneira mais honesta e produtiva, para poder proclamar uma gestão pública próxima e ao alcance do cidadão e apresentar-se como uma diretriz normativa no modo de as

organizações públicas conduzirem suas atividades em prol da coletividade, seja porque ela obterá o equilíbrio necessário na prevenção da corrupção.

15. A transparência é uma atualização expansiva do princípio constitucionalmente consagrado da publicidade, e, por consequência, uma acepção que vai além dos limites estreitos de uma obrigação formal de divulgação pública dos atos da Administração Pública. Consistente num movimento progressivo de abertura da Administração Pública à coletividade, essa atualização do sentido, além de refletir a ideia da articulação do direito com o tempo social, com a concretização dos comandos constitucionais, é adequada aos desafios da pós-modernidade revelados por uma ruptura entre o sistema vigente e a realidade das novas relações do contexto contemporâneo marcadas pelos impactos da sociedade globalizada e interligada por uma rede mundial de comunicação e informação.

16. Na Constituição Federal de 1988, o sentido da publicidade é a transparência, perante a adoção do Estado Democrático de Direito, cujo objetivo social ultrapassa os limites estreitos de uma obrigação formal de apregoar o agir do poder público consistente na publicação oficial dos atos da Administração Pública; como resultado da democratização das relações de poder lastreada pelo reconhecimento do direito à informação pública gerada, conservada e difundida pela Administração Pública, que, por sua vez, tem a obrigatoriedade de aprimorar e zelar pelo uso social desta informação; e ao garantir a participação direta e pessoal da cidadania na gestão pública com possibilidade de contribuição da sociedade organizada e da cidadania à formação da decisão do poder público, fomenta-se uma democracia pluralista, com a percepção da democracia de poder aberto, estabelecendo o liame entre o Estado e outros atores sociais na construção de um consenso cidadão para alcançar o bem comum.

17. A transparência, como visibilidade administrativa, é dotada de instrumentos destinados a garantir a submissão da atividade da Administração Pública ao escrutínio da sociedade. Esse instrumental tem como suporte a prestação de contas revelada pela vinculatividade dos parâmetros de visibilidade (capacidade de o cidadão ter acesso físico e intelectual às atividades da Administração Pública), confiabilidade (maior envolvimento dos cidadãos na tomada das decisões

administrativas, pela fiscalização cidadã e por uma gestão participativa) e responsabilidade (cumprir suas tarefas administrativas e de prestar contas da gestão pública para a sociedade).

18. No alcance sociológico a transparência representa um movimento sociopolítico a partir dos anos 1980-1990, com a reestruturação na maneira de ser da Administração Pública orientada na promoção do escrutínio público de seus atos e decisões. É preciso unir à dimensão técnica-instrumental reduzida a valores e normas econômicas a orientação sociopolítica do Estado Democrático de Direito fundamentada no princípio democrático, cuja ideia central é acrescer à ideia de seleção do governo por meio de eleições, com ênfase no aspecto procedimental da democracia, estruturas que permitam uma aproximação entre governantes e governados. Nessa perspectiva, a abertura e o fomento à participação dos cidadãos nos processos decisórios são indissociáveis da análise do novo formato relacional entre Administração Pública e sociedade.

19. A publicidade administrativa surge no Brasil como uma reação ao autoritarismo fomentado pela invocação do segredo administrativo como regra. A Administração Pública cumpre o seu dever de publicidade quando disponibiliza dados sem preocupação em velar por explicações ou justificativas que permitam uma qualidade maior na elaboração da comunicação da Administração Pública com os cidadãos. Cinge-se à exposição ao público, seja para validar o ato, seja para garantir sua eficácia, com observância da forma legal prevista. Já a transparência administrativa surge a partir dos anos 1990, com movimentos de ampliação da divulgação das ações públicas aos cidadãos e fortalecimento da cidadania, ligados à governança, anticorrupção e controle digital da Administração Pública. A Administração Pública cumpre o seu dever de transparência quando concretiza a exigência da visibilidade, pelo esclarecimento compartilhado dos atos da Administração Pública, possibilitando o controle social.

20. Numa dimensão intersubjetiva, a publicidade pode ser concebida como um direito de ter conhecimento dos atos administrativos (perspectiva do cidadão); ou um dever de divulgação oficial dos atos administrativos (perspectiva da Administração Pública). A transparência, por sua vez, pode ser concebida não apenas como um direito de compreensão dos atos administrativos (perspectiva do cidadão), mas também como um dever de explicação (perspectiva da Administração Pública).

21. Numa dimensão objetiva, a publicidade destina-se a garantir eficácia do ato administrativo, de modo que no caso da falta de publicidade ou publicidade incompleta, o ato já existe, mas não produz efeitos jurídicos. Ao contrário, a transparência visa permitir o controle social da gestão pública. A publicidade abrange comportamentos preocupados com o cumprimento do dever da Administração Pública em divulgar e possibilitar o conhecimento público dos seus atos. A transparência, por sua vez, abrange comportamentos preocupados com o cumprimento do dever de prestar contas e possibilitar a compreensão pública dos seus atos.

22. É a realização da democratização administrativa que exige o caráter transparente no agir da Administração Pública e, já que a realização desta democratização ocorre mediante implementação da participação popular na Administração Pública, é em torno desta que deve tramitar a efetividade da transparência.

23. No enfoque político, a democratização por meio da transparência significa ampliar os mecanismos de responsabilização e controle da Administração Pública, possibilitando o conhecimento das razões determinantes do desenvolvimento da função administrativa e dos vetores determinantes do agir administrativo.

24. No enfoque jurídico, a democratização por meio da transparência, ao permitir o controle social sobre a gestão pública, inibindo situações de desvios e malversação de recursos, contribui para o estreitamento da distância entre o cidadão e a Administração Pública, fortalecendo a boa governança e a correlação entre a atividade administrativa e as expectativas e interesses da sociedade.

25. A legitimidade do poder administrativo associa-se ao reconhecimento de uma justificação para além da legalidade técnico-jurídica. No contexto do reformismo visando à modernização do setor público, surge a transparência como exigência da legitimidade democrática do poder administrativo representado por uma burocracia inovadora, sinergética e inclusiva.

26. A transparência fundamentada na visibilidade administrativa é um elemento da definição da boa Administração Pública e, nessa função, funciona como uma qualidade no agir administrativo, destinado a afastar arbitrariedades e criar confiança do cidadão na gestão pública.

SÍNTESE CONCLUSIVA E CONSIDERAÇÕES FINAIS

27. A transparência, entendida como abertura da gestão pública à sociedade revelada pela visibilidade nas ações e motivações administrativas, ganha ênfase sob a vigência da Constituição de 1988, marco na retomada da redemocratização do país, em razão de dois aspectos: a) um, jurídico, revelado por um efeito expansivo das normas constitucionais nas práticas administrativas em prol dos direitos fundamentais; b) outro, político, ligado à democratização administrativa a ser implementada por intermédio da participação popular na Administração Pública.

28. A transparência, com o advento do Estado Democrático de Direito, ganha conformação substancial, pois surge a Administração Pública Democrática caracterizada por uma gestão aberta e interativa, numa versão mais próxima e socialmente controlada, que age em comunicação com o cidadão.

29. A transparência, na teoria geral da Administração Pública, depende da configuração da organização administrativa como um sistema aberto que esteja em constante interação com as circunstâncias ambientais.

30. No âmbito da União Europeia, a transparência é elemento integrante da abertura administrativa referente ao acesso de documentos e informações das entidades públicas. No âmbito do Direito Brasileiro, a transparência é a abertura administrativa manifestada pela visibilidade na gestão pública, reforçada pela Parceria do Governo Aberto.

31. Na perspectiva de modernização da gestão pública, no Direito Brasileiro, a abertura administrativa (transparência), no enfoque gerencial com um significado ligado à eficiência econômica com limitação da participação dos cidadãos-clientes à escolha e/ou controle dos serviços, e num enfoque da governança com uma dimensão democrática, é integrada pela necessidade de mecanismos para a formação de preferências e para deliberação.

32. A transparência é uma norma jurídica com estrutura prescritiva, integrante do direito positivo, que disciplina o comportamento da Administração Pública. É norma de direito administrativo funcional--relacional que possui efeito vinculativo bilateral. É princípio jurídico na ação administrativa dotada de alto grau de abstração, de força coativa, de baixa densidade semântica e maior conteúdo axiológico.

33. A transparência é princípio implícito do ordenamento jurídico--constitucional brasileiro revelado por uma série de atos, medidas

e procedimentos que possibilitam a visibilidade administrativa diante da coletividade. Trata-se de um princípio ligado à ideia-base do Estado Democrático de Direito, obrigação imposta a todos os administradores públicos, porque atuam em nome dos cidadãos, devendo velar pela coisa pública, e reflexa do princípio republicano.

34. Na perspectiva funcional da transparência administrativa constata-se sua qualidade instrumental, servindo como fundamento para realização de outros princípios e valores constitucionais essenciais à vida em coletividade.

35. A imposição, expressa ou implícita, da transparência administrativa no ordenamento jurídico, traz vantagens não somente para a Administração Pública [a) eficiência na tomada de suas decisões; b) melhoria na organização; c) promoção da cultura de responsabilidade; d) criação de compromisso com seus objetivos], mas também para o cidadão [a) visibilidade no exercício do poder; b) maior vigilância e controle na gestão pública; c) reserva de espaços privados, num contexto de interpretação restritiva, já que a informação pública é a regra geral no sistema democrático; d) exercício dos direitos constitucionais, especialmente o de participação política; e) confiança na gestão pública; f) honestidade na Administração Pública].

36. Os aspectos funcionais da transparência administrativa resultam numa plurifuncionalidade na sociedade. Pode-se afirmar que contribui para melhoria na qualidade da democracia, no fortalecimento das instituições, na criação da boa governança, na configuração de um clima de segurança que favorece o investimento e estimula o crescimento econômico e o desenvolvimento social, no combate da corrupção e na interdição da arbitrariedade estatal.

37. A transparência é a visibilidade na gestão pública pautada na democracia administrativa. A imparcialidade é a atuação dos agentes públicos imputada ao Estado, sem promoção pessoal, discriminações arbitrárias e visando à consecução da finalidade pública. A transparência administrativa é uma manifestação da imparcialidade. A realização da ação transparente no âmbito da Administração Pública garante e controla a imparcialidade.

38. No âmbito da jurisprudência brasileira há divergência a respeito da relação entre transparência e publicidade. A maioria sustenta que a transparência decorre da publicidade, sendo seu fundamento na

divulgação dos atos da Administração Pública. Porém, há julgados no sentido de que a publicidade é decorrência da ideia da transparência.

39. Em matéria de concursos públicos, a transparência é uma obrigação da Administração Pública que visa igualdade de tratamento no processo seletivo, e que é satisfeita com a publicidade oficial, legal e ampla.

40. A transparência exige veracidade no conteúdo dos atos oficiais como na expedição de uma certidão administrativa; fundamenta a atuação da Administração Pública (interdição da arbitrariedade, a regularidade licitatória, a exigência de regras procedimentais, o direito de resposta e a quebra de sigilo bancário). A transparência permite o controle da atividade pública, sendo garantida não só pela publicidade, mas por outros meios como a motivação administrativa.

41. A transparência tem caráter dúplice, já que ao mesmo tempo possui conotação positiva expressa pelos atributos de acréscimos de benefícios trazidos na relação jurídico-administrativa e pela necessidade de visibilidade nos atos da Administração Pública, e negativa, pois contra este formidável exército de vantagens e benefícios surge conotação negativa quando associada à ideia de sigilo, obscuridade e corrupção.

42. A transparência revelada por atitudes e comportamentos de visibilidade no exercício do poder administrativo cria uma atuação da Administração Pública confiável, pois permite aos cidadãos compreender e fiscalizar a gestão pública. A transparência gera segurança jurídica, pois por meio da visibilidade administrativa confere previsibilidade aos comportamentos da Administração Pública, e impede a arbitrariedade estatal.

43. Nos dias atuais, a dimensão objetiva da boa Administração Pública é a governança pública, um arranjo institucional predisposto à funcionalização do agir administrativo em favor da coletividade consubstanciado numa gestão identificada com a lógica da articulação entre o Estado e outros atores sociais na construção do consenso cidadão na consecução do bem comum.

44. Apesar da difusão do termo e do seu uso por diversos tipos de discurso e por diferentes tipos de linguagem, "governança" pode ser entendida pela integração de quatro elementos: a) subjetivo: é exercida por atores governamentais e não governamentais; b) material: atividade que tem por objeto coordenar as necessidades e interesses interdependentes com criação e implementação de políticas e projetos de

desenvolvimento de interesse público; c) formal: exercida sob regime de parâmetros legais e legítimos; d) finalístico: é uma gestão vinculada a resolver problemas sociais e a gerar oportunidade de um desenvolvimento futuro sustentável.

45. Governo é autoridade política do Estado em si, que abrange condições sistêmicas sob as quais se dá o exercício do poder numa dada sociedade; sugere atividades sustentadas por uma autoridade formal, pelo poder de polícia que garante a implementação das políticas devidamente instituídas. É uma abordagem unilateral com ações verticais e hierarquizadas. Diz respeito a instituições e regimes formais autorizados a impor obediência. Governança é capacidade que um determinado governo tem para formular e implementar as suas políticas, e consecução das metas coletivas. Refere-se a atividades apoiadas em objetivos comuns, que podem ou não derivar de responsabilidades legais e formalmente prescritas, e não dependem, necessariamente, de poder de polícia para que sejam aceitas e vençam resistências. É uma abordagem pluralista com ações horizontais e interativas.

46. As características instrumentais (interatividade e proximidade) e substanciais (boa governança) da governança pública são os caminhos que levam à construção de um ambiente propício para a transparência, pois, ao conceber uma gestão pública fundamentada em critérios de eficiência, eficácia e efetividade, constitucionalmente vinculada, e compartilhada na interação entre atores públicos e privados, gera a proximidade com a cidadania aumentando a confiança da população na Administração Pública e nos serviços prestados.

47. A Administração Pública habilitada pela evolução e convergência tecnológica implica a inovação e adaptação como componentes necessários no funcionamento da máquina pública. Inovação significa atualização dos métodos e ferramentas da evolução tecnológica na formulação e gestão das políticas públicas e na prestação dos serviços públicos. Adaptação significa adequar a forma de relacionamento com a sociedade ao contexto da sociedade de informação.

48. Adaptação significa mudança de postura sobre uma perspectiva de valor público que apresente ganhos democráticos baseados na cocriação e coprodução de dados e decisões, de forma a impulsionar uma nova abordagem na gestão pública fundamentada numa governança democrática e aberta que consiga, enfim, combater a corrupção.

SÍNTESE CONCLUSIVA E CONSIDERAÇÕES FINAIS

49. No processo evolutivo da transparência no contexto da adaptação no uso das tecnologias de informação e comunicação pela Administração Pública brasileira, temos três fases: a) Transparência Tecnológica; b) Transparência Eletrônica; c) Transparência Digital.

50. Na fase da transparência tecnológica a utilização das novas tecnologias é no sentido de inovação para modernização da máquina pública com a criação de centros de processamentos de dados.

51. Na fase da Transparência Eletrônica, cujo marco histórico foi o Programa da Sociedade de Informação (SOCINFO), instituído pelo governo federal e concebido em 1996 a partir de um estudo conduzido pelo Conselho Nacional de Ciência e Tecnologia (CCT), a transparência fundamentou-se na eficiência nas operações da gestão pública e a qualidade dos serviços públicos. As regras de interação direta da Administração Pública com o cidadão contidas nestas primeiras iniciativas surgiam de forma unidirecional, em que a Administração Pública determina quais informações estarão disponíveis ao cidadão, sendo o único responsável por entender e atender às demandas da sociedade, uma vez que a questão era tratada com o foco na compreensão dos serviços sob a ótica do cidadão e de natureza eficiente.

52. Na fase da Transparência Digital, na Administração Pública o uso da tecnologia de informação passa a ser como um mecanismo de interação com a sociedade no âmbito da burocracia estatal capaz de envolver os cidadãos ativamente no processo de fiscalização da gestão pública e de tomada de decisões dentro da Administração Pública, com a) informações de mais qualidade; b) simplificação e ampliação no compartilhamento e integração de serviços eletrônicos de utilidade pública; c) atuação do suporte digital para a interação do cidadão na elaboração de políticas públicas.

53. São as recomendações da OCDE aprovadas em julho de 2014 que inauguram um novo paradigma de atuação não meramente eletrônica, mas também digital fundamentada em três estratégias: informação, participação e segurança, com o objetivo de melhorar a informação e a prestação de serviços, incentivando a participação cívica. Contudo, o principal promotor do modelo digital, com base nas recomendações da OCDE, foi a política de Governança Digital (Decreto n. 8.638/2016 e Portaria n. 68/2016).

54. É importante acentuar que, apesar de apontarmos os referidos marcos paradigmáticos, entre 2000 a 2016 foram realizadas diversas

iniciativas pela Administração Pública brasileira que impulsionaram a transição do paradigma de governo eletrônico para uma nova abordagem de governo digital. Independentemente da data da ocorrência, as iniciativas ora manifestam característica de uma Administração Eletrônica, ora como uma Administração Digital.

55. A defesa da transparência administrativa, num sentido material, surge apenas na fase da Administração Digital, pois é neste período em que a computação digital e as redes computacionais são caracterizadas por uma estratégia de governança digital revelada por dados abertos, pela oferta e entrega efetiva de serviços públicos através de canais digitais e pela interação entre Administração Pública e sociedade fundamentada na participação e na colaboração dos cidadãos no ciclo de políticas públicas, em reforço ao controle democrático dentro e fora do Estado.

56. A corrupção como espécie de má gestão pública que engloba diversos tipos e níveis de degradação dos valores éticos representa uma ameaça da democracia, pois quando são cometidos abusos de poderes confiados para alcançar benefício pessoal, individual ou coletivo, direto ou indireto, há o distanciamento que os cidadãos sentem em relação aos seus gestores públicos, gerando perda da confiança do público. Esse processo de desvirtuamento do legítimo encargo do administrador de defender, conservar e aprimorar os interesses da coletividade é identificado por dois fatores: a) déficit informacional (falta de qualidade da informação pública, falta de critérios para negativa de informações para que as informações sigilosas sejam classificadas em conformidade com o devido respaldo legal, e fundamentadas em ponderações legítimas; falta de medidas que estimulem a promoção do governo aberto; arquivos públicos estruturados para não atender às necessidades dos cidadãos-usuários, além da criação de exigências indevidas dificultando o acesso); b) déficit participativo (decorrente da falta de educação cívica e apatia política).

57. A vulnerabilidade da transparência ocorre quando não são desenvolvidos instrumentos e ações de controle das práticas ilícitas inerentes aos ciclos viciosos da indecência no trato do dinheiro público. Nestes termos, a questão da transparência está especialmente associada à ideia da anticorrupção, que possui dois enfoques: a) jurídico: sistema normativo voltado à intensificação de controle sobre a Administração Pública

e a responsabilização pela prática de atos corruptos; b) sociológico: movimento político-social, inspirado pelo movimento global de anticorrupção, de combate da corrupção na gestão pública caracterizado pelo comprometimento ativo da sociedade e o fortalecimento institucional.

58. A legitimidade da transparência no cenário brasileiro de corrupção não pode estar dissociada de um sistema normativo brasileiro anticorrupção fundamentado em três eixos: prevenção, detecção e repressão. É, assim, imprescindível para a sua legitimidade a identificação de princípios que demonstrem a existência de um regime jurídico próprio para realização de um ambiente de integridade e ética públicas, posto que tais fatores interfiram na confiança e credibilidade na condução da gestão pública.

59. As evidências de que a cooperação social no combate da corrupção está aumentando no Brasil podem indicar que a sociedade brasileira está logrando avanços significativos na luta contra ela, especialmente com maior conscientização social de valores éticos na esfera pública. O reconhecimento de um sistema de mobilização social como alternativa eficaz de combate da corrupção permite estabelecer diretrizes que auxiliaram na criação de uma participação cidadã, propiciando transparência no exercício do poder da Administração Pública.

60. As diretrizes de cooperação social de combate à corrupção no âmbito da Administração Pública promovem a transparência desde que promovam a participação democrática com a educação formal e informal na formação de hábitos de respeito à ética pública para conscientizar e engajar o cidadão na proteção de bens públicos; com a integração, seja estimulando parcerias, redes e intercâmbios, seja pelo apoio na criação e participação em movimentos e entidades que tenham como objetivo combate da corrupção; com a coibição de abusos pela promoção de denúncias e medidas para prevenção e punição dos corruptos e corruptores; com a conscientização social por meio do acesso à informação sobre os casos de corrupção, especialmente com o uso das mídias sociais.

61. A cooperação no combate à corrupção contribui para estabelecer um regime jurídico próprio a nortear a construção da transparência no âmbito da Administração Pública com adoção de medidas que intensificam a visibilidade da gestão pública ao cidadão, promovem a educação para ética e cidadania e criam eficácia da atuação no combate da

corrupção com mecanismos de cooperação, parcerias e implementação de atos normativos na prevenção e repressão dos atos de corrupção.

62. No contexto de que o incremento da transparência na gestão pública constitui um dos pontos nevrálgicos no combate da corrupção e de que sua agregação na atuação administrativa por meio da participação da sociedade é, sem dúvida, um expediente necessário para tanto, aponta-se como requisito estrutural o funcionamento da Administração Pública, como organização aberta, que interage com a sociedade, por meio de uma comunicação pública dialógica.

63. A comunicação pública dialógica, meio de interlocução com os atores sociais e em defesa da própria cidadania para efetivação da transparência, constitui numa prestação de contas da Administração Pública à sociedade que vai além do mero processo informativo, e que funcione como um espaço de debates dos assuntos de interesse público para exercício da cidadania. Com efeito, essa comunicação só faz sentido se a Administração Pública criar mecanismos de intervenção e informação que possibilitem a compreensão da atuação administrativa pela coletividade, para o controle social da legalidade e legitimidade das ações públicas.

64. O termo da *accountability* costuma gerar polêmica em função das diversas acepções assumidas pelo vocábulo ao longo do tempo. Podem-se identificar pelo menos quatro sentidos para a *accountability*. Numa primeira acepção, emprega-se a referência à responsabilidade do servidor público, seja civil, penal, administrativa e política. Numa segunda acepção, responsabilidade é identificada com a capacidade ou autoridade do agente público para realizar funções. Tem-se utilizado numa terceira concepção possível a responsabilidade como responsividade, para indicar a capacidade da Administração de resposta às demandas sociais. E, por fim, como dever de prestar contas pela Administração Pública.

65. A *accountability*, como dever de prestação de contas da Administração Pública, possui duas concepções: restrita e ampla. Na concepção clássica ou restrita, *accountability* envolve a prestação de contas do administrador público por suas ações perante autoridade superior. Na concepção ampla, significa prestar contas a um órgão controlador interno ou externo para a correção e fiscalização das atividades da Administração Pública.

SÍNTESE CONCLUSIVA E CONSIDERAÇÕES FINAIS

66. O dever de prestação de contas quando mantido em relação à satisfação do controle social pode ser entendido como um demonstrativo da conformidade dos atos praticados com as normas e dispositivos legais pertinentes, ou então como esclarecimento compartilhado dos atos e decisões inseridos na gestão dos assuntos públicos e diálogo com o cidadão. No primeiro sentido, privilegia-se o aspecto formal da operação, relacionado com a ideia de os oficiais públicos serem *accountables* somente em relação aos termos legais; no segundo sentido, dá-se relevo ao aspecto material da prestação de contas, relacionado com a responsabilidade democrática da Administração Pública traduzida na construção de mecanismos institucionais que garantam o controle público das ações na Administração Pública.

67. O significado de *accountability* mais relevante para configuração da transparência ativa na Administração Pública brasileira é a concepção da prestação de contas como mecanismo de acompanhamento, avaliação, controle e responsabilização dos agentes públicos, como forma de ampliar a fiscalização e o acompanhamento social da gestão pública.

68. A ideia que baliza a concepção da *accountability* no modelo patrimonialista de Administração é a de irresponsabilidade administrativa perante o povo, não havendo a necessidade de submissão do soberano ao processo de prestar contas à sociedade. Os governantes são incapazes de distinguir entre os bens públicos e seus bens particulares.

69. Na vigência do Estado Liberal, a *accountability* para os líderes políticos eleitos assume um sentido mais amplo do que a da responsabilidade dos administradores. A *accountability* dos representantes políticos é social, tomando como referência o ideário de responsabilidade sobre quais e como as políticas públicas serão implementadas, e é concebida tendo como base o modelo de representação política e o seu adequado governo representativo. A *accountability* dos administradores é institucional, consubstanciada na obrigação de responder pela implementação e execução das políticas públicas em conformidade com regras e procedimentos estabelecidos perante os agentes eleitos.

70. Na administração gerencial, a *accountability* orientada por uma visão de mercado é interpretada como uma responsabilidade dos administradores pela decisão e execução da política pública perante a sociedade. O interesse público passa a ter como foco o atendimento das necessidades do cidadão, contribuinte de impostos e destinatário

de serviços. Não há mecanismos de avaliação da responsabilidade dos administradores perante a sociedade. Há auditorias de desempenho efetuadas pelos órgãos de controle de Estado.

71. O surgimento da governança pública demonstra a necessidade da *accountability* social, em que a concepção da Administração Pública consista num meio de assegurar resposta às preferências e necessidades dos cidadãos.

72. No contexto contemporâneo brasileiro, sob influência da governança, a *accountability* como prestação de contas é trazida para Administração Pública de forma não limitativa à prudência financeira e contabilística, de acordo com os regulamentos e instruções, mas como condição indispensável a uma boa gestão, funcionando como a responsabilidade do gestor público perante a sociedade no trato da coisa pública e nos interesses dos cidadãos. Não é apenas uma prestação de contas em termos quantitativos, mas qualitativos.

73. Com a promulgação da Constituição de 1988, adquire dimensão democrática, no ordenamento pátrio, o tema da *accountability* na Administração Pública, traduzida no dever de prestação de contas que permita o acompanhamento público da atuação administrativa com esclarecimento compartilhado da gestão dos assuntos públicos.

74. O conteúdo essencial da dimensão democrática da *accountability*, ao propor uma aproximação entre os anseios sociais e o agir administrativo, envolve a necessidade de a Administração Pública apresentar, de forma pública, as informações e justificações sobre suas ações e resultados, podendo ser sancionada por suas atividades.

75. A formação do conceito de *accountability*, como prestação de contas que tem a finalidade de ampliar os espaços de participação na Administração Pública, depende da combinação de três elementos: material, subjetivo (abrange quem deve prestar contas e quem irá se beneficiar com a prestação de contas) e formal.

76. O elemento subjetivo passivo da *accountability* democrática pode ser visto em duas dimensões: a estatal e a não estatal. Na dimensão não estatal, a prestação de contas deve beneficiar toda a coletividade. Além do benefício coletivo, a prestação de contas, ainda no espectro não estatal, pode assumir uma proporção individual quando sua utilização vier a resguardar interesses particulares dos indivíduos. Já na dimensão estatal, significa uma ruptura com seu tradicional modelo autoritário e

SÍNTESE CONCLUSIVA E CONSIDERAÇÕES FINAIS

sigiloso, em que prevalece a tradição do segredo administrativo, característica de uma Administração Pública autoritária, fechada sobre si própria, para uma Administração Pública aberta, que age com publicidade e com comunicação para o exterior.

77. O elemento subjetivo ativo da *accountability* democrática é que a prestação de contas deve ser realizada pelos três poderes, o Legislativo, o Executivo e o Judiciário, pois todas as atividades exercidas pelo Estado, seja qual for o "poder" que as exerça, atuando, portanto, como verdadeiro parâmetro essencial da referência da ação estatal.

78. No âmbito da transparência pelo Poder Executivo, no exercício da função administrativa, o elemento subjetivo ativo da *accountability* democrática estende-se a toda e qualquer pessoa física ou jurídica, pública ou privada, que utilize, arrecade, guarde, gerencie ou administre dinheiros, bens e valores públicos. Incluem-se na obrigação de prestar contas as entidades públicas ou privadas que recebem repasses financeiros para realizar atividades de interesse público, bem como as entidades e organizações em geral, dotadas de personalidades jurídicas de direito privado, que recebam contribuições parafiscais e prestem serviços de interesse público ou social.

79. O elemento subjetivo ativo da *accountability* democrática precisa estar autorizado na legislação constitucional e infraconstitucional, e ser pessoa responsável por bens e valores públicos, seja ele agente público ou não.

80. No âmbito da transparência pelo Poder Executivo, no exercício da função administrativa, o elemento subjetivo ativo da *accountability* democrática, no caso dos instrumentos consensuais, é do ente convenente, sendo que o signatário do convênio assume a responsabilidade pela correta aplicação dos recursos transferidos e, mesmo delegando atribuições para prestação de contas, responde solidariamente pelos atos praticados pelos delegados escolhidos (culpa *in eligendo* e *in vigilando*).

81. No âmbito da transparência pelo Poder Executivo, no exercício da função administrativa, o elemento subjetivo ativo da *accountability* democrática, em caso de sucessão, cabe aos gestores públicos sucessores prestarem contas dos recursos provenientes de convênios, contratos de repasse e termos de parcerias firmadas pelos seus antecessores. Se o gestor for responsável pela movimentação dos recursos da conta específica,

de imediato assumiu obrigação em nome do ente que estava à frente da gestão.

82. O elemento formal da *accountability* democrática é a obrigação constante do administrador público, que, na democracia, recebe uma delegação do povo soberano para gerenciar recursos, mediante estratégias e ações, na busca da satisfação do interesse público, em cumprimento da sua missão de legítimo representante do povo, conciliando a racionalidade pública com a vontade popular.

83. No elemento formal da *accountability* democrática, a falta de prestação de contas implica desprezo aos valores éticos e jurídicos inerentes ao exercício de seu ofício, em clara ofensa aos princípios da transparência, legalidade e moralidade, gerando ao administrador responder por ato de improbidade administrativa, nos termos da Lei n. 8.429/92.

84. No elemento formal da *accountability* democrática, o atraso no cumprimento da obrigação de prestação de contas não configura ato de improbidade administrativa, pois as contas foram apresentadas, ainda que tardiamente, pois não se mostra associada a qualquer violação aos deveres de honestidade, imparcialidade, legalidade e lealdade às instituições.

85. O elemento material da *accountability* democrática significa visibilidade na prestação de contas, ou seja, a Administração Pública deve criar uma comunicação aberta com os cidadãos, integrando a essa prestação de contas um compartilhamento esclarecido das informações sobre as suas atividades.

86. O elemento material da *accountability* democrática, no contexto da transparência ativa, exige uma atuação proativa da Administração Pública de reduzir o distanciamento entre Administração Pública e sociedade, com o compartilhamento esclarecido dos seus revelado por processos e estruturas promovidos pela Administração Pública Federal Brasileira em duas dimensões da transparência: a do esclarecimento relacionada com o acesso cognitivo à informação pública, e a do compartilhamento que envolve o acesso físico à informação pública.

87. Na dimensão do esclarecimento, como dimensão da *accountability* democrática, visando à concretização da transparência administrativa, a Administração Pública fornece ao cidadão comum qualidade informacional e justificativa administrativa. A omissão/insuficiência e//ou desconformidade da informação e justificação usadas pelos gestores

públicos na prática de seus atos gera aplicação da sanção em conformidade com a gravidade do fato e com as normas da ordem jurídica, podendo assumir natureza penal e/ou extrapenal.

88. Qualidade informacional é a manutenção de um fluxo de informações de fácil acesso e úteis ao exercício da cidadania, e que sejam pertinentes, confiáveis, inteligíveis e oferecidas no momento oportuno. É conquista cognitiva relacionada com a possibilidade de apropriação pelo cidadão, que, por sua vez, envolve não apenas a linguagem utilizada em documentos públicos, mas a apresentação pelo formato da publicação da informação pública.

89. Na qualidade informacional, o conteúdo da informação deve ser equilibrado no sentido de abranger tanto os riscos como os benefícios da atuação do Estado, com menção da necessidade e dos cuidados específicos na ação governamental, bem como adequado para que o cidadão comum entenda a mensagem. Não basta saber a ação governamental direcionada a buscar o aprimoramento da vida em comum, mas o resultado gerado da adoção das políticas e programas executados pelo setor público e se esse mesmo efeito poderia ser alcançado naquela conjuntura institucional, e ainda de acordo com as metas fiscais e com menores custos para o contribuinte, dentro da projeção para o futuro mais próximo.

90. A diretriz na divulgação de informações públicas é a de excepcionalidade do sigilo, devendo ser a divulgação decidida com base no interesse geral do controle social dos atos da Administração Pública. Neste cenário, em relação à decisão do que pode ser divulgado, são necessários dois requisitos cumulativos: a) é que a informação seja de interesse público; b) que o sigilo seja justificado, e determinado em casos excepcionais previstos na legislação constitucional e infraconstitucional. No âmbito da Administração Pública Brasileira, são duas as hipóteses de sigilo de informação pública: a) segurança do Estado e da sociedade; b) privacidade e intimidade dos indivíduos. No caso de segurança do Estado e da sociedade, temos informações que coloquem em risco a soberania do Estado, a economia do Estado, as Forças Armadas, Tecnologia do Estado e Instituições ou Autoridades do Estado.

91. Na Divulgação Nominal dos Rendimentos dos Magistrados, a controvérsia subjacente é se a informação dos dados interesse à sociedade como um todo, fazendo prevalecer transparência como um valor

constitucional que deve ser otimizado para o exercício consistente do controle oficial e social dos gastos públicos, ou a informação interessa apenas ao servidor, em respeito à sua privacidade, especialmente segurança pessoal dos servidores públicos, pois expõe os servidores e suas famílias a situações de perigo, em especial numa realidade social brasileira de insegurança pública.

92. No Sigilo Bancário de Contas Públicas, a controvérsia subjacente é o confronto de dois valores constitucionalmente assegurados, o da privacidade/intimidade, e a publicidade com o escopo de manter a transparência na prática dos atos da Administração Pública. Em relação às contas públicas, o titular é a Administração Pública, ou ainda qualquer pessoa física ou jurídica, pública ou privada, que utilize, arrecade, guarde, gerencie ou administre dinheiros, bens e valores públicos. Em relação ao conteúdo, o tema das contas públicas é de interesse público, devendo ser acessível à coletividade, pois a sociedade tem o direito de conhecer o destino dos recursos públicos, como consectário do Estado Democrático de Direito fundamentado numa responsabilidade transparente da Administração Pública.

93. Nos gastos com o Cartão Corporativo, a controvérsia subjacente é se os documentos e informações a respeito dos gastos efetuados com cartão corporativo do Governo Federal podem ser divulgados ou se, ao contrário, há alguma justificativa para mantê-los em sigilo. O assunto relacionado com o cartão corporativo é de interesse público, pois envolve gastos com o dinheiro público. Não há justificativa para manter sigilo, pois não se evidencia atentado contra a segurança do Presidente e Vice-Presidente da República ou de suas famílias.

94. A qualidade informacional é um direito reconhecido no plano nacional – em que o dever do Estado de garantir o direito de acesso à informação de forma transparente, clara e em linguagem de fácil compreensão – e tem consagração no nível constitucional (art. 5º, XXIII, combinado com o art. 37, *caput* e § 3º, todos da CF/88), legal (art. 5º da Lei n. 12.527/2011) e infralegal (arts. 2º e 8º, ambos do Decreto n. 7.724/2012, Instrução Normativa n. 4, 12 de abril de 2012, Decreto n. 8.777, de 11 de maio de 2016).

95. O Brasil regula a qualidade informacional nos dados e informações públicas disponibilizadas no meio eletrônico, adotando uma gestão a serviço da sociedade com dados abertos fundamentada em três pre-

missas fundamentais: inovação, cooperação e foco no cidadão. A inovação é a promoção do desenvolvimento tecnológico e novos negócios. A cooperação é a facilitação no intercâmbio de dados entre órgãos e entidades da Administração Pública federal e as diferentes esferas da federação e promoção do compartilhamento de recursos de tecnologia da informação (de maneira a evitar a duplicidade de ações e o desperdício de recursos na disseminação de dados e informações) e da oferta de serviços públicos digitais de forma integrada. O foco no cidadão é o franqueamento aos cidadãos do acesso, de forma aberta, aos dados produzidos ou acumulados pelo Poder Executivo federal, sobre os quais não recaia vedação expressa de acesso e fomento do controle social com o desenvolvimento de novas tecnologias destinadas à construção de ambiente de gestão pública participativa e democrática e à melhor oferta de serviços públicos para o cidadão.

96. Na perspectiva da Estratégia da Governança Digital, a qualidade informacional deve ser implementada com os seguintes aspectos: a) aspecto quantitativo: a disponibilização deve incluir não apenas temas referentes aos recursos públicos, limitando a prestação de contas a um enfoque econômico-financeiro, mas ampliar, no sentido de incluir dados de qualquer natureza de interesse para a sociedade; b) aspecto espacial: a informação tem que estar disponível na internet, ou seja, o dado tem que ser encontrado e indexado na *web*; c) aspecto temporal: a informação tem que ser atualizada; d) aspecto material: a informação e/ou dado tem que estar disponível em formato que o cidadão possa usar; essa disponibilização deve possibilitar o uso do dado pelo cidadão para casos como investigações acadêmicas ou para gerar novas ideias de negócios, de forma a contribuir para a internet das cosias e cidades inteligentes; se não estiver aberto e em formato compreensível por máquina, ele não pode ser reaproveitado (padrão aberto); tem que ser útil, com a inexistência de dispositivo legal que não permita o uso pelo cidadão; a existência do referido dispositivo não permite sua reaplicação, sendo não útil; as bases de dados públicos deverão ser disponibilizadas, exceto aquelas limitadas pela legislação vigente (sigilo, privacidade e segurança); e) aspecto subjetivo: qualquer pessoa pode livremente usar e acessar sem pedir autorização, creditando a fonte da autoria. As bases de dados disponibilizadas não devem estar sujeitas a quaisquer direitos de autor, patentes ou marcas registradas, salvo

exigência excepcional, pois deverão ser disponíveis para toda a sociedade; se houver algum licenciamento específico, deve ser esclarecido, inclusive com orientações da formulação do termo de uso.

97. A qualidade informacional abrange o imperativo da inteligibilidade da informação pública. A Administração Pública deve disponibilizar os dados de maneira acessível, clara e compreensível, numa linguagem interpretável e de fácil entendimento ao cidadão comum. A base da clareza informacional pública são os dados expressos numa linguagem coerente, com ausência de contradições, evitando dados ambíguos e desconexos, exposta de forma a possibilitar a imediata compreensão do sentido da ação pública pelo cidadão. A linguagem da informação pública deve evitar excessos de técnica e vultosa erudição, e ser veiculada numa linguagem simples para entendimento geral. Recomenda-se a utilização de métodos que facilitem linguagem nos documentos públicos e o formato da publicação da informação pública, inclusive com o uso de representações gráficas.

98. A fundamentação da inteligibilidade informacional pública tem dois eixos fundamentais. O primeiro eixo parte da perspectiva normativa: a fundamentação é prevista nos arts. 5º e 8º, § 3º, I, ambos da Lei n. 12.527/2011, que prescreve ser dever do Estado garantir o direito de acesso à informação, mediante procedimentos objetivos e ágeis, de forma transparente, clara e em linguagem de fácil compreensão. O segundo eixo parte de uma perspectiva diversa, ainda que correlata: iniciativas da Administração Brasileira voltadas à linguagem compreensível com simplificação dos termos utilizados em informações públicas e documentos oficiais, relatados em *sites* eletrônicos, levando em conta os cidadãos.

99. Justificativa administrativa não é apresentar critérios jurídicos de aplicação e destinação válida de recursos públicos, mas é a demonstração da aplicação plena, criteriosa e correta das verbas públicas em atividades inerentes ao interesse público. É a apresentação pública das razões da atuação administrativa de forma consistente e especificada. Na consistência, as provas específicas que a lei e os demais atos regulamentares requerem para o cumprimento da prestação de contas devem discriminar corretamente os serviços prestados. A especificação indica a eficácia (comprovação da destinação das verbas para fins públicos) e efetividade (apontamento dos benefícios da medida para o bem-estar social) da medida tomada pelo gestor público.

100. A efetividade na justificação administrativa está relacionada com os resultados já alcançados e seus benefícios; os impactos econômicos ou sociais; o grau de satisfação do público-alvo; a possibilidade de sustentabilidade das ações após a conclusão do objeto pactuado.

101. A dimensão do compartilhamento, como dimensão da *accountability* democrática, visando à concretização da transparência administrativa, é um conjunto de medidas e procedimentos adotados pela Administração Pública no sentido de garantir democratização administrativa. Na perspectiva digital, democratização administrativa é relacionada com o acesso físico da informação pública, viabilizado pela promoção da acessibilidade digital integrada por dois elementos: a) *openness*: é o reconhecimento da informação pública; b) interatividade: é a facilidade com que as informações dispostas podem ser acessadas pelos cidadãos no *site* governamental. Na perspectiva organizacional, democratização administrativa é revelada por mecanismos que visam privilegiar a ampliação da participação popular na gestão pública não apenas no exercício do voto e na escolha de representantes.

102. No plano internacional do acesso físico da informação pública, existem duas fases no reconhecimento do direito ao acesso à informação pública: a) fase da tutela genérica: é a fase até o início da década dos anos 1990, em que o direito de acesso à informação detida por órgãos públicos era visto como direito humano integrante da liberdade de informação; b) fase da tutela específica: a partir de 1993, encontramos documentos internacionais que consagram de forma expressa o direito de pedir e receber acesso à informação sob o controle de órgãos públicos. No plano nacional do acesso físico da informação pública, é, desde a promulgação da Constituição Federal de 1988, uma garantia fundamental do cidadão.

103. A democratização digital como um processo de inclusão digital promovido pela Administração Pública com adoção de políticas públicas que visam permitir a inserção de todos aos usos e benefícios da sociedade de informação promove transparência quando realiza um trabalho educativo e integrado de forma a fornecer ao cidadão o instrumental para lidar com os novos dispositivos e as redes telemáticas em uma sociedade cada vez mais móvel e global, e formar sujeitos autônomos, participativos e com o poder de decisão, e não como meros consumidores de produtos ou informações.

104. A inclusão digital, como política pública na Administração Pública Federal, promove a transparência quando disponibilizar espaços púbicos de acesso às tecnologias digitais, oferecer cursos e oficinas de iniciação em informática, incluir nos currículos escolares das redes pública e privada noções digitais, formar professores nos ambientes e culturas digitais e criar comunidade de interação com participação ativa e empreendedora dos cidadãos.

105. A participação administrativa, como princípio implícito na CF/88, que ora assume a condição de direito fundamental, ora de instrumento que viabiliza os direitos fundamentais perante a Administração Pública, promove transparência, quando introduz na democracia, ao lado da representação política, a atuação direta ou indireta do cidadão, na forma singular ou associativa, na gestão e controle da Administração Pública.

106. O déficit da legitimidade democrática da função administrativa e a redefinição do papel da Administração Pública em função da dignidade da pessoa humana foram propulsores na constituição da participação administrativa, que, por sua vez, fundamenta-se na maior aceitação das decisões administrativas para assegurar um tratamento mais justo aos administrados e na proteção dos direitos fundamentais, limitando o poder das burocracias, de forma a consagrar estruturas mais horizontalizadas e interativas na gestão pública.

107. Na perspectiva organizacional, democratização administrativa é revelada pelo controle social que compromete o cidadão na perspectiva da responsabilidade para o exercício da cidadania, e pela participação popular na construção de soluções para a gestão, por meio de canais institucionalizados e procedimentais, enfeixado na Constituição, e que serve para estabelecer uma comunicação entre a Administração Pública e a sociedade.

108. Apesar da divergência da doutrina publicista a respeito da relação entre participação popular e controle social, entendemos que a participação popular é gênero entendido como qualquer forma de intervenção do cidadão, de forma individual ou associativa, na gestão pública, e o controle social, uma espécie relacionada à intervenção de fiscalização da gestão pública.

109. A concretização da participação, como fator de promoção da transparência, deve ser compreendida pela fiscalização cidadã,

destinada a examinar o controle social com a participação do cidadão no monitoramento das ações da Administração Pública. Neste cenário, o controle social instrumentaliza-se, a partir da Constituição Federal de 1988, designadamente, no direito dos cidadãos de acompanhamento da gestão pública em defesa da sua legalidade e moralidade com mecanismos que permitam questionar a legitimidade das ações públicas, inclusive as contas públicas, e denunciar irregularidades ou ilegalidades perante os órgãos de fiscalização.

110. A concretização da participação como fator de promoção da transparência pode ser compreendida pela gestão participativa que, no cenário brasileiro, após a CF/88, transita de um sentido restrito de participação cidadã, fundamentada na soberania popular e no sentido de inclusão e autodeterminação, para um sentido mais amplo, incluindo a participação em políticas públicas, concretizada pela inclusão da sociedade no debate público, com a efetiva intervenção do cidadão na construção de soluções para a gestão pública.

111. O controle social no Brasil surge com a administração gerencial. Mas a transparência pelo controle social surge com a introdução da governança no contexto do reformismo administrativo.

112. A transparência pelo controle social depende da iniciativa da sociedade por meio do cidadão (de forma individual ou coletiva por meio de entidades representativas) de tomar conhecimento da atuação da Administração Pública e exercer sobre essa cognoscibilidade a verificação sobre a constitucionalidade e adequação das normas ao interesse público. Essa verificação pressupõe a prestação de contas pelos responsáveis na gestão da coisa pública, podendo culminar com a denúncia de irregularidades tanto na destinação dos recursos quanto na sua aplicação, para posterior responsabilização. No aspecto subjetivo, o controle social.

113. A eficácia deste controle social, como complemento indispensável ao controle institucional para garantir a boa e correta aplicação dos recursos públicos no atendimento eficiente das demandas sociais, depende da educação para cidadania (o desafio é incutir conhecimento, habilidade e valores para a participação de cidadãos e sua contribuição para dimensões do desenvolvimento da sociedade que estão interligadas nos âmbitos local e global), e da construção de uma cidadania ativa (como um processo de afirmação de direitos civis, políticos e econômicos, e de garantia de inclusão política, econômica e cultural

dos indivíduos na sociedade em que o cidadão é visto como coparticipante na gestão pública) que garanta a inserção da sociedade na fiscalização do cumprimento dos programas de gestão pública e da oferta de instrumentos judiciais e administrativos consagrados na legislação.

114. Na gestão participativa, no cenário brasileiro, a transparência administrativa assume três formas: a) a transparência inicial: a participação popular na esfera pública é vista como resistência à ditadura militar, com movimentos sociais, em busca de direitos, com recusa às relações subordinadas, de tutela ou de cooptação por parte do Estado, dos partidos ou outras instituições, com a finalidade de emancipação e consciência cidadã; b) transparência consolidada: da promulgação da Constituição Federal de 1988 até o advento do Decreto n. 8.243/2014, com a institucionalização de princípios e diretrizes sobre a participação dos cidadãos nas políticas públicas do Estado brasileiro, viabilizado por mecanismos de deliberação coletiva no processo decisório das políticas públicas, como o orçamento participativo, os conselhos de políticas públicas e as conferências nacionais; c) transparência social: a partir do Decreto n. 8.243/2014 até os dias atuais, em que se busca um sistema nacional de participação para reconhecer, incentivar, aprimorar e ampliar a participação social como direito do cidadão e método de governo, de forma a garantir a integração entre mecanismos e instâncias da democracia representativa, participativa e direta. Surgem parâmetros de efetividade das instituições participativas no Brasil com diretrizes fundamentadas na conscientização da cidadania, autonomia do cidadão, legitimidade democrática, não discriminação, coibição de abusos e cooperação, e de caracterização do Poder Judiciário como espaço de participação social no controle da execução das políticas públicas. É imperioso ressaltar que o Decreto n2 9759, revogando o Decreto 8243, estabelecendo diretrizes, regras e limitações para colegiados da administração pública federal, representa um retrocesso sociais, uma limitação na participação popular."

2. Considerações Finais

A presente tese pretendeu estabelecer uma reflexão sobre a legitimidade da transparência na Administração Pública Brasileira, enfatizando a estruturação democrática como um requisito fundamental para a configuração na sujeição da atuação administrativa ao escrutínio do cidadão e afirmando que a Administração Pública democrática deve encontrar sua real expressão para além dos enfoques representativo e gerencial, defendendo que a prestação de contas deve ser qualificada, o que pressupõe uma comunicação pública dialógica.

A legitimidade da transparência está associada ao nível de interação da esfera civil na gestão pública desde que a Administração Pública crie canais institucionalizados para propiciar interferência e controle dos cidadãos sobre as decisões administrativas que lhe são fundamentais. É preciso que a Administração Pública esteja inserida em mecanismos que a conectem à sociedade e possam prover a redução das assimetrias informacionais entre cidadãos e Administração Pública e a participação da sociedade civil na gestão pública para um maior controle social nas políticas públicas concretizadoras dos direitos fundamentais.

O mecanismo da *accountability* democrática torna-se, neste contexto, imprescindível para a aferição da legitimidade da transparência administrativa. É necessário integrar a prestação de contas da Administração Pública a mecanismos de esclarecimento compartilhado, de modo que, nas ações e motivações administrativas, sobretudo as que dizem respeito às políticas públicas, haja sujeição ao escrutínio dos cidadãos. Com efeito, a transparência só faz sentido se, em face dela, for possibilitado aos cidadãos acompanhar o exercício do poder administrativo segundo os parâmetros de visibilidade (capacidade de o cidadão ter acesso físico e intelectual às atividades da Administração Pública) e confiabilidade (maior envolvimento dos cidadãos na tomada das decisões administrativas, pela fiscalização cidadã e por uma gestão participativa).

A ênfase na *accountability* democrática, se tomada isoladamente, é um tanto genérica e insuficiente. A legitimidade da transparência na democracia contemporânea não pode estar dissociada da estruturação democrática da Administração Pública. É, assim, imprescindível, para sua legitimidade um arranjo institucional predisposto à funcionalização do agir administrativo em favor da coletividade consubstanciado numa gestão identificada com a lógica da articulação entre o Estado e outros atores sociais na construção do consenso cidadão na consecução do bem comum, posto que tal gestão favorece mecanismos para a formação de preferências e para deliberação.

A legitimidade se expressa assim como a relação do poder administrativo com uma gestão pública fundamentada na governança pública norteada por critérios de eficiência, eficácia e efetividade, constitucionalmente vinculada, e compartilhada na interação entre atores públicos e privados. Dessa maneira, o modo aberto de condução da gestão pública, com um modelo de governação com condições e procedimentos sob os quais se desenvolve a administração deliberativa, é condição essencial da Administração Pública Democrática.

As ações administrativas relacionadas às políticas públicas concretizadoras dos direitos fundamentais quando concebidas em uma perspectiva de valor público que apresente ganhos democráticos baseados na cocriação e coprodução de dados e decisões, de forma a impulsionar uma nova abordagem na gestão pública fundamentada numa governança aberta propiciam situações de interação com a sociedade no âmbito da burocracia estatal capaz de envolver os cidadãos ativamente no processo de fiscalização da gestão pública e de tomada de decisões dentro da Administração Pública. Defende-se, pois, a *accountability* democrática qualificada por uma comunicação pública dialógica, que funcione como um espaço de debates dos assuntos de interesse público para exercício da cidadania.

A estruturação democrática da Administração Pública se consolida através de uma interação democrática entre Administração Pública e sociedade com mecanismos institucionais de intervenção e informação que possibilitem a compreensão da atuação administrativa pela coletividade, para o controle social da legalidade e legitimidade das ações públicas. Desse modo, a democracia administrativa se sustenta e se legitima pela substanciação da prestação de contas como fim na aproximação entre os anseios sociais e o agir administrativo e pela efetiva e qualitativa responsabilidade democrática da Administração Pública traduzida na construção de mecanismos institucionais que garantam o controle público das ações na Administração Pública.

Diante da realidade de corrupção no âmbito da Administração Pública Brasileira com aumento do número de escândalos relacionados à fraude e ao desvio de recursos públicos, pode-se concluir que não vivemos senão em uma Administração Pública formal e gerencial, que no seu funcionamento prático propicia o surgimento de uma prestação de contas limitativa à prudência financeira e contabilística de acordo com os regulamentos e instruções com foco na eficiência nas operações da gestão pública e a qualidade dos serviços públicos, sem preocupação em velar por explicações ou justificativas que permitam uma qualidade maior na elaboração da comunicação da Administração Pública com os cidadãos. Essa a razão primacial do déficit de legitimidade democrática da função administrativa, desacreditada e reprovada pelo povo brasileiro, que nela não sente a canalização adequada dos múltiplos interesses da sociedade para a formação de medidas administrativas amparadas em escolhas fundamentadas na convergência de interesses e dignificação da pessoa humana. O déficit real de legitimidade da função administrativa associa-se, pois, ao reconhecimento pouco democrático da atuação administrativa, o que resulta na queda de confiança da sociedade à Administração Pública.

Além da abertura administrativa densificada por uma Administração Pública democrática sujeita a uma profusão de mecanismos de esclarecimento compartilhado dos atos das entidades públicas em geral, com uma gestão pública deliberativa que permita controle social, por meio de informações de mais qualidade, simplificação e ampliação na integração de serviços eletrônicos de utilidade pública e atuação do suporte digital para a interação do cidadão na elaboração de políticas públicas, surge no cenário brasileiro uma outra fundamentação que justifica a existência da transparência administrativa.

A estruturação democrática da Administração Pública com uma governança caracterizada por uma comunicação pública dialógica pode e deve conviver com a ideia da anticorrupção, pois o caminho da convivência, de mecanismos democráticos e anticorruptivos, parece ser o mais apropriado para um necessário redimensionamento na feição da Administração Pública sedimentada sobre bases legalistas e autoritárias em direção ao caminho em favor do cidadão, da sua dignidade e da realização plena dos direitos fundamentais.

Para tal desiderato, é preciso incrementar o controle sobre a Administração Pública e a responsabilização pela prática de atos corruptos, por meio de sistema normativo brasileiro anticorrupção fundamentado em três eixos: prevenção, detecção e repressão. A legitimação da transparência na Administração Pública brasileira depende, portanto, da identificação de princípios que demonstrem a existência de um regime jurídico próprio para realização de um ambiente de integridade e ética públicas, posto que tais fatores interfiram na confiança e credibilidade na condução da gestão pública.

Esta é uma ação que deve ser acompanhada da cooperação social no combate da corrupção, tendo como objetivo central maior conscientização social de valores éticos na esfera pública. O reconhecimento de um sistema de mobilização social como alternativa eficaz de combate da corrupção permite estabelecer diretrizes que auxiliaram na criação de uma participação cidadã, propiciando transparência no exercício do poder da Administração Pública.

O poder administrativo deve ir ao encontro das expectativas dos cidadãos, mas não exclusivamente, por meio da Administração Pública democrática. A comunicação pública dialógica num ambiente de governança pública, inclusive digital juntamente com adoção de medidas que intensificam a visibilidade da gestão pública ao cidadão, deve ser apta a promover a educação para ética e cidadania e criar efetividade da atuação no combate da corrupção com mecanismos de cooperação, parcerias e implementação de atos normativos na prevenção e repressão dos atos de corrupção.

No contexto da legitimidade da transparência, ocorre a ressignificação da publicidade administrativa. A introdução da ideia da governança, inclusive digital, em um contexto crítico do sistema administrativo gerencial e da democracia representativa, assentadas na perspectiva reducionista dos ideais democráticos para formação de preferências e para deliberação dos assuntos públicos, contribui para conceber a publicidade não apenas como divulgação dos atos da Administração Pública para garantir sua eficácia e/ou validade, numa visão formalista, mas, sobretudo, como abertura da Administração Pública ao cidadão, por meio da articulação das dimensões informacional e participativa, para permitir o controle social, e, assim, reduzir as falhas da gestão e atentar às exigências do público.

A transparência no pensamento contemporâneo deve ser repensada na perspectiva da possibilidade de sua legitimidade, seja na remoção de barreiras que impedem a captura da Administração Pública por interesses particulares, seja na inclusão de mecanismos democráticos internos à Administração Pública relacionados com a formação das políticas públicas e decisões, seja na ampliação do governo eletrônico para garantir seu uso inclusivo, pedagógico e aberto para os cidadãos. Com base no desenvolvimento da política pública da transparência na Administração Pública Federal Brasileira, defende-se como possível e inclusive conveniente seu estudo de forma a desenvolver uma "capacidade coletiva" da Administração Pública para atingir resultados públicos sob a perspectiva tridimensional: a) validade organizacional (introdução da ideia da governança); b) validade estrutural (desenvolvimento das tecnologias da informação e comunicação; c) validade ética (movimento anticorrupção).